Neubürger im späten Mittelalter

ZEITSCHRIFT FÜR HISTORISCHE FORSCHUNG

Vierteljahresschrift zur Erforschung des Spätmittelalters u. der frühen Neuzeit

Herausgegeben von

Johannes Kunisch, Klaus Luig, Peter Moraw,
Heinz Schilling, Bernd Schneidmüller,
Barbara Stollberg-Rilinger

Beiheft 30

Neubürger im späten Mittelalter

Migration und Austausch in der Städtelandschaft des alten Reiches (1250–1550)

Herausgegeben von

Rainer Christoph Schwinges

Redaktion:

Roland Gerber und Barbara Studer

Duncker & Humblot · Berlin

Bibliografische Information Der Deutschen Bibliothek

Die Deutsche Bibliothek verzeichnet diese Publikation in
der Deutschen Nationalbibliografie; detaillierte bibliografische
Daten sind im Internet über <http://dnb.ddb.de> abrufbar.

Fremddatenübernahme und Druck:
Berliner Buchdruckerei Union GmbH, Berlin
Printed in Germany

ISSN 0931-5268
ISBN 3-428-10929-5

Gedruckt auf alterungsbeständigem (säurefreiem) Papier
entsprechend ISO 9706 ♾

Vorwort

Dies ist ein Buch über Bürger und Bürgerinnen, beobachtet im ‚langen' Augenblick ihrer Aufnahme als Neubürger und Neubürgerinnen in städtische Gemeinden des Alten Reiches. Die Beobachtungszeit variiert zwischen dem 13. und 16. Jahrhundert. Es ist auch ein Buch über die Vor- und Nachgeschichte der Bürgeraufnahme, über Migration und Integration, über rechtliche, politische, soziale und wirtschaftliche Regularien. Das Buch verdankt sein Entstehen zwei verschiedenen Unternehmungen, zum einen dem Forschungsprojekt „Neubürger im späten Mittelalter", das vom Schweizerischen Nationalfonds und anderen Institutionen im wesentlichen von 1992 bis 1998 gefördert worden ist, zum anderen den Vorträgen und Diskussionen anlässlich eines Symposiums zum gleichen Thema im Schloss Münchenwiler (Kt. Bern, 26.-29. März 1998), in dem das Berner „Neubürger-Team" wesentliche Teile seiner Forschungsergebnisse auswärtigen Fachleuten vorstellen und mit deren Forschungen konfrontieren wollte.

Das Projekt „Neubürger" verfolgt eine systematische Analyse der Neubürgeraufnahmen und eventuell vorangehender Neubürgermigrationen aus der Perspektive des gesamten spätmittelalterlichen römisch-deutschen Reiches[1]. Es nutzt dazu als primäre Quellen die sogenannten „Bürgerbücher" oder „Neubürgerbücher". Vier Hauptfragen – jeweils im grossräumigen, reichsweiten Vergleich – haben das Team dabei immer wieder beschäftigt: (1) Entstehung, Entwicklung und Verbreitung des Quellentyps „Bürgerbuch" in Reich und Europa, (2) Entwicklung des Bürgerbegriffs und Bürgerrechts sowie die Verbreitung von Bürgerrechtstypen, (3) Einbürgerungsfrequenzen und Einbürgerungspolitik jener Städte, die Bürgerbücher geführt haben, (4) Einwanderungen in die Städte: Migrations-, Gewerbe- und Kommunikationsräume, berufs- und geschlechtsspezifische Migrationen sowie ihre sozialen Dimensionen.

Diesen vier Hauptfragen folgt die Gliederung des Buches, die damit im wesentlichen auch dem Ablauf des Symposiums entspricht. Leider hat die Drucklegung erheblich länger gedauert als beabsichtigt gewesen ist; die Produktion des umfangreichen Kartenmaterials ist nur einer der Verzögerungsgründe. Nicht in jedem Falle konnten daher die neuesten Publikatio-

---

1 Publikationen aus dem Berner Neubürger-Team werden an geeigneter Stelle in den folgenden Beiträgen nachgewiesen.

nen noch berücksichtigt werden. Dies dürfte aber kaum wirklich ins Gewicht fallen, da Vieles in diesem Buch selbst auf neuen Wegen wandelt. Der Herausgeber bittet um Nachsicht, glaubt jedoch, dass der Zeitpunkt des Erscheinens für Fragen und Antworten, methodische Wege und Darstellungsweisen grossräumiger Komparatistik, die in diesem Buch zum Vorschein kommen, kein ganz ungünstiger ist und hofft im Namen aller Autorinnen und Autoren auf eine lebhafte und weiterführende Diskussion.

Zum Gelingen des Buches, wie schon zum Gelingen des Symposiums, haben Viele beigetragen, denen herzlich zu danken ist: zu allererst den Autorinnen und Autoren, die der Einladung der Berner gefolgt und zur Diskussion ihrer und unserer Forschungsergebnisse bereit gewesen sind; das gilt auch für die weiteren Gäste, die sich als wichtige Gesprächspartner erwiesen haben, namentlich Peter Blickle, Christian Hesse, Rudolf Holbach, Franz Irsigler, Claudia Kalesse, Mechthild Minkenberg, Peter Moraw, Carl Pfaff, Bernd Schneidmüller, Klaus Schreiner, Christiane Schuchard und Martina Stercken. Herzlicher Dank gebührt auch den Mitorganisatoren des Symposiums und den Redaktoren, Roland Gerber, Bruno Koch und Barbara Studer, ehemaligen Berner Teamkollegen, die trotz inzwischen anderweitiger beruflicher Belastungen das Werden des Buches engagiert und umsichtig mitgestaltet haben. Ferner ist in gleicher Weise den Herausgebern der Zeitschrift für Historische Forschung sowie dem Verlag Duncker & Humblot für die Bereitschaft sehr zu danken, die Symposiumsbeiträge trotz ihres Umfangs und trotz der vielen farbigen (und teuren) Karten als Beiheft der ZHF zu akzeptieren. Ein besonderer Dank gebührt schliesslich auch an dieser Stelle noch einmal den Sponsoren des Symposiums, dem Schweizerischen Nationalfonds zur Förderung der wissenschaftlichen Forschung, dem Max und Elsa Beer-Brawand-Fonds (Bern) und der Schweizerischen Akademie der Geistes- und Sozialwissenschaften sowie *last but not least* einer Berner Institution für einen namhaften Druckkostenzuschuss. Ihnen allen gebührt herzlicher Dank.

Bern, im Juni 2002 *Rainer Christoph Schwinges*

Inhaltsverzeichnis

Abbildungs- und Tabellenverzeichnis

Bruno Koch

Michael North

Einführung

Neubürger und Bürgerbücher im Reich des späten Mittelalters: Eine Einführung über die Quellen

Von Rainer Christoph Schwinges, Bern

Die Städte des alten Reiches kannten neben Sondergruppen zwei Hauptgruppen von Bewohnern: Bürger und Einwohner. In der Regel unterschieden sie sich in ihrer rechtlichen und sozialen Stellung erheblich; gelegentliche Gleichheitsideen änderten daran nichts. Obgleich oft zahlenmässig weit unterlegen bildeten allein die Bürger die städtische Gemeinde, den genossenschaftlich organisierten Verband der vollberechtigten und oft haushäblichen Männer und Frauen. Nur sie genossen das Bürgerrecht und damit Freiheit, Frieden und Sicherheit im Schutze der Gemeinde innerhalb wie ausserhalb der Mauern[1]. Männliche wie weibliche Einwohner, die man bezeichnenderweise auch Beisassen, Medewohner, Seldener, Häuslileute oder Tagelöhner nannte, besassen dagegen kein Bürgerrecht, sondern nur ein minderes, ein „kleines Recht", ein Beisassen- oder Seldenerrecht. Diese Lage schlug sich in den Pflichten nieder. Nur die vollberechtigten Bürger

---

1 Zur neueren Bürgerbegriffs- und Bürgerrechtsdiskussion vgl. in diesem Band: *Ulrich Meier,* Gemeinnutz und Vaterlandsliebe; *Gerhard Dilcher,* Bürgerrecht und Bürgereid; *Eberhard Isenmann,* Bürgerrecht und Bürgeraufnahme; dazu ferner: *Wilhelm Ebel,* Der Bürgereid als Geltungsgrund und Gestaltungsprinzip des deutschen mittelalterlichen Stadtrechts, Weimar 1958; *Adalbert Erler,* Bürgerrecht und Steuerpflicht im mittelalterlichen Städtewesen mit besonderer Untersuchung des Steuereides, Frankfurt am Main 2. Aufl. 1963; *Werner Schultheiss,* Das Bürgerrecht der Königs- und Reichsstadt Nürnberg, in: Festschrift für Hermann Heimpel zum 70. Geburtstag, Band 2, Göttingen 1972, S. 159–195; *Gerhard Dilcher,* Zum Bürgerbegriff im späteren Mittelalter. Versuch einer Typologie am Beispiel der Stadt Frankfurt am Main, in: Über Bürger, Stadt und städtische Literatur im Spätmittelalter, hg. von Josef Fleckenstein und Karl Stackmann, Göttingen 1980, S. 59–105; *Felicitas Schmieder,* „von etlichen geistlichen leyen wegen". Definitionen der Bürgerschaft im spätmittelalterlichen Frankfurt a.M., in: Jahrbuch des Historischen Kollegs, München 1999, S. 131–165; *Joachim Deeters,* Das Bürgerrecht der Reichsstadt Köln seit 1396, in: Zeitschrift für Rechtsgeschichte, Germ. Abt. 104 (1987), S. 1–83; *Eberhard Isenmann,* Die deutsche Stadt im Spätmittelalter 1250–1500, Stuttgart 1988, S. 93–102. Einschlägig jetzt auch *Claudia Kalesse,* Bürger in Augsburg. Studien über Bürgerrecht, Neubürger und Bürgen anhand des Augsburger Bürgerbuchs I (1288–1497), Augsburg 2001, sowie die beiden Berner Dissertationen von *Roland Gerber* und *Bruno Koch* (Anm. 6). – Zu den Sonderfällen vgl. *Schmieder,* wie oben, und in diesem Band: *Hans-Jörg Gilomen,* Sondergruppen im Bürgerrecht; *Guy P. Marchal,* Pfahlburger; *Dorothea A. Christ,* Hochadelige Eidgenossen.

und Bürgerinnen hatten in der Regel eine Fülle von Bindungen, politischen Pflichten und steuerlichen Lasten zu akzeptieren. *Swer och der stat recht haben wil, der sol och der stat recht tun,* hiess es dazu kurz und bündig in der Berner Handfeste[2].

Der Erwerb des Bürgerrechts war an selbständiges, aktives Handeln und bestimmte Verfahrensregeln gebunden. Es konnte im allgemeinen weder ererbt werden, wenn nicht ausdrücklich Erbschaftsansprüche für Bürgerkinder formuliert wurden, noch konnte das Bürgerrecht ersessen werden, weder in der Stadt noch ausserhalb in Aus- und Pfahlbürgerschaft; man musste vielmehr eigens um Aufnahme nachsuchen. Das hatte seinen Sinn in der eidlichen Selbstbindung der Neubürger an die Gemeinde der Altbürger und galt sowohl für Bürgerkinder und Bürgerwitwen oder sonstige Stadtansässige als auch für Zuwanderer von auswärts, Männer und Frauen. Rechtliche Voraussetzungen gab es im allgemeinen – mit Ausnahme der Ächtung – für Volljährige nicht. Soziale, politisch-kulturelle und wirtschaftliche Voraussetzungen, die sich im wesentlichen auf den Nachweis von Haus- und Grundbesitz in der Stadt oder Anteilen daran, auf den Bürgereid und sein soziales Umfeld, auf die Zahlung von Bürgergeld sowie auf unbestrittene Freizügigkeit bzw. die nachweisbare Entlassung aus der Hörigkeit konzentrierten, konnten dagegen erheblich ins Gewicht fallen. Geschlechtsspezifische Voraussetzungen gab es eigentlich auch nicht; Frauen erwarben ihr Bürgerrecht zwar mehrheitlich über ihre Bürgermänner oder Bürgerväter, konnten jedoch auch als beruflich selbständige, eidlich verpflichtete Bürgerinnen – oder Seldnerinnen im Falle des „kleinen Rechts“ – gemeindeansässig werden – allerdings nicht überall im Reich in gleicher Weise[3].

Die Aufnahme der neuen Bürger unterlag von Stadt zu Stadt und oft auch von Fall zu Fall sehr verschiedenen und wandelbaren Bedingungen. Sie folgten zumeist den spezifischen Bedürfnissen der Stadtgemeinde, häufig auch denen der Zünfte (und bereits deren Bedingungen) und nicht zuletzt denen der Stadtherrschaft, je nachdem, ob Anreize zum Erwerb des Bürgerrechts geschaffen oder die Aufnahmen gedrosselt oder gar gestoppt werden sollten[4]. Letzteres hatte nicht selten den Charakter sozialer oder

---

2 Sammlung Schweizerischer Rechtsquellen II. Abteilung: Die Rechtsquellen des Kantons Bern, Erster Teil: Stadtrechte, Band 1: Das Stadtrecht von Bern I, hg. von Friedrich Emil Welti, 2. Aufl. bearb. von Hermann Rennefahrt und Hermann Spekker, Aarau 1971, S. 44.

3 Zu Bürgerinnen vgl. in diesem Band: *Barbara Studer,* Frauen im Bürgerrecht; *dies.,* Adlige Damen, Kauffrauen und Mägde. Zur Herkunft von Neubürgerinnen in spätmittelalterlichen Städten Süddeutschlands und der Schweiz, in: Migration in die Städte – Migrations vers les villes, hg. von Hans-Jörg Gilomen u. a., Basel 2000, S. 39–55; *dies.,* Frauen im Recht. Die Stellung der Bürgerin in spätmittelalterlichen Städten des Alten Reiches im Spiegel der Bürgerbücher, Phil.-hist. Lizentiatsarbeit Bern 1998.

politischer Steuerung oder war schlicht eine Verwaltungsmassnahme. Insgesamt ist jedoch eine Erleichterung der Aufnahmebedingungen im Laufe des späten Mittelalters festzustellen, oder besser gesagt, das Nichtanwenden bestehender Vorschriften. Die beträchtlichen steuerlichen und politischen Pflichten lockten nicht unbedingt jeden ins Bürgerrecht. So entwikkelten Städte und Herrschaften eine breite Skala von Möglichkeiten, die von massivem persönlichen Druck bis zur ehrenvollen Schenkung oder zu jahrelangen Steuerfreiheiten reichte.

Neubürgeraufnahmen kann man unter verschiedenen, von institutionellen und sozialen bis zu ökonomischen und geographischen Aspekten betrachten. Prinzipiell interessieren uns alle Aspekte, namentlich jedoch jene, die mit der Zuwanderung von neuen Bürgern in die Städte zusammenhängen[5]. Dabei stellen sich von vornherein zwei Hauptfragen: Die eine richtet sich an die Quellen selbst, an Entstehung, Entwicklung und Verbreitung der Bürgerbücher: als Ausdruck möglicherweise eines bestimmten Verfassungsdenkens, eines zunehmenden stadtbürgerlichen Selbstverständnisses oder auch verwaltungstechnischen Verschriftlichungs-Fortschritts, eine Frage an den dokumentarischen Aufwand also, an Chronologie, Geographie und Typologie des Bürgerbuchs. Die andere Frage richtet sich an die in solchen Büchern langfristig dokumentierte Aufnahme von Neubürgern beiderlei Geschlechts: als Ergebnis städtischer Einbürgerungs- und Bürgerrechtspolitik aus dem Ort selbst, aus dem näheren und ferneren Umland, als Ergebnis aber auch von unterschiedlich motivierten Migrationen innerhalb und zwischen den Städtelandschaften des alten Reiches. Mit Letzterem greifen wir – in erklärter Forschungsabsicht – ein migrationsgeschichtliches Thema auf, verankern es allerdings in Konzepten der Verfassungs- und Sozialgeschichte sowie der Historischen Geographie.

Beide Fragen – an die Bürgerbücher wie an ihren Inhalt – stellt man am besten ‚horizontal'; man unterzieht sowohl die Bürgerbücher wie die bür-

---

4 Vgl. den Beitrag von *Eberhard Isenmann* in diesem Band; dazu *Knut Schulz*, Die Norm der Ehelichkeit im Zunft- und Bürgerrecht spätmittelalterlicher Städte, in: Illegitimität im Spätmittelalter, hg. von Ludwig Schmugge, München 1994, S. 67–83. Der direkte Einfluss der Stadtherrschaft ist noch relativ wenig untersucht, vgl. vorerst die Arbeit von *Michael Lauener*, Die Entwicklung des Bürgerrechts im Spätmittelalter oder die ‚Dichtigkeit' der Stadtherrschaft im Spiegel der Bürgereide, dargestellt an Städten ausgewählter Grosslandschaften des Alten Reiches in der Zeit von 1250 bis Ende 16. Jahrhundert, Phil.-hist. Lizentiatsarbeit Bern 1996.

5 Zugrunde liegt mein vom Schweizerischen Nationalfonds gefördertes Projekt „Neubürger im späten Mittelalter: Migration und Austausch in der Städtelandschaft des Alten Reiches 1250–1550" (Mitarbeiter und Mitarbeiterinnen: Dr. Roland Gerber, Dr. Bruno Koch, lic.phil. Käthi Müller-Herrenschwand, lic.phil. Barbara Studer, alle mit eigenen Beiträgen in diesem Band). Eine Kurzpräsentation des Projekts bieten *Roland Gerber* und *Bruno Koch*, Neubürger im späten Mittelalter, in: Berner Historische Mitteilungen 11 (1994), S. 77–80.

gerliche Migration einer reichsweit vergleichenden Analyse. Zu antworten hat dann für einmal nicht die einzelne Stadt, sondern unter dem Dach des alten Reiches der sehr unterschiedlich entwickelte Grossraum der heutigen Nachfolgestaaten mit seinen Regionen und Städtelandschaften, in denen die Bürgermigranten einen guten Teil der binnen- und zwischenräumlichen Austauschprozesse in der Zeit vom 13. zum 16. Jahrhundert mitgetragen haben. Man kann sogar sagen, ein solches Vorgehen diene auch dazu zu prüfen, ob nicht das ‚horizontale', raumvergleichende Fragen in einigen Punkten wenigstens dem ‚vertikalen', ort- und zeitfixierten Fragen gleichrangig oder gar methodisch überlegen ist – ganz unabhängig vom Methoden- und Verfahrenspool, den man ansonsten heute zur Verfügung hat[6].

I.

Typologie

‚Horizontal' vergleichendes Fragen hat noch keine allzu grosse Tradition im Fach, wenn man es in Forschungsschritte wirklich umsetzen will. Schwierigkeiten beginnen bereits beim Forschungsstand bzw. beim Zustand der Quellen: Ältere Editionen von Bürgerbüchern aus dem späten Mittelalter, die zeitlich zum Teil weit zurückliegen, entsprechen nicht immer wissenschaftlich-kritischen Bedürfnissen. Nicht wenige Bürgerbücher sind durch alphabetische Anordnung der Bürgernamen aus ihrem chronologischen und sachlichen Zusammenhang gerissen worden und so für systematische und serielle Untersuchungen zunächst einmal unbrauchbar. Gedrucktes Material ist oft – wenn man es auf Räume bezieht – völlig willkürlich entstanden, so dass die wenigen Studien zu einzelnen städtischen Einzugsbereichen kaum Zusammenhänge erkennen lassen; und selten treten überlokale Räume in den Blick[7]. Ähnliches gilt auch für die

[6] Im Projekt sind gleichwohl ‚vertikale' Studien entstanden: *Roland Gerber,* „Gott ist Burger zu Bern". Eine spätmittelalterliche Stadtgesellschaft zwischen Herrschaftsbildung und sozialem Ausgleich, Diss. phil. Bern 1999, im Druck als: Forschungen zur mittelalterlichen Geschichte 39, Weimar 2001; *Bruno Koch,* Neubürger in Zürich. Herkunft und Entwicklung der Bürgerschaft der Stadt Zürich im späten Mittelalter (1350–1550), Diss. phil. Bern 1999, im Druck als: Forschungen zur mittelalterlichen Geschichte 40, Weimar 2002; *Käthi Müller-Herrenschwand,* „wierdt poortre vander stede van Brugge". Die Neubürger der Stadt Brügge 1282–1492, Phil.-hist. Lizentiatsarbeit Bern 1998 – alle drei in Kenntnis freilich der grossräumigen Zusammenhänge, die wiederum grundlegend sind für die Studien von *Barbara Studer* (Anm. 3) und *Michael Lauener* (Anm. 4).

[7] Vgl. aber zum Beispiel *Karl Bücher,* Die Bevölkerung Frankfurts am Main im 14. und 15. Jahrhundert, Tübingen 1886; *Theodor Penners,* Untersuchung über die Herkunft der Stadtbewohner im Deutsch-Ordensland Preussen, Leipzig 1942; *ders.,* Fragen der Zuwanderung in den Hansestädten des späten Mittelalters, in: Hansische Geschichtsblätter 83 (1965), S. 12–45; *Hanno Vasarhelyi,* Einwanderung nach

Diskussion des Quellenwertes der Bürgerbücher und die vergleichende Untersuchung der rechtlichen Seite der Bürgeraufnahme[8]. Darüber hinaus ist ein grosser Teil der noch heute in den Archiven ruhenden Bürgerbücher und verwandten Dokumente aus der Zeit vor 1550 weder bekannt noch beschrieben noch herausgegeben worden. Dies betrifft vor allem den südlichen Raum des Reiches, von Baden über Württemberg und Bayern bis Österreich und Böhmen und zum Teil auch bis in die heutige Schweiz, was vielleicht daran liegen mag, dass die Bürgerbücher des ‚Südens' des öfteren umfangreicher und detaillierter geführt wurden als die des ‚Nordens'. Zum Beispiel sind erst vor kurzem die Bürgerbücher von Augsburg, Bern und Zürich einer gründlichen Analyse unterzogen worden, während die Bürgerbücher etwa von Solothurn oder die Protokolle der Bürgeraufnahmen in den Kammerrechnungen von München noch immer ihrer Erschliessung harren[9].

So ist es geboten, sich zunächst einmal einen möglichst vollständigen Überblick über die Existenz von Bürgerbüchern zu verschaffen, einschliesslich solcher Bücher, die es nach gesicherter Nachricht einmal gegeben hat, auch wenn sie im Laufe der Jahrhunderte verloren gegangen oder vernichtet worden sind. Man bemerkt dabei aber rasch, dass nicht jedes

---

Nördlingen, Esslingen und Schwäbisch Hall zwischen 1450 und 1550, in: Stadt und Umland, hg. von Erich Maschke und Jürgen Sydow, Stuttgart 1974, S. 129–165; *Dick Edward Herman de Boer,* Graaf en Grafiek. Sociale en economische ontwikkelingen in het middeleeuwse Noordholland tussen 1345–1415, Leiden 1978; *Hildegard Ditt,* Bevölkerungseinzug und Raumbeziehungen in der Stadt Soest in Mittelalter und Neuzeit, in: Soest. Stadt, Territorium, Reich, hg. von Gerhard Köhn, Soest 1981, S. 35–84; *Steven Hochstadt,* Migration in Preindustrial Germany, in: Central European History 16 (1983), S. 195–224; *Urs Portmann,* Bürgerschaft im mittelalterlichen Freiburg. Sozialtopographische Auswertung zum Ersten Bürgerbuch 1341–1416 (Historische Schriften der Universität Freiburg 11), Freiburg i. Ue. 1986; *Peter Michael Lipburger* und *Albert Müller,* „Es soll auch kainer fremder auffgenommen werden, sunder man wiss, wer er sey". Untersuchungen zur Neubürgeraufnahme und städtischen Immigration in Radstadt um 1500, in: Die alte Stadt im Gebirge. 700 Jahre Stadt Radstadt, Redaktion: Friederike Zaisberger und Fritz Koller, Salzburg 1989, S. 88–135; *Dorothee Rippmann,* Stadt-Land-Beziehungen im 15. Jahrhundert. Das Beispiel Basel, Basel 1990; *Rolf Kießling* in diesem Band; *Bruno Koch,* Integration von Neubürgern in die Städte des späten Mittelalters, in: Migration und Integration. Aufnahme und Eingliederung im historischen Wandel, hg. von Mathias Beer u. a., Stuttgart 1997, S. 75–87; *Roland Gerber,* Die Einbürgerungsfrequenzen der Städte Freiburg im Üechtland, Konstanz und Luzern im späten Mittelalter, in: Reisen im Leben der Gesellschaft, hg. von Lenka Bobková und Michaela Neudertová, Ustí nad Labem 1997, S. 95–104.

8 Dazu jetzt *Gerhard Dilcher* und *Eberhard Isenmann* in diesem Band; siehe auch Anm. 1.

9 *Kalesse,* Bürger in Augsburg (Anm. 1); *Gerber,* Bern; *Koch,* Zürich (Anm. 6). – Staatsarchiv Solothurn, Bürgerbücher Sign. E 1.1, E 1.3 (1408–1555, 1508–1572); dazu *Charles Studer,* Das Bürgerrecht im mittelalterlichen Solothurn, in: Festgabe für Alfred Rötheli, Solothurn 1990, S. 17–34. – Stadtarchiv München: Kammerrechnungen (KR) 1,1 bis 1/159 (für 1318–1550). Dazu *Fridolin Solleder,* München im Mittelalter, München/Berlin 1938, S. 293–298; *Richard Bauer* (Hg.), Geschichte der Stadt München, München 1992, S. 61–119.

Bürgerbuch, das so heisst, eines ist[10]. Unter einem Bürgerbuch verstehen wir nämlich jene selbständige Kategorie des Stadtbuchtypus, die von spätmittelalterlichen Zeitgenossen eigens und abgesondert von anderen Typen dazu angelegt worden ist, die Einbürgerung von neuen Bürgern über längere Zeiträume hinweg rechtsverbindlich zu dokumentieren[11]. Diese Definition gilt auch für den Fall, dass das Bürgerbuch später einmal wieder für andere Zwecke verwendet worden sein sollte. Ein solches Buch hiess dann etwa *Burgerbuch eines ersamen Rhats zu Nördlingen, Registre matricule des admissions à la bourgeoisie* (Genf), *In dit bok scrifft ine we nu mer de borgherscop wynnet in der oldenstad to Brunswig* (Braunschweig, Altstadt), oder noch ein wenig umständlicher in Zürich: *Item disz ist ein Buoch der loblichen statt zurich dar Inn die namen der Burger stand als wir die genomen hand und welichi man zuo burger nimpt furbas hin der namen schribt man och dar In.* Meistens aber hiessen sie einfach *burgerbuch, newburgerbuechlin, borgerregister, poorterboeken, livre* oder *roles de bourgeois, liber burgensium, liber* oder *matricula civium,* wobei die volkssprachlichen Bezeichnungen die lateinischen bei weitem überwogen[12].

---

10 Eine Gesamtdokumentation gedruckten und ungedruckten Materials, quellenkritisch kommentiert, ist in Vorbereitung: *Rainer Christoph Schwinges,* Die Bürgerbücher – Les Registres de Bourgeoisie (Typologie des sources du moyen âge occidental), Turnhout (vorauss. 2002). – Ein bis in die Neuzeit reichendes Verzeichnis gedruckten Schriftguts für den deutschsprachigen Raum (einschl. franz. Schweiz) bietet unter genealogischen Gesichtspunkten *Eckart Henning,* Bürgerbücher, in: Taschenbuch für Familiengeschichtsforschung, hg. von Wolfgang Ribbe und Eckart Henning, Neustadt an der Aisch 11. Aufl. 1995, S. 190–234, jedoch ohne jede Unterscheidung der Kategorien, der Titel ‚Bürgerbücher' meint Verzeichnisse von Bürgeraufnahmen jeder Art; siehe dazu aber unten Anm. 16–18, 35. Ältere Verzeichnisse sind dadurch überholt, vgl. aber *August Schröder,* Westfälische Bürgerrechtsquellen. Bedeutung und Nachweis veröffentlichter und unveröffentlichter Bürgerbücher und Bürgeraufnahmelisten, Münster 1959. – Für die alten Niederlande siehe *Frans Blockmans,* De poortersboeken der groote steden tusschen Aa en Scheldebekken, in: Revue Belge de Philologie et d'Histoire 22 (1943), S. 204–219; *J. Verbeemen,* Poortersboeken in de Nederlanden, in: De Schakel. Antwerpsche Kring voor Familiekunde 8 (1953), S. 65–74; *ders.,* West-Vlaamse Poortersboeken, in: Handelingen XXXVe Congres van het Verbond der Geschied- en Oudheidkundigen Kringen van Belgie 1953, III, Kortrijk 1955, S. 224–246; *ders.,* De buitenpoorterij in de Nederlanden, in: Bijdragen voor de geschiedenis der Nederlanden 12 (1957), S. 81–99, 191–217; *ders.,* Liste des registres aux admissions de nouveau bourgeois existant en Belgique, in: Tablettes du Brabant 4 (1960), S. 229–246. – Für Böhmen gibt es einige Hinweise bei *Rostislav Nový,* Soupis mstských knih eských od roku 1310 do roku 1526 (Acta Universitatis Carolinae, Philosophica et Historica 4), Prag 1963.

11 Vgl. dazu schon *Konrad Beyerle,* Die deutschen Stadtbücher, in: Deutsche Geschichtsblätter. Monatsschrift zur Förderung landesgeschichtlicher Ordnung 11 (1910), S. 145–199; *Paul Rehme,* Stadtbücher des Mittelalters, in: Festschrift der Leipziger Juristenfakultät für V. Ehrenberg, Leipzig 1927; jetzt *Dieter Geuenich,* Was sind eigentlich ‚Stadtbücher'? Versuch einer Definition, in: Stadtbücher als namenkundliche Quelle, hg. von Friedhelm Debus, Stuttgart 2000, S. 17–29; *Karl Kroeschell,* Bürgerbuch, in: Handwörterbuch zur Deutschen Rechtsgeschichte, Band 2, Berlin 1971, Sp. 553; *Henning,* Bürgerbücher (Anm. 10), S. 190. Der Artikel ‚Bürgerbuch' von *H. Walberg* im Lexikon des Mittelalters II (1983), Sp. 1042, ist völlig unbrauchbar.

Hintergrund der obigen Definition ist, dass man um die Mitte des 13. Jahrhunderts im Zuge vermehrter Schriftlichkeit und richtungweisend für die Zukunft begonnen hatte, die Verwaltung vor allem in die Hauptstränge des Justiz- und Kammerwesens aufzuspalten. Danach konnten Bürgerbücher zum Schriftgut des Justizwesens zählen, auch wenn dabei fiskalische Interessen (Bürgergeld und Steuern) immer eine wichtige Rolle spielten[13]. Bürgerbücher bewiesen das wichtigste Standesrecht des Neubürgers in der Gemeinde und zugleich seine Verpflichtung und eidliche Selbstbindung an diese. Man kann sie mit Fug und Recht auch Bürgerrechtsbücher oder Bürgereidbücher, wie dies mittelalterliche Zeitgenossen schon taten, nennen[14]. Vor Gericht konnten sie als urkundliche Dokumente des Bürgerstatus gelten; so hat die Stadt Villingen im Schwarzwald um 1401 in ihren Bürgerschaftsverordnungen ausdrücklich formulieren lassen, dass die Stadtschreiber *sont ouch die buch für rat und für geriht bringen alz dick man daz notdürftig wirt* – aber wohlweislich hinzufügen lassen – *und die selben buch allwegend wider behalten ungevärlich.* Wie begründet die hier mitschwingende Angst vor Verlust des Bürgerbuches gewesen ist, zeigt das Beispiel der Stadt Münster in Westfalen, die ihr erstes Bürgerbuch, das im Jahre 1350 begann, in einem Rechtsstreit mit adligen Erbmännern dem Reichskammergericht zu Speyer als Beweismittel vorgelegt, dieses bis auf eine gerichtliche Teilabschrift jedoch nie zurückerhalten hat; es gilt seit dem ausgehenden 17. Jahrhundert als verschollen[15].

Zur Zeit haben wir Kenntnis von 228 Bürgerbüchern aus der Zeit von ca. 1250 bis 1550, die meisten davon sind ediert oder unediert noch vorhanden. Sie entstammen dem gesamten Reichsgebiet sowie angrenzenden Ländern. Ferner kennen wir 82 ‚Bürgerlisten' aus dem gleichen Verbreitungsgebiet und dem gleichen Zeitraum, in denen das Namensmaterial der

---

12 Siehe *Gustav Wulz* (Bearb.), Das Bürgerbuch der Reichsstadt Nördlingen, Band 1: 1450–1499, Typoskript, Nördlingen 1942. - *Alfred L. Covelle* (Hg.), Le livre des bourgeois de l'ancienne république de Genève, Genf 1897. – Bürgerbuch I, Stadtarchiv Braunschweig, Sign. B I 7, Nr. 1, fol. 1r. – Bürgerbuch I, Stadtarchiv Zürich, Sign. III. A.1, fol. 1r.

13 Dazu schon ausführlich *Ernst Pitz,* Schrift- und Aktenwesen der städtischen Verwaltung im Spätmittelalter. Köln – Nürnberg – Lübeck. Beitrag zur vergleichenden Städteforschung und zur spätmittelalterlichen Aktenkunde (Mitteilungen aus dem Stadtarchiv von Köln 45), Köln 1959.

14 Zum Beispiel in Krakau: *Kasimierz Kaczmarczyk* (Hg.), Libri iuris civilis. Ksiegi przyjec do prawa miejskiego w Krakowie (1392–1506), 2 Bände, Krakau 1913; München: *Bürgerrechtsregister,* hergestellt 1922 von *Alfred Baumeister,* Stadtarchiv München, Sign. Einwohneramt 186/1–4 (1450–1745); Reval: *Bürgereidbuch,* Stadtarchiv Reval, Sign. Aa 5, ediert durch *Otto Greiffenhagen,* Das Revaler Bürgerbuch 1409–1786, 3 Bände, Reval 1932–1934. Vgl. auch *Henning,* Bürgerbücher (Anm. 10), S. 190.

15 Bürgerbuch II (1401–1508), Stadtarchiv Villingen, Sign. AAAa/2, fol. 111. – *Günter Aders,* Das verschollene älteste Bürgerbuch der Stadt Münster (1350–1531), in: Westfälische Zeitschrift 110 (1960), S. 29–95.

Neubürger aus anderen Quellen, aus Rats- oder Gerichtsprotokollen, Steuer- oder Rechnungsbüchern, in zeitlicher oder alphabetischer Folge oder nach sachlichen Kriterien (fiskalischen Interessen oder Zunftzugehörigkeit) zusammengestellt ist. Als Besonderheiten seien die unter burgundischem Einfluss im Südwesten entstandenen Bürgerrollen erwähnt, zum Beispiel die *rouleaux des admissions à la bourgeoisie* von Colmar, die bis heute als aneinandergenähte und dann aufgerollte Pergamentfolien – mit einer Länge zwischen 15 und 22 Metern – überliefert sind[16], oder die Bürgerbriefsammlungen von Köln, Villingen oder Genf, die teilweise auf das 14. Jahrhundert zurückgehen[17]. Besonderheiten sind auch die sogenannten *Udelbücher*, die Alt- und Neubürger nach Stadtvierteln getrennt mit ihren verbürgten Sicherheitsanteilen (*Udeln*) an einem „Udelhaus" verzeichnen: Bis auf die Ausnahme von Villingen im Schwarzwald kommen sie offenbar nur auf Deutschschweizer Boden vor[18]. Besonderheiten ausserhalb des Reichsgebiets sind in gewisser Weise auch die bürgerbuchähnlichen Aufzeichnungen von Dublin und die *freemen registers* von York und Canterbury aus dem 13. Jahrhundert[19]. Insgesamt sind uns demnach zur Zeit 310 mittelalterliche Bürgerbücher und Bürgerlisten einschliesslich der genannten Sonderfälle bekannt. Das bedeutet freilich auch, dass die weitaus meisten Städte des Reiches bis weit in die Neuzeit hinein – bis 1600 zählen wir rund 360, also gerade einmal 50 Werke mehr – nie ein eigenes Bürgerbuch geführt oder Bürgerlisten angefertigt, sondern die Neuaufnahmen – häufig sogar nur nach Kopfzahl ohne Namensnennung – im alltäglichen Geschäftsgang belassen haben.

Chronologie

Die Bürgerbücher des Mittelalters als eigenständige Buchkategorie entstanden im Reichsgebiet in drei Reaktionsphasen (Abb. 1): Die erste setzte

16 Alle sind ediert; vgl. *Lucien Sittler* (Hg.), Les listes d'admission à la bourgeoisie de Colmar 1361–1494 (Publications des Archives de la Ville de Colmar 1), Colmar 1958.

17 Siehe *Hugo Stehkämper u. a.* (Bearb.), Kölner Neubürger 1356–1798, Erster Teil: Neubürger 1356–1640 (Mitteilungen aus dem Stadtarchiv von Köln 61), Köln/Wien 1975, S. lvii. – Villingen besitzt Bürgeraufnahme- und Bürgerabzugsbriefe von 1458 bis 1549, Stadtarchiv Villingen, Sign. AA 1–16 und AA 34 a-i. – Genf hat einzelne Bürgerbriefe aus dem 14. Jahrhundert, grössere Sammlungen aus der Zeit von 1409 bis 1526 in den *Registres du Conseil*, ergänzend berücksichtigt bei *Covelle*, Genève (Anm. 12).

18 Udelbücher gibt es in Bern, Büren an der Aare, Burgdorf, Freiburg im Üchtland, Solothurn und Thun; zu Udel und Udelbüchern siehe *Beat Frey*, Ausburger und Udel namentlich im Gebiet des alten Bern, Bern 1950; jetzt *Gerber*, Gott ist Burger (Anm. 6), S. 26 ff., 129 ff.

19 Siehe unten Anm. 35.

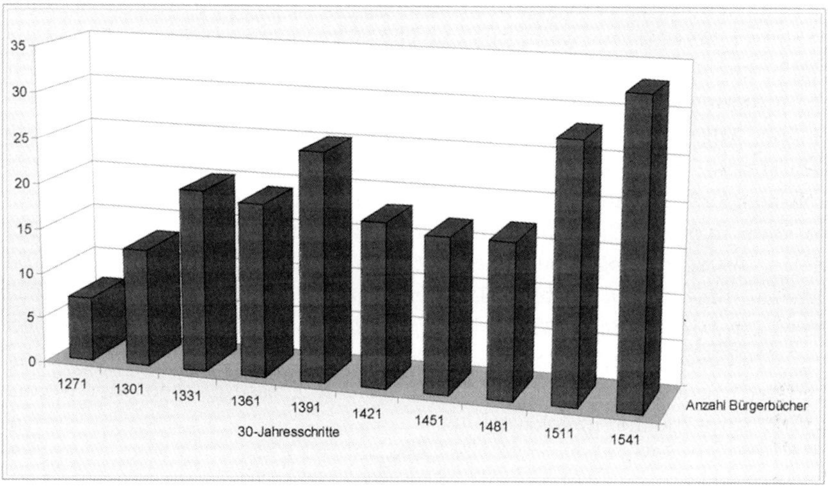

Abb. 1: Entstehung der Bürgerbücher (13. – 16. Jahrhundert)

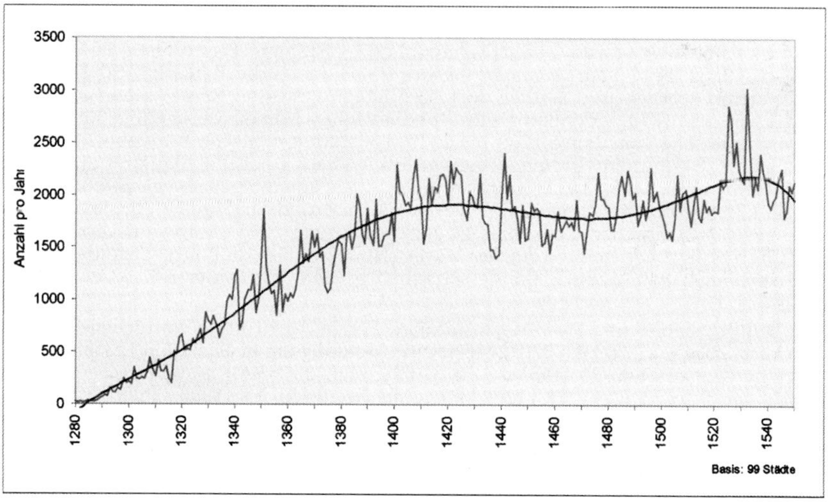

Abb. 2: Frequenz der Neubürger im Reich (1280 – 1550)

in der zweiten Hälfte des 13. Jahrhunderts ein und reichte in einer stetigen, praktisch jahrgangsweisen Zunahme von Bürgerbüchern bis ins letzte Jahrzehnt des 14. Jahrhunderts. Den Anfang machte – soweit man zur Zeit sieht – die Stadt Hamburg im Jahre 1278[20]. Bis zum Ende des 13. Jahrhunderts folgten Augsburg und Oudenaarde (1288), die Bremer Altstadt (1289), Lille (1291) und Strassburg (1292)[21]. Ergänzt man diese Aufstellung durch Bürgerlisten und ähnliche Protokolle aus den verschiedenen Stadtbuchtypen, so kann man die Entstehungszeit noch ein wenig weiter zurückdatieren. Solche Aufzeichnungen begegnen seit 1225 in Dublin, 1239 in Metz, 1250 in Wismar, um 1254 in Rostock, 1259 in Lübeck, 1270 in Stralsund, 1272 in York, 1273 in Lüttich, 1281 in Brügge, 1295 in Dortmund, 1297 in Ypern und 1298 in Antwerpen und Canterbury; zum Teil sind sie nur wenige Jahre geführt worden oder enthalten durch Verluste grosse Lücken oder werden durch Bürgerbücher abgelöst[22].

---

20 Hamburg besass 2 Bürgerbücher, I: *Liber civium de anno 1278 ad 1452,* II: *Liber civium de anno 1453 ad 1596,* beide sind beim grossen Brand vom Mai 1842 vernichtet, ein Jahr zuvor aber noch beschrieben worden, vgl. *J.C.M. Laurent,* Über das älteste hamburgische Bürgerbuch, in: Zeitschrift des Vereins für Hamburgische Geschichte 1 (1841), S. 141–155; *ders.,* Über das zweitälteste Bürgerbuch, ebd., S. 156–168.

21 Augsburg: siehe *Kalesse,* Bürger (Anm. 1). – Oudenaarde: *Paul van Butsele,* Het groot poortersboek van Oudenaarde (poortersbouc der stede en caele van Oudenaerde) 1288–1550 (Familia et Patria), Handzame 1977; *ders.,* Indices op het Groot Poortersboek van Oudenaarde, 1988 (Eigenverlag). – Bremen: Das älteste Bürgerbuch 1289–1519 ist 1946 vom Auslagerungsort im Harz in die damalige Sowjetunion transportiert worden und seither dort verblieben; gewissen Ersatz bietet eine Abschrift von ca. 1870, „Etymologisch-alphabetisches Namensverzeichnis sämtlicher Personen, welche vom Jahre 1289 bis 1519 das stadt-bremische Bürgerrecht erworben haben", Stadtarchiv Bremen, Sign. ad P.8.A.19.a.3.a. – Lille: Registres aux bourgeois 1291–1356, 1357–1512, Archives de la Ville, Sign. 653–956; vgl. *Simone Poignant,* Le bourgeois de Lille au XIVe siècle. Sa condition juridique en droit criminel, Lille 1929. – Strassburg: Die *livres en parchemin* von 1292–1436 sind verschollen, vgl. *Charles Wittmer* und *J. Charles Meyer* (Hg.), Le livre de bourgeoisie de la ville de Strasbourg 1440–1530, 3 Bände, Strasbourg 1948–1961, hier Bd. 1, Avant-Propos mit S. 1.

22 Dublin: siehe Anm. 35. – Metz: *Edmond Perrin,* Le droit de bourgeoisie et l'immigration rurale à Metz au XIIIe siècle, in: Annuaire de la Société d'Histoire de la Lorraine (Bar-le-Duc) 30 (1921), S. 513–626, ebd. 33 (1924), S. 148–153 (mit Abschrift der Bürgerrolle 1239–1242 und einer weiteren von 1286–1290); vgl. auch *Henri Tribout de Morembert,* Sources pour l'histoire démographique de la ville de Metz du XIIIe au XVIIIe siècles, in: Bulletin philosophique et historique (jusqu'à 1610) du Comité des travaux historiques et scientifiques 1962 (1965), S. 493–498. – Wismar: *Fritz Teschen,* Das älteste Stadtbuch von Wismar, Wismar 1912. – Rostock: *Hildegard Thierfelder* (Hg.), Das älteste Rostocker Stadtbuch (etwa 1254–1273), Göttingen 1967. – Lübeck: Erhalten hat sich nur die sog. *littera civilitatum* von 1259, vgl. *Olof Ahlers* (Hg.), Civilitates. Lübecker Neubürgerlisten 1317–1356 (Veröffentlichungen zur Geschichte der Hansestadt Lübeck 19), Lübeck 1967. – Stralsund: *Ferdinand Fabricius,* Das älteste Stralsundische Stadtbuch (1270–1310), Berlin 1872. – York: siehe Anm. 35. – Lüttich: *J. Rouhart-Chabot* und *E. Helin,* Liste des admissions à la bourgeoisie de la cité de Liège 1273–1794, Liège 1962. – Brügge: *Alfred Jamees* (Hg.), Brugse Poorters, opgetekend uit de stadsrekeningen en ingeleid (1281–1794), 3 Bände, Handzame / Zedelgem 1974, 1980, 1990 (*R. A. Parmentier,* In-

Dagegen stellen sich die wohl frühesten Beispiele auf deutschem Boden zeitlich zumindest isoliert dar und teilen damit, was unsere Fragestellung betrifft, das ‚Schicksal' typischer Erstbelege; sie führen nach Köln ins 11. und 12. Jahrhundert. Erhalten haben sich „Bürgerlisten" oder richtiger wohl Steuerlisten verschiedener Kölner Pfarreien aus der Zeit um 1080 und um 1135, ferner eine sogenannte „Gildeliste" von 1130 bis 1140 mit Hinzufügungen bis 1170 / 1180. Diese Liste verzeichnet nebeneinander jeweils neue Gildemitglieder oder *burger* und neue *geburen* oder Nachbarn, getreu dem nebeneinander existierenden Gilde- und *Gebur*-Recht, so dass man das *burgerreyt* der Stadtgemeinde und die *burschaf* der Pfarreien unterscheiden muss. Ob die Führung von solchen Listen, d. h. pfarreieigenen „Bürgerlisten" vom 12. bis zum 14. Jahrhundert, in dem erst wieder neue Belege auftreten, nie unterbrochen und die späteren nur nicht aufbewahrt worden sind, mag dahingestellt bleiben. Die Stadtgemeinde insgesamt, vertreten durch den Rat, verlieh ihr Bürgerrecht vermutlich erst seit 1356 und führte folglich erst seit diesem Zeitpunkt ein Kölner Bürgerbuch[23].

Die zweite Reaktionsphase in der Bürgerbuch-Chronologie, die Folgezeit zwischen etwa 1400 und 1480, sah eine abgeschwächte Entwicklung auf dem Niveau von fünf bis sieben zusätzlichen Bürgerbüchern pro Jahrzehnt; Städte wie Halle an der Saale (1401), Solothurn (1408), Elbing (1415), Regensburg (1419), Stettin (1422), Salzburg (1441), Genf (1442), Berlin (1453), Gouda (1456), Matrei (1465), Koblenz (1469) oder Schlettstadt (1472) können als Beispiele genannt werden. Die dritte Phase von den achtziger Jahren des 15. bis zur Mitte des 16. Jahrhunderts liess dagegen eine wieder stärkere Zunahme der ‚Bürgerbuchproduktion' erkennen. Jetzt wären Städte zu nennen wie Esslingen (1482), Innsbruck und Freiberg in Sachsen (1486), Landshut (1491), Brixen (1500), Venlo (1508), Görlitz (1514), Namur (1516), Chur (1524), Schaffhausen (1537), Kammin (1539), Lindau (1542), Neuss (1546), Breda oder Wiedenbrück (1549)[24]. Eine weitere Phase bis gegen 1600 würde wiederum ein geringeres Wachstum signalisieren.

---

dices op de Brugse poorterboeken, 2 Bände, Brugge 1938); vgl. auch *Boone* und *Stabel* sowie *Müller-Herrenschwand* in diesem Band. – Dortmund: *Karl Rübel*, Verzeichnis der Dortmunder Neubürger von 1295 bis 1410, in: *Ders.* (Hg.), Dortmunder Urkundenbuch, 3 Bände, Osnabrück 2. Aufl. 1975, hier Bd. 1, S. 189 ff. – Ypern: *Guillaume Des Marez* und *Henri-E. De Sagher* (Hg.), Comptes de la ville d'Ypres de 1267 à 1329 (Commission royale d'histoire, série in-4), Brüssel 1909 – 1913. – Antwerpen: *Francine de Nave*, De oudste Antwerpse lijsten van nieuwe poorters (1390 – 1414), in: Bulletin de la Commission Royale d'Histoire 139 (1973), S. 67 – 137. – Canterbury: siehe Anm. 35.

[23] Dazu *Stehkämper*, Kölner Neubürger (Anm. 17), S. XIII-XV.

[24] Statt Einzelbelegen sei auf die Verzeichnisse in Anm. 10 verwiesen. Noch unediert sind die Bürgerbücher von Halle, Solothurn, Elbing, Matrei, Koblenz, Esslingen (Typoskript), Landshut, Brixen, Chur, Schaffhausen, Lindau, Breda.

Bisher war ich der Auffassung, dass die verschiedenen Phasen der Bürgerbuch-Chronologie am ehesten mit verwaltungstechnischen und steuernden Massnahmen der städtischen Kanzleien in Zusammenhang zu bringen seien, und dachte deswegen früher an ‚Entwicklungsschübe'. Doch jetzt bemerkt man beim Vergleich von Bürgerbuch- und Neubürgerfrequenzen in der Zeit vom 13. zum 16. Jahrhundert, dass der numerische Zuwachs der Bürgerbücher schlicht und einfach auf den demographischen Basisprozess in diesem Zeitraum zurückzuführen ist (Abb. 1 und 2). Die jeweiligen Trends der Frequenzen sind mit Auf- und Abschwüngen völlig gleich gerichtet. Die bekannte Bevölkerungsentwicklung des späten Mittelalters, vom relativ hohen Niveau in den Jahrzehnten vor der Grossen Pest von 1348 über die verlustreichen Seuchenwellen bis zur jahrzehntelangen Stagnation während des 15. Jahrhunderts, hat auch hier Spuren hinterlassen. Das heisst, man reagierte mit der Neuanlage von Bürgerbüchern eher auf vermehrte oder schwindende Einbürgerungen, als dass man sich in den Schreibstuben jeweils bewusst für neues Schriftgut entschied. Doch eigentlich spricht nichts gegen ein Zusammenspiel beider Gründe; denn die wachsende Verbreitung der Bürgerbücher während des Spätmittelalters ist nun einmal eine Tatsache: Man kann in einigen Fällen sogar erkennen, wie einzelne Stadtschreiber, Rechtspraktiker und zum Teil gelehrte Juristen, durchaus schöpferisch am Werk gewesen sind, wie etwa der Schreiber aus dem niederrheinischen Wesel, der dem neu angelegten Bürgerbuch von 1308 eine begründende Vorrede voranstellte, in der er den Wert urkundlicher Aufzeichnungen und ihrer Sammlung in Archiven betonte und dies mit Zitaten aus dem Kirchen- und Zivilrecht untermauerte, oder wie auch der Stadtschreiber von Freiburg im Uechtland, Peterman Cudrefin, der ganz pragmatisch die Anlage des neuen, zweiten Bürgerbuches mit der Unordnung und dem Platzmangel im alten Buch begründete: *antiquus liber reperitur inordinate,* und dann sein Konzept einer ordentlichen Buchführung – das Umstellen vom (udel-)topographischen zum chronologischen Prinzip – darlegte[25]. Man kann des weiteren auch erkennen, wie Verfassungsänderungen zugunsten städtischer Autonomie unmittelbar zur Anla-

25 Vgl. *Adolf Langhans* (Hg.), Die Listen der Neubürger von 1308–1677 (Die Bügerbücher der Stadt Wesel 1), Duisburg 1950, S. 17; Staatsarchiv Fribourg, Sign. Bücherbücher II (*liber novus pergamenus* 1416–1769), fol. 1, siehe dazu *Urs Portmann,* Bürgerschaft Freiburg (Anm. 7), S. 35. – Als Gestalter kann man auch den Berner Stadtschreiber Dr. iur. Thüring Fricker 1466 beim 2. Udelbuch erkennen, siehe *Gerber,* Gott ist Burger (Anm. 6), S. 25 ff., ebenso den Luzerner Unterschreiber Ulrich Wiss um 1392 nach Masseneinbürgerungen, vgl. *Peter-X. Weber* (Hg.), Das älteste Luzerner Bürgerbuch 1357–1479, in: Der Geschichtsfreund 74/75 (1919/20), S. 181–373; allgemein *Pitz,* Schrift- und Aktenwesen (Anm. 13), und zu Wirkungskreisen des Schreiberpersonals etwa *Klaus Wriedt,* Gelehrte in Gesellschaft, Kirche und Verwaltung norddeutscher Städte, in: Gelehrte im Reich. Zur Sozial- und Wirkungsgeschichte akademischer Eliten des 14. bis 16. Jahrhunderts, hg. von Rainer Christoph Schwinges, Berlin 1996, S. 437–452, 445 ff.

ge eines Bürgerbuches geführt haben und sich damit das auch aus anderen Schwurverbänden bekannte korporative Denken schriftlich Bahn gebrochen hat. So war in Frankfurt am Main die Verwaltung der Stadt im Jahre 1311 vom königlichen Schultheissen auf den kommunalen Bürgermeister übergegangen: 1312 wurde das Bürgerbuch angelegt, der Jahrgang 1311 aber sogleich nachgetragen. Ähnlich war es in der Reichsstadt Colmar, wo die Verwaltungshoheit 1360 endgültig an den Rat überging und 1361 die erste Bürgerrolle zugleich mit den ersten Ratsmanualen verfasst wurde. Im bischöflich-augsburgischen Landstädtchen Füssen im Allgäu gab dagegen die Bestätigung der freien Bürgerwahl durch Kaiser Karl IV. im Jahre 1356 ausdrücklich den Anlass, ein neues Bürgerbuch, begonnen 1358 / 59, anzulegen[26].

Geographie

Schon an den Bürgerbüchern des 13. Jahrhunderts aus Oudenaarde, Lille, Hamburg, Bremen, Strassburg und Augsburg wird man bemerkt haben, dass deren geographische Verbreitung kaum vom Zufall bestimmt war (Abb. 3). Auch im 14. Jahrhundert, während der gesamten ersten Reaktionsphase war das nicht anders. Bürgerbücher führten nun Städte wie Rostock, Stralsund, Danzig und Marienburg, dann Lüneburg, Braunschweig und Hannover, Göttingen und Erfurt, ferner Leiden, Zieriksee, Utrecht und Kampen, Coesfeld, Münster, Wesel, Soest und Köln, dann Frankfurt am Main und Gelnhausen, Speyer und Colmar, Freiburg i. Br. und Freiburg i. Ue., Luzern und Zürich, Ravensburg, Ulm und Nördlingen, Rothenburg, Nürnberg und Regensburg[27]. Diese und weitere bürgerbuchführende Städte kann man der Abbildung 3 in zeitlicher und räumlicher Staffelung entnehmen.

Bemerkenswert an dieser Übersicht ist zum einen, dass es sich fast durchweg um grosse bis mittlere, politisch und ökonomisch besonders ent-

---

[26] Dazu *Dietrich Andernacht* und *Otto Stamm* (Hg.), Die Bürgerbücher der Reichsstadt Frankfurt, Band 1: 1311 – 1400 und das Einwohnerverzeichnis von 1387, Frankfurt am Main 1955, S. XI; *Sittler*, Colmar (Anm. 16), S. 4; *Alfred Weitnauer* (Hg.), Das Füssener Bürgerbuch 1359 – 1590 (Allgäuer Heimatbücher 24), Kempten 1940. Ein weiteres Beispiel könnte Hannover mit seinem Bürgerbuch von 1300 / 01 nach bestandenem Konflikt mit dem Landesherrn (1297 ff.) bieten, siehe *Karl F. Leonhardt* (Hg.), Das älteste Bürgerbuch der Stadt Hannover und gleichzeitige Quellen (Veröffentlichungen der Hauptstadt Hannover, Reihe A: Quellen I), Leipzig 1933.

[27] Belege nach den Verzeichnissen in Anm. 10. Noch unedierte Bürgerbücher sind die von Rostock, Danzig (Rechtstadt), Marienburg, Lüneburg, Braunschweig, Erfurt, Leiden, Zieriksee, Utrecht, Kampen, Gelnhausen (kommentierte Abschrift), Speyer, Freiburg i. Br., Freiburg i. Ue. (2. Buch), Luzern (2. Buch), Zürich (Abschrift), Ulm, Rothenburg, Nürnberg (papierene Bücher).

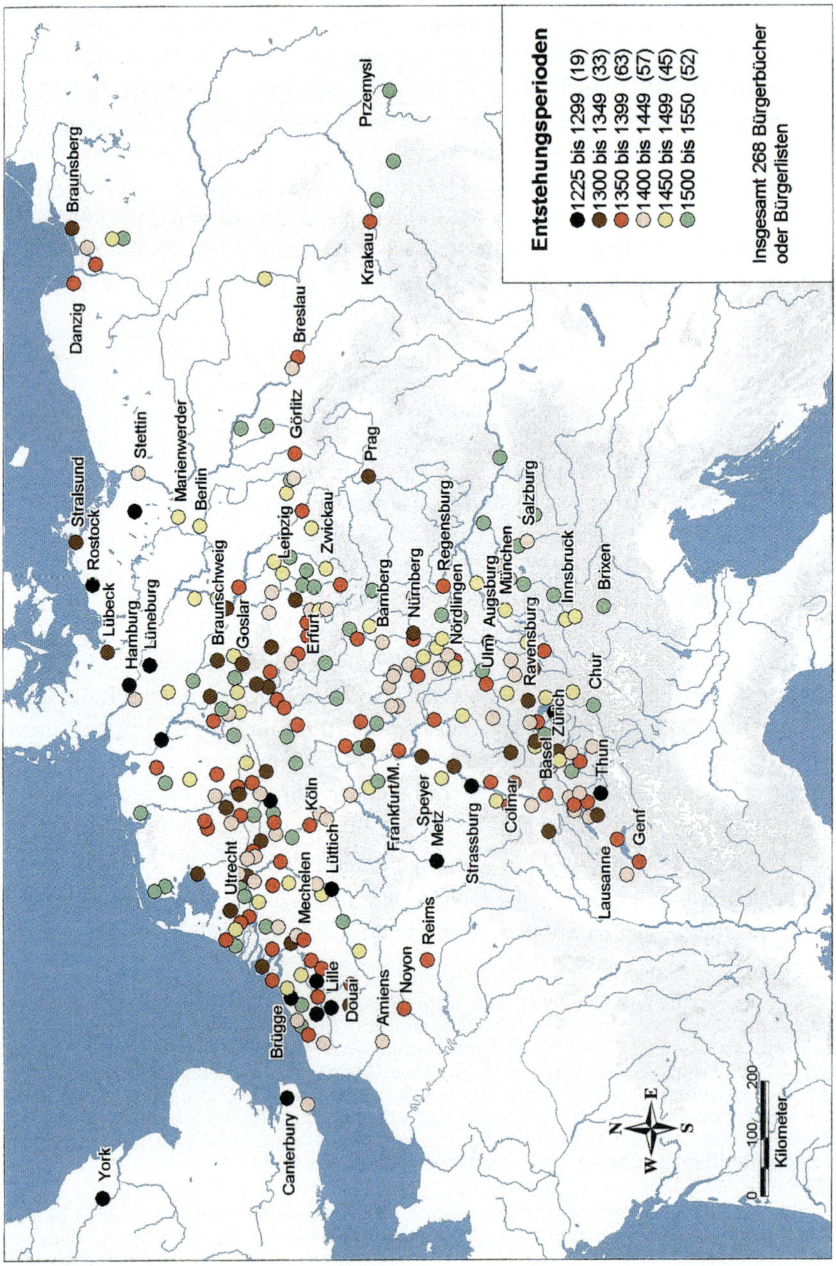

Abb. 3: Verbreitung der Bürgerbücher im Alten Reich (1225 – 1550)

wickelte Städte des Reiches handelte. Ratsverfassungen waren bereits eingeführt, und die meisten Städte waren werdende Reichsstädte oder Freie Städte oder solche, die es als ‚halbautonome Städte' wie Lüneburg, Erfurt oder Soest ihnen gleichtun wollten. Bemerkenswert ist zum anderen, dass klare räumliche Zuordnungen zum Vorschein kommen: Der weit überwiegende Teil der Städte mit früh verfassten Bürgerbüchern gehört den bekannten Führungslandschaften des Reiches an, die man aus vielerlei Gründen, vor allem nach Wissen, Wirtschaft und Verwaltung auch als „Innovationsräume" beanspruchen kann[28], insbesondere dem niederländisch-niederrheinischen Grossraum, dem hansischen Grossraum von Flandern und Brabant bis in die Gebiete des Deutschen Ordens sowie, gewissenmassen durch den Rhein verbunden, allerdings noch in geringerer Dichte, dem oberdeutschen Grossraum mit Einschluss des Elsass und der Eidgenossenschaft. Die frühen Bürgerlisten und die Aufnahmeprotokolle in den Stadtbüchern können diesen Eindruck einer spezifischen Bürgerbuch-Geographie bestätigen. Im ‚Süden' liessen sich zum Beispiel noch Basel, St. Gallen, München, Prag und Breslau anführen, während der Löwenanteil von Brügge, Antwerpen, Gent oder Brüssel bis Oldenburg, Nordhausen, Goslar und Lübeck wiederum dem ‚Norden' zufiele[29].

Die zweite und dritte Phase nach 1400 bzw. nach 1480 lassen ein gewisses Ausweiten des Verbreitungsgebietes der Bürgerbücher und Bürgerlisten erkennen, vor allem im mittel- und ostdeutschen Raum sowie im Alpenraum. Auch traten nun vermehrt mittlere und kleinere Städte als bürgerbuchführende hinzu. Dennoch handelt es sich, was den Zuwachs an Schriftgut betrifft, im wesentlichen bloss um einen Vorgang der ‚Auffüllung' in den schon bekannten, früh definierten Regionen. Und noch die Folgezeit bis 1600 würde dieses Bild des Auffüllens bestätigen. So drängt sich insgesamt der Eindruck eines halbkreisförmigen, grossräumigen Bürgerbuch-Städtegürtels auf – ungeachtet einiger ‚Ausreisser' – von Brügge über Köln, Braunschweig, Erfurt, Nürnberg, Augsburg bis Zürich und Genf.

Wenngleich man gewiss mit Überlieferungslücken zu rechnen hat[30], und im übrigen nicht einmal zehn Prozent der Städte des Reiches erfasst werden, so wird sich an dieser Geographie doch nichts Gravierendes mehr ändern, zumal die aufgezeigte Verbreitung der Bürgerbücher und Bürgerli-

---

28 Vgl. *Rainer C. Schwinges, Paul Messerli* und *Tamara Münger* (Hg.), Innovationsräume. Woher das Neue kommt in Vergangenheit und Gegenwart, Zürich 2001.

29 Belege nach den Verzeichnissen in Anm. 10.

30 Einige Bürgerbücher sind im Laufe der Zeit, insbesondere während der beiden Weltkriege, vernichtet worden oder sind verschollen, die man kaum noch zeitlich genau verorten kann, v.a. in Belgien, z. B. Ypern, Belle, Dendermonde, Tournai, siehe *Verbeemen* (Anm. 10), aber auch anderswo, z. B. in Wismar (14./15. Jahrhundert) oder Landshut (vor 1490).

sten auch historisch plausibel ist. Sie lässt sich mit den neueren Einsichten der reichs- und regionalgeschichtlich orientierten Verfassungs- und Sozialgeschichte wie auch der Verwaltungs- und Wirtschaftsgeschichte sowie der politisch-historischen Geographie mühelos verbinden. Die enormen regionalen Entwicklungsunterschiede innerhalb wie ausserhalb des Reiches, das oft noch unverbundene Nebeneinander von Grossräumen, Kleinteiligem und Inselartigem sowie die führenden und weniger führenden politischen Landschaften sind im Spiegel der Bürgerbuch-Geographie ebenso gut zu entdecken wie die dichten und weniger dichten Städtelandschaften, die Gewerbelandschaften oder die Rekrutierungs- und Einsatzräume des Personals in Kirche, Stadt- und Territorialverwaltung[31]. Nicht zuletzt zeigt sich damit auch, wo man schon in der ersten Phase bis um 1400 herrschafts- und verwaltungstechnisch ein bisschen weiter war als anderswo im Reich und es offensichtlich auch über drei Jahrhunderte geblieben ist. Demgegenüber ist es freilich auch bezeichnend, wenn in Städten starker Herren selbständig geführte Bürgerbücher weitgehend fehlten, wie zum Beispiel in Teilen Bayerns und der Pfalz, in Böhmen und Österreich und auch in vielen Bischofsstädten, denen es nie gelang, Freie Städte zu werden, oder die von starken geistlichen Immunitäten durchsetzt waren, wie zum Beispiel in Trier, Worms, Würzburg, Bamberg oder Eichstätt, in Paderborn, Minden oder Hildesheim[32].

Die geographische Verbreitung der Bürgerbücher (Abb. 3) gibt noch einen weiteren Tatbestand preis: Offensichtlich sind Existenz und Produktion dieses Rechts- und Verwaltungsschriftguts eine fast reine ‚Reichsangelegenheit' gewesen; man folgte gewissermassen den Grenzen. Die im

31 Vgl. *Ernst Schubert,* Einführung in die Grundprobleme der deutschen Geschichte im Spätmittelalter, Darmstadt 1992, S. 60 ff.; *Peter Moraw,* Regionen und Reich im späten Mittelalter, in: Regionen und Föderalismus, hg. von Michael Mattheus, Stuttgart 1997, S. 9–29; *ders.,* Über Entwicklungsunterschiede und Entwicklungsausgleich im deutschen und europäischen Mittelalter. Ein Versuch, in: Hochfinanz – Wirtschaftsräume – Innovation, Festschrift für Wolfgang von Stromer, hg. von U. Bestmann u. a., Band 2, Trier 1987, S. 583–622; *Schwinges u.a.*, Innovationsräume (Anm. 28).

32 Starke Landesherren kontrollierten persönlich die Bürgeraufnahme in ihren Städten, z. B. der bayerische Herzog u. a. in München, vgl. *Solleder,* München (Anm. 9), S. 298; *Christine Rädlinger,* Die Grosse Krise – Finanzielle Probleme und Verfassungskämpfe 1365 bis 1403, in: *Bauer,* München (Anm. 9), S. 97–119, 102; auch der Erzbischof von Köln als Herzog von Westfalen u. a. in Olpe, vgl. *J. S. Seibertz* (Hg.), Urkundenbuch zur Landes- und Rechtsgeschichte des Herzogtums Westfalen, Band 2, Arnsberg 1843, Nr. 797; auch der Fürstbischof von Würzburg u. a. in Würzburg, vgl. die Zusammenstellung der bischöflichen Rechte in der sog. Ebracher Handschrift, siehe *Anton Ruland,* Die Ebracher Handschrift des Michael de Leone, in: Archiv des Historischen Vereins von Unterfranken 28, 1955, S. 1 ff. hier 160 f. – Im übrigen hatte Würzburg ‚nur' Bürgerlisten ab 1405, Bamberg ebenso ab 1441, Hildesheim ab 1397; Bürgerbücher gab es in Paderborn erst ab 1551, in Minden ab 1574, in Eichstätt fraglich (nur Fragmente von 1548 und 1565); von Trier und Worms ist mir nichts bekannt. – Wie sehr selbst der Bürgereid vom Zustand der Herrschaft abhing, zeigt sehr eindrücklich die Arbeit von *Michael Lauener* (Anm. 4).

Mittelalter noch singulären polnischen und dänischen Bücher, die von Krakau (1392) und Århus (1471)[33], sind klar unter Einfluss aus dem Reich in Rat und Schreibstube zu erklären, ebenso wohl die flämisch-hennegauischen diesseits wie jenseits der Reichsgrenze zu Frankreich, von Valenciennes (1361) bis Lille (1291) und Douai (1318)[34]. Auch die erstaunlich frühen bürgerbuch- oder bürgerrollenähnlichen *freemen-registers* von Dublin (1225), von York (1272) und Canterbury (1298) lassen sich vermutlich mit der Anbindung Irlands und Englands an den niederländisch-rheinischen Einfluss- und Wirtschaftsraum begründen. Anders jedoch als in Mitteleuropa entwickelte sich auf den Inseln keine spezifische Bürgerbuchtradition über die drei genannten Städte hinaus, nicht einmal in Listenform. Auch brachen die Aufzeichnungen relativ früh schon wieder ab, in Dublin bereits 1250 und in Canterbury 1363, so dass die Register von York zusammen mit den später einsetzenden von Chester (ab 1392) und Romney (ab 1433) während des ganzen späteren Mittelalters – soweit ich sehe – offenbar allein blieben[35]. Eine plausible Erklärung dieses Befundes fehlt noch, auch wenn man geneigt ist, auf die starke königliche Kontrolle der englischen Städte hinzuweisen[36] – parallel vielleicht zum bürgerbuchverhindernden Einfluss mancher deutscher Stadt- und Landesherren.

---

33 Zu Krakau (Anm. 14). – Borgerskabsprotokol 1471–1673, Århus Raadstuerarkiv Sign. D2, Landesarkivet for Norrejylland, Viborg, ebenda Nr. 303 ein Typoskript bis 1550: *Poul L. Enemark* und *H. Finn,* Århus Borgerskabsprotokol 1471–1550, Århus 1984.

34 Im Überblick *Verbeemen* (Anm. 10). – Valenciennes: Registres des choses communes I-V, 1361–1462 (sehr lückenhaft), dazu *Jean Cossé,* L'admission à la bourgeoisie à Valenciennes au 14e siècle d'après les ‚registres des choses communes', in: Recueil d'études d'histoire hainuyère offerts à M. A. Arnould, hg. von Jean-Marie Cauchies et Jean-Marie Duvosquel, Band 1, Valenciennes 1983, S. 599–616. – Lille: siehe Anm. 21. – Douai: Registre (d'entrée) aux bourgeois, 1318–1334, 1399–1708, dazu *Georges Espinas,* La vie urbaine de Douai en moyen âge, Band 4, Paris 1913, S. 107–127; *Yvette Minet,* Les inscriptions du registre aux bourgeois de Douai au XVe siècle (1399–1560), Louvain 1973.

35 Dublin: *J.-T. Gilbert* (Hg.), Historic and Municipal Documents of Ireland 1172–1320, London 1870 (2. Aufl. 1964), S. 112–123. – York: *Francis Collins,* Register of the Freemen of the City of York, Vol. 1: 1272–1558, in: The Publications of the Surtees Society 96, Durham 1897, S. VII-XVIII, 1–279; siehe dazu *Richard Barrie Dobson,* Admissions to the Freedom of the City of York in the Later Middle Ages, in: The Economic History Review 26 (1973), S. 1–22. – Canterbury: *A. F. Butcher,* Canterbury's Earliest Rolls of Freemen Admissions, 1297–1363. A Reconsideration, in: A Kentish Miscellany, hg. von Felix Hull, London/Chichester 1979, S. 1–26. – Chester: *J. H. E. Bennett* (Hg.), The Rolls of the Freemen of the City of Chester, Part I, 1392–1700, London 1906. – Romney: *A. F. Butcher,* The origins of Romney freemen 1433–1523, in: The Economic History Review 27 (1974), S. 16–27. – Nur eine Zusammenstellung aus verschiedenen Quellen ist das ‚Register of the Freemen of Leicester', abstracted from the Borough Records by *Henry Hartopp,* Vol. 1: 1196–1770, Leicester 1927. Prof. Dobson sei für wertvolle Auskünfte herzlich gedankt.

36 *Susan Reynolds,* An introduction to the history of English medieval towns, London 1977.

Frankreich, Italien und Spanien kannten dagegen im Mittelalter keine Bürgerbücher, jedenfalls keine im definierten Sinne und in ‚deutscher' Verfassung und Verbreitung. Offensichtlich produzierte man in den Städten des Reiches einen völlig eigenständigen Quellentypus. Ursache dafür waren sicher nicht Schriftlichkeit und Verwaltung an sich, da hatte insbesondere Italien schon seit dem 12. und 13. Jahrhundert enormen Vorsprung, denkt man nur an die höchst differenzierten Bücher und Listen zu allen möglichen Gelegenheiten des politischen, wirtschaftlichen und sozialen Lebens. Italienische, vor allem oberitalienische Städte führten früh schon Aushebungslisten von Bürgern im wehrfähigen Alter, belegt zum Beispiel in Pisa 1163, Siena 1198, Poggibonsi 1226 oder Florenz ca. 1266; Schwurlisten nannten die Namen sämtlicher Bürger, wenn ‚Staatsverträge' von diesen zu beschwören waren, so in Bassano 1175, Pisa 1228, Montalcino (Siena) 1233 oder in Lucca 1331; Herdstellenbücher (*libri focorum*) verzeichneten alle Familienhäupter, u. a. in Pistoia 1255, Perugia 1278, Padua 1281, Reggio Emilia 1315 oder in Neapel vom 13. bis ins 15. Jahrhundert; Getreidekonsumentenlisten (*bocche*) verzeichneten Personen ab dem dritten Lebensjahr seit dem 14. Jahrhundert, u. a. 1380 in Florenz; Grundbücher oder Kataster gaben Auskunft über den Grundbesitz der Bürger, der Kirchen und Stiftungen am Ort, so in Macerata 1268, in Orvieto 1292, in vielen Städten der Marken, der Abruzzen und Umbriens seit dem 14. Jahrhundert sowie berühmterweise in Florenz seit 1427; Steuerlisten (*estimi*) schliesslich präsentierten die steuerpflichtigen Bürger mit ihren Vermögensbeträgen, so im Jahre 1250 in Pavia, 1294 in Pistoia oder 1351 in Florenz und viele mehr im spätmittelalterlichen Oberitalien[37]. Für Frankreich – unter Einfluss aus Italien – kann man etwa auf die Herdstellenverzeichnisse von 1328 aus allen Pfarreien des Königreichs verweisen, auf die Herdstellenzählungen in der Dauphiné von 1338/39, auf zahlreiche Getreidekonsumentenlisten und Steuerlisten, aber nur auf wenige jahrgangsweise Aufzeichnungen über Neubürger etwa in Reims, Noyon oder Amiens[38].

---

37 Siehe *Karl J. Beloch,* Bevölkerungsgeschichte Italiens, Band I.1, Berlin 1937, mit vielen weiteren Beispielen; ebenso *Alfred Haverkamp,* Die Städte im Herrschafts- und Sozialgefüge Reichsitaliens (Historische Zeitschrift Beiheft 7), München 1979, S. 149–245; *Ulrich Meier,* Konsens und Kontrolle. Der Zusammenhang von Bürgerrecht und politischer Partizipation im spätmittelalterlichen Florenz, in: Stadtregiment und Bürgerfreiheit. Handlungsspielräume in deutschen und italienischen Städten des Späten Mittelalters und der Frühen Neuzeit, hg. von Klaus Schreiner und Ulrich Meier, Göttingen 1994, S. 146–187, bes. 160 ff.; vgl. auch *Meier* in diesem Band. Überblicksweise, auch über Italien hinaus: *Neithard Bulst,* Bevölkerung – Entvölkerung. Demographische Gegebenheiten, ihre Wahrnehmung, ihre Bewertung und ihre Steuerung im Mittelalter, in: Sozialer Wandel im Mittelalter, hg. von Jürgen Miethke und Klaus Schreiner, Sigmaringen 1994, S. 427–445, hier 433–441. Als Beispiel: *David Herlihy, Christiane Klapisch-Zuber,* Les Toscans et leurs familles. Une étude du catasto florentin de 1427, Paris 1978.

38 Zu Frankreich vgl. *Philippe Wolff,* Guide international d'histoire urbaine, Paris 1977; *Arlette Higounet-Nadal,* La démographie des villes françaises au moyen-âge,

Ähnlich war die Situation in spanischen Städten, doch findet man kaum vergleichbares, bürgerbuchähnliches Material, mit Ausnahme vielleicht von Niederlassungsaufzeichnungen, wie sie insbesondere aus Valencia und Barcelona überliefert sind[39].

Eine der Hauptursachen für das Fehlen der Bürgerbücher war neben der zentralen Schriftlichkeit in immer mehr verrechtlichter und kontrollierter Verwaltung die Tatsache, dass das Bürgerrecht der verschiedenen europäischen Länder und Reiche im späten Mittelalter je anders verfasst war, insbesondere im Hinblick auf die Existenz eines promissorischen Bürgereids. In seinen Studien über „Bürgerrecht und Steuerpflicht" hat bereits Adalbert Erler darauf hingewiesen, dass der Steuereid nur innerhalb der deutschen Reichsgebiete sowie in verwandten Räumen in Flandern und im Norden Frankreichs vorkomme; als Beispiele zitierte er bezeichnenderweise Amiens und Douai[40]. Nun decken sich diese Gebiete verbreiteten Steuereids nahezu vollkommen mit jenen, in denen Bürgerbücher oder Bürgerlisten geführt und – verbunden damit – Bürgereide geleistet worden sind. In Anlehnung an Macchiavellis *Discorsi sopra le deche di Tito Livio* (I, 55) wies Erler des weiteren darauf hin, dass der promissorische Eid im späten Mittelalter in romanisch geprägten Räumen nicht mehr in Gebrauch gewesen sei[41]. Die Bedeutung dieser ‚Entdeckung' hat er freilich nicht erkannt, so wenig wie Nachfolgende, die dem räumlichen Aspekt des Eides so gut wie keine Beachtung schenkten, obwohl man weiss, dass die Bedeutung des Bürgereids zum Beispiel in Italien aufgrund der gewandelten Verfas-

in: Annales de Démographie Historique 1980, S. 187–211; *Neithard Bulst*, Zum Stand der spätmittelalterlichen demographischen Forschung in Frankreich, in: Die Familie als sozialer und historischer Verband. Untersuchungen zum Spätmittelalter und zur frühen Neuzeit, hg. von Peter-Johannes Schuler, Sigmaringen 1987, S. 3–22. – *Fernand Lot*, L'état des paroisses et des feux de 1328, in: Bibliothèque de l'Ecole des Chartes 90 (1929), S. 51–107, 256–315; *A. Fierro*, La population du Dauphiné du XIVe au XXe siècle, in: Annales de Démographie Historique (1978), S. 355–417. – Reims: *M. Thirion*, L'immigration à Reims de 1351 à 1360, in: Travaux de l'Academie Nationale de Reims 94, Vol. II (1892–1893), Reims 1894, S. 211 f.; dazu *Pierre Desportes*, Reims et les Rémois aux XIIIe et XIVe siècles, Paris 1979, S. 575–579. – Noyon: *Abel Lefranc*, Histoire de la ville de Noyon, Noyon 1887, S. VII, 52–57, 137 ff. – Amiens: *Pierre Desportes*, Nouveaux bourgeois et métiers à Amiens au XVe siècle, in: Revue du Nord 64 (1982), S. 27–50.

39 *Leopoldo Piles Ros*, La poblacion de Valencia a traves de los ‚Libres de Avehinamento', 1400–1449, Valencia 1978; *Carmen Battle*, La presenza degli stranieri a Barcellona nei secoli XII e XIII, in: Dentro la città. Stranieri e realtà urbane nell-'Europa dei secoli XII-XVI, Neapel 1989, S. 87–110; *dies.* und *Joan J. Busqueta*, Las familias de la alta burguesia en el municipio de Barcelona (siglo XIII), in: Anuario de estudios medievales 16 (1986), S. 81–92.

40 *Erler*, Bürgerrecht (Anm. 1), S. 51; zu Amiens Anm. 38; zu Douai Anm. 34, besonders *Espinas*, Band 1, S. 384 ff. Vgl. auch *Philippe Godding*, Le droit privé dans le Pays-Bas méridionaux du 12e au 18e siècle, Bruxelles 1987, S. 56 ff.; *Müller-Herrenschwand*, Poortre van Brugge (Anm. 6), S. 27 ff.

41 *Erler*, Bürgerrecht (Anm. 1), S. 121.

sungsverhältnisse – anders eben als im deutschen Reich – im Laufe des Mittelalters verblasste[42].

Nördlich der Alpen konstituierte der Bürgereid den Bürger nach wie vor. Alle fundamentalen städtischen Interessen: die Steuerpflicht, die Mannschaftspflicht, die Zunftmitgliedschaft, die Loyalität gegenüber dem Rat, die Legitimation der durch Rat und Gemeinde entwickelten Satzungen bzw. der Verfassung, sind durch den Bürgereid definiert. Jeder Wandel wurde sofort neu beschworen, und die jährlich wiederkehrenden Schörtage sorgten für Erinnerung und Stabilität. Wie wichtig man die Sache nahm, zeigte sich auch daran, dass die Neubürger in aller Regel mindestens einen Eidbürgen – auch der Udelgeber ist prinzipiell ein solcher – zu stellen hatten[43], und schliesslich, dass man diese Vorgänge in wachsendem Masse zu dokumentieren begann. Wo man indessen ohne den Eid auskam, musste folglich der Bürgerbegriff ein anderer als der ‚deutsche' sein. In der Tat hat es in Italien zum Beispiel *den* Bürger ohnehin nicht gegeben, zumindest nicht mehr im späten Mittelalter, sondern in Anlehnung an den aristotelischen Bürgerbegriff verschiedene Kategorien, nämlich „herrschende, beherrschte und ‚mittlere' Bürger" oder andere Formen ‚bürgerlichen Klassenbildung', bei der auch die Dauer des Bürgerrechtsbesitzes eine Rolle spielte[44].

Die Abkehr vom Bürgereid kann man in Siena anhand der Studien von Daniel Waley und William Bowsky exemplarisch verfolgen: Zwischen 1210 und 1251 konnte Bürger werden, wer sein Bürgergeld im Sinne einer Aufnahmegebühr und vor allem seine direkten Steuern, eine *conditio sine qua non,* bezahlte. Der zu leistende Eid verpflichtete den neuen Bürger, den Besitz eines Hauses oder eine Rente auf einem Haus in der Stadt nachzuweisen sowie mindestens vier Monate in der Stadt zu residieren. Der gesamte Sachverhalt wurde in Rechnungsbücher eingetragen; rund 150 Neubürger sind dort in der genannten Zeit verzeichnet, erstaunlich wenige innerhalb von 42 Jahren bei einer Zahl von 5200 Steuerpflichtigen, die für

---

42 Jetzt aber *Dilcher* in diesem Band. Siehe auch *Paolo Prodi,* Der Eid in der europäischen Verfassungsgeschichte, München 1992.

43 Zur Sache *Ebel, Dilcher, Isenmann* (Anm. 1), letztere auch in diesem Band; siehe auch *Gudrun Gleba,* Der mittelalterliche Bürgereid und sein Zeremoniell. Beispiele aus norddeutschen Städten, in: Anzeiger des germanischen Nationalmuseums 1993, S. 169–175.

44 Dazu *Ulrich Meier,* „Burgerlich vereynung". Herrschende, beherrschte und ‚mittlere' Bürger in der Politiktheorie, chronikalischer Überlieferung und städtischen Quellen des Spätmittelalters, in: *Bürgerschaft:* Rezeption und Innovation der Begrifflichkeit vom Hohen Mittelalter bis ins 19. Jahrhundert, hg. von Reinhart Koselleck und Klaus Schreiner, Stuttgart 1994, S. 43–89; *ders.* in diesem Band. Grundlegend *William M. Bowsky,* Medieval Citizenship: The Individual and the State in the Commune of Siena 1287–1355, in: Studies in Medieval and Renaissance History 4 (1967), S. 193–243.

das Jahr 1285 in Siena belegt ist[45]. Um 1330 teilte man die Neubürger bereits in verschiedene ‚Klassen' ein; das Verfahren der Aufnahme ins Bürgerrecht wurde komplizierter und dauerte mehrere Jahre. Die höchste ‚Klasse' als *civis antiquus verus et naturalis* erreichte man nach sechs Jahren, wobei Jahr für Jahr geprüft wurde, ob alle Pflichten erfüllt worden waren. Als wichtigste der Pflichten hatte man ein Haus zu erwerben und Name, Besitz und Vermögen in das Steuerregister, den berühmten ‚Libro della Biccherna', eintragen zu lassen und einen notariell beglaubigten Nachweis darüber zu erbringen, dass man allen diesen Pflichten nachgekommen sei[46]. Dieses Verfahren in Siena macht deutlich, das die Notariatsinstrumente den Bürgereid als ‚Beweismittel' abgelöst hatten und es folglich auch keine Notwendigkeit gab, neben der Einzeleintragung ins Steuerregister, was im übrigen eher das fiskalische als das genossenschaftliche Interesse am Neubürger bekundete, noch gesonderte Bürgerregister anzulegen. Gewisse Übergangsformen finden sich bezeichnenderweise im schweizerischen Raum zwischen den Sprachgebieten[47].

Eine parallele Beobachtung betrifft bemerkenswerterweise das zentralgeführte Schriftgut der europäischen Universitäten, die sogenannten Rektoratsmatrikeln, die ebenfalls eidlich erworbenes akademisches Bürgerrecht vor allem anderen dokumentieren. Auch sie gab es vor 1500 nur innerhalb der Reichsgrenzen mit Ausgreifen in die nördlichen und östlichen Einflussräume, nicht jedoch – entgegen allen sozialen Erwartungen – in Italien, Spanien und Frankreich und im übrigen auch nicht in England. So liegt die Vermutung nahe, dass die Verbreitung des Eides und die Verbreitung von zentralen ‚Immatrikulationsdokumenten' einander ebenso entsprechen wie deren Fehlen[48].

---

45 *Daniel Waley,* Siena and the Sienese in the Thirteenth Century, Cambridge 1991, S. 16, 72–74; zu weiteren Beispielen *Ders.*, Die italienischen Stadtstaaten, München 1969, S. 104–109.

46 *Bowsky,* Citizenship (Anm. 44), S. 206.

47 Siehe z. B. *Charles-Aloyse Fontaine,* Pierre de Zurich, Notice sur la nature et l'organisation civile de la bourgeoisie de Fribourg, in: Annales Fribourgeoises 8 (1920), S. 145–155, 224–240; *Portmann,* Freiburg (Anm. 7); für Genf siehe *Louis Binz* in: Histoire de Genève, ed. par Paul Guichonnet, Toulouse/Lausanne 1974, S. 113 f. Die sog. *Rolles de Bourgeois* von Neuenburg ab 1396 sind eigentlich Steuerrödel, ab 1470 vermischt mit Bürgerlisten, Archives de la ville de Neuchâtel, Sign. X 5/1–2 (1396–1587); vgl. allgemein auch *Hermann Rennefahrt,* Grundzüge der bernischen Rechtsgeschichte, 4 Teile Bern 1928–1936.

48 *Rainer C. Schwinges,* Die Zulassung zur Universität, in: Geschichte der Universität in Europa, Band I: Mittelalter, hg. von Walter Rüegg, München 1993, S. 161–180, 166 ff.; *Jacques Paquet,* Les matricules universitaires (Typologie des sources du moyen âge occidental 65), Turnhout 1992, S. 16 ff.

II.

Die zweite Hauptfrage angesichts der Bürgerbücher betrifft deren Inhalt und den Umgang mit Neubürgeraufnahmen in nicht zuletzt migrationshistorischer Absicht. Trotz typologischer Differenzierungen zwischen Büchern, Listen, Rollen etc. haben wir bisher so getan, insbesondere bei der geographischen Verbreitung, als ob Bürgerbücher Verwaltungskonstanten wären. Wie aber jede Stadt ein Individuum, so ist selbstredend auch ihr Schriftgut eines. Kein Bürgerbuch gleicht dem anderen. Form und Inhalt unterscheiden sich erheblich, je nach Art der Einbürgerungsbestimmungen und des hauptsächlichen Verwendungszwecks, rechtlichen oder fiskalischen Interessen zu dienen. Von daher sind Informationsgehalt und Auswertungsmöglichkeiten erwartungsgemäss uneinheitlich, mehr noch, sie variieren mitunter zwischen Extremen: Die einen Bücher bieten nichts als pure Namenskolonnen, die anderen dagegen breite Sozialprofile von Personen und ganzen Gruppen. Einige Beispiele aus kleineren und grösseren Städten quer durchs Alte Reich mögen dies illustrieren.

Beispiel Ahlen

Die kleine westfälische Stadt Ahlen im Hochstift Münster führte während des späten Mittelalters neben anderen Stadtbüchern sogenannte Protokollbücher, die zugleich als Bürgerbücher dienten, ein erstes von 1386 bis 1448 und ein zweites von 1453 bis 1565, dem sich später noch ein drittes Buch von 1562 bis 1808 anschloss[49]. Das erste Protokoll- und Bürgerbuch im Umfang von 35 Pergamentseiten lässt die ursprünglich geplante Anlage mit einer durchdachten Rubrizierung noch gut erkennen: Die ersten Seiten galten der Neubürgeraufnahme; dann sollten die Auflassungen des Bürgerrechts folgen, ein Register der Einkünfte und Renten sowie ein Verzeichnis des Grundbesitzes in der Stadt, der sogenannten Wigboldsgüter. Im Laufe der Zeit trug man jedoch Neubürger und Auflasser in die jeweils frei gebliebenen Stellen ein. Die Aufzeichnungen begannen 1386 mit einer Liste des Altbürgerbestandes der Stadt, dann folgten die Neubürger ab 1389, jedoch ohne jede zeitliche Reihenfolge, wie vereinzelte Datierungen belegen.

---

[49] Originale als Deposita des Stadtarchivs Ahlen im Nordrhein-westfälischen Staatsarchiv zu Münster, Sign. Ahlen (Dep.) Akten II E Nr. 1–2, 4. Vgl. *Anna-Luise Kohl* (Hg.), Bürger- und Protokollbücher der Stadt Ahlen, mit einem Vorwort zur Stadtentwicklung von *Heinz Stoob* (Quellen und Forschungen zur Geschichte der Stadt Ahlen 3), Ahlen 1970; *Wilhelm Kohl* (Hg.), Die Urkunden des Stadtarchivs und des Klosters Maria Rosa in Ahlen (Quellen und Forschungen zur Geschichte der Stadt Ahlen 1), Ahlen 1966, bes. S. 21–23 (Statuten der Stadt von 1389).

Das zweite Protokoll- und Bürgerbuch im Umfang vom 87 Pergamentseiten beginnt zunächst mit einer Abschrift des ersten, um dann mit Neubürgeraufnahmen der Jahre 1453 bis 1496 fortzusetzen, unterbrochen von einem Verzeichnis der Bürger und Bürgerinnen des Jahres 1454, ähnlich der Liste von 1386 im ersten Buch. Es folgen die Bürgerrechtsauflassungen sowie weitere Bürgerschaftsaufnahmen aus den Jahren 1538 bis 1565. Die Lücke von 42 Jahren ist nicht behoben worden. Auch im zweiten Buch blieben die Aufzeichnungen weitgehend undatiert; erst 1520 begann man mit einer nahezu regelmässigen Chronologie.

Dagegen sind die inhaltlichen Angaben in beiden Büchern über das 15. Jahrhundert hinweg einigermassen konstant. Eingetragen wurden – durchweg in niederdeutscher Sprache – Vorname und Familienname der Neuaufgenommenen, ferner die Namen der Bürgen (in der Regel zwei Personen), das Datum der Aufnahme (erst ab 1520) sowie interessanterweise die Rechtsform der Verbürgerung. Das Ahlener Bürgerrecht unterschied nämlich zwischen Gewinnung und Huldigung. Im ersten Fall gewannen Neuzuzüger zum ersten Mal das Bürgerrecht, im anderen erneuerten sie es bzw. huldigtem dem verlorenen. Als Grund für den Verlust des Bürgerrechts wurde die Heirat eines Bürgers mit einer Nichtbürgerin oder einer Bürgerin mit einem Nichtbürger am häufigsten angegeben, was statutarisch so geregelt war und den Verlust des Bürgerrechts daher regelmässig nach sich zog. Aber auch längere Abwesenheit von Ahlen konnte zuweilen als Grund für den Rechtsverlust vermerkt werden. Die örtliche Herkunft der neuzugezogenen Bürgerinnen und Bürger ist leider nur sehr selten eingetragen worden, ebenso die berufliche Tätigkeit der ‚Gewinner' und ‚Huldiger'; gelegentlich kann man jedoch mit aller Vorsicht Rückschlüsse aus den Namen ziehen. Beide Protokollbücher verzeichnen im übrigen auffallend viele Frauen in der einen oder anderen Form des Bürgerrechts. Soweit man sieht, handelte es sich in den meisten Fällen um wiederverheiratete Bürgerswitwen. Voraussetzung für den Eintritt in die Bürgerschaft Ahlens – wie wohl im Hochstift Münster insgesamt – war für Männer wie Frauen die persönliche Freiheit. Sie musste vorgängig durch sogenannte Abzugs- oder Geburtsbriefe jener Ortschaft nachgewiesen werden, aus der die Neubürger und Neubürgerinnen zuzogen, oder aber durch einen Freibrief, wenn es sich um grundherrliche Hörige handelte. Ausserdem war es erforderlich, die Richtigkeit dieser Angaben durch die beiden altbürgerlichen Bürgen bestätigen zu lassen.

Beispiel Marienburg

Die Stadt Marienburg, Sitz des Hochmeisters des Deutschen Ritterordens, führte ein sogenanntes *Bürgerrecht Buch* seit 1398 – und über alle Herrschaftswechsel hinweg bis 1770[50]. Das jetzt vorliegende Buch im Umfang von 94 Pergamentseiten dürfte freilich einen Vorläufer oder eine Vorlage gehabt haben, da es bis 1530 dieselbe Handschrift aufweist. Die Seiten sind in drei Spalten gegliedert und nehmen chronologisch fortlaufende Eintragungen gemäss der Amtsdauer der Bürgermeister in vermischter lateinischer und deutscher Sprache auf. Angegeben sind nur die Namen der Neubürger und – allerdings sehr selten – der Neubürgerinnen, keinerlei Herkunfts- und Berufsbezeichnungen, es sei denn im Namen selbst. Dafür vermerkte man durchgängig zu jeder Person die offensichtlich zuvor bewiesene Tatsache der ehelichen Geburt. Das Buch – wie es schon sein Name sagt – diente ausschliesslich als Nachschlagewerk zum Beweis des Bürgerrechterwerbs bzw. des Bürgerstatus'. In ähnlich knapper Weise wurden auch die Bürgerbücher anderer Städte des Ordenslandes geführt, zum Beispiel die Bücher der Danziger Rechtsstadt (1364) und der Danziger Jungstadt (1400), die von Elbing (1415) oder Marienwerder (1480); nur Braunsberg (1344) machte eine Ausnahme und interessierte sich auch für Herkunftsorte, Berufe und Verwandtschaften seiner Neubürger und (wenigen) Neubürgerinnen sowie die Höhe des gezahlten Bürgergeldes[51].

---

50 Archiwum Panstwowe w Gdansku, Sign. 508/1787. Vgl. *R. Toeppen,* Quellenbeiträge zur Geschichte des Rats und Gerichts der Stadt Marienburg, in: Altpreussische Monatszeitschrift. Der Neuen Preussischen Provinzial-Blätter 5. Folge 38 (1901), S. 192–220; *Penners,* Herkunft der Stadtbewohner (Anm. 7), S. 106 ff.

51 Älteres Bürgerbuch der Danziger Rechtsstadt (1364–1434), Archiwum Panstwowe w Gdansku, Sign. 300, 32/1, nur hier noch relativ oft Herkunftsorte mitaufgezeichnet; das Anschlussbuch bis 1597 ist verschollen. – Bürgerbuch der Jungstadt Danzig (1400–1455), ebd., Sign. 300, 60/1; zu den Büchern vgl. *Hedwig Penners-Ellwart,* Die Danziger Bürgerschaft nach Herkunft und Beruf 1536–1709 (Wissenschaftliche Beiträge zur Geschichte und Landeskunde Ost-Mitteleuropas), Marburg 1954, S. 3–13; *Erich Keyser,* Die Bevölkerung Danzigs und ihre Herkunft im 13. und 14. Jahrhundert, in: Pfingstblätter des Hansischen Geschichtsvereins 15 (1924), S. 3–59. – Bürgerbuch von Elbing, Ksiega Obywatelska (1415–1457, 1519–1664), Archiwum Panstwowe w Gdansku, Sign. 369,1/131. – Marienwerder, Stadtarchiv, Bürgerbuch 1480 ff.; vgl. *Penners,* Herkunft der Stadtbewohner (Anm. 7), S. 50, 57 f. 77, 103 f. – *Viktor Röhrich, Franz Liedtke* (Hg.), Codex Diplomaticus Warmiensis oder Regesten und Urkunden zur Geschichte Ermlands (Monumenta Historiae Warmiensis oder Quellensammlung zur Geschichte Ermlands 9,1), Band 2, Braunsberg 1864, S. 303–312, Band 4, Braunsberg 1935, S. 1–49, 621–627 (mit Erläuterungen zum *libellus civitatis*); vgl. noch *J. A. Lilienthal,* Die städtische Verwaltung in der Altstadt Braunsberg, in: Der neuen Preussischen Provinz-Blätter andere Folge 1852, Band 1, S. 170–186, Band 2, S. 144–151.

Beispiel Kampen

Nos scabini opidi Campensis ... fecimus ut in eo [libro] *scribantur et notentur nomina illorum qui recipiuntur in opitanos ... anno quo scribitur Anno Domini* M̄CCC secunto in festo Sancti Jacobi Apostoli. Auf Beschluss also ihrer Schöffen wurde im Jahre 1302 das erste *burgerboek* der Stadt Kampen in der Provinz Overijssel im alten Herzogtum Geldern angelegt. Es umfasst 112 Pergamentfolien und führt bis ins Jahr 1393, zunächst bis ca. 1326 in lateinischer, danach zumeist in niederländischer Sprache. Das zweite, ebenfalls niederländisch geschriebene *burgerboek* beinhaltet zunächst bis und mit 1393 auf 137 Pergamentfolien eine Kopie des ersten Buches sowie anschliessend die Neubürgeraufnahmen bis ins Jahr 1469; es ist gegenüber den vielhändigen Ad-hoc-Aufzeichnungen des ersten Buches eine Reinschrift aus vorgängigen Verwaltungsunterlagen, vermutlich den Stadtrechnungen[52]. Beide Bücher, das erste ab 1308, sind chronologisch jahrgangsweise streng gegliedert, weniger streng dagegen das Schema der Eintragungen, wenn man alles Vorkommende nach Vorname, Familienname, Herkunft, Beruf, Verwandtschaft, genauem Datum und Modus der Einbürgerung rubrizieren würde: Blosse Namensnennungen, zumeist Vornamen und Patronyme (z. B. *Bernt Reijners soen*) wechseln mit weiteren Angaben zu Herkunftsort und/oder Berufstätigkeit ab (z. B. *Peter Claes soen van Monekedam scomaker*). Während Herkunftsorte noch relativ häufig angegeben werden, kommen Berufsbezeichnungen nur vereinzelt vor, mit Ausnahme merkwürdigerweise von Häufungen in den ersten Jahren des ersten und in den letzten Jahren des zweiten *burgerboeks*, im frühen 14. also und im späten 15. Jahrhundert; man muss hier wohl ein besonderes Engagement der Schreiber unterstellen. Auffallend allein im zweiten Buch sind gewisse Randbemerkungen, die das Bürgeraufnahmedatum (ab 1419) und das Weiterführen des Bürgerrechts innerhalb der Familien (*sin soen, sin kinder*) betreffen oder aber das Nichtweitergeben (*non legatur, non legantur*), was allerdings so nur bei Frauen verzeichnet ist. Andere Bemerkungen wie *non iuravit, filli non iuraverunt* beziehen sich auf das Nichtableisten des Bürgereids der offenbar noch minderjährigen Familienmitglieder der Neubürger (ab 1445 häufig), während die normale Selbstverständlichkeit des bürgerlichen Schwörens erst gar nicht erwähnt wird, wie dies auch andernorts oft der Fall ist.

[52] Gemeentearchief Kampen, 1. *burgerboek* (1302–1393), Oud-archief Inv.nr. 331, Zitat: fol. 1r; 2. *burgerboek* (1302–1469), ebd. Inv. Nr. 332. Ein 3. Bürgerbuch ab 1470 scheint verschollen zu sein.

Beispiel Schlettstadt

Einen ganz anderen Charakter als die bisher vorgestellten zeigt das Bürgerbuch der elsässischen Reichsstadt Schlettstadt, ein umfangreiches Werk von 488 Papierseiten, davon 86 allerdings nicht beschrieben, das im Jahre 1472 angelegt und bis 1540 fortgeführt worden ist. Die Sprache ist bis auf gelegentliche lateinische Randbemerkungen von Anfang an Deutsch. Das Buch entsteht im Vergleich zu Strassburg (1292) oder Colmar (1363) ziemlich spät im Elsass, doch ist mit Ausnahme einer pergamentenen *liste de réception de bourgeois* von 1372–1418 von einem früheren Bürgerbuch nichts bekannt, wie dies auch der Originaltitel auf der Innenseite des Einbands anzunehmen nahelegt: *In diesem Büch sint geschriben alle burgere und seldnere zu Slestat, die ir reht empfangen hant uff den heilgen palmoben des jahrs do man zalte von Cristus unsers heren geburt tusent vier hundert sybentzig und zwey jare und darnoch*[53].

Dieser Titel lässt schon eine Besonderheit erkennen: Nicht nur neue Vollbürger sind eingeschrieben worden, sondern auch neue Seldener (frz. *les manants*), Inhaber des sogenannten kleinen Bürgerrechts, was sich vor allem danach begründete, dass Seldener im Gegensatz zu Bürgern keinen Grundbesitz in der Stadt nachzuweisen hatten. Ihren Rechtsstatus wird man demnach zwischen Vollbürgern und blossen Einwohnern einordnen können. Eine zweite Besonderheit ergibt sich aus der Gliederung des Bürgerbuchs, die strikt an Zünften orientiert war, und erst innerhalb der einzelnen Zünfte eine chronologische Reihenfolge der neuen Bürger und Seldener beachtete. Frauen wurden fast nur als deren Witwen ins Bürger- oder Seldenerrecht aufgenommen. Die erste Seite des Bürgerbuchs präsentierte geradezu die vierzehn Zünfte der Stadt in einer gewissen sozialhierarchischen Ordnung: Oberrebleute, Vorstädter, Niederlinge oder Weinleute vom Untertor, Ackerleute, Wotleute oder Schneider, Weinleute, Metzger, Brotbäcker, Sesterleute oder Gärtner, Schmiede, Schuhmacher, Gerber, Fischer und Schiffleute[54]. Jeder der Zünfte ist je nach ihrer Bedeutung eine mehr oder weniger grosse Anzahl von Seiten im Bürgerbuch zugewiesen, einschliesslich Leerseiten für spätere Einträge, wobei jeder neue Abschnittsbeginn mit beschrifteten Ledermarken gekennzeichnet ist. Eingetragen sind nun Zunft für Zunft das genaue Einbürgerungsdatum, Vorname, Familienname, Verwandtschaft, berufliche bzw. gewerbliche Tätigkeit, Herkunftsort und zum Teil auch der Wohnsitz in der Stadt. Auffallend

---

53 Archives de la ville de Sélestat, Sign. BB 45, BB 45a (Liste). Das Bürgerbuch ist sukzessive ediert durch *Maurice Kubler* (Hg.), Le livre des bourgeois et des manants de Sélestat 1472–1540, in: Annuaire des Amis de la Bibliothèque Humaniste de Sélestat 39 (1989) bis 47 (1997).

54 Die Schiffleutezunft wurde 1518 aufgehoben; die letzten fünf Zunftmitglieder wechselten zu den Weinleuten, *Kubler*, ebd. 1997, S. 197–200.

ist dabei, dass die Herkunftsorte der neuen Vollbürger nicht mehr eigens vermerkt werden, wenn sie zuvor schon als Seldener in der Stadt ansässig gewesen und als solche aufgenommen worden sind; insofern können verschiedene Personen auch doppelt – einmal als Seldener, ein andermal als Bürger – im Bürgerbuch verzeichnet sein. Praktischerweise kann man im Schlettstädter Bürgerbuch auch die Aufsagen und Aberkennungen des Bürger- oder Seldenerrechts gut überblicken: Randbemerkungen wie *resignavit et iuravit* mit genauem Datum machen darauf aufmerksam.

Beispiel Ravensburg

Die sogenannten ‚Bürgerlisten' der Reichsstadt Ravensburg sind für die mittelalterliche Zeit in zwei Papierhandschriften im Umfang von 276 und 300 Seiten überliefert; sie datieren von 1324 bis 1436 und von 1436 bis 1549. Die erste Handschrift bietet seitenlang zu Beginn vor allem Zinslisten, was nahelegt anzunehmen, dass sie zunächst für einen anderen Zweck bestimmt war. Trotz der Bezeichnung ‚Bürgerlisten' handelt es sich jedoch von Inhalt und Anlage her bei beiden Handschriften um veritable, definitionsgemässe Bürgerbücher. Zusätzlich zu den Neubürgeraufnahmen enthält die zweite Handschrift Verordnungen über den Erwerb des Bürgerrechts, ein Verzeichnis der Bürgerrechtsauflassungen von 1438 bis 1550 sowie – was relativ selten ist – ein wenn auch kurzes Verzeichnis der Stundungen des Bürgerrechts (1541–1544), für den Fall, dass man die Stadt nur auf absehbare Zeit zu verlassen gedachte. Bis 1404 war die Sprache lateinisch, dann überwiegend deutsch[55].

Beide Bücher sind chronologisch nach genauem Tagesdatum der Einbürgerung gegliedert und bieten reichlich Informationen zu Vornamen und Familiennamen, zu Herkunft und Beruf (beides ausdrücklich oft separat angegeben), zu Verwandtschaft und Bürgen, zum gezahlten Bürgergeld (wenn auch nicht immer konsequent), zu Liegenschaften in der Stadt (z. B. ... *locavit domum suam iuxta domum Petri Storrenberg* ...) sowie gelegentlich zu Sonderbedingungen des Bürgerrechterwerbs, einzelne Juden betreffend oder Geistliche, wie 1476 zum Beispiel Abt und Konvent der Prämonstratenser ‚in der minderen Au' bei Ravensburg, Bedingungen, die in diesem Fall auch durch die Abschrift der Bestätigungsurkunde des Abtes im Bürgerbuch gleich an Ort und Stelle bekräftigt werden. Auch Wiedereinbürge-

---

[55] Stadtarchiv Ravensburg, Sign. Büschel 26 und 27. Edition von *Albert Hengstler* (Hg.), Bürgerlisten der Reichsstadt Ravensburg, Teil 1: 1324–1436, Ravensburg 1959 (Register 1963); *ders.*, Teil 2: 1436–1549, maschinenschriftl. Fassung, Ravensburg 1966. Ein älteres, alphabetisches Verzeichnis bei G. Merk (Bearb.), Das Ravensburger Bürgerbuch. Bürger des XV. Jahrhunderts, in: Frankfurter Blätter für Familiengeschichte 3 (1910), S. 156 ff., 4 (1911), S. 3 ff. Eine dritte erhaltene Handschrift (Sign. Büschel 28) umfasst die Jahre von 1550 bis 1670.

rungen – etwa nach durchgestandenen Steuerstreitfällen – kommen vor und sind dann ebenfalls ausführlich begründet[56]. Unter den ins Bürgerrecht aufgenommenen Personen befinden sich von Anfang an auffallend viele Frauen – allein oder zusammen mit ihren Kindern. Offensichtlich wurden sie separat und nicht zugleich mit dem Ehemann und Vater eingebürgert. Die enstprechenden Verordnungen spiegeln sich hier durchaus in den seriellen Texten, auch übrigens im umgekehrten Fall der Auflassung: So konnten Kinder das Bürgerrecht behalten, obwohl es der Vater aufgab.

Beispiel Villingen

Das letzte Beispiel führt nach Villingen im Schwarzwald, dem alten vorderösterreichischen Hauptort der Baar. Überliefert sind dort aus dem späten Mittelalter vier grossformatige Pergamentbände. Der erste Band im Umfang von 92 Seiten trägt auf der Innenseite des originalen Pergamenteinbands die Notiz: *Iste liber fuit inceptus anno domini M CCC XXXVI circa Johannes Baptiste*. Es ist das erste Bürgerbuch von 1336 bis 1360, lückenhaft allerdings, da mehr als ein Viertel der Seiten ganz oder teilweise herausgeschnitten sind; das zweite Buch von 1360 bis 1400 ist nur als ein elfseitiges Fragment erhalten, während das dritte und das vierte Buch von 1401 bis 1508 bzw. von 1509 bis 1593 mit 54 und 58 Seiten noch komplett zu sein scheinen. In allen Fällen handelt es sich um Reinschriften, nur das vierte Buch ist seit den 1520er Jahren mit häufiger wechselnden Schriften fortlaufend geführt worden. Die Sprache ist zu Anfang eine lateinisch-deutsche Mischform, die jedoch noch im 14. Jahrhundert mehr und mehr ins Deutsche überging[57].

Die Villinger Bürgerbücher, zumindest die ersten drei bis 1509, sind einheitlich, aber anders gegliedert als die bisherigen Fallbeispiele, nämlich streng topographisch nach den vier Stadtvierteln und der Ausbürgerschaft im Umland – ganz im Sinne der sonst nur auf schweizerischem Boden vorkommenden Udelbücher[58]. Die Stadtschreiber hatten dazu in jedem Buch

---

56 *Hengstler*, ebd. Teil 2, S. 140 ff. (Handschrift S. 97 f.); Teil 2, S. 106 (Handschrift S. 76).

57 Bürgerbuch Ia (1336–1360), Stadtarchiv Villingen, Sign. AAAa / 1a Nr. 2912; Bürgerbuch Ib (1360–1400, Fragment), ebd. Sign. AAAa / 1b Nr. 2913; Bürgerbuch II (1401–1508), ebd. Sign. AAAa / 2 Nr. 2921; Bürgerbuch III (1509–1593), ebd. Sign. AAAa / 3 Nr. 2946. Vorhanden ist noch ein Papierblatt mit Eintragungen von 1394 bis 1400, das als Formular zur Anlage des neuen Buches ab 1401 gedient haben könnte, ebd. Sign. DDD39 / 8. – Siehe auch – worauf sich die angegebenen Nummern beziehen – *Hans-Josef Wollasch* (Hg.), Inventar über die Bestände des Stadtarchivs Villingen, Urkunden, Akten und Bücher des 12. -19. Jahrhunderts, 2 Bände Villingen 1970–1971.

58 Siehe oben wie Anm. 18.

Abschnitte gebildet und diese mit *Prima* bis *Quarta pars civitatis* sowie mit *Hic stant domni cives extranei* oder mehreren *partes civium extraneorum* übertitelt. Zusätzliche Abschnitte jeweils an exponierter Stelle am Schluss der Bücher oder auf der Innenseite des rückwärtigen Einbands, insbesondere im ersten und im dritten Bürgerbuch, waren für ‚besondere Bürger' reserviert, sowohl für geächtete oder wegen Totschlags verstossene als auch für sogenannte *dinger*, die wegen spezieller Dienste für die Stadt ins Bürgerrecht aufgenommen wurden. Die laufend pro Abschnitt nachgetragenen Einbürgerungen sind im ersten ‚Bürger-Udelbuch' nicht datiert; sie scheinen in der Stadt eher den topographischen Gegebenheiten der einzelnen Quartiergassen zu folgen. Die beiden anderen Bücher setzen das Schema konsequent fort, datieren jedoch ab 1363 häufiger und ab 1401 sogar grösstenteils mit genauen Tagesdaten. Mit dem vierten Bürgerbuch wechselte der Stadtschreiber indessen das Schema und ging von der Udel- zur chronologischen ‚Buchführung' über. Nur zu Beginn des Jahres 1509 wurden noch verschiedene Neubürgeraufnahmen aus dem 15. und den ersten Jahren des 16. Jahrhunderts nach altem Schema nachgetragen, gewissermassen zur Aktualisierung der zu diesem Zeitpunkt noch gültigen Bürgerrechte der betreffenden Personen.

Interessiert waren die Villinger Stadtschreiber relativ einheitlich an folgenden persönlichen Informationen über ihre Neubürger und Neubürgerinnen, Inburger wie Ausburger: an Vornamen, Familiennamen und Verwandtschaft, Beruf und Herkunft, beides oft ausdrücklich separat, losgelöst vom Namen angegeben, allmählich an Datierungen sowie am ‚Udelhaus' und seiner Lage in der Stadt, wie in diesem Beispiel vor 1360: *Hainrich der scheggeller ist burger an sinem halben hus in Landolts gesseli wider dez Korbers hus stubenhalb*[59]. Solche Eintragungen erreichen im Durchschnitt einen Umfang von drei bis vier Zeilen. Der Umgang mit den Villinger Bürgerbüchern ist wie bei allen Udelbüchern im Südwesten des Reiches vergleichsweise problematisch, allein schon deshalb, weil Mutationen innerhalb eines oder zwischen den Stadtvierteln nicht speziell gekennzeichnet worden sind, wenn etwa durch Binnenmigration oder sonstige Umstände Udel und Bürgerrecht auf ein anderes Haus im selben oder einem anderen Quartier verlegt wurden.

Quellenkritisches

Die sechs Beispiele, mit denen die Spannweite bürgerbuchlicher und implizit bürgerrechtlicher Unterschiede noch keineswegs ausgeschöpft ist, machen indessen schon deutlich, dass ein direkter Vergleich in der Tat pro-

59 Bürgerbuch I (Anm. 57), fol. 49.

blematisch und so manchen Beschränkungen zu unterwerfen ist. Doch erst der Wille zum Vergleich macht die Probleme bewusst, wiederum ein Hinweis, dass ‚horizontal' angelegtes Arbeiten zumindest nicht Gefahr läuft, die Dinge im einzelnen zu überschätzen. Im Grunde gibt es nur einen einzigen gemeinsamen Nenner, und das ist die Tatsache der Eintragung des Namens einer Person in ein dafür vorgesehenes Schriftstück rechtlicher oder fiskalischer oder beider Natur. Es versteht sich von selbst, dass ein solch uneinheitliches Informationsangebot in jedem einzelnen Fall sorgfältig vergleichender Quellenkritik bedarf, und die Auswertungen in jeder Hinsicht darin eingebettet sein müssen[60].

Die Kritik beginnt schon mit der Grundfrage, wer eigentlich wirklich ins Bürgerbuch eingetragen wurde, eine Frage, die sogleich noch die weitere nach der Vollständigkeit des Bürgerbuchs nach sich zieht: Sind nur vollberechtigte Bürger und Bürgerinnen verzeichnet worden oder auch Hintersassen mit ‚kleinem Recht' und Sondergruppen mit spezifischer Rechtsausstattung? Sind die in der Stadt geborenen Bürgersöhne und Bürgertöchter miteingetragen worden oder hat man nur auf den Eintrag, nicht aber auf die Sache selbst verzichtet? Sind nicht etwa nur sozial ausgewählte Personen und gehobene Kreise berücksichtigt worden, deren Bürgerrecht sich mit weiteren Rechten verband, zum Beispiel mit dem Weinschankrecht wie in Köln oder in Bingen am Rhein, mit Braurechten wie in vielen niederdeutschen Städten, oder in Augsburg, wo offenbar Bürgeraufnahmen nur im Zusammenhang mit einer Bürgschaft dokumentiert wurden[61]; ganz abgesehen davon, dass manche Bürgerbücher aus verwaltungstechnischen oder ‚schreiberpersönlichen' Gründen unvollständig oder jahrgangsweise lückenhaft geblieben sind, wie einige der obigen Beispiele zeigen oder besonders deutlich Braunschweig, wo die Aufzeichnungen der Gesamtstadt und der einzelnen Weichbilde – Altstadt, Neustadt, Altenwiek und Sack – trotz nächster Nähe zueinander sehr unterschiedlich gehandhabt wurden[62]. Städtische Realität und Bürgerbuch-Realität konnten da weit auseinander klaffen. Schon ein grober Vergleich von geschätzten Einwohnerzahlen und aus Bürgerbüchern ermittelten Bürgerzahlen, obwohl letztere

60 Dazu künftig *Schwinges,* Bürgerbücher (Anm. 10).

61 *Stehkämper,* Kölner Neubürger (Anm. 17), S. xxix ff.; ausführlich *Deeters,* Bürgerrecht (Anm. 1), bes. S. 27 ff. – *M. Repp* (Hg.), Die Bürgeraufnahmen von 1536 bis 1607. Beiträge zur Binger Familiengeschichte, in: Katholischer Kirchenkalender der Pfarrei Bingen am Rhein 23–25, Bingen 1939–1941, S. 17 ff.; zum Bürger- und Braurecht allgemein *Ebel,* Bürgereid (Anm. 1), S. 52. – *Kalesse,* Augsburg (Anm. 1).

62 Bürgerbücher I-VII, Stadtarchiv Braunschweig, Sign. B I 7, Nr. 1–7; vgl. *Andrea Theissen,* Die Neubürgerpolitik der Stadt Braunschweig im Rahmen ihrer Finanz- und Wirtschaftspolitik vom Ende des 15. Jahrhunderts bis zum Dreißigjährigen Krieg, in: Stadt im Wandel. Kunst und Kultur des Bürgertums in Norddeutschland 1150–1650, hg. von Cord Meckseper, Band 4, Stuttgart/Bad Canstatt 1985, S. 119–129, 119 f.

bekanntlich immer sehr viel geringer gewesen sind als erstere, lässt die besonderen Verhältnisse einiger Städte im Kreise der anderen recht gut erkennen; man sieht sofort, wo – wie eben in Köln, Augsburg oder Braunschweig – vergleichsweise viel zu geringe Bürgerzahlen dokumentiert worden sind[63].

Nur hingewiesen sei im Rahmen der Quellenkritik auf die Probleme der Einordnung des weiblichen Bürgerrechts, auf die Frage, warum dieses in verschiedenen Städtelandschaften so ausserordentlich zwischen Null und zweistelliger Prozentbeteiligung schwankte und warum wiederum der ‚Süden' des Reiches Frauen häufiger selbständig einbürgerte als der ‚Norden'[64]. Hingewiesen sei auch auf die Einordnung des Burgrechts der Ausburger und der möglichen Bürgerrechte für Adelige, Geistliche, Ordensleute mitsamt ihren Klöstern, für Gäste und Juden[65]. Man denke ferner an das bekannt dornige Problem der Bestimmung und Analyse lokaler und regionaler Herkunft, sozialer und wirtschaftlicher Positionen und nicht zuletzt an das grundsätzliche Problem, die Neubürgeraufnahmen adäquat zu interpretieren, wenn man vor allem an Migrationen interessiert ist[66]. Niemand wird behaupten wollen, dass hinter jeder Namenseintragung eines Neubürgers oder einer Neubürgerin zugleich eine vorangegangene Wanderung stehen muss. Bei Bürgerskindern ist das offensichtlich; doch Hintersassen oder schon deren nächste Generation könnten durchaus erst nach vielen Jahren der Einwohnerschaft das Bürgerrecht erworben haben, wie es im Falle Schlettstadts ausnahmsweise einmal in der Quelle selbst direkt deutlich wird. Dies scheint nämlich vielfach der Fall gewesen zu sein, am augenfälligsten nur in Krisenzeiten, wenn es dem Rat geboten schien, durch Masseneinbürgerungen die Stadtbewohner gewissermassen auf dem Verwaltungswege stärker als zuvor in die bürgerlichen Pflichten zu nehmen, oder aber in Zeiten besonderer politischer Durchsetzungsfähigkeit im Umland, wenn es dem Rat gelang, ganze Dorfgemeinschaften, adelige und geistliche Grundherrschaften ins Ausburger- oder gar kommunale Bürgerrecht zu holen[67]. Das heisst aber nun, dass man alle Neubürgermigrationen grundsätzlich als einen zeitlich tiefgestaffelten Vorgang behandeln muss. Strenggenommen untersuchen wir nicht Migrationen, sondern Immatriku-

---

63 Siehe *Gerber* in diesem Band, Abb. 2: „Bevölkerungszahl der Städte im Vergleich mit den durchschnittlichen Einbürgerungen 1277–1550".

64 Siehe den Beitrag von *Barbara Studer* in diesem Band.

65 Siehe die Beiträge von *Christ, Gilomen* und *Marchal* in diesem Band; Schmieder (Anm. 1), S. 145 ff.

66 Siehe die Beiträge von *Boone* und *Stabel, Koch, Müller-Herrenschwand, North, Schulz* und *Schwinges* in diesem Band.

67 Vgl. den Beitrag von *Gerber* in diesem Band; *ders.*, Einbürgerungsfrequenzen (Anm. 7), S. 95 ff., mit Beispielen aus Konstanz, Freiburg i. Ü. und Luzern; *ders.*, Gott ist Burger zu Bern (Anm. 6), S. 148 ff.

lationen in Bürgerbücher, serielle Rechts- und Verwaltungsakte, in denen sich allenfalls räumliche Tatbestände spiegeln. Indessen zeigen eine ganze Reihe von ‚gut' geführten Bürgerbücher, das heisst solchen mit ausreichend qualifizierten Herkunftsangaben, die man im übrigen auch mit einer mehr als 80prozentigen Sicherheit verifizieren kann, dass diese Spiegelungen dann doch ziemlich realistisch sind[68].

Alle Kritik und besten Informationsgehalt einmal vorausgesetzt, könnte man von einem Bürgerbuch Folgendes erwarten: Personennamen mit Vor- und Familiennamen, Einbürgerungsdatum (Tag, Monat und Jahr), Herkunftsort, Geschlecht, Beruf und Stand, sprachliche oder ethnische Zugehörigkeit nebst regionalen Zuweisungen[69]; ferner Angaben zur Qualität des Bürgerrechts, betreffend grosses oder kleines Recht oder in Koppelung mit dem Zunftrecht oder in eventueller Befristung oder Beschränkung; Angaben auch zu politisch-administrativen Massnahmen der Stadt, zur Beförderung oder Restriktion von Bürgeraufnahmen; Hinweise ferner zu Grund- und Hausbesitz in der Stadt, zum Kauf des Bürgerrechts durch Geldzahlungen und zusätzliche Sachleistungen (Gestellung von Waffen, Harnisch, Feuereimern etc.), zu Kaution- und Pfandstellung, nicht selten auch zum Erwerb des Bürgerrechts auf andere Weise, als Geschenk oder Ehrung für besondere Leistungen oder Verdienste um die Gemeinde, dann auch als eines Bürgers Kind oder *ratione uxoris*, durch Heirat also mit einer Bürgerin, einer Bürgerswitwe oder Bürgerstochter; erwarten kann man des weiteren Angaben zum Bürgereid, zu Namen, Beruf und Stand von ein bis drei Eidbürgen, zu weiteren sozialen Beziehungen am Zielort, zu Verwandtschafts-, Nachbarschafts- und Klientelverhältnissen und schliesslich auch zu mitaufgenommenen Familien- und Gruppenangehörigen. Ein Mitaufzeichnen von Bürgerrechtserneuerungen (etwa nach Befristungen), aber auch von Bürgerrechtsaufsagen, freiwilligen oder erzwungenen, würde das Bild abrunden.

Solch weitgespannte Informationen, teils direkte, teils indirekte und noch zu erschliessende, bot freilich kein einziges Bürgerbuch; man müsste

68 So gezeigt z. B. von *Koch*, Zürich (Anm. 6) und von *Kalesse*, Augsburg (Anm. 1).

69 Unterscheidungen zwischen deutsch und wendisch oder slawisch, vgl. z. B. *F. Kahle* (Hg.), Kamenzer Neubürgerverzeichnis 1483–1539. Mit einem Nachtrag zum Kamenzer Bürgerbuch 1570–1744, in: Familiengeschichtliche Blätter 32 (1934), S. 178–199; *Erich Wentscher* (Hg.), Die Görlitzer Bürgerrechtslisten 1379–1600 (Codex diplomaticus Lusatiae superioris 5), Görlitz 1928. – Französisch und deutsch z. B. in Mömpelgard, vgl. Le Livre de réception des bourgeois de la ville de Montbéliard (Le Livre Rouge, 1318–1790), Archives de la Ville de Montbéliard, Sign. BB 9; *Jean-Claude Voisin u.a.*, Histoire de la ville de Montbéliard, Roanne 1980, S. 41 ff.; *Kurt E. von Marchtaler*, Deutsche im Bürgerbuch von Montbéliard 1318–1790, in: Familiengeschichtliche Blätter 30 (1932), S. 199–204, 260–262, 318–320. – Versuch der Ausgrenzung durch doppeltes Bürgergeld all jener, die von westlich der Weser stammten, der „Niederländer" in Göttingen, vgl. *Heinz Kelterborn* (Hg.), Die Göttinger Bürgeraufnahmen, Band 1: 1328–1640), Göttingen 1961, S. VI.

sie erst – soweit überhaupt möglich – aus den gesamten Überresten der städtischen Verwaltung ‚konstruieren'. In die Nähe solcher Vielfalt kamen in der Regel nur Bürgerbuchschreiber aus Städten südlich der Mainlinie, insbesondere im oberdeutschen und eidgenössischen Raum, während man sich im ‚Norden' weit mehr Lückenhaftigkeit und mitunter spröde Namenskolonnen leistete. Dieser Befund ist gewiss nicht leicht einzuordnen, scheint aber zunächst auch anderen Nord-Süd-Vergleichen in entwicklungs- und personengeschichtlicher Hinsicht standzuhalten[70], auch wenn man sogleich Gegenbeispiele im Norden wie im Süden parat hätte: etwa die ‚reichen' Bürgerbücher von Wesel am Niederrhein und die ‚armen' Bücher von Freiburg im Breisgau, die sich beide wiederum nur sehr entfernt mit denen Freiburgs im Uechtland messen könnten[71].

Nach solchen Vorgaben müssen sich nun die Auswertungen richten, von Einbürgerungsfrequenzen, über Rekrutierungs- oder Migrationsräume, gewerblich-berufliche und geschlechtsspezifische Migrationen bis zu den Themen der ‚klassischen' Sozialgeschichte nebst solchen der Integration in die städtische, altbürgerliche Gesellschaft[72]. Dass heisst freilich, dass je nach Fragestellung nie alle, sondern immer nur bestimmte, ausgewählte Bürgerbücher herangezogen werden können, sinnvollerweise solche, die Mindestkriterien erfüllen. In diesem Zusammenhang verlangt das Projekt „Neubürger" eine lückenlose Überlieferung über mindestens 50 Jahre hinweg und eine genügende Anzahl von bestimmbaren Herkunftsorten, von Gewerbe-, Zunft- und Berufsnennungen; als untere Grenze gelten jeweils 20 Prozent. Danach können für Zeitreihenanalysen der Einbürgerungsfrequenzen immerhin 99 zeitgenössische Bürgerbücher, Bürgerrollen und Bürgerlisten verwendet werden, so dass man es insgesamt mit rund 400'000 Neubürgern zwischen ca. 1250 und 1550 zu tun hat. Die meisten dieser Bücher dokumentieren ihre Neubürger in nahezu ununterbrochener Serie über viele Jahrzehnte, einige sogar über Jahrhunderte hinweg, wie etwa

---

70 *Werner Paravicini* (Hg.), Nord und Süd in der deutschen Geschichte des Mittelalters, Sigmaringen 1990; *Beat Immenhauser*, Zwischen Schreibstube und Fürstenhof. Das Verfasserlexikon als Quelle zur Bildungssozialgeschichte des späten Mittelalters, in: Gelehrte im Reich. Zur Sozial- und Wirkungsgeschichte akademischer Eliten des 14. bis 16. Jahrhunderts, hg. von Rainer C. Schwinges, Berlin 1996, S. 411–435.

71 Zu Wesel *Langhans* (Anm. 25). – Stadtarchiv Freiburg i. B., Bürgerbücher I-II (1397–1728), Sign. B5 (P), bieten fast nur Namen, alphabetisch nach Vornamen geordnet; vor 1484 sind die Einträge nur zum Teil aufs Jahr datiert. Anders in Freiburg i. Ue.: Man erfährt schon im 1. Buch Namen, Datum, Herkunftsort, Beruf, Lokalität des Udels in der Stadt, Verwandtschafts- und andere Beziehungen, Udelgeld und -zins bei Ausburgern, vgl. *Yves Bonfils* und *Bernard de Vevey* (Hg.), Le premier livre des bourgeois de Fribourg 1341–1416 (Archives de la Société d'Histoire du Canton de Fribourg 16), Fribourg 1941; *Portmann*, Bürgerschaft Freiburg (Anm. 7).

72 Dazu z. B. *Koch*, Integration (Anm. 7); *ders.*, Neubürger in Zürich (Anm. 6), Kapitel 6, S. 180–223; *Gerber*, Gott ist Burger (Anm. 6), Kapitel 5, S. 193–249.

die Bürgerbücher der Grossstadt Frankfurt am Main von 1311 bis 1803 oder die der kleinen Stadt Amberg in der Oberpfalz von 1425 bis 1868[73]. Für Analysen der örtlichen und regionalen Herkunft der Neubürger und Neubürgerinnen stehen 68 und für kombinierte Herkunfts- und Berufsanalysen immerhin noch 43 Bürgerbücher zur Verfügung, deren Verteilung im Reich die allgemeine Bürgerbuchgeographie dennoch annehmbar repräsentiert[74]. Um die Personenfülle für solche Untersuchungen bewältigen zu können, haben wir uns von vornherein für Stichproben entschieden und – um vor allem noch historisch repräsentativ zu sein – jeden sechsten Jahrgang zwischen 1282 und 1546 erhoben[75]. Unter gewissen Bedingungen[76] verbleiben auf diese Weise im Projekt noch 69'860 Personen, verbunden beispielsweise mit 18'556 Berufs- und 22'255 örtlichen Herkunftsangaben – genug, um dem Phänomen der Neubürgermigration im Reich des späten Mittelalters in den Beiträgen aller Projektbeteiligten auch in diesem Band gerecht zu werden.

---

73 Siehe *Andernacht* und *Stamm* (Anm. 26). – Stadtarchiv Amberg, Sign. Bestand Bd. 243 ff., *Albert Gümbel*, Die Bürgerbücher im Stadtarchiv zu Amberg i.d.O., in: Korrespondenzblatt des Gesamtvereins der deutschen Geschichts- und Altertumsvereine 1917, S. 147–152.

74 Vgl. *Gerber* in diesem Band, Abb. 2: „Bevölkerungszahl der Städte im Vergleich mit den durchschnittlichen Einbürgerungen 1277–1550".

75 Zum Verfahren *Rainer Christoph Schwinges*, Deutsche Universitätsbesucher im 14. und 15. Jahrhundert. Studien zur Sozialgeschichte des alten Reiches, Stuttgart 1986, S. 221 ff.

76 Für die Auswahl der Bürgerbücher gelten folgende Bedingungen: Stichprobenjahre > 9; Anzahl der Neubürger > 299; Anzahl der Ortsangaben > 49; Anzahl der Berufsangaben > 49. Dies trifft für die oben genannten 43 Bürgerbücher so zu.

Bürgerrecht und Herrschaftsverhältnisse

Gemeinnutz und Vaterlandsliebe. Kontroversen über die normativen Grundlagen des Bürgerbegriffs im späten Mittelalter

Von Ulrich Meier, Bielefeld

Die vier Quellen, aus denen die mittelalterliche Theorie des Bürgers ihr Material und ihre Anregungen schöpfte, waren städtisches Schriftwesen, Römisches Recht, antike Staatslehre und die Theologie des Himmlischen Jerusalem[1]. Jeder Autor, der zu diesem Thema redete oder schrieb, ist mehr oder weniger eindeutig in diesem Koordinatensystem verortbar. Theologen, Philosophen und Juristen haben Bürger und Stadt auf unterschiedliche Weise konzeptualisiert, der Fundus an gemeinsamen Grundüberzeugungen aber war überraschend groß. So standen, um nur einiges zu nennen, weniger die herrschaftsfähigen Führungsgruppen im Zentrum des gelehrten Interesses, als vielmehr der gemeine Bürger mit all seinen Rechten und Pflichten. Der Begriff der Teilhabe eignete beiden Gruppen. Man unterschied dabei grundsätzlich zwei Formen: Auf der einen Seite die Ausübung von Herrschaft – im Lateinischen mit *principari* wiedergegeben –, auf der anderen Seite eine ganze Palette von Mitwirkungsmöglichkeiten und Teilhabechancen – im Lateinischen manchmal unter *participare* zusammengefaßt.

Die Ausübung von Herrschaft wurde in der Regel nur kurz und knapp behandelt. Es verstand sich gewissermaßen von selbst. Dagegen wandten Philosophen und Juristen ihren ganzen Scharfsinn dem anderen Bereich, dem der weitgefaßten, alle Bürger betreffenden Teilhabe, zu. Philosophen

---

1 Grundlegend: *Peter Riesenberg,* Citizenship in the Western Tradition: Plato to Rousseau, Chapel Hill und London 1992; *Gerhard Dilcher,* Kommune und Bürgerschaft als politische Idee der mittelalterlichen Stadt, in: Pipers Handbuch der politischen Ideen, hg. von Iring Fetscher und Herfried Münkler, Bd. 2, Mittelalter: Von den Anfängen des Islams bis zur Reformation, München 1993, S. 311–350; sowie *Ulrich Meier,* Mensch und Bürger. Die Stadt im Denken spätmittelalterlicher Theologen, Philosophen und Juristen, München 1994. – Zum Wortgebrauch noch eine gewichtige Einschränkung: Die Begriffe *civis* oder *civitas* können insbesondere im philosophischen und theologischen Schrifttum nicht auf die Bedeutung „Stadt" oder „Stadtbürger" eingegrenzt werden. Die Termini bezeichnen häufig das, was wir „Staatsbürger" beziehungsweise „Staat" nennen. Bei Erläuterungen, die auf zeitgenössische Erfahrungen rekurrieren, tauchen die Bürgerstadt und der Stadtbürger allerdings auch hier immer wieder als Referenzobjekte auf. – Peter Schuster und Gerd Schwerhoff danke ich für weiterführende Hinweise und die kritische Lektüre des Textes.

thematisierten das im freien Anschluß an Aristoteles häufig mit Hilfe der Trias: Beraten, Zustimmen und Wählen. In diesen drei Tätigkeiten sahen sie die vornehmsten Aufgaben des einfachen Bürgers, manchen Autoren reichte bereits, wenn Wahl und Konsenseinholung mindestens formal garantiert waren[2]. Juristen meinten ähnliche Sachverhalte, wenn sie *civilitas,* den Besitz des Bürgerrechts, und *habilitas,* die Wählbarkeit zu den höchsten Ämtern, terminologisch voneinander schieden. Bei allen Konzeptualisierungsversuchen ging es um Fragen der inneren Differenzierung der Bürgerschaft nach Graden der Partizipation, immer und zugleich aber auch darum, den Bürgerbegriff von der *universitas civium* her tendenziell einheitlich zu denken. Darum die starke Betonung der Wahl- und Akklamationsrechte oder der ständige Rekurs auf das allen Bürgern gemeinsame Recht[3].

Der mittelalterliche Bürgerbegriff besaß darüber hinaus einen markanten utopischen Überschuß. An erster Stelle wären hier die Grundwerte städtischen Zusammenlebens selbst zu nennen. Begriffe wie „Gemeiner Nutzen", „Freiheit", „Eintracht", „Frieden" oder „Gleichheit" bekamen in der vormodernen Stadt unstreitig ihre scharfen, auf die Moderne hin weisenden Konturen[4]. Bezogen sie sich zunächst auch vor allem auf die Bürgerschaft, so sprengte bereits der innerstädtische Verwendungszusammenhang den engen ständischen Rahmen und schloß unterbürgerliche Gruppen und bisweilen sogar Fremde mit ein[5]. Die Theorie stand der Praxis nicht nach. Im gelehrten Schrifttum wurde der Mensch als *animal civile* manchmal sogar schlicht zum *animal civitatis,* zum in der Stadt lebenden Wesen, der Stadtbürger damit zum Protoptypen des Menschen[6]. Und in

---

2 Vgl. *Meier* (Anm. 1), S. 84–96, 114 f., 120–126.

3 Vgl. ebd., S. 191–203, 213 ff.

4 Vgl. *Hans-Christoph Rublack,* Grundwerte in der Reichsstadt im Spätmittelalter und in der frühen Neuzeit, in: Literatur in der Stadt. Bedingungen und Beispiele städtischer Literatur des 15. bis 17. Jahrhunderts, hg. von Horst Brunner (Göppinger Arbeiten zur Germanistik 343), Göppingen 1982, S. 9–36; *Antony Black,* Guilds and Civil Society in European Political Thought from the Twelfth Century to the Present, London 1984, besonders S. 44–75; *Klaus Schreiner,* Iura et libertates. Wahrnehmungsformen und Ausprägungen „bürgerlicher Freyheiten" in Städten des Hohen und Späten Mittelalters, in: Bürger in der Gesellschaft der Neuzeit. Wirtschaft – Politik – Kultur, hg. von Hans-Jürgen Puhle (Bürgertum. Beiträge zur europäischen Gesellschaftsgeschichte 1), Göttingen 1991, S. 59–106; *Eberhard Isenmann,* Norms and Values in the European City 1300–1800, in: Resistance, Representation and Community, hg. von Peter Blickle (The Origins of the Modern State in Europe, 13th – 18th Centuries), Oxford 1997, S. 185–215.

5 Das hat am Begriff der „Gleichheit" beispielhaft herausgearbeitet: *Barbara Frenz,* Gleichheitsdenken in deutschen Städten des 12. bis 15. Jahrhunderts. Geistesgeschichte, Quellensprache, Gesellschaftsfunktion (Städteforschung A 52), Köln / Weimar / Wien 2000.

6 *Animal civitatis* (bei Thomas von Aquin, Johannes Versor und anderen). Der Dominikanerprediger Remigius von Florenz (1235–1319) ruft seine Florentiner Bürger mehrfach auf, die Stadt nicht durch Bürgerzwist zu zerstören, denn damit würden

zahlreichen Predigten und Traktaten avancierte die irdische Stadt zum Abbild des Himmlischen Jerusalem. Der Himmelsbürger in einem als ummauerte Stadt vorgestellten Gemeinwesen, in dem alle alles beraten und brüderlich miteinander umgingen: Das war die Verallgemeinerung stadtbürgerlicher Lebensweise zu einer Norm für alle Menschen[7]. Damit gewann der mittelalterliche Bürgerbegriff eine theorie- und wirkungsgeschichtliche Relevanz, die in kontrastreicher Spannung zur realgeschichtlichen Bedeutung der Stadt im europäischen Feudalismus stand. Der normative Universalitätsanspruch mancher um den Bürgerbegriff geführten mittelalterlichen Diskussionen ähnelt dabei strukturell durchaus Vorstellungen, die im 19. Jahrhundert mit den Konzepten des bürgerlichen Individuums und der bürgerlichen Gesellschaft verbunden waren[8].

Mit diesen groben Strichen ist der Hintergrund angedeutet, vor dem sich die folgenden Ausführungen bewegen. Ihr Leitmotiv läßt sich in folgende Frage bringen: Was macht im Verständnis mittelalterlicher Theologen, Philosophen, Juristen oder Stadtbürger eigentlich einen Menschen zum Bürger? Die Frage zielt auf eine Wesensbestimmung des Bürgers, die Art seiner Lebensform, aber auch auf den Weg, auf dem jemand konkret zum Bürger wird. Der „Neubürger" steht deshalb im Mittelpunkt der Überlegungen. Das ist weder zufällig noch allein dem Thema des Sammelbandes geschuldet. Denn in der Abgrenzung zu unterbürgerlichen Schichten, beim Bürgerrechtserwerb und den damit zusammenhängenden Fragen nach der Definition des Vollbürgers gerät der *civis novus* immer wieder ins Blickfeld. Der Gang der Untersuchung gliedert sich folgendermaßen. Ausgehend von Gedanken des Thomas von Aquin wird zunächst dargestellt, daß das Bürgerideal der mittelalterlichen politischen Theorie in zwei ganz unterschiedlichen Diskussionszusammenhangen auftreten konnte: Einmal im Nachdenken über Vaterlandsliebe als Bürgertugend, zum anderen in einem davon analytisch klar unterscheidbaren Kontext, der vom guten Bürger lediglich die Erfüllung seiner Pflichten, ein an vereinbarten Rechtsnormen ausgerichtetes Leben und die Orientierung am Gemeinen Nutzen verlangt. Die weiteren Ausführungen werden der Frage nachgehen, ob diese kategoriale Unterscheidung auch über Thomas hinaus Anwendung fand und welche Rolle sie in den Debatten von Theologen, Philosophen, Juristen oder Stadtbürgern konkret spielte. Neben der Präsentation gesicherter Forschungsergebnisse versucht der Beitrag, darauf sei vorsorglich hingewiesen, bisher vernachlässigte Gesichtspunkte herauszuarbeiten und bei der

---

sie sich ihres Menschseins berauben: *Et si non est civis non est homo, quia ‚homo est naturaliter animal civile', secundum philosophum;* alle Nachweise bei *Meier* (Anm. 1), S. 71–75.

[7] Vgl. *Meier* (Anm. 1), S. 60.

[8] Vgl. ebd., S. 218 f.

Verknüpfung theoretischer und stadtgeschichtlicher Diskussionen ungewohnte Wege zu gehen. Daß die gemachten Vorschläge plausibel sind, soll im folgenden gezeigt werden; der Beweis ihrer Fruchtbarkeit muß auf einigen Feldern und an bestimmten Punkten allerdings einer zukünftigen Forschung vorbehalten bleiben.

I. Zwei Leitbegriffe der politischen Philosophie: *Amor patriae* und *bonum commune*

Antike politische Theorie drang auf verschiedenen Wegen in das Denken abendländischer Gelehrter: etwa durch Cicero-Lektüre, über Valerius Maximus, Seneca und Augustinus oder die Rezeption der Soziallehre Platons im 12. Jahrhundert[9]. Zu einer universitär betriebenen Wissenschaft wurde die „Staatslehre" aber erst, als um 1260[10] mit der „Politik" das letzte Hauptwerk des Aristoteles in lateinischer Übersetzung vorlag. Damit stand erstmals ein kompakter Grundtext zur Verfügung, über den gelesen werden, zu dem man Kommentare verfassen konnte, kurz: auf dessen Grundlage ein mittelalterlicher Universitätsbetrieb möglich war[11]. Philosophische, aber auch theologische Diskussionen um das Wesen des Bürgers beriefen sich seitdem vor allem auf diese Quelle.

---

9 Vgl. etwa *David Luscombe,* City and Politics Before the Coming of the *Politics:* Some Illustrations, in: Church and City, 1000 – 1500. Essays in Honour of Christopher Brooke, hg. von David Abulafia, Michael Franklin und Miri Rubin, Cambridge 1992, S. 41 – 55; *Paul Edward Dutton,* Illvstre civitatis et popvli exemplvm: Plato's Timaeus and the Transmission from Calcidius to the End of the Twelfth Century of a Tripartite Scheme of Society, in: Mediaeval Studies 45 (1983), 79 – 119; *Cary J. Nederman,* Nature, Sin and the Origins of Society: The Ciceronian Tradition in Medieval Political Thought, in: Journal of the History of Ideas 49 (1988), S. 3 – 26; Kompaktes Handbuch: Cambridge History of Medieval Political Thought, c. 350 – c. 1450, hg. von J. H. Burns, Cambridge 1988.

10 Die genaue Datierung der zwei Übersetzungen aus dem Griechischen durch Wilhelm von Moerbeke ist nicht völlig geklärt; vgl. *Christoph Flüeler,* Rezeption und Interpretation der Aristotelischen ‚Politica' im späten Mittelalter, 2 Bde. (Bochumer Studien zur Philosophie 19.1 / 19.2), Amsterdam / Philadelphia 1992, hier Bd. 1, S. 28 f.

11 Dazu vgl. *Meier* (Anm. 1), S. 12 und 64 f. Zu ähnlicher Bewertung gelangt *Christoph Flüeler,* Die Rezeption der „Politica" an der Pariser Artistenfakultät im 13. und 14. Jahrhundert, in: Das Publikum politischer Theorie im 14. Jahrhundert, hg. von Jürgen Miethke (Schriften des Historischen Kollegs, Kolloquien 21), München 1992, S. 127 – 138, hier S. 138. Gegen die herausragende Rolle der Aristotelischen „Politik" bei der Etablierung einer *scientia politica* argumentiert *Cary J. Nederman,* Aristotelianism and the Origins of „Political Science" in the Twelfth Century, in: Journal of the History of Ideas 52 (1991), S. 179 – 194, besonders S. 182. Dem Autor ist sicher zuzustimmen, daß aristotelisches Gedankengut aus der „Ethik" und wichtige Theoreme der politischen Philosophie des Stagiriten schon im 12. Jahrhundert bekannt und verbreitet waren. Die Bedeutung, die das Vorliegen der „Politik" als handbuchartiges Grundwerk für den Universitätsbetrieb und damit für die Etablierung einer Wissenschaft gehabt hat, ist durch diese Argumente aber mitnichten geschmälert.

Thomas von Aquin (1225–1274) und Albertus Magnus (1193–1280) waren die ersten Kommentatoren der Aristotelischen „Politik". Schon unter ihrer Hand wurde das enge Bürgerkonzept des Stagiriten, demzufolge den *polites* nichts besser kennzeichne als das Herrschen und Beherrschtwerden im Wechsel, in der oben angedeuteten Weise ergänzt und erweitert. Ergebnis des komplexen Adaptionsvorganges war, daß mittelalterliche Autoren fortan den Bürger im eigentlichen Sinne, den *civis simpliciter*, von einem Bürger mit gewisser Einschränkung, dem *civis secundum quid,* unterschieden. Ersterer durfte im Wechsel herrschen, bei letzterem reichte in der Regel die Teilnahme an Volksversammlungen, beziehungsweise der Besitz von Akklamations- oder Wahlrechten aus[12]. Das Handeln aller Bürger, so lautete die Forderung der politischen Philosophie weiter, sollte am Gemeinwohl, am *bonum commune,* orientiert sein. Alle Bürger sollten einander darüber hinaus gute Freunde sein. Am Ende tritt zur *amicitia* schließlich noch das Postulat der Vaterlandsliebe: So etwa könnte eine handbuchartige Zusammenfassung der mittelalterlichen Theorie des Bürgers lauten. Kaum bemerkt worden ist bisher allerdings, daß dieses harmonische Bild einer am Gemeinwohl orientierten und in Vaterlandsliebe vereinten Bürgerschaft schon bei zeitgenössischen Autoren nicht ganz ohne Risse und Verwerfungen gewesen ist, daß Forderungen einer pragmatischen Verfassungslehre mitunter nur schwer vereinbar waren mit den Normen von Anthropologie oder Ethik[13]. Das sei an Thomas von Aquin beispielhaft dargestellt.

Jeder Mensch, so sagt Thomas in seinen „Quaestiones disputatae" ganz im Sinne des Aristoteles, strebe nach einem Gut. Das Gut des Menschen als Menschen werde zunächst dadurch bestimmt, daß er ein *animal rationale* ist. Daraus folge die Notwendigkeit, Triebe und Begierden zu zügeln und gemäß den Regeln der *ratio* zu leben. Das Gut, das der Mensch als Mensch erstrebt, sei allerdings nicht dasselbe wie das, das er als Bürger zu erreichen sucht. Dieses *bonum* nämlich sei auf ein Allgemeines gerichtet, es ist nichts anderes als das *bonum commune.* Der Mensch als *animal civile,* so Thomas weiter, sei nun aber nicht allein Bürger der irdischen Stadt

---

12 Vgl. *Ulrich Meier,* „Burgerlich vereynung". Herrschende, beherrschte und „mittlere" Bürger in Politiktheorie, chronikalischer Überlieferung und städtischen Quellen des Spätmittelalters, in: Bürgerschaft. Rezeption und Innovation der Begrifflichkeit vom Hohen Mittelalter bis ins 19. Jahrhundert, hg. von Reinhardt Koselleck und Klaus Schreiner, Stuttgart 1994, S. 43–89, besonders 46–61; sowie *Klaus Schreiner,* Teilhabe, Konsens und Autonomie. Leitbegriffe kommunaler Ordnung in der politischen Theorie des späten Mittelalters und der frühen Neuzeit, in: Theorien kommunaler Ordnung in Europa, hg. von Peter Blickle (Schriften des Historischen Kollegs, Kolloquien 36), München 1996, S. 35–61.

13 Die Hinweise von *Gerard Joubert,* Qualities of Citizenship in St. Thomas, Dissertation Washington 1942, zur Trennung der Diskurse beim Aquinaten sind bisher, soweit ich sehe, nicht rezipiert worden.

(*civis terrenae civitatis*), er könne darüber hinaus auch „Teilhaber der himmlischen Stadt Jerusalem" sein: *particeps civitatis caelestis Ierusalem.* Die Tugenden, die er als Mensch und die er als Bürger haben sollte, vermag er durch eigene Kraft auszubilden, die Tugenden, die er benötigt, um in der Himmelsstadt Aufnahme zu finden, bedürften allerdings des Beistands göttlicher Gnade[14].

Im Rückgriff auf die „Politik" folgert Thomas aus den genannten Überlegungen, daß die Tugenden des guten Bürgers und die des guten Menschen nicht identisch sind, aber daß man beide, anders als die zum Eintritt ins Himmlische Jerusalem benötigten, gänzlich aus eigener Kraft erwerben kann[15]. Muß man demnach, wäre an dieser Stelle im Sinne unseres Themas zu fragen, lediglich die Tugenden des guten Bürgers pflegen, um in angemessener Weise bürgerlich zu leben oder gegebenenfalls Aufnahme in die *universitas civium* zu finden? Eine Stelle in der „Summa theologica" scheint diese Auffassung zunächst zu bestätigen. In der Quaestio 58 knüpft er an die eben genannte Unterscheidung der Tugend des guten Menschen von der des guten Bürgers an und präzisert: „Die Tugend des guten Bürgers aber ist die allgemeine Gerechtigkeit (*justitia generalis*), durch welche man auf das Gemeinwohl ausgerichtet wird". Diese als *justitia generalis* beziehungsweise *legalis* gekennzeichnete Tugend nimmt unter den weltlichen Tugenden nun den höchsten Rang ein; sie heiße auch deshalb „allgemein" (*generalis*), weil sie alle anderen Tugenden auf das Gemeinwohl hin ordnet, *inquantum ordinat actus omnium virtutum ad bonum commune*[16]. Die am Gemeinwohl orientierte Gerechtigkeit ist damit als höchste Tugend des Bürgers dingfest gemacht, die umsichtige Ausübung und die Leitung dieser Tugend scheint hinreichend, um ein Leben als Bürger zu führen.

Das ist allerdings nicht das letzte Wort des Aquinaten in dieser Sache. Eine neue Wendung erhält die Argumentation nämlich in der Quaestio 101, welche die fromme Gesinnung, die *pietas,* zum Gegenstand hat. Tho-

---

14 *Thomas von Aquin,* De virtutibus in communi, in: Ders., Quaestiones disputatae II, hg. von P. Bazzi u. a., Turin/Rom 1965, S. 731 (q. un., a. 9).

15 *Virtutes autem quae sunt hominis in eo quod est homo, vel in eo quod est terrenae civitatis particeps, non excedunt facultatem humanae naturae; unde eas per sua naturalia homo postest acquirere, ex actibus propriis; Thomas von Aquin* (Anm. 14), S. 731.

16 *Thomas von Aquin,* Summa theologica, q. 58, a.6 (Deutsche Thomas-Ausgabe Bd. 18, Heidelberg u. a.O. 1953, S. 36 f.). Zu *bonum commune* vgl. *Winfried Eberhard,* „Gemeiner Nutzen" als oppositionelle Leitvorstellung im Spätmittelalter, in: Renovatio et Reformatio. Wider das Bild vom „finsteren" Mittelalter. Festschrift für Ludwig Hödl zum 60. Geburtstag, hg. von Manfred Gerwing und Godehard Ruppert, Münster 1985, S. 195–214; *Peter Hibst,* Utilitas Publica – Gemeiner Nutzen – Gemeinwohl: Untersuchungen zur Idee eines politischen Leitbegriffs von der Antike bis zum späten Mittelalter (Europäische Hochschulschriften, Reihe 3, 497), Frankfurt am Main 1991; sowie unten Anm. 46.

mas stellt hier die überraschende Frage, ob die Vaterlandsliebe[17] mit der *justitia legalis,* also mit der in Quaestio 58 besprochenen Kerntugend des Bürgers, als identisch anzusehen ist. Betrachten wir die Quaestio etwas genauer. Ähnlich wie *religio,* die die Verehrung Gottes zum Gegenstand hat, meint *pietas* Thomas zufolge eine ehrfurchtsvolle Beziehung zu Personen oder Dingen, deren Schuldner man ist, die über einem stehen, die geradezu Grund unseres Seins sind. Das sind, neben Gott, zunächst die Eltern und dann das Vaterland. Thomas spricht wörtlich vom *cultus Dei* und vom *cultus patriae*[18]. Ihn interessieren hier folgende Fragen: Ist die *pietas,* die fromme Gesinnung gegenüber dem Vaterland, in dem Sinne eine allgemeine Tugend, wie die Gerechtigkeit aus Quaestio 58? Und weiter gefragt: Ist die Vaterlandsliebe integraler Bestandteil jener *justitia generalis* genannten Tugend oder ist sie gar mit dieser identisch? Die Antwort auf alle drei Fragen ist ein klares und entschiedenes „Nein". Der *amor patriae* und die politische Tugend der Gerechtigkeit beziehen sich zwar auf ein und dasselbe Gemeinwesen: Ziele, Quellen und Wesensart beider unterscheiden sich dennoch kategorial.

Der *cultus patriae* vereint die in einem Lande beziehungsweise einer Stadt geborenen Menschen auf natürliche Weise: Eltern und Vaterland gebären, erziehen und nähren uns, sie sind Grundlage unseres Menschseins. Das Verhältnis zum Vaterland ist wie das zu den Eltern oder zu Gott keine Beziehung von Gleich zu Gleich. Das, was wir diesen schulden, können wir nie zurückzahlen oder auch nur annähernd ausgleichen. Ergebenheit, *pietas,* gegenüber Eltern und Vaterland kann weiterhin nur einem Besonderen, eben diesen Eltern oder eben dieser *patria,* entgegengebracht werden. Völlig anders verhält es sich Thomas zufolge nun mit der in Quaestio 58 behandelten Gerechtigkeit beziehungsweise der *justitia legalis.* Diese höchste Bürgertugend „hat das Wohl des Vaterlandes, sofern es das Gemeinwohl ist, zum Gegenstand". Sie leitet das politische, an Gesetzen orientierte Handeln gleichberechtigter Bürger. Allgemeinverbindlich und leitend in diesem Sinne, so der Aquinate, könne die Vaterlandsliebe nie sein[19]. Also: Bürgertugend und Liebe zum Vaterland haben unterschied-

17 Zur Vaterlandsliebe im Mittelalter grundlegend: *Ernst H. Kantorowicz,* Die zwei Körper des Königs. Eine Studie zur politischen Theologie des Mittelalters, München 1990, S. 242–257; sowie *Gaines Post,* Public Law, the State, and Nationalism (1953), in: Ders., Studies in Medieval Legal Thought. Public Law and the State, 1100–1322, Princeton 1964, S. 434–493.

18 *Secundario vero nostri esse et gubernationis principia sunt parentes et patria, a quibus et in qua nati et nutriti sumus. Et ideo post Deum est homo maxime debitor parentibus et patriae. Unde sicut ad religionem pertinet cultum Deo exhibere, ita secundario gradu ad pietatem pertinet exhibere cultum parentibus et patriae* [...] *In cultu autem patriae intelligitur cultus omnium concivium, et omnium patriae amicorum; Thomas von Aquin,* Summa theologica, q. 101, a. 1 (Deutsche Thomas-Ausgabe Bd. 20, Heidelberg u. a.O. 1943, S. 4 f.).

liche Geltungsgrundlagen und Geltungsbereiche, politischer und sozialer Körper eines Gemeinwesens sind zwei deutlich unterscheidbare Bereiche menschlichen Handelns. Dem Vaterland als Gegenstand natürlicher Liebe ist als ethische Grundhaltung die *pietas* zugeordnet[20], dem Vaterland als *corpus politicum* die Tugend der allgemeinen Gerechtigkeit. Erstere wird ausschließlich durch Geburt vermittelt, ist aber ständisch nicht notwendigerweise eindeutig eingrenzbar (nicht nur *concives,* sondern auch *amici patriae* pflegen sie). Letztere kann nur von mündigen Bürgern erworben und ausgeübt werden. Erstere würden wir der Anthropologie, letztere eher der Politikwissenschaft zuordnen. Thomas unterstellt unausgesprochen, daß beide sich im Idealfall ergänzen, über das „Wie" gibt seine „Summa theologica" dann allerdings keine Auskunft mehr.

Sieht man wichtige Texte der mittelalterlichen politischen Theorie mit dieser Brille an, ergeben sich bedenkenswerte Befunde. Gemeinwohl, Bürgertugend und Vaterlandsliebe, die uns in der Regel als Elemente eines in sich stimmigen, widerspruchsfreien und harmoniegesättigten Bürgerideals präsentiert werden, handeln zeitgenössische Autoren oft getrennt und in ganz unterschiedlichen Kapiteln ab. Die Synthese liefern häufig erst moderne Interpreten. Dazu nur ein Beispiel. Ptolomaeus von Lucca (1236–1326) komplettierte den unvollendeten Fürstenspiegel seines Lehrers Thomas von Aquin. Dieses „De regimine principum ad regem Cypri" betitelte Werk wurde im Mittelalter für ein Werk des Aquinaten gehalten, was ihm eine glänzende Wirkungsgeschichte bescherte. Der von Ptolomaeus verfaßte Teil behandelt alle uns interessierenden Fragen. Der *amor patriae* wird im Zusammenhang mit der Gottgegebenheit aller Herrschaft diskutiert. Gott habe den Römern das *dominium* verdienterweise übergeben, und zwar: *propter zelum patriae.* Vaterlandsliebe, so der Thomasschüler im Anschluß an Augustinus weiter, gründe überdies in der hingebenden

---

19 [...] *quod pietas se extendit ad patriam secundum quod est nobis quoddam essendi principium: sed justitia legalis respicit bonum patriae secundum quod est bonum commune. Et ideo justitia legalis magis habet quod sit virtus generalis quam pietas; Thomas von Aquin,* Summa theologica, q. 101, a. 3 (Deutsche Thomas-Ausgabe Bd. 20, Heidelberg u. a.O. 1943, S. 10).

20 Interessant ist, daß bereits die Legisten des frühen 13. Jahrhunderts die schuldige Ehrerweisung gegenüber Gott, den Eltern und dem Vaterland in einem Zuge nennen. Jemand, der sein Vaterland verläßt, wird von Accursius *impius* geschimpft, und für Wilhelm von Ockham ist die *defensio patriae* eine *causa pia;* ja, weil das Gemeinwohl höher stehe als das Wohl des einzelnen, sei es ein Zeichen größerer Frömmigkeit, dem König Geld zur Verteidigung des Vaterlandes zu geben, als den Armen Speise und Trank; Zitate bei: *Post* (Anm. 17), S 441 ff. und 451 f. Eine Quelle der Wortverwendung dürfte Cicero gewesen sein, der bereits das gebührende Verhalten gegenüber Eltern, Vaterland und Göttern auf den einen Begriff der *pietas* gebracht hatte; vgl. *R. Rieks,* Artikel „Pietas", in: Historisches Wörterbuch der Philosophie, hg. von Joachim Ritter und Karlfried Gründer, Bd. 7, Basel 1989, Sp. 971. Wichtig waren darüber hinaus *Valerius Maximus,* Facta et dicta memorabilia (Buch V, Kap. 3–6), und *Augustinus,* De civitate Dei V, c. 12 und 18.

Liebe: *amor patriae in radice charitatis fundatur.* Zur Illustration folgen bekannte Exempel des Marcus Curtius und anderer Römer, die ihr Leben für das Vaterland opferten[21]. Genau wie der Aquinate in der „Summa theologica" diskutiert Ptolomaeus Vaterlandsliebe im Kontext von Opfer und Verehrung, nicht aber im Zusammenhang mit Gerechtigkeit. Die *Iustitia legalis* ist Gegenstand erst des nachfolgenden, eigenständigen Kapitels.

Was nun haben diese Überlegungen mit der spätmittelalterlichen Theorie des Bürgers zu tun? Ich meine sehr viel, führen sie doch mitten hinein in eine der Sollbruchstellen der zeitgenössischen politischen Theorie. Denn wenn Vaterlandsliebe und Bürgertugend prinzipiell unterschiedliche Grundlagen und Ziele besitzen können, anthropologisch und ethisch unterschiedlich zu bewerten sind, dann entstehen interessante Konfliktlagen. Kann unter dieser Prämisse nicht etwa ein Einwohner ohne Bürgerrecht die gleiche glühende Vaterlandsliebe entwickeln wie ein Bürger? Oder: Kann ein zugezogener Neubürger, der die Tugend der *iustitia legalis* vorbildlich verinnerlicht hat, der sein politisches Handeln darüber hinaus streng am Gemeinwohl orientiert, eigentlich überhaupt je die gleiche affektbeladene Beziehung zur neuen *patria* gewinnen wie jemand, der in der Stadt selbst geboren ist? Beide Fragen möchte ich im folgenden an mittelalterliche Autoren weiterleiten. Es geht, auf eine Formel gebracht, um den Zusammenhang von *amor patriae* und Zugehörigkeit zur Bürgerschaft.

II. Amor patriae und Bürgerrecht

Mittelalterliche Texte, in denen die Vaterlandsliebe zur Grundhaltung des Bürgers stilisiert wird, sind Legion. Anders sieht es mit Autoren aus, die das hehre Ideal bürgerlichen Zusammenlebens etwas kritischer unter die Lupe nehmen. Thomas von Aquin war einer von ihnen, ein anderer Johannes Versor († nach 1482). Versor lehrte mit einiger Sicherheit an der Pariser Artistenfakultät, vielleicht auch eine Zeitlang in Köln. Seine Kommentare zum Corpus Aristotelicum verfaßte er um die Mitte des 15. Jahrhunderts. Der Kommentar zur Aristotelischen „Politik" wurde in Köln zweimal gedruckt und hat im Reich weite Verbreitung gefunden[22]. In die-

---

21 *Ptolomaeus von Lucca,* Fortsetzung von: *Thomas von Aquin,* De Regimine principum ad regem Cypri, in: Divi Thomae Aquinatis Opuscula philosophica, hg. von Raymund M. Spiazzi, Turin 1954, S. 299 f. (II.4). Im Text werden die zu Ende der letzten Anmerkung genannten Quellen umfangreich genutzt.

22 Zum Autor vgl. *Martin Grabmann,* Die mittelalterlichen Kommentare zur Politik des Aristoteles (Sitzungsberichte der Bayerischen Akademie der Wissenschaften. Phil.-Hist. Abt. Jg. 1941, Bd. II, Heft 10), München 1941, S. 65 – 75. Die Autorschaft Versors ist noch nicht völlig gesichert, die Editionen Köln 1492 beziehungsweise 1497 erschienen aber unter seinem Namen; vgl. *Flüeler* (Anm. 10), Bd. 2, S. 32 f.

sem Werk geht Versor pflichtgemäß auf den Bürgerbegriff ein. Nachdem er wie seine Vorgänger die herrschenden Bürger von denen getrennt hat, die Mitsprache und Wahlrechte besitzen, stellt er fest, daß die Stadt noch andere Bewohner habe: Nämlich Handwerker, Frauen, Knechte, unehelich Geborene sowie Fremde und Auswärtige[23].

Knechte und Frauen scheiden bereits nach kurzen Überlegungen aus dem Kreis potentieller Bürger aus[24]. Handwerkern räumt Versor, zwar nicht in der *ciuitas perfecta,* aber doch in weniger vollkommenen Gemeinwesen, das Recht zum Aufstieg in die Bürgerschaft ein. Voraussetzungen: ehrbare Lebensführung, ein gewisser Reichtum und damit Abkömmlichkeit[25]. Die in der Stadt geborenen und von Bürgern abstammenden illegitimen Söhne stellen Versor vor ernsthaftere Probleme. Denn sie seien zwar illegitim und damit *minus canonice* geboren, sie könnten aber aufgrund ihres Geburtsortes und ihrer Herkunft durchaus eine natürliche Neigung (*inclinatio naturalis*) zu ihrem Vaterland (*ad patriam*) und zum bürgerlichen Wesen *(ad ciuilitatis naturam*) entwickeln. In dem Falle dürfe man sie in gleicher Weise zu den Bürgern zählen wie die legitim von bürgerlichen Eltern Geborenen. Wie letztere seien sie bei der Vergabe von Ehren und Würden gegenüber Fremden und Auswärtigen unbedingt zu bevorzugen. Denn ein solcher in der Stadt Geborener werde mehr von den eigenen Bürgern geliebt, er selbst wiederum liebe die Stadt und deren Güter mehr als Frem-

---

23 Dazu und zu folgendem vgl. *Meier* (Anm. 1), S. 107–110. Der Begriff des „Fremden“ in den hier behandelten Diskursen sollte nicht verwechselt werden mit dem des „Gastes“, der sich nur zeitweise in der Stadt aufhält und Gästerecht genießt. Der Fremde als Objekt des Mißtrauens einheimischer Bürger ist in der Regel nicht der, der „heute kommt und morgen geht“, sondern „der, der heute kommt und morgen bleibt“; *Georg Simmel* zitiert nach *Otto Gerhard Oexle,* Die mittelalterlichen Gilden: Ihre Selbstdeutung und ihr Beitrag zur Formung sozialer Strukturen, in: Soziale Ordnungen im Selbstverständnis des Mittelalters, Bd. 1, hg. von Albert Zimmermann (Miscellanea Mediaevalia 12/1), Berlin/New York 1979, S. 203–226, hier S. 217.

24 Bei den Frauen heißt es schlicht: *mulieres vero ciues dici non possunt, quia mulieris consilium est inualidum; Johannes Versor,* Libri Politicorum Arestotelis cum commento multum utili et compendioso, Köln 1492, fol. 38vb. Versors Urteil zu den *servi* ist differenzierter. Er unterscheidet zwischen den *serui naturales,* denen der Bürgerstatus, ähnlich wie den Frauen, prinzipiell nicht zuerkannt werden dürfe, und den *serui legales,* bei denen das aus anderen Gründen geschieht. Letzere, unter denen sich viele kluge und tugendhafte Menschen befänden, seien in der Regel durch Gewalt (*per violentiam*) in Knechtschaft geraten. Aus diesem Grund könnten sie zu ihrem Herrn und dem neuen Gemeinwesen nie eine natürliche *amicabilis communicatio* entwickeln: *non est verisimile, quod seruus legalis habeat amicitiam in qua est seruus, ideo semper habetur suspectus* (Ebd., fol. 39va). Die mit dem Status des Knechtes verbundene *inciuilitas,* so scheint Versor zu denken, wird den Charakter der *serui legales* unaufhebbar prägen. Eine Aufnahme in die Bürgerschaft verbietet sich bei dieser Personengruppe deshalb von selbst.

25 *Verum est tamen, quod aliqui artifices possunt aliquando assumi ad principatum seu dignitatem, si inuenti fuerint honorabiles et honore digni, et si locupletes satis etiam fuerint, ita quod libere et sine indigentia vite necessariorum possint reipublice vacare; Versor* (Anm. 24), fol. 39rb.

de, und nicht zuletzt liege ihm das gute Regiment in der Stadt mehr am Herzen als den Zugezogenen[26]. Der aristotelischen Bestimmung der Stadt als *amicabilis communicatio inter ciues* hat Versor damit auf seine Weise Genüge getan.

Eine Zwischenbilanz: Knechte und Frauen schließt unser Kommentator aus unterschiedlichen Gründen von der Bürgerschaft aus. Handwerkern und in der Stadt geborenen bürgerlichen Illegitimen macht er unter gewissen Umständen Integrationsangebote. Bei letzteren waren die Geburt, die Ausbildung eines *amor patriae* und die Neigung zu bürgerlichem Verhalten die ausschlaggebenden Argumente. Auf die Politikfähigkeit von Knechten und Frauen hatte die Geburt im Vaterland offensichtlich keinen Einfluß: sie blieben gut aristotelisch dem Hause zu- beziehungsweise ihrer Natur untergeordnet. Aber was ist mit Zugezogenen, mit denen, die diese Art von Vaterlandsliebe aufgrund ihrer auswärtigen Geburt per definitionem nicht besitzen können? Hier zeigt Johannes Versor seine Fähigkeiten, neue Wege zu beschreiten und auf Herausforderungen der von Mobilität und Wandel geprägten städtischen Lebenswelt produktiv zu reagieren.

Er geht das Problem an, indem er zunächst Städte unterschiedlicher Größe kategorial voneinander scheidet. Zum einen gebe es die kleinen *ciuitates particulares*. Auf diese träfen die eben gemachten Ausführungen unumschränkt zu, daß Auswärtige und Fremde keinen Anteil am Regiment und an der Ehre der Stadt hätten. Davon abzuheben seien große Städte wie Paris, Brügge oder Köln, in denen „Menschen jedweder Region und Zunge" lebten. In diesen volkreichen Gemeinwesen sei die Gefahr von Zwietracht und Bürgerkämpfen stets präsent, und insbesondere die Anwesenheit vieler Neuankömmlinge und Fremder verstärke die instabile Lage. Auch hier gelte zwar, daß die Stadt mehr von den eigenen Einwohnern als von den Fremden geliebt würde, die völlige Ausgrenzung dieser Personengruppe hätte jedoch schwerwiegende Folgen. Wenn nämlich die *aduene et extranei* in keiner Weise an den Ehren und Würden der Stadt teilhätten, hätten sie Grund, neidisch zu werden und die Stadt noch weniger zu schätzen und zu lieben als vorher schon; daraus wiederum könnten Aufstände und Parteiungen entstehen. Kurz und gut: Aus den angeführten Argumenten heraus sei es ratsam, daß die Neuankömmlinge und Fremden in großen Städten in irgendeiner Weise an der Herrschaft teilhätten (*princi-*

---

[26] *Nam presumendum est (ex quo talis spurius natus est de parentibus ciuibus quamquam illigittime et minus cononice) quod aliquid traxerit de inclinatione naturali ad patriam et ciuilitatis naturam. Et ideo tales possunt dici ciues. Unde ceteris paribus natus ex ciuibus alicuius civitatis seu in aliqua ciuitate, in honoribus et dignitatibus est aduene et extraneo preferendus, tum quia magis diligitur a ciuibus, tum quia magis diligit ciuitatem et eius bona, tum etiam quia magis verisimile est innatum et intraneum magis sollicitare in regimine ciuitatis quam extraneum et aduenam; Versor* (Anm. 24), fol. 39va.

patum aliquem participare) und daß sie irgendwie Bürger seien (*aliqualiter ciues esse*). Diese Maßnahme hat allerdings eine klare Grenze: „Die eigentlichen und geborenen Bürger sollten mehr und größere Herrschaftsbefugnisse haben, mehr und höhere Würden und politische Ämter bekleiden als die Neuankömmlinge und Fremden“[27].

Auch dem Kommentar des Johannes Versor liegt das Bürgerkonzept der vormodernen politischen Philosophie zugrunde. Es hat allerdings unter seiner Hand merkliche Bedeutungsverschiebungen erfahren. Als Antwort auf eine veränderte Wirklichkeit werden pragmatische Eingliederungsvorschläge gemacht, die weder Freundschaft noch Vaterlandsliebe von den Neubürgern fordern. Der Autor ist schon zufrieden, wenn die Ressentiments der „Neuen“ gegen die Stadt nicht noch weiter wachsen und damit zur Bedrohung des inneren Friedens werden. Mit seiner Sicht der Dinge steht Versor sicher nicht im Trend der Politikwissenschaft seiner Zeit, es gibt jedoch Autoren, die ähnlich denken und sogar solche, die an einigen Punkten noch weiter gehen als er. Felix Fabri aus Ulm kann dafür als Beispiel stehen. In seinem „Tractatus de civitate Ulmensi“ aus den achtziger Jahren des 15. Jahrhunderts erörtert der Dominikaner die Frage, ob es statthaft sei, einen Zunftbürger aus der eigenen Bürgerschaft in den dritten und eigentlichen Hauptstand, den der herrschaftsfähigen Geschlechter (*principaliores*) aufzunehmen. Fabris Antwort fällt abschlägig aus. Das überrascht ebensowenig wie die angeführten Argumente: Würde die Aufnahme eines Zunftbürgers unter die ratsfähigen Geschlechter verbreitete Praxis, fände sich in den unteren Ständen bald kein Kluger und Reicher mehr. Darüber hinaus könnte es Unruhe bei den etablierten Familien und im Umland auslösen, die Akzeptanz der Ulmer Geschlechter würde insbesondere beim Adel Schaden nehmen. Schließlich reiche die Klug- und Erfahrenheit eines Zünftlers nicht aus, um im Rat zu sitzen. Im Gegenzug wird die Möglichkeit der sofortigen Aufnahme von tüchtigen und tugendhaften Fremden aus höheren Ständen unter die herrschaftsfähigen Bürger unter Rückgriff auf antike Exempel ausdrücklich eingeräumt.

Soweit ist der Gedankengang Felix Fabris nachvollziehbar. Erstaunlicherweise aber setzt er einige der Argumente, mit denen er den sozialen

[27] [...].*notandum est, quod duplex est ciuitas, quedam est ex hominibus diuersarum regionum et diuersorum ydeomatum indifferenter constituta, sicut est parisius, brugis, colonia et similes.* In einer solch großen Stadt sei es nötig, daß alle Menschen *principatum aliquem participare, et ita aduenas et extraneos ibidem aliqualiter ciues esse. Patet, quia hec ciuitas magis diligetur et amabitur ab incolis eius seu habitatoribus. Si enim aduene et extranei non possent honoribus et dignitatibus in ea participare sicut intranei, haberent causam inuidie et minoris dilectionis seu amoris ad illam ciuitatem: et inde oriri possent seditiones et partialitates. Videtur tamen magis expedire, vt proprii et innati ciues habeant plures et maiores principatus, dignitates et officia politica quam aduene seu extranei; Versor* (Anm. 24), fol. 39v.

Aufstieg eines stadtsässigen Handwerkers ablehnte, später selbst wieder außer Kraft. Das geschieht bei der Frage, ob nicht ein von auswärts kommender, sehr reicher Zunfthandwerker ausnahmsweise in den dritten Bürgerstand aufgenommen werden dürfe. Hier nun gibt Fabri sein eindeutiges Placet, „denn bei einem solchen nützt, wenn er auch im Rat nicht nützlich wäre, doch sein Reichtum dem Staat (*suae tamen divitae prosunt reipublicae*), und sein Unverstand ist dem Staate nicht schädlich, auch nicht seine Verschwendung“[28]. Daß rein ökonomische Nützlichkeitserwägungen die üblichen Klugheits- und Tugendanforderungen vergessen lassen, ist ungewöhnlich, ebenso das Plädoyer für die direkte Aufnahme eines fremden Handwerkers unter die ratsfähigen Geschlechter der Stadt. Von der Forderung nach Vaterlandsliebe ist bei diesem schwäbischen Aristoteliker deshalb verständlicherweise überhaupt nicht mehr die Rede.

An dieser Stelle möchte ich die Diskussion in der politischen Theorie verlassen und die Frage nach dem Nutzen der gemachten Beobachtungen erneut aufgreifen und präzisieren: Ist die schärfere Unterscheidung der erlernbaren politischen Tugenden von der durch Geburt vermittelten Tugend der Vaterlandsliebe geeignet, auch andere spätmittelalterliche Diskussionen um den Bürgerbegriff oder gar die Praxis der Bürgeraufnahme selbst besser zu differenzieren? Einige sehr vorläufige und punktuelle Antworten auf diese Frage sind Gegenstand der nächsten Kapitel.

III. Neubürgeraufnahme und Bürgerideal

Man könnte Autoren, Personengruppen, aber auch Städtelandschaften einmal danach unterscheiden, wie wichtig der Begriff Vaterlandsliebe beziehungsweise *amor civitatis* bei der Ausformulierung des jeweiligen Bürgerideals gewesen ist. Sehr hoch gehängt wurde diese Tugend meiner Leseerfahrung nach bei vielen Autoren, die in der Tradition des politischen Aristotelismus standen. Von Ausnahmen war schon die Rede. Eine andere Gruppe sind Chronisten oder Dichter, die das hohe Lied auf die Einzigartigkeit ihres Gemeinwesens häufig verbanden mit abfälligen Urteilen über Zuwanderer und Neubürger[29]. In diese Phalanx einzugliedern wäre sicher auch ein großer Teil der mittelalterlichen Stadtbürger selbst, deren *amor*

[28] *Felix Fabri,* Tractatus de civitate Ulmensi, de eius origine, ordine, regimine, de civibus eius et statu, hg. von G. Veesenmeyer, Tübingen 1889, S. 70. Deutsch: Abhandlung von der Stadt Ulm, verdeutscht von K.D. Haßler, in: Ulm und Oberschwaben, Heft 13–15 (1909), S. 49.

[29] Auch mittelalterliche Theologen schreckten die Gefahren, die insbesondere in großen Städten von der Anwesenheit zahlreicher Fremder und vieler „Nationen“ ausging, schon früh; vgl. *Hans-Joachim Schmidt,* Societas christiana in civitate. Städtekritik und Städtelob im 12. und 13. Jahrhundert, in: Historische Zeitschrift 257 (1993), S. 297–354, hier S. 301, 310 f.

civitatis nicht selten mit der Ablehnung von Fremden und Zugezogenen einherging. So findet sich im Gerichtsarchiv der Stadt Basel zum Jahre 1432 der Streit eines Bürgers mit seinem Nachbarn, der offensichtlich nicht in der Stadt geboren war. Letzterer wird vom Alteingesessenen folgendermaßen beschimpft: *Huoren sun, wazz tuost du hie? Werest du fromm, du werest jn dinem land*[30]. Daß Vaterlandsliebe eine Form der *pietas* ist, hätte dieser Basler sicher sofort konzediert.

Besonders in italienischen Stadtrepubliken lassen sich Äußerungen, die mit dem Lobpreis der Vaterlandsliebe[31] zugleich den Verdacht gegen Fremde und Neubürger schürten, zu Hauf finden. In Florenz ging man im Jahre 1346 noch einen Schritt weiter und erhob alte Vorurteile zur Ehre der Statuten. Eine Provvisione vom 17. Oktober des Jahres klagt, daß viele Fremde (*multi forenses*) in der Stadt wohnten und zahlreiche von diesen im Besitz des Bürgerrechts seien; häufig bekleideten sie sogar hohe Ämter und Ehrenstellen als wären sie wahre Bürger (*tamquam veri cives*). Ein solcher Zustand könne unmöglich hingenommen werden. Diese Leute kümmerten sich nicht um eine sorgsame Regierung des Florentiner Gemeinwesens. Als Begründung wird angeführt, daß sie oft von weit her kämen und deshalb nicht imstande seien, eine natürliche Liebe zu dieser Stadt Florenz auszubilden (*et per consequens amorem nataliter insitum ad ipsam civitatem Florentie non gerunt*). Fortan sollte jeder von diesen Zugezogenen, auch wenn er bereits seit langem in Florenz lebte und rechtmäßig im Bürgerrecht saß, als Fremder, als *forensis*, bezeichnet und als solcher behandelt werden. Ehren und Ämter dürften nur noch Bürger ausüben, die selbst und deren Vater beziehungsweise Großvater aus Florenz gebürtig waren. Diesen allein wohne ein angeborener Eifer zu Stadt, Volk und Kommune inne, gleichsam wie den wahren Söhnen zu ihrer wahren Mutter (*quibus natalis zelus insit ut filiis veris ad civitatem populum et comune Florentie tamquam veram matrem*)[32]. Der Nachdruck, der in diesem Gesetz auf den

---

30 Zitat nach *Claudius Sieber-Lehmann*, Spätmittelalterlicher Nationalismus. Die Burgunderkriege am Oberrhein und in der Eidgenossenschaft (Veröffentlichungen des Max-Planck-Instituts für Geschichte 116), Göttingen 1995, S. 377 (in Anm. 78. u.ö. weitere Beispiele für Ressentiments gegen Zugezogene).

31 Zu *ethics of patriotism* in italienischen Städten; vgl. *Riesenberg* (Anm. 1), S. 125 ff.

32 Die Provvisione ist auszugsweise ed. von *John M. Najemy*, Corporatism and Consensus in Florentine Electoral Politics, 1280–1400, Chapel Hill 1982, S. 154, Anm. 57/58 (Zit.). Ebenso, mit zum Teil anderen Passagen, bei *Julius Kirshner*, „Ars imitatur naturam“: A Consilium of Baldus on Naturalization in Florence, in: Viator 5 (1974), S. 289–331, Zitat S. 301, Anm. 30. Zusammenfassend zu Bürgerrecht und Bürgerrechtserwerb in Florenz: *Ulrich Meier*, Konsens und Kontrolle. Der Zusammenhang von Bürgerrecht und politischer Partizipation im spätmittelalterlichen Florenz, in: Stadtregiment und Bürgerfreiheit. Handlungsspielräume in deutschen und italienischen Städten des Späten Mittelalters und der Frühen Neuzeit, hg. von Klaus Schreiner und Ulrich Meier (Bürgertum. Beiträge zur europäischen

Zusammenhang von Geburt, Bürgersein und Vaterlandsliebe gelegt wird, ist evident; der Begriff eines „Fremden“, der das Florentiner Bürgerrecht besitzt, den man dennoch nicht Bürger nennen darf, bleibt allerdings zunächst nur schwer nachvollziehbar. Verständlicher wird dieses Phänomen, wenn der hohe Stellenwert, den der Grundwert „Vaterlandsliebe“ in der Florentiner Gesellschaft besaß, genauer in Betracht gezogen wird.

Spätestens seit dem genannten Gesetz des Jahres 1346 hatte jeder, der in Florenz Bürger zu werden begehrte, zu bekunden, daß er seit jeher ein wahrer *devotus amator* der Stadt gewesen sei. Ein solches Bekenntnis nahm man natürlich dem in der Stadt Geborenen leichter ab als einem gerade Eingewanderten. Im Jahre 1381 beantragte ein gewisser Bartolomeo Calzamoli, der in Florenz geboren worden war und dessen Vater schon fünfzig Jahre in der Stadt gelebt hatte, mit Erfolg das Bürgerrecht. In seiner Petition beteuert er, daß er sich bereits als Bürger fühle und dieses Vaterland wie ein Bürger liebe: *putat se civem et ut civis patriam istam amat*[33]. Über jeden Antrag auf Verleihung des Bürgerrechts wurde von den obersten Magistraten und dann von den Großen Räten des Volkes und der Kommune (insgesamt also von etwa fünfhundert Männern) geheim, mit Hilfe weißer und schwarzer Bohnen, entschieden. Dabei wurde der Antrag jeweils in der Volkssprache verlesen und am Ende, bei Annahme, in die laufende Gesetzgebung aufgenommen. Das Verfahren der Bürgerrechtsverleihung hatte die Form eines öffentlichen Rituals: es war „a rite of civic solidarity“[34], aber auch Vehikel eines ständig Bestätigung einfordernden Patriotismus.

Das Gebot der Vaterlandsliebe war allgegenwärtig. Alle zwei Monate wechselte in dieser Stadt der Rat, die Signoria. Jede dieser Ratswandlungen war ein öffentliches Ritual, bei dem die Bürgerschaft auf der Piazza della Signoria antrat, bei dem Messen zelebriert und Reden von der Balustrade des Kommunepalastes aus gehalten wurden. Im Jahre 1429 stellte der Capitano del Popolo Stefano Porcari seine feierliche *Orazione* anläßlich der Amtseinsetzung der neuen Signoria ausdrücklich unter das Motto: *amore verso la patria*. Er wolle, sagt er, an diesem glücklichen Tage einmal ausführlich schildern, wie groß die Liebe (*la carità e l'amore*) der hier versammelten besten und vollkommensten Bürger für das Vaterland (*verso la patria*) sein müsse und was dem Gemeinwesen daraus für Nutzen fliesse. Er beginnt mit grundsätzlichen Überlegungen: Vaterlandsliebe sei begründet in der *umana condizione* selbst. Das hätten bereits die alten Philoso-

---

Gesellschaftsgeschichte 7), Göttingen 1994, S. 146–187, besonders S. 151 f., 160–167.

33 Zit. nach *Kirshner* (Anm. 32), S. 294, Anm. 11.

34 *Kirshner* (Anm. 32), S. 293.

phen (die *Stoici e Cicerone*) klar gesehen, wenn sie Ursprung, Herkunft und Geburt (*il principio, l'origine ed il nascimento*) des Menschen teils als dem Vaterland, teils als den Eltern und teils als den Freunden geschuldet betrachteten. Im folgenden schildert der Redner dann ausführlich, was die Bürger ihrem Vaterland alles verdanken; er folgert, daß sie es deshalb natürlicherweise lieben, für seinen Erhalt arbeiten und für seine Verteidigung bereitwillig ihr Leben opfern. Als Exempel rechter *carità della patria* werden anschließend die bekannten Geschichten antiker Vaterlandsverteidiger und Wohltäter der Republik referiert[35]. Diese Ausführungen und die ausdrückliche Berufung auf Cicero machen deutlich, daß zumindest einige tausend Florentiner im 15. Jahrhundert den politiktheoretischen Vaterlandsdiskurs unseres zweiten Abschnitts kannten und sogar wußten, aus welchen Quellen er gespeist war. Optisch präsent war die Aufforderung zur Vaterlandsliebe seit den 1380er Jahren darüber hinaus im Audienzsaal der Otto di Guardia im Palazzo Pubblico. Dort an der Wand war ein Sonett Franco Sacchettis zu lesen. Es begann mit den Versen: „Sein Vaterland zu lieben ist eine ehrwürdige Tugend, die alle anderen überragt, wenn es darum geht, es groß und mächtig zu machen" (*Amar la patria sua è virtù degna / sovra ogn'altra a farla alta e possente*)[36].

Den restriktiven Maßnahmen in der Gesetzgebung und der verbreiteten Vaterlandsrhetorik entsprach eine scharfe literarische Polemik und Diffamierungskampagne gegen Neubürger, die Anspruch auf politische Partizipation erhoben[37]. Der Kampf wurde mit den Schlagworten *novi cives* und *gente nuova* geführt. Der Florentiner Chronist Giovanni Villani († 1348) beispielsweise begrüßte das oben genannte Gesetz von 1346 ausdrücklich als Schutzmaßnahme der *antichi e originali cittadini*[38]. Darüber hinaus

---

35 Orazione II, in: Prose del Giovane Buonaccorso da Montemagno, hg. von G. Cavalieri Guiliari, Bologna 1874, S. 12–27, hier S. 14 ff.

36 Zitat nach *Nicolai Rubinstein,* The Palazzo Vecchio, 1298–1532. Government, Architecture, and Imagery in the Civic Palace oft the Florentine Republic, Oxford 1995, S. 51.

37 Grundlegend: *Gene A. Brucker,* Florentine Politics and Society, 1343–1378, Princeton 1962, besonders S. 20–25 und S. 40–45; sowie *Marvin B. Becker,* An Essay on the „Novi Cives" and Florentine Politics, 1343–1382, in: Mediaeval Studies 24 (1962), S. 34–82 (erweitert in: *Ders.,* Florence in Transition, 2 Bde., Baltimore 1967/68, hier Bd. 2, S. 93–150). Becker sieht in den *novi cives* das dynamische Element der Florentiner Geschichte: Da sie keinen Rückhalt in überkommenen Strukturen besessen hätten, seien gerade sie am ständigen Ausbau der Verfassung und des Rechtssystems interessiert gewesen. Kirshner warnt allerdings vor einer Gleichsetzung von *novi cives* und den Amtsträgern, denen die Zugehörigkeit zur *gente nuova* vorgeworfen wurde; *Kirshner* (Anm. 32), S. 302, Anm. 33/34. Letztere scheinen häufig eher soziale Aufsteiger als gerade Zugezogene gewesen zu sein. Für unseren Gedankengang ist allerdings wichtiger, daß Zeitgenossen *gente nuova* und *novi cives* für austauschbare Begriffe hielten.

38 *Giovanni Villani,* Cronica, hg. von Gherardi Dragomanni, 4 Bde., Florenz 1844/45, hier Bd. 4, S. 119 (XII.72).

war er grundsätzlich der Meinung, daß Bürgerzwist und Entzweiung in Florenz ihren Ursprung in der Vermischung der angestammten Bevölkerung aus alteingesessenen, tugendhaften Bürgern mit zugewanderten *Fioselani ruddi* gehabt hätte[39]. Schon Dante Alighieri (1265–1321) hatte das in seiner „Divina Comedia" ähnlich gesehen[40] und damit zur Etablierung einer Tradition beigetragen, die im Einwanderer und Neubürger die Ursachen aller Übel sah. Diese Tradition ist noch in der frühen Neuzeit nachweisbar. In seinem Kommentar zur „Politik" des Aristoteles interpretiert der Florentiner Victorius (1499–1585) die durch Neusiedler hervorgerufenen Unruhen in Appolonia (Pol. 1303b 33) als Kampf zwischen Alt- und Neubürgern in der Stadt (*exemplum seditionum...inter veteres ciues & novos, è peregrinis factos*). Genau das, so Victorius weiter, kenne man aus der Florentiner Geschichte ja zur Genüge und kein Geringerer als *Dante noster* habe bereits darauf hingewiesen, daß die Vermischung der Bürgerschaft stets der Grund innerer Entzweiung gewesen sei (*semper mixtionem hanc ciuium causam extitisse discordiarum interitusque ciuitatum*)[41].

Die Florentiner Gesetzgebung versuchte langfristig, den Handlungsspielraum der Neubürger einzuengen. Vaterlandsrhetorik und literarische Diffamierung der *novi cives* stützten sich gegenseitig. Dem entsprach offensichtlich eine sehr restriktiv gehandhabte Einbürgerungspraxis. Julius Kirshner hat ermittelt, daß in den Jahren 1352 bis 1379 lediglich 225 Männer das Florentiner Bürgerrecht verliehen bekamen, und daß diese Zahl sich auch nicht wesentlich erhöht, wenn man die durch kollektive Verträge mit unterworfenen Kommunen eingeräumte Verleihung des Florentiner Bürgerrechts hinzurechnet[42]. Die bei einer Bevölkerungszahl von 40'000

---

39 *Villani* (Anm. 38), Bd. 1, S. 62 (I.38).

40 Vgl. *Ulrich Meier*, „Molte rivoluzioni, molte novità". Gesellschaftlicher Wandel im Spiegel der politischen Philosophie und im Urteil von städtischen Chronisten des späten Mittelalters, in: Sozialer Wandel im Mittelalter. Wahrnehmungsformen, Erklärungsmuster, Regelungsmechanismen, hg. von Jürgen Miethke und Klaus Schreiner, Sigmaringen 1994, S. 119–176, hier S. 169, Anm. 171.

41 Zitat ebd. Die ethnische Vermischung wurde im Mittelalter nicht selten als Ursache des Niedergangs angeführt. So sieht Ranulph Higden, ein englischer Chronist des 14. Jahrhunderts, in der Vermischung der einheimischen Bevölkerung mit den der Trunksucht ergebenen, eingewanderten Dänen den Beginn des Niedergangs der englischen Gelehrsamkeit und den Anfang moralischer Dekadenz. Vgl. *Frank Rexroth*, König Artus und die Professoren. Gründungsfiktionen an mittelalterlichen englischen Universitäten, in: Jahrbuch für Universitätsgeschichte I (1998), S. 13–48, hier S. 36.

42 *Kirshner* (Anm. 32), S. 302, Anm. 33. Die Zahlen beruhen auf eigenen Forschungen des Autors. Auf der Grundlage eines *cittadinario*, eines „Bürgerbuchs", das allerdings erst um 1600 entstanden ist und vermutlich auf der Auswertung der mit Bürgerrechtsverleihungen befaßten Gesetzgebungspraxis (*provvisioni*) beruht, würden sich etwas andere Zahlen ergeben. Kirshner selbst greift diesen Hinweis von Riesenberg ebd. auf, er behandelt ihn erneut in *Julius Kirshner*, „Mulier alibi nupta", in: Consilia im späten Mittelalter. Zum historischen Aussagewert einer Quellengattung, hg. von Ingrid Baumgärtner (Studi. Schriftenreihe des deutschen

bis 60'000 Einwohnern äußerst geringe Einbürgerungsquote[43] ist der realgeschichtliche Hintergrund der ausgeprägten Vaterlandsrhetorik. Das zeigt eines ganz deutlich: Der in der modernen Republikanismustheorie so uneingeschränkt positiv konnotierte Begriff der Vaterlandsliebe kennzeichnet kein freiheitliches, sondern ein restriktives Bürgerkonzept. Anders als im Zusammenhang mit der Diskussion um den Kampf fürs Vaterland steht die Forderung nach Vaterlandsliebe oder *amor civitatis* im Kontext der Bürgerrechtsdebatte eindeutig für Konservativismus und Ausgrenzung.

In den Städten des Reiches hatten Neubürger nicht annähernd so hohe Hürden zu überwinden wie in Italien. Dieser Umstand und die insgesamt sehr viel höheren Einbürgerungsquoten waren sicher auch Gründe dafür, daß überschwengliche Vaterlandsrhetorik in deutschen Kommunen kaum anzutreffen ist. Nördlich der Alpen konnten im Zusammenhang mit der Frage des Bürgerrechtserwerbs keine formelhaften Beschwörungen des *amor civitatis* dingfest gemacht werden. An deren Stelle trat vor allem die Forderung, gehorsam zu sein sowie Nutz und Ehre der Stadt zu mehren. Verbreitet war darüber hinaus der Rekurs auf Werte wie gegenseitige Hilfe, Eintracht und Freundschaft. Dabei handelt es sich um Ideale, die nicht in dem Sinne ausgrenzend wirkten wie das bei der Berufung auf Vaterlandsliebe der Fall war. Forderungen nach Freundschaft unter Bürgern findet man manchmal im Zusammenhang mit den jährlichen Bürgereiden[44], häufiger aber in Chroniken, Briefen oder Statuten[45]. Freundschaft und Ge-

---

Studienzentrums in Venedig 13), Sigmaringen 1995, S. 147–175, hier S. 152. Aus dem nicht ganz vollständigen Register ergibt sich seiner Meinung nach eine Zahl von etwa dreihundert zugewanderten Männern beziehungsweise Familienvorständen, denen in den Jahren 1306–1399 das Florentiner Bürgerrecht verliehen worden ist; ebd. S. 152 f. Vgl. dazu auch den Hinweis auf die verschwindend geringe Zahl von Frauen, die in Städten wie Venedig oder Florenz das Bürgerrecht erworben haben. Im genannten Florentiner *cittadinario* taucht keine einzige Frau auf. In den wenigen nachweisbaren Einzelfällen handelte es sich um politische Rücksichtnahmen; diese Frauen gehörten stets den Führungsgruppen an und waren mit prominenten Persönlichkeiten verheiratet oder sie waren deren Witwen.

43 Auch Riesenberg macht auf die vergleichsweise geringen Neubürgeraufnahmen in italienischen Kommunen aufmerksam und meint, viele Einwanderer hätten wohl dauerhaft ohne Bürgerrecht in den Städten gesessen; *Riesenberg* (Anm. 1), S. 149 f.

44 So heißt es 1481 in Nördlingen, daß die Bürger *des jares ainest zu ainander komen und sich solher truwe und fraintschaft, so si mit bistand ainander schuldig und pflichtig sind, mit irn aiden zu ain ander verpinden sollen;* zitiert nach *Wilhelm Ebel,* Der Bürgereid als Geltungsgrund und Gestaltungsprinzip des deutschen mittelalterlichen Stadtrechts, Weimar 1958, S. 23 f. Ebel stellt die im Bürgereid beschworenen Werte, Pflichten und Rechte ausführlich dar.

45 Grundlegend zu „Freundschaft" in der Stadt: *Black* (Anm. 4), S. 69 und passim. Vgl. auch *Gerd Schwerhoff,* Apud populum potestas? Ratsherrschaft und korporative Partizipation im spätmittelalterlichen und frühneuzeitlichen Köln, in: Schreiner/Meier (Anm. 32), S. 188–234, hier S. 195 ff. Der Begriff Freundschaft kann im einzelnen aristotelische oder stadtbürgerliche Konnotationen haben. Als Grundwert hatte er jedoch ein umfassenderes Bedeutungsspektrum, er konnte sowohl Verwandtschafts- als auch Friedensverbände bezeichnen. Vgl. etwa *Otto Brun-*

meinwohlorientierung sah man als Garanten konfliktfreien, friedlichen Zusammenlebens. Nach Unruhen oder privaten Streitigkeiten legte der Rat regelmäßig großen Wert darauf, daß zur Festigung des Gemeinen Nutzens erneut Freundschaft zwischen verfeindeten Personen oder Gruppen beschworen wurde[46]. Insgesamt herrschte in unseren Breiten eher ein trokkener und pragmatischer Ton vor. Es wurde, um es in den Worten des Thomas von Aquin zu sagen, vor allem das *bonum commune* bemüht, wenn es um die Bestimmung des Bürgers und seiner Aufgaben im *corpus politicum* ging[47]. Ressentiments gegen Zugezogene gab es auch in deutschen Städten, aber Vaterlandsliebe galt gemeinhin nicht als nachweispflichtige Voraussetzung einer Mitgliedschaft in der *universitas civium*.

IV. Der Bürgerbegriff in Rechtsgutachten

Die weiter fortgeschrittene Rechtskultur Italiens, aber sicher auch die oben angedeutete prekärere Lage vieler Neubürger in den dortigen Städten, waren die Rahmenbedingungen für die Entstehung einer neuen Textsorte: der Konsilien zu Bürgerrechtsfragen[48]. Juristen, in der Regel von

ner, Land und Herrschaft. Grundfragen der territorialen Verfassungsgeschichte Österreichs im Mittelalter, Darmstadt 1973, S. 20; sowie *Gerd Althoff,* Amicitiae und pacta. Bündnis, Einung, Politik und Gebetsgedenken im beginnenden 10. Jahrhundert (Schriften der MGH 37), Hannover 1992.

46 Zum Begriff des Gemeinwohls in deutschen Städten vgl. *Jörg Rogge,* Für den Gemeinen Nutzen. Politisches Handeln und Politikverständnis von Rat und Bürgerschaft in Augsburg im Spätmittelalter (Studia Augustana 6), Tübingen 1996, passim (dort auch weiter Literatur). Zum Vorwurf der Verletzung der Grundwerte Eintracht und Freundschaft bei politischen Faktionskämpfen vgl. ebd., S. 75. – Auch nach Sühneleistungen an die Hinterbliebenen im Falle eines Totschlags pochte der Konstanzer Rat als Vermittler beispielsweise auf die Wiederherstellung der Freundschaft zwischen den Parteien. Vgl. *Peter Schuster,* Dschungel aus Stein? Der mittelalterliche Diskurs über die Stadt zwischen Ideal und Wirklichkeit, in: Kea. Zeitschrift für Kulturwissenschaften 8 (1995), S. 191–208, hier S. 205 f. und 208.

47 Zum Bürgerbegriff in deutschen Städten grundlegend: *Gerhard Dilcher,* Bürgerrecht und Stadtverfassung im europäischen Mittelalter, Köln / Weimar / Wien 1996, darin besonders der Aufsatz aus dem Jahre 1980: *Ders.*, Zum Bürgerbegriff im späten Mittelalter – Versuch einer Typologie am Beispiel von Frankfurt am Main; sowie *Eberhard Isenmann,* Die deutsche Stadt im Spätmittelalter: 1250–1500. Stadtgestalt, Recht, Stadtregiment, Kirche, Gesellschaft, Wirtschaft, Stuttgart 1988 (besonders Kap. 2.5).

48 Grundlegend zu Konsilien jetzt *Baumgärtner* (Anm. 42). Zum Neubürgerproblem vgl. die im folgenden zitierten Arbeiten von *Julius Kirshner* und *Joseph Canning,* The Political Thought of Baldus de Ubaldis, Cambridge u. a.O. 1987, S. 159–184; *Riesenberg* (Anm. 1), S. 87–199; sowie *Meier* (Anm. 1), S. 176–189. Leider finden sich im Kanzleibetrieb deutscher Städte bis ins 15. Jahrhundert hinein keine Rechtsgutachten römischrechtlich geschulter Juristen. Vgl. *Eberhard Isenmann,* Reichsrecht und Reichsverfassung in Konsilien reichsstädtischer Juristen (15.-17. Jahrhundert), in: Die Rolle der Juristen bei der Entstehung des modernen Staates, hg. von Roman Schnur, Berlin 1986, S. 545–628; sowie *Helmuth G. Walther,* Die Rezeption der Paduaner Rechtswissenschaft durch die Aufnahme Paduaner Konsilien

Neubürgern beauftragt, bezogen in diesen Rechtsgutachten Stellung zu allen praktischen Fragen des bürgerlichen Lebens. Weil sie ihre Klienten häufig gegen Verunglimpfungen durch Alteingesessene und deren konservatives Bürgerideal oder gegen Forderungen restriktiver Magistrate verteidigen mußten, verzichteten sie in solchen Fällen bewußt auf alle Vaterlandsrhetorik und stellten dieser Sichtweise einen pragmatischen Bürgerbegriff entgegen, der von Rechten und Pflichten her argumentierte. Wenn ihnen dann, wie den Florentiner Neubürgern, entgegengehalten wurde, daß nur Geburt zum wahren Bürger mache, insistierten sie darauf, daß die Stadt kein Gebilde des *ius naturale* sei und daß dasselbe vom Bürger gelte. So geht Bartolus von Saxoferrato (1314–1357) in einem seiner Konsilien der Frage nach, ob jemand, der auf der Grundlage der städtischen Statuten zum Bürger gemacht worden ist, wirklich „Bürger" genannt werden dürfe. Seine Anwort ist eindeutig positiv. Im einzelnen führt er aus: Es sei allein die *constitutio iuris civilis,* die jemanden zum Bürger macht. Es gebe daher keinen prinzipiellen Unterschied zwischen geborenen Bürgern und solchen, die per Gesetz zu Bürgern gemacht worden sind. Beide gehörten vielmehr der einen Spezies der *cives civiliter* an, und zwar der eine *propter naturalem originem,* der andere *propter aliam causam.* Die praktischen Folgen einer solchen Auffassung sind weitreichend, denn sollte eine Stadt per Statut verfügen, daß jeder, der dort ein Haus besitzt, Bürger sei, dann sei er eben tatsächlich Bürger. Und in jedem Falle müsse ein ins Bürgerrecht Aufgenommener *vere et proprie* als Bürger gelten[49]. In seinem Digestenkommentar hatte Bartolus den gleichen Sachverhalt auf die wirkungsmächtige und einprägsame Formel gebracht: die Stadt selbst und niemand anderes mache einen Menschen zum Bürger (*civitas sibi faciat civem*)[50].

Baldus de Ubaldis (1327–1400), Schüler des Bartolus, beschäftigt sich in einem Konsilium mit dem verbreiteten Problem einer doppelten Bürgerschaft. Er kommt unter Berufung auf die Digesten (D. 3.1.1. § 6) zu der

in die Nürnberger Ratschlagbücher, in: Baumgärtner (Anm. 42), S. 207–224. Da Bürgerrechtserwerb in Deutschland kein so exklusiver Rechtsakt war wie in Italien, beschäftigten sich Juristen hierzulande wohl auch eher selten mit dieser Materie. Einen dieser Fälle behandelt *Uwe Heckert,* „Im Zweifel für die Freiheit". Ein Mustergutachten Conrad Peutingers zu Bürgerrecht und Bürgeraufnahme im spätmittelalterlichen Augsburg, in: Schreiner / Meier (Anm. 32), S. 120–144.

49 *Est ergo constitutio iuris civilis que facit aliquem civem propter originem vel propter dignitatem vel propter adoptionem* [...] *Unde non est dicendum quod quidam sunt cives naturaliter, quidam civiliter. Immo est dicendum quod omnes sunt cives civiliter: aliqui tamen propter naturalem originem, aliqui propter aliam causam. Unde si civitas facit statutum quod quicunque habet ibi domum sit civis, vere erit civis* [...] *Sed iste est sic receptus, ergo vere et prorie civis est;* zit. nach der Ed. des Konsils bei *Julius Kirshner,* „Civitas sibi faciat civem": Bartolus of Sassoferrato's Doctrine on the Making of a Citizen, in: Speculum 48 (1973), S. 694–713, hier S. 713.

50 Zitat nach *Kirshner* (Anm. 49), S. 698.

Überzeugung, daß die Gewohnheit letztlich die Natur überwinde (*consuetudo vincit naturam*)[51]. Auf den Kasus eines Mannes mit Bürgerrecht in zwei Städten angewandt: Absolut gesprochen sei ein solcher in beiden Kommunen Bürger, vergleichend gesprochen aber sei er dort mehr Bürger, wo er mehr das tut, was einem Bürger obliegt (*facit ea que sunt civium*), das heißt, wo er mit Körper und Geist seinen ständigen Wohnort eingerichtet hat. Außerdem solle er dort als Bürger anerkannt werden, wo er seit langem als solcher gelte und seine Pflichten erfülle[52]. Also weder Geburt noch Vaterlandsliebe, sondern allein der Erwerb des Bürgerrechts, der ständige Wohnsitz und die Ausübung bürgerlicher Pflichten machen einen Menschen zum *verus civis*.

Aber trotz aller Versuche, im Sinne ihrer Klienten einen einheitlichen Bürgerbegriff zu konzipieren und zu verteidigen, konnten auch die Juristen langfristig den tatsächlichen Unterschied zwischen den geborenen, alteingesessenen Bürgern, die in der Regel die höchsten politischen Ämter bekleideten, und den Neubürgern, den *cives ex privilegio*, kaum ignorieren. Das führte im 15. Jahrhundert schließlich dazu, daß man begann, den bloßen Besitz des Bürgerrechts (*civilitas*) kategorial von der Amtsfähigkeit (*habilitas*) zu unterscheiden. Dabei wurde ersteres als unwiderufliches *pactum* zwischen Bürger und Stadt interpretiert, während letztere als eine vom Willen der Bürgerschaft abhängige Größe galt, die ständiger Anpassung an eine sich ändernde Wirklichkeit bedurfte[53]. Ähnlich wie die politische Philosophie, die den *civis simpliciter* vom *civis secundum quid* abhob, kannte also auch die Jurisprudenz unterschiedliche Arten von Bürgern. Mit ihrem Engagement für die Anerkennung der Neubürger als *veri cives* haben mittelalterliche Rechtsgelehrte einen wesentlichen Beitrag zur abendländischen Theorie des Bürgers geleistet; daß die *cives ex privilegio*

---

51 *Preterea consuetudo vincit naturam iure posterioritatis, nam posteriora mutant priora ff. de postulando, l.i., §. bestias;* zitiert nach der Edition des Konsiliums bei *Julius Kirshner*, Between Nature and Culture: An Opinion of Baldus of Perugia on Venetian Citizenship as Second Nature, in: The Journal of Medieval and Renaissance Studies 9 (1979), S. 179–208, hier S. 205, Zeile. 54 f. Auf diese Digestenstelle beruft sich Baldus im Zusammenhang mit Fragen des Bürgerrechts auch in seinem Kommentar zum „Liber Sextus" (VI.2.2.). Dort formuliert er noch „moderner": [...] *locus originis sit alteratus per contrariam consuetudinem, quia consuetudo est altera natura, id est, alterans naturam;* zitiert nach ebd. S. 199, Anm. 72.

52 *Item, licet absolute loquendo utrobique sit civis, tamen, comparative loquendo, ibi magis est civis ubi magis facit ea que sunt civium, idest ubi corpore et animo residentiam perpetuam collocavit* [...] *Et videtur recipi in civem, si longo tempore est tractatus ut civis, solvendo munera personalia vel mixta, ut collectas;* zitiert nach *Kirshner* (Anm. 51), S. 206, Zeilen 69 ff. und 83 f.

53 Vgl. *Julius Kirshner*, Paolo di Castro on „Cives ex privilegio". A Controversy over the Legal Qualifications for Public Office in Early Fifteenth-Century Florence, in: Renaissance Studies in Honor of Hans Baron, hg. von Anthony Molho und John A. Tedeschi, Florenz 1971, S. 227–264, besonders S. 257–262; *Canning* (Anm. 48), S. 171–183; sowie *Meier* (Anm. 1), S. 189 ff.

im Alltagsleben von den Alteingesessenen dann tatsächlich als Gleiche akzeptiert wurden, konnten sie freilich nicht garantieren. Und mancher *civis antiquus et originarius* wird über die Neuen ähnlich gedacht haben wie der Florentiner Chronist Benedetto Varchi: „Diese nennen sich wohl Bürger, aber wer weiß, was „Bürger" ist, weiß auch, daß diese in Wirklichkeit keine Bürger sind"[54].

Autoren, die den Bürgerbegriff vom Problem des Eintritts in die *universitas civium* her dachten, zeichneten einen Aspekt besonders scharf, der über die antike Staatslehre weit hinausführt. Gemeint ist die dezidierte Betonung des voluntaristischen Elementes. Das geschah in zweierlei Hinsicht: Die Stadt allein definierte auf der Grundlage ihrer autonomen Rechtsetzungsgewalt, wer Bürger sein und werden durfte; der Bürger selbst trat aus freiem Willen in die Bürgerschaft ein[55]. Die Bedeutung dieses Phänomens ist im Zusammenhang mit der Bürgerdebatte spätmittelalterlicher Juristen bereits verschiedentlich gewürdigt worden[56]. Eine umfassende historische Einordnung des Sachverhalts darf sich allerdings nicht auf den juristischen Diskurs beschränken. Weiterführend scheint mir ein Anknüpfen an Max Weber zu sein[57].

---

54 [...].*e questi si chiamano bene cittadini; ma chi sa che cosa cittadino sia, sa ancora, che* [...] *cittadini veramente non sono; Bendetto Varchi,* Storia Fiorentina, Florenz 1831–1841, Bd. 1, S. 203 f. Die Chronik ist um die Mitte des 16. Jahrhunderts verfaßt; vgl *Meier* (Anm. 32), S. 173 und 186.

55 Der Satz gilt in dieser Allgemeinheit allerdings nur für autonome Städte einerseits sowie für freie, erwachsene Männer andererseits; ausgeklammert bleibt darüber hinaus das Phänomen der Zwangseinbürgerung. Kinder waren der Familie eingegliedert. Unfreie konnten in die Stadt fliehen und dort, je nach Stadt oder Stadtlandschaft, eventuell nach Jahr und Tag frei und damit Bürger werden. Ähnlich differenziert stellt sich die Lage für Frauen dar. Zumeist besaßen die Frauen das Bürgerrecht über ihren Ehemann. Frauen erwarben aber auch einzeln das Bürgerrecht. Die Forschungen dazu sind jetzt erstmals auf eine breite empirische Basis gestellt worden; vgl. den Beitrag von *Barbara Studer* in diesem Band. Über die (höchst seltene) Verleihung des Bürgerrechts an Frauen in italienischen Städten vgl. *Kirshner* (Anm. 42). Vgl. auch die Hinweise von Christine Klapisch-Zuber zum Bürgerstatus von Kindern und Frauen und zur Tendenz im Florenz des 15. Jahrhunderts, zunehmend Frauen aus der eigenen Stadt zu heiraten; *Christine Klapisch-Zuber,* „Commentary", in: City-States in Classical Antiquity and Medieval Italy: Athens and Rome, Florence and Venice, hg. von Anthony Molho, Kurt Raaflaub und Julia Emlen, Stuttgart 1991, S. 243.

56 Etwa bei *Diego Quaglioni,* The Legal Definition of Citizenship in the Late Middle Ages, in: Molho / Raaflaub / Emlen (Anm. 55), S. 155–167, hier S. 166. Vor allem aber *Riesenberg* (Anm. 1), S. 132, 173 und 182.

57 Auf die von Historikern des Mittelalters zu selten genutzten Theorieangebote Webers hat überzeugend hingewiesen *Gerhard Dilcher,* Max Webers Stadt und die historische Stadtforschung der Mediävistik, in: Historische Zeitschrift 267 (1998), S. 91–125. Der Aufsatz ist zugleich Besprechung des grundlegenden Werkes von *Christian Meier* (Hg.), Die Okzidentale Stadt nach Max Weber. Zum Problem der Zugehörigkeit in Antike und Mittelalter (Historische Zeitschrift, Beihefte N.F. 17), München 1994.

V. Eintritt in die Himmelsstadt

Max Weber hat mehrfach auf die Wahlverwandtschaft von Christentum und mittelalterlichem Bürgertum hingewiesen[58]. Er sieht sie symbolhaft begründet in jener Abendmahlsgemeinschaft zwischen Christen aus Juden- und Heidentum, die der Apostel Paulus in Antiochien lebte und forderte (Gal. 2.11 ff.). Diese „Abstreifung aller rituellen Geburts-Schranken" war „die Konzeptionsstunde des „Bürgertums" des Occidents, wenn auch dessen Geburt, in den revolutionären „conjurationes" der mittelalterlichen Städte, erst mehr als ein Jahrtausend später erfolgte"[59]. Weber legt Wert auf die strukturelle Ähnlichkeit zwischen dem Eintritt in die christliche Abendmahlsgemeinschaft und dem Eintritt ins Bürgerrecht. Beides verlange die Ablegung überkommener Bindungen, beides könne ein Mensch nur als einzelner tun. Der Bürger trat „als Einzelner in die Bürgerschaft ein, als Einzelner schwur er den Bürgereid. Die persönliche Zugehörigkeit zum örtlichen Verband der Stadt, und nicht die Sippe oder der Stamm, garantierte ihm seine persönliche Rechtsstellung als Bürger"[60].

Die epochale Bedeutung der individuellen Willensentscheidung und des Eides für die Konstitution neuer Formen von Vergesellschaftung und Vergemeinschaftung ist damit gültig herausgearbeitet. Für mittelalterliche Neubürger wie für Juristen war der Eintritt ins Bürgerrecht unstrittig die freie Entscheidung eines einzelnen. Aufschlußreich, und unter dem Aspekt der Wahlverwandtschaft von Christentum und mittelalterlichem Bürgertum bisher nicht beachtet, ist, daß die starke Betonung des voluntaristischen Elementes noch in einem völlig anderen Diskussionszusammenhang zentraler Bestandteil der Theoriebildung war. Man kann den gemeinten Diskurs als „Theologie der Stadt" bezeichnen[61].

---

[58] Vgl. dazu *Klaus Schreiner,* Die mittelalterliche Stadt in Webers Analyse und die Deutung des okzidentalen Rationalismus. Typus, Legitimität, Kulturbedeutung, in: Max Weber, der Historiker, hg. von Jürgen Kocka (Kritische Studien zur Geschichtswissenschaft 73), Göttingen 1986, S. 119–150, hier S. 133 ff.; *Otto Gerhard Oexle,* Kulturwissenschaftliche Reflexionen über soziale Gruppen in der mittelalterlichen Gesellschaft: Tönnies, Simmel, Durkheim, Max Weber, in: Meier (Anm. 57), S. 115–159, hier S. 139 ff.; sowie *Dilcher* (Anm. 57), S. 102.

[59] *Max Weber,* Die Wirtschaftsethik der Weltreligionen. Hinduismus und Buddhismus, in: Max Weber Gesamtausgabe Bd. I/20, hg. von Helwig Schmidt-Glintzer, Tübingen 1996, S. 96 f. Das Ereignis wird noch zweimal erwähnt in: *Ders.,* Wirtschaft und Gesellschaft. Grundriss der verstehenden Soziologie, hg. von Johannes Winckelmann, Tübingen 1976 (6. Auflage), S. 265 und 745.

[60] *Weber,* Wirtschaft (Anm. 59), S. 747.

[61] Zum Begriff vgl. *Joseph Comblin,* Théologie de la ville, Paris 1968. Außerdem *Hermann Bauer,* Die Säkularisierung des Himmelsbildes in der italienischen Stadt, in: Ders., Kunst und Utopie. Studien über das Kunst- und Staatsdenken in der Renaissance, Berlin 1965, S. 1–17; *Otto Borst,* Babel oder Jerusalem? Prolegomena zu einer Geistesgeschichte der Stadt, in: Ders., Babel oder Jerusalem? Sechs Kapitel Stadtgeschichte, hg. von Helmut Böhme, Eberhard Jäckel und Rainer Jooß, Stutt-

Theologen und Prediger schrieben und sprachen gern vom Himmlischen Jerusalem oder von der vollkommenen Gemeinschaft der Heiligen. In diesen Erzählungen schilderten sie Idealbilder musterhaften Zusammenlebens[62]. Damit war die Aufforderung an den irdischen Bürger verbunden, sich zu bessern, sich gewissermaßen in seinem Telos, dem Himmelsbürger, zu spiegeln. So bemüht bereits Wilhelm von Auvergne († 1249), scholastischer Theologe und seit 1228 Bischof von Paris, das Bild einer idealen Stadt, um den Menschen seiner Zeit einen Begriff vom glückseligen Leben zu geben[63]. Diese Stadt, herrlich gebaut und bewohnt von vollkommenen Menschen, gleichsam ein Vorschein der *civitas Dei,* wird dem rauhen Land und dem Wald entgegengesetzt. Die Lebensweise der Bürger ist Wilhelm zufolge geprägt von gegenseitiger Hilfe, Brüderlichkeit und Freundschaft. Die gebrauchten Bilder arbeiten mit theologischem Gedankengut und einer ausgeprägten Technik der Analogien. An einigen Stellen aber scheint die Wirklichkeit der mittelalterlichen Stadt unmißverständlich durch[64]. Das gilt insbesondere für die Abschnitte, in denen der *ingressus in civitatem* geschildert wird: „Jene, die vom Land und ländlichen Leben in die Stadt übersiedeln und Bürger werden wollen, müssen ihre ländlichen Sitten und ihren Wohnsitz aufgeben, in der Stadt Residenz beziehen sowie bürgerliche Sitten und eine zivil-urbane, gemeinschaftsbezogene Lebensart annehmen“[65]. Das Aufnahmeverfahren schildert Wilhelm als rechtsförmigen Akt freier Willensentscheidung, als Bürgerrechtserwerb. Der potentielle Neubürger wird gefragt: „Willst Du Christ werden, willst Du das Gesetz befolgen und halten und die Sitten dieser Stadt wahren?“ Nach der Beantwortung der Frage geht der Neue mit der Stadt einen förmlichen Vertrag und ein Bündnis (*pactum foedusque*) ein; er bekräftigt seine Freundschaft (*amicitiam*), indem er sich von Satan, dem Feind der herrlichen Stadt, lossagt. Am Ende steht dann noch einmal das Gelübde, die Gesetze und Sitten der Stadt einzuhalten (*promissio, et professio legis, et morum*

---

gart 1984, S. 15–123 und 433–454; *Hartmut Kugler,* Die Vorstellung der Stadt in der Literatur des deutschen Mittelalters (Münchener Texte und Untersuchungen zur deutschen Literatur des Mittelalters 88), München 1986, S. 49–141; *Schmidt* (Anm. 29); *Schuster* (Anm. 46); sowie *Meier* (Anm. 1), S. 23–61.

62 Analogien wurden dadurch erleichtert, daß jede Bürgergemeinde sich zugleich auch als Sakralgemeinschaft verstand; vgl. *Heinrich Schmidt,* Die deutschen Städtechroniken als Spiegel des bürgerlichen Selbstverständnisses im Spätmittelalter (Schriftenreihe der Historischen Kommission bei der Bayerischen Akademie der Wissenschaften 3), Göttingen 1958, S. 87–97.

63 Dieser Absatz folgt *Meier* (Anm. 1), S. 30–35, besonders 33 f.

64 Zu etwas anderen Schlußfolgerungen gelangt *Jacques Le Goff,* Ville et théologie au XIIIe siècle: Une métaphore urbaine de Guillaume d'Auvergne, in: Razo 1 (1979), S. 33–37; auch in: *Ders.,* L'imaginaire médiévale, Paris 1985, S. 242–47.

65 *De rure et vita rusticana ad civitatem transeuntibus, et cives effici volentibus, necesse est, mores agrestes, et habitationem deserere, civitatemque inhabitare, civilesque mores, et urbanitatem civilem, atque socialissimam assumere; Wilhelm von Auvergne,* De sacramento in generali, in: Opera omnia I, Paris 1674, S. 410b.

civitatis, sive populi ipsius). Entscheidend schließlich der lapidare Satz, daß nur die zu Bürgern gemacht werden dürften, die das auch tatsächlich selber wollten: *qui cives effici vellent*[66].

Predigten über die Stadt der Heiligen beziehungsweise über das Himmlische Jerusalem sind auch von Albertus Magnus und Giordano da Pisa (1260–1311) überliefert. In diesen in Augsburg beziehungsweise in Florenz gehaltenen Predigten werden der Wunsch, in die Himmelsstadt einzugehen, und die Voraussetzungen, die dazu nötig sind, erörtert und mit Hilfe der Metapher des Bürgerrechtserwerbs näher beschrieben[67]. Insbesondere der Florentiner Dominikaner Giordano da Pisa unterstreicht die Notwendigkeit eines rationalen Kalküls, das dem Entschluß zum Eintritt in die himmlische „Stadt der Freude" zugrundeliegen muß. Informiere sich doch schließlich auch sonst jeder, der in eine Stadt übersiedeln und dort um des besseren Gewinns (*migliore guadagno*) und angenehmeren Lebens willen Bürger werden will, vorher selbstverständlich umfassend über die am Ort herrschenden Bedingungen. Vielmehr noch müßten die, die in die Stadt des ewigen Lebens (*città di vita eterna*) einzugehen und dort Bürger zu werden trachteten, sich umfassend unterrichten lassen über die dortigen Zustände[68]. Mehrfaches Bürgerrecht scheint im übrigen für den Dominikaner kein Problem gewesen zu sein. Auch Christus nämlich, so führt er in einer Predigt zum Tag der Heiligen Reparata am 8. Oktober näher aus, hätte schließlich drei Städte gehabt (*'l nostro Signore Jesu Christo ebbe tre cittadi*): In Bethlehem sei er geboren, in Kapernaum habe er gewirkt und in Nazareth gewohnt. Analog verhalte es sich mit der an diesem Tage zu verehrenden Florentiner Stadtpatronin, der heiligen Reparata. Ihr Geburtsort sei diese Welt, ihre Wirkstätte Florenz, der sie als *capo e reggitore*

---

66 *Wilhelm von Auvergne* (Anm. 65), S. 413 f.

67 Vgl. *Meier* (Anm. 1), S. 45 und S. 48 f. Bereits im Paradies konnte offensichtlich die Frage nach dem durch Geburt in oder außerhalb der „Stadt" vermittelten, unterschiedlichen Rechtsstatus einer Person Probleme aufwerfen. Adam war, so überlegt Albrecht von Eyb (1420–1475) im Anschluß an Ambrosius, außerhalb des Paradieses geboren, Eva aber innerhalb. Da *die stat auß dem paradis ist vnwirdiger / vnd im paradis wirdiger geweßt*, müßte Eva den höheren Status und damit die *oberkait* über Adam haben. Das verhalte sich in diesem Falle, betont der Autor mit Nachdruck, allerdings nicht so, denn Adel (und damit *oberkait*) vermittele allein die Tugend: *weder die stat noch gepurt gibt den adel / sunder die tugenden; Albrecht von Eyb*, Spiegel der Sitten, hg. von Gerhard Klecha (Texte des späten Mittelalters und der frühen Neuzeit 34), Berlin 1989, S. 391.

68 *Interviene che la persona quando disidera d'andare ad alcuna cittade là ov'egli crede fare migliore guadagno, ovvero crede esservi più riposato, o che vi crede stare in più letizia, sì si procaccia e volentieri, se può, d'esserne cittadino. Costui adunque sogliono adimandare della condizione di quella cotale cittade, ove disidera d'andare. Così noi voglienti andare a dimorare in quella città di vita eterna, ed esserne cittadini, dovremmo volentieri udire e dimandare della condizione di quella cittade;* Prediche del Beato Fra Giordano da Rivalto dell'Ordine dei Predicatori, recitate in Firenze dal MCCCIII al MCCCVI, 2 Bde., hg. von Domenico Moreni, Florenz 1832, hier Bd. 2, Predigt LV, S. 166.

e spezial guardiana vorstehe, ihr ständiger Wohnsitz aber die Himmelsstadt, *la città di vita eterna*[69].

Eine häufig begegnende Bibelstelle ist in diesen Zusammenhängen das Pauluswort, mit dem neu in die Gemeinde Christi Aufgenommene begrüßt werden: „So seid ihr nun nicht mehr Gäste und Fremdlinge, sondern Bürger mit den Heiligen und Gottes Hausgenossen" (Eph. 2,19). In diesem Satz und vergleichbaren biblischen Aussagen[70], in den Bildern vom Himmlischen Jerusalem in Predigt, im Schrifttum oder auf städtischen Münzen und Siegeln[71] war mittelalterlichen Christen die Parallelität von Himmels- und Bürgerstadt stets präsent. Der manifeste Einfluß, aber auch die weniger meßbare, über lange Zeiträume hinweg prägende Wirkung einer solchen Metaphorik bleiben noch zu erforschen. Die Wahlverwandschaft von Christentum und Stadtbürgertum nimmt beim Thema „Neubürger" allerdings schon jetzt sehr konkrete Züge an. Das Bürgerrecht einer Kommune lag darüber hinaus nicht allein Menschen am Herzen. Auch Heilige waren Bürger der Städte, in denen sie als Stadtpatrone verehrt worden sind. Und manchmal konnte selbst Gott ins Bürgerrecht eintreten. So beginnt das Bürgerbuch von Lahr aus dem Jahre 1356 seine Aufzählung mit folgendem Eintrag: *Unser herre Got ist burger an der stat zuo Lare*[72].

VI. Schlußbemerkung

Unsere Betrachtung begann mit einer wenig beachteten Bruchstelle der mittelalterlichen Bürgerdiskussion. Der Vorschlag des Thomas von Aquin, Vaterlandsliebe, die in der *pietas* gründet, einmal grundsätzlich zu trennen von Tugenden und Pflichten, die sich aus der Mitgliedschaft in der *universitas civium* ergeben, erwies sich bei der Frage nach Status und Handlungsspielraum von Neubürgern als vielversprechender Ansatz. Daß

69 Prediche del Beato Fra Giordano (Anm. 68), Bd. 2, Predigt XLVI, S. 88–100, Zitat auf S. 89, 95 f. und 98.

70 Vgl. *Meier* (Anm. 1), S. 45, Anm. 60 u.ö.

71 Vgl. *Alfred Haverkamp*, „Heilige Städte" im hohen Mittelalter, in: Mentalitäten im Mittelalter. Methodische und inhaltliche Probleme, hg. von František Graus (Vorträge und Forschungen XXXV), Sigmaringen 1987, S. 119–156; sowie *Wilfried Ehbrecht*, Die Stadt und ihre Heiligen. Aspekte und Probleme nach Beispielen west- und norddeutscher Städte, in: Vestigia Monasteriensia. Westfalen – Rheinland – Niederlande, hg. von Ellen Widder, Mark Mersiowsky und Peter Johanek (Studien zur Regionalgeschichte 5), S. 197–261, besonders S. 215 und 223, weitere Literatur S. 233 f.

72 Zitat nach *Christoph Bühler*, Stadtgründung und Entwicklung der städtischen Privilegien, in: Geschichte der Stadt Lahr, Bd. 1: Von den Anfängen bis zum Ausgang des Mittelalters, Lahr 1989, S. 112 f. Der Berner Chronist Justinger überliefert das Sprichwort: *got ist ze bern burger worden, wer mag wider got kriegen?* zitiert nach *Schmidt* (Anm. 62), S. 87.

der Baseler Bürger, der seinen zugezogenen Nachbarn als „Hurensohn“ beschimpfte, das dem eigenen Land gebührende Verhalten mit dem Wort „fromm“ kennzeichnete, macht Hoffnung, daß die theoretische Debatte über den *cultus patriae* und die Sichtweise einfacher Bürger in dieser Sache oft nicht so weit auseinanderlagen, wie wir glauben. Der methodisch abgesicherte Vergleich der Semantik der politischen Theorie mit der Sprache der Bürger könnte zu interessanten Ergebnissen führen[73]. Unter den Philosophen spielte insbesondere Johannes Versor brillant auf der Klaviatur der Begriffe. Er verstand es, das seiner Meinung nach berechtigte Postulat der Vaterlandsliebe klug einzuschränken. Um Eintracht und Frieden in volkreichen Städten zu stärken, plädierte er für die Aufnahme der zahlreichen Zugewanderten und Fremden in ein gemindertes Bürgerrecht. Das aus der Antike überkommene Bild einer durch Geburt, Freundschaft und Vaterlandsliebe fest verbundenen Bürgerschaft bekommt im Mittelalter vor dem Hintergrund hoher sozialer Mobilität selbst in der auf Aristoteles fußenden politischen Theorie die ersten deutlichen Risse.

Auch die Frage nach dem Zusammenhang von Bürgerideal und städtischer Einbürgerungspolitik förderte Neues zu Tage. So erschließt sich die zunächst kaum nachvollziehbare amtliche Titulierung eines nicht in Florenz geborenen, aber seit langem dort wohnenden Bürgers als „Fremden“ erst richtig, wenn man weiß, daß das Gebot der Vaterlandsliebe im Zusammenhang mit der Bürgerrechtsproblematik immer auch ein Instrument restriktiver Ausgrenzung und Diffamierung gewesen ist. Florenz forderte von jedem Neubürger den Nachweis, ein wahrer *amator civitatis* zu sein. Dem entsprach eine verschwindend geringe Einbürgerungsquote. Da deutsche Städte völlig andere Quoten erzielten und von Neubürgern kein Bekenntnis lang bestehender emotionaler Bindungen an das Gemeinwesen verlangten, spricht vieles dafür, daß der Begriff Bürgerrecht beziehungsweise *civilitas* in deutschen und italienischen Städten unterschiedliche Phänomene bezeichnete. Das Florentiner Bürgerrecht stand der Antike näher als das der deutschen Kommunen.

Stadtbürger, viele Juristen und die meisten Philosophen unterschieden mehrere Arten von Bürgern (Bürger und Neubürger, *civis simpliciter* und *civis secundum quid,* Bürger mit und ohne *habilitas*). Als Bürger im eigentlichen Sinne galt in jedem Falle, auch wenn Rechtsgutachten dagegen

[73] Dabei ist jetzt anzuknüpfen an den richtungweisenden Beitrag von *Heide Wunder,* „iusticia, Teutonice fromkeyt“. Theologische Rechtfertigung und bürgerliche Rechtschaffenheit. Ein Beitrag zur Sozialgeschichte eines theologischen Konzepts, in: Die frühe Reformation in Deutschland als Umbruch. Wissenschaftliches Symposion des Vereins für Reformationsgeschichte 1996, hg. von Bernd Moeller in Gemeinschaft mit Stephen E. Buckwalter (Schriften des Vereins für Reformationsgeschichte 199), Gütersloh 1998, S. 307–332, besonders S. 314–325.

anschrieben, der ratsfähige Alteingesessene. Wer in den Bürgerbüchern Spiegel urbaner Lebensweise sieht, muß dazu sagen, daß in zahlreichen dieser Codices vom *civis simpliciter* beziehungsweise vom *civis optimo iure* überhaupt nicht die Rede ist: Enthalten sie beispielsweise allein die Namen von Neubürgern, handeln sie im Verständnis der zeitgenössischen Philosophie von *cives secundum quid* oder im Sinne der Juristen von *cives ex privilegio* ohne Amtsfähigkeit. Bürger in deutschen Städten hätten wohl nicht mit Benedetto Varchi gesagt, daß diese Personen zwar „Bürger" hießen, in Wahrheit aber keine seien. Gefallen hätte dieser Spruch aber sicher auch dem einen oder anderen Alteingesessenen nördlich der Alpen. Solche Bürgerbücher sind exakt gesprochen eben nur *Neubürgerbücher*.

Die Rolle der Jurisprudenz und, insbesondere im Norden, des Statutenrechts bei der Formulierung eines funktionalen und pragmatischen Bürgerkonzeptes erhält gerade vor diesem Hintergrund ihre ganze gesellschaftsgeschichtliche Brisanz. In städtischen Statuten, in Rechtsgutachten, aber auch in Traktaten oder Kommentaren zum „Corpus juris" entwickelten Stadtkanzler, Notare und Juristen das Konzept eines allein auf Vertrag begründeten Bürgerrechts mit fest umschriebenen Rechten und Pflichten, in dem auch der Neubürger als *civis verus* begriffen und definiert werden konnte. Im Willkürrecht[74] der Kommune, das die Regeln für die Bürgeraufnahme festlegte, und in der im Eigenwillen eines jeden begründeten Zugehörigkeit zum Bürgerverband fassen wir zwei der Merkmale, die für Max Weber die Einzigartigkeit und weltgeschichtliche Bedeutung der mittelalterlichen Stadt kennzeichnen[75]. Bürgerrechtserwerb als Akt kalkulierten Handelns und rationaler Willensentscheidung war auch Gegenstand in der „Theologie der Stadt". Auch in die Himmelsstadt trat man als einzelner aus freiem Willensentschluß ein, hatte alte Bindungen abzulegen und mußte sich feierlich den Sitten und Gesetzen der *civitas sancta* unterordnen. Die Wahlverwandtschaft von Christentum und mittelalterlichem Stadtbürgertum ist an diesem Punkte evident. Die Betonung des Willkürelementes und der rationalen Entscheidung des einzelnen war vermutlich der modernste Zug in der mittelalterlichen Diskussion um das Wesen des Bürgers. Wie kein anderer, war er Reflex der von sozialer Mobilität und Wandel geprägten städtischen Lebenswelt dieser Zeit. Eine solche Bestim-

---

74 Die zukunftweisenden Elemente von „Willkür" und „Verbrüderung" betont nachdrücklich *Oexle* (Anm. 58), S. 148–156.

75 Deren Merkmale kompakt zusammengestellt bei *Dilcher* (Anm. 57), S. 118; sowie *Oexle* (Anm. 58), S. 137 f. Die Rolle des Stadtbürgertums beurteilen nicht alle so positiv wie Weber, Oexle oder Dilcher; vgl. etwa *Peter Moraw,* Cities and Citizenry as Factors of State Formation in the Roman-German Empire of the Late Middle Ages, in: Cities and the Rise of States in Europe, A.D. 1000 to 1800, hg. von Charles Tilly und Wim P. Blockmans, Boulder/San Francisco/Oxford 1994, S. 100–127.

mung des Bürgers brauchte die rituelle Beschwörung der Vaterlandsliebe nicht[76]. Am Ende konnte – unter bestimmten Voraussetzungen, je nach Stadtlandschaft und Geschlecht[77] in unterschiedlicher Weise – jeder Mensch prinzipiell Bürger werden.

[76] Das konstatiert Riesenberg als säkularen Trend auch in Italien; die Theorien der Juristen hätte langfristig zu einer „*demoralization of the medieval city*" oder anders ausgedrückt zu einer „*materialization of citizenship*" geführt; damit hätten sie mit dazu beigetragen, daß die „*patriotic rhetoric*" letzten Endes als disfunktional erkannt worden wäre: Die auflagenfreie Akzeptanz eines doppelten Bürgerrechts beispielsweise konnte sich für die Stadt durchaus rechnen; *Riesenberg* (Anm. 1), S. 183. Felix Fabri sah das ähnlich.

[77] Zu Frauen und Bürgerrecht vgl. oben die Anm. 24, 42, 55 und 67.

Bürgerrecht und Bürgereid als städtische Verfassungsstruktur

Von Gerhard Dilcher, Frankfurt am Main

I. Bürgerrecht und Bürgereid als handlungsleitende Normen der Bürgerschaft

Das Projekt, in dessen Rahmen unser Symposion hier stattfindet, ist in breitem Maße auf empirische Forschung gegründet und gerichtet: Ermittlungen von Bürgerbüchern und Bürgerlisten, Erhebungen der Namen, der Herkunft, der Zahlen der Neubürger Jahr um Jahr: Diese Forschung führt hautnah an soziale Wirklichkeit, an Einzelpersonen, zumindest an ihre Namen, oft aber auch an ihr soziales Schicksal. Diese empirischen Erhebungen ergeben gebündelt tiefergehende sozialhistorische, über die Einzelschicksale hinausgehende Erkenntnisse. Die Stichworte in unserem Programm „Einbürgerungspolitik", „Einbürgerungsfrequenzen" und „Migrationen" bezeichnen das sehr deutlich.

Die Grundlage dieser empirischen Feststellung ist dagegen eine normative: Es gibt einen Bürgerbegriff, der in Städten unterschiedlicher Größe und unterschiedlicher Rechtsstellung, vor allem auch in Reichsstädten und Territorialstädten, vergleichbar ist[1]. Im Gegensatz zu dem Begriff *civis-gebur* des Frühmittelalters bis ins 12. Jahrhundert[2] ist dieser Bürgerbegriff nicht von einem tatsächlichen Verhältnis, etwa vom Wohnen in der Stadt oder im Bereich einer Nachbarschaft, abgeleitet, sondern bezeichnet eine

---

1 Meine Studie: Zum Bürgerbegriff im späteren Mittelalter. Versuch einer Typologie am Beispiel von Frankfurt am Main, jetzt in: *Gerhard Dilcher,* Bürgerrecht und Stadtverfassung im europäischen Mittelalter, Köln/Weimar/Wien, 1996, Nr. 5, S. 115–182, entwirft am konkreten Beispiel einen solchen Typus. Das Problem ist jetzt breiter entfaltet in *Gerhard Dilcher,* Die Rechtsgeschichte der Stadt, in: *Karl S. Bader, Gerhard Dilcher,* Deutsche Rechtsgeschichte. Land und Stadt, Bürger und Bauer im Alten Europa (Springers Enzyklopädie der Rechts- und Staatswissenschaft), Berlin/Heidelberg 1999, bes. S. 445 ff. (Bürger, Einwohner, Fremder), S. 721 ff., 731 ff. und 783 ff. (für die Neuzeit).

2 *Gerhard Köbler,* Civis und ius civile im deutschen Frühmittelalter, Göttingen 1965, zusammengefaßt in: ZRG GA 83 (1966), S. 35 ff.; auch *Ders.,* Civis und verwandte Begriffe im Spiegel niederdeutscher Stadtrechtsquellen, in: Über Bürger, Stadt und städtische Literatur, hg. von Josef Fleckenstein und Karl Stackmann (Abhandlungen der Akadamie der Wissenschaften in Göttingen), Göttingen 1980, S. 27 ff.

Rechtsstellung, die durch einen Rechtsakt erworben und gegebenenfalls auch wieder aberkannt oder aufgegeben werden kann. Zum Normativen gehört auch, daß nur ein Teil der auf Dauer in der Stadt wohnenden und lebenden Menschen Inhaber dieses Bürgerrechts sind. Die Neubürger, gleich ob Bürgerkinder, Bürgerswitwen, schon seit längerem Einwohner der Stadt oder neu Hinzugezogene, erwerben ihr Bürgerrecht und werden damit Mitglied in dem Bürgerverband, der als überzeitliche *universitas*[3] seit der Errichtung der Stadt als Rechtskörper – auch hier also wieder eine normative Grundlage – existiert. Es gibt, soweit ich sehe, keine umfassende, vergleichende Monographie über das Bürgerrecht der deutschen mittelalterlichen Städte[4]. Während zum Begriff des Bürgers, der hinter dem Bürgerrecht steht, nur wenige Untersuchungen vorliegen, wird jedoch in zahlreichen Städtemonographien über das Bürgerrecht gehandelt[5]. Weit seltener wird Bürgerrecht dabei unmittelbar mit dem Bürgereid verbunden; dies trotz der oft eher beiläufig mitgeteilten Tatsache, daß der Erwerb des Bürgerrechts regelmäßig mit dem Ableisten des Bürgereides einher geht, ja, daß auch Einwohner und Beisassen oft mit einem Eid an die Stadt gebunden werden, der dem Bürgereid sehr weit nachgebildet ist[6].

Hier erhebt sich also die Frage: Ist der Eid nur ein Akzidens zum Bürgerrecht, oder gehört er zu den Essentialia des Bürgerseins in der Stadt? Ist der Eid mehr eine Betonung der Bedeutung des eingegangenen Verhältnisses, eine Art Ausrufezeichen, wie es vielleicht heute der Wahrheitseid des Zeugen vor Gericht oder der Treueid des Beamten ist, oder ist er ein Wesensmerkmal der stadtbürgerlichen Bindung als einer geschworenen und nicht nur beschworenen Einung[7]?

---

3 *Pierre Michaud-Quantin,* Universitas. Expressions du mouvement communautaire dans le moyen-âge latin, Paris 1970.

4 Die weiteren Studien (außer Anm. 1) sind: *Karl Otto Müller,* Das Bürgerrecht in den oberschwäbischen Reichsstädten, in: Württembergische Vierteljahrshefte für Landesgeschichte, Neue Folge 25 (1916), S. 163–192 und 26 (1917), S. 42–63; *Wilhelm Ebel,* Lübisches Recht, Bd. 1, Lübeck 1971; *Werner Schultheiß,* Das Bürgerrecht der Königs- und Reichsstadt Nürnberg, in: Festschrift für Hermann Heimpel zum 70. Geburtstag am 19. September 1971, Bd. 2 (Veröffentlichungen des Max Planck Instituts für Geschichte 36/II), Göttingen 1972, S. 159–194; *Joachim Deeters,* Das Bürgerrecht der Reichsstadt Köln seit 1396, in: ZRG GA 104 (1987), S. 1–83.

5 600 Jahre Großer Schwörbrief. Die Ulmer Bürgerschaft auf dem Weg zur Demokratie, hg. von *Hans Eugen Specker,* Stuttgart 1997; *Hans-Rudolf Hagemann,* Basler Rechtsleben im Mittelalter, Basel/Frankfurt am Main 1981, S. 22 f.; *Konrad Bund,* Frankfurt am Main im Spätmittelalter 1311–1519, in: Frankfurt am Main, die Geschichte der Stadt in neun Beiträgen, Sigmaringen 1991, S. 53 ff. (73 f.); Geschichte der Stadt Freiburg im Breisgau. Band 1: Von den Anfänge bis zum „Neuen Stadtrecht" von 1520, hg. von *Heiko Haumann* und *Hans Schadek,* Stuttgart 1996, S. 183 f., 552 f., 565 f.

6 Siehe dazu *Dilcher* (Anm. 1), S. 149 f., 151 f., 159 f. und 171 ff.

7 Nach wie vor grundlegend *Wilhelm Ebel,* Der Bürgereid als Geltungsgrund und Gestaltungsprinzip des deutschen mittelalterlichen Stadtrechts, Weimar 1958. Zu Eid und geschworener Einung jetzt umfassend *Paolo Prodi,* Das Sakrament der

Wenn man genauer hinsieht, so kann man hier durchaus zwei Schulen der Stadtgeschichtsschreibung unterscheiden:

Die eine sieht in der *coniuratio* zumindest idealtypisch den wichtigen Akt der Begründung der Bürgergemeinde und versteht diese dementsprechend auch weiterhin als Eidgenossenschaft, also auf den Bürgereid gegründet. Die andere sieht die *coniuratio* als seltenes, eher ephemeres Ereignis, als historiographischen Mythos und bedarf ihrer bei der Beschreibung der städtischen Gemeindebildung nicht. Nicht der Bürgereid, sondern soziale Schichtungen, Gruppierungen und Mobilitäten bilden für sie die Struktur der städtischen Gesellschaft[8].

Die Frage nach der Bedeutung des Eides stellt sich also dar als eine Frage nach dem normativen Horizont, innerhalb dessen die mittelalterlichen Bürger ihre Rechtsstellung in der Stadt sahen. Ein solcher normativer Horizont kann durchaus auch verblassen, er braucht also nicht immer und überall gegenwärtig gewesen zu sein. Wichtig aber wird es sein, ob er in Konfliktsituationen klarere Kontur gewinnt und den Rahmen von Argumentationen wie auch handlungsleitende Funktionen einnimmt[9].

II. Ein Konflikt aus dem 17. Jahrhundert

Die Diskussionen in der Stadtforschung der letzten Jahrzehnte, geführt auch zwischen den Erklärungsmodellen der westdeutschen und der marxi-

---

Herrschaft. Der politische Eid in der Verfassungsgeschichte des Okzidents (Schriften des Italienisch-Deutschen Historischen Instituts in Trient, Bd. 11), Berlin 1997. Aus der Diskussion des Eidesthemas hier nur: *Otto Gerhard Oexle,* Coniuratio und Gilde im frühen Mittelalter, in: Gilden und Zünfte, hg. von Berent Schwineköper, Sigmaringen 1985; ebendort: *Gerhard Dilcher,* Die genossenschaftliche Struktur von Gilden und Zünften (auch Bürgerrecht und Stadtverfassung, Anm. 1, Nr. 6); *Otto Gerhard Oexle,* Friede durch Verschwörung, in: Träger und Instrumentarien des Friedens im hohen und späten Mittelalter, hg. von Johannes Fried (VuF XLIII), Sigmaringen 1996, mit weiteren Nachweisen der Diskussion. Zum Problem jetzt zentral *Paolo Prodi,* Das Sakrament der Herrschaft. Der politische Eid in der Verfassungsgeschichte des Okzidents, Berlin 1997.

8 Vgl. die Auseinandersetzung mit Fragestellung und Ergebnissen dieser Forschungsrichtung: *Gerhard Dilcher,* Max Webers Stadt und die historische Stadtforschung der Mediävistik, in: Historische Zeitschrift, Bd. 267 (1998), S. 91–125.

9 Dies stellt die zentrale Frage für die historische Bedeutung einer Institution wie der des Bürgereides dar. Gewinnt die Eidesbindung eine solche handlungsleitende Funktion nicht, bleibt die Akzidenz einer mit anderen Kategorien zu beschreibenden Vergesellschaftung. Übt sie eine solche Funktion aus, so stellt sie eine normative Struktur dar, ohne die individuelles und kollektives soziales Handeln nicht verstehend erfaßt und darum auch nicht angemessen beschrieben werden kann. Dieses Ziel aber verfolgt die Typenbildung Max Webers, der darum die *coniuratio* als Form der bürgerschaftlichen Verbrüderung und damit der Kommunebildung der okzidentalen Stadt beschrieben hat. Vgl. *Dilcher* (Anm. 8) mit Nachweisen. Wichtige Aspekte jetzt bei *Bernd Kanowski,* Bürgerkämpfe und Friedebriefe. Rechtliche Streitbeilegung in spätmittelalterlichen Städten, Köln / Weimar / Wien 2001.

stischen Geschichtsschreibung der DDR, hat ergeben, daß die Konflikte, die früher als Zunftkämpfe bezeichnet worden waren, sich durch das ganze Mittelalter hinziehen und keineswegs nur das Verhältnis zu den Zünften betrafen. Man hat es deshalb vorgezogen, von Bürgerunruhen oder Bürgerkämpfen zu sprechen[10]. Als nun nach langer Zeit die Stadtgeschichte der frühen Neuzeit wieder stärker in das Interesse rückte, sah man, wie diese Konflikte sich in ganz ähnlicher Weise in die Neuzeit hinein fortsetzen. Wir möchten unter unseren Fragestellungen zunächst städtische Unruhen in Lübeck zwischen 1598 und 1605 betrachten, die nach dem Sprecher der Opposition, dem Rechtsanwalt Dr. Reiser, als Reisersche Unruhen bezeichnet werden[11]. Der Auslöser braucht hier nur skizziert zu werden: Lübeck war in einen Thronstreit um die Krone Schwedens zwischen Sigismund und seinem Onkel Karl (von Södermanland) verwickelt worden, was durch wechselseitigen Personal- und Sacharrest, beziehungsweise Repressalien und Widerruf von Privilegien, massiv auf die Handelsbeziehungen und damit auf die wirtschaftliche Lage der Stadt einwirkte. Das führte zu Unruhen in der Bürgerschaft. Der Rat verneinte zwar Mitwirkungsrechte der Bürgerschaft, lehnte darum die „Convozierung" der ganzen Bürgerschaft ab, akzeptierte aber die Bildung eines Bürgerausschusses. Führer dieses Ausschusses, der zwischen fünfzig bis siebzig Personen umfaßte, waren Mitglieder der Kaufleutekompanie und der genannte Jurist Dr. Reiser; auch die vier großen Ämter stellten Vertreter. Schließlich kam eine Anzahl von Deputierten „aus der gemeinen Bürgerschaft" hinzu. Der Ausschuß unterbreitete dem Rat außer den Klagen über die negativen Folgen der außenpolitischen Entwicklungen eine Reihe von weiteren Gravamina und wies schließlich auf die oligarchische Verengung der Ratsherrschaft hin, durch die die Bürgerschaft nur noch durch wenige Personen regiert werde. Was uns an diesem, in seiner Bündelung unterschiedlichster Interessen, Gegensätze und entsprechender Gravamina ganz typischen Streit zwischen Bürgerschaft und Rat interessiert, ist die Zuspitzung auf die Frage des Bürgereides[12]. Der Führer der Ratsoligarchie, der Bürgermeister Gotthard von Höveln, wies auf den Wortlaut des Eides, den jeder, der Bürger werden wollte, zu schwören hatte: „Das ich einem Ehrbaren Rade dieser Stadt will trew, holdt unnd gehorsam sein [...]". Die Bildung des Bürgerausschusses, der in die Entscheidungsfreiheit des Rates eingriff, wurde den Bürgern,

---

10 *Evamaria Engel,* Die deutsche Stadt im Mittelalter, München 1993, S. 118; grundlegend *Karl Czok,* Zunftkämpfe, Zunftrevolutionen oder Bürgerkämpfe, in: Wissenschaftliche Zeitschrift der Karl-Marx-Universität Leipzig 8 (1958/59), S. 129 (143).

11 Die Darstellung folgt der Studie von *Jürgen Asch,* Bürgerschaft und Rat in Lübeck 1598–1669. Die verfassungsrechtlichen Auseinandersetzungen im 17. Jahrhundert und ihre sozialen Hintergründe, Lübeck 1961.

12 *Asch* (Anm. 11), S. 78 f.

den Mitgliedern der Junkerkompanie, wie auch Dr. Reiser ausdrücklich als Handeln gegen Pflicht und Eid vorgeworfen. Dr. Reiser entgegnete mehrfach und mit Schärfe, er habe nicht wider seinen Eid gehandelt, werde vielmehr Bürgermeister Höveln für einen meineidigen Mann halten, wenn dieser ihm nicht etwas anderes nachweise. Die damit aufgeworfene Eidesfrage wurde in Denkschriften beider Seiten ausführlich behandelt. Es wurde darauf hingewiesen, daß der Bürgereid dem ehrbaren Rat *und* der Stadt Lübeck geleistet worden sei, woraus sich ergebe, daß das Regiment dem Rat nicht erblich gegeben sei; man habe sich unter keine Tyrannis gelegt und auch keine *plena et absoluta potestas* übertragen; im übrigen werde man sich an den geleisteten Bürgereid weiterhin halten.

Der Rat schaute nun in die Archive, fand Rezesse von 1416 und 1535 und ein altes „Orginal-Eids-Buch". Danach hatten die Bürger in einer ausführlicheren Formel dem Rat Treue, Huld und Gehorsam zu schwören. Die Bürger bestanden aber mit verschiedenen Argumenten auf ihrer Fassung des Eides: Sie wollten nicht meineidig und, wie sie hinzusetzten, nicht leibeigen werden. Aus dieser Bemerkung wird deutlich, wie die Bürger die Frage des Bürgereides, der Herrschaft des Rates und ihrer persönlichen und politischen Freiheit durchaus als ein einheitliches Problem auffaßten[13]. Zeugen wurden vorgebracht, die beim Erwerb des Bürgerrechts dem Rat und der Stadt geschworen hatten. Dr. Reiser wies darauf hin, daß bei der Beilegung des Knochenhaueraufstandes von 1385 dem Rat und der Stadt Treue und Huld geschworen worden war, also nicht Gehorsam; ähnliche Eidesformeln gelten, so wurde vorgebracht, in Rostock und Hamburg. Der Rat seinerseits wendete die Frage ins noch Grundsätzlichere, indem er darauf hinwies, wie sehr die Gefahr gegeben sei, daß auf diese Weise die aristokratische Verfassung der Stadt in eine „hochschädliche" Demokratie verändert würde. Im Rat selber war streitig, ob man eine *absoluta potestas in concives nostros* habe, so wie die Kurfürsten *in suos subditos* hätten[14].

Der Konflikt wurde beigelegt, indem die Eidesfrage im Sinne der Bürgerschaft und die übrigen Fragen durch einzelne Kompromisse geregelt wurden. Festzuhalten ist, daß die Eidesfrage von beiden Seiten in das Zentrum der, wir können durchaus sagen: theoretischen Auseinandersetzungen, gestellt worden war. Sie wurden im Sinne des mittelalterlichen Verständnisses der Kommune gelöst, indem Rat und Stadt, d. h. aber die Bürgerschaft, als Adressaten des Eides und damit Träger der Stadtverfassung anerkannt wurden und der Begriff des Gehorsams dem der Treue integriert wurde, d. h. nicht auf bedingungslosen Untertanengehorsam, sondern auf

---

13 Man fühlt sich hier durchaus an die Überwindung des Hörigenstatus durch die frühe Kommunebewegung und des Prinzip „Stadtluft macht frei" erinnert.

14 *Asch* (Anm. 11), S. 85.

die gemeinsame Rechtsgrundlage bezogen wurde. Im Hintergrund der geschilderten frühneuzeitlichen Auseinandersetzung standen aber nun schon die Begriffe und Denkfiguren der Jurisprudenz und Staatstheorie, die ohne Schwierigkeiten mit der Eidesfrage verbunden wurden, welch letztere aber gemäß der Rechtstheorie als das konkretere Stadtrecht Vorrang haben mußte[15]: In den Argumentationen des Rates, aber auch der Bürger, tauchen die Juristenlehre von der *suprema potestas,* der darauf aufbauende Souveränitätsbegriff Bodins (der allerdings keine Teilung der obersten Gewalt erlaubte, anders aber der etwa zeitgenössische Althusius[16]), wie auch die Staatsformenlehre der aristotelischen Tradition als Ordnungskategorien auf[17]. Dieser Bezugsrahmen war, zumindest für Deutschland, das neue Element, im übrigen bezog man sich auf älteres Recht.

Als sich etwas mehr als ein halbes Jahrhundert später, nämlich 1661–1669, erneut Streitigkeiten zwischen Rat und Bürgergemeinde in Lübeck erheben, werden in einer noch breiteren Diskussion in Denkschriften und Gravamina dieselben Argumentationsmuster vorgebracht, nur mit noch einer stärkeren Verlagerung auf die Rechts- und Staatstheorie der Zeit, also die Frage der Souveränität, des Gehorsams gegen die Obrikeit oder des *ius resistendi* gegen Rechtsbruch, die Heranziehung der Volkssouveränitätstheorie in der ständerechtlichen Fassung des Althusius, wie auch der Staatsformenlehre des Aristoteles, auf deren Bevorzugung eines *status mixtus,* hier also einer Mischung zwischen Aristokratie und Demokratie, die Lösung wiederum hinauslief[18]. Der Bürgereid selber, dessen Fassung ja nun geklärt war, stand diesmal weniger im Zentrum, wohl aber wiederum das alte Recht der Stadt bis zurück zu den Stauferprivilegien[19], in denen der Bürgerschaft die Wahl von Konsuln zugestanden worden war – und nicht umgekehrt den Konsuln die Herrschaft über die Stadt. Wiederum

---

15 Das folgt aus der sogenannten Statutentheorie der gelehrten Jurisprudenz mit dem Vorrang des Partikularrechts und der Subsidiarität des gemeinen, römisch-kanonischen Rechts. Vgl. *Reiner Schulze,* Art. „Statutarrecht", in HRG IV, Sp. 1922 ff., besonders 1924.

16 Zu Althusius etwa *Peter Johann Winters,* in: Staatsdenker im 17. und 18. Jahrhundert, hg. von Michael Stolleis, Frankfurt am Main 1977, S. 29–50.

17 Zur Stadt in der spätmittelalterlichen Theorie von Theologie, Politik und Jurisprudenz jetzt *Ulrich Meier,* Mensch und Bürger. Die Stadt im Denken spätmittelalterlicher Theologen, Philosophen und Juristen, München 1994.

18 Diese Theorie einer glücklichen, dauerhaften weil ausbalancierten Mischverfassung ist bekanntlich äußerst einflußreich bis hin zu Montesquieus Gewaltenteilungslehre.

19 Hier ist die Bestätigung der Gründungsrechte der Stadt Heinrichs des Löwen durch Friedrich I. von 1188 von besonderer Bedeutung, in die [...] die Befugnis der Konsuln über " [...] civitatis, id est kore" zu urteilen, inseriert worden ist. Das Privileg Friedrichs II. von 1226 wendet sich an *universi burgenses Lubicenses* mit der Zusicherung, *ut predicta civitas Lubicensis libera semper sit,* ohne Erwähnung von Konsuln. Vgl. Elenchus Fontium Historiae Urbanae, hg von *Bernhard Diestelkamp* u. a., Leiden 1967, Nr. 95 und Nr. 134.

hatten sich die mittelalterlichen Grundlagen der städtischen Verfassung durchgesetzt, daß nämlich die Bürgerschaft als Rechtsgemeinschaft Träger der Stadtverfassung war und nur das Regiment, also die Ausübung der Herrschaft, als *mandatarius*, wie einmal gesagt wurde, bei dem Rat lag[20]. Jeder ernstere Konflikt in der Stadt zwang dazu – und dies gilt nicht nur für Lübeck – zur Klärung auf diese Grundlagen zurückzugreifen[21]. Das neue Spektrum von Theorie und gelehrten Argumenten, das man vor allem dem römischen Recht, der Aristoteles-Tradition, aber auch der Theologie entnahm, diente im wesentlichen nur der Klärung der Lage und verhinderte weitgehend auch blutige Auseinandersetzungen[22]. Sie veränderten aber nicht die Grundstruktur der städtischen Verfassung, trotzdem sie im politischen Umfeld des Fürstenstaates vorwiegend zur Straffung der obrigkeitlichen Herrschaftsbindungen benutzt wurden.

In Süddeutschland ist die Begründung der Stadtverfassung auf den Bürgereid oft noch deutlicher. Hier blieb es, auch wenn die Regimentsform die einer aristokratisch-patrizischen Ratsherrschaft war, nicht nur bei dem Bürgereid, sondern häufig auch bei dem Schwörtag: Die Bürgerschaft stellte sich also im jährlichen Ritual sinnlich faßbar als erneuerte Schwurgemeinschaft dar[23]. Die Verflechtung der Ratseide mit den Treueiden der Bürgerschaften, auf die auch in den Lübecker Auseinandersetzungen angespielt wurde, wird hier augenscheinlich.

III. Die städtische Kommune als Eidverbrüderung

Wir kehren zur Ausgangsfrage zurück: Ist der normative Rahmen, die handlungsleitende Struktur der mittelalterlichen Bürgergemeinde, also wirklich die geschworene Genossenschaft; leitet sich aus ihr die Regimentsgewalt, aber auch die Rechtssetzungsgewalt und Rechtsprechung des Rates, soweit er nicht durch Belehnung von oben auch mit der landrechtlichen Jurisdiktion ausgestattet ist, ab? Die Frage werden wir nicht durch

---

20 Nachweis bei *Otto Brunner*, Souveränitätsproblem und Sozialstruktur in den deutschen Reichsstädten der frühen Neuzeit, jetzt in: *Ders.*, Neue Wege der Verfassungs- und Sozialgeschichte, Göttingen 1968, Nr. XV., S. 316. Das Argument wird verwandt in einer Hamburger Flugschrift „Manifest der bügerlichen Freiheit" von 1699.

21 Dieser Zusammenhang wurde durch *Brunner* (Anm. 20) maßgebend dargestellt.

22 Die Einführung rechtlicher Argumentation anstelle von bewaffneten Konflikten exemplarisch in der Auseinandersetzung um die Stadtherrschaft in Koblenz bei *Gerhard Dilcher*, Die Stadtbürgerschaft zwischen Widerstand und Repräsentation, in: Bürgerrecht und Stadtverfassung (Anm. 1), Nr. 10, zur Sache S. 362–369, im Anschluß an die Darstellung von *Klaus Eiler*.

23 Aus Anlaß des Jubiläumsjahres des Schwörbriefes ist das jetzt gut dokumentiert für Ulm, 600 Jahre Großer Schwörbrief (Anm. 5).

eine bloße Rückbeziehung der Argumentationen in Konflikten der Frühen Neuzeit bejahen können. Wir wollen sie, unter Umgehung der hier eigentlich interessierenden Periode des Spätmittelalters, über die aber andere hier referieren, durch einen Blick auf die Entstehungszeit der europäischen Kommune weiter zu klären versuchen.

Die tragende These hierzu hat bekanntlich Max Weber in schärfster Zuspitzung formuliert[24]. Er nennt die mittelalterliche Kommunebildung, wie sie sich im wesentlichen im Europa des 12. Jahrhunderts vollzogen hat, eine Eidverbrüderung (*conjuratio*), einen Vergesellschaftungsakt, der formalrechtlich gesehen eine revolutionäre Usurpation gegen die legitimen Gewalten dargestellt habe. Dadurch sei die Stadt als Gemeinde, als autonome und autokephale anstaltsmäßige Vergesellschaftung, rechtlich als Korporation oder Gebietskörperschaft, entstanden. Für Max Weber geht es dabei um eine Herrschaftssoziologie. Damit ist die Frage noch intensiver gestellt, ob der kollektive Eid der Bürger gedanklich wie historisch am Anfang der Stadtkommune und ihrer Herrschaftsform stand, oder ob er als bloßes Akzidens zu einer Gemeindebildung durch vielfältige Verdichtungsvorgänge hinzugetreten ist.

IV. Die eidgenossenschaftliche Struktur der lombardischen Kommune und des Lombardenbundes in der Auseinandersetzung mit dem Reich

Max Weber sieht den Vorgang der Kommunebildung durch *conjuratio* als historisch unendlich vielfältig und differenziert, jedoch idealtypisch als einen epochalen europäischen Vorgang. Ihm war „die eigentliche Heimat der conjurationes [...] aber offenbar Italien“[25]. Es wird niemanden hier wundern, wenn ich mich als Beleg hierfür auf meine eigene, nun schon vor dreißig Jahren veröffentlichte Studie über die Entstehung der Lombardischen Stadtkommune stütze[26]. Sie hat allerdings gerade in diesem Punkt, der Errichtung durch *conjuratio* als einen „datierbaren Akt menschlichen Willens“, die Kritik so hervorragender Kenner wie Gina Fasoli, Alfred Haverkamp und Hagen Keller gefunden[27]. Doch die Belege sind zwar nicht

24 Dazu *Dilcher* (Anm. 8). Die entscheidenden Stellen bei *Max Weber*, Wirtschaft und Gesellschaft, Studienausgabe hg. von Johannes Winkelmann, Tübingen 1972 u.ö. (5. Auflage), S. 736 (Gemeindecharakter), S. 744 ff., besonders 748, 749 (schwurgemeinschaftliche Verbrüderung, Verbandsbildung).

25 *Weber* (Anm. 24), S. 750.

26 *Gerhard Dilcher*, Die Entstehung der lombardischen Stadtkommune. Eine rechtsgeschichtliche Untersuchung, Aalen 1967.

27 Auseinandersetzungen mit ihnen unter dem Aspekt, daß sich empirisch-sozialhistorische und rechtlich-normative Betrachtung notwendig ergänzen, in: *Gerhard*

zahlreich, entwerfen aber in charakteristischer, übereinstimmender und typischer Weise das Bild einer geschworenen Einung der vorher ständisch und gruppenmäßig zerklüfteten Bürgerschaft, der *milites et cives* der Stadt. Von den Akten der Beilegung der Mailänder Pataria über die Begründung der Genueser Compagna zeichnen sie das Bild einer durch gemeinsamen Eidschwur geeinten Bürgerschaft, die dadurch zur Friedensgemeinschaft nach innen, zur Wehrgemeinschaft nach außen wird, und durch den Schwur den Konsuln Gewalt, Rechtsprechungs- und Rechtsetzungsbefugnis auf Zeit verleiht[28]. Am deutlichsten ist das von einem Bergamasken geschriebene ‚Carmen de Frederico primo imperatore', das Beispiel einer „Staufischen Hofhistoriographie", in denen der Zeitgenosse von den Mailänder Bürgern berichtet[29]:

Hii sub consulibus lectis sibi quotannis
iurati uitam pariter moresque regebant
sub quibus inter se seruabant iura fidemque.

Die Errichtung eines Verfassungsgebäudes auf Eidesgrundlage dient schon in der ersten Hälfte des 12. Jahrhunderts, und dann in breitem Maße im Lombardenbund, zum Aufbau eines stadtübergreifenden, bündischen Verfassungssystems[30]. Man erklärt ihre revolutionäre Usurpation gegen die legitime Gewalt (im Sinne Max Webers[31]) gegenüber Barbarossa dann als Gewohnheitsrecht und erhält dies im Konstanzer Frieden anerkannt. Die Bundespläne werden regelmäßig in der Bürgerversammlung (*contio, arengo*) von der Bürgerschaft beschlossen, sodann von den versammelten Konsuln der verbündeten Städte ausgehandelt und in einer schriftlichen Urkunde formuliert; diese Urkunde wird zu Hause von den Bürgern, meist im Alter von 14 bis 60 Jahre, einzeln (*ego iuro*) beschworen[32]. Vor dem Kon-

---

Dilcher, I comuni italiani come movimento sociale e forma giuridica, in: L'evoluzione delle città italiane nell'XI secolo, hg. von Renato Bordone u. a. (Annali dell'Istituto storico italo-germanico, Quaderno 25), Bologna 1988. In zustimmendem Sinne jetzt *Hagen Keller*, zuletzt in: Adel in den italienischen Kommunen, in: Nobilitas, hg. von Otto Gerhard Oexle und Werner Paravicini, Göttingen 1997.

28 *Dilcher* (Anm. 26), S. 142 ff.

29 Carmen de Gestis Frederici I. Imperatoris in Lombardia, hg. von *Irene Schmale-Ott*, MGH SS rer. Germ., Hannover 1965, Vers. 11 ff. Zum Zusammenhang *Dilcher* (Anm. 26), S. 144. Zur Fortführung der Friedenseinung im *iuramentum segnimenti: Claudia Storti Storchi*, Diritto e istituzioni a Bergamo dal comune alle signoria, Mailand 1984, S. 182 ff., 194 ff.

30 Kommunale Bündnisse Oberitaliens und Oberdeutschlands im Vergleich, hg. von *Helmut Maurer* (VuF XXXIII), Sigmaringen 1987, besonders der Beitrag von *Renato Bordone* und *meine* Zusammenfassung, mit der Literatur.

31 Zur Konzeption Webers *Dilcher* (Anm. 8). Der Streit zwischen Friedrich Barbarossa und den lombardischen Städten seit dem Reichstag von Roncalia 1158, auf dem die Regalien nach römischem Recht als unverjährbare Herrschaftsrechte definierte wurden, wogegen die Städte sich auf über dreißigjähriges Gewohnheitsrecht beriefen, stellt die Webersche Legitimitätsfrage in exemplarischer Form.

flikt mit Barbarossa ist in den Eid ein Vorbehalt der Reichstreue einbezogen: *Salva fidelitate imperatoris,* wobei zum Teil dessen Katholizität als Vorbehalt eingeschoben wird im Hinblick auf das Verhältnis zwischen Kaiser und Papst[33]. Im Konflikt entfaltet sich dieser Vorbehalt; der Eid dient zu einem Verteidigungs- und Widerstandsbündnis gegen den die Rechte der Städte verletzenden und sich im Bann befindlichen Kaiser. In diesen Eiden stellen sich die Städte nun als Wehrverband dar, vereidigt wird wohl jeder freie Einwohner. Die parallelen Vereidigungen der im Lombardenbund verbundenen Bürgerschaften bewirken unter ihnen ein Verhältnis von bruderschaftlichem Frieden und wehrhafter Hilfe, das dem internen Verhältnis unter den Bürgern sehr ähnlich ist, jedoch auf begrenzte Zeit geschlossen. Der Bund selbst stellt ein eidlich begründetes Rechtsverhältnis, ähnlich der Bürgerschaft, nur lockerer, dar, in dem die Rektoren Leitungsgewalt haben und auch eine Schiedsgerichtsbarkeit ausüben[34]. Natürlich war es undenkbar, eine so weitgehende, auf Eid gegründete Verpflichtung gegenüber Bürgern anderer Städte einzugehen, wenn nicht die schon gefestigte und weitergehende, auf den Bürgereid gegründete Einung der Stadtbürger selbst zugrunde gelegen hätte.

Im Frieden von Konstanz 1183 wird das eidliche Verfassungsgebäude der Kommune reichsrechtlich anerkannt, wenn auch die Rechtsakte vor allem aus der Sicht des Kaisers erfaßt werden. Die Konsuln werden von den Städten gewählt, erhalten aber die Investitur, d. h. die Banngewalt zur Ausübung der Jurisdiktion vom Kaiser oder seinem Gesandten[35]. Die Treue zum Kaiser wird jetzt nicht nur vorbehalten, sondern in die Eidespyramide einbezogen: Die Konsuln schwören dem Kaiser Treue, bevor sie das Konsulat förmlich empfangen; Lehnsleute schwören Vasallentreue, alle anderen aber *sicut cives,* alle vom 15. bis zum 70. Lebensjahr[36]. Der Treueid der Bürgerschaften soll alle zehn Jahre von denen, die ihn noch nicht geschworen haben, erneuert werden. Daß dieses Eidesgebäude, durch das der Konstanzer Frieden die Verfassungsverhältnisse Oberitaliens unter Einschluß der neuen Verfassungsform der Stadtkommune festigen möchte, nicht nur

---

32 Die Dokumente in *Vignati,* Storia diplomatica della Lega lombarda, 1867, Neuausgabe 1966, ab Eintritt Mailands in neuerer Edition in *Manaresi,* Gli atti del comune di Milano fino all'anno 1216, 1919.

33 Siehe unter anderem *Vignati* (Anm. 32), S. 108 f. u.ö.

34 Kommunale Bündnisse *Maurer* (Anm. 30).

35 Der Konstanzer Friede jetzt in MGH, Dipl. Frederici I. (Tom. X, 4) Nr. 848 zu 1183, Juni 25. Dort c. 8 die Investitur mit dem Konsulat, c. 11 der Treueid vor der Investitur. Zu Konzeption und „Lernprozeß" des Kaisers demnächst *Gerhard Dilcher,* Die staufische Renovatio im Spannungsfeld von traditionalem und neuem Denken – Rechtskonzeptionen als Handlungshorizont der Italienpolitik Friedrich Barbarossas, in: Historische Zeitschrift; italienisch in: Il Secolo XII: La Renovatio dell' Europa Cristiana. Annali del Istitutio storico italo-germanico, Bologna, Il Mulino.

36 Konstanzer Friede (Anm. 35), c. 12.

auf den Kaiser ausgerichtet ist, zeigt am deutlichsten die Bestimmung über den Lombardenbund. Er darf von den Städten erneuert werden, und zwar als ein widerstandsrechtliches Bündnis[37]. Daß er dies in der Tat ist und die Sicherung der gewohnheitsrechtlichen Stadtverfassung und der Übertragung der Regalien an die Städte zum Inhalt hat, zeigt sich bei der Erneuerung des Lombardenbundes unter Friedrich II., welcher die Städtefreiheit antasten wollte, aber an der politisch-militärischen Kraft der Städte, vereint mit der geistlich-politischen Macht des Papsttums, scheitert.

Die Bedeutung des Eides als Grundlage der städtischen Verfassung zeigt sich weiterhin im 13. Jahrhundert am deutlichsten darin, daß die eigentlichen Dokumente der oberitalienischen Stadtverfassungen jetzt die Eidesformulare der Konsuln und *podestà* darstellen[38]. In ihnen sind die jeweiligen Amtspflichten breit ausformuliert; es sind also ausdrücklich auch inhaltlich geschworene, nicht nur beschworene Pflichten – detaillierte Pflichtenkataloge – während der Lehnsmann Treue schwört, so wie es einem Lehnsmann gebührt, also nicht als ein elaborierter, auf einen Amtsgedanken bezogener Normenkatalog, sondern indem die lehnrechtliche Rechtsgewohnheit in Bezug genommen wird.

V. Die Durchsetzung von geschworener Kommune und Bürgereid im deutschen Reich

Wir wenden den Blick zurück nach Deutschland. Hier haben wir aus der Barbarossazeit kein Zeugnis über den Bürgereid. Wir haben *conjurationes*, Eidesverschwörungen von Bürgern gegen die Stadtherrschaft. Sie dringen aber nicht durch und gewinnen vor allen Dingen, im Unterschied zu Italien, aber auch dem flandrischen und nordfranzösischen Raum, keine Anerkennung von seiten der Herrschenden[39]. Barbarossa „zerstört" die länger dauernde Eidverschwörung in Trier[40]. Er hebt durch Urteil des Hofgerichts die *communio* der Bürger von Cambrai auf Klage ihres Bischofs und

---

[37] Die Erneuerung der *societas* c. 18, die Anerkennung der Gewohnheit als Rechtsgrundlage der Regalienausübung durch die Städte, der eigentliche Streitpunkt, schon in c. 1 Konstanzer Friede (Anm. 35).

[38] Das ist besonders deutlich im ‚Liber de regimine civitatum' des Johannes von Viterbo, um 1230, dazu *Gerhard Dilcher*, Kommune und Bürgerschaft als politische Idee der mittelalterlichen Stadt, in: Pipers Handbuch der politischen Ideen, hg. von Iring Fetscher und Herfried Münkler, Bd. 2, München / Zürich 1993, S. 334 f.

[39] *Gerhard Dilcher*, Stadtherrschaft oder kommunale Freiheit – das 11. Jahrhundert ein Kreuzweg?, jetzt in *Ders.* (Anm. 1), Nr. 2. *Knut Schutz*, „Denn sie lieben die Freiheit so sehr", Kommunale Aufstände und Enstehung des europäischen Bürgertums im Hochmittelalter, Darmstadt 1992.

[40] *Diestelkamp* (Anm. 19) Nr. 74 zu 1161 = MGH, Dipl. Frederici I (Tom. X, 2) Nr. 338.

Stadtherrn auf[41]. Er ordnet an, daß die Stadt Trient dauernd der Konsuln entbehren solle und dem Reich treu unter der Leitung des Bischofs bleiben solle, wie auch die anderen *civitates* des deutsches Reiches[42]. Die Bürger von Trient sollen auch kein Recht über Maß und Gewicht, über Brücken, Schiffahrt und Münze setzen oder Steuern erheben, sondern dies alles komme dem Bischof zu. Die Anerkennung der bürgerlichen Kommune, der bürgerlichen Eidgenossenschaft und damit des Bürgereides ist also für Deutschland in der Konzeption Friedrich Barbarossas noch ausgeschlossen, während die rechtsfähige bürgerliche Genossenschaft unter dem Rechtsbegriff der *universitas civium* durchaus schon akzeptiert ist. Der vom Konstanzer Frieden festgelegte Verfassungszustand für die Städte Italiens – die ja alle *civitates,* Bischofsstädte, sind – soll ausdrücklich auf Deutschland nicht übertragen werden. Hier soll weiterhin die bischöfliche Stadtherrschaft gelten.

Auch unter Friedrich II. bleibt dies kaiserliche Politik. Zwar haben wir um 1200 die Anerkennung von *consules* und *consulatus* für einzelne Städte, also der Ratsverfassung[43]. Für die Bischofsstädte bleibt dies aber eher ein Beirat des Bischofs, nicht eine eigene, mit Jurisdiktion ausgestattete Regierungsgewalt wie in den lombardischen Kommunen. In das Barbarossa-Privileg für Lübeck von 1188 ist die Vorschrift, daß die Konsules über die *decreta civitatis id est kore* urteilen sollen, hineingefälscht[44]. Auch das Privileg Friedrichs II. für Lübeck, an *universi burgenses fideles nostri,* reicht in keiner Weise an die oberitalienische Städtefreiheit heran und erwähnt weder Eid noch *consules*[45]. Vielmehr führt der Konflikt, den die Wormser in dieser Zeit um ihr Selbstbestimmungsrecht gegenüber dem Bischof auskämpfen, noch einmal zu dem Ravennater Verbot von 1232, nämlich aller *communia, consilia, magistri civium* für die Städte Deutschlands[46]. In dem vorausgehenden Reichsurteil unter König Heinrich sind die *conjurationes* und *confederationes* namentlich als verboten erwähnt. Der Bürgereid als Grundlage einer *communio* oder *conjuratio* bedarf angesichts dessen keiner Erwähnung, eine solche verbietet sich sogar aus der Sicht von Stadtherrn und König.

---

41 Dipl. Frederici I (Anm. 4040) Tom. X, 4, Nr. 858 zu 1184, Juni 20.

42 Dipl. Frederici I (Anm. 40) Tom. X, 4, Nr. 821 zu 1182, Februar 9.

43 *Horst Rabe,* Der Rat der Niederschwäbischen Reichsstädte. Rechtsgeschichtliche Untersuchungen über die Ratsverfassung der Reichsstädte Niederschwabens bis zum Ausgang der Zunftbewegungen im Rahmen der oberdeutschen Reichs- und Bischofsstädte, Köln/Graz 1966; *Bruno Schlotterose,* Die Ratswahl in den deutschen Städten des Mittelalters. Diss. phil. (maschinenschr.) Münster 1953.

44 MGH Dipl. Frederici I (Tom. X, 4) Nr. 981 zu 1188, Sep. 19. Auch *Diestelkamp* (Anm. 19) Nr. 95, die Stelle in c. 6.

45 *Diestelkamp* (Anm. 19) Nr. 134 zu 1226 Juni.

46 *Diestelkamp* (Anm. 19) Nr. 147 zu 1232, April nach dem Reichsurteil unter Heinrich (VII.), ebd. Nr. 141 von 1231.

Wie sehr aber schon in dieser Zeit der Bürgereid auch im Bereich geistlicher Herrschaft als Strukturelement von herrschaftlicher und genossenschaftlicher Beziehung anerkannt ist, zeigt eine Zürcher Urkunde von 1240. Der Zürcher Propst teilt hier dem Chorherrenstift zu Solothurn mit, daß die Zürcher Bürger (*burgenses*), auch wenn sie kirchliche Eigenleute sind, dem Propst nicht den entsprechenden Treueid leisten. Vielmehr leiste die *universitas civium* unter Anführung der *consules* den Eid auf das Wohl und die Ehre der Stadt (*villa*), in welchem sie sich auch speziell zum Schutze der Kirche verpflichten. – Der genossenschaftliche, kommunale Eid hat sich hier also vor den Untertaneneid geschoben und hat ihn ersetzt – nicht unähnlich der Eidesbindung im Konstanzer Frieden für die lombardische Städte. Der hier 1240 angesprochene Bürgereid findet aber erst wieder im Geschworenen Brief der Brun'schen Verfassung von 1336 (in Anlehnung an Straßburg) Erwähnung und ist als Eid der Gemeinde zusammen mit dem Neubürgereid erst 1432 im Wortlaut überliefert. Der Neubürgereid selbst ist aber bereits 1378 als Bedingung für die Aufnahme ins Bürgerrecht erwähnt. Die These einer weitgehend „untergründigen", aber zu rekonstruierenden Geschichte der Eidesbindung der bürgerlichen Genossenschaft läßt sich kaum besser als durch dieses Beispiel von Zürich belegen[47].

Mit dem Zusammenbruch der staufischen Herrschaft ist diese Konzeption der Bürgerschaft – zwar Ortsgemeinde, nicht aber geschworener Verband – nicht mehr zu halten. Der Rheinische Städtebund begründet sich, gleich den Lombardenbünden, denen er wahrscheinlich nachgebildet ist, als städteübergreifende Schwurgemeinschaft[48]. Am 13. Juli 1254 schließen *iudices, consules et universi cives* von Mainz, Köln, Worms, Speyer, Straßburg, Basel, wahrscheinlich schon damals zusammen mit Frankfurt und den anderen drei Wetteraustädten, einen Eides- und Friedensbund, dem auch geistliche und weltliche Fürsten und Herren beitreten. Der Zweck dieses großen Eidesbundes ist es, an Stelle des Reiches, *vacante imperio*, den Frieden zu wahren, also einen der zentralen Werte der bürgerlichen Schwureinungen gegen das adlige Fehderecht durchzusetzen. Das Bündnis der rheinischen Städte wird nicht nur von hohen Reichsfürsten, sondern schließlich auch vom König anerkannt. Den Städten ist damit ein

---

47 Ich verdanke den Hinweis und die Nachweise Herrn *Bruno Koch*, Bern, aufgrund der Diskussion auf der diesem Band zugrundeliegenden Tagung. Die Auskunft von 1240 in Urkundenbuch Zürich II, Nr. 544, S. 46. Die weiteren erwähnten Dokumente Zürcher Stadtbücher III, Nr. 37, S. 150 und Nr. 43, S. 152 f. Die erste Erwähnung des Neubürgereides Zürcher Stadtbücher I, Nr. 34, S. 239 f.

48 So die Ergebnisse in *Maurer* (Anm. 30). Vgl. MGH Const. II, Nr. 428, S. 579. Meine Studie zum Bürgerbegriff (Anm. 1) geht von diesem Ereignis aus. Die Quellen auch in Quellen zur Verfassungsgeschichte des Römisch-deutschen Reiches im Spätmittelalter (1250–1500), hg. von *Lorenz Weinrich*, Darmstadt 1983, Nr. 5 a-f.

qualitativer Schritt über die stufenweise Befreiung vom ländlichen Hörigenstatus hinaus gelungen: Sie werden Mitträger der Friedensaufgabe des Reiches und damit Mitträger der Reichsverfassung, ein Vorgang, der Jahrhunderte später in der Anerkennung der Reichsstandschaft der Freien und Reichsstädte mündet[49]. Für unseren Zusammenhang wichtig ist, daß damit der Anerkennung des bürgerlichen Eidesverbandes und der Übertragung der Leitungsbefugnisse dieses Verbandes an Konsuln oder Ratmannen keine Bedenken mehr in den Weg gestellt werden konnten. Die „Eideslawine", die der Rheinische Städtebund auslöste, mag zunächst einer Vereidigung auf einen Landfrieden sehr ähnlich gewesen sein. Niemand aber konnte eine Fortsetzung des Eidesbündnisses in jeder einzelnen Stadt als reichsfeindliche *conjuratio* diffamieren, wenn die Bürger ihr Friedens- und Rechtsbündnis unter sich fortsetzten und dem städtischen Rat die Wahrung von Friede und Recht entsprechend den bürgerlichen *decreta, statuta,* ihrer *kore,* Willkür oder Einung, wie die deutschen Bezeichnungen lauteten, übertragen. Die Begründung der Bürgerschaft als *communio iurata,* also gegründet auf den Bürgereid, und die dem entsprechenden und darauf antwortenden Amtseide des Rates, waren damit anerkannte Verfassungseinrichtungen. Das Bürgerrecht in seiner Verbindung mit dem Bürgereid war des Geruchs der Illegitimität, wir denken an Max Weber, entkleidet, der Vorgang einer revolutionären Usurpation von Herrschaft ist legitimiert[50].

Bemerkenswert ist es, wie wir zu Anfang sahen, daß diese Verfassungsgrundlage für die deutschen Städte bis hinein in die Neuzeit verbindlich bleibt. Wie wir sahen, griff man im 17. Jahrhundert auf den Bürgereid bei innerstädtischen Auseinandersetzungen zurück, fügte ihn in das neue theoretische Spektrum der Staatsrechtslehre und Politiktheorie ein und bewahrte dadurch die Stadt als republikanisches Gemeinwesen in einer Zeit, die zu obrigkeitlichen Strukturen und zum fürstlichen Absolutismus hinstrebte[51]. Die freien Städte erneuern ihre Verfassung auf der Grundlage einer Teilung der obersten Gewalt zwischen Rat und Bürgerschaft, und dies gilt sogar noch im 19. Jahrhundert. Es wäre zu untersuchen, wieweit dem auch die Konzeption des Bürgerrechts entspricht. Auf Schweizer Boden ist natürlich zu erwähnen, daß hier das Bürgerrecht des Gesamtstaates nicht

---

49 Dazu *Georg Schmidt,* Der Städtetag in der Reichsverfassung. Eine Untersuchung zur korporativen Politik der freien Reichsstädte in der ersten Hälfte des 16. Jahrhunderts, Stuttgart 1984.

50 Zu der Anwendung der Konzeption Legitimität / Illegitimität durch Max Weber auf die Stadt vgl. *Dilcher* (Anm. 8), in der Auseinandersetzung mit der kontroversen Literatur.

51 Zum „Republikanismus" jetzt maßgebend der von *Helmut Koenigsberger* initiierte und herausgegebene Sammelband: Republiken und Republikanismus im Europa der frühen Neuzeit (Schriften des Historischen Kollegs, Kolloquium 11) München 1988. Zum Hintergrund der mittelalterlichen Politiktheorie und Jurisprudenz auch *Meier* (Anm. 17).

von seiner Grundlage in der Gemeinde gelöst worden ist[52]. In einer, wie wir nun sehen können, langfristigen republikanisch-demokratischen Tradition.

Zuletzt soll noch eine Frage formuliert werden. Wenn ich recht sehe, verblaßt in Oberitalien im Laufe des Mittelalters sehr schnell die Konzeption des auf Bürgereid gegründeten Bürgerrechts, während, wie wir sahen, das Amtsrecht von Konsuln, *podestà* und anderen Amtsträgern seine eidliche Begründung behält. Die Stellung des Stadtbürgers als *civis* ist, wenn der Eidesbund nicht mehr als notwendig erscheint, stärker institutionalisiert, selbstverständlicher. Aber auch hier in Italien bleibt, wie jüngste Forschungen deutlich gemacht haben, auch unter der Herrschaft monarchischer Stadtstaaten oder etwa des päpstlichen Kirchenstaates, die Begründung der Herrschaft auf der Bürgerschaft und ihrem Rechtsstatus ebenso wie die von ihr geschaffenen Ämter lebendig[53]. Die unterschiedlichen Formen, in denen das im Mittelalter geschaffene bürgerliche Städtewesen die Frühe Neuzeit überdauert und somit an der Schwelle des im modernen Sinne bürgerlichen Zeitalters steht, scheint mir eine bedeutende Forschungsaufgabe einer vergleichenden europäischen Verfassungsgeschichte zu sein. Der Bürgereid aber bildet die Basisstruktur und die Grundlage der Verbindlichkeit für diese auf der Höhe des Mittelalters auftretende neue Form der Vergesellschaftung.

---

52 In diesem Zusammenhang hat mich Herr Bruno Koch auf ein Gutachten aufmerksam gemacht, das auf dieser Kontinuität aufbaut: *Ernst Meyer,* Rechtshistorisches Gutachten über das Burgrecht und Bürgerrecht der Stadt Zürich von Anfang des 14. bis in die zweite Hälfte des 19. Jahrhunderts mit besonderer Berücksichtigung des Gedingbürgerrechts der Fürsten von Schwarzenberg als Rechtsnachfolger der Grafen von Sulz, Typoskript, Zürich 1927, Stadtarchiv Zürich, ca. 350 Seiten. Es ging um einen aktuellen Antrag auf Anerkennung als Bürger von Zürich. Das Gutachten stellt auf die rechtsbegründende Wirkung des Bürgereides ab (S. 35).

53 Das ist für Bologna in einer umfassenden Studie nachgewiesen von *Angela De Benedictis,* Repubblica per contratto. Bologna: una città europea nello Stato della Chiesa. (Annali dell'Istituto storico italo-germanico. Monografia 23), Bologna 1995, Rezension in: Ius Commune. Zeitschrift für europäische Rechtsgeschichte XXV (1998), S. 514–517; vgl. auch *dies.,* Respublica stans-de per se per vim contractus, in: ZHF 20 (1993), S. 153–187.

Hochadelige Eidgenossen

Grafen und Herren im Burgrecht eidgenössischer Orte

Von Dorothea A. Christ, Winterthur

I. Einleitung

Im Historischen Atlas der Schweiz finden sich zwei Karten zur territorialen Entwicklung der Eidgenossenschaft. Darin werden „Einbürgerungen“ als territoriale Expansion der Eidgenossenschaft verzeichnet, weil die „Neubürger“ Herrschaftsrechte in Gebieten besassen, die heute in der Schweiz liegen[1]. Bei den betreffenden Personen handelte es sich nicht um Handwerker, Gelehrte oder Bauern, sondern um nichtgefürstete Hochadelige im weltlichen Stand, d. h. um Grafen und altfreie Herren[2]. Die Abmachungen zwischen ihnen und den Städten oder Länderorten wurden nicht in Bürgerbücher eingetragen, sondern separat verurkundet[3]. Hochadelige

---

1 Historischer Atlas der Schweiz, hg. von *Hektor Ammann* und *Karl Schib,* Aarau 1958 (2. Auflage von 1951). Die beiden Karten von Adolf Gasser tragen die Titel: „Die Eidgenossenschaft zu Beginn des Sempacherkrieges 1385“ sowie „Die Eidgenossenschaft 1385–1474“. Adolf Gasser datiert territorialpolitische Veränderungen in nicht immer durchschaubarer Art und Weise: Burgrechte mit Hochadeligen werden direkt als territorialer Zuwachs eingetragen (z. B. Neuenburg 1406). Bei anderen Gebieten gibt Gasser längere Zeitperioden an (z. B. Leventina: 1402 bis 1422, 1439 zu Uri); *Adolf Gasser,* Entstehung und Ausbildung der Landeshoheit im Gebiete der Schweizerischen Eidgenossenschaft. Ein Beitrag zur Verfassungsgeschichte des deutschen Mittelalters, Aarau 1930.

2 Die Burgrechte, welche die Städte mit Hochadeligen im geistlichen Stand schlossen, werden nicht berücksichtigt. Die Städte trieben über ihre Bündnisse auch Kirchen- und Klosterpolitik (vgl. dazu Anm. 44). Dasselbe gilt für die sogenannten Landrechte, d. h. für die Bündnisse der Länderorte (vor allem in der Innerschweiz) mit Hochadeligen, kirchlichen Instituten, Untertanenverbänden usw. Aus Platzgründen werden diese Quellen hier nicht einbezogen. – Die soziale Gruppe der Hochadeligen grenzte sich bis in die Neuzeit gegenüber dem Niederadel ab. Niederadelige konnten sich leichter in städtische Eliten integrieren, Hochadelige hingegen verstanden sich noch im 15. Jahrhundert klar als Landesherren. Vgl. dazu *Dorothea A. Christ,* Zwischen Kooperation und Konkurrenz. Die Grafen von Thierstein, ihre Standesgenossen und die Eidgenossenschaft im Spätmittelalter, Zürich 1998, Einleitung.

3 Die Forschungsgruppe von Prof. Dr. Rainer C. Schwinges, Universität Bern, war so freundlich, mir einen Auszug ihrer Datenbank zur Verfügung zu stellen (siehe einleitenden Beitrag von R.C. Schwinges in diesem Band). Die Abfragen ergaben, dass Hochadelige in den Bürgerbüchern der hier untersuchten Städte nur ganz vereinzelt zu finden sind. Gesucht wurde neben Fürstennamen vor allem nach den fol-

unterscheiden sich also nicht nur hinsichtlich ihres Standes von anderen „Neubürgern“, auch die Form, in der sie „eingebürgert“ wurden, war spezifisch. Sie entsprach derjenigen der eidgenössischen Orte untereinander; und trotzdem werden die Hochadeligen in Quellen und Literatur viel eher mit „Bürgern“ gleichgesetzt als mit Verbündeten. Die Verbindung zu ihnen hat(te) also unterschiedliche Facetten; und dies spiegelt sich auch in der Begrifflichkeit:

Eine klare Definition der Begriffe „Burgrecht“ oder “eidgenössisches Bündnis“ existiert nicht[4]. Die Vielfalt der Bezeichnungen für „Einbürgerungen“ in der Literatur widerspiegelt die unterschiedlichen Vertragsformen in den Archiven[5]. Klare Kategorien lassen sich nicht bilden, und auch der Begriff „mit Burgrecht *verwandt*“[6] löst dieses Problem nicht[7]. Inhalt-

---

genden Geschlechtern: von Greyerz, Thierstein, Werdenberg, Montfort, Baden-Hachberg, Lupfen, Brandis, Raron, Toggenburg, Neu-Kyburg, Habsburg-Laufenburg.

4 Ein Blick in die Wörterbücher zeigt bei „Burgrecht“ und „Landrecht“ eine Vielfalt an Definitionen und Erklärungen. Vgl. die Zusammenstellung der Belege und Literaturhinweise bei *Wilhelm Bender,* Zwinglis Reformationsbündnisse. Untersuchungen zur Rechts- und Sozialgeschichte der Burgrechtsverträge eidgenössischer und oberdeutscher Städte zur Ausbreitung und Sicherung der Reformation Huldrych Zwinglis, Zürich 1970, S. 14–17.

5 Weber untersucht mehrere hundert Bündnisurkunden und kommt zum Schluss: „Ein gemeinschaftliches formelles Kennzeichen für die Bünde der VIII Orte, im Gegensatz zu allen andern von ihnen unter sich oder mit Dritten eingegangenen Staatsverträgen gibt es nicht [...]. Die alten Eidgenossen haben nach Innen und Aussen wenige, auf längere Zeit berechnete Staatsverträge abgeschlossen, seien es Schutzbündnisse, Friedensschlüsse, Neutralitätsverträge, Burgrechte usw., in welchen nicht für allfällige während der Vertragsdauer entstehende Streitigkeiten die Selbsthülfe ausgeschlossen und Erledigung derselben in Minne oder zu Recht durch ein schiedsrichterliches Verfahren vorgesehen war“; *Hans Weber,* Die Hülfsverpflichtungen der XIII Orte, in: Jahrbuch für Schweizerische Geschichte 17 (1892), S. 29–463, S. 87 f. und 313. – Die Parallelsetzung der verschiedenen Vertragsarten deckt sich voll und ganz mit meinen Beobachtungen.

6 Die Wendung *mit Burgrecht verwandt* war erst im 16. Jahrhundert üblich und wird in der Literatur unterschiedlich interpretiert. Für Kistler sind die „Burgrechtsverwandten“ die „durch Burgrechtsvertrag mit der Stadt [Bern] in einer Schwurgenossenschaft zusammengeschlossenen“, ausserhalb der Stadt lebenden Bürger (zitiert nach *Bender,* Anm. 4, S. 15). Andere Forscher sprechen ebenfalls von „Burgrechtsverwandten“, unterscheiden aber zusätzlich „Ausbürger“ und „Auslandleute“, obwohl deren Rechtsstellung prinzipiell dieselbe war wie die der „Burgrechtsverwandten“ (zitiert nach *Bender,* Anm. 4, Einleitung). Konsequent wenden *Frey* und *Gasser* den Begriff der „Burgrechtsverwandten“ an, ohne ihn klar zu definieren; *Beat Frey,* Ausburger und Udel, Bern 1950; sowie *Gasser* (Anm. 1), S. 385–413.

7 Das Mittelhochdeutsche Handwörterbuch übersetzt „verwant, verwent, verwont“ mit „in Beziehung, in Verbindung stehend, verwandt“ und führt als Zusatzbelege an: „gesipte und verwante freunde (Angehörige), die in den sachen verwent sein (mehrere an einer Sache Beteiligte)“. – „Verwandt“ ist der Bezeichnung „zugewandt“ semantisch sehr nahe, was die Definition zusätzlich kompliziert. Dass die Begriffe „Zugewandte“ und „Verbündete“ schon früh ineinander übergingen, zeigt *Wilhelm Oechsli,* Die Benennungen der alten Eidgenossenschaft und ihrer Glieder, zwei Teile, in: Jahrbuch für Schweizer Geschichte 41 (1916), S. 51–230 und 42 (1917), S. 87–258, insbesondere S. 147 und 180. – Wie „zugewandt“ ist „verwandt“

lich lassen sich die Termini „Burgrecht" und „eidgenössisches Bündnis" so umschreiben: Es sind schriftlich festgehaltene Abmachungen, welche Klauseln über Konfliktvorsorge und über die schiedsgerichtliche Beilegung von Streitigkeiten der Verbündeten untereinander enthalten. Hinzu kommen Bestimmungen über Prozesse zwischen privaten Parteien aus den verbündeten Gebieten, besonders in Schuld- und Pfändungssachen, sowie Artikel über das Strafrecht und die gegenseitige Rechtshilfe. Im weiteren sind Abmachungen über Bündnisfreiheit, Rechtsvorbehalte sowie über Gültigkeitsdauer und Garantie des Vertrags zu nennen[8]. Formal lassen sich die Verträge ebenfalls nicht klar abgrenzen: Die genannten Inhalte sind nicht nur in den eidgenössischen Bündnissen und Burgrechten zu finden, sondern auch in Friedensverträgen, Waffenstillstandsvereinbarungen, Pfandurkunden usw. Die folgenden Überlegungen beschränken sich auf Verträge, welche in der Literatur als Burgrechte oder Bündnisse bezeichnet sind.

Die Grafen- oder Freiherrengeschlechter, welche sich mit den eidgenössischen Orten verbündeten, unterschieden sich in ihren Familienstrukturen, und in ihrer Territorial- und Besitzpolitik nicht wesentlich von Hochadeligen in andern Gebieten des Reiches. Um die Mitte des 16. Jahrhunderts waren diese Geschlechter entweder ausgestorben oder hatten ihre Herrschaftsschwerpunkte verlagert. Dieser Umbruch ist nicht nur auf genealogische Zufälle oder eidgenössische Kriegserfolge zurückzuführen, sondern auch auf die Kontakte in Friedenszeiten. Die Bündnisse bildeten die Rechtsgrundlage der nachbarschaftlichen Verbindungen, und deshalb bietet ihre Untersuchung auch einen Einblick in den Territorialisierungsprozess der Eidgenossenschaft.

An den Anfang meiner Überlegungen stelle ich folgende Beobachtungen:

1. Mit der schriftlich festgehaltenen Aufnahme einer Person ins Bürger- oder Burgrecht einer Stadt versprachen sich zwei Parteien in erster Linie, Frieden zu halten. Andere Abmachungen waren der gegenseitigen Friedenspflicht nachgeordnet.

2. In ein derartiges Verhältnis konnte nur treten, wer sich gegenseitig Vertragsfähigkeit zubilligte. Wie bei anderen verurkundeten Verbindlichkeiten wurde in Burgrechten das formale Gleichgewicht gewahrt, auch wenn die Vertragspartner über unterschiedliche Ressourcen verfügten

---

im Sprachraum der heutigen Deutschschweiz erst ab der Mitte des 15. Jahrhunderts nachgewiesen; *Jacob Grimm und Wilhelm Grimm,* Deutsches Wörterbuch, samt Quellenverzeichnis, Leipzig 1854–1961, Bd. 25, Sp. 2121–2132 und *Oechsli* (wie oben).

[8] Vgl. dazu *Dorothea A. Christ,* Das eidgenössische Bündnissystem im Spätmittelalter. Die Jubiläen von 1998 aus mediävistischer Sicht, in: Mittelalter – Moyen Age – Medioevo – Temp Medieval, Zeitschrift des Schweizerischen Burgenvereins 1998, S. 37–45.

und im Bündnisfall verschiedenartige Rechte und Pflichten übernahmen.

3. Burgrechte und Bündnisse sind Bestandteile städtischer und adeliger Territorialpolitik. Mit der Aufnahme eines Individuums ins Bürgerrecht, kam eine Stadt in Berührung mit dessen Verbindungen und Verbindlichkeiten, zum Beispiel mit den Normen des Lehens-, des Pfand- und des kanonischen Rechts. Mehrfachverpflichtungen des Bürgers schmälerten den Wert eines Burgrechts, denn die anderweitigen Verpflichtungen konnten städtischen Regelungen vorgehen. Die Stadt musste sich hüten, in die Konflikte ihrer Verbündeten verwickelt zu werden, konnte aber ein Burgrecht auch als Mittel benutzen, um den Besitz der Verbündeten indirekt zu kontrollieren. In gleicher Weise bargen die Burgrechte Gefahren und Chancen für die Hochadeligen.

4. Zwischen der Häufigkeit von Bündnissen kleinerer Herrschaftsträger und dem Fehlen einer starken fürstlichen Macht besteht ein Zusammenhang: In anderen Gebieten des Reiches, in denen sich ebenfalls kein Fürst dauerhaft durchsetzen konnte, entwickelten sich im Spätmittelalter ähnliche Bündnissysteme wie im Gebiet, aus dem die moderne Schweiz entstand[9].

Auf diesen Überlegungen beruht die folgende These, welche anhand eines Beispiels erläutert und anschliessend in einen chronologischen, geographischen und politischen Kontext eingeordnet wird: Das Burgrecht war eine von verschiedenen Möglichkeiten, die Beziehung zwischen einer Stadt und nicht stadtsässigen Individuen zu formalisieren. Hochadelige verfügten über (im)materielles Kapital, zum Beispiel Lehen, Pfänder, Gefolgschaft, Rechte über Untertanen, militärische Stützpunkte und Einfluss in kirchlichen Institutionen. Wollte eine Stadt dieses Kapital nutzen oder zumindest neutralisieren, musste sie berücksichtigen, dass die Hochadeligen immer auch in anderen Rechtszusammenhängen persönlich verpflichtet waren. Die Burgrechtsbestimmungen schlossen daher immer einen Spielraum für Verhandlungen mit ein. Dies (und die regelmässigen Vertragserneuerungen) zwang die Parteien dazu, ständig in Verbindung zu bleiben.

Das Verhältnis zwischen verbindenden und verbindlichen Elementen in einem Burgrechtsvertrag war wandelbar und hing, wie der Vollzug der Schutz- und Friedensversprechen, von den konkreten Umständen ab. Wichtig war in diesem Zusammenhang, wer die genauen Abmachungen kannte, wer sich persönlich über Eid, Brief und Siegel verpflichtet hatte

9 Freundlicher Hinweis von Rainer C. Schwinges. Als Beispiele wurden in der Diskussion Belgien, Holland und Flandern sowie das Elsass genannt. In diesen Gebieten nahmen die Städte zahlreiche nicht-stadtsässige Personen (jeglicher Herkunft) in ihr Bürgerrecht auf.

und wer für den Vollzug eines Burgrechts haftete (vgl. unten). Schliesslich sind die Bündnisse in den Kontext einer rechtshistorischen Entwicklung zu stellen: Wie in Eheabreden, Pfand- und Lehensverträgen wurden auch die Bestimmungen der Burgrechte im Verlauf der Zeit ausführlicher und differenzierter. In der zweiten Hälfte des 14. Jahrhunderts griffen Lehensrecht, Pfand- und Rentenrecht immer stärker ineinander; Kredit- und Rentengeschäfte wurden in lehensrechtlichen Formen ausgedrückt und abgesichert: Der Gläubiger war lehensrechtlich in der Position des (untergeordneten) Vasallen, der (ökonomisch abhängige) Schuldner in der Position des Herrn[10]. In dieser Beziehung war gegenseitiges Vertrauen unabdingbar, und der promissorische Eid wurde zum Dreh- und Angelpunkt eines vielschichtigen Beziehungsnetzes[11]. Gestützt auf diesen Eid konnte der Lehensherr den Vasallen zu Dienstleistungen verpflichten, ihm aber auch konkrete Vorteile anbieten, zum Beispiel Hilfe bei der Versorgung der Nachkommen[12]. Die „Verwandtschaftsbeziehungen" waren aber weit über den ökonomischen Bereich hinaus bedeutsam. Sie begründeten eine Ge-

---

10 In einem derartigen Verhältnis kamen geldbedürftige Lehensherren kurzfristig zwar leichter an flüssige Mittel heran, schwächten aber langfristig ihre herrschaftliche Position. Vgl. dazu *Karl-Heinz Spiess*, Lehnsrecht, Lehnspolitik und Lehnsverwaltung der Pfalzgrafen bei Rhein im Spätmittelalter, Wiesbaden 1978, S. 260; sowie *Markus Bittmann*, Kreditwirtschaft und Finanzierungsmethoden. Studien zu den wirtschaftlichen Verhältnissen des Adels im westlichen Bodenseeraum 1300–1500 (Vierteljahresschrift für Sozial- und Wirtschaftsgeschichte, Beiheft 99) Stuttgart 1991, S. 19, 123–129 und Kapitel 4.

11 Nicht nur im positiven Sinne (Friedensgebot) lassen sich Parallelen zwischen Lehens-, Pfand- und „Bürgerrecht" ziehen; auch im negativen Sinne (Verbot von Gewalt) sind diese Parallelen vorhanden. Vgl. dazu *Peter Blickle*, Das Gesetz der Eidgenossen. Überlegungen zur Entstehung der Schweiz 1200–1400, in: Historische Zeitschrift 255 (1992), S. 561–586, bes. 567. – In der „sozial und politisch dynamischen, ständisch-assoziativ verfassten Gesellschaft des Spätmittelalters – der Epoche der Lehenseide, Einungen, Bünde, Coniurationes und Eidgenossenschaften", war der Eid das hauptsächliche Mittel für die Regelung des menschlichen Zusammenlebens, zur Sicherung des Gleichgewichts in einem ständig sich ändernden sozialen System. Vgl. dazu *André Holenstein*, Seelenheil und Untertanenpflicht, Zur gesellschaftlichen Funktion und theoretischen Begründung des Eides in der ständischen Gesellschaft, in: Der Fluch und der Eid. Die metaphysische Begründung gesellschaftlichen Zusammenlebens und politischer Ordnung in der ständischen Gesellschaft, hg. von Peter Blickle (Zeitschrift für Historische Forschung, Beiheft 15, 1993), S. 11–63, Zitat: S. 14.

12 Der promissorische Eid wude vom frühen Mittelalter bis ins 19. Jahrhundert „zur Begründung und Stabilisierung politisch-rechtlicher Gewaltverhältnisse verwendet [...], unabhängig davon, ob diese mehr herrschaftlicher oder mehr genossenschaftlicher Natur waren"; *Holenstein* (Anm. 11), S. 12. – Für die Territorien der Pfalzgrafen bei Rhein hebt Spiess die integrative Funktion des Lehensrechts besonders hervor: „Die Formen des Lehnswesens sind in der Adelsgesellschaft des Spätmittelalters allgegenwärtig. Ihre Bedeutung für die Herrschaftsausübung der Pfalzgrafen ergibt sich daraus, dass die Lehnsbindung in den meisten Fällen die einzige Grundlage für die Beziehungen der Pfalzgrafen zu den umwohnenden Adelsgeschlechtern darstellte." Damit kann Spiess auch erklären, weshalb die Pfalzgrafen nicht nur auf die Einbehaltung heimgefallener Lehen verzichteten, sondern „darüber hinaus soviel Geld für die Gewinnung neuer Vasallen" ausgaben; *Spiess* (Anm. 10), S. 261 ff.

meinschaft, die nicht nur durch gemeinsame Finanzgeschäfte und politische Positionen verbunden war, sondern auch gemeinsam Feste feierte und der Toten gedachte[13].

Die Verbindungen und Verbindlichkeiten zwischen Hochadeligen und den eidgenössischen Orten lassen sich mit den Quellenbegriffen der „Verwandtschaft" und „Freundschaft" fassen. Dass nicht nur Blutsverwandtschaft, sondern auch Lehensbeziehungen und politische Bündnisse mit „Verwandtschaft" oder „Freundschaft" umschrieben wurden, hatte im Spätmittelalter bereits Tradition[14]. Hier wird der Begriff „verwandt" in Anführungszeichen gesetzt, wenn das breite Spektrum der Beziehungen, die nicht auf Blutsverwandtschaft oder Heiratsverbindungen zurückgehen, angesprochen wird[15].

II. Die Grafen von Thierstein[16] und ihre „Verwandten"

„Verwandtschaftsbeziehungen" im oben beschriebenen Sinne prägten das Verhältnis zwischen Hochadeligen und Stadt: Wollte ein Herr seinen Besitz zusammenhalten oder vermehren, musste er vor allem versuchen, mehr Pfänder zu erwerben als aus der Hand zu geben. Die Grafen von Thierstein betrieben nach diesem Grundsatz bis ins 15. Jahrhundert hinein eine recht erfolgreiche Besitzpolitik. Sie hatten Pfänder der Basler Bischöfe und der Herzöge von Habsburg-Österreich lehensweise inne[17]. Lehensherren und

---

13 Vgl. *Christ* (Anm. 2), Kapitel 2.2.7. – Auf die lehensrechtlichen Mittel, die für den Aufbau eines „Verwandtschaftsverbandes" eingesetzt werden konnten, geht Spiess anhand der Pfalzgrafen bei Rhein ein. Er erläutert die konsequente Verschriftlichung der Lehensverhältnisse, die Ausweitung des Urkundenformulares, eine verstärkte Kontrolle der Lehenserneuerung und der mehrfachen Lehensbindungen, die Unterwerfung unter das Gericht des Lehensherrn und die vermehrten materiellen Zugeständnisse des Fürsten an die Vasallen, *Spiess* (Anm. 10), S. 179–259.

14 Die Vielfalt und Vielgestaltigkeit von „Verwandtschaft" wird in der historischen Forschung seit längerer Zeit analysiert. – Zur Diskussion um den Gebrauch des Wortes „verwandt" im 15. Jahrhundert vgl. *Simon Teuscher*, Bekannte – Klienten – Verwandte. Soziabilitätsformen in der bernischen Gesellschaft und Politik um 1500, Köln 1998, Kapitel 4.1. Ein Überblick über die Forschungslage findet sich ebd., Kapitel 1.2 und 6.1.

15 Verwandt ohne Anführungszeichen meint nach Duden „zur gleichen Familie [...] gehörend", Duden 1, 1980 (18. Auflage), S. 740.

16 Das Geschlecht war vom 12. bis 16. Jahrhundert vor allem in der Region Oberrhein, Nordwestschweiz und Elsass ansässig und pflegte enge Beziehungen zu den Bistümern von Basel und Strassburg und zu zahlreichen Städten. Vgl. dazu *Christ* (Anm. 2), Teil II.

17 Die Grafen von Thierstein hatten folgende Pfänder (unterschiedlich lange und zu unterschiedlichen Bedingungen) inne: Florimont / Blumberg, Tattenried / Delle, Laufen, Olten, Liestal, Homburg, Waldenburg, die Münze in Breisach, Abgaben der Untertanen in Delémont (Stadt und Tal), Movelier, Pleigne, Bourrignon und Roggen-

Schuldner waren sie unter anderem gegenüber zahlreichen Bürgern der Stadt Basel. Die Grafen verhandelten im späten 15. Jahrhundert mehrfach über ein Burgrecht mit der Stadt am Rhein, schlossen aber nie eines ab. Die Geschäfte mit ihren Lehensleuten und Gläubigern banden sie auch ohne Burgrecht eng an die Stadt, zum Teil enger als ihnen lieb war[18].

Wenn die Thiersteiner Geld benötigten, wählten sie sowohl Pfänder als auch Gläubiger mit Bedacht, d. h. sie hielten den Kreis ihrer Gläubiger und die Zahl der Pfänder klein. Mit dem Einverständnis der Gläubiger konnten neue Anleihen auf dieselben Pfandgegenstände geschlagen werden, und zwar so lange, bis der Schuldner dem Gläubiger das Pfand ganz abtreten musste. Derartige „Übernahmen auf Raten" verliefen in der Regel friedlich. Sie nützten beiden Seiten, denn auch für die Geldgeber war Exklusivität ein Vorteil: Die Pfandbewirtschaftung versprach mehr Ertrag, wenn die Gläubiger einander und den Umfang der Belastungen des Schuldners kannten[19]. Zudem dürften bedeutende Pfandgüter das Ansehen der Gläubiger innerhalb der städtischen Oberschicht erhöht haben.

Als Geldgeber der Grafen von Thierstein traten die niederadeligen Geschlechter der Herren von Eptingen und Münch auf[20], aber die bedeutendsten Gläubiger der Thiersteiner gehörten dem Basler Rat an[21]. Zwischen den Ratsgeschlechtern der Murer, Schönkind und von Laufen entwickelte sich ein eigentlicher „Verwandtschaftsverband": Hans und Konrad von

---

burg; Belege bei *Louis Stouff,* Les origines de l'annexion de la Haute-Alsace à la Bourgogne en 1469. Etude sur les terres engagées par l'Autriche en Alsace depuis le XIVe siècle, spécialement la seigneurie de Florimont, Dijon 1900, S. 60, Anm. 4. Vgl. dazu auch *Carl Roth,* Die Auflösung der Tiersteinischen Herrschaft, Basel 1906, Karte im Anhang.

18 Neben den Geldgebern beeinflussten der Basler Bischof, das Domstift sowie die eidgenössischen Verbündeten Basels (insbesondere die Stadt Solothurn) die Beziehung zwischen den Thiersteinern und Basel. Vgl. *Christ* (Anm. 2), Kapitel 2.2–2.5.

19 Ein Gläubiger hatte verschiedene Möglichkeiten, dem Schuldner die Rückzahlung der Schuld zu erschweren: Er konnte eine ratenweise Rückzahlung der Pfandsumme ausschliessen, eine lange Kündigungsfrist des Vertrags oder schwer zu erfüllende Rückzahlungsmodalitäten (Rückzahlungsort, -termin) festlegen. Auch über die Formalitäten für die Rückgabe des Pfandes (Entlassung der Untertanen und Beamten aus dem Eid usw.) konnte ein Gläubiger seine Position ausnutzen.

20 Vgl. zum Beispiel StASO Urkunden, 2. November 1408: Graf Otto II. von Thierstein-Farnsburg hatte Schulden bei Adelheid Münch, einer geborenen von Eptingen. Er verpfändete ihr die Herrschaft Frohburg und verschiedene Dörfer und Rechte, erhöhte später die Pfandsumme und legte die Art der Zinszahlungen fest. Er verpflichtete Adelheid in derselben Urkunde dazu, seinen Streit mit Peter von Eptingen-Bisel beizulegen, d. h. Adelheid sollte die gräflichen Schulden bei ihrem Verwandten begleichen. Die Urkunde, die von Graf Otto II., Adelheid Münch, Peter von Eptingen und Götzmann Münch gesiegelt wurde, illustriert die Verbindlichkeiten, die mit „verwandtschaftlicher" Verbindung einhergehen und über mehrere Generationen reichen konnten. Vgl. auch StABS Urkunden, 11. September 1421.

21 Basler Bürger waren aufgrund eines kaiserlichen Privilegs von 1227 lehensfähig. Das Privileg wurde 1274 sowie 1298 erneuert; Urkundenbuch der Stadt Basel, 11 Bde., Basel 1890–1910, Bd. 1, Nr. 111; Bd. 2, Nrn. 142, 143; Bd. 3, Nr. 434.

Laufen fanden die Ehepartner ihrer Kinder fast ausnahmslos innerhalb der thiersteinischen Gefolgschaft[22]. Mehrere Töchter der Murer, Schönkind und von Laufen wurden in die vornehmen Kleinbasler Konvente St. Clara und Klingental aufgenommen. Dem Kloster Klingental stand zwischen 1402 und 1445 (mit Unterbrüchen) die Gräfin Anna von Thierstein vor. Dass sie die Gläubiger ihrer Verwandten direkt begünstigte, ist leicht denkbar. Die Grafen von Thierstein dürften die Verbindungen innerhalb dieses „Verwandtschaftsverbandes" gefördert haben, denn sie wählten ihre Geldgeber nicht nur nach Kapitalkraft, sondern auch nach Ansehen.

Im „Verwandtschaftsverband" bildeten Schuldner und Gläubiger eine Risikogemeinschaft. Die Gläubiger erhielten Güter und zudem die Gelegenheit, ihr Ansehen zu steigern. Die Schuldner ihrerseits verschafften sich Geld und eine einflussreiche Gefolgschaft in der Stadt. Auch andere Herren versuchten, den „Verwandtschaftsverband" für ihre Interessen zu nutzen: Wenn die Grafen von Thierstein Reichslehen, habsburg-österreichische oder bischöfliche Lehen verpfändeten, hatten die Fürsten ein Wort mitzureden. Über die Bewilligung der Pfandbelastungen kamen die Fürsten mit den Gläubigern der Thiersteiner in Kontakt[23], und sie versuchten verschiedentlich, die „Verwandten" der Grafen für sich zu gewinnen[24].

Geschäfts- und Heiratsbeziehungen, Feste und Totengedenken hielten den thiersteinischen „Verwandtschaftsverband" zusammen: Graf Walram IV. von Thierstein trat im Jahre 1384 gegen Burkhard Münch zu einem Lanzenstechen in der Basler Adelsstube an[25]. Nach den Schlachten bei Sempach, Näfels und Nikopolis, in denen verschiedene Herren von Eptingen gefallen waren, wurden im Kloster Klingental Jahrzeitstiftungen ein-

---

22 Vgl. *Walther Merz*, Die Burgen des Sisgaus, 4 Bde., Aarau 1909–1914, Bd. 3, Stammtafel 17.

23 Vgl. *Christ* (Anm. 2), Kapitel 2.3. – Die Lehensbeziehung zu einem niederadeligen Geldgeber war für einen Fürsten vorteilhafter als die Machtteilung zwischen Fürsten und Grafen: Eine „Verwandtschaft" zwischen Hochadeligen war immer eine Verbindung potentieller Konkurrenten.

24 Ein anschauliches Beispiel dafür liefert die Pfandschaft Tattenried / Delle. Im Jahre 1417 verpfändete Herzog Friedrich IV. von Habsburg-Österreich das Schloss, die Stadt und die Herrschaft Tattenried an Thüring von Ramstein-Gilgenberg. Thüring gehörte zu den thiersteinischen „Verwandten" und war über Heiratsbeziehungen mit ihnen verbunden. Das Pfand vererbte sich innerhalb des Geschlechts der Freiherren von Ramstein bis in die 1440er Jahre. – Verschiedene Verwandte und Lehensleute der Thiersteiner Grafen sind in den Richterlisten des Dinghofes in der österreichischen Pfandherrschaft Tattenried aufgeführt: Neben Graf Bernhard von Thierstein finden sich Burkhard von Bollwiler (1412), Freiherr Johann Bernhard von Hasenburg (1425), Klaus Stör von Massmünster (1427), Freiherr Smassmann von Rappoltstein (1430), Burkhard von Burnkirch (1437) und Peter von Mörsberg (1442). Vgl. *Paul Stintzi*, Blumenberg und Tattenried, in: Alemannisches Jahrbuch 11 (1964 / 65), S. 70–97.

25 Vgl. Basler Chroniken, div. Hg., Bde. 1–7 Leipzig 1872–1915; Bd. 8 Basel 1945. Der Beleg findet sich in Bd. 5, S. 35.

gerichtet[26]. Ihre politischen Interessen vertraten die Pfandlehensträger der Grafen von Thierstein in mindestens einem Fall demonstrativ gemeinsam: Aus Protest gegen eine stärkere Beteiligung der Zünfte am Stadtregiment verliessen am 17. Februar 1414 knapp dreissig angesehene Basler Bürger die Stadt, darunter zwei Angehörige der Murer, zwei der Sürlin, zwei Ritter von Ramstein, ein Eptinger, Hüglin und Cuontz von Laufen sowie Lienhard Schönkind. All diese Männer waren Gläubiger und Lehensleute der Grafen von Thierstein. Eine Untersuchung hat ergeben, „dass bis auf drei Personen alle an der Sezession Beteiligten durch ein, meistens sogar mehrere, enge familiäre Bande miteinander in Beziehung standen und/oder miteinander Handel trieben. Als dominante Verbindungen entpuppen sich dabei durch Heirat gewonnene Verwandtschaftsbeziehungen zwischen Schwiegervater und Schwiegersohn oder zwischen Schwägern untereinander [...]. Neben familiären Verbindungen und den daraus erwachsenden emotionalen Bindungen dürften vor allem gemeinsame finanzielle Interessen dieses Netz gestärkt haben“. Dies sei bedingt durch die „zeitlich beschränkte Gütergemeinschaft“ zwischen Familien, die untereinander Mitgift und Morgengabe tauschten und diese erhalten beziehungsweise gewinnbringend verwalten wollten[27].

Die lehensrechtliche Bindung der ausgezogenen Räte beeinflusste die Schlichtung des Konflikts: Kein Thiersteiner, sondern Markgraf Rudolf von Hachberg, Freiherr Thüring von Ramstein und eine Delegation aus Strassburg handelten die Einigung zwischen den Parteien aus. Die Grafen von Thierstein wurden von den Zeitgenossen möglicherweise als befangen eingeschätzt[28], und sie waren es auch, denn die Neuerungen in der Stadtverfassung schädigten ihre Interessen: Seit 1410 wurde der Basler Ammei-

---

[26] Zu den Jahrzeitstiftungen nach Sempach vgl. *Theodor von Liebenau,* Die Schlacht bei Sempach, Luzern 1886, Quellenteil im Anhang. Zu den Jahrzeiten der Herren von Eptingen in Klingental vgl. *Dorothea A. Christ,* Das Familienbuch der Herren von Eptingen. Transkription und Kommentar, Liestal 1992, S. 59. – In der Schlacht von Nikopolis starben mindestens fünf weitere niederadelige „Verwandte“ der Grafen von Thierstein: Burkhard, Mathis und Götzmann Münch sowie Johann und Henman von Ramstein. Vgl. dazu die Rötteler Chronik, in: Basler Chroniken (Anm. 25), Bd. 5, S. 128.

[27] Die Sezession wurde durch eine Spaltung der Obrigkeit in zwei Parteien (um den Bürgermeister Johann Ludman von Ratperg und Oberstzunftmeister Henmann Fröweler von Erenfels) ausgelöst. Johann Ludmann von Ratpert und Henman Fröweler waren im Jahre 1410 vom Rat aus der Stadt verbannt worden. Gleichzeitig wurde zum zweiten Mal die Einführung eines Ammeisteramtes versucht. Diese Neuerung wurde unter anderem mit Missbräuchen bei den Wahlen und Ernennungen der Bürgermeister und Oberstzunftmeister begründet: Der Bischof habe das Recht, jährlich einen Oberstzunftmeister seiner Wahl zu ernennen, aber er sei durch benachbarte Herren entweder gekauft oder sonstwie beeinflusst worden; *Christoph Maier,* Politik im spätmittelalterlichen Basel. Die Sezession von 1414, in: Basler Zeitschrift für Geschichte und Altertumskunde 87 (1987), S. 29–54, insbesondere S. 31 f.

[28] *Maier* (Anm. 27), S. 29.

ster nicht mehr von den Achtburgern vorgeschlagen und gewählt, sondern von den Zunftmeistern. Der Bischof hatte weder ein Ernennungs- noch ein Bestätigungsrecht. Als Ammeister wählbar war jeder, der persönlich frei und – wohl kaum zufällig – unabhängig von Lehensbindungen war. Die gräflichen Möglichkeiten, über ihre „Verwandten" Einfluss auf das Stadtregiment zu nehmen, waren damit erheblich eingeschränkt[29].

Im thiersteinischen „Verwandtschaftsverband" wurden ständig materielle und symbolische Güter getauscht[30]. Alle waren voneinander abhängig: Solange die Grafen kreditwürdig blieben, fanden sie Geldgeber. Solange dieser Gläubigerkreis klein, vermögend, in sich einig und eng verbunden blieb, war die gräfliche Kreditwürdigkeit intakt und die Gläubiger kamen zu ihren Gewinnen. Die Verbindung zwischen Grafen und Geldgebern wurde noch enger, indem die Thiersteiner den Gläubiger Kontakte zu anderen Grafen vermittelten[31]. Trotzdem blieb der „Verwandtschaftsverband" labil und konnte nur bestehen, solange er der Mehrheit der Beteiligten nützte. Aber zwischen den „Verwandten" konnte Konkurrenz entstehen, die Thiersteinern wurden als Schuldner unattraktiv, wenn ein anderer Herr lukrativere Pfänder versprach. Ein besonders vermögendes Gläubigergeschlecht konnte soviele Pfandlehen sammeln und / oder eine so starke politische Position aufbauen, dass der Statusvorsprung der Grafen bedrohlich schrumpfte. Schliesslich konnten die Vasallen der Grafen unter Druck gesetzt und gezwungen werden, sich zwischen ihrem Bürger- und ihrem Lehenseid zu entscheiden. Dieser Fall trat ein, als der Basler Rat während des „Adelskriegs" (Mitte des 15. Jahrhunderts), unter dem Druck innerstädtischer Unruhen und Bedrohungen von aussen, zum Angriff überging und zahlreiche Burgen zerstörte. Zu Beginn dieses Krieges wurden alle Räte, welche thiersteinische (oder unter anderem österreichische) Lehen innehatten, aus dem Rat ausgeschlossen. Um wieder aufgenommen zu werden, mussten sie ihre Lehen aufsenden. Dies zerstörte den thiersteinischen „Verwandtschaftsverband" und veränderte die politische Stellung der Grafen entscheidend[32].

---

29 *Maier* (Anm. 27), S. 39.

30 Wie Teuscher anhand von Berner Ratsherrengeschlechtern im Spätmittelalter zeigt, war die ständige Aktualisierung der „verwandtschaftlichen" Beziehungen sehr wichtig. Man musste sich der „fründschafft" seiner Verbündeten immer wieder versichern, sei es durch Geschenke oder kleinere und grössere Dienstleistungen; *Teuscher* (Anm. 14).

31 Auffallend ähnliche Zeugenlisten zeigen, dass gräfliche Schuldner ihre Geldgeber auch den Standesgenossen empfahlen, vgl. zum Beispiel *Marie Dürr-Baumgartner*, Der Ausgang der Herrschaft Kyburg, Zürich 1921, S. 84; sowie *Paul Aeschbacher*, Die Grafen von Nidau und ihre Erben (Landesteilverband Seeland des Bernischen Lehrervereins. Heimatkundliche Monographien 2), Biel 1924, S. 178, 180, 183 f.

32 Dazu mehr bei *Christ* (Anm. 2), Kapitel 2.3.2.

Ein „Verwandtschaftsverband" bot den Grafen also viele Vorteile, schränkte aber auch ihre Handlungsfreiheit ein. Wenn sie nicht ihre Kreditwürdigkeit, ihren politischen Einfluss und ein vorteilhaftes Beziehungsnetz verlieren wollten, mussten sie auf ihre „Verwandten" Rücksicht nehmen. In diesem Zusammenhang seien noch zwei Beobachtungen mitgeteilt: Erstens waren die Geldgeber und Pfandlehensträger der Grafen von Thierstein nicht identisch mit der Gruppe der vermögendsten Stadtbürger. Die Basler Steuerlisten des frühen 15. Jahrhunderts[33] verzeichnen die Namen Ospernell und die Zscheggenbürlin unter den reichsten Basler Bürgern. Diese beiden Familien liehen den Grafen von Thierstein keine grösseren Beträge, und sie unterhielten in dieser Zeit auch keine Heiratsbeziehungen mit thiersteinischen „Verwandten"[34].

Zweitens unterschied sich die Gruppe der Pfandlehensträger markant von denjenigen thiersteinischen Gefolgsleuten, die ihre Beziehung zu den Grafen in der Pfeffinger Kirche sichtbar machten[35]: Mehr als 30 Jahrzeitenstiftungen in Pfeffingen wurden von Lehensleuten, Bediensteten und Beamten der Grafen von Thierstein errichtet[36]. Die Gefolgschaft der Grafen war also in sich differenziert und stellte ihre Verbundenheit unterschiedlich dar.

Das Beispiel der thiersteinischen Pfandlehensträger zeigt, dass das Bürgerrecht in einer Stadt eine eigenständige Besitzpolitik in Landgebieten keineswegs ausschloss. Zudem wurde deutlich, dass das Burgrecht eines Hochadeligen nur eine mögliche Form gegenseitiger Verpflichtung darstellte. Und schliesslich ist klargeworden, dass sich Ursachen und Folgen nicht klar voneinander trennen lassen, wenn man die Zusammensetzung und Bedeutung eines „Verwandtschaftsverbandes" beschreiben will. Ob die Kreditwürdigkeit der Grafen von Thierstein zum Beispiel die Herren von Laufen zu einer Investition (Pfandübernahme) bewog, ob die Grafen die Heiratspolitik der Laufener unterstützten, weil sie Geld brauchten; ob die Grafen ihre Lehensleute davon überzeugten, auch untereinander Heiratsverbindungen anzubahnen oder ob diese Geschlechter die Verbindungen knüpften und pflegten, weil sie an einer stabilen und exklusiven Gläu-

---

33 Die Basler Steuerlisten von 1429 und 1454 finden sich in den Beilagen von *Gustav Schönberg,* Finanzverhältnisse der Stadt Basel im 14. und 15. Jahrhundert, Tübingen 1879.

34 Vgl. die oben zitierten Stammbäume bei *Merz* (Anm. 22).

35 *Alexander Müller,* Beiträge zur Geschichte der Kirchgemeinde Pfeffingen, Liestal 1971, S. 22. Müllers Belege stammen aus der Zeit vor 1400. Die Stifter/innen nennt er „Ritter und Ministerialen", diese Bezeichnungen treffen aber wahrscheinlich nicht auf alle genannten Personen zu. Das Jahrzeitenbuch, auf welches sich Müller stützt, wurde im 16. Jahrhundert zusammengestellt.

36 Dabei handelte es sich um ca. 1/6 aller Pfeffinger Jahrzeiten; *Müller* (Anm. 35), S. 22.

bigergemeinschaft interessiert waren – diese Möglichkeiten schliessen sich gegenseitig nicht aus. Die Bedeutung dieses „Verwandtschaftsverbandes" für die Grafen von Thierstein und für die Stadt Basel steht aber ausser Zweifel.

III. Hochadelige im Burgrecht der Eidgenossen

Die frühesten Verträge[37], in denen sich eidgenössische Orte und Hochadelige im Kriegsfall gegenseitige Hilfe oder zumindest Neutralität zusicherten, stammen aus der zweiten Hälfte des 13. Jahrhunderts[38]. Die meisten Burg- und Landrechte wurden im 14. und 15. Jahrhundert geschlossen, und viele blieben bis zum Ende des Ancien Régime (1798) zumindest formell gültig.

Vor 1355 hatte – mit wenigen Ausnahmen – nur die Stadt Bern eine eigentliche Tradition von Burgrechtsverbindungen zu Grafen etabliert[39]. Die Städte Fribourg[40], Solothurn[41] und Zürich[42] sowie die Innerschweizer Orte[43] schlossen bis etwa 1370 nur vereinzelte Burgrechtsverträge mit hochadeligen Partnern[44]. Kleinstädte, die eine freie Bündnispolitik treiben

---

37 Den folgenden Ausführungen liegen ausschliesslich publizierte Quellen und Hinweise aus der Literatur zugrunde.

38 Als frühestes Burgrecht wird häufig der Vertrag zwischen Bern und dem Kloster Interlaken (1265) genannt; *Bender* (Anm. 4), S. 32.

39 Belege 1277–1351 bei *Guy P. Marchal,* Sempach 1386. Von den Anfängen des Territorialstaates Luzern. Beiträge zur Frühgeschichte des Kantons Luzern, Basel 1986, S. 177–178, 182; *Placid Bütler,* Die Freiherren von Brandis, in: Jahrbuch für Schweizerische Geschichte 36 (1911), S. 1–151, S. 20, 25 f.; *Maurice de Tribolet,* Les relations extérieures, in: Histoire du pays de Neuchâtel Bd. 1: De la préhistoire au moyen âge, hg. von Gilles Attinger, Hauterive 1989, S. 285–316, S. 285; *Weber* (Anm. 5), S. 115; *Aeschbacher* (Anm. 31), S. 80; *Dürr-Baumgartner* (Anm. 31), S. 10 und 12 f.; sowie in *Fontes Rerum Bernensium,* Berns Geschichtsquellen, 10 Bde., Bern 1883–1956, Bd. 4, Nrn. 285 und 437. Hervorzuheben sind bei Bern die frühen Verträge mit den Grafen von Savoyen (erster Vertrag vor 1298) und die zahlreichen Burgrechte mit den Freiherren von Brandis; vgl. *Aeschbacher* (Anm. 31), S. 80. Während des Laupenkriegs (1339) waren die Grafen von Neu-Kyburg vorübergehend mit Fribourg verbündet, nachdem sie das Burgrecht mit Bern aufgelöst hatten (freundlicher Hinweis von Vinzenz Bartlome, Staatsarchiv Bern).

40 Belege 1290–1345 bei *Tribolet* (Anm. 39), S. 285; *Aeschbacher* (Anm. 31), S. 79; sowie *Bütler* (Anm. 39), S. 25 f.

41 Beleg von ca. 1290 bei *Tribolet* (Anm. 39), S. 285.

42 Belege 1296–1345 bei *Christoph H. Brunner,* Zur Geschichte der Grafen von Habsburg-Laufenburg. Aspekte einer süddeutschen Dynastie im späten Mittelalter, Diss. phil. Universität Zürich, Manuskript (Teildruck Samedan 1969), S. 68–72, 80; sowie *Weber* (Anm. 5), S. 115.

43 Beleg von 1327 bei *Weber* (Anm. 5), S. 302 f.

44 Zu den Burgrechten geistlicher Herren als Mittel der Klosterpolitik äussern sich zum Beispiel *Peter Blickle,* Friede und Verfassung. Voraussetzungen und Folgen der Eidgenossenschaft von 1291, in: Innerschweiz und frühe Eidgenossenschaft. Jubiläumsschrift 700 Jahre Eidgenossenschaft, hg. vom Historischen Verein der Fünf

konnten, sicherten sich hingegen schon früher nach verschiedenen Seiten ab[45] und verbesserten damit ihre territorialpolitisch exponierte Lage. Auch die (Hoch-)Adeligen hatten ein Interesse an Burgrechten mit Kleinstädten: Die Kleinstädte, die zumeist mit grösseren Städten verbündet waren oder zu Fürstentümern gehörten, boten ihnen nicht nur Schutz sondern auch einen indirekten Zugang zu wirtschaftlichen und politischen Machtzentren.

Die Vermutung, dass Hochadelige bereits vor 1350 Burgrechte mit Kleinstädten schlossen, habe ich am Beispiel von Biel überprüft. Diese kleine Stadt (Eigentum des Bischofs von Basel) bot sich für eine derartige Untersuchung an, denn sie lag im Einflussbereich der Städte Solothurn und Bern sowie der Grafschaft Neuenburg[46]. Biel schloss zwischen 1306 und 1350 fünf Burgrechte mit Gräfinnen und Grafen von Neuenburg, von 1356 bis 1403 kamen vier ähnliche Verträge hinzu[47]. Danach bricht die Reihe der Bieler Bündnisse mit Hochadeligen ab[48], bezeichnenderweise genau in der Phase, in der grössere Städte vermehrt adelige Neubürger aufnahmen: Ein Privileg Kaiser Karls IV. erlaubte es zum Beispiel der Stadt Zürich, landsässigen Adeligen das Bürgerrecht zu geben, und zwar unabhängig von deren Herkunft, Burgenbesitz und von der Fähigkeit, in der Stadt ein Haus zu kaufen[49]. Bern hatte das entsprechende Recht bereits.

Zwischen 1367 und 1424 verbanden sich alle eidgenössischen Orte mit neun Bündnispartnern, die später als Zugewandte Orte bezeichnet wurden[50]. Auf dem Bündnisweg kamen in derselben Zeit neun „Gemeine Herrschaften" hinzu[51]. Darüber hinaus verbündeten sich die eidgenössischen

---

Orte, Bd. 1, Olten 1990, S. 15–204, S. 148–152; sowie *Elisabeth Raiser*, Städtische Territorialpolitik im Mittelalter. Eine vergleichende Untersuchung ihrer verschiedenen Formen am Beispiel Lübecks und Zürichs, Hamburg 1969, S. 70.

45 In diesem Zusammenhang sei an die „Burgundische Eidgenossenschaft" des 13. und 14. Jahrhunderts erinnert. Mit diesem Begriff wird eine Vielzahl von Landfriedensverträgen der Städte Bern, Fribourg, Solothurn sowie zahlreicher Kleinstädte unter fürstbischöflicher oder savoyischer Herrschaft bezeichnet; *Hans Conrad Peyer*, Verfassungsgeschichte der alten Schweiz, Zürich 1978, S. 23.

46 Herzlichen Dank an Paul Bloesch, Basel, der den (noch nicht publizierten) Band der Bieler Rechtsquellen bearbeitet hat und mir seine Regesten zur Verfügung stellte. – Wahrscheinlich wäre die Suche nach Bündnissen bei einer Kleinstadt im habsburg-österreichischen Machtbereich (zum Beispiel im Aargau oder in der Ostschweiz) negativ ausgefallen, da die Herzöge keine uneingeschränkte Bündnisfreiheit gestatteten (freundlicher Hinweis von Martina Stercken, Universität Zürich).

47 In den Regesten von Bloesch finden sich folgende Belege: 1356: Graf Wilhelm von Grandson und die Stadt La Neuveville, 1388: 1. Graf Theobald von Neuenburg und dessen Sohn, 2. Graf Stephan von Montbéliard und dessen Sohn, 1403: Graf Wilhelm von Aarberg-Valangin.

48 Im 15. Jahrhundert schloss Biel zahlreiche Burgrechte mit Untertanen und mit geistlichen Instituten (St. Imier, Bellelay, St. Urban, Vaucluse).

49 Das Privileg wurde im Jahre 1363 erteilt, vgl. *Raiser* (Anm. 44), S. 68.

50 Das Wallis wurde mitgezählt.

51 Bellinzona (1419 Zugewandter Ort und 1422 Gemeine Herrschaft) wurde doppelt gezählt.

Orte einzeln oder gruppenweise mit etwa 25 weiteren Herrschaften oder Gebieten[52]. Mit etwa 40 Hochadeligen verbanden sich die Städte Bern, Fribourg, Solothurn, Laupen, Konstanz, Lindau, Zürich und die Kleinstädte Thun und Laupen, wobei das früheste Zürcher Burgrecht mit einem Grafen der hier untersuchten Gruppe in das Jahr 1400 fällt, der erste derartige Vertrag eines Innerschweizer Ortes in das Jahr 1406[53]. Das erste Bündnis, das einen Grafen zugleich mit Städte- und Länderorten verband, wurde erst 1484 geschlossen. Auch von den Grafen aus gesehen, waren die Burgrechte eine Vertragsform, die sich von Westen[54] nach Osten durchsetzte: Die erste Vereinbarung dieser Art, die ein Graf aus der „Ostschweiz" schloss, fällt in das Jahr 1378[55]. Nur langsam setzten sich im späten 14. und im 15. Jahrhundert – ebenfalls von Westen nach Osten – die auf Lebenszeit abgeschlossenen, die erblichen oder unbefristeten („ewigen") Burgrechte sowie die Mehrfachburgrechte durch.

Nach 1424 nimmt die Zahl der Belege markant ab; zwischen 1433 und 1504 sind in der Literatur etwa 25 Burgrechte Hochadeliger nachgewiesen[56]. Sieht man von den Burg- und Landrechten ab, die im Zusammen-

---

52 Alle Angaben nach dem Historischen Atlas der Schweiz (Anm. 1).

53 Insgesamt sind 36 Burgrechte, die die Hochadeligen jeweils einzeln oder zu mehreren abschlossen (1367–1424), belegt, und zwar bei *Bütler* (Anm. 39), S. 44–48, 51 f., 61 f., 73–77; *Marchal* (Anm. 39), S. 177–178; *Gisèle Reutter,* Le rôle joué par le comté de Neuchâtel dans la politique suisse et dans la politique française à la fin du 15e siècle et au début du 16e siècle. Histoire diplomatique et militaire 1474–1530, Genf 1942, S. 29 f., 118–129, 132 ff.; *Aeschbacher* (Anm. 31), S. 212, 278 f.; BBCH; *Edwin Hauser,* Geschichte der Freiherren von Raron, Zürich 1915, S. 60 f., 75–78, 98, 113–117; *Dürr-Baumgartner* (Anm. 31), S. 74 ff., 109; *Johann Nepomuk Vanotti,* Geschichte der Grafen von Montfort und von Werdenberg. Ein Beitrag zur Geschichte Schwabens, Graubündens, der Schweiz und Vorarlbergs (Nachdruck der Ausgabe von 1845). Vorwort und Bibliographie von *Karl Heinz Burmeister,* Bregenz 1988, S. 252–256, 261 f., 265 f., 270; *Raiser* (Anm. 44), S. 69; sowie *Friedrich Ernst Meyer,* Rechtshistorisches Gutachten über das Burgrecht und das Bürgerrecht der Stadt Zürich vom Anfang des 14. bis in die zweite Hälfte des 19. Jahrhunderts mit besonderer Berücksichtigung des Gedingbürgerrechts der Fürsten von Schwarzenberg als Rechtsnachfolger der Grafen von Sulz. Manuskript (1927), Stadtarchiv Zürich, Signatur III. A. 10, S. 168–169. – Die Verträge der Grafen von Werdenberg mit dem Grauen Bund (1401 und 1424) sind miteinbezogen.

54 Der Begriff „Westen" bezieht sich nicht auf die Städte Genf und Lausanne und schliesst nur einen Teil der heutigen französischsprachigen Schweiz ein, denn dort waren die Städte nicht sehr aktiv in der Einbindung landsässiger Bürger in die Stadtgemeinde; Maurice de Tribolet weist auf diese Sonderentwicklung im Vergleich zu den Städten Fribourg, Bern usw. hin, und begründet sie anhand einer Quelle aus dem 16. Jahrhundert, die vermuten lässt, dass die nicht stadtsässigen „Bürger" gegenüber den Stadtbewohnern benachteiligt waren; *Maurice de Tribolet,* La condition des personnes, in: Histoire du pays de Neuchâtel Bd. 1: De la préhistoire au moyen âge, hg. von Gilles Attinger, Hauterive 1989, S. 195–209, S. 203.

55 Es handelt sich um das auf fünf Jahre befristete Burgrecht des Grafen Heinrich von Werdenberg mit der Stadt Konstanz (Beleg: BBCH).

56 26 Belege bei *Vanotti* (Anm. 53), S. 325 ff.; *Bütler* (Anm. 39), S. 89 ff., 102–105, 113 ff., 126 f.; *Hauser* (Anm. 53), S. 166 ff.; *Reutter* (Anm. 53), S. 37 f., 59 ff., 132 ff., 227 ff., 230 ff.; *Emanuel von Rodt,* Die Grafen von Greyerz, in: Der schweizerische

hang mit dem Toggenburger Erbfolgekrieg erwähnt werden, fallen die Jahre 1424 bis 1452 auf. In dieser Zeit wurde kein neues Burg- oder Landrecht zwischen Hochadeligen und Eidgenossen geschlossen. Diese Aussage müsste aber in den Archiven noch verifiziert werden.

Inwiefern das Burg- oder Landrecht eines Grafen jeweils auch für seine Besitzungen oder Untertanen galt, kann auf der Basis der hier benutzten Literatur ebenfalls nicht entschieden werden. Diese Frage wäre anhand von Quellen, welche über den Bündnisvollzug berichten, zu untersuchen (zum Beispiel Gerichtsakten, Missiven). Dasselbe gilt für Verträge, die im Zusammenhang mit Kloster- und Kirchenpolitik, mit hochadeligen Erbregelungen, mit Heiraten[57] und Verpfändungen oder mit Schutzverträgen gräflicher Untertanen geschlossen wurden. Damit ist auch angedeutet, dass immer mehrere Motive für den Abschluss eines Burgrechts sprachen, und zwar nicht nur auf der Seite der Hochadeligen. In diesem Zusammenhang seien hier immerhin vier Beobachtungen mitgeteilt:

1. Viele Grafen schlossen Burg- oder Landrechte vor oder zu Beginn von Kriegen ab. Aus der Sicht der Vertragspartner könnte man diese Burg- und Landrechte als vorsorgliche Schutzvereinbarungen oder kurz- bis mittelfristige Stillhalteabkommen charakterisieren. Sie stabilisierten bestehende Rechts- und Machtverhältnisse und garantierten, dass keine Seite die schwierigen Zeiten, mit denen man rechnete, für Übergriffe nutzen würde. Sich auf dem Vertragsweg zu schützen, war aber nicht immer möglich. Im Verlauf des 14. und 15. Jahrhunderts kam es im Untersuchungsgebiet zu verschiedenen kriegerischen Konflikten, welche die Grafen direkt betrafen und auf die sie nicht mit dem Abschluss neuer Burgrechtsverträge reagierten[58]. Bestimmte Konfliktkonstellation schlossen also den Rückgriff auf eine Schutzvereinbarung aus. Möglichen Gründen dafür werde ich in einer gesonderten Untersuchung nachgehen[59].

Geschichtforscher 13 (1846), S. 1–623, S. 321 f., 347 f., 383 f., 398 f.; *Meyer* (Anm. 53), S. 201; BBCH; sowie *Peter Liver*, Graf Jörg von Werdenberg-Sargans (1425–1504), Chur 1970, S. 8 f.

57 Burgrechte konnten auch Teil familialer Tradition sein. Einige Grafen- und Freiherrengeschlechter schlossen bereits zu Beginn des 14. Jahrhunderts Burgrechtsverträge und erneuerten sie in jeder Generation, ohne dass aus dieser Tatsache auf eine schwache politische Stellung oder eine ökonomische Notlage geschlossen werden dürfte (zum Beispiel die Grafen von Neuenburg, die Grafen/Herzöge von Savoyen und die Freiherren von Brandis mit Bern).

58 Gedacht wird hier zum Beispiel an den „Blutrachekrieg" nach dem Mord an König Albrecht (1308), an den Konflikt Zürichs mit dem habsburgischen Adel (1351–1353), die burgundisch-österreichischen Kämpfe am Oberrhein (1420er Jahre), den „Adelskrieg" der 1440er Jahre sowie an die Burgunderkriege. – Vereinzelt wurden in diesen Jahren bestehende Burgrechte erneuert.

59 Für die Hochadeligen spielte der soziale Druck, der von Seiten der Fürsten und Standesgenossen ausgeübt wurde, eine Rolle. Hinzu kamen die lehensrechtlichen

2. Setzt man den Abschluss neuer Bündnisse zwischen eidgenössischen Orten in Beziehung zu kriegerischen Auseinandersetzungen, ergibt sich anderer Befund: Die Eidgenossen erweiterten oder erneuerten bestehende Bündnisse bevorzugt (aber auch nicht immer!) nach dem Abschluss kriegerischer Auseinandersetzungen[60]. Diese Verträge könnten als herrschaftliche Bestandesaufnahmen nach gewonnener Schlacht charakterisiert werden. Es waren Anspruchsbekundungen und Absichtserklärungen, deren praktische Umsetzung noch zu leisten war[61]. Daneben enthielten die Bündnisse aber immer auch zahlreiche Elemente, die auf die Bewahrung bestehender Verhältnisse zielten[62].

3. In der Periode, in der Burgrechte am häufigsten geschlossen wurden (1367–1424), erzielten verschiedene Hochadelige mit ihrer Familien- und Besitzpolitik bedeutende Erfolge: Graf Friedrich VII. von Toggenburg oder Graf Hans von Lupfen vervielfachten ihren Länderbesitz, einige Geschlechter beerbten ihre Verwandten, besetzten die Bischofsstühle in Chur, Konstanz und Sitten und erreichten in fürstlichen oder königlichen Diensten politische und ökonomische Vorteile. Gegen die Niedergangsszenarien, welche im Zusammenhang mit eidgenössisch-hochadeligen Bündnissen immer wieder entwickelt werden, sei festgehalten: Grafen waren attraktive Bündnispartner. Dank ihrer persönlichen Beziehungen und politischen Möglichkeiten hatten sie ihren Verbündeten Vorteile zu bieten, und zwar bis ins 16. Jahrhundert hinein[63].

Verpflichtungen gegenüber Habsburg-Österreich und die anti-eidgenössische (respektive anti-fürstliche) Propaganda, die beeidete und besiegelte Abmachungen zwischen Grafen und Eidgenossen verunmöglichte. Auch familienpolitische Motive oder Konflikte der Grafen mit ihren Untertanen sind mögliche Gründe für den Verzicht auf schriftlich festgehaltene Vereinbarungen. Einfache Antworten nach dem Muster „Erbfeindschaft zwischen Adel und Eidgenossen" greifen hier aber zu kurz. Es ist immer nach dem Kontext der Verbindungen zwischen einem Geschlecht und einem eidgenössischen Ort zu fragen.

60 Beispiele: Bündnis nach der Schlacht von Morgarten (1315), während und nach dem sogenannten „Ersten Reichskrieg" gegen die Eidgenossen (Bern und Zürich, 1351 und 1353), Pfaffen- und Sempacherbrief (1370 und 1393).

61 Sowohl um die Interpretation der Bündnisse als auch über die Auslegung der Burgrechte mit Hochadeligen kam es vom 14. bis zum 16. Jahrhundert wiederholt zu heftigen Auseinandersetzungen zwischen den eidgenössischen Orten. Beispiele sind der „Burgrechtsstreit" (1477–1481) zwischen den Städten und den Länderorten und der Konflikt um den Vorrang des Zürcher Bundesbriefes vor den Verpflichtungen, die die Stadt an der Limmat gegenüber Habsburg-Österreich eingegangen war (1442). Der zweite Konflikt führte zum „Alten Zürichkrieg".

62 Gemeint sind der Vorbehalt bestehender Bündnisse, die Festschreibung der inneren Machtverhältnisse der beteiligten Orte, die Zusicherung gegenseitiger Rechtshilfe usw.

63 Das Beispiel Graf Oswalds I. von Thierstein zeigt die Bandbreite der Verbindungen, die ein Hochadeliger seinen Verbündeten zur Verfügung stellen konnte: Ämter an einem Fürstenhof, Landvogtei, Finanzbeziehungen, Streitschlichtungen, Übernahme repräsentativer Aufgaben usw. Zudem versuchten sich die Grafen von Thierstein, wie zum Beispiel auch die Grafen von Greyerz und die Freiherren von

4. Die Geschicklichkeit, mit der die Grafen von Thierstein ihre Verbindungen und Verbindlichkeiten in und zu Basel nutzten, ohne je ein Burgrecht zu schliessen, führt zur Frage nach den Hochadeligen, welche keine derartigen Verträge schlossen.

IV. Herrschaftliche Arbeitsteilung unter Verwandten

Gräflicher Besitz bestand nicht nur aus Gütern, Geld und Rechten. Das vielgestaltige Kapital der Grafengeschlechter verlangte nach einer differenzierten Verwaltung: Burgen, Kleinstädte und Herrschaften mussten regiert, Beziehungen zur Kirche und zu säkularen Herren gepflegt werden. Auch die Kontakte zu möglichen Geldgebern und Schuldnern wurden immer wichtiger. Dass innerhalb des Adels schon früh eine entsprechende Spezialisierung einsetzte, ist bekannt[64], und diese Erkenntnis wird nun auf die gräfliche Bündnispolitik angewandt.

Als Guts-, Pfand- oder Lehensbesitzer hatte jeder einzelne Graf die Möglichkeit, über seine Besitzungen zu verfügen und Verträge zu schliessen – oder eben nicht. Da im 14. und 15. Jahrhundert ein Krieg auf eigenem Gebiet etwas vom Schlimmsten war, was einem Grafengeschlecht passieren konnte, lag es nahe, nur einen einzelnen Grafen zur Parteinahme im Konfliktfall zu verpflichten und die übrigen Angehörigen des Geschlechts fernzuhalten. Diese These sei anhand einiger Beispiele aus der Zeit des Appenzellerkriegs (1399–1408) erläutert.

Der Appenzellerkrieg bedrohte vor allem die im Bodensee- und Rheintalgebiet begüterten Herren. Die Verwüstungen waren erheblich und niemand wusste, wie sich die Situation entwickeln würde. Freiherr Ulrich Thüring von Brandis trat am 27. Oktober 1407 dem Bündnis der Ritterschaft mit der Stadt Konstanz bei, und am 16. Juni 1408 schloss er sich mit der Adelsgesellschaft St. Georgenschild der Koalition gegen die Appenzeller an. Sein Bruder Wolfhart IV. hielt sich diesen Verbindungen fern[65]. Bischof Hartmann von Chur (ein Graf von Werdenberg-Sargans) schloss am

---

Sax, bis ins 16. Jahrhundert hinein im Soldgeschäft; *Christ* (Anm. 2), Kapitel 2.4–2.5 und 3.

64 Zur herrschaftlichen Spezialisierung vgl. *Brunner* (Anm. 42), S. 169 f. Blickle weist im Zusammenhang mit der Entwicklung des Eides darauf hin, dass sich im Spätmittelalter die „herrschaftlichen Funktionen" zunehmend „entpersonalisierten"; *Blickle* (Anm. 11), S. 574. Wie Blickle bin ich der Meinung, dass zwischen der Entwicklung des Eides und der Veränderung der Herrschaftsfunktionen ein enger Zusammenhang besteht. Zu diesem Thema ist eine Publikation in Vorbereitung.

65 Ulrich Thüring von Brandis starb zwischen 1408 und 1411. Er hinterliess weder Witwe noch Kinder. Sein Neffe Wölfli nahm in den oben erwähnten Bündnissen seinen Platz ein; *Bütler* (Anm. 39), S. 71.

66 *Bütler* (Anm. 39), S. 70 f.

7. Dezember 1405 einen Neutralitätsvertrag mit dem „Grossen Bund am oberen See“[66], und auch Graf Hugo VII. von Werdenberg verhielt sich im Appenzellerkrieg neutral[67]. Seine Brüder, die Grafen Rudolf VII. und Heinrich IX. von Werdenberg, traten am 4. April 1399 mit ihren Untertanen von Trins, Tamins und Reichenau in den sogenannten Oberen Bund ein[68]. Graf Wilhelm V. von Montfort sicherte sich gegen die Gefahr des Appenzellerkriegs ab, indem er ein Landrecht mit Schwyz und Glarus abschloss und sich um gute Beziehungen zur Stadt Zürich bemühte. Er hatte kaum Alternativen, denn seine Untertanen traten dem „Grossen Bund am obern See“ bei, dem auch die Appenzeller angehörten. Direkt mit den Appenzellern verbündet war Wilhelm V. nie[69].

Berühmt geworden ist das Bündnis des Grafen Rudolf VIII. von Werdenberg mit den Appenzellern. Die beiden Parteien schlossen am 28. Oktober 1404 einen Bund, in dem sie einander Hilfe versprachen. Der Graf öffnete den Appenzellern seine Burgen und erklärte, dass das Bündnis zwischen Appenzell und Schwyz auch für ihn verbindlich sei[70]. Für das Zustandekommen dieser Urkunde gibt es verschiedene Erklärungen: Das Bündnismotiv des Grafen fanden ältere Arbeiten im Verlust von Burg und Stadt Werdenberg an die Herrschaft Habsburg-Österreich (1395). Die Herzöge hatten diese Güter erobert und anschliessend den Grafen von Montfort übergeben[71]. Um seinen Besitz zurückzubekommen, war dem Werdenberger angeblich jedes Mittel recht, sogar ein Zusammengehen mit den auf-

---

67 Die Zählung der Grafen richtet sich nach den Stammtafeln im Genealogischen Handbuch zur Schweizergeschichte, Bd. 1. – Hugo VII. schützte sich durch ein Bündnis mit mehreren Adeligen und mit den Gemeinden des Grauen Bundes (1400), im Jahre 1424 wurde dieser Zusammenschluss in ein unbefristetes Bündnis („Ewiger Bund“) umgewandelt; *Vanotti* (Anm. 53), S. 270.

68 Dazu *Emil Krüger*, Die Grafen von Werdenberg-Heiligenberg und von Werdenberg-Sargans, in: Mitteilungen zur vaterländischen Geschichte 22 (1887), S. 109–398 (Regesten im Anhang), S. 249. Am Oberen Bund waren Abt Johann von Disentis, Ulrich Brun von Rhäzüns sowie Albrecht von Sax-Mosax beteiligt; ebd., Anhang, Regest Nr. 610.

69 *Vanotti* (Anm. 53), S. 123–126.

70 Krüger hält dazu nüchtern fest: „Das Bündnis Rudolfs mit den Appenzellern wird allerdings in der damaligen Zeit Aufsehen gemacht haben, wenn es auch nicht etwas so gar Unerhörtes war, wie es meistens dargestellt wird [...]. Dass die Sache denn doch nicht so ganz unnatürlich und ungeheuerlich war, bewies sechs Jahre später Graf Hugo, Rudolfs Bruder, indem er ebenfalls ein Bündnis mit den Appenzellern schloss, von dem merkwürdigerweise niemals so viel Aufhebens gemacht worden ist“; *Krüger* (Anm. 68), S. 254.

71 Die gewaltsame Eroberung und Wegnahme von Burg und Stadt Werdenberg (10. August 1404) sowie deren Übergabe an dieGrafen von Montfort begründete Herzog Friedrich IV. von Österreich so: „Die Werdenberger Grafen hätten die eroberte Stadt und Burg an Wilhelm von Montfort verpfändet. Falls die Werdenberger ihm die Pfandsumme von 10’400 Pfund zahlen würden, würde er die Eroberung zurückgeben“. Am gleichen Tag (22. August) erklärten sich die Werdenberger damit einverstanden. Seinen Angriff auf Werdenberg stellte der Herzog als Züchtigung des Montforter Grafen dar; *Vanotti* (Anm. 53), S. 256–260.

rührerischen Bauern. Der Appenzellerkrieg ist in dieser Optik ein Rachefeldzug eines Grafen gegen Habsburg-Österreich und ein Kampf ums Überleben, in dessen Verlauf der Werdenberger gemeinsam mit den Appenzellern in die Reichsacht geriet[72]. Eine zweite Erklärung der gräflichen Motive unterstellt, dass Rudolf VIII. zu jedem Bündnis bereit gewesen wäre, um seinem territorialen Nachbarn und Rivalen (Wilhelm V. von Montfort) zu schaden[73]. Der Vertrag Rudolfs VIII. mit den Appenzellern könnte aber auch ein Versuch des Geschlechts von Werdenberg gewesen sein, in einem bedrohlichen Konflikt möglichst viele Optionen offenzuhalten: Rudolf VIII. hatte keine Kinder, daher bot er sich als Risikoträger an. Dazu passt, dass sein Onkel (Graf Albrecht IV.) wenige Monate nach dem Abschluss des Vertrags mit den Appenzellern sein Testament änderte. Er hatte in einem ersten Testament Rudolf VIII. zu einem seiner Erben eingesetzt (1394) und bestimmte nun dessen Bruder Hugo zum Alleinerben. Vielleicht enterbte Albrecht IV. von Werdenberg seinen Neffen, weil dieser mit den Appenzellern verbündet war[74].

Die verschiedenen Lesarten des Bündnisses vom 28. Oktober 1404 verdeutlichen die Schwierigkeiten der Quelleninterpretation[75] und verweisen auf den Erkenntnisgewinn, der mit der Frage nach den kollektiven Interes-

---

72 Diese Sicht geht auf den Chronisten Ägidius Tschudi und den Historiker Johannes von Müller zurück. Von Müller glorifizierte die „Freiheitsliebe" der Appenzeller Bauern und erfand eine „Rede" des Werdenberger Grafen an die Appenzeller; ausführlich zitiert bei *Vanotti* (Anm. 53), S. 256–262, 265 f. – Krüger stellt das Bündnis des Werdenbergers mit den Appenzellern in den Zusammenhang des Kampfes der Grafen gegen die Herzöge von Habsburg-Österreich, „welche die treuen Dienste, die [...] die Ahnen der beiden Brüder einst dem Hause Habsburg geleistet hatten, damit vergalten, dass sie systematisch seit fünfzig Jahren daran arbeiteten, das Haus Werdenberg (und zwar zunächst die Heiligenberger Linie) zu vernichten und durch den Raub seiner Besitzungen die fehlende Verbindung zwischen ihren schweizerischen und österreichischen Ländern herzustellen"; *Krüger* (Anm. 68), S. 232. Zum Appenzellerkrieg ebd., S. 249–260.

73 Die Montforter Besitzungen wurden durch den Appenzellerkrieg stark geschädigt. Herzog Friedrich IV. von Habsburg-Österreich versuchte, seine Güter zu schützen, indem er gefährdeten Besitz an lokale Machtträger verpfändete. Graf Friedrich VII. von Toggenburg und Wilhelm V. von Montfort erhielten Städte, Burgen und Grafschaften als Pfänder. Graf Wilhelm trat mit diesen Gütern in das Land- und Burgrecht von Schwyz und Zürich ein. Die Obrigkeiten der beiden eidgenössischen Orte handelten für ihn einen Frieden mit den Appenzellern aus, der für Werdenberg galt und von 1406 bis am 11. November 1408 befristet war. Faktisch besiegelte dieser Vertrag den Übergang Werdenbergs von den Grafen von Werdenberg an die Montforter; vgl. *Krüger* (Anm. 68), S. 249–260. Zum Krieg mit den Appenzellern vgl. *Vanotti* (Anm. 53), S. 169–174; sowie *Rainald Fischer* u. a., Appenzeller Geschichte. Zur 450-Jahrfeier des Appenzellerbundes 1513–1963, Bd. 1: Das ungeteilte Land. Von der Urzeit bis 1597, Appenzell 1976 (2. Auflage), S. 139–225.

74 „[...] vielleicht erkannten sie besser als Rudolf, dass dieser von den Appenzellern für seine Interessen nichts zu erwarten hatte [...]. So trennten Albrecht und Hugo zeitig ihre Sache von derjenigen Rudolfs, um nicht mit ihm ins Verderben gezogen zu werden"; *Krüger* (Anm. 68), S. 254.

75 Vgl. *Christ* (Anm. 2), Einleitung, sowie Kapitel 3.4 und 4.

sen eines Geschlechts zu erzielen wäre. Hier sind weitere Erkenntnisse zu gewinnen, vor allem wenn die Heirats- und Besitzpolitik einbezogen werden[76].

V. Der Vollzug der Burg- und Landrechte

Oben wurde vermerkt, dass sich über die Umsetzung der verschiedenen Bündnisformen innerhalb der Eidgenossenschaft keine allgemeinen Aussagen formulieren lassen. Dies gilt auch für den Vollzug der Burgrechte. Daher beschränke ich mich hier auf einige Beobachtungen, welche die Problematik einer zu engen Fragestellung und Quellenbasis verdeutlichen.

In der Literatur werden Bündnisse oder Burgrechte meist in Abmachungen zwischen „gleichberechtigten"[77] Partnern und Abkommen zwischen „ungleich mächtigen" Partnern eingeteilt. Zur ersten Kategorie gehören die acht „Alten Orte", zur letzteren die Bündnisse mit den „Zugewandten Orten", sowie mit Bischöfen, Äbten und Hochadeligen[78]. Im Verhältnis zwischen „ungleich mächtigen" Partnern wird ein Machtgefälle angenommen, weil die Verbündeten über unterschiedliche militärische und ökonomische Ressourcen verfügten oder in bestimmte Einschränkungen ihrer politischen Handlungsfreiheit einwilligten (zum Beispiel nicht ohne Einwilligung der Verbündeten einen Krieg zu beginnen). Aus der Feststellung der Ungleichheit wird oft allzu leicht eine umfassende „Überlegenheit" respektive „Unterordnung" abgeleitet[79]. Auch wenn hier nicht bezweifelt wird, dass das Ergebnis des Territorialisierungsprozesses in der Eidgenos-

76 Weitere Beispiele bei *Christ* (Anm. 2), Kapitel 4.

77 Die Stellung von Zug und Glarus wird in der Regel als „nicht ganz gleichberechtigt" beschrieben.

78 Als Beispiel sei die Arbeit von Weber erwähnt; *Weber* (Anm. 5), insbesondere S. 73 f. Bündnispartner wie der Papst, der König von Frankreich, die Herzöge von Mailand, Savoyen und Habsburg-Österreich konnten schlecht als „ungleich berechtigt" eingestuft werden. Sie waren aber auch nicht „schweizerisch". Für sie führt Weber die Kategorie „Ausland" ein. – In ähnlicher Weise argumentieren *Gasser* (Anm. 1); *Oechsli* (Anm. 7); sowie *Werner Schaufelberger*, Handbuch der Schweizer Geschichte, 2 Bde., Zürich 1980 (2. Auflage), Bd. 1, S. 263–266.

79 Ein Beispiel für diese Argumentation liefert *Schaufelberger* (Anm. 78), S. 263 f.: „Die Beherrschung eines territorialen Raumes hing vorerst weniger von den Rechtstiteln als von den Machtmitteln ab. Militärische, politische und wirtschaftliche Mittel wurden zum Erwerb der Territorien eingesetzt. Militärische Macht war nicht nur unmittelbar beteiligt, sondern wirkte als Drohung auch mittelbar. Aus den Schutzverträgen, den Schirmvogteien, Burg- und Landrechten erwuchs zumeist eine dauernde Abhängigkeit des Schutzbefohlenen vom Beschützer [...]. Die städtische Ausburgerpolitik zersetzte systematisch die feudale Territorialherrschaft und arbeitete der kommunalen Herrschaftsbildung vor [...]. In Kauf und Darlehen gegen Pfänder und Sicherheiten fanden sich private Spekulation und kommunale Territorialpolitik. Für den adeligen Besitzer verband sich die Veräusserung nicht selten mit der Hoffnung auf Befreiung von drückender Schuldenlast".

senschaft diese Interpretation der Burgrechte mit Hochadeligen stützt, ist Skepsis angebracht. Denn Vertragspartner könnten ihre ungleichen Möglichkeiten auch komplementär verstanden haben. Zudem veränderte sich das „Machtgefälle" zwischen Vertragspartnern je nach Sachlage und Problem.

Wenn die „Macht", auf die sich die Historiker berufen (ohne den Begriff zu definieren), so klar verteilt war, wozu waren dann derart komplexe Verträge nötig? Man muss die Ausdifferenzierung der Bündnistexte selbstverständlich im Kontext der allgemeinen Entwicklung spätmittelalterlicher Schriftlichkeit sehen. Damit ist aber nicht erklärt, warum die „übermächtigen" Städte immer wieder Burgrechtserneuerungen aushandelten, wenn ein befristeter Vertrag auslief, wenn ein Hochadeliger sein Erbe antrat, oder wenn einer heiratete. Gegen ein „Machtgefälle" spricht auch, dass Burgrechte mit Hochadeligen nicht in Bürgerbücher eingetragen, sondern separat verurkundet wurden[80]. Die erhöhte Beweglichkeit dieser Vertragsform kam allen Parteien zugute (vgl. unten).

Ungeklärt bleibt auch die Handhabung der Eidespflicht, die in den Burgrechten erwähnt ist. Die Feststellung, wer wem welchen Eid vor welchem Publikum zu welchem Zeitpunkt schwor, liesse Rückschlüsse darauf zu, wie die Vertragspartner selbst ihr Verhältnis einschätzten. Dieses Problem ist kaum untersucht und wird kontrovers beurteilt: Während Meyer behauptet, Graf Alwig von Sulz hätte noch im späten 15. Jahrhundert sein Burgrecht mit der Stadt Zürich erst beschworen, nachdem ihm der Zürcher Rat durch einen Eid Schutz und Schirm versprochen hatte[81], vermutet Bender, dass nur der Burgrechtnehmer einen Eid leistete. Das Fehlen von Belegen über Eideszeremonien widerspiegelt für ihn das Machtverhältnis zwischen den Vertragsparteien: Gleichberechtigte Partner, namentlich Städte oder Länderorte, hätten einander gegenseitig Eide geleistet und dafür die Bürger mit Glockengeläut zusammengerufen. Würde ein solcher Akt durch eine Urkunde oder einen Eintrag in ein Bürgerbuch ersetzt, stünde die Schutzzusage zugunsten des „schwächeren" Partners im Zentrum des Vertrages[82].

---

80 Eine Ausnahme bilden die erblichen Burgrechte der Freiherren von Brandis mit der Stadt Bern (vgl. BBCH).

81 *Meyer* (Anm. 53), S. 240.

82 Bender fasst seine Sicht so zusammen: „Während also die schwächeren Partner, einerlei ob Einzel- oder Verbandspersonen, soweit ersichtlich für ihren Eid keinerlei ausdrücklichen Gegeneid sondern nur einen Gegenbrief bekamen, sofern sie nicht ins Bürgerbuch eingetragen wurden, schworen die Städte einander. In diesen Fällen hatte die Gleichwertigkeit, auch bei unterschiedlichen Machtpositionen, eine andere Form des Vertragsabschlusses zur Folge als bei Partnern, denen die Städte ihren Schutz zusagten. Ob es sich im letzteren Fall um einen kleinen Ritter, den Bischof von Konstanz oder den Markgrafen Philipp von Hochberg [...] handelte, das spielte für die Städte keine Rolle". Bender zitiert zwei Beispiele, die belegen sollen, dass

Diese Einschätzung der fehlenden oder geleisteten Eide unterschätzt nicht nur die Möglichkeiten der „schwächeren“ Partner, sie verkennt auch die Mentalität eidgenössischer Eliten. Die Eidgenossen waren sich ständischer Unterschiede sehr wohl bewusst. Besonders im 15. und 16. Jahrhundert wehrten sie sich heftig gegen den Vorwurf, „Adelsfresser“ zu sein und Gottes Weltordnung zu verkehren[83]. Zudem kann die Eidesleistung einer Gemeinde oder eines Rates ebenso als repräsentative Bekanntmachung gelesen werden wie als Akt kollektiver Verpflichtung[84]. Und schliesslich war ein Vertragsbruch immer ehrschädigend[85]. So gesehen, hätten eidgenössische Obrigkeiten an einer möglichst „öffentlichen“ Inpflichtnahme der hochadeligen Verbündeten interessiert sein müssen. Damit hätten sie den Vorrang ihrer Vereinbarung gegenüber den andern Bindungen dieser Person betont und sich gegen Vertragsbrüche abgesichert[86]. Von „öffentlich“ geleisteten Eiden hochadeliger Herren ist aber nichts bekannt[87].

Das Fehlen „öffentlicher“ Eidesleistungen lässt sich aber auch anders verstehen. Das Wissen um eine Abmachung konnte auf einen kleinen Personenkreis beschränkt werden, wenn der Vertrag zwar in schriftlicher Verbindlichkeit vorlag, aber nicht durch einen Eid bekräftigt und bekanntgemacht worden war. So war die Auslegung der Vereinbarung besser zu kon-

---

eidgenössische Obrigkeiten hochadeligen Vertragspartnern (Graf von Neuenburg und Herzog von Lothringen) für das Zustandekommen eines Burgrechts keinen Eid leisten mussten; *Bender* (Anm. 4), S. 29–33. Ich habe die Belege überprüft und halte sie nicht für stichhaltig.

83 Vgl. *Claudius Sieber-Lehmann* und *Thomas Wilhelmi (Hg.),* In Helvetios – Wider die Kuhschweizer. Freund- und Feindbilder von den Schweizern in antieidgenössischen Texten aus der Zeit von 1386 bis 1532, Bern 1998.

84 Zum Öffentlichkeitscharakter und Symbolgehalt individueller und kollektiver Eidesleistungen vgl. *Regula Schmid,* Reden, Rufen, Zeichen setzen. Politisches Handeln während des Berner Twingherrenstreits 1469–1471, Zürich 1995, Kapitel 5.1.

85 In diesem Zusammenhang sei an die Wendungen „Brief und Siegel“, „meineidig und siegelbrüchig“ sowie an die „Siegelschelte“ erinnert; vgl. dazu *Grimm,* Deutsches Wörterbuch Bd. 16, Spalte 895–904. Zur Forschungslage im Zusammenhang zwischen Eid, Ehre und Öffentlichkeit im Gebiet der Eidgenossenschaft im 15. Jahrhundert vgl. *Schmid* (Anm. 84).

86 Die Untreue ihrer Verbündeten war für die Eidgenossen ein Problem: In Verträgen mit Hochadeligen wurden immer häufiger (mitsiegelnde) Bürgen einbezogen. Vgl. dazu *Weber* (Anm. 5), S. 283–286.

87 Dieser Umstand dürfte mit dem Respekt vor Standesgrenzen zusammenhängen. Ein Hochadeliger, der einem Nichtadeligen einen Treueeid leistete, verschlechterte nicht nur seine Position gegenüber den Standesgenossen. Er schmälerte auch die Rechte seines übergeordneten Herrn. Dieses Argument findet sich zum Beispiel im jahrzehntelangen Konflikt um den Eid, den die Grafen von Greyerz im 16. Jahrhundert dem Berner Rat verweigerten, oder in der Klage des Herzogs von Habsburg-Österreich gegen das Burgrecht seines Landgrafen (Graf von Sulz) mit den Eidgenossen. Vgl. *Hermann Rennefahrt,* Der Geltstag des letzten Grafen von Greyerz, in: Zeitschrift für Schweizer Geschichte 22 (1942), S. 321–404; sowie *Piroska Réka Máthé,* „Österreich contra Sulz 1412“. Verwaltung und Politik im Aargau unter Landvogt Graf Hermann von Sulz und der Streit um das Laufenburger Erbe, in: Argovia 99 (1987), S. 5–39.

trollieren. Zudem konnten Burgrechte eine Stadt in fremde Händel verwickeln, was die Obrigkeiten gezwungen hätte, sich gegenüber den Untertanen zu rechtfertigen. Die Kontrolle der Vertragsauslegung eröffnete darüber hinaus verlockende Möglichkeiten: Als zum Beispiel im Jahre 1505 die Tagsatzung über den Wunsch des Herzogs von Lothringen beriet, mit den Eidgenossen eine „Ewige Vereinigung" zu schliessen, entschieden die Boten, vor der weiteren Diskussion über dieses Thema eine Gegenleistung zu verlangen: *Da* [der Herzog] *Überfluss, wir Eidgenossen dagegen zu Zeiten Mangel an Salz haben, so soll er alljährlich ein bestimmtes Quantum Salz zu unserer Verfügung nach Basel legen*[88]. Dass die eidgenössischen Eliten von derartigen Abmachungen besonders profitierten, liegt ebenso auf der Hand wie die Folgerung, dass unter den Eidgenossen immer wieder Konkurrenz um hochadelige Vertragspartner entstand[89].

Ein „gleichberechtigter" Verbündeter hätte einem städtischen Rat keine jährliche Gebühr (Udel) bezahlen und kein Pfand stellen müssen, (Hoch-)Adelige aber waren zu beidem verpflichtet. Für verschiedene Historiker ist dies ein Beweis dafür, dass Burgrechte „ungleiche Bündnisse" waren. Ihre Sicht wird gestützt durch den Umstand, dass zum Beispiel die Stadt Bern die adeligen Verburgrechteten gewissenhaft mahnte, wenn die jährlichen Zahlungen ausblieben[90], obwohl die Mahnungen sicher mehr kosteten als einbrachten.

Die Interpretation der Udelzahlungen als „Schutzgeld" setzt aber dreierlei voraus: Erstens wird damit angenommen, dass die einzelnen Burgrechtsklauseln immer buchstabengetreu eingehalten wurden. Dafür fehlen aber nicht nur viele Zahlungsbelege[91], es lassen sich auch eindeutige Gegenbeispiele anführen[92]. Zweitens sind die Udelbeträge, zum Beispiel im Vergleich mit Jahresentschädigungen für habsburg-österreichische Räte (100–200 Gulden), sehr tief (1–5 Gulden). Verbindliche Schutzzusagen von eidgenössischer Seite waren für die Grafen also billig zu haben. Dazu kam, dass beispielsweise die Stadt Bern ihren (hoch-) adeligen Verbündeten sehr vorteilhafte Bedingungen bot: Als Pfand für die Erfüllung der

---

88 Amtliche Sammlung der Älteren Eidgenössischen Abschiede. Serie 1245–1798, hg. von *Anton Philipp Segesser*, Luzern, 1839–1890, Bd. III/2, S. 326 (27. November 1505).

89 Beispiele in diesem Zusammenhang sind die wiederholten Streitigkeiten zwischen den Städten Solothurn und Basel um das Burgrecht mit den Grafen von Thierstein sowie die Konflikte der Städte Bern und Fribourg um die Grafen von Greyerz.

90 Freundlicher Hinweis von Dr. Roland Gerber, Langenthal.

91 Die Berner Bürger- und Udelbücher, zum Beispiel, hielten erfüllte Pflichten der Verburgrechteten genau fest. Die (pünktliche) Zahlung von Udelgebühren ist aber nicht vermerkt.

92 Insbesondere dürfte die Burgrechtsauflage, in der Stadt ein Haus zu kaufen, oft unerfüllt geblieben sein.

Burgrechtspflichten mussten die Adeligen nicht etwa eine Burg oder eine lukrative Abgabe einsetzen. Das Udel lastete vielmehr auf den Häusern der städtischen Räte oder gar auf dem Rathaus selbst, was das Interesse der bernischen Obrigkeit an diesen Verbündeten belegt. Dazu passt, dass der Austritt aus dem Burgrecht mit einer Zahlung von mindestens zwanzig Jahreszinsen erkauft werden musste[93]. Und drittens unterstellt das Argument, ein gleichberechtigter Partner müsse kein „Schutzgeld" bezahlen, dass alle Beteiligten die Abmachung als Tausch von Schutz gegen Geld interpretierten, und dass sich diese Auffassung nicht veränderte. Diese Annahme aber wird den oben angedeuteten, komplexen Beziehungen in keiner Weise gerecht[94].

VI. Schlussfolgerungen

Das Burgrecht war eine von vielen möglichen Formen der Verbindung zwischen einem (Hoch-) Adeligen und einer Stadt. Über die Aufnahme von Neubürgern und durch den Abschluss von Bündnissen[95] kamen die Eidgenossen in Berührung mit anderen Rechtsnormen, zum Beispiel mit dem Lehens- und Pfandrecht[96] und mit dem kanonischen Recht. Die Städte versuchten, ihre Bürger/innen und Verbündeten möglichst exklusiv an sich zu binden. Dass dies bei den adeligen und geistlichen Herren nur schwer gelang, zeigt die Beharrungskraft des ständischen Denkens: Man konnte einen Herrn nicht so leicht in das System städtischer Sozialkontrolle einordnen. Ohne eine derartige Integration waren aber auch die Wohnsitzpflicht und die Gleichstellung mit anderen Bürgern nicht durch-

93 Vgl. BBCH, zum Beispiel den Auszug über die Stadt Bern: Darin finden sich 65 Adelige (aber bis 1466 keine Grafen): Offene Burgen als Burgrechtsbedingung finden sich nur in einem Fall (Johannes von Falkenstein, 1405), häufiger wurden mit dem Burgrecht Vereinbarungen zu Steuerfragen, Gerichtsterminen oder Schutzrechten in das Udelbuch eingetragen.

94 Vgl. *Weber* (Anm. 5), S. 149, 153, 155, 159 f. – Zu verschiedenen Lesarten von „Schutzgeldern" im Spätmittelalter vgl. *Charles Tilly,* War Making and State Making as Organized Crime, in: Bringing the State Back in, hg. von P. Evans u. a., Cambridge 1989, S. 169–191.

95 In besonderer Weise brachten kirchliche Fragen die Eidgenossen in Kontakt mit anderen Rechtsnormen. In diesem Zusammenhang ist an die Einschränkung der Zuständigkeit geistlicher Gerichte und an die besondere Struktur der Bischofsstädte zu erinnern: Die Anghörigen eines bischöflichen Hofes hatten innerhalb der Stadt eine Sonderstellung. – Ein weiteres Beispiel sind diejenigen Adeligen, welche durch ihre Untertanen in Verbindung mit einer Stadt gebracht wurden: Verschiedentlich schlossen Gemeinden oder Untertanenverbände über den Kopf ihrer Herren hinweg Schutzvereinbarungen mit Städten und zwangen damit zum Beispiel die Grafen von Greyerz oder die Inhaber der Grafschaft Neuenburg, ins Burgrecht derselben Städte zu treten.

96 Bei vielen Neubürgern dürfte auch die erbrechtliche Situation wichtig gewesen sein.

zusetzen[97]. Zudem wollte man die Herren vielleicht auch gar nicht immer in der Stadt haben: Die Aufnahme eines hochadeligen Neubürgers, welcher (im-)materielles Kapital kontrollierte, war zwar potentiell lukrativ, aber auch riskant[98]. Wohl deshalb wurden Hochadelige bis weit ins 15. Jahrhundert hinein in der Regel befristet und zu individuell festgelegten Bedingungen aufgenommen.

Die Verbindung zwischen Graf und Stadt war jederzeit und grundsätzlich in all ihren Bestandteilen wandelbar. Welche konkreten Folgen ein Burgrecht zum Beispiel im Kriegsfall oder bei einer Verweigerung von Rechten und Pflichten für welchen Vertragspartner hatte, hing von verschiedenen Faktoren ab. Der Vertragsvollzug war immer auch Verhandlungssache zwischen den Parteien[99], als Dokumente einer einseitigen territorialen Expansion lassen sich diese Verträge nicht lesen.

In der Vielfalt rechtlicher Verbindlichkeiten und Zugehörigkeiten der spätmittelalterlichen Rechtsordnung waren die Burg- und Landrechte der Hochadeligen mit eidgenössischen Orten nicht mehr als ein gegenseitiges Friedensversprechen und eine Verpflichtung, kontinuierlichen Kontakt zu pflegen. Sie waren aber auch nicht weniger.

---

97 Claudius Sieber-Lehmann bezeichnet den städtischen Lebensraum im Spätmittelalter als „Apparat der Anverwandlung, der Vereinheitlichung und der Kontrolle"; *Claudius Sieber-Lehmann,* Spätmitttelalterlicher Nationalismus. Die Burgunderkriege am Oberrhein und in der Eidgenossenschaft, Göttingen 1995, S. 376–390.

98 Darauf weist auch Claudia Kalesse hin und veranschaulicht ihre Beobachtung mit verschiedenen Beispielen; *Claudia Kalesse,* Bürger in Augsburg. Studien über Bürgerrecht, Neubürger und Bürgen anhand des Augsburger Bürgerbuchs I (1288–1497), Kapitel 3.1. Ich danke Frau Kalesse, dass sie mir ihr unveröffentlichtes Manuskript zur Verfügung gestellt hat.

99 Diese Aussage gilt nicht in gleicher Weise für die (hoch-)adeligen Frauen im Burgrecht der eidgenössischen Orte. Zum Thema „Hochadelige Frauen im Burgrecht" ist eine gesonderte Publikation in Vorbereitung.

Städtische Sondergruppen im Bürgerrecht

Von Hans-Jörg Gilomen, Zürich

Die Bedeutung des Begriffs „Bürger" und die Vorstellung eines einheitlichen Bürgerrechts ist bekanntlich stark gefärbt vom Begriff des Staatsbürgers des 19. Jahrhunderts[1]. In der neueren Forschung zum mittelalterlichen Bürgerrecht sind nun nicht nur die grossen Unterschiede von Stadt zu Stadt betont worden, sondern es wurde schärfer als früher herausgearbeitet, dass selbst innerhalb einzelner Städte mit dem Bürgerrecht sehr unterschiedliche Inhalte verbunden waren[2]. In einem Vortrag über „Das Problem der Judenbürger" an der Tagung des Österreichischen Arbeitskreises für Stadtgeschichtsforschung von 1997 in Eisenstadt hat Klaus Lohrmann nicht nur die Vorstellung eines einheitlichen Bürgerrechts als Mythos bezeichnet, sondern auch die Schlussfolgerung gezogen, die Sonderstellung der sogenannten „Judenbürger" sei angesichts der Differenzierung auch des Bürgerrechts der Christen etwas völlig Übliches. Für Lohrmann hat sich damit das Problem des begrenzten Bürgerrechts unterschiedlicher Gruppen aufgelöst, da es keine Norm gebe, an der Abweichungen zu messen wären. Gegen diese überspitzte Meinung ist jedoch schon in Eisenstadt eingewendet worden, es habe keine Gleichstellung der Judenbürger und der *communitas civitatis* gegeben, auch wenn diese innerlich differenziert gewesen sei[3].

---

1 1983 hat *Gerhard Köbler* für Deutschland noch strikt formuliert: „Die genauere Betrachtung auf Grund breiteren Quellenmaterials ergibt daher, dass die Bürger einer Stadt abgesehen von der Ratsfähigkeit trotz sozialer und wirtschaftlicher Unterschiede rechtlich völlig gleichgestellt sind"; Lexikon des Mittelalters, Bd. 2, München 1983, Spalte 1010, Artikel Bürger, Bürgertum, B. Deutschland.

2 Siehe insbesondere *Ulrich Meier*, Mensch und Bürger. Die Stadt im Denken spätmittelalterlicher Theologen, Philosophen und Juristen, München 1994; *Ders.*, Konsens und Kontrolle. Der Zusammenhang von Bürgerrecht und politischer Partizipation im spätmittelalterlichen Florenz, in: Stadtregiment und Bürgerfreiheit. Handlungsspielräume in deutschen und italienischen Städten des Späten Mittelalters und der Frühen Neuzeit, hg. von Klaus Schreiner und Ulrich Meier (Bürgertum. Beiträge zur europäischen Gesellschaftsgeschichte 7), Göttingen 1994, S. 147–187.

3 *Klaus Lohrmann*, Bemerkungen zum Problem „Jude und Bürger", in: Juden in der Stadt, hg. von Fritz Mayrhofer und Ferdinand Opll (Beiträge zur Geschichte der Städte Mitteleuropas 15), Linz 1999, S. 145–165; siehe auch *Michael Toch*, Die Juden im mittelalterlichen Reich (Enzyklopädie deutscher Geschichte 44), München 1998, S. 107.

Mir scheint, dass beim Nachdenken über Sondergruppen im Bürgerrecht tatsächlich die Gruppe der Judenbürger besonders lehrreich ist.

I. Juden

Zunächst zur Verbreitung des Phänomens. Das mittelalterliche Judenbürgerrecht ist im deutschen Reich auf wenige Gebiete beschränkt geblieben. Die in dieser Beziehung nicht völlig zuverlässige Germania Judaica bringt bis zur Katastrophe der Pogrome der Mitte des 14. Jahrhunderts nur für rund 20 Städte Hinweise auf jüdische Bürger[4], in Germania Judaica III/1–2 sind etwa 100 solche Orte verzeichnet. Neben den für alle Bürger verwendeten Bezeichnungen *civis, burger, ingesessen burger, samenburger* kommt recht häufig *judenburger* vor, was bereits die Besonderheit des Judenbürgerrechts (*judenburckrecht*[5]) herausstellt. Der Herzog von Lothringen nannte 1462 und 1470 Schlettstadter Juden sogar seine „Kammerbürger", ein Begriff, der Kammerknechtschaft und Bürgerstatus verknüpft[6]. Relativ dicht sind die Belege im Westen und Südwesten des Reichs, am Rhein und in Schwaben bis zum Main. Im Norden begegnen Judenbürger nur in ganz vereinzelten Städten. In anderen Reichsgebieten fehlen sie völlig, so etwa in Österreich (s. Tab. 1 und Abb. 1). Alfred Haverkamp hat die Meinung geäussert, die jüdische *concivilitas,* die „mit Ausnahme weniger Fälle in Ober- und Mittelitalien, gewissen Ansätzen in Savoyen wie auch im nördlichen Frankreich" ausserhalb des deutschen Reichsgebiet im Mittelalter nirgends anzutreffen sei, sei „offenbar enger mit den spezifischen Gegebenheiten im *Regnum teutonicum* verflochten" und habe sich deshalb in besonderer Weise auf die Juden in deutschen Gebieten ausgewirkt[7]. Tatsächlich bringt schon eine flüchtige Suche viele

---

4 Hier fehlt aus dem Gebiet der Deutschschweiz etwa Winterthur, siehe *Johann Caspar Ulrich,* Sammlung Jüdischer Geschichten, welche sich mit diesem Volk in dem XIII. und folgenden Jahrhunderten bis auf MDCCLX in der Schweitz von Zeit zu Zeit zugetragen, Basel 1768 (Neudruck Berlin 1922; Farnborough U.K. 1969), S. 441–445: Bürgerrechtsbrief auf drei Jahre 1340.

5 So etwa in Nürnberg, Germania Judaica III/2, Tübingen 1995, S. 1008. S. dazu *Werner Schultheiss,* Das Bürgerrecht der Königs- und Reichsstadt Nürnberg, in: Festschrift Hermann Heimpel zum 70. Geburtstag (Veröffentlichungen des Max-Planck-Instituts für Geschichte 36/II), Bd. 2, 1972, S. 159–194.

6 Germania Judaica III/2 (Anm. 5), S. 1319.

7 *Alfred Haverkamp,* „Concivilitas" von Christen und Juden in Aschkenas im Mittelalter, in: Jüdische Gemeinden und Organisationsformen von der Antike bis zur Gegenwart, hg. von Robert Jütte und Abraham P. Kustermann (Aschkenas Beiheft 3) Köln/Weimar 1996, S. 103–136, 108 f. „Soweit meine Kenntnis reicht, sind vergleichbare Phänomene der *concivilitas* jüdischer Gemeinden ausserhalb des deutschen Reichsgebiets – mit Ausnahme weniger Fälle in Ober- und Mittelitalien [genannt werden in der Anm. Pisa, Perugia, Lucca und Siena], gewissen Ansätzen in Savoyen wie auch im nördlichen Frankreich – im Mittelalter nicht anzutreffen."

Tabelle 1

Städte, in denen im 14. und 15. Jahrhundert ein Judenbürgerrecht belegt ist

Städtenamen			
Aschaffenburg	*Gemünden*	Lorch	Salzburg
Augsburg	Giengen	*Mainz*	*Schaffhausen*
Babenhausen	Giessen	Memmingen	Schlettstadt
Bacharach	Göttingen	*Mühlhausen*	Schwäbisch Gmünd
Basel	Groß-Umstadt	Mulhouse	Seligenstadt
Berlin	Günzburg	München	*Speyer*
Bern	Hagenau	Münzenberg	St. Gallen
Biel	*Hameln*	Murten	Stein am Rhein
Bingen	Hanau	Neuenburg / Rhein	*Strassburg*
Brandenburg	Neumarkt / Oberpfalz	Münzenberg	Tauberbischofsheim
Braunschweig	Heilbronn	Neustadt / Odenwald	Tettnang
Breslau	Hersfeld	Neustadt / Weinstraße	Thann
Büdingen	Hilpolstein	Nijmengen	Trarbach
Cheb / Eger	Kadan	*Nordhausen*	Trento
Cleeberg	Kastel	Nördlingen	Überlingen
Dieburg	Kaysersberg	*Nürnberg*	Ulm
Diessenhofen	Kempten	Oberlahnstein	Waldböckelheim
Dortmund	Kirchheim	Oberndorf	Wangen
Dresden	*Koblenz*	Pfeddersheim	Weimar
Duderstadt	*Köln*	Rapperswil	Wesel
Ebern	Konstanz	*Ravensburg*	Wil
Eberswalde	Lauingen	*Regensburg*	Wildberg
Erfurt	Leiden	Roermund	Windecken
Esslingen	Lemgo	Rothenburg / Tauber	*Winterthur*
Frankfurt / Main	Leutershausen	*Rottweil*	Wöhrd
Fribourg	Lich	Rüdesheim	*Worms*
Gelnhausen	Limburg	Saargemünd	*Zürich*

kursiv: bereits vor 1350 belegt; normal: erst nach 1350 belegt.

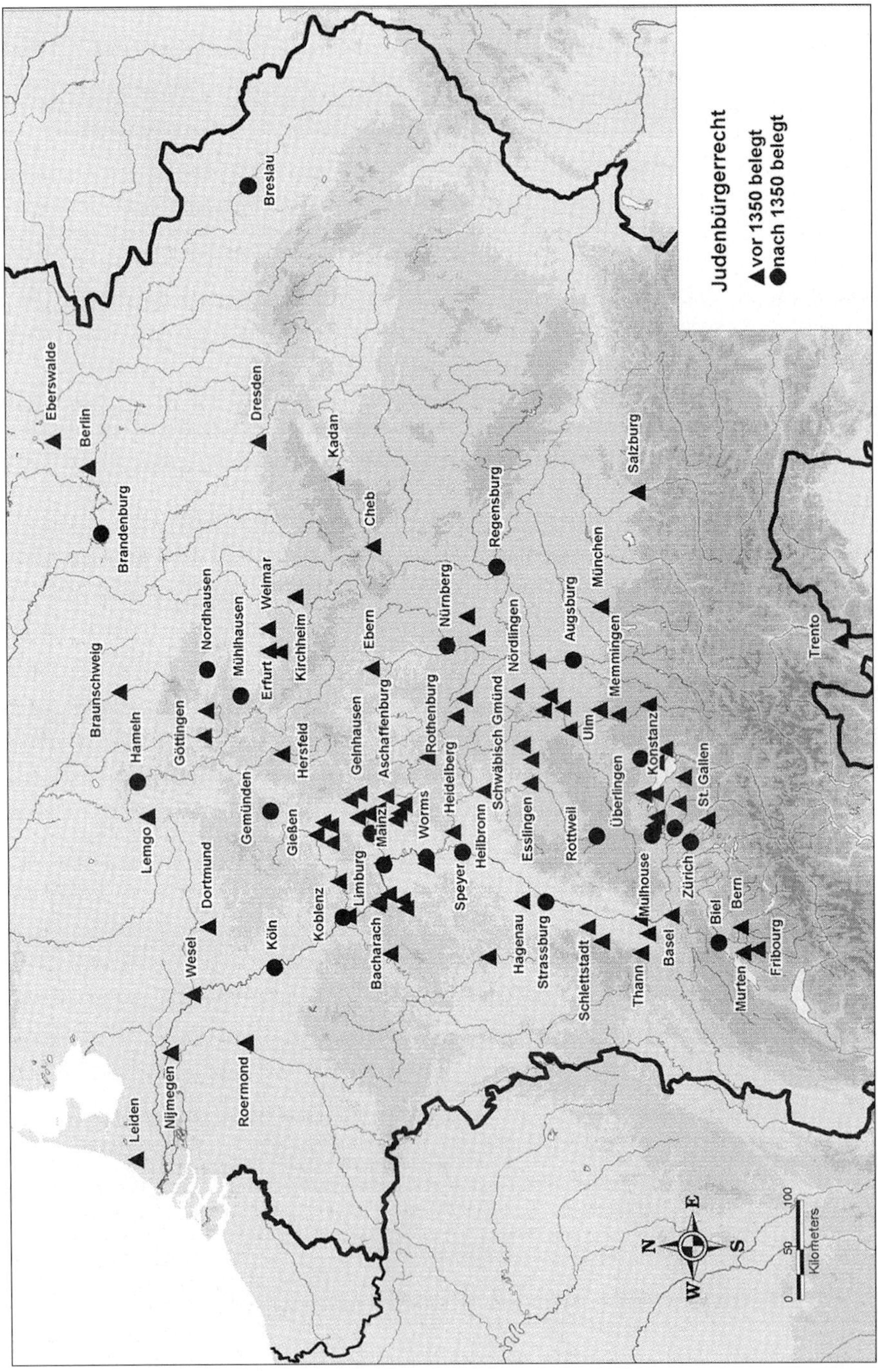

Abb. 1: Städte, in denen im 14. und 15. Jahrhundert ein Judenbürgerrecht belegt ist

Belege für jüdische Stadtbürger in Italien von Sizilien (Palermo, 12. Jahrhundert)[8] über Rom[9], Ancona[10], Siena[11], Pisa,[12] und Lucca bis Mailand[13] und Mantua[14]. Roberto Bonfil hat kürzlich darauf hingewiesen, in Italien sprächen Hunderte von Dokumenten von Juden als *cives* und vielleicht Dutzende als *cives veri et originari*. Eine Sondage habe ergeben, dass im Duecento und im ersten oder vielleicht auch noch im zweiten Trecento, ganz selten auch noch zu Beginn des Quattrocento von „cives" im Vollsinn die Rede sei, *cives veri et originari*, während sich die Formel im Quattrocento zu *in civilibus et criminalibus* [...] *sicut aut prout cives* [...] *pro tempore conductae* wandle[15]. Diese zunehmende Verschlechterung des jüdischen Bürgerrechts in Italien entspricht – mit zeitlicher Verschiebung – der Entwicklung in Deutschland.

Für den Vergleich mit deutschen Verhältnissen erscheint mir auch Marseille von Interesse. Hier ist bereits in den Munizipalstatuten von 1257 wiederholt von *civis Massilie, christianus vel judeus* die Rede. Bis in die 1370er Jahre finden sich weitere Belege[16]. Dann bleiben sie aus. Auch die

8 Sofern die Datierung dieses Artikels der Statuten richtig ist; siehe *Shlomo Simonsohn,* The Jews in Sicily. Vol. 1: 383–1300, Leiden 1997, S. 431–433 Nr. 196: [...] *Iudeos, sive exteros sive cives* [...], und *Iudaei, sive cives sint sive exteri, in ipsa civitate commorantes* [...]. Siehe auch S. 499–501 Nr. 270, 22. 6. 1293; S. 533 Nr. 301, 30. 3. 1299.

9 *Shlomo Simonsohn,* The Apostolic See and the Jews, Documents: 492–1404, Toronto 1988, S. 103 f., 16. 1. 1219; S. 134 f. Nr. 128, 22. 6. 1231; S. 211 Nr. 205, 1. 2. 1255; S. 223 f. Nr. 218, 27.3./2. 4. 1264; S. 525 f. Nr. 487a, 4. 5. 1399; S. 539–544 Nr. 499, 15. 4. 1402, hier S. 542 f.; sowie *Ders.*, The Apostolic See and the Jews, Documents: 1394–1464, Toronto 1989, S. 624–627 Nr. 563, 27. 1. 1406; S. 789 f. Nr. 670, 18. 6. 1430; S. 836–838 Nr. 714, 12. 7. 1436.

10 Ibidem, S. 642–644 Nr. 578, 15. 5. 1408.

11 *Dina Bizzarri,* Ricerche sul diritto di citadinanza nella costituzione comunale, in: Dies., Studi di storia del diritto italiano, Turin 1937, S. 61–134 und Appendice di documenti, S. 135–158, 101 f.

12 *Pietro M. Lonardo,* Gli ebrei a Pisa sino alla fine del secolo XV, in: Studi storici de Crivelucci 7 (1898), S. 171–213; 8, 1899, S. 59–101, 179; auch Nachdruck in einem Band mit separater Zählung, Sala Bolognese 1982, S. 13.

13 *Shlomo Simonsohn,* History of the Jews in the Duchy of Milan, 4 Bde., Jerusalem 1982–1986, passim (Registerposition cittadinanza).

14 *Shlomo Simonsohn,* History of the Jews in the Duchy of Mantua, Jerusalem/New York 1977, S. 107 f.

15 *Roberto Bonfil,* Società cristiana e società ebraica nell'Italia medievale e rinascimentale: Riflessioni sul significato e sui limiti di una convergenza, in: Ebrei e cristiani nell'Italia medievale e moderna: Conversioni, scambi, contrasti. Atti del VI Congresso internazionale dell Assoziazione Italiana per lo Studio del Giudaismo, San Miniato, 4–6 novembre 1986, hg. von Michele Luzzato. Michele Olivari, Alessandra Veronese (Assoziazione Italiana per lo Studio del Giudaismo; testi e studi 6), Rom 1988, S. 231–260; sowie Tavola rotonda, S. 261–273, 272 f.

16 *Ad. Crémieux,* Les Juifs de Marseille au moyen âge, in: Revue des études juives 46 (1903), S. 1–47, 246–268; 47 (1903), S. 62–86, 243–261, hier 46 (1903), S. 4; 47 (1903), S. 62 f.; 72, 1332; 76, 1339; 73, 1375–1376 S. auch: Les statuts municipaux de Marseille, hg. von *R. Pernoud,* Paris/Monaco 1949.

Entwicklung in Marseille zeigt ausgeprägte Parallelen zu derjenigen in den grösseren Städten des Reichs von einem zunächst dem christlichen sehr ähnlichen jüdischen Bürgerrecht zu einem eingeschränkten Judenbürgerrecht, wobei die Gruppe der Judenbürger eine von den übrigen Bürgern abgehobene *universitas judeorum* bildete, die auch durch ihre in Konflikten immer wieder genutzte besondere Beziehung zu Grafschaft beziehungsweise Königtum innerhalb der Stadt eine Sondergruppe darstellte[17]. Doch gibt es auch entscheidende Unterschiede. Insbesondere ist hier offenbar die Form des zeitlich befristeten Bürgerrechtsprivilegs nicht angewandt worden[18].

1. Das jüdische Bürgerrecht in den Städten des deutschen Reichs

Ob die Ausbildung der Bürgerstadt im 12. Jahrhundert bereits in eine Zeit des sich verschlechternden Status der Juden fällt, hängt mit der Gewichtung der ersten grossen Verfolgungen anlässlich des ersten Kreuzzugs als Wende oder als blosses Intermezzo zusammen[19]. Unverkennbar ist die Verschlechterung dann im 13. Jahrhundert, zuerst im kirchlichen (IV. Laterankonzil 1215), dann auch im weltlichen Recht. František Graus hat die Etappen dieser zunehmenden Ausgrenzung benannt[20].

Die Verschlechterung im späten Mittelalter wird deutlich, wenn als Ausgangspunkt das jüdische Bürgerrecht des 13. Jahrhunderts nach den

17 Entgegen *Gerd Mentgen*, „Die Juden waren stets eine Randgruppe". Über eine fragwürdige Prämisse der aktuellen Judenforschung, in: Liber amicorum necnon et amicarum für Alfred Heit. Beiträge zur Mittelalterlichen Geschichte und geschichtlichen Landeskunde, hg. von Friedhelm Burgard, Christoph Cluse, Alfred Haverkamp, Trier 1996, S. 393–411, der S. 408 mit dem Hinweis auf eine Stelle bei *Georg Caro*, Sozial- und Wirtschaftsgeschichte der Juden im Mittelalter und der Neuzeit, Bd. 2, Leipzig 1920, S. 297 das Bürgerrecht von Juden in Marseille erwähnt, sehe ich darin keinen Beleg gegen die These von Graus, sondern eine südfranzösische Parallele zu der von ihm für das Reich geschilderten Entwicklung. Zu Graus s. unten.

18 1385 begegnet das jüdische Bürgerrecht auch in den Statuten von Arles; *Gilbert Dahan*, Le pouvoir royal, l'église et les juifs ou la condition politique du juif en Occident médiévale, in: Politique et religion dans le judaisme ancien et médiéval, hg. von Daniel Tollet, Paris 1989, S. 85–107, 101. Siehe auch *James Parkes*, The Jew in the medieval Community, London 1938, 2. Auflage New York 1976, S. 204 (zu Arles, Bédarrides, Marseille). Für Spanien hat Dahan formuliert: *En Espagne, cette citoyenneté paraît acquise (au XIIIe siècle principalement), bien que les statuts ne se prononcent pas d'une manière explicite* [...]. Schon *Fritz Baer*, Die Juden im christlichen Spanien, 2 Bde., Berlin 1929 und 1936, Reprint mit Zusätzen von *H. Beinart*, Farnboroug 1970, 30 § 259, hatte auf den fuero de Salamanca hingewiesen, wo es heisst: *E elos iodios sean encotados, ellos e sus heredades, como se fussen vezinos de Salamanca.*

19 Siehe dazu *Hans-Jörg Gilomen*, Die Judenverfolgungen von 1096 in der neueren Literatur, in: Judaica 52 (1996), S. 237–270.

20 Insbesondere *František Graus*, Pest – Geissler – Judenmorde. Das 14. Jahrhundert als Krisenzeit, 2. Auflage Göttingen 1989.

Wormser Ratsverordnungen gewählt wird, das Guido Kisch seinerzeit als günstigste Form der älteren Periode herausgestellt hat.

Bei der Neubürgeraufnahme eines Christen wurde in Worms nach förmlichem Aufnahmegesuch geprüft, dass der Petent nicht Eigenmann war, in keiner Fehde stand und arrestrechtlich nicht verfolgt wurde. Es wurden Sicherheiten für die Zahlung einer Summe an den Stadtbau sowie den Kauf eines Hauses oder Erbes innert gesetzter Frist verlangt. Dann wurde das Bürgerrecht verliehen, gefolgt vom Treueid des Neubürgers gegenüber Bischof, Rat und Bürgern[21]. Bei Juden wurde hingegen die volle Verantwortung der jüdischen Gemeinschaft übertragen[22]. War ein Jude vom Judenbischof und von den Judenräten als Bürger aufgenommen, so wurde er auf deren Präsentation hin vom Erzbischof und Rat von Worms ohne weiteres als Bürger der Stadt anerkannt[23]. Darin wird wohl auch fassbar, dass das jüdische Bürgerrecht ein durch die solidarische Haftung der jüdischen Gemeinde garantiertes war, dass der Jude zuerst Bürger der Judengemeinde war und nur durch sie auch der Stadt. Das ist schon in dieser frühen Zeit ein bedeutender Unterschied zum Bürgerrecht der Christen. Ausdrücklich galt für Juden ebenso wie für Christen, dass unmündige Kinder mit der Einbürgerung der Eltern das Bürgerrecht erhielten und ebenso auch später geborene Kinder; weiter dass eine jüdische Bürgerstochter mit der Heirat einem Ausmann das Bürgerrecht verschaffe[24]. Im Gegensatz zum sonst und insbesondere später Üblichen ist hier das jüdische Bürgerrecht also zeitlich nicht beschränkt, ja sogar erblich.

Auch Rechte und Pflichten sind weitgehend gleich. Mit dem jüdischen Bürgerrecht war verbunden: dauerndes Aufenthaltsrecht; Schutz für Leben und Vermögen; das Recht, Grundbesitz und Grundpfandrechte in allen Stadtteilen zu erwerben; das Recht, unter den Christen zu wohnen; privilegierter Gerichtsstand (d. h. Ausschluss fremder Gerichte); Handel und Gewerbetätigkeit ohne wesentliche Beschränkungen; Pflicht zu Steuerleistung und Wehrdienst.

Als wesentlicher Unterschied zum christlichen Bürgerrecht ist herausgestellt worden, dass das jüdische keinerlei politische Partizipation beinhaltete. Zudem sind schon bald Minderungen festzustellen. Die Wehrpflicht ist schon in der ersten Hälfte des 13. Jahrhunderts verschwunden. Wäh-

---

21 *Josef Kohler, Karl Koehne, Sigmund Feist,* Die Carolina und ihre Vorgängerinnen: IV. Band, Wormser Recht und Wormser Reformation, Halle 1915, Art. 151.

22 *Kohler* (Anm. 21), Art. 154.

23 *Guido Kisch,* Zur Rechtsstellung der Wormser Juden im Mittelalter, in: Forschungen zur Rechts- und Sozialgeschichte der Juden in Deutschland während des Mittelalters, hg. von Guido Kisch, Zürich 1955, S. 93–106, 100, spricht sogar von einer Rechtspflicht.

24 *Kohler* (Anm. 21), S. 11, Art. 16–18.

rend nach Kischs Annahme zunächst von den Juden gleiche Abgaben wie von Christen verlangt wurden, lastete schon seit dem 13. Jahrhundert die Verpflichtung zu „freiwilligen“ Beiträgen für den Stadthaushalt schwer auf der jüdischen Gemeinde. Trotz dieser ungünstigen Entwicklungen zieht Kisch das Fazit: „Ungefähr bis zur Mitte des 14. Jahrhunderts haben die Juden in Worms Bürgerrechte genossen und Bürgerpflichten getragen, die in ihrem rechtlichen Wesen mit denen der christlichen Bürger übereinstimmten“[25]. An anderer Stelle hat er diese günstige Beurteilung auf die deutschen Städte insgesamt bezogen[26].

Im Folgenden gehe ich einzelne Elemente des Bürgerrechts durch.

2. *Voraussetzungen des Bürgerrechts*

a) Grundbesitz und Steuerpflicht

„Ursprünglich begründete der Grundbesitz, die Haushäblichkeit, allein das Bürgerrecht. Die Bürgergemeinde war eine Grundbesitzergemeinde, sie beruhte auf der Hausgesessenheit“[27]. Zumindest zum Erwerb des Bürgerrechts blieb Hausbesitz insbesondere im Süden des Reichs, wo das Judenbürgerrecht stark verbreitet war, noch lange Voraussetzung. Dazu wenige Beispiele: In Zürich wurde bei Neubürgeraufnahmen bis in die Mitte des 14. Jahrhunderts das Versprechen eines Hauskaufs in der Stadt verlangt[28]. Der Rat nahm das Vermögen eines Neubürgers bis zu dessen Erwerb eines Hauses zum Pfand. Später verlangte man die Hinterlegung einer Garantiesumme für den Fall späteren Auszugs. Auch in St. Gallen galt noch bis nach der Mitte des 14. Jahrhunderts der Erwerb einer Immobilie innerhalb der Kreuze als Bedingung[29]. Von 314 Bürgeraufnahmen zwischen 1372 und 1401, die nicht Geistliche, Adlige oder Juden betrafen, ist immerhin bei 167 (53 Prozent) der Grundstückserwerb auch in dieser Zeit noch explizit vermerkt[30]. In Schaffhausen wurde die 1361 erlassene Be-

---

25 *Kisch* (Anm. 23), S 102.

26 *Guido Kisch*, The Jews in Medieval Germany. A Study of their Legal and Social Status, Chicago 1949, S. 345.

27 *Eberhard Isenmann*, Die deutsche Stadt im Spätmittelalter, 1250–1500. Stadtgestalt, Recht, Stadtregiment, Kirche, Gesellschaft, Wirtschaft, Stuttgart 1988, S. 93.

28 Siehe zum Beispiel die Bürgeraufnahmen in: Die Zürcher Stadtbücher des XIV. und XV. Jahrhunderts, Bd. 1, Leipzig 1899, S. 67 Nr. 167, 1314; ebd. S. 163 Nr. 339, 1343.

29 St. Gallische Rathssatzungen aus dem 14. und 15. Jahrhundert, hg. von W. E. von Gonzenbach, in: Mitteilungen des Vereins für vaterländische Geschichte 4 (1865), S. 22–148, 37 Nr. 54.

30 Im ältesten Stadtbuch, Staatsarchiv St. Gallen Nr. 538, sind von 1372 bis 1401 insgesamt 348 Bürgeraufnahmen verzeichnet. Auf Adlige, Geistliche und Juden ent-

stimmung, dass auch Ausburger Anteil an Grundbesitz in der Stadt erwerben müssten, damit begründet, [...] *das dü statt dar uff vinde ir stüran und dienst und ander ding* [...][31]. In Freiburg im Üchtland lautet die Formulierung bei Neuaufnahmen geradezu, jemand werde Bürger auf einem Haus[32]. Auch das Bestellen eines Udels an einer städtischen Liegenschaft – selbst durch Ausbürger – ist in verschiedenen Schweizer Städten noch im Spätmittelalter eine abgeschwächte Form davon. Viele Städte haben indessen schon im Lauf des 14. Jahrhunderts völlig auf diese Bedingung verzichtet. Sie sind dazu übergegangen, eine Einkaufssumme in Bargeld zu verlangen. Insbesondere dort, wo beim Einkauf nicht ein fester Betrag erhoben, sondern mit jedem einzelnen Neubürger eine Summe ausgehandelt beziehungsweise nach seinem Vermögen abgestuft wurde[33], trat eine formale Annäherung der Behandlung von christlichen und jüdischen Petenten ein.

Otto Stobbe hat seinerzeit neben der Amtsunfähigkeit vor allem das fehlende Recht zum Grundstückserwerb als Begründung für seine Meinung genannt, bei den Judenbürgern handle es sich um eine Bürgerbezeichnung im uneigentlichen Sinne. Vor allem auf das Kriterium des fehlenden Grundbesitzes hat die Rechtsgeschichte das mindere Bürgerrecht unterschiedlicher Gruppen bezogen, die unter dem Begriff der „Schutzverwandten" zusammengefasst wurden und zu denen auch die Juden gezählt wurden[34]. Auch die Juden selbst scheinen das Grunderwerbsrecht früh wichtig genommen zu haben. Seit dem Beginn des 13. Jahrhunderts werden in den hebräischen Quellen Angehörige einer neureichen Schicht fassbar, die in den Quellen häufig als *Baal Beit,* d. h. „Hausbesitzer" bezeichnet werden[35].

---

fallen 34 Einträge. Bei den restlichen 314 Einträgen ist bei 167 die Pflicht zum Erwerb von Grundbesitz vermerkt (in sieben Fällen wurde dann doch bloss der Geldbetrag bezahlt), bei 72 die Zahlung des Geldbetrags, in sechs Fällen bleibt dies offen, bei 69 Einträgen ist gar keine Verpflichtung erwähnt.

31 Sammlung Schweizerischer Rechtsquellen, XII. Abt. Die Rechtsquellen des Kantons Schaffhausen, 1. Teil: Stadtrechte, 2. Bd. Das Stadtrecht von Schaffhausen II. Das Stadtbuch von 1385, bearbeitet von *Karl Schib,* Aarau 1967, S. 51 f. Nr. 84, 4. Feb. 1361. Für diesen und weitere Hinweise auf Schaffhauser Quellen danke ich meinem Assistenten Oliver Landolt.

32 Zum Beispiel Sammlung schweizerischer Rechtsquellen, IX. Abt. Die Rechtsquellen des Kantons Freiburg, 1. Teil: Stadtrechte, 1. Band: Das Stadtrecht von Murten, bearbeitet von *Friedrich Emil Welti,* Aarau 1925, S. 77 Nr. 56: *[...] efectus est burgensis Henslinus, filius quondam Vellini de Buoch, supra partem suam proindiuiso cuiusdam domus [...].*

33 Seit 1380 wurde in St. Gallen eine nach dem Vermögen abgestufte Einkaufssumme verlangt, die sogenannte *Anzal.*

34 *Eugen Haberkern* und *Joseph Friedrich Wallach,* Hilfswörterbuch für Historiker, Bern 1964, S. 561, Lemma: Schutzverwandter.

35 So übersetzt und interpretiert den Begriff *Toch* (Anm. 3), S. 17. Vielleicht könnte man aber auch „Hausherr" ohne Bezug auf die Besitzfrage übersetzen.

Vor allem für die Zeit vor den Pogromen der Mitte des 14. Jahrhunderts erscheint es für die Einschätzung des jüdischen Bürgerrechts von Belang, ob die für Christen geltende Bedingung des Grunderwerbs durch Juden überhaupt erfüllt werden konnte. Beschränkungen des Grunderwerbsrechts der Juden, die wahrscheinlich zunächst mit ihrer grundsätzlichen Steuerfreiheit zusammenhingen, sind schon früh festzustellen[36], sollen aber nach Michael Toch im Reich auf wenige Orte beschränkt geblieben sein[37]. Diese Frage der Grunderwerbsrechte der Juden müsste indessen von Stadt zu Stadt sorgfältig geprüft werden, ehe verallgemeinert werden kann. Die Angaben der älteren Literatur bis hin zur Germania Judaica sind nicht zuverlässig. Nach einhelliger Auffassung der Forschung waren zum Beispiel die in Zürich vom Rat im Spätmittelalter zugelassenen Juden frei, in der Stadt zu wohnen wo sie wollten und dafür auch Grundbesitz zu erwerben. Zweifel, dass dies zu allen Zeiten so war, ergeben sich allerdings, wenn beim Kauf eines Hauses durch den Rabbiner Moisse im Jahr 1347 Bürgermeister und Rat besonders vermerken, *des im die burger gonden ze kouffenne*[38]. Damals scheint demnach für den Erwerb einer Immobilie das Einverständnis des Rats erforderlich gewesen zu sein. In Biel wurde bei der Aufnahme mehrerer jüdischer Familien ins Bürgerrecht 1305 festgelegt, dass diese nicht mehr als zwei Häuser erwerben dürften[39]. Die Germania Judaica erwähnt dies nicht[40]. Ebensowenig das Verbot im Stadtrecht von Überlingen, Grund innerhalb des Stadtbezirks zu erwerben oder als Bezahlung anzunehmen[41]. Der Schaffhauser Rat erlaubte einer ganzen Anzahl Juden, welche er 1435 ins Bürgerrecht aufnahm, nur den

---

36 Für Frankreich spricht bereits Petrus Abaelard in seinem ‚Dialogus inter Philosophum, Iudaeum et Christianum' davon, Grundstückserwerb sei den Juden verwehrt, weshalb sie sich mit Geldverleih verhasst machen müssten; *Petrus Abaelardus,* Dialogus inter Philosophum, Iudaeum et Christianum. Textkritische Edition von Rudolf Thomas, Stuttgart 1970. Deutsche Übersetzung in *Peter Abailard,* Gespräch eines Philosophen, eines Juden und eines Christen, lateinisch und deutsch hg. und übertragen von Hans-Wolfgang Krautz, Frankfurt am Main 1995, S. 29–33.

37 *Toch* (Anm. 3), S 35.

38 Die Zürcher Stadtbücher (Anm. 28), S. 157 Nr. 331. Immobiliargeschäfte von Zürcher Juden, etwa auch bei Zwangsvollstreckung, kommen jedoch zu verschiedenen Zeiten vor, so noch mehrfach in den letzten Jahren vor ihrer endgültigen Vertreibung 1436, Staatsarchiv Zürich, B VI 305, fol. 65v, 203rv, 231v, 268r. Zu jüdischem Hausbesitz in Zürich siehe *Hans-Jörg Gilomen,* Spätmittelalterliche Siedlungssegregation und Ghettoisierung, insbesondere im Gebiet der heutigen Schweiz, in: Stadt- und Landmauern, Bd. 3: Beiträge zum Stand der Forschung (Veröffentlichungen des Instituts für Denkmalpflege an der ETH Zürich, Bd. 15/3), Zürich 1999, S. 85–106, 91 f.

39 Fontes rerum Bernensium 4, Bern 1889, S. 217–220 Nr. 187. Biel, 26. 5. 1305.

40 Germania Judaica II/1, Tübingen 1968, S. 81.

41 *Karl Heinz Burmeister,* Medinat bodase. Zur Geschichte der Juden am Bodensee 1200–1349, 2 Bde., Konstanz 1994 und 1996, I, S. 35, nach Oberrheinische Stadtrechte 2: Überlingen, bearbeitet von Fritz Geier, Heidelberg 1908, 16 § 66. Die Bestimmung ist nicht datiert, vielleicht nach 1350 einzuordnen.

Erwerb von zwei Häusern[42]. In Bern durften die Juden wahrscheinlich gar keine Immobilien erwerben[43].

Die Frage des Hausbesitzes hängt eng mit der Steuerpflicht zusammen. Städtische Steuern waren zunächst Grundsteuern. In diesem Zusammenhang ist eine der frühesten Stellen, die für die jüdische *concivilitas* angeführt wird, sehr aufschlussreich, obwohl meines Wissens noch nicht in ihrer Tragweite erkannt. Auf einer Schreinskarte der Kölner Laurenzpfarre ist dem Erwerb eines Hauses ausserhalb des Judenviertels durch zwei Juden von einem Christen um die Mitte des 12. Jahrhunderts der Vermerk beigefügt: *Hec concessa sunt a magistris tali conditione, ut ipsi Judei domum inhabitent, cum de hereditate iura sua scilicet scoz sicut alter concivis eiusdem parochie {civitati reddunt}.* [die letzten Wörter zweifelhaft]. Später wurde hinzugesetzt: [...] *nullus Judeus eam* [sc. domum] *inhabitet, iura autem, scilicet scoz nec solvet nisi secundum consuetudinem hereditatum civitatis.* Aus einer weiteren, etwa 1200 bis 1235 erfolgten Beifügung erfahren wir: [...] *quod nullus Judeus umquam in* [...] *domo inhabitet*[44]. Das *sicut alter civis* wurde kürzlich wieder als Beleg für die Gleichartigkeit des jüdischen und christlichen Bürgerrechts angeführt, obwohl der Wortlaut im Zusammenhang dies wohl gar nicht zwingend nahelegt[45]. Dies ist aber nicht der springende Punkt. Nach der überzeugenden Interpretation dieser schwierigen Stelle durch Herbert Fischer mussten die Juden versprechen, von diesem Haus den Schoss zu bezahlen, weil es ausserhalb jenes Viertels lag, in dem die Juden, die ja die erzbischöfliche Judensteuer zahlten, schossfrei wohnen konnten. Das einem Christen abgekaufte Haus sollte also weiterhin schossen, auch wenn Juden darin wohnten. Tatsächlich sind sie aber nicht eingezogen und erbaten deshalb eine Bestätigung, dass von dem nunmehr an Christen vermieteten Haus nur noch der Schoss, nicht mehr auch noch die Judensteuer zu entrichten sei, solange kein Jude darin wohne. Der springende Punkt in unserem Zusammenhang ist es, dass selbst der Grundstückerwerb dann keine volle Teilnahme der Juden am Bürgerverband beinhaltet, wenn über das Grundstück eigentlich auf die Schosspflicht als bestimmendes Merkmal derselben gezielt wird. Trotz Grundbesitz gehörten die Kölner Juden grundsätzlich nicht zu den schossenden Bürgern. Später waren die Juden oft aufgrund der Kammerknechtschaft rechtlich von städtischer Besteue-

---

42 *Ulrich* (Anm. 4), S. 462–467; Urkundenregister für den Kanton Schaffhausen, Bd. 1, Schaffhausen 1906, S. 238, 29. 5. 1435.

43 1408 ist aber ein Haus in jüdischem Besitz, Germania Judaica III/1, Tübingen 1987, S. 106.

44 Zitiert nach *Herbert Fischer*, Die verfassungsrechtliche Stellung der Juden in den deutschen Städten während des 13. Jahrhunderts (Untersuchungen zur Deutschen Staats- und Rechtsgeschichte 140), Breslau 1931 , S. 192.

45 *Haverkamp* (Anm. 7), S. 108 Anm. 17.

rung befreit[46]. Beim Übergang von Immobilien von christlichen in jüdische Hände und umgekehrt stellte sich immer die Frage der weiteren Besteuerung. Vielleicht wurden tatsächlich, wie Kisch annimmt, in einer frühen Zeit etwa in Worms, die jüdischen Bürger genau gleich wie die christlichen besteuert. Früh belegt ist aber auch die städtische Besteuerung der *universitas Judeorum* als Korporation, wobei die jüdische Gemeinde selbst die Umlage der Gesamtsumme auf die einzelnen Mitglieder vornahm. Auch dabei gab es Abgrenzungsprobleme. Bezeichnend dafür ist es etwa, dass bei der Beglaubigung des Verkaufs von zwei Häusern durch die Judengemeinde an den Juden Maendlin von Salzburg der Rat von Regensburg 1345 feststellte, die Häuser sollten nicht mit den Juden steuern, solange sie in jüdischer Hand seien; kämen sie aber später in christlichen Besitz, seien sie zu besteuern wie andere Bürgerhäuser.[47] Der Rat bestätigte also eine durch die jüdische Gemeinde ausgesprochene Befreiung vom Beitrag an die durch die Juden als Korporation aufzubringende Steuersumme und erhob zugleich den Anspruch, wieder direkt zu besteuern, wenn die Häuser an Christen verkauft würden.

Aufgrund solcher Steuerfragen musste die Unterscheidung von christlichem und jüdischem Immobilienbesitz von Interesse sein. Während in Köln zuvor jüdische Immobilienerwerbungen zusammen mit christlichen in den Schreinskarten aufgezeichnet wurden, begann schon seit der Mitte des 12. Jahrhunderts eine Scheidung, die schliesslich in der St. Laurenz-Gemeinde seit etwa 1230 zur Registrierung des jüdischen Besitzes in einem besonderen Judenschreinsbuch führte. Einträge über jüdischen Besitz in den gewöhnlichen Schreinsbüchern von St. Brigiden und St. Laurenz wurden nun am Rand durch Judenhüte gekennzeichnet[48].

Ein weiteres Problem des Fortbestehens von Lasten beim Übergang von Immobilien von christlichen in jüdische Hände stellte sich beim Zehnt. Im Urbar A des Basler Stifts St. Leonhard, in dessen Pfarrei die Juden wohnten, findet sich um 1290 eine Liste der von diesen geschuldeten Zehntbeträge[49]. Der Schreiber, hat auf die Besonderheit der Liste ähnlich wie in den Kölner Schreinsbücher hingewiesen: Er hat die Anfangsinitiale als

46 *Fischer* (Anm. 44), S. 7 und 107.

47 Ibidem, S. 171.

48 Siehe *Adolf Kober*, Grundbuch des Kölner Judenviertels 1135–1425 (Publikationen der Gesellschaft für rheinische Geschichtskunde 34), Bonn 1920, S. 23. Siehe auch *Friedrich Lau*, Entwicklung der kommunalen Verfassung und Verwaltung der Stadt Köln bis zum Jahre 1396, Bonn 1898, S. 177 f. R. Hoeniger hat diese Verweiszeichen als Indiz für die Absonderung der Juden gedeutet: Liber Judeorum 1235–1347, hg. von R. Hoeniger und M. Stern, (Quellen zur Geschichte der Juden in Deutschland 1), Berlin 1888, S. X.

49 Staatsarchiv Basel Stadt, Klosterachiv St. Leonhard A, Urbar von 1290, fol. XLIIb. Abbildung bei *Gilomen* (Anm. 38), S. 93.

Karikatur eines Judenkopfes mit Judenhut und krummer Knollennase gestaltet. Das Problem des Verlusts von Zehnteinkünften durch die Kirche wegen jüdischem Grunderwerb löste man hier durch die Fortdauer der Zehntpflicht. Das Kirchenrecht hat seit dem Hochmittelalter darauf insistiert, dass Juden bei Erwerb von Gütern den Zehnt an die christliche Kirche weiterhin entrichten oder dafür Entschädigung leisten müssten (*res transit cum onere*)[50].

Bei individuellen Bürgeraufnahmen von Juden bildete die Regelung der Steuerpflicht gewöhnlich einen zentralen Punkt. Die Juden waren „Gedingbürger", ihre jährliche Steuerleistung wurde pauschal festgelegt; im Gegenzug wurden sie von allen städtischen Lasten befreit[51]. Allenfalls wurde auch die Teilung der Pauschalsteuern mit dem Judenschutzherren geregelt, so zum Beispiel in einem Bürgerrechtsbrief für mehrere Juden aus Schaffhausen vom 17. 3. 1391 hälftig zwischen der Stadt und der Kammer der mit dem Judenschutz beauftragten Herzöge von Österreich[52]. Hier kann auch ein Quellenproblem aufgezeigt werden, das aus den verschiedenen Ansprüchen auf die Judensteuern resultiert. 1462 verlängerte hier der Rat zwei Juden ihr Bürgerrecht um fünf Jahre. In der ihnen ausgehändigten Urkunde wird deren Steuer mit 10 Gulden angegeben; im Reversbrief der Juden an die Stadt ist sie jedoch mit 200 Gulden im ersten und 300 Gulden in den folgenden Jahren beziffert[53]. Jedenfalls resultierte immer eine steuerliche Sonderstellung der Juden, die diese auch mit den anderen Sondergruppen im Bürgerrecht gemeinsam hatten. Schon Karl Bücher hat seinerzeit die Behauptung aufgestellt, die Befristung des jüdischen Bürgerrechts sei nicht „ein Zeichen ihrer gedrückten Lage", sondern bloss eine Folge dieser von vornherein pauschalierten Besteuerung[54]. Der enge Zusammenhang zur Steuer ist bei den Juden ebenso wie bei anderen Gedingbürgern sicher gegeben. Aber auf eine günstige Stellung der Juden lässt sich umgekehrt daraus auch nicht schliessen. Zuweilen wird ganz offen mit diesem finanziellen Aspekt eine Art Entschuldigung für die Aufnahme von Juden vorgebracht. In Diessenhofen wurde 1426 ein Jude ins Bürgerrecht aufgenommen, *wan wir laider in grossen schulden stand und wol be-*

---

[50] Dies legte zum Beispiel auch das 4. Laterankonzil von 1215, c. 67: De usuris Judaeorum fest: siehe Conciliorum oecumenicorum decreta, curantibus Josepho Alberigo etc., editio tertia, Bologna 1973, S. 265 f. Siehe auch *Solomon Grayzel*, The Church and the Jews in the XIIIth Century, Revised Edition, New York 1966, S. 36–38: Chapter VI, A. The Jews and The Tithe.

[51] So zum Beispiel in Biel: Fontes rerum Bernensium 4, Bern 1889, S. 217–220 Nr. 187, 26. 5. 1305.

[52] Staatsarchiv Schaffhausen, UR 1254, 17. 3. 1391; Urkundenregister (Anm. 42), S. 154.

[53] Staatsarchiv Schaffhausen, Ordnungen A 4, 15r-18r.

[54] *Karl Bücher*, Die Bevölkerung von Frankfurt am Main im XIV. und XV. Jahrhundert, 1. Band, Tübingen 1886, S. 527 f.

dörften, das wir Juden und ander lüt innemen, umb das wir die grossen stür, so wir jaerlichen geben muossen, dester bas ertragen moechten und ussgerichten [...][55]. Nach einem Briefkonzept von 1451 wollte Winterthur beim österreichischen Herzog wegen der Aufnahme von Juden vorstellig werden: *Sodenn als wir jn den vergangen kryegen zuo armut sint komen, das wir not halbs juden zuo uns nemen muosten und solichs getan mit wissen und willen vnsers gnedigen herren hertzog Albrechts darumb sint wir von vnserm herren von Costentz* [d. h. vom Bischof] *furgenommen vnd verbutt vns, dz wir den juden keinen wucher soellen geben* [...][56]. In einem Schaffhauser Schutzbrief von 1462 heisst es ganz offen, die Stadt habe schon vor Jahren Juden ins Bürgerrecht aufgenommen, *in sonderhait daz wir mit grossen mergklichen schulden beladen und von natturlich begird genaigt gewesen sind, solichen schulden settlicher masse zu begegnen und unser wäsen zu uffen und zu fristen.* Man wolle den abgelaufenen Burgrechtsvertrag mit den Juden erneuern, weil *diesselben juden in unserm gemeinen seckel in den vergangenen jaren nit ubel erschossen sind*[57].

b) Persönliche Freiheit

Der Nachweis der freien und ehelichen Geburt gehörte zu den Voraussetzungen des Bürgerrechtserwerbs. Die in der Theologie entwickelte, 1234 durch Papst Gregor IX. als kanonisches Recht fixierte *servitus iudaeorum* als eine sühnende Erniedrigung der Juden wegen der Kreuzigung Christi, wurde seit dem Judenprivileg Kaiser Friedrichs II. von 1236 zur *servitus camerae imperialis* umgedeutet, zur Kammerknechtschaft, die immer schärfer auch rechtlich als Unfreiheit interpretiert wurde[58]. Juden wurden enstsprechend vom Kaiser ebenso wie an Fürsten auch an Städte verliehen[59]. Allerdings ist bis heute umstritten, ob und allenfalls seit wann die Kammerknechtschaft tatsächlich strikt rechtlich als Unfreiheit ausgelegt wurde[60]. Wenn diese Frage beim Aufnahmeverfahren für Juden nicht er-

55 *Oliver Landolt*, „Wie die juden zuo Diessenhofern ein armen knaben ermurtend, und wie es inen gieng". Ritualmordvorwürfe und Judenverfolgungen von 1401, in: Schaffhauser Beiträge zur Geschichte 73 (1996), S. 161–194, hier S. 190 Anm. 155.

56 Stadtarchiv Winterthur, B 4, 1, Missiven, 6r und 8r-9v.

57 Staatsarchiv Schaffhausen Ordnungen A 4, 15r-18r.

58 *Friedrich J. Battenberg*, Des Kaisers Kammerknechte. Gedanken zur rechtlich-sozialen Situation der Juden im Spätmittelalter und früher Neuzeit. In: Historische Zeitschrift 245 (1987), S. 545–599. Siehe auch *Kisch* (Anm. 26).

59 Zum Beispiel Statuten von Wiener-Neustadt, 1251–1278, *Julius Aronius*, Regesten zur Geschichte der Juden im fränkischen und deutschen Reiche bis zum Jahre 1273, Berlin 1887–1902, Nr. 772.

60 *Simonsohn* (Anm. 8), S. XLVII: *But, the view of some scholars notwithstanding, in a strictly legal sense Jews were never defined as serfs or bondsmen.*

wähnt wird, so zeigt dies wohl, dass die *servitus camerae* nicht auf die gleiche Stufe der Unfreiheit gestellt wurde[61]. Ohnehin hat die Regel, dass Stadtbürger persönlich frei sein müssten, durchaus viele Ausnahmen gekannt.

Die mehrdeutige rechtliche Stellung der Juden in den Städten als königliche und fürstliche Kammerknechte, als den Städten durch ihre Herren Verliehene und als Bürger bot indessen viele Reibeflächen für Konflikte. Zuweilen sind Juden in der Auseinandersetzung um die Emanzipation der Bürgerschaft vom Stadtherrn durch diesen instrumentalisiert worden, um das Bürgerrecht durch eine ihm besonders ergebene Gruppe von Bürgern sozusagen von innen her aufzuweichen. Auf Proteste der Stadt wegen auf sein Geheiss gefangengesetzter Juden antwortete zum Beispiel 1258 der Kölner Erzbischof, den Kölner Bürgern käme keinerlei Recht über seine Juden zu, er habe diese nämlich vom Reich zu Lehen und sie gehörten zur erzbischöflichen Kammer[62]. Der Erzbischof verfügte also mit den Juden über eine Bürgergruppe, die allein ihm zustand. Dieses wichtige Thema, zu dem vor allem die neueren Untersuchungen von Gerd Mentgen und Franz-Josef Zives reichhaltiges Material beigebracht haben[63], kann hier nur angedeutet werden: Die Territorialisierung des Judenrechts liess zwar die Beziehungen der Juden zum König verblassen, führte aber auch zu schärferen Konflikten zwischen Stadtherren und Stadtgemeinde, zwischen Territorialherren und Städten um die Rechte an ihnen[64]. Formalrechtlich blieben die Städte bei der Ansiedlung und im 15. Jahrhundert dann auch bei der Ausweisung der Juden an die Erlaubnis des Königs gebunden. Auch für das Recht, ihre Juden wegzuweisen und keine mehr aufnehmen zu müssen, haben die Städte deshalb um königliche Privilegien nachgesucht und diese gelegentlich teuer erkauft.

c) Bürgereid

„Bürger war, wer den Gesamtschwur der versammelten Bürgergemeinde anlässlich der Ratsumsetzung mitleistete“[65]. Mit diesem markigen Satz hat

---

61 Siehe schon *Fischer* (Anm. 44), S. 3; *Kisch* (Anm. 23), S. 100. *Hans Planitz,* Die deutsche Stadt im Mittelalter, Graz / Köln 1954, S. 277.

62 *Aronius* (Anm. 59), Nr. 636.

63 *Gerd Mentgen,* Studien zur Geschichte der Juden im mittelalterlichen Elsass (Forschungen zur Geschichte der Juden A 2), Hannover 1995; *Franz-Josef Ziwes,* Studien zur Geschichte der Juden im mittleren Rheingebiet während des hohen und späten Mittelalters (Forschungen zur Geschichte der Juden A 1), Hannover 1995.

64 Zur Territorialisierung grundsätzlich schon *Friedrich Battenberg,* Zur Rechtsstellung der Juden am Mittelrhein in Spätmittelalter und früher Neuzeit, in: Zeitschrift für Historische Forschung 6 (1979), S. 129–183, 136 f.

65 *Isenmann* (Anm. 27), S. 93.

Wilhelm Ebel aus dem Bürgereid das grundlegende Definiens des mittelalterlichen Bürgerbegriffs gemacht[66].

Auch Juden haben manchmal bei der Bürgerrechtsverleihung einen Eid geschworen. Guido Kisch hat den Eid der Wormser Juden bei der Bürgeraufnahme als ganz aequivalent dem christlichen Eid gesehen[67]. Aber dieser Eid wurde nur auf die Thora geleistet und war schon deshalb gegenüber einem christlichen Eid auf die Evangelien oder auf Reliquien ein „Mindereid". Wesentlicher aber: Solche Judenbürgereide waren kein mit den anderen Bürgern gemeinsames Zusammenschwören, keine *coniuratio* auf Gegenseitigkeit unter Gleichen, sondern ein individueller Schwur, den ein Untergeordneter im Gegenzug zu einer Privilegierung dem Herrn ablegte. Auch der Einzelbürgereid bei der Neubürgeraufnahme des Christen betont Treue aus Gehorsam gegen Befehl und Gebot[68]. Aber er ist zugleich, so Ebel, Beitritt zur Gesamtheit, die im bürgerlichen Gesamtschwur an den Schwörtagen als *coniuratio reiterata* immer wieder erneuert wird[69]. An den Schwörtagen haben die Juden, nach allem, was wir wissen, nicht teilgenommen. Dass die Stadt den Juden nur als Herrschaft gegenübertrat, sie nicht als Genossen in die Gesamtheit der Bürgerschaft aufnahm, ergab sich daraus, dass sie diese Aufnahme nur bevollmächtigt durch den eigentlichen Herrn der Juden, den König, zunächst zeitlich unbeschränkt, später nur noch auf Zeit vornehmen konnte[70]. Augenfällig delegiert der König diese seine Herrschaft an die Städte, wenn er ihnen die Juden förmlich verleiht.

d) Wacht- und Wehrpflicht

Noch im 13. Jahrhundert ist gelegentlich die Beteiligung der Juden an der bewaffneten Verteidigung einer Stadt bezeugt[71]. Dass Juden auch noch 1309 zur Verteidigung Erfurts auf den Zinnen Dienst taten, wird hingegen bereits von der *Chronica Sancti Petri Erfordensis* auf die überaus be-

66 *Wilhelm Ebel*, Der Bürgereid als Geltungsgrund und Gestaltungsprinzip des deutschen mittelalterlichen Stadtrechts, Weimar 1958.

67 *Kisch* (Anm. 23), S. 100.

68 *Ebel* (Anm. 66), S. 63.

69 *Ebel* (Anm. 66), S. 10.

70 Der Bischof und der König hatten dem Rat von Worms gestattet, Dienstleute und Juden (1293) beziehungsweise Juden (1315) als Bürger aufzunehmen; *Kisch* (Anm. 23), S. 98.

71 Siehe zum Folgenden insbesondere *Fischer* (Anm. 44), S. 98–106. 1201 beteiligten sich die Juden bewaffnet an der Verteidigung der von König Otto belagerten Stadt Worms; *Kisch* (Anm. 23), S. 102. Im 13. Jahrhundert ist persönlicher Einsatz der Juden zur Verteidigung in den Städten Regensburg, Köln, Worms, Strassburg belegt beziehungsweise wahrscheinlich.

drängte Lage der Stadt zurückgeführt[72]. Als Kammerknechte waren die Juden zu Leistungen an den König verpflichtet, hingegen von anderen Lasten wie Wehr- und Steuerpflicht entbunden[73]. Die Juden haben zudem in einem langen Prozess, der mit dem ihnen 1103 durch Heinrich IV. nach den Verfolgungen des 1. Kreuzzugs eingeräumten königlichen Friedensschutz einsetzte[74], bis zum Ende des ersten Drittels des 13. Jahrhunderts ihr Waffenrecht eingebüsst[75]. Seit der Mitte des Jahrhunderts sind Juden in der Regel allenfalls noch beim Bau von Wehranlagen[76] und im Wachdienst belegt[77]. Bald wurden auch diese Leistungen durch Geldzahlungen abgelöst[78]. Eine Response des Rabbi Meir von Rothenburg geht in der zweiten Hälfte des 13. Jahrhunderts davon aus, dass zum Wachtdienst, wenn er persönlich geleistet wird, alle Juden gleichermassen beitragen müssen, hält aber bei Ersatz durch Geldzahlung die unterschiedliche Belastung nach dem Reichtum der einzelnen für gerecht[79]. Merkwürdigerweise wird aber bei individuellen Bürgeraufnahmen auch noch viel später die Befreiung von Kriegs- und Wachtdienst manchmal explizit ausgesprochen, so 1377 in Konstanz[80], 1391 in einer Urkunde des Schaffhauser Rats[81].

---

72 Herbert Fischer weist auf die Beteiligung der Juden an der Verteidigung Erfurts 1309 hin, gemäss Cronica S. Petri Erfordensis moderna, MGH SS 30, 1, Hannover-Leipzig 1896 (Neudruck 1976), S. 442; *Fischer* (Anm. 44), S. 105 Anm. 1. Ich weiche ab von der Interpretation von Alfred Haverkamp, der eine „derartige aktive Rolle der Juden bei der Verteidigung der Stadt" für „selbstverständlich" hält; *Haverkamp* (Anm. 7), S. 125. Fischer hält es für unsicher, „ob die Erfurter Juden wehrpflichtig waren, oder ob der Rat nur in besonders gefährlichen Situationen *tam christianos quam Judeos in turribus et propugnaculis* postierte" und interpretiert, dass die Juden „ihre Wehrpflicht bis auf einen Rest verloren haben".

73 *Fischer* (Anm. 44), S. 7.

74 Pax Moguntina, MGH Const. 1, 125 f.; *Aronius* (Anm. 59), S. 210.

75 Zum Verlust des Waffenrechts *Kisch* (Anm. 23), S. 31–40.

76 So zum Beispiel die Verpflichtung 1298, einen Mauerabschnitt in Augsburg zu bauen; *Fischer* (Anm. 44), S. 117. Juden beteiligt am Mauerbau in Brünn: Germania Judaica II/1 (Anm. 40), S. 138.

77 So in Hameln, Hildesheim, Köln, Regensburg, Speyer, Strassburg, Worms; *Fischer* (Anm. 44), S. 98–106.

78 So zum Beispiel in Quedlinburg; *Fischer* (Anm. 44), S. 104.

79 *Irving A. Agus,* Rabbi Meir of Rothenburg. His Life and his Works as Sources for the Religious, Legal, and Social History of the Jews of Germany in the Thirteenth Century, 2 Bde. in einem, 2. Auflage, New York 1970, S. 534 Nr. 578.

80 *Renate Overdick,* Die rechtliche und wirtschaftliche Stellung der Juden in Südwestdeutschland im 15. und 16. Jahrhundert dargestellt an den Reichsstädten Konstanz und Esslingen und an der Markgrafschaft Baden (Konstanzer Geschichts- und Rechtsquellen 15), Konstanz 1965 , S. 137.

81 Staatsarchiv Schaffhausen, UR 1254, 17. 3. 1391; Urkundenregister (Anm. 42), S. 154.

3. *Beschränkungen des jüdischen Bürgerrechts*

a) Befristung

Vor allem die Befristung unterscheidet das Judenbürgerrecht grundsätzlich vom Bürgerrecht der Christen[82]. Allerdings muss man sich von der modernen Vorstellung eines über Generationen vererbten Bürgerrechts auch bei Christen angesichts der starken Mobilität im Spätmittelalter lösen[83]. Aber während sich christliche Neubürger oft verpflichten mussten, eine Mindestzahl von Jahren Bürger zu bleiben[84], wurde umgekehrt bei den Juden das Bürgerrecht meist von vornherein nur auf eine befristete Zeit erteilt[85]. Diese zeitliche Beschränkung führt das Judenbürgerrecht zurück auf eine befristete Privilegierung. Zugleich zeigt sie den Kern des Judenbürgerrechts als eines Schutzes an. „Jede Schutzzusicherung ist grundsätzlich befristet“[86]. Dies trifft selbst auf den durch die Kammerknechtschaft begründete königlichen Judenschutz zu.

Franz-Josef Ziwes hat 1995 die These aufgestellt, Erzbischof Balduin von Trier habe mit der Übernahme der Mainzer Verweserschaft (1328) die neue Form des befristeten Einzelprivilegs eingeführt: Ein Abraham de C. erhielt das auf zwei Jahre befristete Privileg, sich mit seiner Familie gegen eine jährliche Abgabe in Bingen aufzuhalten. Nicht von vornherein befristet, aber von Balduin mit einer Jahr Frist kündbar erfolgte 1333 ein landesherrliches Schutzprivileg für den Juden Abraham Buch von Wertheim für den Aufenthalt in Miltenberg[87]. Diese Form des Einzelprivilegs sei von benachbarten Landesherren bald übernommen worden. Balduin selbst habe es wahrscheinlich aus Frankreich übernommen, wo zum Beispiel Hugo von Lusignan schon 1232 für zwei Juden des Königs ein Schutzprivileg gegeben habe, sich gegen eine jährliche Abgabe in seinem Gebiet niederzulassen und Geldgeschäfte zu treiben. Allerdings ist gegen eine Herleitung

---

82 Ohne Beleg gibt Germania Judaica II/2, Tübingen 1968, S. 677, an, in Ravensburg sei sowohl Christen wie Juden das Bürgerrecht jeweils auf fünf Jahre erteilt worden.

83 Auch die *coniuratio* der christlichen Bürger war ursprünglich immer, später gelegentlich, auf eine bestimmte Frist beschränkt. Siehe *Ebel* (Anm. 66), S. 14.

84 In St. Gallen zum Beispiel mindesten fünf Jahre: *Gonzenbach* (Anm. 29), 4, S. 48 Nr. 98; in Schaffhausen gemäss einer ins Stadtbuch von 1385 eingetragenen Satzung mindestens zehn Jahre: *Schib* (Anm. 31), S. 118 f. Nr. 205, undatiert. Mancherorts wurde die Aufgabe des Bürgerrechts erschwert; siehe zum Beispiel Sammlung Schweizerischer Rechtsquellen, XVI. Abt.: Die Rechtsquellen des Kantons Aargau, 1. Teil: Stadtrechte, 1. Band: Das Stadtrecht von Aarau, bearbeitet von *Walther Merz,* Aarau 1898, S. 55 Nr. 23, ca. 1410.

85 An verschiedenen Orten kommt auch nach der Mitte des 14. Jahrhundert unbefristetes jüdisches Bürgerrecht vor, so in Augsburg, Germania Judaica III/1 (Anm. 43), S. 43.

86 *Fischer* (Anm. 44), S. 5.

87 *Ziwes* (Anm. 63), S. 120 f.

davon doch wohl einzuwenden, dass dieses ausdrücklich nicht befristet war (*quamdiu voluerint*). Solche Privilegien seien, so Ziwes, kurz nach der Vertreibung der Juden aus Frankreich 1306 erstmals am Rand des Reichs, in der Dauphiné und im Hennegau aufgetaucht. „Es deutet also einiges darauf hin, dass Balduin – und mit ihm vielleicht auch einige weitere Adelige und Landesherren – mit der Ankunft der aus Frankreich vertriebenen Juden deren alte Schutzbriefe einfach erneuert und auf diese Weise am Mittelrhein eingeführt haben, wo sie sich dann innerhalb weniger Jahrzehnte zum festen Bestandteil des territorialen und schliesslich auch des städtischen Judenschutzes entfalteten". Die Schutzbriefpraxis sei wahrscheinlich „Importgut der aus Frankreich zugewanderten Juden"[88].

In diesem Zusammenhang von Interesse ist es, dass eine abweichende Form der Bürgeraufnahme auf Widerruf einer Jüdin samt Söhnen und Töchtern mit deren Familien durch Meier, Rat und Gemeinde des Städtchens Biel schon am 26. Mai 1305 erfolgt ist. Das ihnen verliehene Bürgerrecht wurde nicht demjenigen der Bieler Christen gleichgestellt, sondern dem Bürgerrecht anderer Juden in Alemannien [...] *ex nunc in antea recipimus in burgensium libertatem, in omni jure et consuetudine bona, qua alii Judei, qui sunt in regno Allimanie et commorantur* [...]. Weiter wurde dieses Bürgerrecht zwar auf so lange verliehen, als die Juden in Biel bleiben wollten, *quamdiu ipsis placuerit nostra commoratio,* aber zugleich wurde daran erinnert, dass es dem Basler Bischof freistehe, die Juden wegzuweisen, wann es ihm gefalle: *eosdem Judeos, cum placuerit, licentiari potest et repellere a villa nostra Bielle*[89]. Die Stadt verpflichtete sich für diesen Fall, während eines Jahres und sechs Wochen den Juden die Abwicklung ihrer Guthaben und Geschäfte zu gestatten, und versprach, sie auch danach nach Kräften weiterhin als ihre Bürger bei der Eintreibung der Schulden zu unterstützen gegen alle ausser den König und den Bischof von Basel[90]. Dies verdeutlicht, dass die Beschränkung des Bürgerrechts auf Widerruf nicht ein Anliegen des Rats war, sondern der Rücksicht auf die Befugnisse des Stadt- und Judenherrn entsprang.

Die Befristung des Bürgerrechts der Juden in den Städten, die sich ja in Worms noch nicht findet, braucht nicht auf französischen Import zurück-

---

88 *Ziwes* (Anm. 63), S. 191 f.

89 Fontes rerum Bernensium 4, Bern 1889, 217–220 Nr. 187. Biel, 26. 5. 1305.

90 Ibidem: *Post cuius licentiam ipsos Judeos per annum unum et sex hebdomadas debebimus in pristino jure conservare, ut interim debita sua recolligant et de rebus suis ordinent, que ipsis fuerint oportuna; nec dicto termino ad prestandam pecuniam nobis poterimus coartare. Item si infra terminum anni unius, quo nobiscum commorantur, dicti Judei sua debita nequibunt colligere, nos tunc de alio loco ad nos venerint vel nuntios suos transmiserint, ipsos defendere et ut nostros burgenses manutenere pro nostro posse promittimus contra omnes, sine dolo, salva regali et episcopali Basiliensi potestate.*

zuführen sein, sondern könnte eher mit jenen Privilegien zusammenhängen, durch welche die Städte selbst bloss eine zeitlich befristete Erlaubnis der Judenschutzherren erhielten, eine Anzahl Juden bei sich aufzunehmen. Der König und von ihm mit dem Judenschutz Beauftragte haben solche befristeten Privilegien erteilt. In Köln nahm zum Beispiel Erzbischof Konrad am 27.4. 1252 die Juden auf die Dauer von zwei Jahren in seinen Schutz[91]. Auch die Städte wurden nur befristet mit dem Judenschutz beauftragt.

Neben der zeitlichen Beschränkung nach oben enthielten die Judenbürgeraufnahmen oft auch die Vereinbarung einer Mindestverweilzeit. Schon die vereinbarte Befristung der Bürgerrechtserteilung konnte als solche interpretiert werden, deshalb wurde in den Judenurkunden häufig explizit das Recht eingeräumt, unter Beachtung gewisser Fristen auch während der vereinbarten Laufzeit wegzuziehen. Aus der zeitlichen Begrenzung des Schutzes folgt, dass das jüdische Bürgerrecht nicht erblich sein konnte, obwohl es dies früher in Worms offenbar gewesen war, während bei Christen in einigen Städten zwischen geborenen und aufgenommenen Bürgern unterschieden wurde[92]. Unter die zeitliche Begrenzung kann auch gerechnet werden, dass der Rat ausdrücklich von seinem Hilfsversprechen Klagen ausnahm, die im Zeitpunkt des Bürgerrechtserwerbs bereits hängig waren.

b) Fehlen politischer Partizipation

Nirgends haben die Juden städtische Ämter übernehmen können. Der schon im alten Kirchenrecht verankerte Grundsatz der Unfähigkeit der Juden, über Christen Amtsgewalt auszuüben, ist insbesondere seit dem IV. Laterankonzil 1215 im Zuge einer von kirchlicher Seite betriebenen schärferen Abgrenzung immer wieder in Erinnerung gerufen worden[93]. Er ist auch ins weltliche Recht eingedrungen[94]. Dass mit dem jüdischen Bürgerrecht keinerlei politische Partizipation verbunden war, ist bekannt. Besonders dieses Fehlen der Wahl- und Amtsfähigkeit ist von der älteren Forschung als Hauptbeleg für die These eines grundsätzlich minderen oder gar inhaltslosen Bürgerrechts der Juden angeführt worden. Für Christen

91 *Lau* (Anm. 48), S. 179.

92 Siehe insbesondere *Julius Kirshner*, Paolo di Castro on „cives ex privilegio": A Controversy over the Legal Qualification for Public Office in Early Fifteenth-Century Florence, in: Renaissance Studies in Honor of Hans Baron, hg. von Anthony Molho und J. A. Tedeschi, Florence 1971, S. 227–246.

93 Canon 67: Ne Iudaei publicis officiis praeficiantur, in: Conciliorum oecumenicorum decreta, hg. von Joseph Alberigo u. a., 3. Auflage, Bologna 1973, S. 266.

94 *Kisch* (Anm. 26), S. 300 f. (hier insbesondere Johann von Buchs Glosse zum Sachsenspiegel).

war das Bürgerrecht Voraussetzung für aktives und passives Wahlrecht. In Zürich zum Beispiel wurde schon im 1. Geschworenen Brief von 1336 ausdrücklich bestimmt, in den Rat dürften nur eingesessene Bürger gewählt werden[95]. Allerdings stellt sich die Frage, ob die hohe Wertung der politischen Partizipationsmöglichkeiten als Hauptinhalt des Bürgerrechts dem spätmittelalterlichen Bürgerbegriff tatsächlich angemessen ist. Mit Bezug auf italienische Verhältnisse hat Peter Riesenberg die These vertreten, das Hauptinteresse eines Bürgers am Bürgerrecht sei nicht dessen Charakter als Vorbedingung für politische Rechte gewesen, sondern *those benefits of citizenship which advanced his and his family's social status, facilitated his business life, gave him an edge over the resident noncitizen within the walls and which protected him as he maintained banking or commercial operations abroad*[96]. Alle die hier aufgezählten Vorteile stellte auch das jüdische Bürgerrecht in Aussicht. Der Übergang von einer legalistisch-normativen zu einer realistischen Bewertung relativiert die Beschränkung des jüdischen Bürgerrechts auch in der fortbestehenden Amtsunfähigkeit insofern, als nur für einen oft geringen Teil auch der christlichen Bürger diese politische Partizipation sich tatsächlich mit dem Bürgerrecht realisierte, für alle übrigen stand sie bestenfalls im Potativ und konnte schon deshalb nicht das Hauptinteresse darstellen. Auch für Christen ist zudem die Amtsfähigkeit von *cives ex privilegio*, um die es sich ja bei Juden in jedem Falle handelte, durchaus diskutiert und an einigen Orten auch verworfen worden[97]. Ohnehin ist die Vorstellung falsch, jedermann habe sich in die Ämter gedrängt. Bussandrohungen für Amtsverweigerung sprechen eine andere Sprache[98]. Ausserdem ist darauf hinzuweisen, dass in vielen Städten eine unterschiedlich differenziert ausgeformte jüdische Ämterorganisation relativ autonom neben die christlichen Institutionen trat. In grossen Städten mit bedeutenden jüdischen Gemeinden konnten diese den städtischen nachgebildete Institutionen mit Judenrat, jüdischer Gerichtsbarkeit und religiösen Gemeindeämtern einen Ersatz für die mangelnde Amtsfähigkeit für christliche Ämter bieten[99]. Aufgrund des Cherem ha-Jischuw,

---

95 Quellen zur Zürcher Zunftgeschichte, bearbeitet von *Werner Schnyder*, 2 Bde., Zürich 1936, Bd. 1, S. 17, o; S. 19, t. Nach dem 4. Geschworenen Brief von 1489 war mindestens zehnjährige Sesshaftigkeit in Zürich Voraussetzung, ebd. S. 136 Nr. 166 n.

96 *Peter Riesenberg*, Citizenship at Law in Late Medieval Italy, in: Viator 5 (1974), S. 333–346, 335 f. Allerdings geht meines Erachtens Klaus Lohrmann zu weit mit der Formulierung, „dass das Problem der fehlenden ‚Ratsfähigkeit' der Juden mit der Frage ‚Jude und Bürger' nichts zu tun hat [...]"; *Lohrmann* (Anm. 3), S. 453.

97 *Kirshner* (Anm. 92).

98 Schon im 13. Jahrhundert droht eine Ratssatzung von Worms bei Amtsverweigerung sogar den Verlust des Bürgerrechts an: *Kohler* (Anm. 22), S. 11, Art. 15. Siehe auch 37 Art. 129. Siehe zum Beispiel auch Sammlung Schweizerischer Rechtsquellen (Anm. 84), S. 55 Nr. 23, ca. 1410, sowie den Bürgereid, ibidem, 152.

99 So schon *Kisch* (Anm. 23), S. 101.

des Gemeindebanns, konnten einige jüdische Gemeinden sogar selbständig den Zuzug von Juden unterbinden[100].

4. Die Wiederansiedlung nach der Katastrophe

In der Entwicklung des jüdischen Bürgerrechts zum Judenbürgerrecht könnte die Katastrophe der Mitte des 14. Jahrhunderts eine Rolle gespielt haben. Die Meinung von František Graus, bei der Wiederaufnahme von Juden nach der Pogromwelle 1348–1350 habe man diese in den deutschen Städten nicht mehr als Bürger, sondern nur noch als „zeitweilig geduldete Einwohner" angesehen[101], resümierte 1985 den Forschungskonsens, der seit den „Studien zur Wiederaufnahme der Juden durch die deutschen Städte nach dem schwarzen Tode" von Ellen Littmann aus dem Jahr 1928 kaum mehr in Frage gestellt worden war. Schon Littmannn hatte der Bezeichnung der Juden als „Bürger" und der Eintragung von Juden ins Frankfurter Bürgerbuch zum Jahr 1363 und später nur noch rein formale Bedeutung beigemessen[102]. Gerhard Dilcher hat, das Frankfurter Beispiel (um 1360) verallgemeinernd, 1991 formuliert: „Die Stellung der Juden in der Stadt verschlechterte sich [...], von der Gleichberechtigung im Bürgerrecht, die es zunächst häufig gab, zu einer geminderten, unterhalb des vollen Bürgerrechts stehenden Rechtsposition der Juden, der Judenstättigkeit"[103]. Diese „Stättigkeit" wurde nur auf eine Anzahl Jahre auf Abruf erteilt. Jüngst hat auch Michael Toch im Judenbürgerrecht seit der Wende des 13. zum 14., vor allem aber seit der Mitte des 14. Jahrhunderts eine Zusammenfassung der städtischen Tendenzen zur Unterordnung der Juden gesehen und – wohl eine These Friedrich Battenbergs aufnehmend – erwogen, ob dies auf den Anstoss der Juden selbst zurückgehe, die in den Verfolgungen dieser Zeit erkennen mussten, dass weder König noch Territorialherren, sondern allein die Stadtobrigkeiten noch einen wirksamen Schutz gewährleisten konnten[104]. Aufgrund des Beispiels der Registrierung jüdischer Neubürger in den Bürgerrollen von Colmar hat hingegen Gerd

100 *Mentgen* (Anm. 63), S. 122 beziehungsweise *Graus* (Anm. 20), S. 252 Anm. 24; *Ziwes* (Anm. 63), S. 187.

101 *František Graus,* Judenfeindschaft im Mittelalter. In: Antisemitismus. Von der Judenfeindschaft zum Holocaust, hg. von Herbert A. Strauss und Norbert Kampe. Frankfurt / New York 1985, S. 29–46.

102 *Ellen Littmann,* Studien zur Wiederaufnahme der Juden durch die deutschen Städte nach dem Schwarzen Tode, Breslau 1928, S. 28.

103 *Gerhard Dilcher,* Die Stellung der Juden in Recht und Verfassung der mittelalterlichen Stadt, in: Judentum im deutschen Sprachraum, hg. von Karl E. Grözinger, Frankfurt am Main 1991, 17–35, 25. Vor der zweiten Judenschlacht 1360 gab es in Frankfurt jüdisches Bürgerrecht, danach nur noch „Judenstättigkeit". Erste entsprechende Urkunde 1366.

104 *Toch* (Anm. 3), S. 52.

Mentgen 1995 diesem Forschungskonsens widersprochen[105], und sein Lehrer Alfred Haverkamp hat diesen namentlich gegen František Graus gerichteten Widerspruch verallgemeinert und aufgrund der Aufnahme von Juden ins Bürgerrecht eine „weitreichende rechtliche Gleichstellung der Juden mit christlichen Bürgern" postuliert[106].

Mir scheint jedoch, bei der Wiederansiedlung von Juden sei die schon vorher auftretende Form der zeitlich befristeten Bürgerrechtsverleihung praktisch zur Norm geworden. Die Juden waren tatsächlich nur noch auf Zusehen hin geduldet, so lang die Bürger wollen, wie es im 1381 angelegten Judenzinsbuch der Stadt Nürnberg heisst[107]. Friedrich Battenberg hat die These formuliert, nach der Erfahrung der Preisgabe der Juden durch ihren Schutzherrn Karl IV. habe eine Sicherung ihrer Existenz nur noch durch limitierte Einzelverträge, durch isolierte Schutzbriefe erfolgen können[108]. Da ein wesentliches Element des Judenbürgerrechts im Schutzversprechen der betreffenden Stadt bestand, kann dieses als eine Form solcher isolierter Schutzbriefe definiert werden. Begünstigt wurde diese Entwicklung dadurch, dass die Könige seit Karl IV. in grosser Zahl den Städten Privilegien erteilten, welche ihnen gleichfalls auf einige Jahre befristet erlaubten, Juden aufzunehmen.

Der Inhalt dieser Schutzbriefe ist in den Grundzügen überall derselbe: Aufnahme eines Juden samt Haushaltsangehörigen auf eine Anzahl Jahre ins Bürgerrecht; Festlegung eines Steuerbetrags und allenfalls einer Aufnahmegebühr (Bürgergeld); Schutz- und Geleitversprechen; Erlaubnis oder sogar Pflicht zur Geldleihe; Regelung von Höchstzinssätzen, oft nur bei städtischen Schuldnern, zuweilen unterschiedlich für städtische und fremde beziehungsweise ländliche Schuldner; Regelung der Pfandverwertung; Regelung des Abzugs. Dazu konnten weitere Vereinbarungen kommen. Recht häufig wurden Einzelheiten des Gerichtsstands und des Zeugenbeweises festgelegt. Zuweilen wurde ausdrücklich zugesichert, dass Juden nicht höher gebüsst und nicht schärfer bestraft werden sollten als Christen[109]. Manchmal wurde bestimmten Juden ein Monopol der Geldleihe durch das Versprechen eingeräumt, keine weiteren Juden oder keine Lombarden aufzunehmen. Zuweilen wurde aber umgekehrt gerade die Freiheit der Stadt betont, weitere jüdische Geldverleiher aufzunehmen[110]. Gelegentlich verpflichtete der das Bürgerrecht gewährende Stadtrat den jüdi-

105 *Mentgen* (Anm. 63), S. 191 Anm. 423.

106 *Haverkamp* (Anm. 7), S. 131. *Mentgen* (Anm. 17), S. 408–410, hat in dieser Sache nochmals nachgedoppelt.

107 *Toch* (Anm. 3), S. 55.

108 *Battenberg* (Anm. 64), S. 138.

109 Staatsarchiv Schaffhausen, UR 1254, 17. 3. 1391.

110 So in Biel: Fontes rerum Bernensium 4, Bern 1889, 217–220 Nr. 187, 26. 5. 1305.

schen Neubürger dazu, ihm jährlich eine bestimmte Summe zu bestimmten Konditionen darzuleihen. Vereinzelt wurde der Grundbesitzerwerb ausdrücklich gestattet oder umgekehrt eingeschränkt oder verboten. Seit der Wiederansiedlung nach der Katastrophe in der Mitte des 14. Jahrhunderts hat auch die Tendenz zur topographischen Segregation zugenommen, etwa durch Beschränkung der jüdischen Ansiedlung auf wenige Häuser[111] beziehungsweise durch Abgrenzung jüdischer Siedlungsbereiche[112]. Oft wurde Ansässigkeit mit eigenem Rauch vereinbart. Auch finden sich Regelungen über das Tragen des Judenflecks[113]. Manchmal wurden freie Ausübung des Kultes, Versorgung mit geschächtetem Fleisch, mit koscheren Backwaren, überhaupt feiler Kauf speziell zugesichert[114]. Bei der Aufnahme einer Anzahl Juden in Schaffhausen hat der Rat auch gestattet, zweimal jährlich zusammen mit fremden Juden und Schülern *Schul und Capitul* zu halten[115]. Auch die Aushändigung des Erbes verstorbener Juden wurde zuweilen geregelt[116].

5. Welche Vorteile brachte das Bürgerrecht den Juden?

Diese Frage kann nur beantwortet werden, wenn die Unterschiede der Situation von Juden mit und ohne Bürgerrecht herausgearbeitet werden. Es ist bisher meines Wissens nicht gelungen, am selben Ort zur selben Zeit unter den ansässigen Juden Bürger und Nichtbürger festzustellen[117]. Grundsätzlich ist festzuhalten, dass die skizzierte Privilegierung keineswegs auf Juden beschränkt war, denen auch zugleich das Bürgerrecht verliehen wurde. Auch ohne Bürger zu werden, erhielten Juden vielenorts dieselben Vorrechte vertraglich zugesichert.

Vielleicht ist häufig vorschnell von einem blossen Schutzbrief auf ein Judenbürgerrecht geschlossen worden. Die Probleme können an der Privile-

---

111 So in Nürnberg; siehe dazu *Valentin Groebner,* Oekonomie ohne Haus. Zum Wirtschaften armer Leute in Nürnberg am Ende des 15. Jahrhunderts (Veröffentlichungen des Max-Planck-Instituts für Geschichte 108), Göttingen 1993, S. 210. Solche Beschränkungen auf eine bestimmte Anzahl Häuser gab es aber auch schon vor der Mitte des 14. Jahrhundert, so schon 1338 in Trier (höchstens 50 Häuser) und 1341 in Köln; siehe Alfred *Haverkamp,* Die Juden im mittelalterlichen Trier, in: Kurtrierisches Jahrbuch 19 (1979), S. 5–57, 20.

112 Siehe dazu *Gilomen* (Anm. 38).

113 So in Schaffhausen, *Ulrich* (Anm. 4), S. 463; Urkundenregister (Anm. 42), S. 238, 29. 5. 1435.

114 Zum Beispiel in Biel: Fontes rerum Bernensium 4, Bern 1889, 217–220 Nr. 187, 26. 5. 1305. Zu Ausübung von Religion und Kult siehe die folgende Anm. 115.

115 *Ulrich* (Anm. 4), S. 463; Urkundenregister (Anm. 42), S. 238, 29. 5. 1435.

116 *Ulrich* (Anm. 4), S. 465; Urkundenregister (Anm. 42), S. 238, 29. 5. 1435.

117 Der Versuch von *Overdick* (Anm. 80), S. 132–154, für Konstanz ist auf Kritik gestossen bei *Burmeister* (Anm. 41), 2, S. 60.

gierung der Juden in Zürich dargelegt werden. 1335 wurde hier beschlossen, wenn künftig ein Jude in die Stadt ziehen wolle, solle er vor den Rat gehen; wolle dieser ihn aufnehmen, *so sol man in ze burger enpfahen als ander Juden*[118]. Zu zahlen hatte er dafür 10 Mark und ebensoviel bei einem späteren Abzug. Nach den Pogromen gab der Rat 1354 dann ein kollektives Judenprivileg, und zwar das „früheste und wohl auch markanteste Beispiel“[119]. Er beurkundete, *das wir all Juden vnd Jüdinne, die in vnser Stat mit husrecht wonhaft sind vnd by vns beliben vnd sitzen wellent, in vnseren schutz genomen vnd empfahen hand, vnd hand mit guoten trüwen gelopt, jr Lip vnd ir Guot ze schirmen als ander vnser ingeseßnen Burger, an all geverd*[120]. Nach der üblichen Interpretation ist aus der Zusage, sie *als ander vnser ingeseßnen Burger* zu schützen, zu schliessen, hier seien alle in Zürich wohnhaften Juden kollektiv ins Bürgerrecht aufgenommen worden[121]. Das würde bedeuten, dass individuelle Bürgeraufnahmen dann eigentlich überflüssig gewesen wären. Es wäre jedoch auch möglich, dass der Passus hier nur sagen will, dass die Juden in gleicher Weise geschützt werden sollen wie Bürger. In einer Urkunde des Rats von Schaffhausen von 1435 heisst es an der entsprechenden Stelle, man wolle sie schützen *zu gleicher weiß als unser eingesessen geschworne burger*[122]. Zu beachten ist, dass in der Zürcher Urkunde von der Steuer der Juden nicht gesprochen wird. Drei Jahre später, 1357, verbriefte der Rat, *das wir Gemelin vnd Pondit, die Juden von München, Gebrüedere, vnd darzuo all Juden vnd Jüdinne, die in vnser Stat mit husrecht wonhaft sind vnd bi vns beliben vnd sitzen wellent, in vnsern schirm genomen vnd empfangen hand, vnd hand mit guotem trüwen glopt, jr lip vnd guot ze schirmen als ander vnser ingesessen Burger, an all geverd*[123]. Unter anderem wird bestimmt, die Juden müssten in den nächsten vier Jahren weder Steuer noch Dienste leisten. Unter deutlicher Verwendung des Formulars von 1354 wurde hier eine individuell erteilte Zusicherung mit einer an alle Juden Zürichs gerichteten verbunden. Handelte es sich dabei tatsächlich um eine formelle Aufnahme

118 Die Zürcher Stadtbücher (Anm. 28), S. 87 Nr. 226, 17. 10. 1335.

119 *Burmeister* (Anm. 41), Bd. 2, S. 51.

120 *Ulrich* (Anm. 4), S. 382–384; Urkundenregesten des Staatsarchivs des Kantons Zürich 1336–1369, bearbeitet von *Dieter Brupbacher* und *Erwin Eugster*, Zürich 1987, S. 217 Nr. 1034, 25. 2. 1354.

121 Siehe dagegen den meines Erachtens richtigen Ansatz bei *Burmeister* (Anm. 41), 2, S. 59 f. In einem kollektiven, auf zehn Jahre befristeten Bürgerprivileg der Stadt Köln von 1384 wird die je individuelle Regelung der Abgaben für neu zuziehende Juden erwähnt; *Kurt Bauer*, Judenrecht in Köln bis zum Jahre 1424 (Veröffentlichungen des Kölner Geschichtsvereins 26), Köln 1964, S. 102.

122 In dieser Urkunde wird explizit eine Anzahl Juden *als unser eingesessene burger* aufgenommen, *Ulrich* (Anm. 4), S. 462; Urkundenregister (Anm. 42), S. 238, 29. 5. 1435.

123 *Ulrich* (Anm. 4), S. 384 f.; Urkundenregesten (Anm. 120), S. 248 Nr. 1202, 14. 9. 1357.

ins Bürgerrecht sowohl individuell für Gemelin und Pondit wie kollektiv für alle anderen Juden? Eine Urkunde von 1377 verwendet dann ein ganz anderes Formular. Hier verbrieft der Rat, *das wir Eberhart den Juden vnd sin Gesind, als si gewonlich mit jm vber sin tisch gand an geverd ze Burgern empfangen vnd in vnsern schirm genomen hand, also das er bi vns in vnser Stat wonhaft sin vnd beliben sol, vnd hand ouch mit guoten trüwen gelopt, den selben Eberharten vnd das vorgeseit sin gesinde ze schirmen als ander vnser ingesessen Burger*[124]. Von diesem seinem Bürgerrecht solle er in den nächsten fünf Jahren jährlich 15 Gulden als Steuer geben. Nach Ablauf dieser Frist wolle man mit ihm über die Steuer eine neue Übereinkunft treffen. Alle späteren Aufnahmen von Juden als Bürger 1378, 1379, 1381, 1383, 1384, 1385, 1387, 1388, 1390, 1393, 1394, 1396, 1414, 1418, 1419 folgen diesem Formular[125]. Bedeutet dies eine Verschlechterung von einem zunächst kollektiven und unbefristeten zu einem individuellen und befristeten Bürgerrecht? Kann man nur dann von einem Judenbürgerrecht sprechen, wenn eine Aufnahme wie im hier gegeben Formular explizit ausgesprochen wird? Eine sehr ähnlich Formulierung wurde etwa auch 1440 in Winterthur verwendet[126]. Auch schon die Bieler Urkunde von 1305 hatte die Bürgeraufnahme explizit genannt[127].

Wenn nun aber ein blosses Schutzprivileg dieselben Rechte gewährte wie eine formelle Bürgeraufnahme, dann ist man tatsächlich versucht, mit Otto Stobbe und ihm folgend Karl Heinz Burmeister den radikalen Schluss zu ziehen, bei den individuellen Bürgeraufnahmen gehe es nur um die Unterscheidung von ansässigen und fremden Juden[128].

Neben negativen Aspekten des Judenbürgerrechts gegenüber dem früheren jüdischen Bürgerrecht, die doch wohl entgegen neuerer Thesen im Spätmittelalter deutlich eine Verschlechterung des Rechtsstatus der Juden aufzeigen, sind auch positive herausgestellt worden, insbesondere dass der von den Städten gewährte Schutz in der Regel vielseitig und effektiv war[129]. Er

---

124 *Ulrich* (Anm. 4), S. 385; Urkundenregesten des Staatsarchivs des Kantons Zürich, 2. Band: 1370–1384, bearbeitet von *Martin Lassner,* Zürich 1991, S. 124 Nr. 2496, 19. 12. 1377.

125 *Ulrich* (Anm. 4), S. 387–433; Urkundenregesten (Anm. 124), S. 124 f. Nr. 2496.

126 *Ulrich* (Anm. 4), S. 441 f., hier fälschlich auf 1340 datiert. Richtigstellung bei *Werner Schnyder,* Quellen zur Zürcher Wirtschaftsgeschichte, 2 Bde., Zürich 1937, hier Bd. 1, S. 572.

127 Siehe oben Anm. 89.

128 *Burmeister* (Anm. 41), 2, S. 60. *Otto Stobbe,* Die Juden in Deutschland während des Mittelalters in politischer, sozialer und rechtlicher Beziehung, Braunschweig 1866 (3. Auflage 1923, Neudruck Amsterdam 1968), S. 39. Darauf deutet auch ein Eintrag in den Zürcher Stadtbüchern (Anm. 28), S. 320 Nr. 142, hin, wo *von der Juden wegen, die in der statt wonhaft und ze burger genomen sint, si haben brief ald nit"* die Rede ist und diese in Gegensatz zu fremden Juden gestellt werden.

129 *Toch* (Anm. 3), S. 55.

umfasste Schutz und Hilfe vor fremden Gerichten, fremder Besteuerung, vor Beraubung, Haft und Lösegeldforderungen und gewährte Hilfe bei der Eintreibung von Forderungen innerhalb und ausserhalb der Stadt[130]. In der Zusage von Hilfe nicht nur innerhalb der Stadt, sondern auch auswärts, hat man vereinzelt einen Unterschied zwischen Hintersassen und Bürgern sehen wollen[131]. Dass dieser Schutz und diese Hilfe tatsächlich geleistet wurden und erfolgreich waren, lässt sich in vielen Einzelfällen erweisen. Besonders häufig waren nachdrückliche Interventionen zur Eintreibung von Schulden[132]. Aber auch bei persönlichen Übergriffen auf die Judenbürger haben sich die Städte für sie verwendet. So hat sich etwa Basel 1385 für seine von den Markgrafen von Hochberg gefangenen und um ein Lösegeld erpressten Judenbürger erfolgreich eingesetzt[133].

Mit dem Bürgerrecht konnten weitere konkrete Vorteile verbunden sein. So die bevorzugte gerichtliche Stellung einem blossen Gast gegenüber[134]. In Zürich hatten die Juden nach einer Überschwemmung ihres Friedhofs eine neue Ruhestätte für ihre Toten errichtet und vom Rat 1381 die Erlaubnis erhalten, dort einheimische und fremde Juden zu begraben[135]. Das rief aber den Widerstand des Konstanzer Bischofs hervor, der das Interdikt verhängte und erst Ende 1383 auf Bitten des Rates hin die Erlaubnis zur bereits erfolgten Neuanlage erteilte, mit der Bedingung, dass ohne besondere Bewilligung des Rats keine fremden, sondern nur in Zürich verburgrechtete und verstorbene Juden hier begraben werden dürften[136]. Formal verschaffte hier das Bürgerrecht in dieser Frage also den Juden eine Bevorzugung; ursprünglich hatte der Rat jedoch jene Juden, die zu den Kosten des neuen Friedhofs beigetragen hatten, bevorzugt behandelt sehen wollen, was doch wohl bedeutet, dass wesentliches Unterscheidungskriterium nicht das formale Bürgerrecht, sondern praktisch wohl die Ansässigkeit war[137]. In Basel verlangte der Rat 1394 bei seiner Erlaubnis, einen neuen Judenfriedhof an-

130 Siehe als beliebiges Beispiel Urkundenbuch der Abtei Sankt Gallen 5, bearbeitet von *Placidus Bütler* und *Traugott Schiess,* St. Gallen 1904, S. 439 Nr. 3326, 6. 2. 1326: Konstanz setzt sich für die Eintreibung von Guthaben der Konstanzer Jüdin Jencle in St. Gallen ein. Ob aufgrund eines Bürgerrechts, geht allerdings nicht aus dem Regest hervor.

131 So für Konstanz *Overdick* (Anm. 80), S. 137, nach *Peter Meisel,* Die Verfassung und Verwaltung der Stadt Konstanz im 16. Jahrhundert (Konstanzer Geschichts- und Rechtsquellen 8), Konstanz 1957, S. 74, 64.

132 Siehe zum Beispiel den Einsatz Esslingens in den 1440er Jahren; *Overdick* (Anm. 80), S. 144 f.

133 Urkundenbuch der Stadt Basel, Bd. 5, Basel 1900, S. 63 f. Nr. 57, 30. 7. 1385.

134 So in Konstanz 1431: *Overdick* (Anm. 80), S. 138.

135 Urkundenregesten (Anm. 124), S. 200 Nr. 2807 (= StAZ CI Nr. 292, Zürich 1. Okt. 1381).

136 *Ulrich* (Anm. 4), S. 434–438; Urkundenregesten (Anm. 124), S. 225 Nr. 2912, Klingnau 2. 11. 1383 (= StAZ C II 11 Nr. 511).

137 Die Zürcher Stadtbücher (Anm. 28), S. 269 Nr. 72, 17. 5. 1382.

zulegen, dass von in Basel ansässigen Begrabenen nur ein halber, von fremden Juden aber ein ganzer Gulden an die Stadt zu zahlen sei[138].

Wenn sie sich auch nicht immer daran hielten, so haben die Stadträte doch in der Regel die vereinbarten Laufzeiten der Burgrechtszusagen eingehalten. Als man in Freiburg die Verschuldung durch Darlehen durch Wegweisung der Juden bekämpfen wollte, beschloss der Rat 1428, erst nach Auslauf des Bürgerrechts der ansässigen Juden keine neuen mehr aufzunehmen[139].

Die Regelung des Abzugsrechts der Juden am Ende der vereinbarten Frist war vielleicht nicht nur im Hinblick auf die Liquidation der Kreditverhältnisse von Bedeutung. Die Vorstellung von der Solidargemeinschaft der Bürger hatte vielenorts auch dazu geführt, von abziehenden Bürgern einen Beitrag an die städtischen Schulden als Abzugsgeld einzufordern, mit der Begründung, diese Schulden lasteten auf allen Bürgern anteilmässig[140]. Auch beim Abzugsgeld ist jedoch festzustellen, dass bei Juden ihr Status als Bürger offenbar keinen Unterschied machte.

Jüdisches Bürgerrecht in mehreren Städten konnte die Vorteile offenbar potenzieren. Vielfach begegnen auch Juden nacheinander im Bürgerrecht unterschiedlicher Städte, doch ist vereinzelt auch gleichzeitiges jüdisches Doppel- und Mehrfachbürgerrecht belegt. Das Recht, auch in anderen Städten Bürgerrecht zu haben, räumte der Rat von Schaffhausen den von ihm 1435 als sesshafte Bürger aufgenommenen Juden explizit ein[141]. Ein solches Zugeständnis ist nun nicht gerade ein Beleg dafür, dass für den Schaffhauser Rat das Judenbürgerrecht nur Ansässigkeit bedeutete.

Auf einen Inhalt darüber hinaus deutet auch die Verwendung des Bürgerbegriffs in einer Auseinandersetzung um den herausragenden jüdischen Geldhändler Salomon von Schaffhausen hin. Salomon war in Schaffhausen Bürger geworden, hatte sich aber dann mit der Stadt überworfen und war von dieser gefangengesetzt worden. In diese Auseinandersetzung schalteten sich als Vermittler die Zürcher Heinrich Göldli, Vogt zu Andelfingen, Heinrich Wyss und Heinrich Stapfer, des Zürcher Rats, und Ulrich Maier,

138 Urkundenbuch Basel (Anm. 133), S. 213 f. Nr. 204, 23. 6. 1394.

139 *J. J. Amiet,* Die französischen und lombardischen Geldwucherer des Mittelalters namentlich in der Schweiz, in: Jahrbuch für Schweizerische Geschichte 1 (1876), S. 177–255; 2 (1877), S. 141–328, hier 2, S. 259.

140 Ich nenne als Beispiel eine Schaffhauser Satzung von 1356: *Schib* (Anm. 31), S. 39 Nr. 61, 9. August 1356. Der Rat hat diese Solidarhaftung an der städtischen Schuld allerdings auch auf Nichtbürger ausgedehnt, als er zum 7. Sept. 1368 anordnete, wenn ein Fremder innerhalb der städtischen Gerichte erbe und das Ererbte wegführen wolle, [...] *daz uns die lantlüt von dem selben guot sont helffen gelten an unser schulden, die wir denne sont, so vil als sich daran gezühen mag von dem guot, daz si von uns ziehend* [...]; Ibidem, S. 52 Nr. 86.

141 *Ulrich* (Anm. 4), S. 465; Urkundenregister (Anm.), S. 238, 29. 5. 1435.

Schultheiss zu Diessenhofen, ein. In ihrer ersten Vermittlungsurkunde vom 1. Juni 1464 bezeichnen sie den Salomon noch als *der von Schaffhusen ingesessen burger.* Uber die Fortführung dieses Bürgerrechts bestimmen sie folgendes:

Und ob Salmon will, so mogen er und die andern juden die jarzall uß nach irs pactbriefs lut zu Schaffhusen hußhaeblich sin und bliben, daby sy dieselben von Schaffhusen getruwlichen hanthaben, schützen und schirmen soellen. Will aber das sin und der andern juden fueg oder will nit sin, so soellen si ir stür die jarzal usß geben und moegend sich dann nach desselben pactbriefs sage, wenn sy wellen von inen ziehen, der von Schaffhusen halb ungehindert und ungeirt. Und wenn sy sich also von Schaffhusen ziehen, so sollen sy denselben von Schaffhusen den gemelten pactbrieff haruß geben und zu iren handen antwurten, den zuo toeden und abzutun, denn der dannethin craftloß, tod und ab und nieman kain nutz noch kain schad sin sol, alles ungevarlich[142]. Die Bürgerrechtsurkunde wird hier also als Paktbrief bezeichnet; und man hält sie doch immerhin für so wichtig, dass man um ihre Vernichtung besorgt ist. Zürich hat sich der Sache in den folgenden Monaten noch intensiver angenommen. Eine zweite Schlichtungsurkunde geben der Zürcher Bürgermeister Rudolf von Cham und der Ratsherr Felix Oeri am 6. November 1464[143]. Jetzt bezeichnen sie den Salomon aber als ihren Bürger. Dieses Zürcher Bürgerrecht des Salomon kann aber nichts anderes sein als ein Vorwand, um die Intervention der Zürcher zu unterfüttern. Zürich hatte seine Juden schon im Jahr 1436 endgültig vertrieben[144]. Ob Salomon, der nur als Bürger, nicht als eingesessener Bürger Zürichs bezeichnet wird, tatsächlich 1460 nach Zürich, dann 1462 wieder nach Schaffhausen, 1464 wiederum nach Zürich und 1468 über Ulm nach Schwäbisch Gmünd zog, ist sehr unsicher[145].

Welchen Wert haben die Juden selbst ihrem Bürgerrecht beigemessen? War es vor allem ein zusätzlicher Rechtstitel der Städte zur Kontrolle „ihrer“ Juden oder haben die Juden selbst in seinem Erwerb Vorteile erblickt? Von Interesse ist zum Beispiel die Bemerkung des Chronisten Johannes von Winterthur, in Lindau, wo Christen unmässigen Wucher betrieben, hätten sich 1344 fremde Juden erboten, günstigere Darlehen zu gewähren, wenn man sie ins Bürgerrecht aufnehme[146]. Für eine Untersuchung dieser sehr

---

142 Staatsarchiv Schaffhausen, Urk. 2589 I.

143 Staatsarchiv Schaffhausen, Urk. 2589 II.

144 Die Zürcher Stadtbücher des XIV. und XV. Jahrhunderts, Bd. 3, hg. von Hans Nabholz, Leipzig 1906, S. 76 Nr. 81. Die Aufnahme des Juden Smario in ein auf fünf Jahre beschränktes Bürgerrecht, die 1494 verbrieft wurde, war eine zweite Ausnahme.

145 So Germania Judaica III/2 (Anm. 5), S. 1310.

146 *Johannes von Winterthur,* Chronica, hg. von Friedrich Baethgen (MGH Scriptores N.S 3), 1. Auflage Berlin 1955, S. 239 f.

wichtigen Frage fehlen indessen die Vorarbeiten. Nur drei Hinweise dazu: Es müsste untersucht werden, ob und in welchen Zusammenhängen die Juden selbst den Bürgertitel geführt haben. Es ist immerhin merkwürdig, dass in der von ihnen selbst ausgestellten Urkunde vom 31. Januar 1329 die Zürcher Juden Moysse und Gumprecht ihren Bürgerstatus nicht erwähnen, während der Zürcher Rat dies tut, als er am 23. Mai 1332 eine Übereinkunft dieser beiden Juden mit Johann Meiss beurkundet[147]. Hingegen haben sich 1343 Jacob bar Salomo in einer selbst ausgestellten Urkunde als Bürger von Schaffhausen[148], Fifli und seine Schwester Guta 1352, Salman von Ehingen 1385 als Bürger von Zürich bezeichnet[149]. Zweitens: Michael Toch hat völlig zurecht betont, dass die Juden im Mittelalter nie gleichberechtigte Bürger mosaischen Bekenntnisses in einem christlich definierten Gemeinwesen waren und es auch – das ist wohl gerade von Seiten christlicher Historiker zu wenig beachtet worden – nach eigenem Willen nicht sein konnten[150]. Drittens: Offenbar kannte die askenasische Judenheit des Mittelalters kein hebräisches Wort für den Begriff Bürger. Martha Keil hat darauf hingewiesen, dass es keine jüdische Eigenbezeichnung auf Hebräisch für Judenbürger gibt[151]. Christliche einflussreiche Bürger heissen *ironim* beziehungsweise *ironim chaschuwim,* die Juden werden hingegen einfach mit dem Wort für „Leute" bezeichnet[152].

II. Lombarden und Kawerschen

Eine in vielen Aspekten ähnliche Stellung als Sondergruppe im Bürgerrecht wie die Juden hatten die lombardischen d. h. norditalienischen Wucherer und die sogenannten Kawerschen. Sie waren im Geldgeschäft Konkurrenten der Juden. In städtischen Satzungen, welche die Geldleihe betreffen, werden oft Juden und Lombarden beziehungsweise Kawerschen im selben Atemzug genannt. In verschiedenen Gebieten sind Lombarden sogar durch die Juden aus der Geldleihe verdrängt worden, so zum Beispiel im Tirol, wo lombardische Pfandleihbanken in der zweiten Hälfte des 13. und

147 Urkundenbuch der Stadt und Landschaft Zürich, Bd. 11, bearb. von *J. Escher* und *Paul Schweizer,* Zürich 1920, S. 157 Nr. 4196, Zürich 31. 1. 1329; 358 Nr. 4459, Zürich 23. 5. 1332.

148 *Ulrich* (Anm. 4), S. 433, Schaffhausen, 27. 3. 1343.

149 *Ulrich* (Anm. 4), S. 441, 28. 6. 1352; 409, 16. 7. 1385. Beispiele aus Konstanz bei *Overdick* (Anm. 80), S. 138.

150 *Toch* (Anm. 3), S. 34.

151 In der Diskussion anlässlich der eingangs genannten Tagung in Eisenstadt.

152 In den hebräischen Berichten zu den Verfolgungen anlässlich des 1. Kreuzzugs heissen die Patrizier *ironim chaschuwim,* was Brigitte Stemberger mit „einflussreiche Bürger" wiedergibt. Siehe *Gilomen* (Anm. 19), S. 261. Zu diesen hebräischen Bezeichnungen siehe bereits *Fischer* (Anm. 44), S. 37 f.

der ersten Hälfte des 14. Jahrhunderts eine recht bedeutende Rolle spielten. Juden sind hier nicht vor dem endenden 13. Jahrhundert tätig geworden; um 1354 begegnet dann im Tirol die letzte Nachricht von einer lombardischen Leihbank[153].

Hans von Voltelini hat darauf hingewiesen, dass die von den verschiedenen Herren den Lombarden und Kawerschen erteilten Privilegien in Frankreich, den Rheinlanden und im Tirol inhaltlich im Wesentlichen übereinstimmen. Geregelt werden: Schutz durch die Obrigkeit und sicheres Geleit; Gerichtsstand; Steuerfreiheit; Testierfähigkeit; Ausschluss der Haftung von Gesellschaftern bei Delikten eines derselben; Sicherstellung des Vermögens vor Beschlagnahme aufgrund des Wucherverbots; Ausschluss des Zwangs, an den Konzessionsgeber Darlehen zu gewähren; Höhe des Zinsfusses; meist der Ausschluss von Konkurrenten; Beweiskraft der Aussagen beziehungsweise Bücher des Bankinhabers; aussergerichtliche Exekution von Forderungen; Beschränkung der Eigentumsklage auf die Pfänder. Voltelini hat die These aufgestellt: „Diese grosse Übereinstimmung zeigt uns, dass es in Wahrheit ein internationales Lombarden- oder Kawerschenrecht gab“[154]. Dies sei darauf zurückzuführen, dass die Lombarden selbst jeweils Entwürfe für die Urkunden vorgelegt hätten. Tatsächlich ist zum Beispiel die Bürgerrechtaufnahme und Privilegierung der Lombarden Mapheus und Petermann Merlo von 1377 in Solothurn nicht in Form einer Ratsurkunde erhalten, sondern in Form einer Urkunde der betroffenen Lombarden selbst[155]. Auch für Privilegien der Juden kann angenommen werden, dass sie selbst die Formulare lieferten. Allerdings ist zu beachten, dass sich auch in den städtischen Kanzleien dafür Formulare ausbildeten.

Auf unser engeres Thema führt die Beobachtung, dass auch die Lombarden genau so wie die Juden im 14. Jahrhundert geläufig zeitlich befristet ins Bürgerrecht der Städte aufgenommen wurden. Für das Gebiet der Schweiz sind die Quellen bereits durch J. J. Amiet ausgewertet worden[156]. Ganz wie bei den Juden, war auch bei der Ansiedlung der Lombarden der fiskalische Aspekt von Bedeutung. Die Summen, welche die Lombarden für die Aufnahme ins Bürgerrecht bezahlten, bewegten sich in vergleichba-

---

153 *Hans von Voltelini,* Die ältesten Pfandleihbanken und Lombardprivilegien Tirols, in: Beiträge zur Rechtsgeschichte Tirols, Innsbruck 1904, S. 1–69. Als Beispiel der Gleichbehandlung von jüdischem und lombardischem Kredit in Stadtsatzungen nenne ich den ‚Liber consuetudinum et bonorum vsuum Mureti‘ (Murten) um 1400, Art. 34, in: Sammlung schweizerischer Rechtsquellen (Anm. 32), S. 126.

154 *Voltelini* (Anm. 153), S. 57. Beispiel eines weit weniger differenzierten Zürcher Bürgerbriefs für Lombarden in Quellen zur Zürcher Wirtschaftsgeschichte (Anm. 126), Bd. 1, S. 130 Nr. 257.

155 *Amiet* (Anm. 139), Bd. 2, S. 175.

156 *Amiet* (Anm. 139), Bd. 2, S. 141–328.

rer Höhe. Die Parallelen betreffen auch die bei den Juden skizzierte ambivalente Stellung zwischen dem König als Herr der Lombarden und den Städten, in denen sie privilegierte Niederlassung oder Bürgerrecht auf Zeit genossen. Alois Schulte glaubte, bereits Heinrich VII. habe ein Regal über die Lombarden in Anspruch genommen[157]. Dies bleibt jedoch unsicher. Immerhin hat aber sogar schon im Jahr 1269 Graf Philipp von Savoyen als Reichsvikar in Kleinburgund und Defensor Berns von den in dieser Stadt geschäftenden Cahorsinern eine Abgabe von 60 Pfund kassiert[158]. Heinrich VII. verpfändete die Abgaben, welche die Cawertschen Berns für ihre Tätigkeit entrichten mussten, an einen Gefolgsmann auf dem Romzug[159]. Dasselbe tat Herzog Leopold von Österreich 1310 mit den Abgaben der Lombarden von Freiburg im Üchtland[160]. In verschiedenen Urkunden verfügte der König zugleich über die Reichssteuern der Lombarden und der Juden[161]. Die Besteuerung der Lombarden durch den König ist ganz gleich wie diejenige der Juden verliehen und verpfändet worden[162]. Als Pfandschaften gelangten sie auch in den Besitz der Städte[163].

Auch in ihrer rechtlichen Stellung ist eine überraschende Angleichung an diejenige der Juden festzustellen. Die ‚Forma Cauwercinorum' aus der ‚Summa Curiae Regis' deutet bereits auf den Anspruch des Königs auf die Zulassungsbefugnis der Ansiedlung von Lombarden in Reichsstädten hin[164]. König Albrecht I. (1298–1308) verleiht hier einer Reihe von Lombarden auf drei Jahre das Bürgerrecht in einer Reichsstadt (*civitas nostra*)[165]. Schon hier begegnet noch vor den frühesten Beispielen für das befristete Judenbürgerrecht, welche Ziwes genannt hat, das befristete Bürgerrecht auch für Cahorsiner[166]. Der König nennt sie dabei nicht Bürger der Stadt, sondern seine Bürger (*nostri cives*), befreit sie von jedem Dienst und erlaubt ihnen, nach Ablauf der Frist ein weiteres Jahr steuerfrei in der Stadt zu bleiben zur Eintreibung von Schulden und Auslösung von Pfändern. Der Bezug zum Pfandleihgeschäft ist also explizit gegeben.

---

157 *Voltelini* (Anm. 153), S. 58 nach *Aloys Schulte,* Geschichte des mittelalterlichen Handels und Verkehrs zwischen Westdeutschland und Italien mit Ausschluss von Venedig, 2 Bde., Leipzig 1900, hier Bd. 1, S. 308.

158 *Amiet* (Anm. 139), Bd. 1, S. 230.

159 *Amiet* (Anm. 139), Bd. 1, S. 232.

160 *Amiet* (Anm. 139), Bd. 2, S. 219.

161 So König Ruprecht am 7. 1. 1409, *Amiet* (Anm. 139), Bd. 2, S. 187 f.

162 *Amiet* (Anm. 139), Bd. 2, S. 185, Anm. 1, 29. 8. 1361.

163 Zum Beispiel in Freiburg im Üchtland, siehe *Amiet* (Anm. 139), Bd. 2, S. 220.

164 Summa Curiae Regis. Ein Formelbuch aus der Zeit König Rudolf's I. und Albrecht's, hg. von Otto Stobbe, in: Archiv für Kunde österreichischer Geschichts-Quellen 14, 1855, S. 305–385, 373 f. Nr. 304.

165 Das Formularbuch enthält nur Formulare in Ausübung der Königsherrschaft, nicht derjenigen über die eigenen Territorien. Siehe dazu die Einleitung ebd.

166 *Ziwes* (Anm. 63), S. 120 f., 191 f.

Die Gleichsetzung von Juden und Lombarden beziehungsweise Kawerschen spricht Karl IV. dann explizit in einer am 24. Oktober 1358 an die Stadt Zürich gerichteten Urkunde aus. Er gebietet darin dem Rat, da *alle Kawerzin, wuocher vnd Juden vnser vnd des Richs camer dienen vnd gehörn,* solle er den Rudolf von der Wart nicht daran hindern, *das er von vnser vnd des Richs wegen mit in tuon vnd lassen müge vnd jr ouch geniessen, darumb er vns in vnser kamer antwurten muoß, wann wir dem selben Ruodolf all unser vnd des Richs recht zuo verordnen in ewr stat genzlich empfolen haben* [...][167]. Karl IV. nahm hier also ebenso wie die Juden auch die Kawerschen als seine Kammerknechte in Anspruch und wollte deren „Nutzung" dem Reichsvogt in Zürich, Rudolf von Wart, vorbehalten, dem er übrigens mit einer gleichzeitigen Urkunde auch die nächstfälligen Reichssteuern zu bezahlen gebot[168]. Schon Ulrich hat in seinem Druck der Urkunde nach Kawerzin ein Komma gesetzt, interpretierte also die Stelle als Aufzählung dreier Kategorien: Kawerschen und Wucherer und Juden. Dieser Interpretation folgen alle späteren Regesten, auch noch die Urkundenregesten des Staatsarchivs Zürich[169]. Sie bietet aber Probleme. Der Begriff Kawerschen wird in dieser Zeit alternativ mit Lombarden gebraucht und meint die italienischen Geldverleiher. Leute aus Cahors sind in Zürich nie tätig gewesen[170]. Zudem stellt sich die Frage, wer unter der dritten Kategorie, den *wuocher,* neben Kawerschen (d. h. Lombarden) und Juden gemeint sein könnte. Es erscheint mir nicht denkbar, dass Karl damit einheimische christliche Wucherer als Kammerknechte beanspruchen wollte. Dieses Problem stellt sich nicht, wenn man *Kawerzin wuocher* zusammenzieht zu einer einzigen Kategorie neben den Juden. Mit diesen Kawerschenwucherern wären dann jene offenen christlichen Geldverleiher aus Italien gemeint, die sich zum Zweck eben dieser Geschäftstätigkeit für eine bestimmte Zeit in einer Stadt privilegiert aufhielten.

Hans von Voltelini hat einen wesentlichen Unterschied zwischen Lombarden und Juden sehen wollen: Die Juden seien Kammerknechte, weil sie ohne Schutz des Königs rechtlos wären; hingegen „[...] die Lombarden geraten in Abhängigkeit von dem König, weil ihr Gewerbe ein verbotenes ist, weil sie es ohne besondere Genehmigung des Königs oder des Landesherrn

---

167 Zitiert nach dem Druck bei *Ulrich* (Anm. 4), S. 377 f. Regesta Imperii VIII. Die Regesten des Kaiserreichs unter Karl IV. 1346–1378. Neu bearbeitet von *A. Huber,* Innsbruck 1877 (Nachdruck Hildesheim 1968), Nr. 2855, 24. 10. 1358, nach dem Archiv für Schweizerische Geschichte 1 (1843), S. 118 Nr. 135.

168 Regesta Imperii (Anm. 167), Nr. 2854; Urkundenregesten (Anm. 120), S. 265 Nr. 1285. Zur Kammerknechtschaft der Lombarden siehe *Voltelini* (Anm. 153), S. 58.

169 Urkundenregesten (Anm. 120), S. 264 Nr. 1284.

170 Dass es sich bei den Kawerschen um Geldverleiher aus Cahors handelte, wird neuerdings wieder bestritten und deren norditalienische Herkunft behauptet gemäss mündlicher Mitteilung von *Franz Irsigler.*

nicht ausüben dürfen“[171]. In beidem steckt zwar etwas Richtiges und doch erscheint mit beides sehr problematisch. Zum einen: Die Kammerknechtschaft der Juden ist nicht entstanden, als oder gar weil die Juden rechtlos waren. Soweit wir von einer Rechtlosigkeit überhaupt sprechen können, resultiert diese eher aus einem Prozess der Entrechtung, in dem auch die Kammerknechtschaft ein Element darstellte[172]. Zum andern: Auch die Juden bedurften zur Ausübung des Darlehensgeschäfts jeweils einer Genehmigung, eines Privilegs[173]. Gerade diese Übereinstimmung ist die wesentliche Ursache dafür, dass Karl beide Gruppen als Kammerknechte beanspruchte, was das Wort „wuocher“ in der Urkunde, wie immer man es interpretiert, offenlegt.

Wie bei den Juden, so ist oft auch bei den Lombarden die zeitlich befristete Ansiedlung erst auf Bitten des Landesherrn beziehungsweise des Stadtherrn erfolgt. So beurkundet 1336 Graf Conrad von Freiburg, dass Rat und Bürger seiner Stadt Freiburg auf seine Bitte hin gegenüber zwei Lombarden *die gelopt hant ze schirmende als seldere vnd sol der schirm weren 20 jar*[174]. Die Lombarden wurden hier nur zu minderem Recht, als „Selder“ aufgenommen. Graf Eberhard von Kyburg erlaubte und gebot seiner Stadt Thun, mehrere Lombarden auf zwanzig Jahren zu Bürgern aufzunehmen und sie zu schirmen[175]. Hier begegnet übrigens ein Doppelbürgerrecht, indem einer der genannten als Bürger von Asti bezeichnet wird. Doppelbürger in Luzern und Zürich waren auch die lombardischen Gebrüder vom Berg 1363[176].

Auch die Stellung der Lombarden war eine gefährdete, obwohl es sich bei ihnen um Christen handelte. Trotz ihrer Wucherprivilegien und trotz der gängigen Verschleierung der Darlehenszinsen als Verzugsentschädigungen[177] sind auch sie oft wegen Wuchers gebüsst[178], durch Lombarden-

---

171 *Voltelini* (Anm. 153), S. 58.

172 Präzis formuliert *Battenberg* (Anm. 64), S. 134: „Die theologisch begründete Judenknechtschaft wurde in die politisch wirksame Kammerknechtschaft umgesetzt, aus der sich Schutz- und Herrschaftsrechte ableiten liessen und die zu einer fast unerschöpflichen Einnahmequelle gemacht werden konnte“.

173 Zu den Parallelen zwischen lombardischem und jüdischem Wucher siehe auch *Hans-Jörg Gilomen,* Wucher und Wirtschaft im Mittelalter, in: Historische Zeitschrift 250 (1990), S. 265–301.

174 *Amiet* (Anm. 139), Bd. 1, S. 211. Weitere Beispiele (Bingen, Köln); ibidem.

175 *Amiet* (Anm. 139), Bd. 1, S. 248.

176 Quellen zur Zürcher Wirtschaftsgeschichte (Anm. 126), Bd. 1, S. 130 Nr. 257.

177 Siehe dazu *Gilomen* (Anm. 173), S. 265–301.

178 Siehe zum Beispiel *Christopher Vornefeld,* Einheimische und lombardische Wucherer im Frankreich von Charles VI. Eine neue Quelle zur Sozialgeschichte des Wuchers, in: Journal of Medieval History 15 (1989), S. 209–287, der eine Liste von 520 Bussen gegen 491 nordfranzösische Wucherer aus den Jahren 1400 bis 1404 vorstellt, darunter vielen privilegierten Lombarden.

schuldentilgungen enteignet und des Landes verwiesen[179], zuweilen als Sündenböcke hingerichtet worden[180]. Diese Gleichsetzung von Juden und Lombarden zeigt sich zum Beispiel augenfällig in Bern. Im Zuge der Bekämpfung des Wuchers wurden 1427 nicht nur die Juden, sondern gleichzeitig auch die Lombarden aus dieser Stadt vertrieben[181]. Auch die Entehrung traf sie oft gemeinsam: Christliche ebenso wie jüdische Wucherer waren nach einem Zürcher Ratsbeschluss von 1425 verpflichtet, gefangene Diebe im Stock zu bewachen und die Leiter zum Galgen zu bringen, wenn ein Dieb gehängt wurde[182].

Im Unterschied zu den Juden konnten hingegen die Lombarden bei Aufgabe des Geldverleihs das volle Bürgerrecht erlangen, ja sogar, wie etwa in Freiburg im Üchtland, ins Patriziat aufsteigen[183].

III. Kleriker

Auch das Bürgerrecht der Kleriker weist einige Übereinstimmungen mit demjenigen der Juden auf[184]. Eine überraschende Parallele zwischen der scheinbar so unterschiedlichen Situation dieser beiden Gruppen stellte Konrad IV. in einer Urkunde von 1251 für die Stadt Regensburg her, in der er auf deren Ersuchen hin bestätigte, dass auch die Kleriker und die Juden, seine Kammerknechte, die städtischen Statuten betreffend Wacht, Befestigung und Wehrdienst befolgen müssten, *cum hii qui similem suscipiunt vitam, simile in legibus sentire debeant disciplinam*[185]. Hier ist die Äquivalenzbeziehung zwischen geschütztem Leben innerhalb der Befestigungsmauer und Wehrdienst auf alle Betroffenen bezogen, also auch auf

179 So 1269 und erneut 1274 aus Frankreich. Siehe Ordonnances des roys de France de la troisième race, vol. 1, Paris 1723, S. 96. Eine Lombardenschuldentilgung 1376 in Zürich siehe Quellen zur Zürcher Wirtschaftsgeschichte (Anm. 126), Bd. 1, S. 161 Nr. 313.

180 So wurden 1248 bei einer Münzinflation in England zur Beruhigung des Volkes nicht nur einige Juden, sondern auch einige Cahorsiner als angeblich Schuldige auf Befehl des Königs aufgehängt; *Matthaei Parisiensis*, monachi sancti Albani Chronica majora, hg. von Henry Richards Luard (Rerum Britannicarum medii aevi scriptores 57), 7 Bde., London 1872 – 1883, hier Bd. 5, S. 15 f.

181 *Amiet* (Anm. 139), Bd. 1, S. 245.

182 Die Zürcher Stadtbücher des XIV. und XV. Jahrhunderts, Bd. 2, hg. von *H. Zeller-Werdmüller*, Leipzig 1901, S. 366 Nr. 185.

183 *Amiet* (Anm. 139), Bd. 2, S. 226 ff.

184 Grundlegend *Bernd Moeller*, Kleriker als Bürger, in: Festschrift für Hermann Heimpel zum 70. Geburtstag (Veröffentlichungen des Max-Planck-Instituts für Geschichte 36 / II), 2. Bd., Göttingen 1972 , S. 195 – 224.

185 *Fischer* (Anm. 44), S. 99 nach Regensburger Urkundenbuch, Bd. 1, Urkunden der Stadt bis zum Jahr 1350 (Monumenta Boica 53, N.F. 7), München 1912, S. 39 Nr. 78, 20. 1. 1251. Bestätigung durch Ludwig den Bayern 13. 3. 1331, ibidem S. 355 Nr. 632.

Klerus und Juden. Der Wehrdienst hat jedoch bei der Frage der Einbürgerung von Klerikern im allgemeinen keine erhebliche Rolle gespielt[186].

Hauptprobleme bei der Integration des Klerus in den Bürgerverband bildeten sein besonderer Gerichtsstand, das *privilegium fori,* und seine Steuerfreiheit, das *privilegium immunitatis.* Schon Max Weber hat diese „unaustilgbaren ständischen Privilegien" als Grund dafür genannt, dass der Klerus in den Städten eine „unassimilierbare Fremdmacht" geblieben sei.[187] Die hochmittelalterliche Reformulierung der geistlichen Steuerfreiheit am III. Lateranense 1179 richtete sich bereits klar gegen eine *städtische* Besteuerung.[188] Umgekehrt führten im Spätmittelalter die zunehmenden Lasten der Städte zum Anliegen, möglichst alle Bewohner zur Steuer heranziehen zu können. Als finanzielle Hauptlast wurden zurecht vor allem die Aufwendungen für die Verteidigung, insbesondere den Mauerbau wahrgenommen, was zu der charakteristischen Übertragung der bereits genannten Vorstellung führte, wer den Schutz der Stadt geniesse, müsse auch die Steuerlast mit ihr tragen. Auch bei der Besteuerung ist übrigens überraschenderweise gelegentlich die zumindest partielle Gleichstellung von Klerikern und Juden explizit belegt, so in einer Urkunde Philipps von Schwaben von 1207, in welcher der Stadt Regensburg bestätigt wird, jeder Geldverleiher und Handeltreibender, ob Kleriker, Laie oder Jude, müsse die Steuerlast wie jeder Bürger mittragen.[189] Friedrich II. hat bereits 1230 dann aber die Kleriker davon wieder ausgenommen.[190] In Schaffhausen hat man sich 1385 nicht gescheut, im Titel eines Erlasses von 1335 über das Weinungeld Klöster und Juden nebeneinanderzusetzen: *Daz dü kloester und gotzhüser und juden och ungelt hie geben sont, als ander lüt*[191]. Im 14. und 15. Jahrhundert führten die Städte den Kampf gegen die kirchliche Steuerfreiheit dann mit allen Mitteln bei teilweise ebenso hartnäcki-

---

186 Immerhin erwähnt *Rolf Kießling,* Bürgerliche Gesellschaft und Kirche in Augsburg im Spätmittelalter. Ein Beitrag zur Strukturanalyse der oberdeutschen Reichsstadt (Abhandlungen zur Geschichte der Stadt Augsburg 19), Augsburg 1971, S. 72 f., dass der Domherr Engelhard von Enzberg 1347 bei der Aufnahme ins Augsburger Bürgerrecht auf zehn Jahre unter anderem auch versprach, bei Feldzügen das Seine beizutragen.

187 *Max Weber,* Wirtschaft und Gesellschaft, Tübingen 1980 (5. Auflage), S. 795 f.

188 Conciliorum oecumenicorum decreta, curantibus Josepho Alberigo et al., Bologna 1973 (3. Auflage), S. 221 Kanon 19.

189 *Fischer* (Anm. 44), S. 171, nach Regensburger Urkundenbuch (Anm. 185), S. 18 Nr. 48, 9. 3. 1207.

190 *Fischer* (Anm. 44), S. 171, nach Regensburger Urkundenbuch (Anm. 185), S. 26 Nr. 57.

191 Sammlung Schweizerischer Rechtsquellen (Anm. 31), S. 28 Nr. 41. Allerdings werden in dem Erlass vom 9. Januar 1335 dann nur die Klöster Allerheiligen und St. Agnes sowie das Spital genannt. Eine Bestimmung über die Ungeldpflicht der Juden folgt erst im nächsten Erlass unter neuer Überschrift: 42: *Das die juden hie ze Schafhusen och ungelt geben sont.*

ger Gegenwehr.[192] Besondere Schubkraft gewann dieses Anliegen durch die um sich greifende Verschuldung der Städte[193].

Frühe Versuche, den gesamten städtischen Klerus ins Bürgerrecht zu zwingen, scheinen gescheitert zu sein. In Zürich nahm zwar der Rat 1304 durch eine vom Bischof von Konstanz beurkundete Vereinbarung sämtliche innerhalb der Ringmauer und in den Vorstädten sesshaften Weltkleriker zu Bürgern an[194], doch werden dennoch im ganzen Vertrag die *„pfaffen“* den *„burgern“* als unterschiedliche Gruppen gegenübergestellt und es wird die rechtliche Sonderstellung des Klerus aufgrund des *privilegium fori,* d. h. die Aufteilung der Gerichtskompetenz der drei geistlichen Richter und des Rats sowie der ausgefällten Bussen genau umschrieben. Das Versprechen des Rats, den Klerus zu schützen, *als si einen burger schirment,* sollte sich nur auf Vorfälle innerhalb der Stadt beziehen, während bei Hilfe auswärts die Kosten zu erlegen waren[195]. Vor allem blieben alle Vorrechte des Klerus, darunter auch das Asylrecht in ihren Häusern und die Steuerfreiheit, bestehen[196]. Neue den Klerus betreffende Erlasse sollten nur mit Zustimmung von Propst und Kapitel des Grossmünsters Rechtskraft erlangen[197]. Wahlrechte und Amtsfähigkeit waren ganz selbstverständlich mit diesem Bürgerrecht nicht verbunden. Seit 1379 begegnen dann in Zürich individuelle Burgrechtsverträge und Bürgeraufnahmen von einzelnen Klerikern. In Augsburg versuchte der Rat im Städtekrieg 1381 die gesamte Geistlichkeit ins Bürgerrecht zu zwingen, mit der Absicht, sie in der finanziell bedrängten Lage zu besteuern[198]. Nach der Niederlage der Städte 1388 mussten jene Kleriker, die dies wünschten, wieder aus dem Bürgerrecht entlassen werden, und es wurde der Stadt sogar verboten, innert der nächsten zehn

---

192 *Hans-Jörg Gilomen,* Renten und Grundbesitz in der toten Hand. Realwirtschaftliche Probleme der Jenseitsökonomie, in: Himmel, Hölle, Fegefeuer. Das Jenseits im Mittelalter. Katalog zur Ausstellung des Schweizerischen Landesmuseums in Zürich und des Schnütgen-Museums in Köln 1994, hg. von Peter Jezler, Zürich 1994, S. 135–148. Zur Gegenwehr mit Interdikten und Stadtflucht der Geistlichkeit siehe Beispiele bei *Moeller* (Anm. 183), S. 201.

193 *Hans-Jörg Gilomen,* Anleihen und Steuern in der Finanzwirtschaft spätmittelalterlicher Städte, Option bei drohendem Dissens, in: Staatsfinanzierung und Sozialkonflikte (14.-20. Jahrhundert), hg. von Sébastien Guex, Martin Körner, Jakob Tanner (Schweizerischen Gesellschaft für Wirtschafts- und Sozialgeschichte 12), Zürich 1994, S. 137–158.

194 Urkundenbuch der Stadt und Landschaft Zürich, Bd. 8, bearbeitet von *J. Escher* und *Paul Schweizer,* Zürich 1911, S. 12–19 Nr. 2752, Zürich 27. 6. 1304, insbesondere S. 16.

195 Ibidem, S. 16.

196 Ibidem, S. 14: *Swas vriheit ouch dü vorgenempten gotshüser, korherren und pfaffen unzher hein gehebt, dü sol mit dirre gesezde nit geswechet noch gekrenket sin, âne das an disem brieve mit namen usgelazen ist.*

197 Ibidem, 16.

198 *Moeller* (Anm. 184), S. 205; *Kießling* (Anm. 186), S. 72, Nach Chroniken der deutschen Städte vom 14. bis ins 16. Jahrhundert, Bd. 4, Leipzig 1865, S. 70.

Jahre Geistliche aufzunehmen. Kleriker im Bürgerrecht fehlten in vielen Städten ganz, sie blieben überall eine Ausnahmeerscheinung[199].

Ganz ähnlich wie bei den Juden und Lombarden erfolgte seit dem 14. Jahrhundert die Bürgeraufnahme von Klerikern in der Regel durch individuelles Privileg auf befristete Dauer unter Festsetzung eines pauschalen jährlichen Steuerbetrages. In Zürich beginnt die Reihe überlieferter Burgrechtsverträge mit Klerikern im letzten Viertel des 14. Jahrhunderts Diethelm Snaelli, Chorherr in Säckingen, wurde 1378 auf zehn Jahre als eingesessener Bürger aufgenommen. Er verpflichtete sich, jährlich sechs Gulden zu steuern, innert Jahresfrist ein Haus in der Stadt zu erwerben und dafür zu sorgen, dass dieses nach seinem Tod nicht in geistliche Hand übergehe[200]. Wesentlich ist neben der Steuerleistung die Stadtsässigkeit mit eigenem Rauch, wobei in seit längerem konsequent verfolgter Politik der dauerhafte Übergang von Grundbesitz in die grundsätzlich steuerfreie Tote Hand vermieden werden sollte. Eine Anzahl gleichartiger Burgrechtsverträge von 1380 und 1381 enthält ausserdem noch die Klausel, die Stadt sei nicht verpflichtet zu Hilfe in geistlichen Sachen und schliesse eine solche in allfälligen bereits laufenden Streitigkeiten aus[201]. Die Stadt wollte zweifellos vermeiden, dass ihr Bürgerrecht nur gesucht wurde, um in laufenden Auseinandersetzungen dank ihrer Hilfe die Position des Petenten zu verbessern. Ausserdem versprachen die Kleriker unter Eid, dem Rat gehorsam zu sein, *als ein ander ir ingesessen burger.*

Auch noch im 15. Jahrhundert schlossen einzelne Kleriker solche Burgrechtsverträge. Im Bürgerbuch sind 22 Kleriker zu den Jahren 1413, 1417, 1419, 1433, 1436, 1446, 1449, 1451, 1456, 1465, 1467, 1474, 1477, 1480, 1481 eingetragen[202]. Davon sind aber nur elf sicher in Zürich sesshaft, neun hingegen wahrscheinlich Ausburger; für zwei ist der Wohnsitz völlig unsicher. Zwei Kleriker erhielten das Bürgerrecht geschenkt, der Kirchherr von Uster Niclaus Grutter 1451, weil er die Zürcher Gefallenen zu Greifensee bestattet hatte, der Dekan von Bremgarten Steffan Meyer 1472 mit der Auflage, den Ringmauerabschnitt im „guldin winckel“ auf eigene Kosten auszubessern. Hans Steffan, Chorherr zu Zurzach, erneuerte das Bürgerrecht seines verstorbenen Vaters Claus. Bei der Mehrzahl der anderen

---

199 *Moeller* (Anm. 184), S. 205.

200 Urkundenregesten des Staatsarchivs des Kantons Zürich, 2. Band: 1370–1384, bearbeitet von Martin Lassner, Zürich 1991, 142 Nr. 1570, 17. März 1378 (= Staatsarchiv Zürich, C I Nr. 712).

201 Der Wortlaut des Burgrechtsvertrags von Niclaus Bleiher, Urkundenregesten (Anm. 200), S. 194 f. Nr. 2783 (= Staatsarchiv Zürich, C I Nr. 718, Zürich 27. Mai 1381), gedruckt bei *Gerald Dörner,* Kirche, Klerus und kirchliches Leben in Zürich von der Brunschen Revolution (1336) bis zur Reformation (1523) (Studien zur Literatur- und Kulturgeschichte 10), Würzburg 1996, S. 85 f. Anm. 447.

202 *Dörner* (Anm. 201), S. 342 f.

ist die Zahlung eines Bürgergeldes von drei, sechs oder zehn Gulden verzeichnet. Bei den auswärtigen Klerikern ist in fünf Fällen (1413, 1417, 1419, 1449, 1477) eine jährliche Steuerpauschale vermerkt, bei den einheimischen nie. Hier heisst es hingegen zweimal (1433, 1446), *sol stüren als ein ander burger.*

Das Immunitätsprivileg des Klerus war aber nicht nur durch solche individuellen Burgrechtsverträge erodiert worden. Nach dem Richtebrief von 1304 waren in Zürich nicht bloss die Kleriker selbst, sondern auch ihr Personal steuerfrei[203]. In den Vermögenssteuerlisten seit 1357 erscheint dann zuerst das Personal der Chorherren. 1389 verpflichteten sich die Chorherren des Grossmünsters selbst zu einer Pauschalsteuer von 400 Gulden[204]. Seit 1401 wurde das Personal der Klöster besteuert. Im selben Jahr finden sich ein Augustinereremit[205] und Nonnen der Selnau[206] in den Listen der Besteuerten. Ab dem Jahr 1408 erscheinen die Predigermönche[207], aber auch der Weihbischof Berchtold Hütli[208] und eine Reihe von Kaplänen der Propstei, bei denen indessen vermerkt ist, sie hätten das Geld *unsern herren durch früntschafft geschenket*[209]. 1418 nahm der Rat in Aussicht, das Grunderwerbsverbot für die Tote Hand aufzuheben, falls mit dem Chorherrenstift eine Einigung über die Besteuerung erzielt werden könne[210]. 1425 finden sich in den Steuerlisten erstmals Barfüssermönche[211]. In den 1440er Jahren während des Alten Zürichkriegs versteuerte die Geistlichkeit ihre liegenden Güter[212] beziehungsweise zahlte sie – Chorherren, Kapläne, die Oetenbacher Nonnen – pauschale Summen[213].

Die Besteuerung des Klerus setzte sich also auch unabhängig von der Frage des Bürgerrechts allmählich durch. Das liess diesen Grund für die Burgeraufnahmen weniger dringlich erscheinen. Immerhin werden auch noch in der Reformationszeit eine Anzahl Klöster und Geistliche unter den Gedingbürgern verzeichnet.

---

203 Zum Folgenden *Dörner* (Anm. 201), S. 84 ff. Der Richtebrief der Burger von Zürich, mitgetheilt von *Friedrich Ott,* in: Archiv für Schweizerische Geschichte 5, 1847, S. 149–291, 220 IV Art. 29. *Reinhold Bader,* Der Klerus und sein Recht nach dem Zürcher Richtebrief, Zürich 1901.

204 Die Steuerbücher von Stadt und Landschaft Zürich des XIV. und XV. Jahrhunderts, 8 Bde., Zürich 1918–1958, hier Bd. 2, S. XIIIf.

205 Die Steuerbücher (Anm. 204), Bd. 2, S. 187.

206 Die Steuerbücher (Anm. 204), Bd. 2, S. 100 (1401).

207 Die Steuerbücher (Anm. 204), Bd. 2, S. 154 (1408), 330 (1412), 407 (1414, 482 (1425), 532 (1442), 587 f. (1444).

208 Die Steuerbücher (Anm. 204), Bd. 2, S. 130 (1408), 299 (1412).

209 Die Steuerbücher (Anm. 204), Bd. 2, S. 134 (1408).

210 Die Steuerbücher (Anm. 204), Bd. 2, S. 7.

211 Die Steuerbücher (Anm. 204), Bd. 2, S. 460.

212 Die Steuerbücher (Anm. 204), Bd. 2, S. 514 f. (1442); 620 (1450).

213 Die Steuerbücher (Anm. 204), Bd. 2, S. 510 (1442), 566 (1444).

Auch politische Gründe konnten zur Einbürgerung von kirchlichen Institutionen führen. Dazu wieder ein Beispiel aus Schweizer Quellen: Herzog Leopold III. von Österreich hatte sich in den 1370er Jahren bemüht, seinen Einfluss in der Stadt Basel zu verstärken. Nach dem Aufruhr der Bürger gegen die österreichischen Adligen an der sogenannten Bösen Fasnacht 1376 kam die Stadt in Reichsacht und musste in einem demütigenden Vertrag sich verpflichten, den Herzogen zu dienen wie eine ihrer Landstädte. Unter anderem erwarb Österreich auch Gerichtsrechte in der Albanvorstadt. In dem Bemühen, sich aus der Umklammerung zu lösen, fremdem Einfluss keine Basis innerhalb der Stadt mehr zu bieten und zugleich die eigene Gerichtsbarkeit möglichst auszudehnen, nutzte die Stadt das auch im Cluniazenserpriorat St. Alban sich in einem clementistischen und einem urbanistischen Prior manifestierende Schisma 1383 dazu aus, dem Priorat das Klostergericht über dessen Immunitätsgebiet in der Albanvorstadt abzukaufen. Zum Dank für die Einwilligung zu dieser Veräusserung wurde das Kloster ins Bürgerrecht aufgenommen, zugleich aber auch ihm die Gunst der Befreiung vom Mehlungeld gewährt. Diese Gunst erhielt ihm aber nur seine bisherige Steuerfreiheit, da diese Steuer nur von Bürgern und Einwohnern der Stadt entrichtet werden musste[214]. Die Einbürgerung hat hier also gerade nicht die geistliche Steuerfreiheit aus der städtischen Welt geschafft, weil dies hier nicht der Antrieb dafür gewesen war[215].

Die These von Bernd Moeller dürfte durchaus zutreffen, dass insgesamt wohl das Interesse der Städte überwog, die Geistlichkeit zu integrieren gegenüber dem Wunsch derselben, die Vorteile des Bürgerrechts zu geniessen[216]. Das Beispiel soll aber zeigen, dass situationsbedingte Augenblicksvorteile für den Klerus ausschlaggebend sein konnten – hier die Unterstützung der Stadt für den urbanistischen Prior gegen den clementistischen sowie gegen die gleichfalls clementistische Ordenszentrale in Cluny. Es ist übrigens bezeichnend, dass die Veräusserung der Gerichtsbarkeit später vom Orden als widerrechtlich in Frage gestellt worden ist[217].

Von Interesse für die weitere Integration des Klerus in die Stadt ist es, dass ein späterer Prior dieses Klosters, Johannes Plattner, sogar das Zunftrecht zu Safran erwarb[218]. Er war nicht der einzige Geistliche, der in diese

---

214 *Hans-Jörg Gilomen,* Die Grundherrschaft des Basler Cluniazenser-Priorates St. Alban im Mittelalter. Ein Beitrag zur Wirtschaftsgeschichte am Oberrhein (Quellen und Forschungen zur Basler Geschichte 9), Basel 1977, S. 103 f.

215 Siehe *Kießling* (Anm. 186), S. 71, der durch die Einbürgerung eine Gleichstellung der Kleriker mit den Laien in Rechten und Pflichten gegeben sieht.

216 *Moeller* (Anm. 184), S. 204.

217 *Gilomen* (Anm. 214), S. 106. Siehe auch *Ders.*, St. Alban in Basel, in: Helvetia Sacra III/2: Die Cluniazenser in der Schweiz, Basel/Frankfurt am Main 1991, S. 147–226, hier S. 216.

Zunft aufgenommen wurde. Die Zünftigkeit von Klerikern ist meines Wissens überhaupt noch nicht näher untersucht worden. Das Beispiel Basels, wo seit der Mitte des 15. Jahrhunderts eine ganze Reihe von Klerikern Zunftrecht erwarb, dürfte ja nicht eine absolute Ausnahme sein[219].

IV. Adlige

1378 erliess die Stadt Schaffhausen Bestimmungen über die Aufnahme von Neubürgern. Der erste Abschnitt befasste sich mit dem Adel. Geregelt wird darin, dass bei der Bürgeraufnahme eines Adligen zwanzig Ratsherren zugegen sein müssen, während sonst 16 genügen, dass keine Pauschalsteuer ausgehandelt werde, sondern der Adlige wie ein anderer Bürger jeweils zur Steuer veranlagt werde, dass er gehorsam sei wie ein eingesessener Bürger (obwohl er vielleicht als Ausburger ganz oder als Stadtsässiger doch teilweise auf einer Festung wohnte), dass er der Stadt einen Harnisch stelle und dass er über sein Bürgerrecht der Stadt eine Urkunde gebe[220]. Alle diese Bestimmungen gelten gemäss dem folgenden Abschnitt auch für nichtadlige Neubürger. Die Pflicht, einen Harnisch zu stellen, setzte der Schaffhauser Rat sogar auf Landleute, welche Güter innerhalb der Gerichtsbezirke der Stadt besassen[221]. Der einzige Unterschied besteht im Verbot des *gedings,* also der ausgehandelten Pauschalsteuer. Damit ist zugleich jener Hauptpunkt genannt, in dem das adlige Sonderbürgerrecht sich meist vom üblichen Bürgerrecht unterschied: in der Besteuerung.

Auf dieses Verbot der Aufnahme von Adligen zu Gedingbürgern ist der Rat 1459 zurückgekommen.[222] Die Aufnahme von Adligen und Nichtadligen, Geistlichen und Weltleuten, welche weder Handwerk noch Gewerbe trieben, sollte nun auch mit gedingter Steuer erfolgen und zudem bei Aufgabe des Bürgerrechts keine Abzugsabgabe mehr gefordert werden. Dass die Massnahme ein Versuch war, den Bevölkerungsstand zu heben, zeigt sich in der gleichzeitigen Erleichterung der Bürgeraufnahmen von Handwerkern, denen man das Bürgerrecht sogar schenken wollte.

Darin zeigt sich eine gewisse Entwertung des Bürgerrechts, das man in bestimmten Phasen den Leuten geradezu nachgeschmissen hat. Man

---

218 *Paul Koelner,* Die Safranzunft zu Basel und ihre Handwerke und Gewerbe, Basel 1935, S. 406.

219 *Koelner* (Anm. 218), S. 402–407.

220 Sammlung Schweizerischer Rechtsquellen (Anm. 31), S. 37 f. Nr. 57, 17. 12. 1378.

221 Sammlung Schweizerischer Rechtsquellen (Anm. 31), S. 38 Nr. 58.

222 Sammlung Schweizerischer Rechtsquellen (Anm. 31), S. 131 Nr. 234, 22. 9. 1459.

braucht dabei nicht bloss an das hoffnungslos verschuldete Mainz zu denken, wo an den Stadttoren angeschlagen wurde, jedermann sei als Bürger willkommen, mit dem Hintergedanken, jedermann der dabei helfe, die städtischen Schuldenberge abzubauen. In vielen Städten lässt sich insbesondere in der demographischen Kontraktionsphase seit der Mitte des 14. Jahrhunderts gelegentlich das Ziel erkennen, möglichst alle Bewohner mit selbständigem Haushalt ins Bürgerrecht hineinzunehmen.

1378 beschlossen zum Beispiel die Räte von Zürich, jedermann, der ein Zunftrecht innehabe und seit fünf Jahren ansässig sei, erhalte ohne weiteres das Bürgerrecht, ausser er verzichte ausdrücklich darauf[223]. Seit 1409 galt dann, dass nur Bürger als Meister in eine Zunft aufgenommen werden könnten: Das Bürgerrecht war zur formellen Voraussetzung für die Zünftigkeit für Meister geworden[224]. 1425 forderten die Räte Konstaffel und Zünfte auf, ihre nichtbürgerlichen Mitglieder vorzuladen und zum Erwerb des Bürgerrechts aufzufordern[225]. In Strassburg schrieb der Rat 1452 für alle Bewohner von Stadt und Burgbann den Erwerb des Bürgerrechts vor, wobei er insbesondere auf den Klerus zielte[226].

V. Schluss

Damit werden wir auf einen gemeinsamen Nenner aller erwähnten Sondergruppen im Bürgerrecht hingeführt, den man auf eine prägnante Formel bringen kann: *Steuerpflicht gegen Schutz und Schirm.*

Am Schluss stellt sich tatsächlich die Frage, wie sich denn durch die Aufnahme ins Bürgerrecht die Verhältnisse der Angehörigen dieser Sondergruppen – und nicht nur dieser – konkret veränderten. Auch die ohne Bürgerrecht als Hintersassen in der Stadt Zürich Wohnhaften, zu denen ein grosser Teil der Gesellen und Dienstmägde zählte, waren dieser zu Gehorsam und zu bestimmten Leistungen, darunter auch zur Steuer verpflichtet. Dass sie auch an der militärischen Verteidigung persönlich Anteil nahmen, ergibt sich schon aus den Listen derjenigen, die zum Dank dafür unentgeltlich ins Bürgerrecht aufgenommen wurden. Sie besassen aber keine oder nur eingeschränkte politische Rechte, und der Rat von Zürich

---

223 Die Zürcher Stadtbücher (Anm. 28), S. 239 Nr. 34, 8. 7. 1378.

224 Quellen zur Zürcher Zunftgeschichte, bearbeitet von *Werner Schnyder*, 2 Bde., Zürich 1936, Bd. 1, S. 66 Nr. 52. Von der Möglichkeit, durch restriktive Bürgerrechtsverleihung die Übersetzung der Gewerbe zu verhindern, hat der Rat vor allem seit dem 16. Jahrhundert Gebrauch gemacht; siehe *Peter Stäger*, Das Arbeitsrecht der zürcherischen Zünfte, Diss., Zürich 1948, S. 5.

225 Zürcher Stadtbücher (Anm. 182), S. 212 Nr. 244, 22. 3. 1425; Quellen zur Zürcher Zunftgeschichte (Anm. 224), Bd. 1, S. 84 Nr. 93.

226 *Moeller* (Anm. 184), S. 208.

zum Beispiel betonte gelegentlich ausdrücklich, er sei ihnen gegenüber trotz ihrer Steuerzahlungen nicht weiter verpflichtet als irgendeinem Landmann[227].

Die Entwicklung des Bürgerrechts von Sondergruppen bis hin zu einer rechtlich bedeutungsleeren Worthülse, auf das aber doch in unterschiedlichen konkreten Situationen rekurriert werden konnte, welches Legitimation für alle möglichen Eingriffe und Ansprüche bilden konnte, ist vielleicht ein Ausdruck für eine allgemein feststellbare Aushöhlung des Bürgerbegriffs im Spätmittelalter. Das Anliegen, etwa durch die Dekretierung des Bürgerrechts für alle Stadtbewohner einen einheitlichen Verband unter einer sich dagegen absetzenden städtischen Obrigkeit zu schaffen, deutet in die gleiche Richtung.

227 Die Zürcher Stadtbücher (Anm. 28), S. 67 Nr. 166, 1314.

Frauen im Bürgerrecht

Überlegungen zur rechtlichen und sozialen Stellung der Frau in spätmittelalterlichen Städten

Von Barbara Studer, Bern

Das Bürgerrecht spätmittelalterlicher Städte war nicht nur den Männern vorbehalten, sondern stand häufig auch den Städterinnen offen. Wie Männer wurden auch Frauen oftmals dazu angehalten, innerhalb einer bestimmten Frist, nachdem sie in die Stadt gezogen waren, das Bürgerrecht zu kaufen und den Neubürgereid zu schwören. Als Bürgerinnen hatten sie grundsätzlich die gleichen Rechte und Pflichten wie die männlichen Bürger der Stadt. Nicht alle Städte, deren Bürgerbücher überliefert sind, nahmen allerdings Frauen in ihr Bürgerrecht auf. Während die Einbürgerung von Frauen in einigen Städten an der Tagesordnung war, scheinen anderswo die Räte das Bürgerrecht nur in Ausnahmefällen auch Frauen gewährt zu haben. Nicht wenige verweigerten dieses den Städterinnen sogar vollständig (Tab. 1).

Städte, die grundsätzlich auch ihre Einwohner*innen* einbürgerten, nahmen Frauen sehr unterschiedlicher sozialer Herkunft sowohl als stadtsässige Bürgerinnen[1] als auch als Ausbürgerinnen auf. In den Quellen finden sich neben adligen Damen und reichen Bürgerinnen auch Mägde, Hebammen oder gar Prostituierte. Einzelbeispiele vermögen jedoch wenig über die grosse Mehrheit der eingebürgerten Frauen im Mittelalter auszusagen. Ob das Bürgerrecht wirklich Frauen aus allen sozialen Schichten offenstand, wie dies einzelne Einträge in Bürgerbüchern vermuten lassen, und ob zwischen verschiedenen Städten oder gar Regionen Unterschiede bestanden, muss anhand einer möglichst grossen Anzahl von Personen erforscht werden. Ebenso muss der Frage nachgegangen werden, ob diese Städterinnen ein spezielles, „weibliches“ Bürgerrecht besassen, oder ob sie

---

1 Obwohl es sich beim Begriff des Bürgers an sich um einen normativen Begriff aus den Rechtsquellen des Spätmittelalters handelt, kann er je nach Ort und Zeit verschiedene Rechtsvorstellungen umfassen. Zudem stammen die Bürgerbücher aus den unterschiedlichsten Regionen des alten Reiches und umfassen oftmals auch lange Zeiträume. Aus diesen Gründen bietet sich hier eine offene, pragmatische Definition des Bürgerbegriffs an. Dies bedeutet, dass im folgenden grundsätzlich alle Personen als Bürger bezeichnet werden, die in ein spätmittelalterliches Bürgerbuch eingetragen wurden.

Tabelle 1

Die Bürgerbücher im Überblick von 1288 – 1550

Stadt	Überliefe-rungsjahre	Neubürger/-innen in den Stichjahren			Anz. Frauen (Vollauswer-tung)
		Anzahl Männer und Frauen	Anzahl Frauen	Prozentualer Anteil Frauen	
Amberg	1426 – 1546	454	4	0,88	
Augsburg	1288 – 1497	522	25	4,8	
Baden	1450 – 1546	125	2	1,6	
Braunschweig	1336 – 1540	2385	90	3,77	
Bremen	1294 – 1546	2799	580	20,7	
Brugg	1449 – 1546	69	0	0	
Coesfeld	1354 – 1546	640	251	39,2	1655
Colmar	1366 – 1546	667	15	2,38	
Dortmund	1295 – 1510	864	6	0,69	
Erfurt	1390 – 1414	712	4	0,5	
Esslingen	1456 – 1546	344	4	0,9	
Frankfurt	1312 – 1528	2464	120	4,9	
Freiberg	1486 – 1546	540	0	0	
Fribourg	1342 – 1546	419	5	1,2	
Genf	1372 – 1546	890	0	0	
Görlitz	1389 – 1546	726	5	0,69	
Göttingen	1330 – 1546	788	3	0,38	
Halle	1402 – 1546	940	0	0	
Hannover	1306 – 1549	915	11	1,2	
Köln	1360 – 1546	591	9	1,7	
Konstanz	1378 – 1546	710	85	11,4	
Leipzig	1474 – 1546	654	0	0	
Lübeck	1318 – 1354	1239	8	0,64	
Lüneburg	1289 – 1546	1247	3	0,24	
Luzern	1365 – 1546	744	2	0,27	
Nördlingen	1420 – 1474	425	4	0,94	
Nürnberg	1306 – 1546	4239	258	6	
Ravensburg	1324 – 1546	1025	120	11,7	
Regensburg	1384 – 1546	1279	55	4,3	
Rostock	1366 – 1546	1673	0	0	
Rothenburg	1480 – 1546	437	19	4,3	
Salzburg	1444 – 1540	428	0	0	
Schlettstadt	1474 – 1540	820	161	15,6	
Soest	1306 – 1546	1243	62	5	
Solothurn	1408 – 1546	433	6	1,39	
Speyer	1348 – 60 / 1448 1402 – 08 / 1516 – 46	526	106	20,15	688
Stralsund	1324 – 1546	3755	40	1,07	331
Strassburg	1444 – 1528	1255	57	4,54	
Ulm	1390 – 1546	763	36	4,7	
Wertheim	1426 – 1546	315	7	2.2	
Wesel	1312 – 1546	513	3	0,55	
Zug	1438 – 1546	143	0	0	
Zürich	1351 – 1546	5430	25	0,93	

grundsätzlich den gleichen Kategorien von Bürgerrecht angehörten wie die männlichen Bürger einer Stadt.

Als Grundlage für die Beantwortung dieser Fragen dienen 43 Neubürgerbücher des Alten Reiches aus den Jahren 1288 bis 1550[2]. Diese *matriculae civium* enthalten neben dem Namen der Neubürgerin oder des Neubürgers häufig auch das Datum des Eintritts ins Bürgerrecht, die Herkunft und den Beruf der neu aufgenommenen Person, sowie Angaben über den Wortlaut des geleisteten Bürgereids und die Höhe des bezahlten Einbürgerungsgeldes. Ihr Überlieferungszeitraum kann allerdings stark variieren und auch die Einträge weisen je nach Region, Zeit und individuellem Schreiber unterschiedliche Formen auf[3].

Bei der Auswertung dieser in den Bürgerbüchern überlieferten Frauen wurde versucht, mit Kategorien zu operieren, die sich an der mittelalterlichen Gesellschaft orientieren[4]. Als Grundlage wird deshalb von der rechtlich-sozialen Kategorie ‚Stand' ausgegangen[5]. Zum einen handelt es sich dabei um den Zivilstand, der vor allem auf die rechtlichen Möglichkeiten der Frau grossen Einfluss hatte, zum anderen um den sozialen Stand einer Frau, in den sie hineingeboren wurde, der sich aber im Laufe des Lebens auch wieder verändern konnte. Beide Kategorien bestimmten wesentliche Aspekte ihres täglichen Lebens. Der Vorteil dieser Sichtweise ist, dass die mittelalterlichen Frauen weder als „Randgruppe", die nach einer Sonderbehandlung verlangt, noch als Vorbild für die emanzipierte Frau des 20. Jahrhunderts betrachtet werden, sondern als Teil der spätmittelalterlichen städtischen Gesellschaft, in der sie je nach Lebensumständen unter Berücksichtigung des jeweiligen Umfeldes zu untersuchen sind.

Die Studie gliedert sich in zwei Teile. Zu Beginn werden einerseits die rechtliche Stellung von Neubürgerinnen und Neubürgern in der mittelalterlichen Stadt analysiert, andererseits ihre sozialen und wirtschaftlichen

---

2 Die vorliegende Arbeit basiert weitgehend auf den Datenbanken, die im Rahmen des Nationalfonds-Projektes „Neubürger im Reich" unter der Leitung von Professor *Rainer C. Schwinges* entstanden sind. Um die grosse Menge der Daten bewältigen zu können, wurde nur jedes sechste Jahr der Bürgerbücher lückenlos erfasst. In diesen Stichjahren erhielten in den 43 untersuchten Städten 2'169 Frauen das Bürgerrecht. Zur Kontrolle dieser Stichproben wurden die Bürgerbücher der drei ausgewählten Städte Coesfeld, Speyer und Strassburg vollständig aufgenommen. Die Gesamtzahl der zur Auswertung zur Verfügung stehenden Frauen beträgt somit 4'450 (vgl. auch Tabelle 1).

3 Zu den unterschiedlichen Ausprägungen der Bürgerbücher siehe auch den Beitrag von *Rainer C. Schwinges* in diesem Band.

4 Vgl. etwa *Bernhard Jussen*, Der „Name" der Witwe. Zur ‚Konstruktion' eines Standes in Spätantike und Frühmittelalter, in: Veuves et Veuvage dans le Moyen Age, ed. par M. Parisse, Paris 1993, S. 137–175. Jussen lösst sich vom Geschlecht als Kategorie mittelalterlicher Frauenforschung.

5 Ich danke Herrn Prof. Dr. *Peter Moraw* für den freundlichen Hinweis.

Möglichkeiten untersucht. Im zweiten Teil wird dann der Frage nachgegangen, wie sich die Städte mit einer überlieferten Einbürgerung von Frauen im Reich verteilen. Dabei soll insbesondere untersucht werden, wodurch sich Städte, die Frauen in ihr Bürgerrecht aufnahmen, von denjenigen unterscheiden, deren Bürgerbücher keine Neubürgerinnen aufweisen.

I. Frauen in den Bürgerbüchern

1. Die rechtliche Qualität des Bürgerrechts für Frauen

Frauen werden in vielen spätmittelalterlichen Städten als *borgersche* oder *burgerinne* zusammen mit den Männern in die Bürgerbücher eingetragen. Auch in anderen Quellengattungen, wie etwa Rechnungsbüchern, Gerichtsakten oder Zunftquellen werden sie so bezeichnet. Diese Betitelung als „Bürgerinnen" sagt allerdings nichts über die Qualität des Bürgerrechts dieser Frauen aus. Es geht daraus nicht hervor, ob sie ein eigenständiges „weibliches" Bürgerrecht besassen, das sich in wesentlichen Aspekten von demjenigen der Männer unterschied, oder ob grundsätzlich alle Personen einer Stadt das gleiche vollwertige Bürgerrecht erwarben.

Die Antwort auf diese Frage hängt in erster Linie von der Definition des mittelalterlichen Bürgerrechts ab. Diese kann je nach Sichtweise stark variieren: Während die antiken Autoren und die sie kommentierenden mittelalterlichen Philosophen der Meinung waren, dass es für den Erwerb eines Bürgerrechts den Status eines Haushaltvorstandes sowie Vaterlandsliebe brauche, argumentierten die Juristen des Spätmittelalters allein mit den Rechten und Pflichten der Bürger. Sie vertraten die Ansicht, dass all jene als Bürger anzusehen seien, die von der Stadt als solche akzeptiert würden[6].

Die Städte hingegen scheinen weder allein der philosophischen noch der juristischen Argumentationsweise gefolgt zu sein, sondern orientierten sich grundsätzlich an einem pragmatischen Bürgerbegriff. Obwohl gewisse Konstanten wie etwa der Schwur als notwendige Grundlagen immer dazugehörten, konnten die Voraussetzungen zum Bürgerrecht je nach Stadt und Zeit recht unterschiedlich aussehen[7]: Während die einen Städte verlangten, dass alle Bürger ein Grundstück in der Stadt besassen, bestanden andere

---

6 Siehe Beitrag von *Ulrich Meier* in diesem Band.

7 Zum Bürgerbegriff vgl. zusammenfassend *Eberhard Isenmann,* Die deutsche Stadt im Spätmittelalter. 1250–1500. Stadtgestalt, Stadtregiment, Kirche, Gesellschaft, Wirtschaft, Stuttgart 1988, S. 93–97; sowie *Gerhard Dilcher,* Zum Bürgerbegriff im späteren Mittelalter – Versuch einer Typologie am Beispiel von Frankfurt am Main, in: Ders.: Bürgerrecht und Stadtverfassung im europäischen Mittelalter, Köln/Weimar/Wien 1996, S. 115–182.

Städte beispielsweise auf den gleichzeitigen Eintritt des Neubürgers in eine Zunft. Andererseits konnte bei den Anforderungen, die an einen Neubürger gestellt wurden, auch die jeweilige wirtschaftliche oder politische Situation eine Rolle spielen. Insbesondere während militärischen Bedrohungen[8] oder nach Seuchenzügen[9] wurde der Bürgerbegriff weiter gefasst und Personen eingebürgert, die sonst kaum Aufnahme gefunden hätten. War die Krise jedoch überwunden, wurden die Aufnahmebedingungen wieder verschärft und grössere Vermögen oder höhere Gebühren bei der Einbürgerung verlangt[10].

Bis heute ist die Frage, was den spätmittelalterlichen Bürger ausmachte, umstritten. Meistens werden entweder grundsätzlich alle Personen, die einen Bürgereid geschworen haben, dazu gezählt, oder aber man rechnet einen Bürger erst dann zu den „richtigen" Bürgern, wenn er auch die volle politische Partizipation erhielt.

Diese unterschiedlichen Definitionen des städtischen Bürgers haben zur Folge, dass auch die Frage nach der Qualität des zweifellos in der einen oder anderen Form vorhandenen Bürgerrechts der Frau unterschiedlich beantwortet werden muss.

Gemäss der aristotelischen und damit auch der spätmittelalterlich-philosophischen Definition des Bürgerrechts blieb Frauen das Bürgerrecht grundsätzlich verwehrt. Die Frage nach der Rechtsform erübrigt sich hier, weil Frauen von allen öffentlichen Aufgaben ohnehin ausgeschlossen blieben. Auch bei der juristischen Definition ist die Antwort auf die Frage nach dem Bürgerrecht von Frauen einfach. Da grundsätzlich alle als Bürgerinnen und Bürger bezeichnet wurden, die die Stadt als solche akzeptieren wollte, stand dieses auch Frauen offen, wenn der städtische Rat es für richtig hielt. Über die Qualität des Bürgerrechts, das Frauen erwerben konnten, ist damit allerdings noch nichts gesagt. Die Frage nach dem weiblichen Bürgerrecht müsste hier von Stadt zu Stadt einzeln beantwortet werden.

Ähnlich verhält es sich auch bei der pragmatischen Definition des Bürgerbegriffs, nach der die Städte handelten. Wenn eine Stadt es für ratsam hielt – aus welchem Grund auch immer – weibliche Bürgerinnen anzunehmen, so stand ihr dies grundsätzlich offen. Auch hier vermag jedoch der Eintrag ins Bürgerbuch noch nichts über die Ausmasse ihrer Rechte und

---

8 Zum Beispiel Nürnberg in der Mitte des 14. Jahrhunderts; *Isenmann* (Anm. 7), S. 96.

9 So etwa Speyer in den 40er Jahren des 16. Jahrhunderts; Geschichte der Stadt Speyer, Bd. 1, hg. von der Stadt Speyer, Redaktion *Wolfgang Eger*, Stuttgart / Berlin / Köln / Mainz 1983, S. 548.

10 Beispielsweise Ulm zu Beginn des 15. Jahrhunderts; *Isenmann* (Anm. 7), S. 94.

die Form ihres Bürgerrechts auszusagen. In den meisten Fällen geht daraus nicht hervor, ob die Städte sie als volle Bürgerinnen akzeptierten, oder ob sie, ohne dass dies explizit erwähnt wird, allenfalls nur ein eingeschränktes Recht besassen.

Reduziert man den Bürger allerdings auf seine Rechte und Pflichten, so wird klar, dass diese in vielen Bereichen für beide Geschlechter grundsätzlich gleich aussahen. Frauen wie Männer hatten beispielsweise bei ihrer Einbürgerung ein Bürgergeld zu bezahlen, wenn ihnen das Bürgerrecht nicht ausnahmsweise geschenkt wurde. Die zu bezahlende Summe konnte je nach Stadt und Zeit unterschiedlich aussehen, teilweise auch nach Vermögen abgestuft sein. Dieses war aber mit Ausnahme der Stadt Konstanz[11] unabhängig vom Geschlecht immer gleich hoch. Ebenso hatten Bürgerinnen und Bürger bei ihrer Aufnahme einen Eid zu leisten. Dieser Bürgereid war integraler Bestandteil des Bürgerrechts[12] und musste von allen, also auch von den Frauen persönlich vor dem Rat abgelegt werden. Im Gegensatz zu den Juden, Lombarden oder Hintersässen einer Stadt, die immer einen auf ihre Verhältnisse abgestimmten Eid zu schwören hatten, scheint für Frauen kein „Spezialeid" existiert zu haben. Sie legten grundsätzlich den gleichen Neubürgereid ab wie die männlichen Bürger. Überhaupt scheinen Frauen grundsätzlich gleich häufig wie Männer einen Bürgereid geschworen zu haben. Nur in Braunschweig wird 1418 die Satzung erlassen, dass Frauen bei der Aufnahme ins Bürgerrecht nicht mehr selber schwören sollten. Fortan soll ihnen bei der Einbürgerung der Eid vorgelesen werden und sie geloben dann nur noch, diesen zu halten: *Weret auer eyn frowe de de borgherschop wynne, myt der scholde men dat holden in aller wyse alse vorghescreuen, sunder se en sweret nycht, doch so secht me oer de eyd, vnde se louet dem rade den eyd to holdende*[13]. Anders als in den anderen Städten, in denen bis zum Ende des Untersuchungszeitraumes 1546 auch Frauen den Bürgereid noch schwören müssen, werden sie in Braunschweig schon früh davon ausgeschlossen.

Eine weitere Pflicht, die das Bürgerrecht sowohl für Frauen wie für Männer mit sich brachte, war das Entrichten von städtischen Steuern. War eine Frau selbständige Bürgerin, so hatte sie auch selber Steuern zu bezah-

---

11 In Konstanz waren Frauen eindeutig schlechter gestellt als die männlichen Anwärter auf ein Bürgerrecht. Während diese in der Regel nur fünf bis sieben Schillinge abliefern mussten, lag das Neubürgergeld für Frauen bei mindestens 15 Schillingen. Auch als das Bürgergeld zu Beginn der 90er Jahre erhöht wurde, bezahlten Frauen weiterhin das Doppelte: Für sie kostete ein Bürgerrecht im Normalfall zwei bis vier Gulden – für Männer hingegen nur die Hälfte.

12 *Wilhelm Ebel,* Der Bürgereid als Geltungsgrund und Gestaltungsprinzip des deutschen mittelalterlichen Stadtrechts, Weimar 1958. Siehe auch den Beitrag von *Gerhard Dilcher* in diesem Band.

13 Urkundenbuch der Stadt Braunschweig, Bd. 1, Braunschweig 1873, S. 160.

len. Ebenso waren grundsätzlich alle als Bürgerinnen und Bürger aufgenommenen Personen zu Wacht- und Verteidigungsdiensten verpflichtet. Von diesen wurden Frauen allerdings gegen eine Abgeltung entbunden[14]. Sie mussten zwar die gegebenenfalls verlangte Rüstung und Armbrust kaufen, konnten dann aber – wie auch viele sozial besser gestellte Männer – im Verteidigungsfall einen Knecht auf die Mauer schicken[15]. Dafür konnten in vielen mittelalterlichen Städten Frauen aber auch selbständig Rechtsgeschäfte abwickeln und genossen die diversen Aspekte des städtischen Rechtsschutzes. Oft vermieteten sie Gebäude, verkauften Anteilscheine an Liegenschaften oder waren umgekehrt als Käuferinnen und Mieterinnen anzutreffen. Ebenso verhält es sich mit eigenständig ausgefertigten Testamenten von Frauen.

Weniger häufig finden sich dagegen Frauen im städtischen Gerichtswesen. Trotzdem ist von einigen Städten bekannt, dass auch Bürgerinnen selbständig vor Gericht aussagen und klagen konnten. In einer Urkunde vom 22. Juni 1293 wurde beispielsweise *Katharina,* die Witwe *Heinrichs de Wise* in Klein-Basel ohne männlichen Vogt als eine der beiden Streitparteien vor Gericht gerufen. Ihr gegenüber standen die vier Kinder des verstorbenen *Heinrich von Balgau.* Auch hier handelt es sich bei drei der namentlich genannten Personen um Frauen[16]. Ebenso waren in Zürich Frauen vor Gericht prinzipiell zugelassen, scheinen aber die Möglichkeit relativ selten auch tatsächlich genutzt zu haben[17]. Am eindeutigsten sind die Rechte der Frauen vor Gericht aber im Stadtrecht von Strassburg aus dem Jahre 1322 geregelt. Hier wurde klar festgehalten, wann welche Frau das Recht besass, selbständig vor Gericht Zeugnis abzulegen: Sowohl die Aussage einer *wittwe, die zu iren tagen komen ist* als auch die einer *jungfrow, die zu iren tagen komen ist*[18] hatten hier für sich allein vor Gericht Gültigkeit. Verheiratete Frauen konnten dagegen nur zusammen mit ihrem Ehemann aussagen. Sie mussten wenigstens als Kauffrauen tätig sein, damit auch ihre Aussage

---

14 *Erika Uitz,* Zu einigen Aspekten der gesellschaftlichen Stellung der mittelalterlichen Stadt, in: Jahrbuch für Geschichte des Feudalismus (1980), S. 57–80, hier S. 84.

15 *Reinhart Koselleck* und *Klaus Schreiner,* Einleitung. Von der alteuropäischen zur neuzeitlichen Bürgerschaft. Ihr politisch-sozialer Wandel im Medium von Begriffs-, Wirkungs- und Rezeptionsgeschichten, in: Bürgerschaft. Rezeption und Innovation der Begrifflichkeit vom Hohen Mittelalter bis ins 19. Jahrhundert, hg. von dens., Stuttgart 1994, S. 11–39, hier S. 23.

16 Urkundenbuch der Stadt Basel, hg. von der historischen und antiquarischen Gesellschaft zu Basel, Bd. 3, Basel 1896, S. 68.

17 *Susanna Burghartz,* Kein Ort für Frauen? Städtische Gerichte im Spätmittelalter, in: Auf der Suche nach der Frau im Mittelalter. Fragen, Quellen, Antworten, hg. von Bea Lundt, München 1991, S. 49–64, hier S. 61.

18 Urkundenbuch der Stadt Strassburg, Bd. 4/2. Stadtrechte und Aufzeichnungen über bischöflich-städtische und bischöfliche Ämter, bearb. von *Aloys Schulte* und *Georg Wolfram,* Strassburg 1888, S. 107.

rechtsgültig wurde. Dass auch in Bern Frauen ausnahmsweise vor Gericht erschienen, geht aus einer Darstellung der grossen Burgunder-Chronik des Berner Geschichtsschreibers Diebold Schilling hervor. Als sich 1470 Berner Adlige wegen Übertretungen der Kleidermandate vor Gericht verantworten mussten, schworen nicht nur die Männer, sondern auch ihre Gemahlinnen (Abb. 1)[19].

Abb. 1: Gerichtsszene im Twingherrenstreit von 1470 aus der grossen Burgunderchronik des Diebold Schilling

Das einzige zum Bürgerrecht gehörende städtische Recht, das Frauen grundsätzlich und in allen Städten verschlossen blieb, war die Teilhabe an

19 Dieser sog. „Zürcher Schilling" ist bekannt für seine Detailtreue. Das Original befindet sich in der Zentralbibliothek Zürich, Ms. A5; erschienen 1985 im Faksimile Verlag Luzern, hier S. 64.

der städtischen Politik[20]. Im Gegensatz zu hochadligen Frauen, blieben Bürgerinnen bis in unser Jahrhundert von allen politischen Führungspositionen ausgeschlossen. Der Grund für diese unterschiedliche Interpretation der Rechte einer Frau je nach sozialer Herkunft liegt in der verschiedenartigen Legitimation der Führungsaufgabe. Während der Adel durch seinen Stand und sein Geblüt zur Herrschaft legitimiert war – was selbstverständlich auch auf Frauen angewendet werden konnte – waren die Führungspositionen in der Stadt durch den Amtsgedanken legitimiert[21]. Bei einer solchen Argumentation blieben jedoch die Frauen ausgeschlossen, da überall in der westeuropäischen Kultur Wehrfähigkeit, politische Mitwirkung und Repräsentation eng miteinander verbunden waren. Auch wenn für diesen Zusammenhang, der ursprünglich durch die Notwendigkeit, Streitigkeiten durch Fehde auszutragen[22], entstanden war, die Grundlage in der befriedeten Wirtschaftsgesellschaft der Stadt nicht mehr gegeben war, blieb der daraus resultierende Ausschluss von Frauen aus der Politik weiter bestehen. Faktisch war es im Spätmittelalter jedoch auch den meisten Männern versagt, sich am politischen Leben zu beteiligen, da sich die regimentsfähigen Familien schon früh abzugrenzen begannen[23]. Der Rat ergänzte sich gewöhnlich durch Kooptation aus einem auf wenige ratsfähige Familien beschränkten Kreis, der über Generationen hinweg beständig blieb[24]. Viele Männer hätten so zwar theoretisch die Möglichkeit gehabt, in den Rat aufzusteigen; eine reale Chance dazu bekamen allerdings die wenigsten von ihnen. Ob der Ausschluss der Frauen aus der Politik als „schweres Handicap" der mittelalterlichen Frauen bezeichnet werden darf[25], oder ob durch die fehlende politische Beteiligung die ganze Unterdrückung der Frauen über viele Jahrhunderte hinweg begründet werden kann[26], ist daher zumindest fraglich. Auch wenn armen Frauen der soziale Aufstieg dadurch eher verwehrt war als armen Männern, so zeigen doch die Fakten, dass diese fehlende Möglichkeit der politischen Partizipation

---

20 *Martha Howell,* Citizenship and Gender: Women's Political Status in Northern Medieval Cities, in: Women and Power in the Middle Ages, ed. by Mary Erler and Maryanne Kowaleski, Athen / London 1988, S. 37–60, hier S. 38 f.

21 Vgl. *Gerhard Dilcher,* Die Ordnung der Ungleichheit. Haus, Stand und Geschlecht, in: Frauen in der Geschichte des Rechts, hg. von Ute Gerhard, München 1997, S. 55–72, hier S. 68.

22 Ebd., S. 63.

23 Klaus Arnold ist aus diesem Grund der Meinung, dass der Ausschluss der Frauen aus der Politik nicht überzubewerten sei; *Klaus Arnold,* Frauen in den mittelalterlichen Hansestädten Hamburg, Lübeck und Lüneburg – eine Annäherung an die Realität, in: Frauen in der Ständegesellschaft. Leben und Arbeiten in der Stadt vom späten Mittelalter bis zur Neuzeit, Nördlingen 1991, S. 69–88, hier S. 73 f.

24 Ebd.

25 *Edith Ennen,* Die Frau in der mittelalterlichen Stadtgesellschaft Mitteleuropas, in: Hansische Geschichtsblätter 98 (1980), S. 1–22, hier S. 16.

26 *Howell* (Anm. 20), S. 53 f.

viele Frauen nicht daran gehindert hat, Einfluss auf das Stadtgeschehen zu nehmen.

Weil Frauen das Recht der politischen Partizipation grundsätzlich verweigert wurde, konnte ihr Bürgerrecht selbstverständlich nie genau demjenigen der Männer entsprechen. Dieser Unterschied ist jedoch kein Grund, das volle Bürgerrecht der Frauen gegenüber demjenigen der Männer als ein spezielles, „weibliches“ Bürgerrecht zu bezeichnen. Da *faktisch* zwischen den weiblichen Vollbürgerinnen und der Mehrheit der männlichen Vollbürger kein und *rechtlich* nur ein sehr kleiner Unterschied bestand, sind sich die Bürgerrechte der beiden Geschlechter so nahe, dass sowohl Männer wie Frauen, die dieser Rechtsform angehörten, als selbständige Bürger zu bezeichnen sind. Es würde dem mittelalterlichen Denken, das der Ungleichheit der Rechte verhaftet war[27], nicht entsprechen, auf Grund dieses kleinen Unterschieds zwei Kategorien von Bürgerrecht zu konstruieren.

Diese grundsätzliche Rechtsgleichheit von männlichen und weiblichen Bürgern gilt aber selbstverständlich nur für Frauen mit einem eigenständigen Bürgerrecht. Die in den Quellen manchmal ebenfalls als Bürgerinnen angesprochenen Ehefrauen – also Frauen, die ein ruhendes Bürgerrecht besassen, das sich im Bedarfsfall in ein vollwertiges Bürgerrecht umwandeln liess – gehören nicht zu dieser Kategorie. Auch ihre Bürgerrechtsform kann aber kaum als speziell „weiblich“ bezeichnet werden, da sie im grossen und ganzen dem Bürgerrecht der noch im Haushalt der Eltern wohnenden Bürgersöhne entsprach[28]. Gemäss dem Prinzip, dass nur der Haushaltsvorstand Bürger sein musste, erwarben sie das selbständige, vollwertige Bürgerrecht erst, wenn sie selber einen Haushalt leiteten, beispielsweise weil ihr Ehemann verstorben war. Ähnlich verhält es sich mit den Bürgertöchtern. Auch diese besassen ein ruhendes Bürgerrecht, das im Falle einer Heirat einem fremden Mann die Einbürgerung erleichtern konnte.

2. *Das soziale Umfeld der Neubürgerinnen*

Da Frauen in Bürgerbüchern verhältnismässig oft erwähnt werden, ist diese Quellengattung bestens geeignet, um das soziale Umfeld einer grossen Zahl von spätmittelalterlichen Städterinnen zu rekonstruieren. Obwohl die Einträge meistens sehr knapp gehalten sind, lassen sich aus Angaben zu Zivilstand oder Beruf, aber auch aus Nennungen von Titeln oder Hinweisen auf die Einbürgerungssituation Rückschlüsse auf ihre Lebensumstände ziehen.

---

27 *Dilcher* (Anm. 21), S. 55.

28 *Shulamith Shahar*, Die Frau im Mittelalter, Königstein 1981, S. 166.

Die mittelalterliche Gesellschaft beurteilte Frauen grundsätzlich nach ihrem Verhältnis zu den ihnen am nächsten stehenden Männern. Sie wurden immer als Ehefrau respektive Witwe eines Ehemannes oder, wenn sie nicht verheiratet waren, als Tochter ihres Vaters bezeichnet[29]. Einer der massgeblichsten Faktoren im Leben einer mittelalterlichen Städterin war daher ihr Zivilstand. Dieser entschied weitgehend über ihre rechtlichen und sozialen Möglichkeiten in der Stadt[30]. Stärker als bei den Männern veränderte sich daher die Stellung einer Frau mit dem Wechsel des Zivilstandes. Je nachdem, ob eine Bürgerin ledig, verheiratet oder verwitwet war, konnten ihre Rechte und Pflichten in der mittelalterlichen Stadt sehr unterschiedlich aussehen:

Die unabhängigste Stellung hatten in der mittelalterlichen Stadtgesellschaft eindeutig die Witwen. Ihre Handlungsfreiheit war in vielen Städten verhältnismässig gross[31]. Ganz im Gegensatz dazu ist die Position der Ehefrauen zu sehen, die grundsätzlich immer der Ehevormundschaft ihres Mannes unterstanden[32]. Er konnte meistens über die von ihr in die Ehe mitgebrachten Güter verfügen und bestimmte auch allein, ob er die Ehevogtei für gewisse Bereiche lockern wollte. Die Stellung der unverheirateten Frau hingegen ist in vielen Fällen unklar[33]. Bis zu ihrer Verheiratung unterstand sie grundsätzlich der Gewalt des Vaters. Wenn dieser verstarb, nachdem sie das Mündigkeitsalter schon erreicht hatte, konnte sie entweder unter die Vor-

---

29 Diese Praxis zeigt sich nicht nur in den Bürgerbüchern sehr deutlich, sondern auch in anderen Quellen, in denen Frauen erwähnt werden. Zu deren näherer Bestimmung wird oft ein Bezug zu einem verwandten Mann angegeben. Bei verheirateten oder verwitweten Frauen ist dies meistens ihr Mann: *Cecilia, uxor eius* oder *vrowe Ghesen, de wandaghes* [...] *elike husvrowe;* Urkundenbuch der Stadt Lübeck, herausgegeben vom Verein für Lübeckische Geschichte, Bd. 4, Lübeck 1873, S. 427 und 656. Ist die Frau hingegen ledig, wird häufig der Vater als „dazugehöriger" Mann erwähnt: *Frau Barbara, Tochter des Bastards Hans von Hungerstein;* Urkundenbuch Basel (Anm. 16), Bd. 8, S. 239.

30 Vgl. zur Bedeutung des Zivilstandes auch die neuen rechtshistorischen Erkenntnisse von *Roswitha Rogge,* Zwischen Moral und Handelsgeist. Weibliche Handlungsräume und Geschlechterbeziehungen im Spiegel des hamburgischen Stadtrechts vom 13. bis zum 16. Jh. (Ius Commune Sonderheft), Frankfurt am Main 1998, S. 25 f., 79.

31 Vgl. dazu *Jussen* (Anm. 4), besonders S. 144–148, 156 f., 166–171. Anhand von spätantiken und frühmittelalterlichen Quellen belegt Jussen, dass Witwen in dieser Zeit eine eigene gesellschaftliche Kategorie bildeten. Zu den Witwen im späten Mittelalter vgl. *Claudia Opitz,* Emanzipiert oder marginalisiert? Witwen in der Gesellschaft des späten Mittelalters, in: Auf der Suche nach der Frau im Mittelalter. Fragen, Quellen, Antworten, hg. von Bea Lundt, München 1991, S. 25–48.

32 *Claudia Opitz,* Frauenalltag im Spätmittelalter, in: Geschichte der Frauen, Bd. 2: Mittelalter, hg. von Christiane Klapisch-Zuber, Frankfurt am Main 1993, S. 283–339, hier S. 286.

33 Der Rechtsstatus der unverheirateten Frauen wird vor allem in der älteren Literatur behandelt. Diese Autoren sehen in den nicht verheirateten Frauen regelmässig ein Problem, weil diese ihrer natürlichen Aufgabe, d. h. Kinder zu bekommen, nicht nachkommen konnten.

mundschaft eines männlichen Verwandten gestellt werden oder die rechtliche Stellung einer Witwe erlangen. Dies war beispielsweise in Strassburg der Fall[34], wo alle volljährigen Frauen selber rechtsfähig waren, nicht jedoch in Lübeck, wo prinzipiell jede Frau einen Vormund haben musste[35].

Der Anteil von unverheirateten, das heisst ledigen oder verwitweten Frauen, war in den Städten des Mittelalters recht gross. Heinrich Rüthing hat berechnet, dass in Höxter bis zu 20 Prozent aller Frauen allein lebten[36]. Auch in Trier führten viele Frauen einen eigenen Haushalt. Annette Winter hat festgestellt, dass 25 Prozent aller Steuerpflichtigen Frauen waren, jedem vierten Haushalt also eine Frau vorstand[37]. Claudia Opitz kommt für Basel, Freiburg oder Dresden sogar auf noch höhere Zahlen[38]. Einerseits konnten diese Frauen ein relativ selbstbestimmtes Leben führen, andererseits lebten aber auch viele in grosser Armut.

Schon Karl Bücher[39], der sich als erster deutscher Historiker gegen Ende des 19. Jahrhunderts mit dem Thema der Frau in der Stadt näher auseinandergesetzt hat, sind die vielen alleinstehenden Frauen in den Städten aufgefallen. Er sah in ihnen allerdings ein gesellschaftliches Problem, da der Überschuss an weiblichen Stadtbewohnerinnen vielen Frauen ihre natürlichen Berufung verwehrt habe, d. h. sie hätten keine Familie gründen und Kinder bekommen können[40]. Dass diese Frauen arbeiten mussten, um ihren eigenen Lebensunterhalt zu verdienen, interpretierte er aus seiner Zeit heraus als verurteilungswürdigen Zustand, als „Frauenfrage" im negativen Sinn.

Die Erkenntnisse zum Zivilstand der Frauen in den spätmittelalterlichen Städten spiegeln sich auch in den Bürgerbüchern wider. Obwohl von zwei Dritteln aller in den Bürgerbüchern eingetragenen Frauen keine sicheren Angaben zu deren Zivilstand zu finden sind, ist anzunehmen, dass ein

---

34 Urkundenbuch Strassburg, Bd. 4/2 (Anm. 18), S. 107.

35 *Isenmann* (Anm. 7), S. 294.

36 *Heinrich Rüthing,* Höxter um 1500. Analyse einer Stadtgesellschaft, Paderborn 1986, S. 25 f.

37 *Annette Winter,* Studien zur sozialen Situation der Frauen in der Stadt Trier nach der Steuerliste von 1364. Die Unterschicht, in: Kurtrierisches Jahrbuch 15 (1975), S. 20–45, hier S. 27.

38 *Opitz* (Anm. 32), S. 324 f.

39 *Karl Bücher,* Die Frauenfrage, Tübingen 1910 (2. Auflage).

40 Den Untersuchungen von Karl Bücher zum Geschlechterverhältnis in den mittelalterlichen Städten folgend ging die Forschung lange von einem hohen Frauenüberschuss aus. Kurt Wesoly hat allerdings 1980 diese Annahme zu widerlegen vermocht. Er konnte zeigen, dass es sich während der Zeit, in der die Bevölkerungszählung vorgenommen wurde, auf die sich Bücher gestützt hat, um eine Ausnahmesituation handelte, und dass in den Städten der männliche Anteil in der Bevölkerung höher war; *Kurt Wesoly,* Der weibliche Bevölkerungsanteil in spätmittelalterlichen und frühneuzeitlichen Städten, S. 69–117, besonders S. 84.

Grossteil von ihnen ledig war. Ehemänner waren in der mittelalterlichen Gesellschaft zu wichtig, als dass sie einfach beiseite gelassen wurden. Es kann daher davon ausgegangen werden, dass die meisten der Frauen ohne Angaben zum Zivilstand unverheiratet gewesen sind, wie dies auch in der Forschung aufgrund von Auswertungen anderer Quellengattungen immer wieder behauptet wird[41]. Vom restlichen Drittel der untersuchten Frauen ist bekannt, dass sie entweder verheiratet (23 Prozent) oder verwitwet (10 Prozent) waren. Diese Werte werden allerdings durch die beiden verwaltungstechnischen Spezialfälle Bremen und Coesfeld, die zudem beide umfangreiche Bürgerbücher besitzen, stark beeinflusst. Werden diese beiden Städte beiseite gelassen, so beträgt der Anteil der Witwen 20 Prozent und derjenige der verheirateten Frauen gerade noch 3.5 Prozent. Dieser niedrige Anteil von verheirateten Frauen rührt daher, dass in allen untersuchten Städten ausser Bremen und Coesfeld bei der Einbürgerung von Ehepaaren nur der Ehemann das Bürgerrecht erwarb. Dies lässt sich in Anlehnung an die von Otto Brunner postulierte These des ‚Ganzen Hauses'[42], dadurch erklären, dass nicht das Individuum die kleinste Einheit der mittelalterlichen Gesellschaft und Verfassung war, sondern der Haushalt. Dementsprechend musste auch nur der Haushaltsvorstand das Bürgerrecht erwerben. Stand eine Frau dem Haushalt vor[43], so wurde sie in vielen Städten entsprechend ihrer rechtlichen Stellung in der Familie Bürgerin. Meistens war der Haushaltsvorstand jedoch ein Mann, so dass nur er vollwertiger Bürger für seinen Haushalt wurde. Seine Ehefrau sowie die noch in der Familie wohnenden Kinder und Angestellten bekamen dadurch eine Art ruhendes Bürgerrecht, das sich im Bedarfsfall, das heisst für die Ehefrau, wenn sie ein eigenes Geschäft eröffnen wollte[44] oder wenn sie verwitwete, in ein volles Bürgerrecht umwandeln liess.

In Bremen und Coesfeld herrschte dagegen eine andere Verwaltungspraxis. Hier wurden bei Ehepaaren immer auch die Frauen ins Bürgerbuch eingetragen. Aus diesem Grund liegen hier nicht nur die Frauenanteile mit 21 respektive 39 Prozent weit über dem Durchschnitt der anderen unter-

---

41 Vgl. etwa *Koselleck* (Anm. 15), S. 23; *Claudia Kalesse,* Bürger in Augsburg. Studien über Bürgerrecht, Neubürger und Bürgen anhand des Augsburger Bürgerbuches I (1288–1497), Augsburg 2001; *Arnold* (Anm. 23), S. 73.

42 *Otto Brunner,* Neue Wege der Verfassungs- und Sozialgeschichte, Göttingen 1968 (2. Auflage), S. 108.

43 Otto Brunner überging den weiblichen Teil der Bevölkerung weitgehend. Dies wird etwa kritisiert von *Claudia Opitz,* Neue Wege der Sozialgeschichte? Ein kritischer Blick auf Otto Brunners Konzept des „ganzen Hauses", in: Geschichte und Gesellschaft 20 (1994), S. 88–98, besonders S. 93.

44 Wenn eine Frau selbständig tätig werden wollte, musste sie eine eingetragene Bürgerin sein, um ihren männlichen Kollegen gleichgestellt zu sein. Nur so, als „geschworene" Bürgerin, genoss auch sie den Rechtsschutz der Stadt; vgl. *Koselleck* (Anm. 15) S. 23.

suchten Städte, sondern auch der Anteil an verheirateten Frauen ist viel höher als anderswo. In Bremen waren insgesamt 369 der 580 erfassten Neubürgerinnen verheiratet, was einem Anteil von 64 Prozent entspricht und in Coesfeld immerhin noch 586 der 1657 Frauen, also gut 35 Prozent. Hier scheinen zudem verheiratete Frauen auch ohne Ehemann das volle Bürgerrecht erworben zu haben. Im Bürgerbuch finden sich nämlich nicht nur verheiratete Frauen, die sich zusammen mit ihrem Ehemann einbürgern liessen, sondern in grosser Zahl auch verheiratete Frauen, die unabhängig vom Ehemann das Bürgerrecht kauften.

Sowohl in Coesfeld als auch in Bremen wurden dafür im gesamten untersuchten Zeitraum nur zwei respektive vier Witwen eingebürgert. Da die Ehefrauen schon zu Lebzeiten ihrer Ehemänner das Bürgerrecht selbständig erworben hatten, mussten sie dies als Witwen nicht mehr tun. Sie konnten nach dem Tod des Ehemannes das Geschäft selbständig weiterführen und mussten nicht wie in den anderen untersuchten Städten dazu erst noch den Bürgereid ablegen.

Diese gleichzeitige Aufnahme von Ehepaaren ins geschworene Bürgerrecht hat in Bremen und Coesfeld nicht nur einen viel höheren Frauenanteil zur Folge, sondern auch äusserst gleichläufige Einbürgerungsfrequenzen der beiden Geschlechter. Dies zeigt sich besonders deutlich in Coesfeld, wo die Neubürgerzahlen von Frauen und Männern beinahe parallel steigen und sinken (Abb. 2). In Speyer führte die anders gehandhabte Einbürgerungspraxis hingegen zu einem abweichenden Bild: Durch die Aufnahme von vielen unverheirateten Prostituierten[45] ist bisweilen eine geradezu gegenläufige Entwicklung zu beobachten (Abb. 3)[46].

Aus der regelmässigen Aufnahme von verheirateten Frauen ins Bürgerrecht von Coesfeld und Bremen darf jedoch nicht auf eine bessere rechtliche Stellung der Ehefrauen in diesen beiden Städten geschlossen werden. Wie auch anderswo unterstanden in dieser Zeit die verheirateten Bürgerinnen wohl grundsätzlich der Ehevogtei ihres Mannes. Der einzige Unterschied zu anderen Städten besteht darin, dass sie nicht ein ruhendes Bürgerrecht besassen, sondern dieses schon aktiv erworben haben, während ihr Mann noch lebte. Der höhere Frauenanteil lässt daher kaum auf eine frauenfreundlichere Haltung des Stadtrates schliessen, sondern sagt in erster Linie etwas über die herrschende Verwaltungspraxis aus. Das tägliche Leben einer Frau mit ruhendem Bürgerrecht in Frankfurt wird sich kaum

---

45 Siehe unten, S. 185 f.

46 Eine genauere Analyse der Einbürgerungsfrequenzen in: *Barbara Studer*, Adlige Damen, Kauffrauen und Mägde. Zur Herkunft von Neubürgerinnen in spätmittelalterlichen Städten Süddeutschlands und der Schweiz, in: Migration in die Städte – Migrations vers les villes, hg. von Hans-Jörg Gilomen u. a., Basel 2000, S. 39–55.

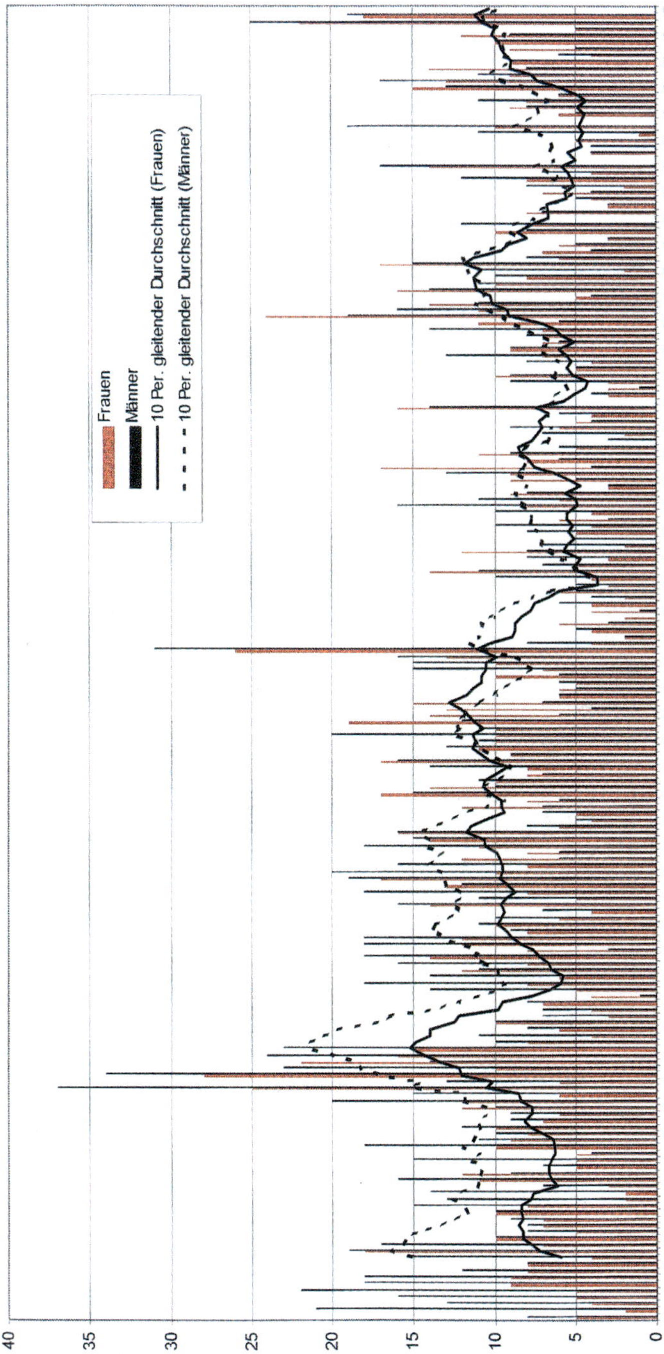

Abb. 2: Coesfeld: Einbürgerung von Frauen und Männern im Vergleich (1350 – 1550)

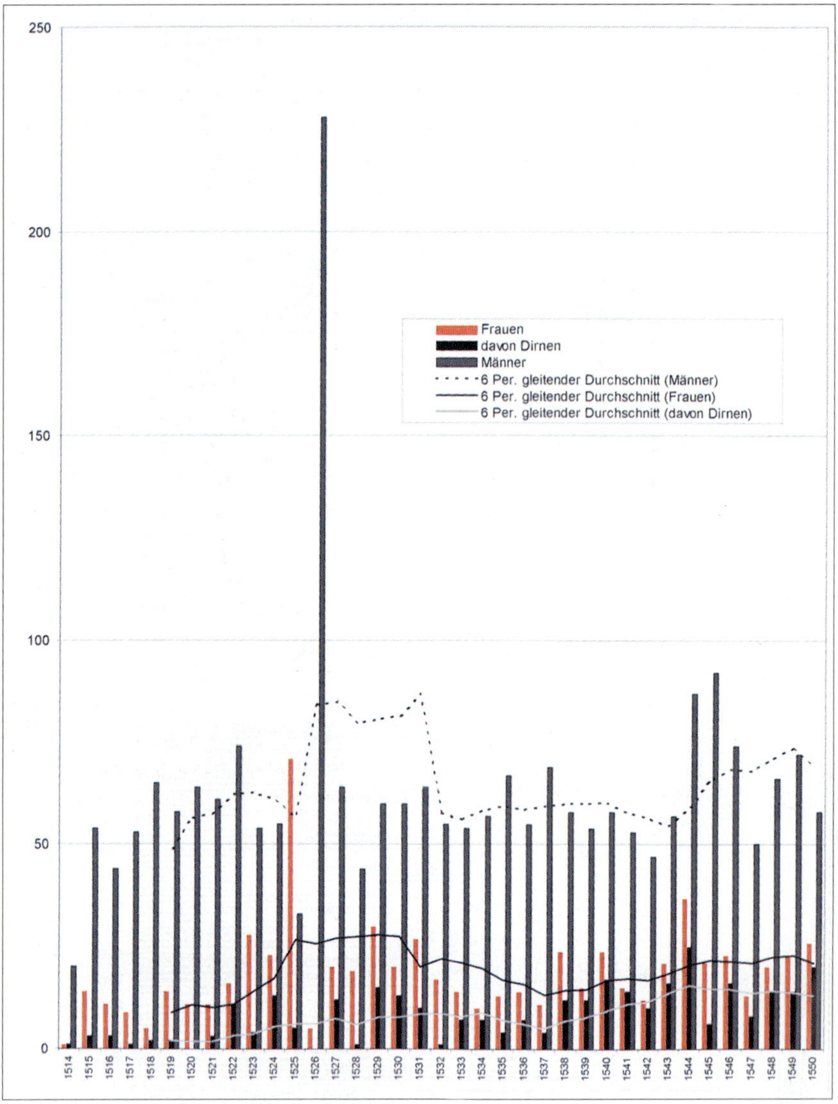

Abb. 3: Speyer: Einbürgerung von Frauen und Männern im Vergleich (1514 – 1550)

von demjenigen einer sozial gleichgestellten Vollbürgerin in Bremen unterschieden haben.

Neben dem Zivilstand einer Frau bieten allfällige Angaben über den Beruf einer Neubürgerin wertvolle Hinweise auf ihre Lebensstellung. Obwohl wir nicht von allen in den Bürgerbüchern verzeichneten Frauen einen Hinweis auf deren berufliche Tätigkeit haben, ist davon auszugehen, dass ein Grossteil der in den Bürgerbüchern verzeichneten berufstätigen Frauen einen typischen Frauenberuf ausübte, d. h. einer Beschäftigung nachging, die schon in der vor-städtisch geprägten Welt des Mittelalters den Frauen übertragen gewesen war. In erster Linie handelt es sich dabei um Berufe im Textilgewerbe. Gerade im Süden finden sich in einigen Städten wie Konstanz, Nürnberg oder Regensburg Näherinnen in verhältnismässig hoher Zahl; aber auch Schneiderinnen, Weberinnen, eine *seydnstickerin*[47] oder eine *schlaierfrau*[48], also eine Schleierweberin, werden erwähnt. Ebenfalls zu dieser Kategorie der typischen Frauenberufe sind die Köchinnen, die Käserinnen und selbstverständlich die Hebammen zu zählen, die vielerorts das städtische Bürgerrecht geschenkt bekamen. *Ann Albrecht,* die *smydin*[49], oder *Anna Hanns,* die *mullnerin*[50] übten hingegen kaum Berufe aus, die man gemeinhin als typische Frauenberufe bezeichnen würde. Noch untypischer ist allerdings der Beruf der *Alheid Geygerin,* einer *erztin,* die 1456 in Nürnberg das Bürgerrecht zum halben Preis kaufte[51]. Sicher war sie aber keine akademisch gebildete Medizinerin. Aus sittlichen Gründen brauchten die mittelalterlichen Städte zwar heilkundige Frauen, die die weiblichen Patientinnen behandeln konnten, doch handelte es sich bei ihnen immer um Chirurginnen oder Hebammen, die nicht an einer Universität studiert, sondern ihr Wissen auf praktischem Weg erworben hatten[52].

Eine sehr spezielle Gruppe von berufstätigen Frauen weist das Bürgerbuch von Speyer auf. Hier wurden zu Beginn des 16. Jahrhundert in grosser Zahl Prostituierte ins Bürgerrecht aufgenommen. Ausgehend von der

---

[47] *kungunt schmidin:* Papierene Neubürgerliste IV, Staatsarchiv Nürnberg (Amts- und Standrechnungen, Rep. 52b, AStB Nr. 306), fol. 119v.

[48] *anna neglin:* Nürnberg, Papierene Neubürgerliste IV, Staatsarchiv Nürnberg (Amts- und Standrechnungen, Rep. 52b, AStB Nr. 306), fol. 119r.

[49] Nürnberg, Papierene Neubürgerliste II, Staatsarchiv Nürnberg (Amts- und Standrechnungen, Rep. 52b, AStB Nr. 304), fol. 211r.

[50] Nürnberg, Papierene Neubürgerliste V, Staatsarchiv Nürnberg (Amts- und Standrechnungen, Rep. 52b, AStB Nr. 307), fol. 21v.

[51] Nürnberg, Papierene Neubürgerliste II, Staatsarchiv Nürnberg (Amts- und Standrechnungen, Rep. 52b, AStB Nr. 304), fol. 212r.

[52] *Andrea von Hülsen-Esch,* Frauen an der Universität. Überlegungen anlässlich einer Gegenüberstellung von mittelalterlichen Bildzeugnissen und Texten, in: Zeitschrift für Historische Forschung 24 (1997), S. 315–346, hier S. 330 ff.

Lehre Augustins[53] war man im Mittelalter der Meinung, dass die Prostituierten zwar ein verwerfliches Gewerbe betrieben, in der Stadt aber eine wichtige Aufgabe wahrzunehmen hätten. Da das Heiratsalter im späten Mittelalter recht hoch lag und aus ökonomischen Gründen auch nie alle Männer heiraten konnten, sollten diese Frauen eine Art „Ventilfunktion" für angestaute Triebüberschüsse übernehmen, um ehrbare Frauen vor Übergriffen zu schützen[54]. So besass praktisch jede grössere Stadt im Mittelalter ein Frauenhaus, das oft durch einen vom Rat eingesetzten Frauenwirt verwaltet wurde. Prostitution wurde zwar geduldet, aber man war doch der Meinung, dass es sich dabei um ein verwerfliches Gewerbe handle, das unter Kontrolle zu halten sei.

Die Tatsache, dass Dirnen im Bürgerbuch von Speyer so gut vertreten sind – immerhin ein Viertel der Neubürgerinnen in den untersuchten Jahren zwischen 1514 und 1550 – mag aber doch etwas erstaunen. In den übrigen untersuchten Städten ist nur noch in Frankfurt 1504 *eyn gut arme dirne*[55] als Neubürgerin erwähnt. Die auf den ersten Blick so grosszügige Aufnahme in Speyer muss also andere Gründe gehabt haben. Da der Beginn der Erfassung der Dirnen im Bürgerbuch 1514 genau mit dem Versuch zusammenfällt[56], alle Prostituierten zwangsweise in zwei Gassen anzusiedeln, ist anzunehmen, dass es sich bei diesem Vorgang um eine zusätzliche Überwachung gehandelt hat. So ist denn die Aufnahme ins Bürgerbuch sicher auch in erster Linie mit den Listen, die in Breslau und Lübeck zur Kontrolle der Dirnen geführt wurden[57], vergleichbar.

Das Spektrum der sozialen Herkunft der Neubürgerinnen konnte demnach von der wohlhabenden adligen Dame bis zur armen Magd reichen. Rechtlich gesehen waren sie alle Bürgerinnen. Der soziale Stand einer Frau war allerdings nicht überall gleich wichtig für den Erwerb des Bürgerrechts. Dies zeigt sich besonders daran, dass Ehrentitel in den Bürgerbüchern auffällig ungleich verteilt sind. Während in Bremen, Coesfeld und Speyer keine einzige der 2'925 untersuchten Frauen einen solchen Titel trug, werden in Nürnberg 16 der 258 Neubürgerinnen (6 Prozent) als

---

53 *Augustinus,* De Ordine, 2, 4, in: Migne, PL 32, Sp. 1000: *Aufer meretrices de rebus humanis, turbaveris omnia libidinibus.* Unterdrückt die öffentlichen Dirnen und die Gewalt der Leidenschaften wird alles über den Haufen werfen. Übersetzung nach: *Franz Irsigler* und *Arnold Lassotta,* Bettler und Gaukler, Dirnen und Henker. Aussenseiter in einer mittelalterlichen Stadt, München 1993 (5. Auflage), Anm. 543.

54 *Claudia Stein,* „Umb groben und mehr sunden zu verhutten" – Städtische Prostitution, in: Stadt der Frauen, hg. von Annette Kuhn und Marianne Pitzen, Zürich / Dortmund 1994, S. 169 – 173, hier S. 169.

55 *Sibilla von Beyerrute:* Bürgerbuch V Frankfurt, pag. 26r, zitiert nach Typoskript des Stadtarchivs Frankfurt am Main, S. 47.

56 Geschichte der Stadt Speyer, Bd. 1 (Anm. 9), S. 468.

57 *Beate Schuster,* Die freien Frauen. Dirnen und Frauenhäuser im 15. und 16. Jahrhundert, Frankfurt 1995, S. 69 f.

frowe[58] bezeichnet und in Strassburg beträgt ihr Anteil sogar 37 Prozent. Auch Augsburg, Colmar und Zürich können mit ihren *dominae* und *frowen* noch zu dieser Gruppe von Städten mit einem hohen Anteil von gut situierten Personen gezählt werden. Alle übrigen untersuchten Städte weisen jeweils zwei oder drei durch einen Titel hervorgehobene Frauen auf.

Bei den Hinweisen auf Neubürgerinnen aus den unteren sozialen Schichten ist dagegen ein genau reziprokes Bild anzutreffen. Die höchsten Anteile an Mägden, Dienerinnen, aber auch Prostituierten oder gar einer *armen Fraw*[59] weisen Bremen, Coesfeld und Speyer auf. Das Bürgerbuch von Strassburg, in dem besonders viele Adelige verzeichnet sind, enthält hingegen keine einzige Frau, bei der man auf einen niederen sozialen Status schliessen könnte. Der gleiche Eindruck ergibt sich in Augsburg, Colmar und Zürich. Auch hier finden sich praktisch keine Frauen aus der Unterschicht. Die übrigen Städte wie Frankfurt, Konstanz oder Ravensburg, die je zwei oder drei besser gestellte Frauen in den Bürgerbücher aufzuweisen haben, bürgerten jeweils auch zwei, drei Mägde oder sonstige, eindeutig als Angehörige niedriger sozialer Schichten identifizierbare Frauen, ein.

Aus diesen Beobachtungen lässt sich schliessen, dass der soziale Status einer Frau nicht überall von gleicher Wichtigkeit für den Erwerb des Bürgerrechts war. Während in einigen Städten auch Angehörige der Unterschichten als Bürgerinnen und Bürger aufgenommen wurden, so war das Bürgerrecht in anderen Orten für grosse Teile der Bevölkerung unerreichbar. Dem Bürgerrecht kam demnach nicht überall die gleiche Bedeutung zu. In Städten wie Speyer, Bremen oder Coesfeld, wo auch Mägde das Bürgerrecht erwerben konnten, war dieses in erster Linie ein Verwaltungsinstrument, das dazu diente, die Bevölkerung zu erfassen und vielleicht auch unter Kontrolle zu halten. Wollte der Rat das Bürgerrecht als Kontrollinstrument einsetzen, so musste er versuchen, möglichst viele Personen zu erfassen. Es erstaunt denn auch nicht, dass gerade diese drei Städte die höchsten Frauenanteile aufweisen. In Städten wie Strassburg hingegen, wo mehr als ein Drittel aller eingebürgerten Frauen[60] einen Titel trug, war das Bürgerrecht eher eine Prestige-Angelegenheit. Die Stadt strebte nicht eine Erfassung aller anwesenden Personen an, sondern unterschied mit den als Bürger gekennzeichneten Personen diese soziale Gruppe deutlich von den übrigen Einwohnern.

---

58 Der Begriff *frowe* bezeichnet im Mittelalter eine Frau vom Stand, eine Dame. Vgl. dazu *Matthias Lexer:* Mittelhochdeutsches Handwörterbuch, Band 3, Leipzig 1878, Sp. 540 f.

59 *Margaretha von Werssaw,* Speyer, Bürgerbuch III (Stadtarchiv Speyer, Sign. 1A 114), fol. 382v, zitiert nach: *Günther Groh,* maschinenschriftliche Edition des Bürgerbuches III im Stadtarchiv Speyer, S. 87.

60 122 der 333 ausgewerteten Einträge.

II. Die Fraueneinbürgerung im reichsweiten Vergleich

Wie eingangs erwähnt, nahmen nicht alle Städte Frauen in ihr Bürgerrecht auf. Acht der 43 untersuchten Städte nennen keine einzige Frau in ihren Neubürgerlisten; zwölf weisen einen Frauenanteil auf, der weniger als ein Prozent beträgt aber bei immerhin 23 Städten kann von einer mehr oder weniger regelmässigen Fraueneinbürgerung gesprochen werden, obwohl auch bei ihnen beträchtliche Unterschiede bestehen (Tabelle 1).

Diejenigen Städte, die auch Frauen in ihr Bürgerrecht aufnahmen, verteilen sich nicht gleichmässig auf das gesamte Alte Reich (Abb. 4). Am auffälligsten ist, dass südlich der Main-Linie bedeutend mehr Städte mit Frauen im Bürgerrecht anzutreffen sind, als nördlich davon. Obwohl aus dem Süden des Alten Reiches mehr Bürgerbücher erhalten sind als aus dem Norden, gibt es südlich des Mains anteilsmässig eine weiter verbreitete Aufnahme von Frauen ins Bürgerrecht. Der Süden kann daher als recht geschlossener Bereich von Städten mit einer regelmässigen Fraueneinbürgerung bezeichnet werden. Alle Städte in diesem Teil des Reiches, die gar keine Frauen in ihren Bürgerbüchern aufweisen, liegen an der Peripherie, in der Eidgenossenschaft, respektive im heutigen Österreich[61].

Im Norden ist dagegen, was die Fraueneinbürgerung betrifft, ein recht deutliches West-Ost-Gefälle zu erkennen. Im Westen liegen einerseits Coesfeld und Bremen, die wegen ihrer konsequenten Einbürgerung die reichsweit höchsten Frauenanteile aufweisen, andererseits befinden sich hier auch Soest, Braunschweig, Köln und Hannover, die ebenfalls vergleichsweise viele Frauen ins Bürgerrecht aufgenommen haben[62]. Östlich der Linie Lübeck – Braunschweig – Erfurt häufen sich dagegen Städte, die keine oder nur sehr wenige Bürgerinnen akzeptierten.

Obwohl die oben beschriebenen Räume, die eine vermehrte Fraueneinbürgerung aufweisen, mit den Vorsprungslandschaften des Reiches[63] im Süden und entlang des Rheines recht gut übereinstimmen, ist zu bezweifeln, dass ein Kausalzusammenhang zwischen den beiden Sachverhalten besteht. Auch wenn wir aus heutiger Sicht geneigt sind, eine Stadt, die Frauen eingebürgert hat, als modern zu bezeichnen und daher gerne eine

---

61 Zur Situation im Süden vgl. *Studer* (Anm. 46).

62 Diese Erkenntnis liesse sich im Raum Flandern/Brabant, der hier als eigenständiger Kulturraum ausgeklammert wurde, bestätigen. Die Forschungen im Nationalfonds-Projekt „Neubürger im Reich" unter der Leitung von Prof. *Rainer C. Schwinges* (vgl. Anm. 2) haben ergeben, dass auch hier einige Städte einen ausserordentlich hohen Frauenanteil aufwiesen.

63 Zu Entwicklungsunterschieden im Reich vgl. *Peter Moraw,* Über Entwicklungsunterschiede und Entwicklungsausgleich im deutschen und europäischen Mittelalter, in: Über König und Reich, hg. von Rainer C. Schwinges, Sigmaringen 1995, S. 293–320, hier S. 298.

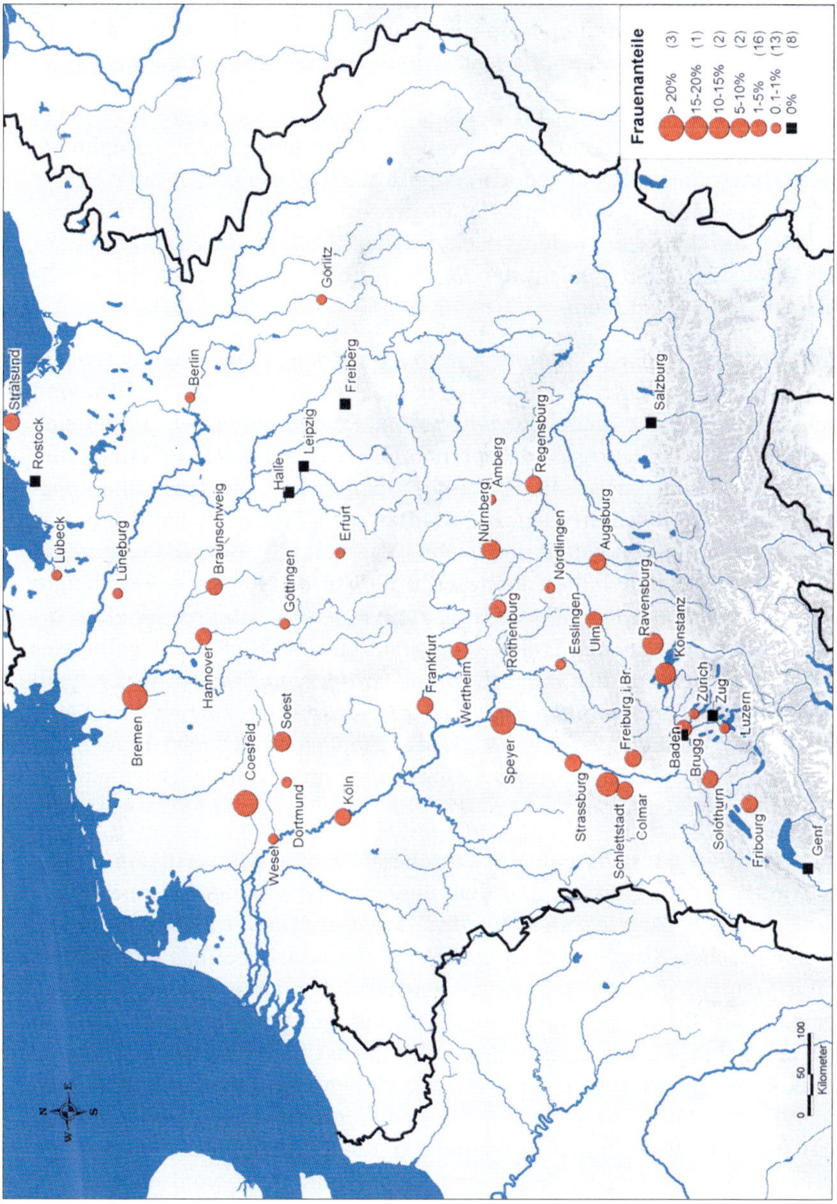

Abb. 4: Frauen im Bürgerrecht (1288 – 1550)

Verbindung zu den fortschrittlicheren Städten im Süden und Westen des Reiches sehen würden, so wäre dieser Schluss sicher anachronistisch. Wie oben dargelegt, war es nicht der Wunsch der Männer, den Frauen eine bessere Stellung zu verschaffen, sondern es standen vielmehr handfeste finanzielle, wirtschaftliche oder politische Gründe hinter ihrer Aufnahme.

Die ungleiche Verteilung im Reich zieht deshalb die Frage nach sich, warum einige Städte regelmässig Frauen in ihr Bürgerrecht aufnahmen, andere ihnen dieses Recht jedoch grundsätzlich verweigerten oder es nur in Ausnahmefällen gewährten. Zur Beantwortung dieser Frage sollen im folgenden die Verfassung, die wirtschaftliche Situation, die Stadtgrösse sowie das jeweils geltende Recht der Städte mit den auswertbaren Bürgerbüchern untersucht werden.

Auffallend viele der Städte mit einer regelmässigen Fraueneinbürgerung gehören den Kategorien der Freien oder Reichsstädte an. Auf 13 Freie und Reichsstädte, die alle mehr als vier Prozent Frauen aufweisen, findet sich nur gerade eine eindeutig landesherrliche Stadt. Es handelt sich dabei um Coesfeld, das mit knapp 40 Prozent Frauen jedoch deutlich über dem reichsweiten Durchschnitt liegt. Bei Städten ohne Frauen in den Bürgerbüchern ist die Situation genau umgekehrt. Von den acht Bürgerbüchern, die in den ausgewerteten Jahren keine Frau aufweisen, stammt kein einziges aus einer Freien oder Reichsstadt. Zug zählt zwar als Mitglied der alten Innerschweizer Orte zu den freien Landschaften und auch Genf gelingt es mit der Zeit, sich von der Herrschaft der Grafen von Savoyen weitgehend zu befreien. Zu den typischen Freien oder Reichsstädten können aber beide nicht gezählt werden. Von den 20 Städten mit einer geringen Fraueneinbürgerung sind einzig Esslingen, Nördlingen und Zürich Beispiele für Reichsstädte dieser Art.

Ob ein Kausalzusammenhang zwischen der regelmässigen Aufnahme von Frauen ins Bürgerrecht und dem äusseren Verfassungstyp einer Stadt gesehen werden darf, ist allerdings fraglich. Der hohe Frauenanteil in der landesherrlichen Stadt Coesfeld einerseits, die relativ geringe Anzahl von Neubürgerinnen in den genannten Reichsstädten andererseits, sprechen eher dagegen. Im übrigen liesse sich auch nur sehr schwer eine Erklärung für einen solchen Zusammenhang finden. Es ist kaum anzunehmen, dass adelige Stadtherren weiblichen Neubürgerinnen gegenüber prinzipiell ablehnend eingestellt waren, da im Adel Frauen grundsätzlich besser gestellt waren als im Bürgertum. Ein Grund für die Häufung einer vermehrten Aufnahme von Frauen in Freien und Reichsstädten ist wohl eher in der Konzentration dieser Stadtrechtstypen im Süden des Alten Reiches zu suchen. Wie anhand der Übersichtskarte (Abb. 4) deutlich wird, sind Städte mit einem höheren Anteil an Neubürgerinnen hier vergleichsweise häufiger anzutreffen als im Norden. Aus diesem Grund ist anzunehmen, dass die Übereinstimmung eher zufällig ist und ein direkter Zusammenhang zwischen den beiden Sachverhalten mit grosser Wahrscheinlichkeit ausgeschlossen werden kann.

Da es sich bei der Aufnahme von Neubürgern im Normalfall eher um eine „innere" Angelegenheit der Stadt gehandelt hat, ist ein Zusammenhang zwischen der innerstädtischen Verfassungsstruktur und der Einbürgerung von Frauen hingegen schon eher zu vermuten. Diesen Gedanken verfolgt denn auch die einzige Arbeit, die sich bisher systematisch mit dem Bürgerrecht von Frauen in mittelalterlichen Städten auseinandergesetzt hat. Martha Howell vertritt in ihrer Arbeit „Citizenship and Gender" die Auffassung, dass Frauen in dem Moment vom Bürgerrecht ausgeschlossen worden seien, als dieses mit politischen Rechten verknüpft wurde[64]. Sowohl in Köln als auch in Frankfurt sei die Fraueneinbürgerung eingebrochen, als das Bürgerrecht direkt oder indirekt – über die Teilhabe der Zünfte an der Regierung – mit dem Zugang zur Regierungsgewalt in Zusammenhang gebracht worden sei. Diese Entwicklung sieht sie begründet in einer veränderten Grundeinstellung der Gesellschaft, die nicht mehr die Familie als Grundeinheit der Gemeinde sah, sondern das Individuum. Waren nämlich Familien die konstituierende Einheit der städtischen Bevölkerung, so konnten gemäss Howells Auffassung auch Frauen Haushaltsvorstände sein. In diesem Sinne sei denn auch „woman = citizen" als Erweiterung der Formel „familiy-unit = citizen" zu begreifen[65]. Dieser Wechsel von der „familial" zur „individual rule"[66] habe zu dem Zeitpunkt begonnen, als die Städte von ihren jeweiligen Herren unabhängig geworden seien. In diesen Zeiten hätten die Familien ihre zentrale Rolle verloren – so Howell –, weil sie die Einheit der Gemeinschaft bedroht hätten, da diese ja immer ihre eigenen, nicht aber die Interessen der Gemeinde vertreten würden.

Obwohl diese These in ihrem Kern brauchbare Ansätze enthält, lassen sich bei einem genaueren Quellenstudium in mehr als den fünf von Howell ausgewählten Städten (Brügge, Leiden, Lille, Frankfurt am Main und Köln) viele ihrer Aussagen nicht bestätigen. Der grösste Schwachpunkt ihrer These liegt wohl in der etwas diffusen Trennung von Städten, in denen die Familie die Grundeinheit der Gesellschaft gewesen sei und anderen, die vom Individuum ausgegangen seien. Zum einen ist sehr fraglich, wie sie die beiden Kategorien überhaupt unterscheiden will, da sich Howell ausschliesslich auf Sekundärliteratur abstützt; zum anderen lassen grund-

---

64 *Howell* (Anm. 20), S. 47 ff.

65 Ebd., S. 51.

66 Ebd., S. 52.

sätzlich beide Konzepte die Möglichkeit zu, Frauen auszuschliessen oder am Bürgerrecht partizipieren zu lassen[67]. Im übrigen ist ihre These auch zeitlich nicht stimmig. Sie setzt den Ausschluss der Frauen aus den Bürgerrechten, gemäss der Theorie vom Wechsel auf das Individuum als Grundeinheit der Gesellschaft, mit der Ablösung der Städte von ihren Herren an. Oben konnte allerdings gerade festgestellt werden, dass besonders viele Freie und Reichsstädte einen höheren Anteil von Frauen in ihr Bürgerrecht aufnahmen. Ein Ausschluss der Frauen ist zudem in der Mehrheit der untersuchten Städte erst in der Frühen Neuzeit zu beobachten, sicher nicht aber im 14. Jahrhundert, wie Howell behauptet. Frauen konnten auch in „individual ruled" Städten weiterhin als Familienvorstände walten und wurden vielerorts bis zum Ende des Mittelalters als Bürgerinnen akzeptiert.

Auch Howells Überlegungen was den Zusammenhang zwischen dem Bürgerrecht für Frauen und der städtischen Politik betrifft, sind nicht durchwegs schlüssig. Da Frauen von politischen Rechten im Mittelalter grundsätzlich ausgeschlossen blieben, wäre das Bürgerrecht für Frauen in der Tat schwierig aufrecht zu erhalten gewesen, wenn dieses direkt mit der Möglichkeit, an der Regierung teilzuhaben, verknüpft worden wäre. Mit dem Einzug der Zünfte in den Stadtrat in Frankfurt von 1370 ist dies aber genau so wenig geschehen wie es anderswo je nachgewiesen werden konnte. Oftmals wurde die Regimentsfähigkeit zwar weiterhin alten Familien vorbehalten, doch in keiner der untersuchten Städte, die während einer gewissen Zeit regelmässig Frauen aufnahmen, wurde das Bürgerrecht direkt mit dem Zugang zur Regierung gekoppelt. Nur weil sich 1370 in Frankfurt die politischen Möglichkeiten der Zünfte gewandelt hatten, kann daraus sicher nicht geschlossen werden, dass damit der Rat auch Frauen offengestanden hätte und diese deshalb vom Bürgerrecht ausgeschlossen werden mussten. Diese Folgerung geht von heutigen Gesellschaftsstrukturen aus, die solche logischen Rückschlüsse zulassen. Sie auf das Mittelalter zu übertragen, ist jedoch anachronistisch. In dieser Zeit war es durchaus möglich, dass eine Frau – genau wie ihre männlichen Kollegen – zwar Zunftmitglied war, deswegen aber noch lange nicht in den Rat gewählt werden konnte.

Die Frage nach dem Zusammenhang zwischen der Aufnahme von Frauen ins Bürgerrecht und einer zünftischen Ratsstruktur ist aber dennoch nicht

---

[67] Diese Meinung vertritt *Andrea Löther*, Unpolitische Bürger. Frauen und Partizipation in der vormodernen praktischen Philosophie, in: Bürgerschaft. Rezeption und Innovation der Begrifflichkeit vom hohen Mittelalter bis ins 19. Jahrhundert, hg. von Reinhard Koselleck und Klaus Schreiner, Stuttgart 1994, S. 239–273, hier S. 256 f. Sie rechnet Howell zwar den Verdienst, die Abhängigkeit des Bürgerrechts von der politischen Entwicklung aufgezeigt zu haben, hoch an, ihre Argumentationsweise hält sie aber nicht für schlüssig.

unwichtig. Mehr Einfluss auf die Aufnahme von Frauen als eine diffuse, nicht klar fassbare, individuell oder familiär geprägte Grundstruktur dürfte nämlich die soziale Zusammensetzung des Stadtregiments gehabt haben. Zwar finden sich sowohl in Städten, in denen ein kaufmännisch geprägtes oder geburtsständisches Patriziat[68] die Oberhand über die Zünfte behielt, als auch in Städten, in denen sich im Laufe der Zeit eine Zunftverfassung durchsetzen konnte, Aufnahmen von Frauen ins Bürgerrecht. Ein leicht positiver Einfluss der Zünfte auf die Einbürgerung von Frauen scheint aber trotzdem vorhanden gewesen zu sein. Zum einen fällt auf, dass sich unter den Städten ohne Neubürgerinnen keine einzige Zunftstadt befindet; zum anderen ist in mehreren Städten, in denen im Laufe der Zeit die Stadtverfassung wechselte, zu beobachten, dass in der zünftisch geprägten Zeit mehr Frauen eingebürgert wurden als in der von einem Patriziat regierten. So erhielten beispielsweise in Ravensburg vor der Einführung der Zunftverfassung im Jahr 1348 in den ausgewerteten Jahrgängen ab 1330 durchschnittlich weniger Frauen das Bürgerrecht, als in den folgenden Jahren bis 1550[69]. Auch in Augsburg, Rothenburg, Ulm oder Speyer sind ähnliche Entwicklungen zu beobachten. Da viele Zünfte Frauen aufnahmen und auch hier vielerorts ein Ausschluss erst mit der verschlechterten wirtschaftlichen Situation gegen Ende des Mittelalters festzustellen ist[70], besteht durchaus die Möglichkeit, dass diese einen positiven Einfluss auf die Fraueneinbürgerung ausübten.

Die These, dass die Aufnahme von Frauen ins Bürgerrecht in erster Linie durch die persönliche Zusammensetzung des Rates bestimmt worden sei, dass also einzelne besonders misogyn eingestellte Räte diesen Vorgang verhindert, respektive im Gegenteil, als ausgesprochen frauenfreundliche Stadtväter sie gefördert haben könnten, ist hingegen als Erklärung für die unterschiedliche Einbürgerungspolitik der Städte nicht zu halten. Zumindest in den untersuchten Städten mit einer regelmässigen, über viele Jahre relativ stabilen Fraueneinbürgerung ist diese These nicht einsichtig. Es gibt hier zu wenige nicht durch andere Ereignisse erklärbare Schwankungen bei den Anteilen von Neubürgerinnen, als dass zu einer solchen, nicht nachweisbaren und in den Quellen nicht fassbaren Erklärung gegriffen

68 Ich verstehe unter Patriziat gemäss *Isenmann* (Anm. 7), S. 269 „[...] einen Kreis politisch auf geburtsständischer Grundlage berechtigter Familien, denen die Ratssitze und Ratsämter zukommen, die das Stadtregiment ausmachen“ und sich gegen aussen abgrenzen.

69 In den Jahren 1330 bis 1348 betrug die Einbürgerungsquote durchschnittlich 2,75 Frauen pro Jahr. 1354 bis 1550 erhielten dagegen im Durchschnitt 3,5 Frauen jährlich das Bürgerrecht.

70 Vgl. beispielsweise die Frauenanteile in der Schlüsselzunft in Basel; *Paul Kölner*, Die Zunft zum Schlüssel in Basel, Basel 1953, S. 170 ff. Zwischen 1357 und 1500 ist hier ein Rückgang der weiblichen Zunftmitglieder von 9,2 Prozent auf 0,5 Prozent zu beobachten.

werden müsste. Einzig in Städten, in denen sich die Aufnahme von Frauen ins Bürgerrecht auf wenige Jahre beschränkt, könnte eventuell an eine solche Interpretation gedacht werden. Dies wäre etwa in Dortmund der Fall, wo die sechs Neubürgerinnen ihr Bürgerrecht alle zwischen 1354 und 1390 erhielten, obwohl Aufzeichnungen von Neubürgern über einen sehr viel längeren Zeitraum erhalten sind (1295 bis 1510) oder in Solothurn, wo alle sechs im Bürgerbuch erfassten Frauen am gleichen Tag des selben Jahres Bürgerinnen wurden[71].

Neben der innerstädtischen Verfassungsstruktur scheint auch die Grösse einer Stadt nur beschränkt Einfluss auf die Aufnahme von Frauen ins Bürgerrecht gehabt zu haben. Die in der Literatur immer wieder vertretene Ansicht[72], dass Frauen in grösseren Städten besser gestellt gewesen seien als in kleineren, hat sich bei der Analyse der Frauenanteile in den Bürgerbüchern nicht bestätigt. Obwohl Bürgerinnen in Klein-, Mittel- und Grossstädten ins Bürgerrecht aufgenommen wurden, weisen nicht die oft als den Frauen so wohlgesonnen dargestellten Grossstädte wie Köln[73] oder Frankfurt[74] die höchsten Anteile von Bürgerinnen auf. Abgesehen von Bremen, bei dem es sich wegen der Mitaufnahme aller Ehefrauen um einen Sonderfall handelt, finden sich in allen untersuchten Städten mit mehr als 10'000 Einwohnern nie mehr als sechs Prozent Frauen. Weder Braunschweig noch Frankfurt, Augsburg, Köln, Nürnberg, Regensburg oder Ulm gehören zu den Spitzenreitern, obwohl sie im mittelalterlichen Alten Reich alle als Grossstädte bezeichnet werden können[75]. Andererseits handelt es sich bei Konstanz, Ravensburg oder Schlettstadt nur um mit-

---

71 Es handelt sich dabei um den 19. Januar 1408. (Solothurn, Bürgerbuch I, Staatsarchiv Solothurn, Sign. E1.1, pag. 2). Das Bürgerbuch wurde bis zum Ende der hier untersuchten Phase im Jahr 1550 weitergeführt.

72 Beispielsweise: *Herwig Ebner,* Die soziale Stellung der Frau im spätmittelalterlichen Österreich, in: Frau und spätmittelalterlicher Alltag (Veröffentlichungen des Instituts für mittelalterliche Realienkunde Österreichs, Nr. 9), Wien 1986, S. 509–552, hier S. 519, 549; *Kalesse* (Anm. 41), S. 120; *Barbara Kroemer,* Über Rechtsstellung, Handlungsspielräume und Tätigkeitsbereiche von Frauen in spätmittelalterlichen Städten, in: Staat und Gesellschaft in Mittelalter und Früher Neuzeit. Gedenkschrift für Joachim Leuschner, hg. vom Historischen Seminar der Universität Hannover, Göttingen 1983, S. 135–150, hier S. 138.

73 *Margret Wensky,* Frauen in der Hansestadt Köln im 15. und 16. Jahrhundert, in: Frauen in der Ständegesellschaft. Leben und Arbeiten in der Stadt vom späten Mittelalter bis zur Neuzeit, Nördlingen 1991, S. 49–68, hier S. 49.

74 Als erster hat Karl Bücher die angeblich so vielfältigen Möglichkeiten der Frauen in Frankfurt beschrieben. Bis heute wird diese Ansicht noch immer ungeprüft übernommen, so etwa durch *Barbara Kroemer,* Von Kauffrauen, Beamtinnen, Ärztinnen – Erwerbstätige Frauen in deutschen mittelalterlichen Städten, in: Frauen in der Geschichte, Bd. 2, hg. von Annette Kuhn und Jörn Rüsen, Düsseldorf 1982, S. 73–96.

75 Ich folge hier den Kategorien wie sie *Isenmann* (Anm. 7), S. 31, zusammenfasst. In beiden von ihm vorgestellten Klassifizierungen werden Städte mit zwischen 2'000 und 10'000 Einwohnern als Mittelstädte bezeichnet, diejenigen mit über 10'000 Einwohnern als Grossstädte.

telgrosse Städte; alle drei können jedoch mit vergleichsweise hohen Frauenanteilen in den Bürgerbüchern aufwarten, ohne verwaltungstechnisch wie Bremen oder Speyer einen Ausnahmefall darzustellen. Vielleicht sahen gerade kleinere Städte in der Einbürgerung von Frauen eine Chance. Da die Pflichten grundsätzlich für alle Bürgerinnen und Bürger die gleichen waren, konnte die Aufnahme von Frauen ins Bürgerrecht durchaus nützlich sein. Diese mussten beim Erwerb ihres Bürgerrechts ein Aufnahmegeld bezahlen und hatten als selbständige Bürgerinnen, wie alle anderen Haushaltsvorstände, Steuern abzuliefern. Im Notfall, wenn die Stadt angegriffen wurde, halfen die Bürgerinnen – wenigstens indirekt – mit, die Stadt zu verteidigen.

In der Forschung wird immer wieder die Meinung vertreten, dass Frauen in Handelsstädten besonders gut gestellt gewesen seien[76]. Dies wird zumeist durch die besondere Rechtsstellung der Kauffrau begründet, der im Gegensatz zu den nicht im Handel tätigen Städterinnen in vielen Stadtrechten volle Handlungs- und Rechtsfähigkeit zugebilligt wurde. Geht man davon aus, dass die Akzeptanz von Frauen im Bürgerrecht etwas über deren allgemeine Stellung in der Stadtgesellschaft auszusagen vermag, so lässt sich diese Behauptung allerdings nicht halten. Zwar finden sich unter den Städten mit einem verhältnismässig grossen Anteil von Frauen in den Bürgerbüchern wichtige Handelsplätze. Als Beispiel wären hier etwa Augsburg, Bremen oder Frankfurt zu nennen. In der wichtigen Handelsstadt Erfurt oder dem berühmten Messeplatz Leipzig ist dies jedoch nicht der Fall. Während Erfurt immerhin noch vier Frauen in allen untersuchten Stichjahren aufzuweisen hat (0.5 Prozent), findet sich in Leipzig unter den 654 Eintragungen nicht eine einzige Frau. Auch in Lübeck, dem grossen Handelszentrum der Ostsee, sieht die Situation ähnlich aus. Aufgrund der wiederholt postulierten ganz besonderen Situation der Kauffrau im lübischen Recht[77] wäre eigentlich zu erwarten, dass hier eine grosse Anzahl von Angehörigen dieser Berufsgattung das Bürgerrecht erworben hätte. Von ihrem Rechtsstatus her wären sie dazu eigentlich in der Lage gewesen. Unter den 1'239 in Lübeck ausgewerteten Einträgen finden sich jedoch nur gerade acht Frauen und nur eine einzige wird als *institrix*[78] bezeichnet. Es ist daher zu vermuten, dass es hier entweder deutlich weniger Kauffrauen gab, als in der Literatur angenommen wird, oder dass viele der als Kauffrauen bezeichneten Lübecke-

76 Zum Beispiel *Ennen* (Anm. 25), S. 15 oder *Erika Uitz,* Die Frau in der mittelalterlichen Stadt, Stuttgart 1988, S. 43.

77 *Wilhelm Ebel,* Forschungen zur Geschichte des lübischen Rechts, 1. Teil: 13 Stücke zum Prozess- und Privatrecht, Lübeck 1950, S. 86 f.

78 *Metteke de Greuerodhe:* Civilitates. Lübecker Neubürgerlisten 1317–1356, hg. von Olof Ahlers (Veröffentlichungen zur Geschichte der Hansestadt Lübeck 19), Lübeck 1967, S. 59.

rinnen nur einfache Krämerinnen waren, die zwar rechtlich zu den Kauffrauen zählten, es sich aber nicht leisten konnten, das Bürgerrecht zu erwerben.

Anhand der beschriebenen Situation im Norden des Alten Reiches wird ersichtlich, dass weder allein die wirtschaftliche Struktur einer Stadt noch die Zusammensetzung ihres Rates oder ihre Verfassung über die selbständige Aufnahme von Frauen ins Bürgerrecht entschieden haben. Wie auch die Grösse einer Stadt oder deren Beziehung zum Stadtherrn, können sich diese Faktoren zwar auf die Aufnahme von Frauen ins Bürgerrecht ausgewirkt haben, sind aber als Erklärung allein nicht befriedigend. Als weiterer Faktor ist deshalb die Handhabung der Geschlechtsvormundschaft[79] zu untersuchen.

Nicht alle Städte billigten Frauen nämlich die gleichen Rechte zu. Während einige Städte in ihren Stadtrechten von einer grundsätzlichen Vormundschaft über alle Frauen abkamen, blieb diese sogenannte Munt[80] in anderen Stadtrechten bestehen. Es ist belegt, dass beispielsweise in Regensburg oder München Frauen recht selbständig handeln konnten, während die Stadtrechte von Lübeck, Magdeburg[81] oder Hamburg[82] die Geschlechtsvormundschaft für alle Frauen kannten. Hier fiel die Frau unter die Munt des nächsten männlichen Verwandten, sobald ihr Ehemann oder Vater verstarben. Im rechtlichen Bereich waren diese Städterinnen stark eingeschränkt und konnten nur über wenige Pfennige selbständig verfügen[83].

Warum gewisse Städte im Hochmittelalter begannen, die seit Jahrhunderten geltende Geschlechtsvormundschaft aufzulösen, diese Entwicklung aber nicht in allen Städten zum Tragen kam, ist noch nicht geklärt. Die plausibelste Erklärung für die unterschiedliche Entwicklung scheint heute ein Überwiegen von Pragmatismus im städtischen Alltagsleben, respektive

---

79 Zur Geschlechtsvormundschaft vgl. *Dilcher* (Anm. 21), S. 62–64 sowie *Ernst Holthöfer*, Die Geschlechtsvormundschaft. Ein Überblick von der Antike bis ins 19. Jahrhundert, in: Frauen in der Geschichte des Rechts. Von der Frühen Neuzeit bis zur Gegenwart, hg. von Ute Gerhard, München 1997, S. 390–451, besonders S. 409–414. Neulich auch: *Gabriela Signori*, Geschlechtsvormundschaft und Gesellschaft. Die Basler ‚Fertigungen' (1450–1500), in: Zeitschrift der Savigny-Stiftung für Rechtsgeschichte, Germ. Abt. 116 (1999), S. 119–151.

80 Zur Munt vgl. *W. Ogris*, Munt, Muntwalt, in: HRG, Bd. III, Sp. 750–761.

81 *Isenmann* (Anm. 7), S. 294. Mit der unterschiedlichen Handhabung der Geschlechtsvormundschaft je nach Stadt und Zeit hat sich auch *Gerhard Köbler*, Das Familienrecht in der spätmittelalterlichen Stadt, in: Haus und Familie in der spätmittelalterlichen Stadt, hg. von Alfred Haverkamp, Köln/Wien 1984, S. 136–160, S. 138 ff., befasst.

82 *Rogge* (Anm. 30), S. 87–89.

83 In Lübeck war die Verpflichtungsfähigkeit und Haftung – mit Ausnahme der Kauffrauen – beispielsweise auf 3 bis 3 Pfennige beschränkt. Dieser Betrag wurde später zwar erhöht, die Geschlechtsvormundschaft galt hier aber noch bis 1869. Vgl. *Isenmann* (Anm. 7), S. 295.

ein Festhalten an der Tradition gewesen zu sein[84]. Während einige Städte aus nicht mehr nachvollziehbaren, weil nicht schriftlich überlieferten Gründen eine selbständige Einbürgerung von Frauen für sinnvoll erachteten, hielten andere an der alten, grundsätzlichen Geschlechtsvormundschaft für alle Frauen fest und lockerten diese höchstens in Ausnahmefällen. Ob auch das römische Recht einen gewissen Einfluss auf die unterschiedlich interpretierte Geschlechtsvormundschaft hatte, ist nur schwer zu beantworten, da sich dieses nur sehr punktuell fassen lässt und zudem keine lineare oder kontinuierliche Entwicklung zu erkennen ist[85]. Als im 16. und 17. Jahrhundert allerdings viele der Errungenschaften wieder rückgängig gemacht wurden, spielte das Eindringen des gelehrten Rechts wahrscheinlich eine gewisse Rolle[86]. Die *patria potestas*, also die väterliche Gewalt des römischen Rechts, passte nur allzu gut zu den obrigkeitlichen Versuchen der Sozialdisziplinierung dieser Zeit[87], so dass die Geschlechtsvormundschaft auch in Städten, die sie vorher nicht mehr gekannt hatten, wieder eingeführt wurde[88].

Vergleicht man die Städte mit einer regelmässigen Aufnahme von Frauen ins Bürgerrecht mit der Verbreitung der Geschlechtsvormundschaft in spätmittelalterlichen Stadtrechten, zeigt sich eine erstaunliche Übereinstimmung. So findet sich im Süden des Alten Reiches, wo die Geschlechtsvormundschaft in den Städten häufiger überwunden wurde, ein relativ geschlossener Raum von Städten mit Frauen im Bürgerrecht (Abb. 4). Im Norden dagegen ist die allgemeine Vormundschaft für Frauen vor allem im Osten verbreitet[89]. Hier hatten besonders viele Städte das magdeburgische oder lübische[90] Stadtrecht übernommen, in denen für alle Frauen eine

---

84 Freundliche Mitteilung von Herrn Prof. *Gerhard Dilcher*, Frankfurt am Main.

85 Freundliche Mitteilung von Frau Prof. *Ingrid Baumgärtner*, Kassel.

86 Diese Meinung vertreten sowohl *Dilcher* (Anm. 21), S. 63 als auch *Baumgärtner* (Anm. 85). Zur Geschlechtsvormundschaft in der Frühen Neuzeit vgl. auch *Holthöfer* (Anm. 79), S. 414–419.

87 Zur in den letzten Jahren viel diskutierten These der Sozialdisziplinierung vgl. etwa *Winfried Schulze*, Gerhard Oestreichs Begriff der „Sozialdisziplinierung in der frühen Neuzeit“, in: Zeitschrift für Historische Forschung 14 (1987), S. 265–302, besonders 275 ff. Er hat den Begriff der Sozialdisziplinierung aus dem Nachlass Oestreichs rekonstruiert und kritisch kommentiert. Siehe auch *Jürgen Schlumbohm*, Gesetze, die nicht durchgesetzt werden – ein Strukturmerkmal des frühneuzeitlichen Staates?, in: Geschichte und Gesellschaft 23 (1997), S. 647–663; oder *Heinrich Richard Schmidt*, Sozialdisziplinierung? Ein Plädoyer für das Ende des Etatismus in der Konfessionalisierungsforschung, in: Historische Zeitschrift 265 (1997), S. 639–682, hier S. 640 ff.

88 *Rudolf Hübner*, Grundzüge des deutschen Privatrechts, Leipzig 1930 (3. Auflage), S. 77 f.

89 Vgl. *Holthöfer* (Anm. 79), S. 411.

90 Lübeck weist zwar einige wenige Frauen auf, doch ist ihr Anteil mit 0.64 Prozent so niedrig, dass es sich dabei vornehmlich um Ausnahmefälle gehandelt haben muss.

Munt verlangt wurde. Dieser Raum mit Städten aus den beiden erwähnten Stadtrechtsfamilien stimmt wiederum genau mit der Verbreitung von Bürgerbüchern ohne Frauen überein. So weisen etwa die Städte Rostock, Halle oder Leipzig, die alle nach einem dieser beiden Rechte verwaltet wurden, keine einzige Frau unter ihren Neubürgern auf. Bremen oder Braunschweig, die hingegen ein eigenständiges Stadtrecht besassen, das keine allgemeine Vormundschaft für Frauen kannte, nahmen durchaus Frauen in ihr Bürgerrecht auf – im Falle von Bremen sogar überdurchschnittlich viele[91].

Bedenkt man, dass die Geschlechtsvormundschaft den finanziellen Handlungsspielraum von Frauen auf wenige Pfennige einschränkte und diese Frauen auch nicht selber fähig waren, einen Eid abzulegen, so wird die beschriebene Übereinstimmung zwischen der Verbreitung der Geschlechtsvormundschaft und den Anteilen von Frauen in den Bürgerbüchern evident. Eine Frau, die nicht einmal einen Kessel kaufen durfte, um zu Hause Bier zu brauen, konnte unmöglich ein Bürgerrecht, das ein mehrfaches dieses Haushaltsgegenstandes kostete, selbständig erwerben. Völlig ausgeschlossen wäre bei diesem Rechtsstatus selbstverständlich auch das eigenhändige Schwören eines Bürgereides gewesen, der ja bekanntlich integraler Bestandteil eines jeden vollen Bürgerrechts war und nur in Ausnahmefällen (etwa bei Unmündigkeit) von einem Vogt übernommen werden konnte. Dies bedeutet also, dass es ein regelmässig verliehenes Bürgerrecht für Frauen nur dort geben konnte, wo die Stadt nach einem Stadtrecht regiert wurde, das keine prinzipielle Geschlechtsvormundschaft für alle Frauen kannte. Andere Faktoren wie die wirtschaftliche Situation, die Stadtgrösse oder der Verfassungstyp einer Stadt konnten sich zwar durchaus auf die Aufnahme von Frauen ins Bürgerrecht auswirken, waren aber nicht ausschlaggebend.

III. Ergebnisse

Die Auswertung von 43 erhaltenen Bürgerbüchern des Alten Reiches hat ergeben, dass im Spätmittelalter nicht nur Männer in grosser Zahl das Bürgerrecht erlangt haben, sondern auch Tausende von Frauen. Obwohl sie gegenüber den Männern immer in der Minderheit waren, kann ihre Präsenz im Bürgerrecht nicht mehr länger bestritten werden. Im übrigen

91 Die einzige Stadt, deren Anteil von Neubürgerinnen (1.07 Prozent) sich mit der These der Geschlechtsvormundschaft nicht erklären lässt, ist Stralsund. Die Stadt erhielt 1234 über den Umweg von Rostock lübisches Recht und müsste demnach eigentlich die Geschlechtsvormundschaft gekannt haben, nahm aber einige wenige Frauen ins Bürgerrecht auf; vgl. *Roderich Schmidt*, Stralsund, in: LexMa, Bd. VIII, München/Zürich 1997, Sp. 210 f.

kann davon ausgegangen werden, dass solche Frauen als selbständige Bürgerinnen galten, wenn die Stadt grundsätzlich bereit war, Städterinnen in ihr Bürgerrecht aufzunehmen. Von einem speziellen weiblichen Bürgerrecht, das dem männlichen gegenüber minderwertig wäre, kann daher nicht gesprochen werden.

Die in den Neubürgerlisten eingetragenen Frauen waren zum grössten Teil ledig oder verwitwet. Abgesehen von Bremen und Coesfeld, wo eine unterschiedliche Verwaltungspraxis herrschte, sind jeweils nur wenige Frauen als verheiratet erkennbar. Diese waren nicht vom Bürgerrecht ausgeschlossen, sondern besassen nur ein ruhendes Bürgerrecht. Dieses liess sich im Bedarfsfall, d. h. wenn die Frau verwitwete und dadurch selber zum Haushaltvorstand wurde, in ein aktives Bürgerrecht umwandeln.

Anhand von Ehrentiteln und Berufsangaben lässt sich allerdings ermitteln, dass nicht in allen Städten die gleichen sozialen Schranken überwunden werden mussten, um das Bürgerrecht zu erhalten. So erhielten etwa in den Städten des Elsasses ausgesprochen viele adlige oder sozial besser gestellte Frauen das Bürgerrecht. Hier wurde hingegen keine einzige Frau aufgenommen, die erwiesenermassen aus einer niedrigeren Schicht stammte. Anderswo scheint die Aufnahme ins Bürgerrecht dagegen weniger Prestigeangelegenheit gewesen zu sein, sondern vielmehr als Kontrollmöglichkeit über die in der Stadt lebenden Personen verstanden worden zu sein. Am deutlichsten lässt sich dies in Speyer nachvollziehen, wo nachweislich die Hälfte aller Neubürgerinnen den untersten Schichten oder gar den Randgruppen angehörte. In allen diesen Städten mit einem grösseren Anteil von Unterschichtsanghörigen liegt der Frauenanteil höher als in Städten, in denen das Bürgerrecht mit einem hohen Sozialprestige verbunden war.

Solche sozialen Unterschiede bei der Bedeutung des Bürgerrechts können aber nicht die Ursache dafür sein, dass einige Städte überhaupt keine oder nur sehr vereinzelt Frauen einbürgerten. Gleich wie die Herrschaftsstruktur einer Stadt, deren Grösse oder wirtschaftliche Potenz, konnten sie sich zwar auf die Häufigkeit der Einbürgerung und die Zusammensetzung der Neubürgerinnen auswirken, waren aber nicht in der Lage, sie so entscheidend zu beeinflussen, dass in einigen Städten über 20 Prozent der Neubürger Frauen waren, andernorts dagegen keine einzige aufgenommen wurde. Ausschlaggebend für die grundsätzliche Aufnahme von Frauen ins Bürgerrecht war deren rechtliche Situation in einer Stadt. Ein Vergleich der Bürgerbücher mit weiblichen Neubürgerinnen mit denjenigen Städten, die im Spätmittelalter keine allgemeine Geschlechtsvormundschaft für Frauen in ihren Stadtrechten mehr kannten, hat eine erstaunliche Übereinstimmung ergeben. Bis auf wenige Ausnahmen stammen alle Bürgerbücher mit regelmässigen Einträgen von Bürgerinnen aus Städten, die im Spätmittelalter Frauen als selbständige Rechtspersonen anerkannten. Frauen als selbständige Bürgerinnen konnte es nur geben, wenn diesen auch die Möglichkeit, selbständig zu handeln, zugestanden wurde. Diese positive Entwicklung war allerdings nur von kurzer Dauer und wurde schon in der Frühen Neuzeit grösstenteils wieder rückgängig gemacht.

Einbürgerungen und
städtische Einbürgerungspolitik

Bürgerrecht und Bürgeraufnahme in der spätmittelalterlichen und frühneuzeitlichen Stadt

Von Eberhard Isenmann, Köln

Das Ravensburger Stadtrecht von 1380 enthält die Bestimmung, daß alle „Stirnenstösel", es seien Frauen oder Männer, die nicht Bürger sind, Bürgerrecht empfangen sollen, daß sie *auch von der Sache lassen und füro nicht treiben* sollen, widrigenfalls man ihnen Stadt und Gerichtsbezirk verbieten würde, bis sie das Gebot befolgten[1].

Die Stirnenstösel sind demnach offensichtlich eine bedeutende Kategorie der Stadtbevölkerung, um die sich der Rat in besonderer Weise bemüht, der er das Bürgerrecht kostenfrei offeriert und die er sogar mit Zwang, unter Androhung der Stadtverweisung, in das Bürgerrecht drängen will, das den bloßen Einwohner, Seldner oder Beisassen von dem Stadtbewohner mit dem rechtlich besten Status, dem auch ökonomische und soziale Privilegien eignen, eben von dem Bürger unterscheidet.

---

1 *Karl Otto Müller,* Das Bürgerrecht in den oberschwäbischen Reichsstädten, in: Württembergische Vierteljahrshefte für Landesgeschichte 25 (1916), S. 163 – 192; 26 (1917), S. 42 – 63; hier Bd. 25, S. 178. Neuere eingehendere Untersuchungen zum Bürgerrecht: *Wilhelm Ebel,* Der Bürgereid als Geltungsgrund und Gestaltungsprinzip des deutschen mittelalterlichen Stadtrechts, Weimar 1958; *Adalbert Erler,* Bürgerrecht und Steuerpflicht im mittelalterlichen Städtewesen. Mit besonderer Untersuchung des Steuereides, Frankfurt am Main 1963 (2. Auflage); *Werner Schultheiss,* Das Bürgerrecht der Königs- und Reichsstadt Nürnberg, in: Festschrift für Hermann Heimpel zum 70. Geburtstag, Bd. 2 (Veröffentlichungen des Max-Planck-Instituts für Geschichte; 36/II), Göttingen 1972, S. 159 – 194; *Rolf Ernst Portmann,* Basels Einbürgerungspolitik 1358 – 1798 mit einer Berufs- und Herkunftsstatistik des Mittelalters (Basler Statistik; 3), Basel 1979; *Gerhard Dilcher,* Zum Bürgerbegriff im späteren Mittelalter. Versuch einer Typologie am Beispiel von Frankfurt am Main, in: Über Bürger, Stadt und städtische Literatur im Spätmittelalter, hg. von Josef Fleckenstein und Karl Stackmann (Abhandlungen der Akademie der Wissenschaften in Göttingen, Phil.-hist. Klasse, 3. F.; 121), Göttingen 1980, S. 59 – 105; *Joachim Deeters,* Das Bürgerrecht der Reichsstadt Köln seit 1396, in: ZRG, GA 104 (1987), S. 1 – 83. Zusammenfassend: *Karl Kroeschell,* Art. „Bürger", in: Handwörterbuch zur deutschen Rechtsgeschichte, Bd. 1, Berlin 1971, Sp. 543 – 553; *Eberhard Isenmann,* Die deutsche Stadt im Spätmittelalter 1250 – 1500. Stadtgestalt, Recht, Stadtregiment, Kirche, Gesellschaft, Stuttgart 1988, S. 93 – 102.

Ausbürger und Pfahlbürger bleiben im Hinblick auf andere Beiträge in diesem Band außer Betracht. Desgleichen werden nicht für jede übereinstimmende bürgerrechtliche Bestimmung alle verfügbaren örtlichen Belege angeführt.

Wenn wir nun nach dem Motiv fragen, das dieser Verordnung zugrunde liegt, so entspricht es dem Grundmotiv der Gesetzgebungstätigkeit des Rates in der mittelalterlichen Stadt, nämlich der Wahrung des sozialen Friedens und der Gewährleistung von Sicherheit im vergleichsweise intensiven sozialen und wirtschaftlichen Verkehr innerhalb des Stadtgebiets, sind doch die Stirnenstösel Elemente, die von zweifelhaftem Gewerbe leben und stets zu Raufhändeln geneigt sind. Die Verordnung hat also den Sinn, Bevölkerungskreise, die man nicht einfach aus der Stadt entfernen will, weil man ihrer aus irgendwelchen Gründen bedarf oder weil man sie nicht entfernen kann, durch die Pflichtbindung des Bürgereides und die drohenden Rechtsfolgen für Eidbruch stärker in das Ordnungsgefüge der Stadt zu integrieren. Unter diesem speziellen Gesichtspunkt bedeutete die Bürgerrechtsverleihung keine Privilegierung, sondern eine Maßnahme der Friedenssicherung und Sozialisation. Es bleibt für eine kritische Forschung immer noch die Frage, woran denn städtische Amtsträger die auf dem Rathaus zum Bürgerrechtsempfang antretenden und die bei dieser Gelegenheit wohl temporär sedierten und unauffälligen Stirnenstösel als solche erkennen konnten, oder wie auf der anderen Seite die Eintrittswilligen ihre qualifizierende stirnenstöselige Natur und Karriere glaubhaft machten.

Eine solche mittelalterliche, d. h. in diesem Falle auch sehr pragmatische Maßnahme und Regelung ist für die frühe Neuzeit, in der das Bürger- oder Burgrecht (*urbanitas, civilitas, ius civile, ius civitatis*) in vielen Städten durch zunehmend restriktive Verleihung immer mehr zum Privileg im verengten soziologischen Sinne wurde, kaum mehr denkbar. Sie stellt aber auch im Mittelalter nicht die einzige Lösung zur friedenspolitischen Integration von problematischen oder unauffälligen Bevölkerungsgruppen dar, denn es war gleichfalls üblich, nichtverbürgerte Stadtbewohner durch eigene Beisasseneide, die dem Bürgereid angeglichen waren, zum Gehorsam gegenüber dem Rat und den Gesetzen der Stadt zu verpflichten, „als ob sie Bürger wären“[2]. Ansonsten war sich der Rat, der in der Regel über einen eher schwachen eigenen Repressionsapparat verfügte und zur Verbrechensbekämpfung und zur Niederschlagung von Aufruhr auf die Mobilisierung vorab der Bürger angewiesen war[3], während des Mittelalters und

---

2 Vgl. etwa den Frankfurter Beisasseneid des Bürgerbuches: *Dieter Andernacht* und *Erna Berger* (Hg.), Die Bürgerbücher der Stadt Frankfurt 1401–1470, Frankfurt am Main 1978, S. 2. Die Formulierung des Beisasseneides von 1398 richtet sich an Stadtsässige, die nicht Bürger werden konnten oder wollten; *Armin Wolf* (Hg.), Die Gesetze der Stadt Frankfurt am Main im Mittelalter, Frankfurt am Main 1969, S. 171, Nr. 61.

3 Vgl. den topographisch detaillierten Mobilisierungs- und Maßnahmenplan Straßburgs bei *Karl Theodor Eheberg* (Hg.), Verfassungs-, Verwaltungs- und Wirtschaftsgeschichte der Stadt Straßburg bis 1681, Straßburg 1899, Nr. 340, S. 656–660. Für Konstanz: *Otto Feger* (Hg.), Das Rote Buch (Konstanzer Stadtrechtsquellen; 1), Konstanz 1949, II, S. 56–59.

im Übergang zur frühen Neuzeit der nichtverbürgerten Einwohner, vor allem wenn sie auch außerhalb sozialisierender und friedenssichernder Zunftbindungen standen, nie ganz sicher, und in Zeiten von Unruhen und Aufruhr wuchs ihnen gegenüber seine Besorgnis[4].

Das fortgesetzte Bestreben des Rates, alle Teile der Stadtbevölkerung zu vereidigen, wird vor allem in Frankfurt sichtbar, wo der Rat das 1387 erneuerte Privileg aus dem Jahre 1366 besaß, das ihm, nach dem sogenannten Zunftaufstand von 1355 bis 1366, die Befugnis einräumte, die Einwohnerschaft, sobald und so oft es ihm notwendig erschien, zu vereidigen[5]. Dazu hielt er gesonderte, inhaltlich jedoch sehr ähnliche Eidesformulierungen bereit, und zwar für die Beisassen den Beisasseneid und gleichfalls nuancierte Bürgereide für die Bürger, die Bürgersöhne und die Witwen, die diesen Bürgereid leisten sollten, auch wenn ihr verstorbener Ehemann selbst nicht Bürger war[6]. Der Rat hatte 1349/52 statuiert, daß niemand in ein nichtzünftiges Handwerk und in eine Zunft aufgenommen werden durfte, der nicht zuvor das Bürgerrecht, die *burgerschafft*, empfangen hatte[7]; der nach den Unruhen neu eingesetzte Rat erneuerte 1366 sofort diese Verordnung[8]. In die Ordnungen von 14 Zünften vom Jahre 1377 inserierte der Rat einen Gehorsams- und Beistandseid gegenüber dem Stadtherrn und dem Rat; die Junghandwerker hatten diesen Eid, der auch das Abschwören unrechtmäßiger Eide beinhaltete, bei Erreichen der Volljährigkeit alljährlich zu leisten oder so oft es dem Rat gefiel. Die Vereidigung der Zunftmitglieder wurde konsequent bei den späteren Zulassungen neuer Zünfte oder in neuen Ordnungen für bereits bestehende fortgesetzt[9]. Im Jahre 1398 wurde kurz nach der Neuordnung von Bürgereid und Bürgergeld[10] beschlossen, daß Einwohner, die ihrer *notdorfft und sache wegen*, d. h. weil sie das Mindestbürgergeld von 3 Pfund 4 Schillingen nicht aufbringen konnten oder aus anderen Gründen nicht Bürger werden konnten oder wollten, auf Rat und Stadt – durch einen Beisasseneid – vereidigt werden sollten, daß sie für die Zeit ihrer Ansässigkeit und *des virbuntnisses mit dem rade und der stat*, als ob sie Bürger wären, von ihren inner- und außerhalb gelegenen Gütern steuern und dienen, auch vor dem Reichsgericht zu Frankfurt

---

4 Vgl. *Charles Wittmer* (Hg.), Le livre de bourgeoisie de la Ville de Strasbourg 1440–1530, T. III, Strasbourg 1961, S. XIX.

5 *Andernacht* (Anm. 2), S. VII, X.

6 Ebd., S. 1–3. *Wolf* (Anm. 2), S. 170, Nr. 60 (Bürgereid von 1398).

7 *Wolf* (Anm. 2), S. 87, A 7. Im Jahre 1354 beschloß der Rat, daß diejenigen, die bereits zehn Jahre vor der Huldigung gegenüber Kaiser Karl IV. in der Stadt ansässig waren, kein Bürgergeld zu entrichten hatten; ebd., S. 97, A 29.

8 Ebd., S. 123 f., A 80. Das Bürgerrechtserfordernis wurde 1400 speziell für die Richter (auf ewig) und die Sackträger statuiert. Ebd., S. 180 f., Nrn. 76, 78.

9 *Andernacht* (Anm. 2), S. VIII f.

10 *Wolf* (Anm. 2), S. 170 f., Nr. 60 (1398 Juli 25).

Recht geben und nehmen sollten[11]. Kurz darauf beabsichtigte der Rat in aller Rigorosität, die Pflicht aller zu statuieren, die in Frankfurt *inplichtig und wonhafft* waren, *burger und eithafftig* zu werden. Wer dazu nicht willens war, sollte bei Strafe von 10 Gulden binnen vierzehn Tagen Frankfurt verlassen und für jeden Tag, den er in der Stadt in Ungehorsam verharrte, einen weiteren Gulden zahlen[12].

Seit der Absetzung König Wenzels und der Wahl König Ruprechts lag dem Rat nunmehr daran, trotz der ähnlichlautenden Eidesleistungen der verschiedenen Gruppen alle Bürger und Einwohner im Sinne einer Gesamtbürgerschaft gleichförmig zu vereidigen. Am 22. September 1440 beschloß der Rat endlich, alle Bürger, Bürgersöhne und Zugezogene auf einen einheitlichen Eid zu verpflichten. Begründet wird der Beschluß mit dem gewaltfreien Gemeinschaftsfrieden und der daraus resultierenden – bürgerlichen innerlichen – Ruhe, dem überragenden Lebensinteresse der Stadtgesellschaft: *als biszher die burgere und inwonere hie zu Franckenfurd nit glichlich in eyme eide bii ein gesessen han, also das einer anders globt und gesworn hat dan der ander und auch etlicher den burgereyd nye getan hat, davon faste irrung und unstadens kommen und entstanden ist* [...], *uff das wir alle debasz in fridde und gemach deste getrulicher bii ein bliben und gesiczen mogen*[13]. Im Jahre 1435 hatte der Rat nochmals daran erinnert, daß Zünfte und patrizische Stubengesellschaften niemanden aufnehmen durften, der nicht zuvor den Bürgereid geleistet hatte. Allerdings konnte nun eine Diskrepanz zwischen denjenigen entstehen, die den allgemein verbindlichen so genannten „Bürgereid", der dem auf manchen Schwörtagen von Bürgern und Einwohnern gleichermaßen zu leistenden Eid vergleichbar ist, leisteten, aber das Bürgergeld nicht entrichten konnten, und denjenigen, die das Bürgerrecht gegen Zahlung des Bürgergeldes erwarben. Der Rat versuchte diese Diskrepanz dadurch zu vermeiden, daß er eine große Anzahl von Einwohnern, ganz überwiegend Bürgersöhne und solche, die mit einer Frankfurterin verheiratet waren, unentgeltlich in das Bürgerrecht aufnahm und diese Anzahl mit wachsender Tendenz diejenigen übertraf, die das Bürgergeld zahlten[14].

Die ungewöhnliche Ravensburger Maßregel und die nahezu ein Jahrhundert hindurch konzeptuell experimentierende Vereidigungspolitik des Frankfurter Rates zeigen zunächst, daß der Rat in der Frage der Bürger-

---

11 Ebd., S. 171, Nr. 61 (1398 Okt. 2).

12 Ebd., S. 173, Nr. 64 (1398 Dez. 17); mit dem Vermerk *non scribetur.*

13 *Andernacht* (Anm. 2), S. 133. Zu den Bemühungen des Rates in den folgenden beiden Jahrzehnten, eine möglichst lückenlose Vereidigung zu erreichen, vgl. S. XIV-XVI.

14 *Karl Bücher,* Die Bevölkerung von Frankfurt am Main im XIV. und XV. Jahrhundert. Socialstatistische Studien, Tübingen 1886, Tabelle XXIV, S. 332–334.

rechtsverleihung sehr pragmatisch verfahren konnte, daß ferner in der ambivalenten aktuellen Bewertung des Bürgerrechts durchaus die Pflichtbindung, auch die Belastung, gegenüber den Berechtigungen und Vorteilen in den Vordergrund treten konnten, daß Bürgerrecht nicht nur begehrt, sondern auch mehr oder weniger aufgenötigt wurde. Für wirtschaftlich erfolgreiche Spezialisten und mobile Personen mochte das Bürgerrecht auch deshalb nicht so erstrebenswert sein, weil es an die Stadt band und zwar grundsätzlich, nicht jedoch stets leicht wieder aufgegeben werden konnte.

Das Stadtregiment, d. h. der Kleine Rat für sich alleine oder im Zusammenwirken mit dem Großen Rat oder der gesamten Bürgerschaft, orientierte sich in seiner Bürgerrechtspolitik, hinsichtlich der Normierungen des Bürgerrechts und der tatsächlichen Aufnahmen ins Bürgerrecht, immer wieder sehr zweckbestimmt an demographischen, verteidigungspolitischen, fiskalischen, wirtschaftlichen und die Politik nach außen und den Zuschnitt des Regiments im Innern betreffenden Konjunkturen auf dem Untergrund längerfristiger Perioden von Stadtausbau und Stagnation. Es verfügte in seiner Politik der Bürgeraufnahme über ein breites, zwischen Schaffung von Anreizen, Zwang und Restriktion angesiedeltes Repertoire an Gestaltungsmöglichkeiten hinsichtlich der Aufnahmevoraussetzungen und der Bedingungen des Bürgerrechtserwerbs, in gewissem Umfange auch der Normierung von Pflichten und Rechten; es konnte ferner verschiedene Formen des Bürgerrechts, ein volles und ein gemindertes Bürgerrecht kreieren und dadurch einen eher gleitenden Übergang zu den Nichtverbürgerten schaffen. Der Rat konnte den Abstand der Bürger zu den bloßen Einwohnern durch die Gestaltung des Umfangs von Pflichten und Berechtigungen der beiden Kategorien vergrößern oder bis hin zu fast nur noch nominellen Differenzen verkleinern oder gar durch eine bewußt identisch konzipierte Eidesleistung die Einwohner nominell unter eine Gesamtbürgerschaft subsumieren; und er definierte Bürger und Bürgerrecht nicht nur durch die Distanz zu den Einwohnern, sondern spezieller auch zu den Gästen und Fremden[15]. In einer sehr grundsätzlichen und abstrakten Weise, vor allem hinsichtlich der Inhaber eines lediglich geminderten Bürgerrechts und bloßen Einwohnern, kann der Statusunterschied zwischen dem Bürger und dem Nichtverbürgerten auf den Unterschied zwischen Anspruch und Berechtigung auf der einen, bloßer Duldung und Konzession auf der anderen Seite zurückgeführt werden. Hinzu kommt auf der Seite der Nachfrage, daß durchaus nicht alle das Bürgerrecht erstrebten, die in der Lage waren, die jeweiligen Bedingungen für den Bürgerrechtserwerb zu erfüllen.

---

15 Siehe dazu neuerdings *Ernst Schubert,* Fremde in den niedersächsischen Städten des Mittelalters, in: Niedersächsisches Jahrbuch für Landesgeschichte 69 (1997), S. 1–44.

Wenn Rechte und Pflichten der Bürger und diejenigen der bloßen Einwohner in einzelnen Städten so weitgehend einander angeglichen werden konnten, ferner Bürgerrechtsverhältnisse inhaltlich auch individuell zugeschnitten wurden, bleibt in derartigen Fällen und grundsätzlich jenseits der diffusen Phänomenologie von Voraussetzungen, Bedingungen, Rechten, Verhaltens- und Leistungspflichten, die jeweils auch für stadtsässige und geduldete Einwohner gelten können, als harter definitorischer Kern nur übrig, daß nach der Ausbildung der entsprechenden Formalakte im Zusammenhang mit bürgerlicher *coniuratio* und Verschriftlichung der Verwaltung Bürger ist, wer den konstitutiven promissorischen Bürgereid geleistet hat und in der Regel auch in die Bürgerliste oder in das Bürgerbuch eingetragen ist.

Als weitere, die materielle Definition des Bürgerrechts kann gelten, daß das Vollbürgerrecht prinzipiell politsche Berechtigung zumindest auf der Ebene des aktiven und passiven, meist durch indirekte Wahlvorgänge moderierten Wahlrechts und der Amtsfähigkeit im Hinblick auf das Stadtregiment und verschiedene, meist subalterne Dienstämter beinhaltete. Wenn auch das Bürgerrecht verbürgerten Handwerkern im Rahmen von patrizisch dominierten und aristokratischen Verfassungen nur beschränkte Ämterpartizipation und, wie in Nürnberg und Lübeck, so gut wie keine oder überhaupt keine Beteiligung am Rat einräumte, konnten andererseits bloße Einwohner als Nichtbürger im Sinne eines Ausschlußkriteriums definitiv nicht in die Räte gewählt werden, mochten sie auch – durch Zunftzugehörigkeit (Freiburg im Breisgau) – über noch so viele sonstige Rechte wie die Bürger verfügen oder als Gaffelangehörige zur Gemeinde zählen, wie in Köln seit dem Verbundbrief von 1396. In der frühen Neuzeit kam dann in verschiedenen Städten die Maßregel auf, daß Neubürger erst nach einer mehrjährigen Wartefrist politische Rechte in Anspruch nehmen durften.

In einigen Städten wie in Ulm und Augsburg war in verfassungspolitischem und verfassungsrechtlichem Sinne der Ausdruck „Bürger" – in Augsburg und in anderen Städten auch als „Bürger vom Rat" – zunächst für die Geschlechter reserviert und meinte weiterhin die Patrizier, nachdem als Zunftbürgertum die „Bürger von den Zünften und von den Handwerken" oder die Bürger von der „Gemeinde" hinzugetreten waren[16]. Dar-

---

16 Der Große Schwörbrief der Stadt Ulm von 1397 unterscheidet die *burger* im Sinne von Patriziern, die auch negativ als *burger die nit der antwerke noch der zunfften sind* umschrieben werden; ferner ist die Rede von einem jeglichen *burger hie ze Ulme, er sy von den burgern oder von den zunfften,* von der *gemainde* als der Gesamtheit der Zunftbürger, während schließlich die Gesamtbürgerschaft als *alle burger gemainlich, rich und arme* apostrophiert wird. Neuere Transkription in: *Eugen Specker* (Hg.), Die Ulmer Bürgerschaft auf dem Weg zur Demokratie, Ulm 1997, S. 508–514; *Carl Mollwo* (Hg.), Das Rote Buch der Stadt Ulm (Württembergische Geschichtsquellen; 8), Stuttgart 1904, S. 258–264; *Friedrich Blendinger,* Die Zunfterhebung von 1368 in der Reichsstadt Augsburg, in: Stadtverfassung, Verfassungs-

aus kann für die Frühzeit geschlossen werden, daß zunächst das Meliorat und das Patriziat ausschließlich oder überwiegend das Bürgerrecht besaßen. In einigen wenigen Städten erlangten Handwerker erst im 15. Jahrhundert den Zugang zum Bürgerrecht.

Die geminderten innerstädtischen Bürgerrechte, speziell auch das Bürgerrecht von Juden oder dasjenige verbürgerter Kleriker und geistlicher Korporationen[17], erfüllen, da sie keine politischen Partizipationsrechte vermitteln, trotz des Namens „Bürgerrecht" nicht den Ordnungsbegriff und stellen, wie das Ausbürger- und Pfahlbürgerrecht, eine gesonderte Kategorie dar.

Die Straßburger *Schultheissenburger*, so genannt, weil ihr gemindertes Bürgerrecht ohne politische Berechtigung noch bis zum Ende des 16. Jahrhunderts auf Grund eines Privilegs vom Schultheissen als ehemals stadtherrlichem Amtsträger verliehen wurde, waren Leute sehr bescheidenen sozialen und wirtschaftlichen Zuschnitts, Dienstboten und kleine Handwerker, deren Vermögen 10 Pfund nicht überschritt und die ein Aufnahmegeld von nur 2 bis 4 Schillingen zu zahlen hatten[18]. Wuchs ihr Vermögen über jene 10 Pfund an, waren sie gehalten, das volle Bürgerrecht zu erwerben[19]. Die Schultheissenbürger waren oft ungesicherte Existenzen, die von der Hand in den Mund lebten und die Befürchtung aufkommen ließen, daß sie der Stadt zur Last fielen. Daher nahm man Schultheissenbürger nur restriktiv auf, zumeist in Kriegszeiten oder wenn man ihrer in sonstigen Notlagen bedurfte. Außerdem versuchte der Rat, die Anzahl der Aufnahmeanträge dadurch zu begrenzen, daß er 1464 den Hinzugekommenen das Versprechen abverlangte, sich nicht dem Bettel zu widmen und nicht das städtische Almosen in Anspruch zu nehmen. Von 1552 an mußten sich die Schultheissenbürger wie die Vollbürger für den Kriegsfall ausrüsten und bewaffnen.

---

staat, Pressepolitik. Festschrift für Eberhard Naujoks, hg. von Franz Quarthal und Wilfried Setzler, Sigmaringen 1980, S. 73; *Eberhard Isenmann*, Obrigkeit und Stadtgemeinde in der frühen Neuzeit, in: Eugen Specker (Hg.), Einwohner und Bürger auf dem Weg zur Demokratie (Forschungen zur Geschichte der Stadt Ulm; 28), Ulm 1997, S. 82 f.

17 *Bernd Moeller*, Kleriker als Bürger, in: Festschrift für Hermann Heimpel, Bd. 2 (Anm. 1), S. 195–224. In Zürich kamen auch *stett und lender* für die Aufnahme in das Bürgerrecht in Frage; Die Zürcher Stadtbücher des XIV. und XV. Jahrhunderts, hg. von *H. Zeller-Waldmüller* und *Hans Nabholz*, 3 Bde., Leipzig 1899, 1901 und 1906; hier Bd. 1, S. 367, Nr. 215 (1407).

18 *Wittmer* (Anm. 4), S. XI-XIII.; *François-Joseph Fuchs*, Le Droit de bourgeoisie à Strasbourg, in: Revue d'Alsace 101 (1962), S. 21 f. *Ulrich Crämer*, Die Verfassung und Verwaltung Straßburgs von der Reformationszeit bis zum Fall der Reichsstadt 1521–1681 (Schriften des wissenschaftlichen Instituts der Elsaß-Lothringer im Reich an der Universität Frankfurt, N.F.; 3), Frankfurt am Main 1931, S. 74–76.

19 *Eheberg* (Anm. 3), Nr. 161, S. 391.

Wenn in Nürnberg 1382 angesichts drohender Kriegsgefahr mit den „Tagwerkern“ die Kategorie der *sleht bürger,* der einfachen Bürger, eingerichtet wurde, so handelte es sich trotz der Bezeichnung „Bürger“ um alles andere als um Bürger im Sinne des Bürgerrechts und der Rechte des Bürgers[20]. Sie besaßen nicht nur keine politische Berechtigung und mußten sich von 1386 an sogar durch einen besonderen Eid verpflichten, nur Tagewerk und kein Handwerk zu treiben sowie auf Erfordern die Stadt zu verlassen. Dennoch hatten diese „einfachen Bürger“ ein Aufnahmegeld von 30 Hellern, das entspricht etwa drei Tagelöhnen, zu entrichten. Es waren Angehörige der Unterschicht, die in den Vorstädten wohnten. Die Stadt benötigte sie im Zuge der Stadterweiterung für die rasche Durchführung des Mauerbaus zum Schutz der Vorstädte, zu deren Besiedlung, zur Bewachung der erweiterten Befestigungslinie und zum Kriegsdienst. Im Jahre 1393 wurden allein 436 Tagwerker aufgenommen. Um Wohnraum für die schnell und massenhaft zuziehenden „einfachen Bürger“ zu schaffen, errichteten reichere Bürger auf ihren Grundstücken ganze Komplexe zum Teil dreistöckiger Mietshäuser und kleinerer Reihenhäuser. Doch nachdem seit 1400 die inzwischen ummauerten Vorstädte besiedelt waren, erschwerte der Rat die Aufnahme von Tagwerkern und Mittellosen, um keine unruhige und zu Aufruhr neigende Unterschicht anwachsen zu lassen. Seit etwa 1430 fiel die Kategorie der Tagwerker und „einfachen Bürger“ weg. Wer nicht nur als Einwohner gelten wollte, hatte für den vermögensabhängigen Betrag von 1 bis 2 Gulden das Bürgerrecht zu erwerben.

Eine weitere 1382 eingerichtete Kategorie von Bürgern mit gemindertem Status und ohne politische Berechtigung bildeten als Vorstadt- oder Minderbürger, als *handwerkspürger,* zuziehende Handwerksmeister und Angehörige von sonstigen Berufen wie Krämer, Wirte, Brauer, Müller, Maler oder der freien Künste, die vermutlich ein Vermögen von weniger als 200 Gulden besaßen und einer unteren Mittelschicht zuzurechnen sind. Sie hatten für die Aufnahme 60 Heller zu zahlen und mußten für die Dauer von fünf Jahren in die Vorstädte ziehen. Hausbesitz war nicht erforderlich; es genügten ein gewisses Vermögen, Arbeitskraft und eine Mietwohnung. Eingetragen wurden sie in die „Papierene Neubürgerliste“.

Der allein gemäß den Bedingungen der Nürnberger Verfassung wahl- und amtsfähige, nicht schon auch tatsächlich politisch berechtigte Vollbürger wohnte in den eigens befestigten Innenstädten St. Sebald und St. Lorenz und war *burger der reht stat,* d. h. Bürger jenes Stadtbezirks, der begrifflich als „Altstadt“, „echte“ Stadt oder „Rechtstadt“ volles Stadt- und Bürgerrecht besaß. Er gehörte der oberen Mittelschicht und der Oberschicht an und wurde in die „Pergamentene Neubürgerliste“ eingetragen.

20 Zum Folgenden siehe *Schultheiss* (Anm. 1), S. 180 f.

Ein zugezogener Neubürger, der 200 Gulden Vermögen besaß, bezahlte ein Aufnahmegeld von 10 Gulden und durfte erst dann in die Innenstädte ziehen, wenn der Rat dies erlaubte und ein Haus im Werte von 50 Gulden erworben wurde.

Die Bedingungen auch für die gehobene Kategorie und die zugezogenen Vollbürger wurden entsprechend den Nürnberger Seuchen- und Kriegskonjunkturen mehrfach modifiziert, bis 1467 die rechtstopographische, soziale und rechtliche Differenzierung entfiel und ein einheitliches Bürgerrecht eingerichtet wurde mit Aufnahmegeldern, die jedoch immer noch nach den eingebrachten Vermögen gestaffelt waren, und zwar von einem Mindestbetrag von 2 Gulden bis zu einem Höchstbetrag von 10 Gulden.

Bürger konnte man werden durch voluntare Bürgeraufnahme des Zugezogenen oder bereits Stadtsässigen, ferner – im Sinne von einzulösenden Anwartschaften – durch Abstammung von einem Bürger oder durch Heirat mit einem Bürger oder meist einer Bürgerin[21], wobei davon auszugehen ist, daß bei der Vermittlung des Bürgerrechts durch Geburt und Heirat die Formalakte nicht entfielen und hinsichtlich der Kinder bei Erreichen des Mündigkeitsalters vielfach nachgeholt wurden[22]. In Frankfurt am Main hatte der Rat lange Zeit Schwierigkeiten, die Vereidigung der Bürgersöhne, die hier allerdings als „geborene Bürger" galten, tatsächlich durchzusetzen. Schließlich konnte das Bürgerrecht des Mannes auch dessen Ehefrau und die noch der väterlichen Gewalt unterstehenden Kinder umfassen[23], die noch unverheiratet und nicht in den geistlichen Stand eingetreten waren[24]. Über diese Normalfälle hinaus konnte der Stadtherr den Rat bedrängen, von ihm empfohlene Personen zu Sonderkonditionen ins Bürgerrecht aufzunehmen.

Das Bürgerrecht konnte dem Recht des „freien Zugs" gemäß wieder aufgekündigt werden, wozu bei Strafe des Eidbruchs persönliches Erscheinen und eine mündliche Erklärung vor dem Rat erforderlich waren[25]; nur in

---

21 In Freiburg im Breisgau gemäß einer rechtlichen Fixierung von 1293 über die Ehefrau; *Rosemarie Merkel*, Bürgerschaft und städtisches Regiment im mittelalterlichen Freiburg, in: Geschichte der Stadt Freiburg im Breisgau, Bd. 1: Von den Anfängen bis zum „Neuen Stadtrecht" von 1520, hg. von Heiko Haumann und Hans Schadek, Stuttgart 1996, S. 565–596, hier S. 566; *Fuchs* (Anm. 18) S. 19, 22. Zwei – nicht mehr erhaltene – Bände beginnend 1383 und 1424 waren in Straßburg für den Eintrag derjenigen reserviert, die das Bürgerrecht durch Heirat mit einer Straßburgerin erworben hatten, doch konnte der Erwerb auch über den verbürgerten Ehemann erfolgen.

22 Vgl. etwa den Eid der Bürgersöhne in Frankfurt am Main; *Andernacht* (Anm. 2), S. 2.

23 In Frankfurt am Main hatten alle Witwen, auch solche, deren Ehemann nicht Bürger war, einen Bürgereid zu leisten; *Andernach* (Anm. 2), S. 2 f.

24 *Merkel* (Anm. 21), S. 567.

25 Dazu heißt es im Ulmer Roten Buch: *Welh burger ouch von der stat varn wolt, und dem hie nit fugti ze beliben, der sol fur den rat gen und sol sprechen: ir heren*

besonderen Fällen der Verhinderung und bei Ausbürgern genügte auch eine schriftliche Erklärung. Der Rat prüfte in manchen Städten, ob die geschuldeten Steuern entrichtet waren, ob noch Schulden gegenüber Dritten beglichen werden mußten, ferner ob noch Rechtsstreitigkeiten anhängig waren oder Strafansprüche bestanden. Auch die Aufgabe des Bürgerrechts konnte der Rat, der einen Abfluß von Wirtschafts- und Finanzkraft durch Wegzug vermögender Bürger vermeiden wollte, in gewissem Umfang beeinflussen, indem er den vor ihm erschienenen abzugswilligen Bürger von seinem Vorhaben abzubringen versuchte und indem er ein hohes oder exorbitantes Abzugsgeld, das auch Nachsteuer genannt wurde, erhob und dadurch die freie Aufgabe des Bürgerrechts erschwerte. Nachdem der Rottweiler Rat den Abzug 1424 zunächst erleichtert hatte, bestimmte er angesichts der dadurch eingetretenen Folgen bereits vier Jahre später, daß der Abziehende das Zwanzigfache des Betrags seiner im Steuerbuch zuletzt verzeichneten „geschworenen Steuer“ zu entrichten habe[26], während etwa Ulm und Augsburg (1424) nur die dreifache Steuer verlangten[27], Frankfurt

---

mir fugt nit lenger hie ze sin, darumb bedrachten, waz diu stat schuldig si, daran wil ich waz mich angeburt, minen tail ungevarlichen gerne richten; Mollwo (Anm. 16), Nr. 50, S. 47. Später wird das Abzugsgeld auf drei Jahressteuern festgelegt. Wer dieses entrichtet oder durch Pfand gesichert hat, *der vert den wol sin strasse.* Wer sich aber weiterhin einen Monat in der Stadt aufhält, der soll auch *stiuren und dienen alz ander burger, und sien ouch demselben nichtz gebunden ze versprechen deweder an ir lib noch an ir gut denn nach gastez reht, ez si denn, daz er sin marktrecht wider enphahe;* ebd., Nr. 54, S. 50 f. Zur feindlichen (*durch krieg*) und feindselig (*in widerwertikait*) erfolgten Aufgabe des Bürgerrechts und den Rechtsfolgen siehe ebd., Nr. 51, S. 48 und Nr. 53, S. 49.

26 *Jörg Leist,* Reichsstadt Rottweil. Studien zur Stadt- und Gerichtsverfassung bis zum Jahre 1546, Rottweil 1962, S. 215.

27 *Mollwo* (Anm. 16), Nr. 54, S. 49 f. Der Augsburger Chronist Burkard Zink berichtet, daß der einflußreiche Ratsherr Ulrich Artzt, Kaufmann mit einer Handelsgesellschaft, im Rat eigennützig dafür plädiert habe, die Nachsteuer drastisch zu senken, um durch die sich überall verbreitende Nachricht von der kleinen Nachsteuer zu erreichen, daß aus vielen Land- und Reichsstädten reiche Leute nach Augsburg zögen und Bürger würden. Die bisherige Regelung (von 1399) habe den zehnten Pfennig vom gesamten Vermögen (*guet*) verlangt. Ulrich Artzt sei damals auf 40'000 fl. geschätzt worden, und eine daraus errechnete hohe Nachsteuer hätte ihn vielleicht bewogen, in Augsburg zu bleiben. Artzt setzte im Rat durch, daß nunmehr drei „gewöhnliche Steuern“ in Höhe von jeweils einem Viertel fl. pro 60 fl. erhoben wurden (1424). Unmittelbar danach begab er sich nach Nürnberg, kündigte von dort aus schriftlich sein Bürgerrecht auf und wurde Nürnberger Bürger (1426). Eine Augsburger Gesandtschaft versuchte ihn zur Rückkehr zu bewegen, indem sie ihm allerdings erfolglos anbot, eventuelle *beschwernus* abzustellen. Tatsächlich sei aber nach der Senkung der Nachsteuer damals niemand nach Augsburg gezogen, vielmehr hätten einige die Stadt verlassen. Artzts Sohn kehrte später (1446) unter der Bedingung, weder den Herren noch den Zünften angehören zu müssen, wieder nach Augsburg zurück, nahm das Bürgerrecht nicht an und traf statt dessen mit dem Rat eine Steuervereinbarung. Die Chroniken der deutschen Städte vom 14. bis 16. Jahrhundert, Bd. 5 (Augsburg), Leipzig 1866, S. 72–74, zur Augsburger Nachsteuerpolitik siehe auch Beilage V, S. 388–394; ferner StadtA Augsburg, Ratsbücher, Nr. 1 [1332–1471], fol. 217: „drei Nachsteuern“ und die Zusage, in den nächsten fünf Jahren ohne Widerrede auf dem Rathaus jährlich wie die Bürger von der Habe der *statt schaden* [zu] *sturen,* fol. 375 (1468): „drei Nachsteuern“; Nr. 2 [1368–1534],

hingegen einen Wegzug ohne Abzugsgeld gestattete[28]. Eine weitere Erschwerung der Aufkündigung des Bürgerrechts bestand in dem Versprechen, das Bürgerrecht eine bestimmte Zeit, fünf oder zehn Jahre, zu halten, bei vorzeitiger Kündigung wie in einem Fall in Ulm 1378 die enorme Summe von 100 ungarischen oder böhmischen Gulden zu zahlen, während ansonsten hinterlegte Kautionen verfielen[29]. Wer in Straßburg das Bürgerrecht aufgab, mußte schwören, binnen eines Monats mit der ganzen Familie wegzuziehen oder – ähnlich einem Einlager – in einem Wirtshaus in der Stadt Logis zu nehmen[30]. Wer später wieder Bürger werden wollte, hatte erneut das Bürgergeld zu entrichten.

Vom Rat oder von der Bürgerschaft entzogen wurde das Bürgerrecht bei schweren Straftaten, die lebenslängliche Stadtverbannung nach sich zogen, bei Steuerverweigerung und bei Nichtleistung des öffentlichen Eides der Bürger im Münster anläßlich der Ratsumsetzung wie in Zürich[31] oder etwa bei unerlaubtem Verlassen der Stadt während eines Krieges[32], in Frankfurt am Main etwa bei vom Rat nicht genehmigtem Entfernen von

---

fol. 14 (undatiert): höchstens „sechs kleine Steuern". Nürnberg verlangte den zehnten Pfennig von aller „Habe". StA Nürnberg, Amts- und Standbücher, Nr. 267, fol. 36 (1458); ebd., Ratsbücher, Nr. 1c (1466), fol. 99. 1471/72 nahm Nürnberg von drei Personen, die das Bürgerrecht aufgaben, insgesamt 34 Gulden und 2 Pfund, 17 Schillinge und 6 Heller ein; ebd., Stadtrechnungen, Nr. 17, fol. 94.

28 *Dilcher* (Anm. 1), S. 77.

29 *Christian Keitel,* Städtische Bevölkerung und Stadtregiment bis 1397, in: *Specker* (Anm. 16), S. 110. Sicherheit leisteten ein Bürge und ein in Ulm gelegenes Haus mit Hofstatt einer weiteren Person. Ansonsten wird bestimmt, daß derjenige, der das Bürgerrecht erwirbt, Bürgschaft dafür leisten soll, daß er mindestens fünf Jahre lang Bürger bleibt. Wenn er jedoch ohne „ehafte Not" früher wegzieht, soll die Bürgschaft an die Stadt fallen; *Mollwo* (Anm. 16), Nr. 73, S. 55 f. In Augsburg waren bei vorzeitigem Wegzug fünf Pfund Augsburger Pfennige zu zahlen. *Christian Meyer* (Hg.), Das Stadtbuch von Augsburg, insbesondere das Stadtrecht vom Jahre 1276, Augsburg 1872, S. 60 f.

30 *Fuchs* (Anm. 18), S. 27 f. In Augsburg besaßen Bürger, die ihr Bürgerrecht aufgekündigt hatten, den Status von „Gästen" und durften nur in offenen Wirtshäusern logieren. Nach der Aufsagung des Bürgerrechts mußten binnen Jahresfrist die in der Stadt gelegenen Immobilien an Bürger verkauft werden. Eine Wiederaufnahme ins Bürgerrecht stand im Ermessen des Rates. Jedoch konnte ein Bürger wegen einer Sache, der er im Bürgerrecht befindlich nicht in erforderlicher Weise nachgehen konnte, nach Bewilligung durch den Rat und gegen Entrichtung der Nachsteuer sein Bürgerrecht für eine bestimmte Zeit aufgeben, danach hatte er es wieder aufzunehmen. StadtA Augsburg, Ratsbücher, Nr. 1, fol. 375–378 (1468). Zu derartigen Fällen siehe Die Chroniken, Bd. 5 (Anm. 27), S. 392–394. In Nürnberg mußte nach einer älteren Ordnung ein Bürger, der das Bürgerrecht aufgab, die nächste Vermögensteuer (*losung*) entrichten und binnen vierzehn Tagen mit Frau und Kindern die Stadt verlassen, andernfalls galt er wieder als Bürger und mußte entsprechend die bürgerlichen Lasten wieder mittragen. *Joseph Baader* (Hg.), Nürnberger Polizeiordnungen aus dem XIII bis XV Jahrhundert, Stuttgart 1861, Ndr. Amsterdam 1966, S. 13.

31 Die Zürcher Stadtbücher (Anm. 17), Bd. 1, S. 96, Nr. 244 und S. 128, Nr. 274; Bd. 2, S. 386, Nr. 216; Bd. 3, S. 153, Nr. 43 und S. 167, Nr. 68.

32 *Fuchs* (Anm. 18), S. 28. Andererseits erschien die Aufgabe des Bürgerrechts im Falle eines Krieges nicht statthaft und wurde als Bruch der Genossentreue gewertet; *Leist* (Anm. 26), S. 215.

der Stadt über Jahr und Tag[33] oder in dem Falle, daß sich ein Bürger an einer Fehde beteiligte, an der die Stadt selbst nicht beteiligt war, und nicht auf Geheiß des Rates binnen einer bestimmten Zeit in die Stadt zurückkehrte. Wer das Bürgerrecht wegen Straffälligkeit verloren hatte, konnte es in vielen Fällen wieder zurückkaufen. In Rottweil war die Entziehung des Bürgerrechts als Strafe oder automatische Nebenfolge eines bestimmten inkriminierten Verhaltens recht verbreitet. Es deutet auf einen verschärften Fiskalismus hin, wenn bereits mit dem Strafausspruch bestimmt wurde, daß der Bestrafte zwar das Bürgerrecht verloren habe, jedoch wieder Bürger werden könne, wenn er sich seine Rechte wieder kaufen wolle. Die Stadt erhielt dabei den verfallenen „Abzug", eventuell in Höhe der zwanzigfachen Jahressteuer, und das erneut zu entrichtende Bürgerrechtsgeld; der jeweiligen Zunft fiel gleichfalls das Aufnahmegeld zu[34].

Qualifizierende persönliche Voraussetzungen für den Bürgerrechtserwerb und unmittelbare Eintrittsbedingungen waren, um sie zunächst ohne Rücksicht auf ihr zeitliches Auftreten zu summieren: Grundbesitz, Renten, eigener Haushalt, personenrechtliche Freiheit, freie und eheliche Geburt, guter Leumund; Freiheit von Fehden und Rechtsstreitigkeiten, von konkurrierenden Bindungen oder von Ansprüchen Dritter; Zunftmitgliedschaft; Zahlung eines Bürgergeldes, Nachweis eines Mindestvermögens, Stellung von Bürgen und Benennung haftender Liegenschaften, Bargeldkautionen, die eidliche und verbürgte Verpflichtung zu einer Mindestresidenz, Bewaffnung, Zahlungen für spezifische Zwecke wie kommunale Baumaßnahmen. Diese Elemente, die sich zeitlich aggregieren, bilden ein Repertoire, dem der Rat die einzelnen in sich modifikationsfähigen Bestandteile seiner Bürgerrechts- und Aufnahmepolitik entnimmt und längerfristig oder für seine jeweiligen kurzfristig zweckorientierten Zielsetzungen zu einem Ensemble zusammenstellt.

Dabei befand sich der Rat in einem kaum vollständig aufzulösenden Dilemma zwischen dem ordnungspolitischen Bestreben, zur Befriedung und Stabilisierung der Stadtgesellschaft durch gleichförmige Gehorsams- und Rechtsbindungen und zur Verteidigungsfähigkeit nach außen tendenziell möglichst alle Stadtsässigen in das Bürgerrecht einzugliedern, zugleich aber eine möglichst leistungsfähige, wirtschaftlich und sozial konsolidierte Bürgergenossenschaft zu formen. Eine Ausweitung des Bürgerverbandes war vor allem dort notwendig geworden, wo die Handwerker die Ratsfähigkeit erlangt hatten, der Bürgerverband in Überwindung der alten Antagonismen neu formiert werden mußte und zumindest die politisch ambitionierten Zunftmitglieder das Bürgerrecht benötigten, wenn schon nicht

---

33 *Wolf* (Anm. 2), S. 337 f., Nr. 248 (1451). Dem mochte die Flucht des Schuldners vor seinen Gläubigern zugrunde liegen. Ebd., S. 106, A 46 (1356).

34 *Leist* (Anm. 26), S. 215.

die Zünfte selbst an einem gleichförmigen Rechtsstatus aller Genossen interessiert waren. Dazu mußte allmählich auch eine andere Konzeption des Bürgers als die des Grundbesitzers gefunden werden, die dem Meliorat und Patriziat eigen und selbstverständlich war. Auf der einen Seite war der nun sozial erweiterte Rat, der möglicherweise auf der Grundlage einer Zunftverfassung amtierte, darum bemüht, durch Anreize oder gar durch Zwang die Zahl der Bürger zu vermehren, auf der anderen Seite sollten Neubürger die Gewähr bieten, daß sie wenigstens ihren Lebensunterhalt eigenständig bestreiten, wenn sie schon nicht die städtischen Lasten in gewünschtem Umfang mittragen konnten.

Das Dilemma zeigt sich, jenseits fiskalischer Erwägungen, insbesondere am Aufnahme- oder Bürgergeld, mit dem das Bürgerrecht gekauft wird. Wo es an die Stelle des Grundbesitzes oder des Rentennachweises trat, war es nicht nur ein verlorener Zuschuß an die Stadt, sondern seine Zahlung gab gleichzeitig, wie Grund- und Rentenbesitz, einen Ausweis über das vorhandene Vermögen und die Haftungsfähigkeit des Neubürgers. Wenn man beabsichtigte, den frisch Zugezogenen oder den bereits längere Zeit Ansässigen zum Erwerb des Bürgerrechts zu veranlassen, so galt es zu bedenken, daß der Zugezogene in die Stadt gekommen war, um sich hier ein größeres Vermögen erst zu erwirtschaften und für dieses Vorhaben keine Minderung seines eventuell schon eingebrachten Vermögens durch ein hohes Aufnahmegeld vertrug, wie bereits Ansässige vielfach nicht zahlungsfähig waren.

Der Frankfurter Rat sah daher auf dem Hintergrund der Tendenz, den Kreis der Bürger auszuweiten, in seiner Ordnung von 1398 vor, daß diejenigen, die das Bürgergeld von 10 Pfund und 4 Schillingen nicht entrichten konnten, nur 3 Pfund 4 Schillinge zu zahlen hatten, die Differenz aber ausgleichen sollten, wenn sie später ein Vermögen von 100 Mark über Schuld, an dem sich die Festlegung der 10 Pfund Bürgergeld orientierte, erwirtschaftet hatten[35]. Auch sonst verhielt sich der Rat recht nachgiebig, indem er Stundungen und Reduktionen einräumte oder sich zu Sondervereinbarungen oder sogar kostenlosen Bürgerrechtsverleihungen bereitfand.

Eine gegenläufige Tendenz hingegen begründet zu einem späteren Zeitpunkt eingehender der Ulmer Rat in einer Verordnung von 1417[36], mit der er die bestehenden Regelungen des Bürgerrechtserwerbs[37] durch Statuierung eines Mindestvermögens korrigiert, ansonsten aber ausdrücklich bestätigt. Er spricht davon, daß die frühere Auffassung (*mainung*) und ge-

---

35 *Wolf* (Anm. 2), S. 170, Nr. 60. Wer eine Bürgerin oder eine bürgerliche Tochter heiratete, mußte nur drei alte Schillinge für den Brückenbau zahlen und dem Schultheißen ein Quantum Wein reichen. In jedem Falle erhielt der Schreiber für den Eintrag ins Bürgerbuch einen Turnos.

36 *Mollwo* (Anm. 16), Nr. 282, S. 155 f.

37 Ebd., Nrn. 139, 140, 276, 283.

setzliche Bestimmung, welche die Bedingungen verringert habe[38], viel Schaden und die Aufnahme *vil arms volkes* zur Folge hatte. Durch diese Aufnahme armer Leute hätten sich die Lebensverhältnisse in den Zünften, in den Handwerken und in den Gemeinden so sehr verschlechtert, daß der Stadt in kurzer Zeit eine bedürftige (*notige*) Gemeinde, das ist die zunftbürgerliche Gemeinde, erwachsen sei und die alteingesessenen Handwerker und Zunftbürger wegen der vielen Zuzügler in den harten Jahren und während der Teuerung sich kaum durchbringen konnten. Der Rat unterscheidet zwischen den Bürgeraufnahmen und dem durch die gesenkten Aufnahmebedingungen ausgelösten verstärkten Zuzug. Im Einvernehmen mit der Zunftgemeinde setzt er für alle, die das Bürgerrecht begehren, seien es Fremde aus anderen Städten oder vom Lande, Mann oder Frau, Alt oder Jung, Geistliche oder Laien, das vor Rat und Stadtrechner nachzuweisende Mindestvermögen auf 200 Pfund herauf, behält sich aber vor, redliche und ehrbare Leute im Einzelfall doch aufzunehmen[39].

Die generellen Bestimmungen seiner Bürgerrechtspolitik legte, nach vorausgehenden stadtherrlichen Regelungen in Stadtrechtsprivilegien und Handfesten, in der kommunalisierten Stadt der Rat, vielfach der Große Rat, in Satzungen fest; in der Praxis wiederum ist auf Grund eines beträchtlichen Ermessensspielraums des Rats oder seiner Deputierten immer wieder mit von der Norm abweichenden Entscheidungen zu rechnen, wäh-

---

[38] Rat und Gemeinde hatten früher befunden, daß die Bedingungen für den Bürgerrechtserwerb *etwas zu swar* seien. Verlangt wurden nunmehr nur noch zwei rheinische Gulden – als Handlohn – für eine Armbrust, die Verpflichtung, mindestens zehn Jahre hindurch das Bürgerrecht zu halten, und eine jährliche Mindeststeuer von zwei Gulden. Wer aber ein höheres Vermögen hatte, als es nach Anlage des Steuerfußes bei dem Steuerbetrag von zwei Gulden rechnungsmäßig zugrundelag, sollte das darüber hinausgehende Vermögen wie die anderen Bürger versteuern. Außerdem mußte für den Militärdienst ein Harnisch besessen werden. Der Rat behielt sich jedoch die Entscheidung über die Aufnahme vor und stellte klar, daß er den Neubürger, wie seit alters auf Grund eines städtischen Privilegs und des Herkommens üblich, in mitgebrachten Rechtsstreitigkeiten nicht verantworten werde; *Mollwo* (Anm. 16), Nr. 276, S. 152 f. Die Bedingungen für den Bürgerrechtserwerb enthielten kein Mindestvermögen, keine Bürgschaftsleistung, und es wurde kein Bürgergeld erhoben. Allerdings setzt die Steuerleistung Vermögen oder Einkünfte voraus. Im Jahre 1403 hatte der Rat jedoch bezüglich der für übersetzt erachteten Grautucher- und Weberzunft bestimmt, daß zugezogene Neubürger erst fünf Jahre nach Erwerb des Bürgerrechts ihr Handwerk ausüben und das Zunftrecht erhalten durften; ebd., Nr. 245, S. 130 f.

[39] Bereits 1410 hatte der Rat die Gewohnheit abgestellt, daß die Kinder zugezogener Neubürger, die auch das Bürgerrecht haben wollten, von den Zünften das Zunftrecht kostenlos erhielten. Die Neubürger hatten nunmehr bei der Bürgeraufnahme ihre mitgebrachten Kinder anzugeben, die im Stadtbuch verzeichnet wurden. Mitgebrachte Kinder hatten das Bürgerrecht beim Rat zu beantragen, der nach Maßgabe des Nutzens der Stadt darüber entschied, und sie hatten nach einer Aufnahme das Zunftrecht zu kaufen. Die den Neubürgern in Ulm geborenen Kinder hingegen sollten das Bürgerrecht haben, wenn sie es wollten. Den Zünften wurde bei Strafe eingeschärft, niemandem das Zunftrecht zu verleihen, der nicht zuvor das Bürgerrecht erhalten hatte; *Mollwo* (Anm. 16), Nr. 283, S. 156 f.

rend in Einzelfällen mit Antragstellern auch individuelle Bedingungen ausgehandelt wurden. Unterschiedlich behandelt wurden vielfach in der Stadt selbst geborene Bürgerkinder, die das Bürgerrecht zwar nicht immer schon mit der Geburt, aber doch gratis oder zu erleichterten Bedingungen erhielten, und Kinder von Nichtbürgern. Neben dem Formalakt der Bürgerrechtsaufnahme nach der Feststellung, daß die gesetzlichen Voraussetzungen erfüllt waren, gab es auch ein Hineinwachsen in das Bürgerrecht im Sinne einer Anwartschaft durch Ansiedlung und mehrjährige Zunftzugehörigkeit mit eventuell kostenfreier Aufnahme oder durch einseitige, nicht obligatorische militärische und finanzielle Leistungen von Stadtbewohnern, die dadurch die noch ausstehende förmliche Bürgerrechtsaufnahme zwar nicht rechtlich erzwingen konnten, sich aber doch einen gewissen Anspruch darauf schufen, ferner in dem Sinne, daß derartige Zugehörigkeiten und Leistungen zur rechtlichen Gleichbehandlung mit den Bürgern führten. Zu den erkennbaren längerfristigen Trends in der Bürgerrechtspolitik treten mehr oder weniger singuläre Sonderaktionen unter dem Eindruck einschneidender miltärischer Ereignisse oder von Bevölkerungsverlusten durch Seuchenzüge hinzu.

Die Entwicklung eines normativen, die Voraussetzungen für den Erwerb, die Entscheidungsvorgänge und die Formalitäten für die Aufnahme fixierenden Bürger- oder Burgrechts ist in ihren Anfängen in vielen Städten nur schwer und oft zeitlich spät zu fassen, doch kann man von zwei gewissermaßen natürlichen Grundvoraussetzungen ausgehen: zum einen von der Seßhaftigkeit und dem Besitz einer Hof- oder Hausstätte (*area*) mit zugehörigem Wohnhaus[40], in abgeleiteten und minderen, späteren Formen eines Stockwerkseigens oder lediglich einer eigenen Feuerstätte, eines Haushaltes in Miete, zum andern von der Fähigkeit, zur Existenzerhaltung des Verbandes militärische und sonstige Leistungen zu erbringen.

Die Haushäblichkeit oder Hausgesessenheit im nachbarschaftlichen (geburschaftlichen) und parochialen Verband war zwar zunächst in den alten Bischofsstädten des Südens und Westens sowie in den späteren Siedlungen Norddeutschlands – entsprechend ländlichen Verhältnissen – Voraussetzung für das Bürgerrecht, vermittelte es aber nicht zwangsläufig, da es auch grundbesitzende Beisassen und Seldner ohne Bürgerrecht gab. Nur bei der Stadtgründung selbst legte die Zuteilung der Hausstätten, wie dies das Freiburger Stadtrecht von 1120 (Art. 41) aussagt und als Maß 100 x 50 Fuß angibt[41], unmittelbar zugleich den Kreis der Bürger fest. Allerdings

---

[40] *Ebel* (Anm. 1), S. 49 ff.; *Kroeschell* (Anm. 1), 546 f.; *Wilfried Ehbrecht,* Rat, Gilden und Gemeinde zwischen Hochmittelalter und Neuzeit, in: Geschichte der Stadt Münster, hg. von Franz-Josef Jakobi, Bd. 1, Münster 1993, S. 107–109.

[41] Ca. 30–32 x 15–16 m; *Marita Blattmann,* Die Freiburger Stadtrechte zur Zeit der Zähringer. Rekonstruktion der verlorenen Urkunden und Aufzeichnungen des

wurden die Hofstätten durch Erbteilungen teilweise stark aufgesplittert. Der Hausbesitz war Zeichen der Seßhaftigkeit und Zugehörigkeit zum Nachbarschaftsverband oder zur Stadtgemeinde, ferner der vollen Rechtsfähigkeit wie im Landrecht, und er stellte die Steuer- und Haftungsfähigkeit sicher, was dann vor allem in einem gesetzlichen Mindestwert des erforderlichen Hauses zum Ausdruck kommt[42]. Es ist jedoch nicht sicher, daß in allen Städten der Bürgerrechtserwerb mit Grundbesitz als Voraussetzung verbunden war, sind doch Aussagen darüber häufig nur für bestimmte Zeitpunkte und Perioden möglich[43]. Außerdem ist der von „Haus haben" abgeleitete Ausdruck „haushäblich" insoweit mehrdeutig, als er das Eigen oder den Besitz von Haus und Hofstätte, zunehmend jedoch auch nur das

---

12. und 13. Jahrhunderts (Veröffentlichungen aus dem Archiv der Stadt Freiburg im Breisgau; 27), Freiburg/Würzburg 1991, Bd. 1, S. 103 f., 120 ff.; Bd. 2, S. 708. Zum archäologischen Befund siehe *Hans Schadek* und *Matthias Untermann*, Freiburg unter den Herzögen von Zähringen, in: Geschichte der Stadt Freiburg im Breisgau, (Anm. 21), S. 100–103.

42 „Das Haus war Symbol und Garant des Bürgerstatus. Es lag im Rechtsbereich der Stadtgemeinde, an ihm konnte sich das Stadtgericht, wollte ein Verurteilter seine Buße nicht bezahlen, notfalls schadlos halten. Das Haus beschlagnahmte der Stadtherr, wenn ein Bürger durch ein schweres Delikt seine Huld verloren hatte; der Delinquent mußte sich die Herrenhuld zurückkaufen, wollte er nicht das Bürgerrecht verlieren. Wer gegen Friede und Genossenschaft verstieß, indem er etwa innerhalb der Stadt einen Totschlag beging, dessen Haus wurde niedergerissen zum Zeichen seines Ausschlusses aus der Gemeinde. Angesichts dieses Stellenwertes mußte in der Frühzeit der Stadt gesichert werden, daß Grundstück und Haus auch nicht auf dem Erbwege an Ungenossen fiel. Schon das Stadtrecht von 1152 schreibt vor, Ehefrau und Erben eines Bürgers unabhängig vom Stand in Erbangelegenheiten als Bürger zu betrachten. 1186 erweiterte man die Regel: wer einen Bürger oder eine Bürgerin heiratete, wurde automatisch Genosse, das heißt dem Partner rechtlich gleichgestellt". Damit war das Recht der „ärgeren Hand" praktisch aufgehoben; *Marita Blattmann*, „Diz sint dü reht der stat ze Friburg im Brisgöwe". Das Freiburger Rechtswesen bis 1300, in: Geschichte der Stadt Freiburg im Breisgau (Anm. 21), S. 556. Das obligatorische, vom Neubürger in der Regel binnen Jahresfrist zu kaufende Haus mußte in Zürich in qualifizierender Umschreibung wertmäßig zu der jeweiligen Gesamtvermögenslage des Bewerbers in einem angemessenen Verhältnis stehen. Wer nicht in der geforderten Frist eine Immobilie in dem vom Rat festgelegten Wert erwarb, hatte bis zum Kauf beim Rat zinslos den dafür aufzuwendenden Betrag zu hinterlegen. Außerdem bestimmte der Rat die Höhe einer Kautionsleistung, die der Stadt als Abzugsgeld verfiel, falls der Neubürger vor der vorgeschriebenen Mindestdauer des Bürgerrechtsverhältnisses von zehn Jahren das Bürgerrecht aufgab. Das Haus selbst sollte für Schulden des Neubürgers bei seinen Mitbürgern haften. Nachgewiesene Kautionsleistungen betrugen etwa die Hälfte des Preises für das zu erwerbende Haus; 5 und 8 Pfund für ein Haus im Wert von 10 Mark Silber, 10 Mark für ein Haus im Wert von 20 Mark. Ein namentlich genannter „Ausmann" hatte 1370 ein Haus um 100 Pfund Pfennige zu kaufen, wofür ein Bürger Bürgschaft leistete; Die Zürcher Stadtbücher (Anm. 17), Bd. 3, S. 153, Nr. 43 (1432) und S. 167, Nr. 68 (1435); Bd. 1, S. 228, Nr. 18 (1372), S. 12, Nr. 26 (1316), S. 67, Nrn. 166, 167 (1314), S. 163, Nr. 339 (1343) und S. 192, Nr. 385 (1370).

43 Hinsichtlich Straßburgs waren wohl Ansässigkeit und Zunftzugehörigkeit entscheidend; *Fuchs* (Anm. 18), S. 21. Diese Feststellung kann sich indessen nur auf die Zeit nach der Etablierung von freien kommunalen Zünften beziehen. Bloße Ansässigkeit und Zunftzugehörigkeit genügten vermutlich auch in Ulm; *Konrad Hanness-chläger*, Ulms Verfassung bis zum Schwörbrief von 1397, in: Ulm und Oberschwaben 35 (1958), S. 19. Wenn jedoch urprünglich nur die als *burger* bezeichneten Ge-

Hauswesen und den Haushalt, die „Gesessenheit" und die Ansässigkeit mit seinem „Wesen" meinen kann. Dies ist vor allem dann der Fall, wenn in einer abweichenden Vorstellung das „Haus" und die „Habe", das sonstige auch mobile Vermögen, unterschieden werden[44]. Ohne jeglichen sozialen Prestigewert und als Haftungsobjekt kaum geeignet war schließlich ein Holzhaus mit Hüttencharakter, das auf Leihegrund errichtet wurde. Deshalb wurde häufig für die Haushäblichkeit im Sinne des Bürgerrechts eine Mindestwertanforderung für die Liegenschaft festgelegt, bis dann ein gefordertes Mindestvermögen die Haftungsfähigkeit sicherstellen sollte.

Wo in alten Städten starke Geburschaften und parochiale Verbände mit dem Charakter von Sondergemeinden bestanden, konnte das Recht der Burschaft dem übergreifenden Bürgerrecht der Stadtgemeinde vorangehen[45].

Im Bereich des lübischen Rechts beruhte die Vollbürgerschaft „auf dem Besitz eines bebauten Grundstückes innerhalb der Stadtmauer, und zwar zu vollem (erbrechtlich gebundenen) Eigentum. Besitz zu Leihe genügte nicht dazu, wie auch die Belastung mit Renten oder Pfandrechten in mancher Beziehung die volle Rechtsfähigkeit einschränkte. Auf solche Erbgesessenheit war im deutschen Recht seit jeher die Geltung des Mannes in der Gemeinde, seine Dingpflicht und seine Zeugnisfähigkeit gegründet gewesen"[46]. Im Unterschied zu den meisten deutschen Stadtrechten erhielt sich noch im Spätmittelalter im lübischen Rechtsbereich die volle Zeugnisfähigkeit des erbgesessenen Bürgers, wie auch nur ein solcher Vollbürger in den Rat gewählt werden konnte[47]. Kein Bürger sollte aber sein Grundstück an einen Nichtbürger verkaufen oder verpfänden oder diesem auch nur, ohne Genehmigung des Rates, eine Wohnung vermieten dürfen[48]. Der Erbgesessene war aber nicht schon allein kraft seines Besitzes Bürger, son-

---

schlechter das Bürgerrecht hatten, ist für diese Zeit Haus- und Grundbesitz des Bürgers zumindest eine natürliche Gegebenheit, da alle Geschlechter über Haus und Hofstätten verfügten. Wer in Ulm nach den Vorschriften des Großen Schwörbriefes von 1397 Bürgermeister, Zunftmeister und Ratsmitglied werden wolle, mußte *zu dem minsten funff jare hus und hablich ingesessener burger hie gewesen sein; Specker* (Anm. 16), S. 513; *Mollwo* (Anm. 16), S. 263. In Konstanz war bis 1370 die Ratsfähigkeit an freies Grundeigen gebunden. *Konrad Beyerle,* Das Salmannenrecht. Grundeigentumsverhältnisse und Bürgerrecht im mittelalterlichen Konstanz, Bd. I, 1, Heidelberg 1900, S. 34, passim.

44 Eine Ulmer Ordnung von 1382 spricht davon, *daß man ieman ze burger innem und enpfieng, die sich hus und hablich zu uns in unser stat setzen oder ziehen wolten; Mollwo* (Anm. 16), Nr. 76, S. 57.

45 *Hugo Stehkämper,* Über das Kölner Bürgerrecht, in: Kölner Neubürger 1356–1798. 1. Teil: Neubürger 1356–1640, Köln 1975, S. XIV f.

46 *Wilhelm Ebel,* Lübisches Recht, 1. Bd., Lübeck 1971, S. 270 f. Die Beweiskraft richtete sich nach dem unverpfändeten Wert ihres Grundbesitzes. Ebd., S. 270, Anm. 1.

47 *Ebel* (Anm. 46), S. 271.

48 Ebd., S. 274.

dern mußte das Bürgerrecht wie der nicht Erbgesessene durch eine förmliche Aufnahme erwerben.

Das Wachstum der Städte und die damit verbundene soziale Differenzierung und Dissoziierung der Bevölkerung, auch die dadurch vermehrten Mietverhältnisse und die neue soziale Bewertung des mobilen Vermögens und seiner Leistungsfähigkeit unter den Bedingungen des städtischen Wirtschaftslebens gegenüber dem Grundbesitz führten zu Lockerung bis hin zur Aufgabe der Voraussetzung der Haushäblichkeit, die bei einer wachsenden Bevölkerung bei angenommenem gleichbleibendem Areal natürliche Grenzen fand. Eine idealtypische Stufenfolge dieser Entwicklung bieten die Bürgerrechtsbestimmungen der Stadt Frankfurt am Main[49], die in einem ersten Schritt der Lockerung als Surrogat für den zunächst geforderten Grundbesitz (*hereditas*), ein Haus oder einen Hof, den Nachweis einer anderen Realität im Werte von 10 Mark (1326)[50] verlangen, sodann als weitere Erleichterung – in Verbindung mit einem schon früher erhobenen Aufnahmegeld von 3 Pfund – den binnen einer Frist zu erbringenden Nachweis einer jährlichen Rente im Wert von einer halben Mark zulassen (1352)[51], die ja auf einer Immobilie radiziert ist und gedanklich einen Anteil an der Fruchtziehung aus ihr durch Kauf gewährt, bis dann 1373 auch auf den Rentenkauf verzichtet wird und ein erhöhtes Bürgergeld von zehn Pfund erhoben wird, das man 1398 um 4 Schillinge erhöht[52]. Bei dem in Frankfurt damals üblichen, tendenziell sinkenden Rentenfuß entsprach das für den Kauf einer Rente von einer halben Mark aufzuwendende Kapital etwa der früheren *hereditas* von 10 Mark. An die Stelle des Grundbesitzes war der Vermögensnachweis und der Nachweis dauernder Einkünfte in Form einer Rente getreten. Wer gemäß der Ordnung von 1352 die Rente nicht nachweisen konnte, hatte zu dem Bürgergeld 8 Mark Pfennige zu entrichten, wofür die Stadt ihm und seiner Frau für die Zeit ihres Bürgerrechts jene halbe Mark, d. h. eine spezielle Leibrente auf zwei Leben bezahlte, unter dem Gesichtspunkt des für eine Leibrente zu niedrigen Rentenfußes eine Form zwischen Leibrente und Wiederkaufsgülte[53]. Der Kre-

---

49 *Bücher* (Anm. 14), S. 335–355; *Dilcher* (Anm. 1), S. 75 f.

50 Bücher macht geltend, daß in jener Zeit es nicht mehr möglich war, ein Haus für 10 Mark zu erwerben oder auf Zinsgrund zu bauen. Für diesen Betrag konnte man allenfalls noch einen bis zum Wert von 10 Mark rentenfreien, immerhin noch mit Grundzins und einer Rente belasteten Besitz kaufen. „Die Erwerbung einer *hereditas per X marcas* konnte also kaum mehr als das, was sie ursprünglich zweifellos war, das äussere Zeichen für den Eintritt in den Gemeindeverband der Grundeigenthümer angesehen werden; sie blieb nur noch das Merkmal für das Vorhandensein eines bestimmten Vermögensstandes"; *Bücher* (Anm. 14), S. 338 f. Vgl. Anm. 42 (Zürich).

51 *Wolf* (Anm. 2), S. 94, A 22.

52 Ebd., S. 170, Nr. 60.

53 *Bücher* (Anm. 14), S. 342–344.

dit an die Stadt trat damit an die Stelle des Kredits an den privaten Geschäftsmann. Bei Wegzug, gewissermaßen im Falle des bürgerlichen Todes, erlosch die Rentenzahlung[54]; im Falle des natürlichen Todes während der Zeit im Bürgerrecht fiel das Rentenkapital von 8 Mark an die Erben, und die Stadt war der Rentenzahlung enthoben. Die erhöhte Bürgergeldzahlung seit 1373 war hingegen ein verlorener Zuschuß an die Stadt, eine reine Abgabe. Der Weg war also vom Grundbesitz über den Vermögensnachweis durch die Rente – unter dem Gesichtspunkt von Selbsterhalt, Steuerfähigkeit und Haftung – zum reinen Bürgergeld gegangen.

In Freiburg im Breisgau ist noch vor 1218 der Besitz eines nicht belasteten Hauses im Wert von einer Silbermark Voraussetzung für das Bürgerrecht, während dann 1275 und 1293 mindestens ein nichtverpfändetes Achtel eines Hauses im Wert von 2 Mark verlangt wird[55]. Dadurch konnte der Besitzer seine Immobilie bis zu sieben Achtel mit Renten zu Kreditzwecken belasten, aber auch einen anderen durch Auflassung zu partiellem Eigentum an seinem Haus die Möglichkeit zum Bürgerrechtserwerb einräumen[56]. Der Verlust des Hauses oder des Anteils zog konsequenterweise den Verlust des Bürgerrechts nach sich. Die Bindung des Bürgerrechts an partiellen Hausbesitz schränkte jedoch den Geld- und Kreditverkehr ein, während andererseits dem Zuzug und dem Bürgerrechtserwerb Grenzen gesetzt wurden. Die Bindung des Bürgerrechts an Hausbesitz wurde, erkennbar auch an einer Reihe kasuistischer Regelungen, sehr genau genommen, letztlich aber immer unhaltbarer und im ausgehenden 14. Jahrhundert mit der Übergangsregelung gestaffelter Beträge zugunsten der Entrichtung einer Geldzahlung abgelöst.

Die Ausformung des Bürgerrechts steht neben den sozialen und rechtlichen Verhältnissen vor allem im Zusammenhang mit der Kommunalisie-

---

54 Die Bestimmung, *wers abir, daz sie ire burge(r)schafft uffgebin, so blibet der stat die halbe mark geldis*, kann heißen, daß die Stadt die Rentenzahlung des laufenden Jahres nicht leistete oder daß das Kapital als eine Art Abzugsgeld an die Stadt fiel.

55 *Merkel* (Anm. 21), S. 566 f. Dort auch der Nachweis, daß bei Rentenverkäufen tatsächlich das letzte Achtel ausgenommen blieb. Ein Bürger verlor sein Bürgerrecht nicht, wenn das Haus abbrannte, solange er die darauf liegenden Steuern, Gewerft und Zinse zahlte. Verkaufte er jedoch die Hofstatt, so wurde der Käufer erst Bürger, wenn er dort wieder ein Haus errichtete. Wer indessen das Achtel seines Hauses versetzte oder verkaufte, verlor sein Bürgerrecht, konnte es aber innerhalb eines Jahres wieder erwerben. Wer arglistig (*gevarlich*) den Hausteil belastete, an dem sein Bürgerrecht hing, um durch den Verlust des Bürgerrechts kein Rats- oder Gerichtsamt annehmen zu müssen, sollte bestraft werden, nicht jedoch, wer vor dem Rat schwor, daß er aus Armut und Not Gast geworden sei.

56 Jeder, der einen andern an seinem Haus Bürger werden ließ und ihm eine Belastung des Hauses verschwieg oder später dieses Haus belastete, sollte sein Bürgerrecht verlieren und mit zweijähriger Stadtverweisung bestraft werden. In den Verkaufsurkunden konnte daher vom Verkäufer ausdrücklich verlangt sein: Wenn an dem zum Verkauf stehenden Haus *burger werent und stundent, so solt er dieselben burger ab tun und das hus lidigen; Merkel* (Anm. 21), S. 567.

rung der Stadt, der emanzipatorischen bürgerschaftlichen Verbands- und Gemeindebildung, vordergründig ablesbar am Übergang der Zuständigkeit für die Bürgerrechtserteilung vom stadtherrlichen Schultheissen auf den Rat. Auf eine neue Grundlage wurden das Recht der Stadt selbst und das Bürgerrecht durch die bürgerlichen Schwureinungen seit dem 12. Jahrhundert gestellt. Konstitutiv war nun der Bürgereid. Seit der bürgerlichen *coniuratio* war Mitglied der Bürgergemeinde, der Friedens-, Rechts- und Nutzungsgemeinschaft der Bürger, wem der Status des geschworenen Bürgers eignete, d. h. wer ins Bürgerrecht (Burgrecht) aufgenommen worden war, den Einzelbürgereid des Neubürgers geleistet hatte und an dem als Bürgerpflicht bei Strafe gebotenen, institutionengeschichtlich jedoch primären Gesamtschwur der Bürgergemeinde am Schwörtag teilnahm[57]. Der Eid des Neubürgers war „Beitrittseid zum Gesamtschwur, aus dem er auch seinen rechtlichen Bestand bezog"[58]. Nur langsam vollzog sich auch angesichts eines Anwachsens nichtbürgerlicher Stadtbewohner der Übergang vom personalen, eidgebundenen Frieden der geschworenen Bürger und von der rechtsgeschäftlichen Geltung des städtischen Willkürrechts hin zum lokalen Frieden und zur lokalen, objektiv-normativen Geltung des Stadtrechts im engeren Sinne. Der Frankfurter Bürgereid war und blieb ein Huldigungseid[59] gegenüber dem römischen Kaiser oder König, dem man schwor, als dem *rechten herren*[60] und *von des richs wegen* treu und hold zu sein, in Verbindung mit einem Gehorsams- und Beistandseid gegenüber Bürgermeistern, Schöffen und Rat zu Frankfurt, der auch die Verpflichtung enthielt, *iren und der stede schaden zu warnen, ir bestis zu werben und nit wider sie zu tun*[61].

Der Bürgereid verpflichtete den Bürger zu Treue und Gehorsam gegenüber Bürgermeister und Rat, Stadt und Stadtrecht[62] und unterwarf ihn

---

57 *Ebel* (Anm. 1), S. 46 f.

58 Ebd., S. 61.

59 Zur Huldigung siehe ebd., S. 70 ff.

60 In der Eidesleistung der Bürger und Mitwohner von 1366 firmiert der Kaiser und Stadtherr als „natürlicher Herr"; *Johann Friedrich Böhmer* (Hg.), Urkundenbuch der Reichsstadt Frankfurt 794–1400, Frankfurt am Main 1846, S. 701 f.; *Andernacht* (Anm. 2), S. VII. Zur stadtherrlichen Stellung des Kaisers oder Königs gegenüber den Reichsstädten und zum Ausdruck „rechter (natürlicher) Herr" siehe *Eberhard Isenmann,* Reichsstadt und Reich an der Wende vom späten Mittelalter zur frühen Neuzeit, in: Mittel und Wege früher Verfassungspolitik, hg. von Josef Engel (Spätmittelalter und Frühe Neuzeit; 9), Stuttgart 1979, S. 31 ff. und 38 ff.

61 *Andernacht* (Anm. 2), S. 1, vgl. S. VII (1366); *Wolf* (Anm. 2), S. 170 f., Nr. 60 (1398). Der Ulmer Rat verfügte statutarisch, daß wenn ein Bürger *der stat schaden wurbe mit worten oder mit werken, ez were von heren wegen oder von anderer lut wegen,* sein Leib und Gut der Gemeinde bei dem allgemeinen Eid – des Schwörtags – ohne Widerspruchsrecht verfallen sei; *Mollwo* (Anm. 16), Nr. 16, S. 27.

62 Zu den verschiedenen Eidesformeln siehe vor allem *Ebel* (Anm. 1), S. 38 ff. und 62 ff.

dem städtischen Recht. Aus diesem Eid wurden nunmehr sämtliche Bürgerpflichten abgeleitet. Vielfach war die Leistung des Bürgereides mit einer vorgängigen oder nachfolgenden Vermögensdeklaration mit Steuereid verbunden[63], wie sich auch die Höhe des zu entrichtenden Bürgergeldes nach dem Vermögen bemessen konnte. Der Rat konnte dem Bürger bei dessen Eid gebieten und Ungehorsam gegenüber seinem Gebot sowie Verletzungen des städtischen Rechts als Eidbruch bestrafen; der Bürger war durch seinen Eid dem Rat, dem dadurch eine diskretionäre Gewalt zukam, mit Leib und Gut unterworfen.

Während der Bürgereid in der Regel die Bürger zur Bürgergemeinde verband, bestand die Gemeinde in Köln seit ihrer Neubegründung als Schwurverband durch den Verbundbrief von 1396[64] aus allen Einwohnern, die sämtlich in irgendeine der 22 Gaffeln, denen zünftige Gewerbe zugeordnet waren oder die ansonsten frei gewählt werden konnten, eingeschrieben sein mußten und in einem dann in der Gaffel abzulegenden Eid die Einhaltung des Verbundbriefs zu geloben hatten. Als Gaffelmitglieder besaßen sie bei der Ratswahl das aktive Wahlrecht. Erst auf dieser eidlichen Grundlage konnten sie gegen Zahlung eines recht hohen Bürgergeldes und Leistung des Bürgereides das Bürgerrecht erwerben, das ihnen das passive Wahlrecht und das Recht auf den Weinzapf, d. h. den Verkauf von Wein in geringen Quantitäten an den Endverbraucher, meist mit Hilfe von Personal, einräumte[65]. Der grundlegende Eid auf den Verbundbrief einte aber Bürger und bloße Eingesessene. Vergleichbar ist die Situation dort, wo an den Schwörtagen auch die Einwohner den Gesamtschwur leisteten und der Bürgereid der Neubürger hinzutrat.

Um Nichtbürger zur Beachtung des bürgerlichen Rechts zu veranlassen, um sich ihrer zu vergewissern und sie in die bürgerliche Ordnung einzufügen, forderte der Rat – nicht nur in Gefahrenzeiten – den „Beisassen", „Seldnern", „Habitanten" und „Einwohnern", den speziellen Berufsgruppen der Handwerksgesellen und des männlichen Gesindes und gelegentlich selbst Fremden und „Gästen" spezielle, vielfach dem Bürgereid angeglichene oder ihm im Wortlaut identische Eidesleistungen ab[66]. Er vereidigte sie – am Schwörtag – auf das Stadtrecht, legte ihnen Lasten in Form jährlicher pauschaler oder bei der Niederlassung festgesetzter, auch nach Vermögen gestaffelter Sitz- und Schirmgelder auf oder wandte einfach die bürgerliche Vermögenssteuer auf sie an, und er erklärte sie eigens der Ge-

---

63 *Erler* (Anm. 1), S. 22 (nachfolgend vor der Zunft).

64 *Walther Stein,* Akten zur Geschichte der Verfassung und Verwaltung der Stadt Köln im 14. und 15. Jahrhundert, Bd. 1, Bonn 1893, Nr. 52, S. 187–198; *Stehkämper* (Anm. 45), S. XXXII-XXXIV; *Deeters* (Anm. 1), S. 1–83.

65 *Deeters* (Anm. 1), S. 9 f.

66 *Ebel* (Anm. 1), S. 48 ff., 77 ff., 209 ff.

botsgewalt des Rates und den städtischen Gesetzen und Ordnungen samt den Strafen bei Übertretungen für unterworfen[67].

Das Augsburger Stadtrecht (Art. XX, Nachtrag 3, um 1291) greift zum Mittel der rechtlichen Fiktion, wenn es denjenigen *biderben,* tüchtigen und unbescholtenen Zuzügler, der über ein Jahr ansässig ist und die Hof- und Herdsteuer entrichtet, auf die bürgerlichen Satzungen verpflichtet, *als ob er purchreht enphangen hete*[68]. In Ulm wurde 1377 bestimmt, daß derjenige, der in Ulm aufgezogen wurde und *der stat kind ist* und dort auch bleiben will, *sturen und dienen und alle ander sach halten, liden und tun* soll, *alz ander unser mitburger nichtz usgenomen,* sonst muß er Stadt und Markung verlassen[69]. Generell hatte jeder, der einen Monat lang *husheblich* in Ulm ansässig war, wie ein Bürger und nach dem Spruch des Rates Steuern zu leisten und zu dienen[70]. Andererseits wurde etwa in Waldsee und Memmingen jeder Nichtbürger, der Steuer, Wacht, Botendienst und andere bürgerliche Dienste leistete, ausdrücklich dem Bürger innerhalb der Stadt, nicht jedoch außerhalb, rechtlich gleichgestellt. Um die Erfüllung von Anwartschaftsvoraussetzungen mit der impliziten Aufforderung zum endlichen formellen Erwerb des Bürgerrechts, nicht schon um eine rechtliche Ersitzung, handelt es sich, wenn es in Regensburg einem Privileg von 1230 zufolge für einen Zinspflichtigen genügen sollte, wenn er sich auf Dauer niederließ, die Steuern zahlte und die übrigen bürgerlichen Lasten mittrug[71], oder wenn das Memminger Stadtrecht von 1396 bestimmt: *Wer hie ze Memmingen vier jär gesessen ist und alle dienste mit uns getan hat, der sol auch burgrecht mit uns hän*[72]. Bürgermeister, Räte und Bürgergemeinde der Stadt Zürich regelten hingegen 1378 eindeutig den Fall der Ersitzung des Bürgerrechts als Rechtsbesitz, wenn sie zur Vermeidung prozessualer Ungleichheit vor den städtischen Gerichten bestimmten, daß Bürger sein und das Bürgerrecht besitzen soll, wer nach Zürich kommt, dort in eine Zunft eintritt, ohne Unterbrechung fünf Jahre lang mit eigenem Haushalt (*husrouchi*) in der Stadt wohnhaft ist, in dieser Zeit der Stadt und der Zunft mit Steuern und anderen Sachen dient, ferner schwört, den Schwörbrief zwischen patrizisch-ritterlicher Konstaffel und Zunftgemeinde und die Gerichte anzuerkennen sowie dem Bürgermeister und dem Rat wie die anderen Bürger gehorsam zu sein, und wenn das schließlich vor dem Bürgermeister und Rat offenbar (*kuntlich*) gemacht wird. Ein Eintrag in das

---

67 Ebd., S. 179.

68 *Meyer* (Anm. 29).

69 *Mollwo* (Anm. 16), Nr. 56, S. 50.

70 Ebd. Nr. 52, S. 48 f. Mit Hinweisen auf ähnliche Bestimmungen in Arbon, Buchhorn, Überlingen, Hagenau, Pfullendorf, Schaffhausen und Zürich.

71 § 22; *Georg Ludwig von Maurer,* Geschichte der Städteverfassung in Deutschland, Bd. 2, Erlangen 1870 (Ndr. 1962), S. 758; *Erler* (Anm. 1), S. 23.

72 Stadtrecht von Memmingen, Art. 31; *Erler* (Anm. 1), S. 23.

Bürgerbuch ist im Falle der Ersitzung offensichtlich nicht vorgesehen. Entscheidend für die Einführung der Ersitzungsbestimmung ist für die Stadt die im Falle bloßer Ansässigkeit mit der Möglichkeit, daß bei fehlendem Bürgerrecht der Status eines bloßen „Gastes" geltend gemacht wird, nicht zweifelsfrei gegebene Rechtsgleichheit der Streitgegner vor Gericht, die – als grundlegendes städtisches Rechtsprinzip – durch den Bürgerrechtserwerb auf dem Wege der Ersitzung für weite Kreise der Bevölkerung gewährleistet werden soll. Wer hingegen die Ersitzung nicht eintreten lassen will, muß ihr förmlich und ausdrücklich vor dem Rat durch eine Willenserklärung widersprechen[73].

Das Bürgerrecht, das man nur in einer einzigen Stadt erwerben durfte, erlegte durch den Bürgereid in einer Art Generalklausel[74] mit gelegentlichen Spezifikationen und die Verpflichtung auf das Stadtrecht nicht nur Pflichten und Lasten auf, sondern gewährte auch politische Rechte, Rechtsschutz und Nutzungsrechte.

Die Pflichten und Lasten, die auf der Grundlage des bürgereidlichen Gehorsamsversprechens realisiert werden, sind aus dem Gedanken der städtischen Friedens-und Rechtsgemeinschaft sowie der bürgerlichen Schutz- und Solidargemeinschaft abgeleitet. Zur bürgerlichen Gehorsamspflicht gegenüber dem Rat, dessen Geboten sich insbesondere patrizische Herrennaturen nicht ohne weiteres beugten[75], und dem Verbot von heimlichen

---

[73] Die Zürcher Stadtbücher (Anm. 17), Bd. 1, S. 239 f., Nr. 34. Die statutarische Bestimmung erfolgte in Reaktion auf einen in der Stadt verübten Totschlag. Der Bürger Chuoni Haller hatte in einer Badestube den Bader erstochen. Die Verwandten des Täters und andere hatten vorgebracht, man solle über die Tat richten, *als ob er ein gast ze tod hette geslagen,* weil der Bader nicht im Bürgerbuch als Bürger eingetragen sei. Angesichts einer großen Zahl von Ansässigen, von denen der Große Rat annahm, daß sie daran interessiert waren, für Bürger gehalten zu werden, die aber nicht im Bürgerbuch verzeichnet waren, wurde der Kleine Rat 1425 ermächtigt, mit derartigen Leuten nach Zünften oder Konstaffel gegliedert Verhandlungen über den Eintritt in das Bürgerrecht aufzunehmen. Dabei sollten nach Ermessen des Rates diejenigen, die samt Vorfahren in der Stadt ansässig waren, – im Sinne einer Ersitzung des Bürgerrechts – lediglich eine Willensbekundung über den Eintritt in das Bürgerrecht abgeben, andere sollten aufgefordert werden, das Bürgerrecht zu „kaufen"; ebd. S. 212, Nr. 244. Zur prozessualen Gleichstellung des hushäblichen Nichtbürgers mit dem Bürger in Bern siehe Die Rechtsquellen des Kantons Bern, 1. Teil: Stadtrechte, Bde. 1 und 2, hg. von *Friedrich Emil Welti* und *Hermann Rennefahrt,* Aarau 1971, S. 417, Nr. 379.

[74] *Kroeschell* (Anm. 1), Sp. 549. In die Konzeption des Zürcher Bürgereids wurden auch Aufnahmebedingungen und daraus resultierende Verpflichtungen wie Hauskauf, die Mindestdauer des Bürgerrechts von zehn Jahren und die persönlich, nicht schriftlich anzuzeigende Aufgabe des Bürgerrechts aufgenommen; Die Zürcher Stadtbücher (Anm. 17), Bd. 3, S. 152 f., Nr. 43 (1432) und S. 167, Nr. 68 (1435). Der Nürnberger Rat verbot ausdrücklich bei Verlust des Bürgerrechts und der Strafe der doppelten Nachsteuer das Bürgerrecht einer zweiten Stadt; *Baader* (Anm. 30), S. 14.

[75] Die statutarische Einschärfung der Gehorsamspflichten und das in das Rote Buch der Stadt Ulm aufgenommene eidliche und als offener Brief ausgefertigte Versprechen des Patriziers Ulrich Besserer von 1377, den Geboten des Rates und seiner

Sonderverpflichtungen und -verbindungen[76], eventuell auch von Verbindungen mit dem Adel, treten die Friedenspflicht mit dem Verbot jedweder Fehde und Eigenmacht sowie die Pflicht, das Friedegebot (Trostungsgebot) auszusprechen oder zu befolgen[77], die Rügepflicht, die verschiedentlich schon im Bürgereid festgelegte Pflicht zur Verbrechensverfolgung, zur Unterdrückung von Aufruhr und die Pflicht, bei Angriffen auf die Stadt der Sturmglocke zu folgen (Köln, Freiburg[78]), schließlich die für Stadtverfassung und Rechtsgemeinschaft zentrale Verpflichtung, vor den städtischen Gerichtsinstanzen und nicht vor fremden oder geistlichen Gerichten Recht zu nehmen und zu geben, wobei die Städte durch Erwerb von Privilegien und gelegentlich auch aggressiv nach außen versuchten, den städtischen Gerichtsstand gegen gemeinrechtliche und sonstige Normen, wonach der Kläger dem Beklagten vor dessen Gericht zu folgen hatte, außer Kraft zu setzen.

Die wechselseitige Hilfspflicht der Bürger untereinander wurde auf einigen Schwörtagen neben dem Gehorsamseid gegenüber dem Rat gesondert geschworen, war aber ohnehin Bürgerpflicht, doch wurde die solidarische Hilfeleistung für den angegriffenen Mitbürger auch statutarisch bei Strafe des Meineids eingeschärft[79]. Die Solidarlasten firmierten unter dem weitverbreiteten Zentralbegriff des „Mitleidens", der in erster Linie die Steuerpflicht[80], das Einstehen für die Gemeinschaft und ihre Aufga-

---

Mehrheit jetzt und künftig, unverzüglich und jederzeit und in der gebotenen Weise Folge zu leisten bei *Mollwo* (Anm. 16), Nr. 195, S. 113; vgl. auch Nrn. 34, 37, S. 35, 36. Ähnliche Fälle in Konstanz: *Otto Feger* (Bearbeiter.), Vom Richtebrief zum Roten Buch. Die älteste Konstanzer Ratsgesetzgebung (Konstanzer Geschichts- und Rechtsquellen, N.F. der Konstanzer Stadtrechtsquellen; VII), Konstanz 1955, S. 27 ff., 34 ff., 43.

76 In Ulm werden heimliche Bündnisse und alle Bündnisse *ane die alle burger gemainlich* unterschieden, seien sie urkundlich und eidlich oder nicht. Bündnisansinnen Dritter oder bestehende Bündnisse mußten unverzüglich dem Rat angezeigt werden, und zwar bei Eidespflicht und der solidargemeinschaftlichen Strafe von fünfzigtausend Ziegelsteinen für den Mauerbau sowie der arbiträren Eidbruchs- und Ungehorsamsstrafe durch den Rat an Leib und Gut; *Mollwo* (Anm. 16), Nrn. 13 f., S. 25–27.

77 Eine chronologische und örtliche Übersicht über die Regelungen für den Zeitraum von 721 bis 1887 findet sich bei *Carl Wilke*, Das Friedegebot. Ein Beitrag zur Geschichte des deutschen Strafrechts (Deutschrechtliche Beiträge; VI, 4), Heidelberg 1911, S. 522–550.

78 *Merkel* (Anm. 21), S. 569.

79 *Mollwo* (Anm. 16), Nr. 24, S. 31; Nr. 26, S. 32.

80 Die Stadt Nürnberg besaß ein Privileg Kaiser Karls IV. aus dem Jahre 1354, das der Rat 1475 von Kaiser Friedrich III. bestätigen ließ, wonach *alle Bürger und Inwohner, auch alle die, so Erbzinnß, Gült, Häuser oder Recht in der Stadt Nürnberg oder außerhalb haben, alle und iegliche Losung [Vermögensteuer], Steur und andere Auffsatzung, so durch [...] Bürgermeister und Rath daselbst auffgesetzt seyn, oder ie zu Zeiten zu Notturfft und Nutz der Stadt auffgesetzt werden, an die Ende, da das von Raths wegen einzunehmen befohlen wird, geben und reichen, und darinnen die Inwohner den Burgern gleich mittragen, leiden und pflichtig [...] nicht frey noch*

ben mit dem Vermögen meinte. Als *des rates bürge* hatte der Bürger für Schulden der Stadt die Haftung zu übernehmen[81]. Die Bürger waren ferner verpflichtet, Bürgerfronen an Wall und Graben zu verrichten, Wachtdienste zu übernehmen, Feuerwehr- und in einem Alter von etwa 18 bis 60 Jahren Kriegsdienste zu leisten, in städtischem Dienst zu reiten. Auch wurde gelegentlich die Pflicht normiert, die Wahl zum Ratsherrn anzunehmen[82].

Auf der anderen Seite gewährte die Stadt Teilhabe an den stadtherrlichen Privilegien und kommunalen bürgerlichen Vorrechten, die den Bürgerverband zu einer „Privilegsgenossenschaft"[83] machten, und bot dem Bürger Rechtsschutz und Förderung in seinen Rechtsgeschäften und Rechtsstreitigkeiten innerhalb und außerhalb des Stadtgebiets, „verantwortete" ihn notfalls durch Fehde und kaufte ihn, jedoch nicht immer und vor allem nicht im norddeutschen Hansebereich, bei Gefangenschaft frei, grundsätzlich aber bei Kriegsgefangenschaft[84]. Der Bürgerstatus vermittelte bestimmte Rechtsfähigkeit – etwa zum Erwerb städtischer Liegenschaften –, eine Begünstigung im Konkursverfahren, politische Berechtigung – passives und nicht immer aktives Wahlrecht, Rats- und Amtsfähigkeit – und als „nutzbare Gerechtigkeit"[85] bestimmte bürgerliche Nutzungsrechte. Während die bloßen Einwohner – darunter meist Tagelöhner und Dienstknechte – in ihren Pflichten zunehmend und weitgehend den Bürgern gleichgestellt wurden, blieben ihnen die politischen Rechte und die bürgerlichen Nutzungsrechte, vielfach sogar die Sicherheit des Verbleibs in der Stadt, vorenthalten. Hinzu kamen Einschränkungen im Erwerbsleben, manchenorts auch die Unfähigkeit zum Grundbesitzerwerb in der Stadt.

Der *Unbürger*, so heißt es sprechend im Rottweiler Bürgerrezeß von 1691, habe sich *allen bürgerlichen Nutzens und Genusses* zu enthalten[86]. In Luzern, wo 1573 erstmals die Minderberechtigung aller Neubürger statuiert wurde, besaßen viele Rechte nur die eingesessenen und regimentsfähigen, nicht auch die angenommenen Bürger[87].

---

ledig seyn sollen; Johann Christian Lünig, Teutsches Reichs-Archiv, Bd. 14, Leipzig 1714, Nr. LXIV, S. 144 f.

81 *Merkel* (Anm. 21), S. 569 f.

82 Freiburg 1368er Verfassung; *Merkel* (Anm. 21), S. 574.

83 *Dilcher* (Anm. 1), S. 71–73.

84 Vgl. auch *Ebel* (Anm. 46), S. 403–416; *Dilcher* (Anm. 1), S. 93–96; *Fuchs* (Anm. 18), S. 21 f.

85 *Otto von Gierke*, Das deutsche Genossenschaftsrecht, Bd. I, Berlin 1868 (Ndr. 1954), S. 704.

86 *Adolf Laufs*, Die Verfassung und Verwaltung der Stadt Rottweil 1650–1806 (Veröffentlichungen der Kommission für geschichtliche Landeskunde in Baden-Württemberg, Reihe B; 22), 1963, S. 29. Zu Rottweil im folgenden ebd., S. 22 f.; *Leist* (Anm. 26), S. 216 f. Zu Frankfurt siehe *Dilcher* (Anm. 1), S. 85–88 („Die Bürgerschaft als Nutzungsgenossenschaft der städtischen Wirtschaftsordnung").

Zu diesen bürgerlichen Nutzungsrechten gehörte, daß das Bürgerrecht die selbständige Ausübung eines Handwerks im zünftigen Rahmen, das Betreiben eines offenen Ladens oder einer Handelsunternehmung gewährte. In unterschiedlichem Maße waren einzelne Handwerke nur Bürgern zugänglich. In Verbindung mit dem Zunftrecht durften in Rottweil nur Bürger die öffentlichen, für Handel und Gewerbe errichteten Anlagen wie etwa Brotlaube, Metzig, Kürschnerlaube, Waage, Bläumühle und Bleiche benutzen, während Nichtbürger in ihrer Handelstätigkeit auf den offenen Markt und das Kaufhaus beschränkt blieben und die gewerblichen Anlagen nicht nutzen konnten. Nur Bürger hatten an der Nutzung der städtischen Allmende (*wunn, waid und almende*), der Alpen und Wälder Anteil, durften zu bestimmten Zeiten eine bestimmte Anzahl Fische fangen oder besaßen – wie in Rottweil – Freijagd in der Pürsch[88]. Nur Bürger hatten Anspruch auf ein bestimmtes Maß an Brennholz (*Bürgerholz*) zu einem bestimmten Preis, kamen – wie in Luzern – in den Genuß der jährlichen Getreideausschüttung, der Verteilung des jährlichen *Pensionsthalers* (seit 1730 auch Neubürger) oder ausländischer Stipendien. Die Bürger durften unentgeltlich die Stadtwaage benutzen, besaßen Zollfreiheit und „bürgerliches Zugrecht", d. h. unter anderem das Recht zum Eintritt in einen Kaufvertrag, das vor allem bei Grundstückskäufen, aber auch bei Kaufverträgen hinsichtlich beweglicher Sachen wie land- und forstwirtschaftlicher Erzeugnisse eine Rolle spielte. In Köln unterschied den Bürger vom Eingesessenen die Berechtigung zum Weinzapf.

Bürgerrecht war Voraussetzung für die Wahl zum Kanonikus (Luzern) und für die Verteilung des *Titulus mensae* durch den Rat mit Patronatsrechten, d. h. für die Zuweisung laufender Einkünfte einer Kirche, Kapelle, eines Altars oder einer Stiftung an einem Geistlichen zu dessen Lebensunterhalt[89]. Bürger erhielten „Vertröstungen" des Rats, daß man sie berücksichtigen werde, wenn eine Pfründe, ein Lehen oder eine niedere Stelle im Stadtdienst zu besetzen war[90], ferner wurden ihnen in schweizerischen Städten bestimmte Positionen im fremden Solddienst reserviert. Schließlich waren in der Regel nur Bürger berechtigt, Fürsorgeleistungen aus den Erträgnissen der städtischen Stiftungsvermögen, der zahlreichen

---

87 Zu Luzern siehe *Kurt Messmer* und *Peter Hoppe,* Luzerner Patriziat. Sozial- und wirtschaftsgeschichtliche Studien zur Entstehung und Entwicklung im 16. und 17. Jahrhundert, Luzern 1976, S. 220 ff.

88 *Leist* (Anm. 26), S. 216 f.

89 Siehe auch *Mollwo* (Anm. 16), Nr. 320, S. 177 (1406).

90 „Man findet unglaublich kleinliche Distinctionen [...], so zum Beispiel, ob zum Dienst eines Boten zwischen Lucern und Baden nur Burger oder auch Hintersassen fähig seien"; *Anton Philipp von Segesser,* Rechtsgeschichte der Stadt und Republik Lucern. Bd. 2: Die innere Rechtsgeschichte bis zum Ende des 15. Jahrhunderts, Lucern 1854, S. 131, Anm. 1.

und teilweise reich dotierten *Pia corpora* zu beziehen. Außerdem fanden bedürftige Bürger Aufnahme in das Armenspital.

Trotz des Denunziationsprinzips in den Städten und der intensiven satzungsrechtlichen Bemühungen des Stadtregimentes war es kaum möglich, die bürgerlichen Rechte und Nutzungen tatsächlich auch exklusiv für den Kreis der Bürger zu reservieren. Dies wird deutlich, wenn Bürgermeister, Kleiner Rat und Großer Rat der Stadt Ulm vermutlich im frühen 15. Jahrhundert beklagen, daß gegen Gesetze, Gewohnheiten und Recht und entgegen den Satzungen, die dies unterbinden sollten, aber fruchtlos geblieben seien, zum allgemeinen Schaden und mit täglich zunehmender Tendenz viele fremde Leute, die in Ulm ohne Bürgerrecht und ohne Zunftrecht wohnten, *allerlai handlung und gewerbe* hätten und trieben, Liegenschaften an Häusern, Äckern, Wiesen und Gärten, auch Vieh besäßen, ferner Zinslehen, Pachtgüter und Jahrespachten innehätten. Die Räte ordnen deshalb an, daß ansässige Nichtbürger in Stadt und Gemarkung derartige Liegenschaften als Eigen, Zinslehen und in Pachtverhältnissen nicht besitzen, innehaben und bewirtschaften können, solche Liegenschaften an sie nicht verkauft, übereignet und verliehen werden dürfen. Richter der Stadt dürfen in der freiwilligen Gerichtsbarkeit derartige Rechtsgeschäfte nicht beglaubigen, Urkunden, die aus *vergessenhait* dennoch beglaubigt werden, sind nichtig und ungültig. Die Güter verfallen gemäß einer Ulmer Freiheit der *gemain stat.* Ausgenommen von diesen Bestimmungen ist nur die Jahrespacht von Häusern. Nichtbürger, die Liegenschaften gekauft, in Form der Zinsleihe geliehen oder gepachtet haben, müssen diese binnen Jahresfrist an Bürger verkaufen und sich ihrer entäußern. Geschieht dies nicht, sind die Güter der gemeinen Stadt verfallen; hinzu kommt aber noch eine arbiträre Bestrafung durch den Rat. Nichtbürger dürfen ferner kein Vieh, weder Pferde noch Rinder, Geißen, Schafe, Schweine, Kälber oder Lämmer auf die städtischen Weiden und den Jahrmarkt treiben bei Strafe von fünf Schillingen pro Tier. Die Hälfte des Strafgeldes soll an die Hirten fallen, damit diese *dest williger und geflissner* die Vorgänge beobachten und anzeigten[91].

Die Festlegung der Qualifikationen, die für den Erwerb des Bürgerrechts vorausgesetzt wurden, und der Höhe des Bürgergeldes, mit dem man sich in das Bürgerrecht einkaufte, sowie steuerliche Vergünstigungen für anzuwerbende Neubürger waren die variablen Mittel, mit denen der Rat die Bürgeraufnahme in Reaktion auf bestimmte Ereignisse und Konjunkturen nach Maßgabe seiner pragmatischen und politischen Zielsetzungen steuerte, ehe er in der frühen Neuzeit und wie in Konstanz bereits im späten 14. Jahrhundert gelegentlich auch einen befristeten Numerus clausus statuierte[92].

---

91 *Mollwo* (Anm. 16), Nr. 403, S. 208 f.

Der Konstanzer Große Rat verhängte 1379 eine Aufnahmesperre zunächst für ein Jahr und danach auf Sicht, 1381 eine unbefristete Sperre, sodann 1385 eine Sperre für zwei Jahre, 1387 für anderthalb Jahre und 1391 für etwa ein Jahr. Die Aufnahmesperre von 1379 galt den Bauern, die herrschaftliche Eigenleute waren und kein Handwerk beherrschten. Im Jahre 1381 wurden Bewerber mit handwerklichen Mangelberufen, die der Stadt von Nutzen waren, von der generellen Sperre ausgenommen sowie nach Ermessen des Rates vermögende und reiche Personen; 1385 wurden Handwerker ausgenommen, ferner vermögende Personen und solche, die von der Stadt benötigt wurden. Im Jahre 1387 wurde der Kreis derjenigen, die ausgenommen sein sollten, in spezifischer Weise unter Einbeziehung adelig-herrschaftlicher Elemente im Sinne militärisch wertvollen Ausbürgertums noch weiter gezogen: Herren, Ritter und Edelknechte, ferner Bewerber, die Burgen und Städte besaßen; außerdem wurden solche Bewerber ausgenommen, die ein gutes und notwendiges Handwerk beherrschten, dessen die Stadt bedurfte, schließlich noch Personen, die in einer anderen Stadt Bürger gewesen waren und dem Rat gefielen. Zugleich wurden aber diejenigen mit einer Geldbuße von einem Pfund belegt, die intervenierend satzungsrechtlich ausgeschlossene Bewerber vor den Rat brachten.

Nachdem personenrechtliche Unfreiheit und Bürgerrecht in den alten Städten einander nicht ausgeschlossen hatten, die Bürgerschaft jedoch durch stadtherrliche Freiheitsprivilegien für die hofrechtlich gebundenen Ansässigen und durch die innerstädtischen Beweisvorteile für die vom Lande aus grundherrschaftlichen Bindungen zugezogenen unfreien Einwohner oder Bürger (Köln)[93] gegenüber Rückforderungen, nicht immer zugleich auch hinsichtlich von Leistungen an den Herrn, nach Jahr und Tag schrittweise in freiheitlichem Sinne rechtlich egalisiert wurde[94], gehörte

92 Der Mainzer Rat ließ 1436 an Türen und Toren anschlagen, daß jeder in die Stadt einziehende Neubürger für die Dauer von zehn Jahren von allen direkten Steuern und Abgaben, ausgenommen das Ungeld und Abgaben auf Kaufmannsgeschäfte, vollständig befreit sein solle; *Friedrich Keutgen,* Urkunden zu städtischen Verfassungsgeschichte, Berlin 1901 (Ndr. Aalen 1965), Nr. 351, S. 449. Die Konstanzer Aufnahmesperren; *Feger* (Anm. 75), S. 11, Nr. 37 (1379), S. 19, Nr. 55 (1381), S. 31, Nr. 90 (1385) und S. 35, Nr. 104 (1387/91).

93 „Nur das einjährige Bürgerrecht in Köln, nicht der einjährige Wohnsitz, schützte also vor der Rückforderung. Diese Bestimmung wird strikt auszulegen sein: nach Ablauf des Jahres war der unfreie Bürger von den Leistungen an seinen Herrn nicht frei. Unfreie Bürger müssen nämlich in Köln zahlreich gewesen sein. Im Verbundbrief von 1396 und wiederholt im 15. Jahrhundert wird verboten, unfreie Leute in den Rat zu wählen"; *Heinrich von Loesch,* Die Grundlagen der ältesten Kölner Gemeindeverfassung, in: ZRG, GA 53 (1933), S. 144 f.; *Stehkämper* (Anm. 45), S. XX f.

94 Zum Folgenden *Müller* (Anm. 1), S. 167 ff. Zwar gewann in den schwäbischen Reichsstädten seit der zweiten Hälfte des 13. Jahrhunderts die Vorstellung „Stadtluft macht frei" Geltung, doch führten im einzelnen Ansprüche von Herren und Klöstern, die Bedeutung der Stadt und die Machtverhältnisse der benachbarten Herrschaften hinsichtlich der stadtsässigen Eigen-, Vogtei- und Zinsleute zu verschiedenen und wechselnden Regelungen. Grundlage für Bestimmungen in den

am Ausgang des 15. Jahrhunderts zunehmend personenrechtliche Freiheit zu den Voraussetzungen des Bürgerrechtserwerbs[95].

Städte schränkten vielfach in Verträgen mit umliegenden adeligen und geistlichen Grundherren, vor allem mit dem Stadtherrn, die Aufnahme von Eigenleuten ins Bürgerrecht ein[96], machten die vorherige „Verrichtung“, d. h. die Abfindung ihrer Herren, zur Bedingung und verlangten auch die Vorlage von Freilassungsurkunden. Konnte eine solche Urkunde nicht vorgelegt werden, so begrenzte die Stadt zumindest ihre Verpflichtungen gegenüber dem unfreien Neubürger insoweit, als dieser eventuelle binnen Jahresfrist erhobene Herrenforderungen selbst zu vertreten hatte[97]. Einige norddeutsche Städte setzten die grundsätzlich anerkannte Vorstellung von der freien Stadtluft in der Praxis dadurch außer Kraft, daß sie ihren Bürgern untersagten, Landleuten Fluchthilfe zu leisten, vor allem aber ihnen Wohnraum zu vermieten[98]. Der Kölner Bürgereid verlangte kurz vor 1460 von dem Neubürger, er habe frei zu sein von allen Sachen, Forderungen oder Beschwernissen, die ein Herr geltend machen kann[99]. Ein Eid aus

schwäbischen Stadtrechten waren Privilegien König Rudolfs von Habsburg. Leibeigene, die zu Bürgern aufgenommen worden waren und sich mit Wissen ihres Herrn unangefochten in der Stadt aufhielten, sollten künftighin frei von allen Diensten sein. Wird der verbürgerte Leibeigene innerhalb eines Jahres von seinem Herrn der Leibeigenschaft überführt und um Dienstleistungen erfordert, so muß sich der Herr mit der Leistung des dritten Teiles der früheren Dienste zufriedengeben. Als Todfall auf Grund des *ius mortuarium et hereditatum* erhält der Leibherr von solchen Leibeigenen bei Hinterlassung leiblicher Erben nur ein Drittel der Fahrhabe, sonst die Hälfte. Stadtsässige Vogtleute brauchen dem Vogt überhaupt keine persönlichen Dienste zu leisten; nach ihrem Tod ist der Kirche oder dem Kloster, dessen Vogtleute sie waren, der übliche Fall – das Besthaupt – zu entrichten. Ein Privileg König Rudolfs von 1275 für Überlingen verbot Bürgern bereits die Entrichtung des Todfalls. Dieses Verbot, das mit dem Verlust des Bürgerrechts strafsanktioniert ist, fand bald allgemein Eingang in die schwäbischen Stadtrechte. Im Gegenzug erwirkten Klöster und Herren häufig vom König ein Verbot der Aufnahme ihrer Eigenleute zu Stadtbürgern. In Freiburg galt zunächst auch für einen zugezogenen Eigenmann die auf Jahr und Tag unangefochtene Stadtsässigkeit als Kriterium. Bei seinem Tod hatte seine Witwe keinen Leibfall an den Herrn zu zahlen, dessen Eigenmann er gewesen war; *Merkel* (Anm. 21), S. 568.

95 Das Freiburger Eidbuch der 1490er Jahre verlangt unmißverständlich, daß wer Bürger werden will, *keinen eignen herrn soell han; Merkel* (Anm. 21), S. 568; *Ebel* (Anm. 46), S. 147–150, 272.

96 *Dilcher* (Anm. 1),S. 75, 77; *Stehkämper* (Anm. 45), S. XXI.

97 *Stehkämper* (Anm. 45), S. XXI. Zur Bürgeraufnahme von Landsässigen siehe auch die juristische Diskussion in einem Rechtsgutachten Conrad Peutingers; *Uwe Heckert*, „Im Zweifel für die Freiheit“. Ein Mustergutachten Conrad Peutingers zu Bürgerrecht und Bürgeraufnahme im spätmittelalterlichen Augsburg, in: Stadtregiment und Bürgerfreiheit, hg. von Klaus Schreiner und Ulrich Meier (Bürgertum; 7), Göttingen 1994, S. 120–144. Vgl. dazu die Regelungen im Augsburger Stadtrecht von 1276, Art. XX. Der von seinem Herrn eingeforderte Neubürger soll sich auf das Gut des Herrn begeben und sich dort dem Schwäbischem Landrecht gemäß trennen, während die Stadt ihrem Neubürger die sichere Rückkehr gewährleistet. *Meyer* (Anm. 29), S. 59–61.

98 *Ebel* (Anm. 46), S. 149.

99 *Stein* (Anm. 46) I, Nr. 170, S. 366 f.; *Deeters* (Anm. 1), S. 28.

dem späteren 16. Jahrhundert zerlegt diese Forderung in seine jeweils unterschiedliche Intentionen verfolgenden Einzelbestandteile: Der Bürger durfte niemandes eigen sein, er durfte ferner keinem Herrn geschworen und verbunden sein und schließich keine Last und Beschwernis mit sich bringen, davon einem Rat, den Bürgern und Eingesessenen der Stadt Verdruß und Unwille entstehen könnten[100].

Während ein Ravensburger Statut bereits von 1365 dem binnen Jahresfrist der Leibeigenschaft überführten Bürger das Bürgerrecht entzieht, ihm jedoch das Verbleiben in der Stadt als bloßem Einwohner gestattet, wird in Überlingen bestimmt, daß Neubürger, deren Leibeigenschaft nachträglich bekannt wird, ihr Bürger- und Zunftrecht verlieren und binnen eines Monats auswandern müssen. Die Stadtrechtsreformation Isnys von 1544 bestätigt eine frühere Bestimmung, daß Bewerber um das Bürgerrecht keinen „nachjagenden Herrn" haben dürfen und jeglicher Zinserschaft völlig frei und ledig sein müssen. Basel verlangte seit 1534 – wie Nördlingen seit 1486 und Zürich seit 1540 – den Nachweis des „ehrlichen Abschieds", d. h. eine Bescheinigung, nicht leibeigen zu sein und keinen „nachjagenden Herrn" zu haben, wie die allgemeiner gebräuchliche Formel lautet.

Die eigenen städtischen Untertanen auf dem Land mußten sich im übrigen von ihrer Leibeigenschaft durch eine Vermögensteuer loskaufen. Ulm verbot 1423 die Übersiedlung und Aufnahme von Leibeigenen der Ulmer Herrschaft Helfenstein und Albeck, die gewöhnlich mit geringer Habe in Ulm Fuß gefaßt und die Unterschicht vermehrt hatten[101].

Um Konflikten mit umliegenden Herren aus dem Wege zu gehen, scheuten sich die Städte im übrigen auch, „unverrechnete" Amtleute in das Bürgerrecht aufzunehmen. Es wurde verlangt, daß Amtleute zuvor mit ihren Herren über ihre Gutsverwaltung abgerechnet und Rückstände beglichen hatten[102].

Uneheliche Geburt war zunächst kein statutarisch fixiertes Hindernis für den Erwerb des Bürgerrechts, doch sahen später Städte, wie etwa Leutkirch seit 1500, in der Unehelichkeit einen Ausschließungsgrund; ähnlich verhält es sich mit der Berufsunehrlichkeit[103], doch finden sich immer wieder Ausnahmefälle.

---

100 *Deeters* (Anm. 1), S. 32; *Ehbrecht* (Anm. 40), S. 109. In Konstanz und Zürich behielt sich der Rat vor, den Neubürger in alten Rechtsstreitigkeiten zu verantworten und ihm zu helfen; *Feger* (Anm. 75), S. 7, Nr. 26 (1378); sowie Die Zürcher Stadtbücher (Anm. 17), Bd. 3, S. 153, Nr. 43 (1432) und S. 167, Nr. 68 (1435).

101 *Mollwo* (Anm. 16), Nr. 473, S. 234.

102 *Andernacht* (Anm. 2), S. VIII f., 1.

103 *Stehkämper* (Anm. 45), S. XXI. *Knut Schulz,* Die Norm der Ehrlichkeit im Zunft- und Bürgerrecht spätmittelalterlicher Städte, in: Ludwig Schmugge (Hg.), Illegitimität im Spätmittelalter (Schriften des Historischen Kollegs, Kolloquien; 29), München 1994, S. 67–83.

Reformation und Konfessionalisierung hatten zur Folge, daß vielfach nur Katholiken oder Protestanten ins Bürgerrecht aufgenommen werden sollten, wobei mitunter Theologen das Glaubensbekenntnis zweifelhafter Bewerber abhörten oder ein Pfarrerattest vorzulegen war, daß neu aufzunehmende Bürger ferner schwören mußten, bei der Religion zu verharren, und bei ansässigen das Konfessionsprinzip gegenüber dem Geburtsrecht (*ius nativitatis*) obsiegte oder daß in protestantischen Städten das nachzuweisende Mindestvermögen entsprechend der Augsburger oder der calvinistischen Konfession in der Höhe gestaffelt wurde[104].

An die Stelle des Grundbesitzes oder der Verpflichtung zu späterem Grunderwerb trat zunehmend das Aufnahmegeld (Burgrechtsgeld) als Einkauf in das Bürgerrecht, doch wurde ein Bürgergeld wie in ländlichen Nachbarschaftsverbänden auch schon zu Zeiten der Grundbesitzerkonzeption erhoben. Vielfach wurde das Bürgergeld ermäßigt oder gestundet, um die Wirtschaftskraft des Neubürgers zu schonen, oder es wurde in bestimmten Fällen das Bürgerrecht gratis verliehen. Das Bürgergeld wurde Bürgerkindern und Nichtbürgern, die Bürgerinnen, Bürgertöchter oder Bürgerswitwen heirateten, teilweise oder ganz erlassen. In einigen Städten vermittelte die Heirat das Bürgerrecht, in anderen wiederum nicht. Auch wurden Eheschließungen zwischen Bürgern und Nichtbürgern verboten, so daß der verbürgerte Teil bei einer Heirat sein Bürgerrecht aufgeben oder der nichtverbürgerte Teil sich in das Bürgerrecht einkaufen mußte.

Das Bürger- oder Einkaufsgeld konnte der Stadt in Form eines fiskalisch frei verfügbaren Geldbetrages zufließen oder für kommunale Belange zweckgebunden anfallen wie etwa in Zürich, wo ein bestimmter Mindestbetrag (3 Gulden) für den Ankauf einer Armbrust, die in den Besitz der Stadt überging, verlangt wurde und dazu ein ursprünglicherer, in der Höhe mit dem Rat zu vereinbarender Betrag für städtische Baumaßnahmen („Baugeld") erhoben wurde. Das Bürgergeld konnte ferner einen fixen Betrag darstellen oder – wie in Konstanz nach dem Beschluß des Großen Rates von 1379 – von einem geforderten Mindestvermögen von 10 Pfund an in vier Vermögensgruppen von 10, 20, 50 und 100 Pfund gestaffelt mit Beträgen von einem, zwei, fünf und 10 Pfund als „Baugeld", als Vermögensabgabe nach Tarifgruppen mit Eingangssätzen von 10 Prozent, erhoben werden, während bei Vermögen über 100 Pfund sowie im Falle von Handwerkern mit Mangelberufen, die das Mindestvermögen nicht erfüllten, der Rat den Betrag nach Ermessen festlegte. Von den Besitzern von Vermögen über 100 Pfund wurde offenbar angenommen, daß sie nicht mehr unbedingt dem Zunfthandwerk zuzurechnen waren; deshalb würdigte sie der Rat in

104 *Portmann* (Anm. 1), S. 60 f.; *Crämer* (Anm. 18), S. 28–33; *Deeters* (Anm. 1), 38 ff., 57 ff., 63.

ihrer Person und durfte ihre Leistung danach festlegen, welche „Gunst und welchen Willen“ der Rat ihnen entgegenbrachte. Der Zunfthandwerker sollte über die Leistungen an die Stadt hinaus der Zunft dasjenige geben, was ihr nach Recht, Gewohnheit und Satzung zustand. Ein Jahr zuvor (1378) hatte der Große Rat hingegen die Regelung getroffen, daß Handwerker, deren Ehrbarkeit im Hinblick auf Zunftbeitritt und Bürgerrechtserwerb von der einschlägigen Zunft, von Zunftmeister und dem Sechserausschuß, überprüft wurde, ein Eigen im Wert von 20 Pfund erwerben oder einen Geldbetrag in dieser Höhe als Kaution bei dem städtischen Säckelmeister hinterlegen sollten, wobei die Hälfte dieser Summe der Stadt verfiel, falls sich der Neubürger nicht ehrbar verhielt, verschwieg, daß er flüchtender Eigenmann war, nicht binnen eines Monats in die Stadt zog oder falls er das Bürgerrecht vor der obligatorischen Mindestdauer von fünf Jahren aufgab. Bei einem Vermögen von 40 Pfund hatte der Bewerber zwei Pfund der Zunft für eine Armbrust zu geben und wie üblich mit einem Harnisch zu dienen. Bei Handwerkern, die nicht in der Lage waren, 20 Pfund anzulegen, durfte der Rat gnädigerweise die Summe auf 5 Pfund reduzieren, während die Zunft, von solchen, die nicht über 40 Pfund an Vermögen verfügten, für die Kriegsrüstung nur 5 Schillinge erhalten sollte. Es handelt sich um eine Leistung an die Zunft, soweit diese kommunale militärische Aufgaben erfüllte. Der Anlagebetrag der nichthandwerklichen und nichtzünftigen „Reichen“, für die unmittelbar der Rat zuständig war, wurde vom Rat nach Ermessen festgelegt, wie auch das Rüstgeld dem Rat zu entrichten war[105].

Mit 12 rheinischen Gulden in Köln und zeitweise 10 Gulden in Basel im 15. Jahrhundert konnten die Bürgergelder eine beträchtliche Summe darstellen. Der Neubürger mußte in Köln um die Mitte des 14. Jahrhunderts drei Jahre lang ansässig gewesen sein, dann hatte er ein Bürgergeld von 6 Gulden zu entrichten; wollte er vor dieser Frist aufgenommen werden, dann verdoppelte sich das Bürgergeld. In Köln war das Bürgerrecht mit der Berechtigung zum Weinzapf verbunden, so daß sich das Bürgergeld hätte rasch amortisieren können, doch gab es seit 1421 eine zehnjährige Wartezeit auf den Weinzapf, und die Verkürzung der Wartefrist auf drei Jahre kostete weitere 100 Gulden[106]. In Freiburg wurde seit 1426 und 1481 unter Erweiterung des Kreises der Begünstigten das Bürgergeld für diejenigen Personen reduziert, die zu Zunftmeistern gewählt worden waren und

105 Die Zürcher Stadtbücher (Anm. 17), Bd. 1, S. 227, Nr. 14 (1366: Baugeld ohne Geld für Armbrust) und S. 367, Nr. 215 (1407); Bd. 2, S. 264, Nr. 52 (1414); sowie *Feger* (Anm. 75), S. 11 f., Nr. 37 (1379) und S. 6 f., Nr. 26 (1378).

106 *Stehkämper* (Anm. 45), S. XXXIV; *Deeters* (Anm. 1), S. 27. Zur näheren Beschreibung der früher dreijährigen Wartefrist heißt es in einer Marginalnotiz: Der Zapfwillige muß „mit Weib und Stand zu Haus und Hof gesessen, Beistand, Lieb und Leid mit der Stadt gelitten“ haben; ebd., S. 26.

ein städtisches Amt, auch niedriger Kategorie, übernahmen[107]. In Frankfurt am Main wurde 1373 der alte Satz von 3 Pfund Heller auf 10 Pfund 4 Schillinge erhöht. Basel konnte hingegen 1441 durch die Senkung des Einzugsgeldes von 10 auf 4 Gulden den Bürgerzugang auf das Vierfache steigern[108]. Das Straßburger Aufnahmegeld betrug 1322 ein Pfund 7 Schillinge und blieb vermutlich auch das ganze 15. Jahrhundert hindurch im Nominalwert stabil[109].

Vermutlich hatte Basel durch die Senkung des Einzugsgeldes nicht nur die Zahl der Neubürger erhöht, sondern durch die große Zahl trotz gesenkter Taxen auch den fiskalischen Ertrag gesteigert. Zwar wurde die Einbürgerung, in der frühen Neuzeit eingestandenermaßen, auch als fiskalisches Instrument benutzt[110], doch ließ sich ein nennenswerter fiskalischer Nebenzweck nicht schon durch eine Erhöhung des Bürgergeldes, sondern nur bei einer gleichzeitigen größeren Anzahl von Bürgerrechtsverleihungen realisieren.

Da die lübischen Kolonialstädte noch längere Zeit auf Zuwanderung aus Altdeutschland angewiesen waren, wurde das Bürgergeld niedrig gehalten. Ferner waren die gesetzlichen Sätze Richtwerte, die über- und unterschritten werden durften, wie auch Gratisverleihungen oder Stundungen vorkamen, so daß Vermögenslosigkeit, insbesondere angesichts der Bestimmung, daß Zuzügler sich binnen kurzer Frist um das Bürgerrecht bemühen sollten, für die Aufnahme als Bürger kein Hindernis darstellte. Sicherungen wurden dadurch erzielt, daß mit der Leistung des Bürgergeldes die Stellung von Bürgen, die gleichfalls in das Bürgerbuch eingetragen wurden, meist auf fünf Jahre, verbunden war, doch kam es auch vor, daß auf die Bürgen verzichtet wurde. Kinder von Bürgern hatten, wenn sie mündig und selbständig geworden waren und das Bürgerrrecht beantragten, kein Bürgergeld zu zahlen und keine Bürgen zu stellen, wurden daher auch nicht in die Bürgerbücher eingetragen.

Von den 194 Lübecker Neubürgern des Jahres 1259 zahlte gut die Hälfte den gesetzlichen Richtwert von 6 Schillingen, während sich die anderen Beträge zwischen einer Mark und der eher symbolischen Zahlung von einem Pfennig, vorzugsweise von Verheirateten erhoben, bewegten. Eine Lübecker Willkür von 1258 zog bereits das Bürgergeld und das Geld für den Einkauf in das Amt zu einer Pauschalsumme zusammen, indem sie bestimmte, daß ein Bäcker, der das Bürgerrecht gewinnen wollte, für den Eintritt in das Amt und das Bürgerrecht zusammen 18 Schillinge zahlen

107 *Merkel* (Anm. 21), S. 568.
108 *Ebel* (Anm. 46), S. 284.
109 *Fuchs* (Anm. 18), S. 21.
110 Köln 1645; *Deeters* (Anm. 1), S. 63.

sollte, *si non est incola,* aber 12 *solidi tantum* für das Amt, *si est incola.* In Rostock hingegen sollte nach einer Bestimmung des 14. Jahrhunderts, wer als Neubürger zugleich in ein Handwerksamt (*officium*) eintreten wollte, einen nicht näher bezifferten Geldbetrag zum Mauerbau entrichten, und das Amt durfte nichts von ihm fordern. Erst im 15. Jahrhundert wurde im lübischen Bereich das Bürgergeld erheblich erhöht[111].

Zum Bürgergeld hinzu kam entsprechend der Figur des wehrhaften Bürgers als grundlegende praktische und ideelle Bedingung der Nachweis eines verschiedentlich im Mindestwert fixierten Harnisches und bestimmter Waffen, damit die Erfüllung der militärischen Dienste sichergestellt war. Da ein Stadtbrand in seiner Wirkung einem Krieg gleichgeachtet wurde, bestand gelegentlich die Verpflichtung zum Besitz eines ledernen Brandeimers[112]. Die Verpflichtung zum Besitz eines Harnisches, der in Ulm nicht verpfändet und in Konstanz nicht nach auswärts verliehen werden dufte[113], gehörte in Köln (Freiburg[114]) neben der Verpflichtung zur Treue gegenüber Rat und Stadt durch die Jahrhunderte zum ehernen Bestandteil des Neubürgereides. In Straßburg regelte die dem Bürgereid nachfolgende Vermögensdeklaration die militärische Ausrüstung insoweit, als sich die obligatorische Haltung von Kriegspferden oder Hengsten oder von Hengsten und Pferden nach Zahl und Binnendifferenzierung entsprechend fünf Wertstufen (10–18 Pfund) der Pferde und zwei Wertstufen (50, 60 Pfund) der Hengste nach insgesamt 11 Vermögensklassen von 1 000 bis 6 000 Pfund richtete und Witwen, junge Frauen und ältere Leute, die nicht in den Krieg ziehen und selber kein Pferd unterhalten konnten, ersatzweise jeweils 8 Pfund für ein Pferd und 10 Pfund für einen Hengst an die Stadt zu zahlen hatten[115].

Verschiedentlich mußten auch Bürgen gestellt werden, oder es mußten Bürgen oder ein Grundstück für eine bestimmte Kautionssumme Sicherheit leisten, in anderen Fällen war die Kautionssumme in bar zu hinterlegen. An diese Sicherheitsleistungen konnte sich die Stadt bei Ungehorsam des Neubürgers, als Kompensation für Schäden, die er verursachte, bei Verlust des Bürgerrechts, freiwilligem Abzug und ähnlichem halten. Viele Städte verlangten – früher oder später – den Nachweis eines in der Höhe variabel gehandhabten, meist ansteigenden Mindestvermögens, damit der

---

111 *Ebel* (Anm. 46), S. 284 f.

112 *Hermann Burghard,* Stadtbürger. Die Bevölkerung in Mittelalter und Früher Neuzeit, in: Die Mauer der Stadt Essen vor der Industrie 1244 bis 1865, hg. von Jan Gerchow, Essen 1995, S. 120.

113 *Mollwo* (Anm. 16), S. 77, Nr. 141 und S. 82, Nr. 151; sowie *Feger* (Anm. 3), III, S. 71, Nr. 34.

114 *Merkel* (Anm. 21), S. 569.

115 *Eheberg* (Anm. 3), S. 227–229, Nr. 79, S. 354, Nr. 146 und S. 354–360, Nr. 147.

Neubürger einigermaßen die Gewähr bot, daß er nicht alsbald dem städtischen Almosen zur Last fiel, wofür aber gelegentlich auch speziell Bürgen zu stellen oder Kaution zu leisten waren. Später ging es vielfach darum, nur noch reiche Bewerber zum Bürgerrecht zuzulassen.

In einer Reihe von Städten mußten sich die Neubürger verpflichten, mindestens fünf Jahre oder gar zehn Jahre das Bürgerrecht zu halten. In Überlingen hatte der Neubürger neben dem Burgrechtsgeld von 5 Pfund Pfennigen entsprechend der zehnjährigen Verpflichtung die ersten zehn Jahre außerdem jährlich 1 Pfund Burgrechtsgeld zu zahlen. In Leutkirch mußte zusätzlich zum Bürgergeld den Bürgern Wein gereicht und den Feldsiechen der Betrag von 5 Schillingen Heller gespendet werden.

Vor allem in Städten mit Zunftverfassung kam nachweislich seit dem 14. Jahrhundert die Maßregel auf, daß jeder Bürger Mitglied einer Zunft sein mußte[116], so daß noch ein Zunftaufnahmegeld (Zunftkauf) zu entrichten war, oder vielmehr, daß keiner Zunftmitglied werden konnte, ohne zuvor das Bürgerrecht erworben zu haben[117]. In Köln war seit 1396 zunächst die Eingliederung in eine politische Korporation und Zunft, eine Gaffel, Voraussetzung für den Bürgerrechtserwerb. Hinzu kam, daß für einzelne, durchaus nicht für alle gewerblichen Zünfte allmählich das Bürgerrecht als Voraussetzung für die Zunftmitgliedschaft verlangt wurde. Die Verbindung von Zunftrecht und Bürgerrecht war dann naheliegend, wenn die Zugehörigkeit zu politsch-gewerblichen Zünften durch die korporative Gliederung der Bürgerschaft im Sinne einer Zunftverfassung auf der Ebene von Unterverbänden ein starkes Ordnungsgefüge schaffen sollte, auf dem dann die bürgerrechtliche Gemeinde aufruhte. Verschiedene Bürgerpflichten wie Wacht- und Kriegsdienst wurden im Rahmen der sie organisierenden politisch-gewerblichen Zunft erfüllt. Das Bürgerrecht für Zunftmitglieder war dann gedanklich unabweisbar, wenn das Bürgerrecht grundsätzlich die wirtschaftlichen Berechtigungen und Nutzungsrechte in der Stadt vermittelte und dadurch dem Zunftzwang voranging, doch bereitete es dem Rat auch bei Androhung von Zwangsmitteln und Strafen Mühe,

---

116 Münster im 15. Jahrhundert: alle Gildebrüder, also vor allem Handwerker; *Ehbrecht* (Anm. 40), S. 109.

117 *Eheberg* (Anm. 3), Nr. 161, S. 390 f. Die Verordnung aus dem Anfang des 15. Jahrhunderts bestimmt, daß die Zünfte (*antwercke*) niemanden aufnehmen und niemandem das Stubenrecht geben sollten, der nicht zuvor geschworen hatte, der Stadt alle Zölle und indirekten Steuern zu leisten, und der nicht vorher das Bürgerrecht erworben hatte. In Ulm sollten Zunftmeister und andere, die gegen die eidliche Satzung verstießen, daß niemand in eine Zunft aufgenommen werden durfte, der nicht zuvor das Bürgerrecht empfangen hatte, zunächst mit 5 Pfund und einem halben Jahr Stadtverweisung, später mit 10 Gulden bestraft werden; *Mollwo* (Anm. 3), Nr. 139, S. 76, Nr. 151, S. 82. Frankfurt am Main: *Wolf* (Anm. 2), S. 87, A 7 (1349/52); vgl. S. 84, A 4 (Weinunterkäufer); S. 123 f., A 80 (1366); *Portmann* (Anm. 1), S. 67 f.; sowie Die Zürcher Stadtbücher (Anm. 17), Bd. 1, S. 371, Nr. 222 (1409).

diese Folgerichtigkeit gegenüber den Zünften, die als Erwerbs- und Sozialgemeinschaften für die Lebenssituation der Zugezogenen vorrangige Bedeutung besaßen, hinlänglich durchzusetzen.

Zunftintern bewirkte das Erfordernis des Bürgerrechtserwerbs im Sinne genossenschaftlich-egalitärer Maximen, daß alle Zunftgenossen denselben rechtlichen Status besaßen und insoweit gleichberechtigt waren und daß sie ferner als Vertreter der Zünfte in den Rat und in das Stadtgericht gelangen konnten, für die das Bürgerrecht Voraussetzung war[118]. Doch konnte es auch, wie in Freiburg, vorkommen, daß nur wenige Zunftmitglieder das Bürgerrecht besaßen und es nur dann bei ermäßigtem Bürgergeld erwarben, wenn sie ein Amt übernahmen. In Rottweil hingegen wurde die Bürgerrechtsverleihung an zünftige Bewerber regelmäßig durch die Zunftmeister eingeleitet, die für jeden aufgenommenen Bürger eine Art Kopfgeld erhielten und daher dazu neigten, Leute ins Bürgerrecht zu *trengen und zu zwingen*[119].

Um Zunftrecht und Bürgerrecht in Übereinstimmung zu bringen, wies der Basler Rat 1484 und 1487 die Zünfte an, keinen Petenten mehr aufzunehmen, der nicht zuvor das Burgrecht erworben hatte, und entzog den zünftigen Hintersassen, die obgleich nicht Bürger, doch als gewerblich Vollberechtigte Freiheit vom Pfundzoll genossen, die Privilegien mit der Maßgabe, binnen Monatsfrist das Bürgerrecht zu kaufen. In Basel waren die Handwerker bereits um 1240 ratsfähig geworden. Mit der Notwendigkeit eines gleichförmigen Rechtsstatus aller Zunftgenossen, *daß wir alle desto glicher bi einander sitzen,* begründete der Rat angesichts der aus den Zunftrödeln ersichtlichen Tatsache, daß trotz seiner Anordnungen vielfach Nichtbürger in Zünfte aufgenommen wurden, in den Jahren 1525 und 1528 die Bestimmung, alle Zünftigen sollten das Bürgerrecht erwerben[120]. Nach 1541 wurde der Bürgerrechtszwang strikt durchgesetzt. Voraussetzung waren aber – entsprechend zünftischen Anforderungen – das „Mannrecht", die freie und vielfach auch eheliche Geburt, und der „Abschied", die Vorlage eines Leumundszeugnisses. Erschwerungen des Bürgerrechtserwerbs erfolgten in vielen Städten parallel oder zeitlich etwas verzögert zu Erschwerungen des Zugangs zu Meisterschaft und Zunft, die als Qualifikation immer mehr persönliche Eigenschaften wie freie, ehrliche und eheliche Geburt, auch der Ehefrau, und eine moralisch unanstößige persönliche

118 Zur Verpflichtung der Zunftmeister, das Bürgerrecht zu erwerben, wurde in Freiburg von 1426 an Nachlaß von 50 Prozent vom Bürgeraufnahmegeld gewährt, 1481 wurden auch Ausbürger- und Kaufhausknechte, alle Schreiber, Weinsticher, Vechter und Unterkäufer in dieser Weise begünstigt; *Merkel* (Anm. 21), S. 568, 581.

119 *Leist* (Anm. 26), S. 213. Vgl. die Rolle der Zünfte in Konstanz; *Feger* (Anm. 75), S. 6 f., Nr. 26 (1378).

120 *Rudolf Wackernagel,* Geschichte der Stadt Basel, Bd. II/1, Basel 1911 (Ndr. Basel 1968), S. 355 f.

Lebensführung verlangten und die Unehrlichkeitserklärungen ausdehnten. In das Bürgerrecht konnte nun eventuell gelangen, wer von der Zunft als Mitglied nicht mehr aufgenommen wurde.

Als in Köln nach dem Verbundbrief von 1396 auch einige Ämter, d. h. gewerbliche Zünfte, gleichartige neue Satzungen erhielten, wurde für die Bronzegießer, Fleischer und Hutmacher als Vorbedingung für die Aufnahme in die Zunft das Bürgerrecht statuiert. Die Brauer folgten 1435, etwa zu dieser Zeit auch die Kürschner und Fischhändler. Im Hinblick auf die Schwelle des Bürgergeldes könnte mit dieser Maßgabe auch der Zweck verfolgt worden sein, den nicht „geborenen" Bürgern den Zugang zum Gewerbe zu erschweren[121].

Wo es in Köln für die Berufsausübung in einzelnen Gewerben noch keinen Zunftzwang gab, lag der vom Rat statuierten Voraussetzung des Bürgerrechts – so bei den Unterkäufern für den Pferdehandel (1407) und den Weinhandel (1427) – oder der Alternative Zunftmitgliedschaft oder Bürgerrecht – so bei den Altschuhmachern (1398) – vermutlich die Intention zugrunde, einen Zunftzwang zu vermeiden, den Einwohner aber – über den Gaffeleid hinaus – in jedem Falle als Zunftmitglied oder Bürger in eine städtische Ordnung einzubinden und für die städtische Gewalt greifbar zu machen[122]. In der ersten Hälfte des 16. Jahrhunderts setzte sich dann die Tendenz durch, allen Produzenten, die zugleich mit ihren Produkten am Markt erschienen, und den Kleinhändlern, d. h. allen die an den Endverbraucher verkauften, den Erwerb des Bürgerrechts vorzuschreiben[123]. Wenn im Jahre 1500 auch in den Zunftbrief der Lederreiter, der Lederzubereiter, das Gebot des Bürgerrechtes aufgenommen wurde, diese Bestimmung im Jahre 1515 aber wieder wegfiel und die Rentkammer sogar angewiesen wurde, bei Bürgerschaften, die deshalb erworben worden waren, das Bürgergeld auf Verlangen zurückzuzahlen[124], so könnte dies darauf hindeuten, daß die Lederzubereiter in den Ruch der Unehrlichkeit gekommen waren.

In Nürnberg wiederum, wo es keine politisch-gewerblichen Zünfte gab, statuierte der Rat nach den Unruhen von 1348/49 und dem Erlaß einer Handwerkerordnung von 1357/58, daß alle, die Meisterwerk trieben, zugleich Meister- und Bürgerrecht besitzten müßten, und gewährte das Bürgerrecht an einem bestimmten Stichtag und einmalig kostenlos[125].

---

121 Vgl. *Deeters* (Anm. 1), S. 29; *Stehkämper* (Anm. 45), S. XXXI.

122 *Deeters* (Anm. 1), S. 29 f.

123 Ebd., S. 30 f.

124 *Heinrich von Loesch,* Die Kölner Zunfturkunden nebst anderen Gewerbeurkunden bis zum Jahre 1500, Bd. 2, Bonn 1907, Nr. 552, S. 322; *Deeters* (Anm. 1), S. 29 Anm. 158.

125 *Schultheiss* (Anm. 1), S. 178 f.

Es kam immer wieder vor, daß das Bürgerrecht von auswärts zugezogenen Angehörigen von Berufen oder Ämtern, die dem Nutzen der Stadt besonders dienlich erschienen oder Mangelberufe darstellten, so etwa Büchsen-, Brunnen- und städtischen Baumeistern, Hebammen, Ärzten, Notaren, Schulmeistern, Ratsschreibern oder städtischen Fechtmeistern, auch Künstlern kostenlos erteilt wurde, gelegentlich sogar unter Befreiung von Steuern, Botendienst und Wacht. In Rottweil gab es für derartige Berufsangehörige den vertraglichen Status des „Dingbürgers", des verdingten, nicht vollberechtigten Bürgers auf Zeit, der mit dem Erwerb dieses Bürgerrechts in den Dienst der Stadt trat und nicht in Gerichts-, Rats- oder Zunftämter gelangen konnte. Unter ihnen befanden sich Ärzte, Lehrer, Münzmeister, Waffenmeister, Winzer und Barchentweber. Derartige Aufnahmen zu vertraglichen Sonderkonditionen gab es zeitweise etwa auch in Augsburg, Nördlingen („Paktleute"), Ulm, Villingen oder Schaffhausen.

In Freiburg waren es die schon im ausgehenden 14. Jahrhundert (1385) nachweisbaren Fremden, Adelige, nichtzünftige Müßiggänger und Akademiker, Handwerker und Gewerbetreibende, die kontraktuell *mit geding und fürwort* oder *mit sacz,* einem pauschal festgesetzten jährlichen Gewerft anstelle der Vermögensteuer, teilweise befristet und unter Vorzugsbedingungen, mit Steuerprivileg und ohne Verpflichtung zur Zahlung des Abzugs bei Verlassen der Stadt sowie ohne Schuldenhaftung, aufgenommen wurden[126]. Doch kam diese Politik der Sonderbedingungen, mit der man vermögende Schichten gewinnen und Ausbürger zu Gehorsam und gutnachbarlichen Beziehungen verpflichten wollte, bereits im Verlauf der ersten Hälfte des 15. Jahrhunderts zum Erliegen und führte 1446 zu generellen Regelungen, die Steuereid – mit Deklaration des steuerbaren Vermögens –, Abzugsgeld und Schuldenhaftung ohnehin abschafften. Die Satzvereinbarungen blieben jedoch erhalten und deckten nunmehr als Pauschalsumme alle Steuerlasten und Pflichten, denen sich die gewöhnlichen Bürger und Einwohner zu unterziehen hatten[127]. Wer im 16. Jahrhundert in Freiburg lebte oder in der Stadt Vermögen hatte, wurde entweder in eine Zunft oder „in den Satz" aufgenommen, während die alternativen Kategorien „Bürger" und „Hintersassen" nur noch für die Besetzung politischer und gerichtlicher Ämter Bedeutung hatten.

Ein Sonderproblem mochte dadurch entstehen, daß ansässige Gelehrte, geborene Bürger oder Einwohner, wie in Nürnberg im konkreten Falle eines Doktors S. auf der Grundlage des römischen Rechts, der *lex medicos* (C. 10, 53, 6), einen privilegierten Status und Immunitätsrechte geltend

---

126 *Merkel* (Anm. 21), S. 569 f. In Zürich hatte der lombardische Geldverleiher Thomas Pelleta für das Bürgerrecht auf 20 Jahre 1000 Gulden zu zahlen; Die Zürcher Stadtbücher (Anm. 17), Bd. 3, S. 70, Nr. 71 (1433).

127 Ebd., S. 570–573.

machen konnten, und Juristen des Rats[128] sich deshalb gutachtlich mit der Frage auseinanderzusetzen hatten, ob Doctores und Magister der Theologie, Rechtswissenschaft und Heilkunde samt Familie für Person und Vermögen von Steuerleistungen und sonstigen Bürden befreit sind[129] – speziell ob ein verbürgerter Doktor, der Landschreiber oder Amtmann eines Fürsten wird, unter Berufung auf diese Amtsfunktionen gleichermaßen die Freiheit der Gelehrten in Anspruch nehmen kann – ob die Doctores und Magister für *vbeltatt oder mißhandelung*[130] strafrechtlich der Obrigkeit, Gerichts- und Strafgewalt des Rates und des Stadtgerichts unterstehen – ob sie den Bürger- und Steuereid vorbehaltlich ihrer Privilegien schwören dürfen – und ob die Stadt zur Wahrung ihrer Interessen beim Kaiser ein rechtswirksames Privileg gegen die im römischen Recht fundierte Freiheit der Gelehrten ausbringen kann.

Die Bürgergemeinde ist in wirtschaftlicher und sozialer Hinsicht ein egozentrischer Verband, der den Zugang zum Bürgerrecht bereits Stadtsässiger oder neu Hinzuziehender nach bevölkerungspolitischen, militärischen, wirtschaftlich-finanziellen und sozialen Nützlichkeitserwägungen, etwa seit der Mitte des 16. Jahrhunderts verstärkt nach Maßgabe eines protektionistischen Nahrungsprinzips, das bis zum Ende des altständischen Bürgerrechts im 19. Jahrhundert wirksam ist[131], und zusätzlich auch im Hinblick auf die wünschenswerte Anzahl politisch Berechtigter oder „Regimentsfähiger“ reguliert.

Als allgemeiner Trend kann gelten, daß die Städte, um ihre Mauern zu füllen, die Eidgenossenschaft und das Ordnungsgefüge zu stärken, die

---

128 StA Nürnberg, Rep. 51, Ratschlagbücher, Nr. 2*, fol. 83–86. Siehe dazu *Eberhard Isenmann,* Recht, Verfassung und Politik in Rechtsgutachten spätmittelalterlicher deutscher und italienischer Juristen, vornehmlich des 15. Jahrhunderts, in: Recht und Verfassung im Übergang vom Mittelalter zur Neuzeit, II. Teil, hg. von Hartmut Boockmann (†), Ludger Grenzmann, Bernd Moeller, Martin Staehlin (Abhandlungen der Akademie der Wissenschaften in Göttingen, Phil.-hist. Klasse, 3. Folge; 239), Göttingen 2001, S. 193–196.

129 Für den Gutachter stellt sich zunächst die Frage, ob die örtliche *consuetudo* der Reichsstadt Nürnberg, die alle Bürger und Einwohner einer Steuerpflicht unterwirft, die *lex scripta* des römischen Rechts derogieren kann. Materiell wird argumentiert, daß sich die Steuerimmunität der *lex medicos* hinsichtlich der *munera realia* nicht auf die *bona patrimonii* erstreckt und daß hinsichtlich der *munera personalia* die Gelehrten möglicherweise von Leistungen befreit sind, die ein *opus corporis* darstellen, keinesfalls aber von einem geistigen *opus consilii.* Außerdem gibt es einige *munera* wie die *custodia murorum,* von denen niemand ausgenommen ist. Bürger wurde man nach römischem Recht durch *origo, manumissio, adlectio, adoptio,* Einwohner (*incola*) durch das *domicilium*; C. 10, 40, 7.

130 Der Gutachter bejaht dies mit dem Kommentar des Bartolus zur *lex medicos* hinsichtlich von *causae criminales,* die Leib und Leben berühren.

131 Zum Nahrungsschutz im Hinblick auf das Bürgerrecht siehe eingehend *Rainer Koch,* Grundlagen bürgerlicher Herrschaft. Verfassungs- und sozialgeschichtliche Studien zur bürgerlichen Gesellschaft in Frankfurt am Main 1612–1866 (Frankfurter historische Abhandlungen; 27), Wiesbaden 1983, S. 76–90.

Wirtschafts-, Finanz- und Militärkraft zu steigern, Wachtdienst und Verteidigungsfähigkeit zu sichern, Kriegs- und Seuchenverluste auszugleichen, den wirtschaftlich-sozialen und politischen Unterverband der Zunft fest in den allgemeinen Bürgerverband einzufügen und im Innern der Zunft einen gleichförmigen, bürgerrechtlichen Status der Mitglieder zu schaffen sowie bestimmte Berufe und Amtsträger an die Stadt zu binden, längere Zeit sehr bereitwillig und zu günstigen Bedingungen und Voraussetzungen Neubürger aufnahmen und Stadtbewohner zuweilen geradezu in das Bürgerrecht drängten.

Nach lübischem Recht sollte jeder, der mit Frau und Kind in die Stadt zog, sich dort länger als drei Monate aufhielt und eine selbständige Nahrung gleich welcher Art, es sei als Kaufmann oder Handwerker, trieb, sich um den Erwerb des Bürgerrechts bemühen; gleiches galt für die Kinder, wenn sie älter als 12 Jahre und mündig waren. Irgendwelchen Bevölkerungs- oder Berufsgruppen wurde nicht durch gesetzliche Sonderbedingungen der Erwerb erschwert, dafür war es dem Ermessen und der Entscheidung des Rats im Einzelfall anheimgegeben, ob er dem Bürgerrechtsbegehren stattgab oder nicht. Tatsächlich wurden ausweislich der Lübecker Neubürgerlisten (*civilitates*) von 1317 bis 1356 Gewerbetreibende aller Art bis hin zu Fischern, Trägern und Schweinetreibern, auch Frauen, Gesellen und Knechte, aufgenommen[132]. Ritter, Kleriker und Undeutsche, d. h. Wenden und Juden, wurden allerdings nur ausnahmsweise zur Einbürgerung zugelassen.

In Zürich[133] wurden die Handwerker zur Zeit der Brunschen Umwälzungen von 1336 grundsätzlich regimentsfähig und zu Bürgern im politischen Sinne. Die Voraussetzung für den Bürgerstatus erfüllte, wer in der Stadt Wohnsitz hatte und an den bürgerlichen Lasten mittrug. Im Jahre 1351 wurden alle Einwohner zu Bürgern erklärt; wer dies nicht sein wollte, hatte binnen Monatsfrist ausdrücklich das Bürgerrecht abzulehnen. 1366 wurde zwar bestimmt, daß Neubürger nach Übereinkunft einen Beitrag an die städtischen Bauanlagen geben sollten, doch konnte das Bürgerrecht einem Statut von 1378 zufolge durch fünfjährige Niederlassung, Steuerleistung und Zunftzugehörigkeit gewissermaßen kostenfrei ersessen werden.

Weil infolge von Seuchen und wegen zu hoher Bürgerrechts- und Zunftaufnahmegelder ein Mangel an Leuten eingetreten war, senkte der Basler Rat 1441 drastisch das Bürgerrechtsgeld – von 10 auf 4 Gulden – und die Zunftaufnahmegelder, worauf 127 Neubürger gewonnen wurden. Am 12. August 1444 konnte jeder, der sich am Nachmittag auf dem Rathaus

---

132 *Ebel* (Anm. 46), S. 272.

133 *Paul Guyer*, Verfassungszustände der Stadt Zürich im 16., 17. und 18. Jahrhundert unter der Einwirkung der sozialen Umschichtung der Bevölkerung, Zürich 1943, S. 69–78.

meldete und den Neubürgereid ablegte, das Bürgerrecht unentgeltlich erhalten. Die Sonderaktion erbrachte 290 Neubürger.

Das Bürgerrecht konnte in Basel bis zum Murtenzug von 1476 auch durch unentgeltlichen Kriegsdienst für die Stadt erworben werden, von 1489 an grundsätzlich nur noch durch Zahlung eines Bürgergeldes[134]. Gleiches galt für Zürich bis zu den Kappeler Kriegen[135]. Eine Stärkung der Bürgerschaft durch Neuzugänge war erforderlich, weil noch zwischen dem alten Zürichkrieg und der Reformation fast ununterbrochen Krieg geführt wurde. Landleute und Fremde wurden daher gerne aufgenommen. Die Reformation brachte für Zürich dann auch eine Abkehr von fremdem Kriegsdienst. Noch 1544 verkündete der Rat von Anklam in der Bursprake, er wolle dem, der die Stadt vor Feinden warne oder sonst Feinde der Stadt schädige, kostenfrei das Bürgerrecht verleihen, ihn auch von Schoßzahlung und Wachtdienst freistellen[136].

Nach Pestzügen um die Mitte des 14. Jahrhunderts wurden in Luzern in einem Zeitraum von 30 Jahren etwas über 1'000 neue Bürger aufgenommen; nach der Schlacht bei Arbedo 1422, in der mehr als 100 Bürger gefallen waren, griff der Rat zum Mittel der Zwangseinbürgerung und ordnete an, daß binnen Monatsfrist jeder, der seit Jahr und Tag unverbürgert in der Stadt ansässig war, das Bürgerrecht anzunehmen hatte[137]. Der Frankfurter Rat schickte im Januar und Februar 1432 Richter und Schreiber durch die Straßen und Gassen der Stadt mit dem Auftrag, alle Zugezogenen und deren Söhne im Alter von über 14 Jahren, die den Bürgereid noch nicht abgelegt hatten, vor den Rat zu laden. Die Aktion ergab über 450 Neueinträge im Bürgerbuch. Erfaßt wurden Angehörige nichtzünftiger kleiner Berufe und solche der Zünfte; und als der Rat 1435 noch einmal in Erinnerung brachte, daß Zünfte und Stubengesellschaften verpflichtet seien, niemanden aufzunehmen, der nicht zuvor den Bürgereid geleistet hatte, rechnete er nur noch mit einem geringen Teil derer, die noch nicht geschworen hatten[138]. Etwas weniger als die Hälfte der ins Bürgerrecht Aufgenommenen waren als Bürgersöhne (11), als Ehegatten einer Bürgerin (214) oder aus anderen Gründen (10) unentgeltlich aufgenommen worden (insgesamt 235); von denen, die das Bürgergeld entrichteten (266), zahlten nur ganz wenige (5) das normale Bürgergeld von 10 Pfund 3 Schillingen, hingegen 197 den ermäßigten Mindestbetrag von 3 Pfund 4 Schillingen, während mit 64 Aufgenommenen Sondervereinbarungen getroffen worden waren[139].

---

134 *Portmann* (Anm. 1), S. 49 f.

135 *Guyer* (Anm. 133), S. 67 f. und 70 f.

136 *Ebel* (Anm. 46), S. 284.

137 *Messmer* (Anm. 87), S. 58 f., vgl. S. 96 ff.

138 *Andernacht* (Anm. 2), S. XIII, S. 87–102.

Im Verlaufe des 16. Jahrhunderts, insbesondere seit der Mitte des Jahrhunderts, gingen die Städte zu einer immer restriktiveren Bürgerrechtspolitik über. Hauptmotive für die Restriktionen waren die Abwehr des Armutsproblems, die Sicherung der bürgerlichen Nahrung gegen mögliche wirtschaftliche Konkurrenten sowie die Beschränkung des Kreises derjenigen, die in den Genuß der bürgerlichen Nutzungsrechte kamen, die Eindämmung der Abwanderung aus den städtischen Untertanengebieten, um deren angebliche Entvölkerung zu verhindern, das Fernhalten fremdländischer (welscher) Elemente und fremden Wesens und die Beschränkung des Kreises der politisch voll Berechtigten, der Regimentsfähigen. Es handelte sich einmal um die Reduktion der Zahl der Neubürger oder gar der Hintersassen und des allgemeinen Zuzugs, zum anderen um die Reduktion der Rechte von Neubürgern nach Maßgabe der Zeit ihrer Ansässigkeit und ihrer örtlichen Herkunft, sofern nicht eigens ein gemindertes Bürgerrecht ohne politische Rechte für bestimmte Bewerber – Welsche (Zürich) oder wenig Vermögende (Straßburg) – bestand oder eingerichtet wurde.

Die Zahl der möglichen Bewerber um das Bürgerrecht wurde verringert, indem man die Voraussetzungen personenrechtlicher Art verschärfte, ferner die nachzuweisenden Vermögen und Subsistenzmittel sowie die Einkaufsgelder empfindlich erhöhte, die Hausháblichkeit wiedereinführte (Luzern) und eine scharfe berufliche Selektion im Hinblick auf wirtschaftliche Konkurrenz oder Nutzen für die Stadt und die im wesentlichen als konstant erachtete Zahl der vorhandenen Vollerwerbsstellen traf, schließlich seit der Mitte des 16. Jahrhunderts immer ausgedehntere Aufnahmesperren verhängte, bis im 18. Jahrhundert und teilweise schon früher praktisch ein Numerus clausus herrschte. Trotz strenger Bürgerrechtsbestimmungen gehörten Klagen über zu freigebiges Erteilen des Bürgerrechts zu den Beschwerden, die noch am Ende des 18. Jahrhunderts gegen den Magistrat vorgebracht wurden[140].

Gelockert wurde die Erschwerung des Bürgerrechtserwerbs, wenn, wie in Basel 1610/11, eine Pestzeit große Bevölkerungsverluste gebracht hatte oder wo die Verluste durch den Dreißigjährigen Krieg Wiederaufbaumaßnahmen notwendig machten. In dieser Zeit kamen etwa nach Rottweil zahlreiche Einwanderer aus Schwaben, Belgien, Tirol und viele aus der Schweiz. Der Magistrat schloß mit Einwanderern nicht selten Bürgerrechtsverträge, die gewerbliche Abmachungen und Kreditvereinbarungen enthielten, während im 18. Jahrhundert ein Bürgerrezeß das Nahrungs-

139 *Bücher* (Anm. 14), Tabelle XXIV, S. 332 (mit einer Gesamtzahl von 501 Vereidigten).

140 *Ingrid Bátori,* Die Reichsstadt Augsburg im 18. Jahrhundert. Verfassung, Finanzen und Reformversuche (Veröffentlichungen des Max-Planck-Instituts für Geschichte; 22), Göttingen 1969, S. 14 ff.

prinzip zur Richtschnur machte[141]. Bezeichnenderweise wurden in Basel bei der Aufnahmesperre von 1561 Adel und Rentenbezieher ausgenommen, die von ihrem Vermögen lebten, weder Gewerbe noch Handwerk trieben und auch keine Belastung für Spital und Almosen darstellten, ferner kunstreiche Handwerke, die zum Wohle der Stadt beitrugen[142]. 1659 wurde in Zürich statuiert, daß nur noch *sonderbar ansehnliche hochgelehrte und wohlbemittelte Personen, von denen gemeine Statt einen besonderen nutzen zu verhoffen hätte,* anzunehmen seien, ansonsten wurde das Bürgerrecht für zehn Jahre geschlossen[143]. Der Beschluß wurde 1669 und 1679 erneuert, so daß sich – theoretisch – eine dreißigjährige Sperre ergab, während Luzern bereits 1638 eine Aufnahmesperre von fünfzig Jahren verfügt hatte, die aber nicht völlig eingehalten wurde.

In der Spätzeit waren in Luzern ohnehin nur noch *capitalisten und fabricanten* als Bewerber für das Bürgerrecht erwünscht. In den 144 Jahren von 1655 bis 1798 gab es nur 33 Eintragungen in das vermutlich ungenaue Bürgerbuch[144].

Überhaupt entwickelte Luzern äußerst rigide Bedingungen nicht nur für die Aufnahme ins Bürgerrecht, das zudem für Neubürger in seinem Wert gemindert wurde, sondern auch für die Ansiedlung zu Hintersassenrecht. Seit dem Ende des 15. Jahrhunderts mußten Bewerber um das Bürgerrecht aus der Luzerner Landschaft zuvor vier Jahre, solche aus der Eidgenossenschaft sechs und aus der weiteren Fremde zehn Jahre Wohnsitz in der Stadt gehabt haben. In der Luzerner Bürgerrechtspolitik trat seit der Mitte des 16. Jahrhunderts ganz deutlich das Ziel in den Vordergrund, das Armutsproblem von der Stadt fernzuhalten. Es beherrschte auch positiv gewendet die Aufnahme von Handwerkern, die den Armen Arbeit verschaffen und dadurch die städtischen Einrichtungen entlasten konnten. Als die Stadt vom Erfordernis von Grundbesitz abging, verlangte sie vom Neubürger eine Art Bürgschaft (Udel), auf die, wie 1564 erläutert wurde, die Stadt zurückgreifen konnte, falls der neue Bürger oder seine Familie verarmten. Einem Ratsbeschluß von 1563 zufolge hatten auch aufzunehmende Hintersassen Bürgen zu stellen, die im Todesfall für ihre Hinterbliebenen sorgten; 1574 wurde neben dem Mannrecht ein Zeugnis verlangt, daß die Verwandtschaft für die Kinder zu sorgen imstande sei; 1580 folgte die Bestimmung,

---

141 *Laufs* (Anm. 86), S. 27.

142 *Portmann* (Anm. 1), S. 63.

143 *Guyer* (Anm. 133), S. 73. Vgl. auch *K. Meyer,* Solothurnische Verfassungszustände zur Zeit des Patriziates, in: Mitteilungen des Historischen Vereins des Kantons Solothurn 10 (1921), S. 48 ff.

144 *Messmer* (Anm. 87), S. 230 f. mit Anm. 44. Zum Folgenden ebd., S. 59, 96 f.; *Anton Philipp von Segesser,* Rechtsgeschichte der Stadt und Republik Lucern, Bd. 3: Das 16.,17. und 18. Jahrhundert, Abt. 1, Lucern 1857, S. 100–115.

wonach Hintersassenrecht nur der erhalten sollte, der einen Hof kaufte oder erhielt oder Aussicht auf Erbschaft oder Besitz hatte; 1592 wurde verlangt, daß jeder Hintersasse 100 Gulden, das entsprach etwa einem Bruttojahreslohn eines Zimmermanns, nachzuweisen hatte, auf die der Rat zurückgreifen konnte, um dessen Schulden zu decken. Die Intentionen des Rates wurden begleitet von einem Bettelverbot für Bürger und Hintersassen samt Angehörigen (1576) und von überaus harten Schuld- und Konkursgesetzen (1565 / 1589), die Überschuldung auch in nicht betrügerischer Form – schon mit 200 Gulden – mit der Todesstrafe bedrohten.

Wer Bürger werden wollte, hatte eine nach Herkunft – Stadt, Landschaft, Eidgenossenschaft, Fremde – gestaffelte Einzugstaxe (5 – 40 Gulden) zu entrichten, die Bürgschaft beizubringen und einen Sitzgulden, der an die Räte und die Hundert ging, zu zahlen. Etwa um die Mitte des 17. Jahrhunderts wurde demjenigen das Bürgerrecht in Aussicht gestellt, der zusätzlich zu den üblichen Bedingungen noch ein Holzhaus kaufte, es abriß und in Stein wiederaufführte und so die Brandgefahr in der Stadt zu verringern half. 1677 wurde diese Baumaßnahme obligatorisch, wofür das Sitzgeld entfiel. 1721 mußte ein fremder Bewerber, um die *Gnad dieses Burgerrechts* zu erlangen, das Steinhaus an der Stelle nunmehr wenigstens zweier Holzhäuser errichten; außerdem lebte das an die Klein- und Großräte zu entrichtende Sitzgeld wieder auf. Wer bereits ein Haus besaß, zahlte eine beträchtliche Summe in die Stadtkasse ein, die dann der *Erbauung bürgerlicher Häuser* diente. Diese Ersatzzahlung belief sich in den folgenden Jahren auf Beträge, die zwischen 750 und 2'000 Gulden schwankten. Das Sitzgeld kostete nochmals 100 Dukaten. Ein Gesetz von 1755 schließlich forderte von Hintersassen und Angehörigen der Landschaft, die in das Bürgerrecht eintreten wollten, den Nachweis eines Vermögensminimums, das abzüglich der Kosten für den Hausbau etwa 20'000 Gulden zu betragen hatte. Ausnahmen für Handeltreibende aus der Landschaft, die das städtische Wirtschaftsleben förderten, waren möglich; Fremde, die als Rentner von ihrem Vermögen und ohne persönliche Erwerbstätigkeit leben wollten, mußten mindestens 50'000 Gulden Vermögen aufweisen; Handelsleute hatten einschließlich ihres Warenbestandes 30'000 Gulden an Vermögenswerten zur Sicherstellung ihrer Erwerbstätigkeit zu besitzen. Für erfahrene Fabrikanten, *welche den Müßiggang tilgen und Faulenzer zur Arbeit ziehen,* reichten eventuell gewöhnliche Vermögensmittel, wobei davon ausgegangen wird, daß die Fabrikanten so viele Arbeitsplätze wie ihnen möglich war, bereitstellten.

Die außergewöhnliche und als Extremfall die Tendenzen verdeutlichende, hier lediglich in Grundzügen skizzierte Erschwerung des Bürgerrechtserwerbs in Luzern korrelierte mit einer Minderung der politischen Rechte und der nutzbaren Genossenrechte des aus der Fremde zugezogenen Neubürgers oder des Neubürgers überhaupt[145]. Bereits 1463 und 1467 hatten Rat und Gemeinde beschlossen, daß vorzugsweise jene Bürger in die Räte gewählt werden sollten, *so hie erzogen und erboren und unser stattkind sind;* nur in Ermangelung geeigneter derartiger Bürger sollten auch andere gewählt werden, sofern sie mindestens fünf Jahre ansässig waren. 1571 entschieden Rat und Hundert, daß niemand mehr ratsfähig sei, der nicht in der Stadt oder in ihren Ämtern, d. h. in der Landschaft, geboren war, damit billigerweise die heimischen Bürger denen aus der Fremde zugezogenen vorgezogen würden. 1573 wurde der Neubürger von der Nutzung der Genoßsame, des Genossengutes, ausgeschlossen. Somit gelangten erst die Söhne in den Besitz sämtlicher Bürgerrechte. Im Jahre 1647 wurde dann die Ratsfähigkeit erst den Enkeln der Neubürger zuerkannt, doch wurde sie 1653 wieder auf die Söhne vorgeschoben, bis sie 1721 erneut auf die Enkel verlagert wurde[146]. Das Fundamentalgesetz vom 27. März 1773 schloß dann den Kreis der Regimentsfähigen. Die Zahl der regimentsfähigen Geschlechter sei groß genug. Künftige Neubürger sollten hinsichtlich der Regimentsfähigkeit so eingeschränkt werden, *daß dieselbe außert stand versetzt wurden, denen dermaligen alten und regimentsfähigen Geschlechtern mit hinfließung der Zeit in diesen so kostbahren vorrechten einigen eintrag zu thun.*[147] Erst wenn eines der vor 1772 angenommenen und daher regimentsfähigen Geschlechter ausgestorben war, konnte das erste seit 1773 ins Bürgerrecht gelangte Geschlecht in die Regimentsfähigkeit aufrücken und nun an den Ratsämtern, den Propsteien und Kanonikaten, den militärischen Stellen und zivilen Ämtern, die an die Regimentsfähigkeit gebunden waren, partizipieren.

Eine zahlenmäßig kleine Bürgerschaft hatte unabhängig von der Gesamtzahl der Einwohner einen hohen Grad der Partizipation der Bürger am Regiment zur Folge. Der nominelle Anteil der Bürger am Regiment wurde hauptsächlich durch die Mitgliederzahl des spätestens seit der zweiten Hälfte des 14. Jahrhunderts anzutreffenden Großen Rates bestimmt, der regelmäßig den Kleinen Rat in sich mitbegriff, auch nach seiner Mitgliederzahl gesondert ausgewiesen sein kann, auf jeden Fall aber gemeinsam mit dem Kleinen oder Inneren Rat tagte. In den eidgenössischen Städten erreichte der Kleine Rat grob gesprochen 20 bis 50 Mitglieder, der Große Rat – abzüglich der Kleinräte – 50 bis 200 Mitglieder. Ähnliche Zahlenverhältnisse gelten für die oberdeutschen Städte. Über die Ratszugehörigkeit und Innehabung von Ratsämtern hinaus konnte ein weiterer Kreis von Bürgern diesen vorbehaltene Dienstämter als Nebentätigkeit und Zu-

145 *Messmer* (Anm. 87), S. 224 ff.; *Segesser*, Bd. 3 (Anm. 144), S. 124 ff.

146 Vgl. die Regelung in Basel am Ende des 17. Jahrhunderts, als es ohnehin kaum mehr Neubürger gab; *Alfred Müller*, Die Ratsverfassung der Stadt Basel von 1521 bis 1798, in: Basler Zeitschrift für Geschichte und Altertumskunde 53 (1954), S. 90, vgl. S. 87 ff.

147 *Segesser*, Bd. 3 (Anm. 144), S. 129, vgl. S. 129 ff.

erwerb erlangen und war auf diese Weise in subalterner Stellung dem Stadtregiment verbunden[148].

Über die materiellen Bedingungen hinaus verlangten etwa Basler Verordnungen in der zweiten Hälfte des 17. Jahrhunderts ausdrücklich jederzeitiges Wohlverhalten, *ehrliche Eltern* und *redliches deutsches Geblüt,* wobei allerdings Anträge von besonders qualifizierten und der Stadt nützlichen Bewerbern aus anderen Nationen vor den beiden Räten gehört werden sollten[149]. Schon 1546 war beschlossen worden, keine Welschen mehr als Bürger oder auch Hintersassen aufzunehmen. Vollends im 18. Jahrhundert wurde bisweilen ein kleinlicher Zwang zu Konformität und Wohlverhalten ausgeübt. Einzelne Neubürger wurden angewiesen, vaterländische Tracht und ortsübliche Kleidung zu tragen, sich still zu verhalten und keine Unruhen mehr zu machen, sich des Umgangs mit Fremden zu enthalten, keine Disputationen über Glaubensfragen zu führen, bei Strafe der Ausweisung *ärgerliches wesen* zu bessern und das *Gotteswort* fleißig zu besuchen. Ein zunächst zurückgewiesener Petent wurde aufgefordert, bessere Zeugnisse über das Wohlverhalten seiner Gattin beizubringen[150]. 1762 wurden nochmals und massiv die gestaffelten Aufnahmesätze auf 100 bis 400 französische Taler und der gleichfalls gestaffelte Vermögensnachweis auf maximal 60’000 französische Taler angehoben.

Den statischen, saturierten und philiströsen, auch mittelalterliche Faktoren reflektierenden Standpunkt gibt ein Basler Bürgergutachten von 1762 wieder, das sich gegen die Aufnahme neuer Bürger ausspricht und dabei auch preispolitische Argumente ausspielt: *a) Man habe viele Hintersäßen, Knechte und Mägde; b) die Volkszahl nehme auf dem Lande zu; c) es sey bequem in seinem Hause allein zu wohnen; d) der wohlfeile Preis der Häuser sei ein Vortheil für die, welche Häuser kaufen wollen; e) die Handlung blühe ohne neue Bürger; f) man sehe einen schönen Aufwachs von jungen Bürgern vor sich; g) man sollte billig Bedenkens tragen, unser reines, edles, eidsgenössisches Geblüt mit Fremden zu vermischen; h) das Beyspiel unserer Altvordern beweise nicht, da die Stadt durch öftere Pesten verödet worden sey; i) der Preis der Lebensmittel sey hoch genug*[151]. Im Gegensatz da-

---

148 Mit einigen Zahlenangaben und Relationen *Eberhard Isenmann,* Die städtische Gemeinde im oberdeutsch-schweizerischen Raum (1300–1800), in: Landgemeinde und Stadtgemeine in Mitteleuropa, hg. von Peter Blickle, München 1991, S. 203 ff., 211, 214 ff.; *ders.* (Anm. 16), S. 104–108.

149 *Peter Ochs,* Geschichte der Stadt und Landschaft Basel, Bd. 7, Berlin/Leipzig 1821, S. 352 f.

150 *Portmann* (Anm. 1), S. 62 ff.

151 *Ochs* (Anm. 149), S. 633 f. Der bürgerliche Anteil der Stadtbewohner betrug 61,6 Prozent in Zürich (1789), 54,4 Prozent in Basel (1779), 32,9 Prozent in Bern (1764) und 27 Prozent in Genf (1781); *Rudolf Braun,* Das ausgehende Ancien Régime in der Schweiz. Aufriß einer Sozial- und Wirtschaftsgeschichte des 18. Jahrhunderts, Göttingen u. a. 1984, S. 161; vgl. S. 149, 153, 155.

zu gab es im 18. Jahrhundert Landesherren, die für ihre Städte – wie etwa für Konstanz 1750 – auswärtige Handwerker zur Einwanderung ermutigten, Neubürger durch Manufakturbeiträge unterstützten und eine Art von Peuplierungspolitik betrieben[152].

Den Gegensatz zu der außerordentlich pragmatischen, vielfach aus ordnungspolitischen Erfordernissen und Bestrebungen erwachsenen und im Zeichen folgenreicher demographischer Einbrüche konzipierten spätmittelalterlichen Bürgerrechtspolitik, die in der Auffassung des Frankfurter Rates gipfelt, daß alle, die in der Stadt wohnhaft waren, Bürger werden müßten (1398), kennzeichnet nichts mehr als das Resümee des in mehreren Schriften für eine liberale Handhabung der Bürgerrechtsaufnahme plädierende Basler Ratsschreiber Isaak Iselin, dessen einschlägige Schrift von 1762 vom Rat verboten wurde: Es sei seinen Gegnern gelungen, *so harte und verworrene Bedingnisse auszuhecken, daß selbst Banditen dadurch die Lust verlieren müßten, sich um unser Bürgerrecht zu bewerben und daß man ein Engel sein müßte* [...], *um würdig zu sein, uns beigesellt zu werden*[153].

---

152 *Karl Buchegger,* Die Verfassung und Verwaltung der Stadt Konstanz im 18. Jahrhundert unter Berücksichtigung der Tätigkeit des Stadthauptmanns Franz von Blanc, Berlin 1912, S. 51 ff. Über gescheiterte Peuplierungsversuche siehe *Wolfgang Leiser,* Privilegierte Untertanen. Die badischen Städte im Ancien Régime, in: Verwaltung und Gesellschaft in der südwestdeutschen Stadt des 17. und 18. Jahrhunderts (Protokoll über die 7. Arbeitstagung des Arbeitskreises für Südwestdeutsche Stadtgeschichtsforschung, Sindelfingen 15.-17. November 1969), hg. von Erich Maschke und Jürgen Sydow, Stuttgart 1969, S. 27–33. Zur Peuplierungspolitik durch den Landesherrn im ausgehenden 17. und frühen 18. Jahrhundert in Göttingen bei gleichzeitiger Öffnung des Bürgerrechts für sozial und wirtschaftliche schwache Einwohner, insbesondere *arme Leute* und *Tagelöhner,* die zum Bürgerrechtserwerb aufgefordert wurden; *Regina Jeske,* „Ein behagliches, vergnügtes Leben, wenig berührt von den Stürmen der Zeit". Die Universitätsstadt Göttingen 1790–1825, in: Vom alten zum neuen Bürgertum. Die mitteleuropäische Stadt im Umbruch 1780–1820, hg. von Lothar Gall (Stadt und Bürgertum; 3), München 1991, S. 75–80. Vgl. auch die leichten Bedingungen des Bürgerrechtserwerbs in ökonomisch eher rückständigen oder stagnierenden Städten wie Münster oder Dortmund; *Susanne Kill,* Vom alten Münster zur preußischen Provinzialhauptstadt, ebd., S. 110 f.; *Karin Schambach,* „Fabriken gedeihen bekanntlich nicht in einer Ackerstadt". Dortmund im Umbruch?, ebd., S. 148 f.

153 Zitiert nach *Portmann* (Anm. 1), S. 56. Vgl. *Franz Gschwind,* Bevölkerungsentwicklung und Wirtschaftsstruktur der Landschaft Basel im 18. Jahrhundert (Quellen und Forschungen zur Geschichte und Landeskunde des Kantons Baselland; 15), Liestal 1977, S. 91 ff. Restriktive oder rigide Tendenzen in der Bürgerrechtspolitik seit dem 17. und 18. Jahrhundert finden sich auch in Städten wie Bremen, Aachen oder in München, wo Hausbesitz Voraussetzung für die Bürgeraufnahme war und eine Vermögensabgabe von 5 Prozent und als Rüstgeld nochmals 2,5 Prozent des Vermögens, dazu verschiedene Gebühren gefordert wurden, außerdem Zunftaufnahme und gesondert die Erlaubnis zur Ausübung des Gewerbes weitere hohe Kosten verursachten; *Andreas Schulz,* „[...] Tage des Wohllebens, wie sie noch nie gewesen [...]". Das Bremer Bürgertum in der Umbruchszeit 1789–1818, in: Vom alten zum neuen Bürgertum (Anm. 152), S. 25–30; *Michael Sobania,* Das Aachener Bürgertum am Vorabend der Industrialisierung, ebd., S. 188 f.; *Ralf Zerback,* Zwischen Residenz und Rathaus. Bürgertum in München 1780–1820, ebd., S. 610–612.

Die Einbürgerungsfrequenzen spätmittelalterlicher Städte im regionalen Vergleich

Von Roland Gerber, Aarau

Es gehört zu den Aufgaben moderner Geschichtsforschung, grössere Regionen und Landschaften[1] über einen Zeitraum von mehreren Jahrhunderten in ihrer Entwicklung miteinander zu vergleichen[2]. Die im Zeitverlauf unterschiedlichen Kriterien zur Abgrenzung eines Raumes als eigenständige Kultur-, Bildungs-, Gewerbe- oder Verwaltungslandschaft sowie das weitgehende Fehlen einschlägiger Quellen machen es jedoch sehr schwierig, grössere Regionen über einzelne Herrschaftsgrenzen und Epochen hinweg zu untersuchen[3]. Ansätze zu einem grossräumigen Vergleich von Landschaften bietet heute die Historische Geographie[4]. Sie stellt die

1 Zu den Begriffen „Region", „Landschaft" etc. vgl. *Luise Schorn-Schütte,* Territorialgeschichte – Provinzialgeschichte – Landesgeschichte – Regionalgeschichte. Ein Beitrag zur Wissenschaftsgeschichte der Landesgeschichtsschreibung, in: Civitatum Communitas. Studien zum europäischen Städtewesen. Festschrift für Heinz Stoob, hg. von Helmut Jäger, Franz Petri und Heinz Quirin, Teil 1, Köln/Wien 1984, S. 390–416; sowie *Friedrich Prinz,* Regionalgeschichte – Landesgeschichte, in: Aspekte der historischen Forschung in Frankreich und Deutschland. Schwerpunkte und Methoden (Veröffentlichungen des Max-Planck-Instituts für Geschichte 69), Göttingen 1981, S. 202–215. Ich danke Dr. Christian Hesse für die sorgfältige Durchsicht des Manuskripts.

2 Vgl. dazu *Peter Moraw,* Die Entfaltung der deutschen Territorien im 14. und 15. Jahrhundert, in: Landesherrliche Kanzleien im Spätmittelalter (Münchner Beiträge zur Mediävistik und Renaissance-Forschung 35, Teilband 1), München 1984, S. 61–108, hier 71 f.; sowie *Otto Volk,* Wirtschaft und Gesellschaft am Mittelrhein vom 12. bis zum 16. Jahrhundert (Veröffentlichungen der Historischen Kommission für Nassau 63), Wiesbaden 1998, Einleitung, S. 1–10.

3 *Peter Moraw,* Über Entwicklungsunterschiede und Entwicklungsausgleich im deutschen und europäischen Mittelalter. Ein Versuch, in: Über König und Reich. Aufsätze zur deutschen Verfassungsgeschichte des späten Mittelalters, hg. von Rainer C. Schwinges, Sigmaringen 1995, S. 293–320 (Neudruck von 1987); sowie *Ernst Hinrichs,* Regionale Sozialgeschichte als Methode der modernen Geschichtswissenschaft, in: Regionalgeschichte. Probleme und Beispiele, hg. von Ernst Hinrichs und Wilhelm Norden (Veröffentlichungen der Historischen Kommission für Niedersachsen und Bremen 34/6), Hildesheim 1980, S. 1–20.

4 *Dietrich Denecke* und *Klaus Fehn* (Hg.), Geographie in der Geschichte (Erdkundliches Wissen 96), Stuttgart 1989; *Klaus Fehn* u. a. (Hg.), Genetische Siedlungsforschung in Mitteleuropa und seinen Nachbarräumen, 2 Bde., Bonn 1988; sowie *ders.*, Räume der Geschichte – Geschichte des Raumes, in: Siedlungsforschung 4 (1986), S. 255–263. Vgl. dazu auch den Begriff des „geographischen Milieus"; *Gerhard Narweleit* u. a., Bemerkungen zum Wesen und Inhalt des geographischen Milieus, in: Jahrbuch für Wirtschaftsgeschichte (1967), S. 209–238, hier 220.

Wechselbeziehungen zwischen dem von Natur und Menschen gestalteten Raum vornehmlich aus siedlungs- und sozialgeographischer Sicht ins Zentrum ihres Fragens. Auch die landes- und stadtgeschichtliche Forschung befasst sich seit längerer Zeit mit der Entstehung mittelalterlicher Territorien[5]. Hier werden jedoch vor allem herrschaftlich-dynastischen und verfassungsrechtlichen Aspekten eine prägende Raumwirkung zugeschrieben, während dem Problem der Entstehung von Verwaltungslandschaften bisher noch wenig Beachtung geschenkt wurde[6]. Mit überregionalen Beziehungsnetzen von Personen und Personengruppen beschäftigt sich die Sozial- und Wirtschaftsgeschichte[7]. Die hauptsächlich stadtgebundene Güterproduktion und die Rohstoffgewinnung auf dem Land werden einzelnen Gewerbe- und Wirtschaftslandschaften zugeordnet, die durch ein Netz von Verkehrsverbindungen sowie durch weitreichende personelle Kontakte zwischen Kaufleuten und Handwerkern getragen wurden[8]. Grossräumige Erkenntnisse erbrachte zudem die systematische Untersuchung von Rekrutierungsräumen deutscher Universitäten vom 14. bis 16. Jahrhundert[9]. Aufgrund einer vergleichenden Auswertung von Universitätsmatrikeln konnte gezeigt werden, dass sich innerhalb des spätmittelalterlichen Reiches unterschiedliche Universitäts- oder Bildungslandschaften herausbildeten, die durch bewusste herrschaftlich-dynastische

---

5 *Erwin Riedenauer* u. a., Gestaltung der Landschaft durch Herrschaft, in: Zeitschrift für bayrische Landesgeschichte 57 (1994), S. 585–718, hier 585 ff.; *Alois Gerlich,* Geschichtliche Landeskunde des Mittelalters. Genese und Probleme, Darmstadt 1986; sowie *Hans Patze* (Hg.), Der deutsche Territorialstaat im 14. Jahrhundert, 2 Bde. (Vorträge und Forschungen 13 / 14), Sigmaringen 1970 / 71.

6 *Dietmar Willoweit,* Die Entwicklung und Verwaltung der spätmittelalterlichen Landesherrschaft, in: Deutsche Verwaltungsgeschichte, Bd. 1, hg. von Kurt G.A. Jeserich u. a., Stuttgart 1983, S. 66–143; sowie als reichsweiter Vergleich *Christian Hesse,* Verwaltungspersonal im Alten Reich. Untersuchungen zum Sozial- und Wissensprofil landesherrlicher Amtsträger 1350–1515 (Arbeitstitel), Habilitation in Vorbereitung.

7 *Rudolf Holbach,* Frühformen von Verlag und Grossbetrieb in der gewerblichen Produktion, 13.-16. Jahrhundert (Vierteljahrschrift für Sozial- und Wirtschaftsgeschichte, Beihefte 110), Stuttgart 1994; *Hans Pohl* (Hg.), Gewerbe- und Industrielandschaften vom Spätmittelalter bis ins 20. Jahrhundert, Stuttgart 1986; *Hagen Fischer* u. a., Zu Problemen von Gesellschaft und Umwelt in den vorkapitalistischen Produktionosweisen, in: Jahrbuch für Wirtschaftsgeschichte (1983), S. 105–128; sowie *Wolfgang von Stromer,* Oberdeutsche Hochfinanz 1350–1450 (Vierteljahresschrift für Sozial- und Wirtschaftsgeschichte, Beihefte 55–57), Wiesbaden 1970.

8 *Knut Schulz,* Handwerksgesellen und Lohnarbeiter, Untersuchungen zur oberrheinischen Stadtgeschichte des 14. bis 17. Jahrhunderts, Sigmaringen 1985; *ders.,* Die Handwerksgesellen, in: Unterwegssein im Spätmittelalter, hg. von Peter Moraw (Zeitschrift für Historische Forschung, Beiheft 1), Berlin 1985, S. 71–92; sowie *Wilfried Reininghaus,* Die Entstehung der Gesellengilden im Spätmittelalter (Vierteljahrschrift für Sozial- und Wirtschaftsgeschichte, Beiheft 71), Wiesbaden 1981.

9 *Rainer C. Schwinges,* Deutsche Universitätsbesucher im 14. und 15. Jahrhundert. Studien zur Sozialgeschichte des Alten Reiches (Veröffentlichungen des Instituts für europäische Geschichte Mainz Abteilung Universalgeschichte 123, Beiträge zur Sozial- und Verfassungsgeschichte des Alten Reiches 6), Stuttgart 1986.

Einflussnahme sowie durch sozialräumliche Beziehungen von Universitätsbesuchern und Professoren geprägt wurden[10]. Ein eigenständiges Raumkonzept entwickelte schliesslich auch die Kunstgeschichte, die die Entstehung und Verbreitung von Stilen einzelnen Künstlerfamilien oder Kunstlandschaften zuordnet[11].

Insgesamt vermittelt die heutige Forschung ein vielfältiges Bild unterschiedlich definierter Räume und Landschaften, die durch ein dichtes Netz von Interaktionen und Sozialbeziehungen gestaltet werden. Diese Räume sind jedoch keineswegs statisch, sondern sie überlagerten und durchdrangen sich im Laufe der Zeit. Sowohl in ihren Inhalten als auch in ihrer Ausdehnung waren sie ständigen Veränderungen unterworfen. Um die Entwicklung eines Raumes oder einer Landschaft in ihrer gesamten Vielfalt beschreiben zu können, bedarf es deshalb spezieller Indikatoren, die sich über einen längeren Zeitraum verfolgen lassen und die den Entwicklungsstand eines Gebietes in Abhängigkeit zu dessen natürlichen, wirtschaftlichen und politisch-herrschaftlichen Beschaffenheit charakterisieren.

Ein wichtiger Indikator, der sich sowohl zeit- als auch raumübergreifend untersuchen lässt, ist der Grad der Zuwanderung beziehungsweise Abwanderung, die eine Region im Zeitverlauf erfahren hat. Eine wachsende Zahl von Zuwanderern bedeutete in der Regel auch ein Wachstum der Wirtschaft[12]. Vor allem in den Städten, in denen sich das ökonomische Leben eines Gebietes während des Spätmittelalters weitgehend konzentrierte, war das Wachstum von Handel und Gewerbe grundsätzlich mit einer Zunahme der Einwohnerzahlen verbunden. Jede Stadt war wegen ihrer im Vergleich zum Land deutlich höheren Mortalität und der geringeren Geburtenrate ihrer Bevölkerung auf stetigen Zuzug neuer Einwohner angewiesen. Vor allem Pest- und Seuchenzüge, aber auch Hungersnöte und Kriege verursachten immer wieder grössere Bevölkerungsverluste, die nur durch eine verstärkte Zuwanderung, insbesondere aus den der Stadt benachbarten Landgebieten, wieder ausgeglichen werden konnten[13]. Diese

---

10 Vgl. dazu auch *Beat Immenhauser*, Zwischen Schreibstube und Fürstenhof. Das Verfasserlexikon als Quelle zur Bildungssozialgeschichte des späten Mittelalters, in: Gelehrte im Reich. Zur Sozial- und Wirkungsgeschichte akademischer Eliten des 14. und 15. Jahrhunderts, hg. von Rainer C. Schwinges (Beiheft der Zeitschrift für Historische Forschung 18), Berlin 1996, S. 411 – 435.

11 Zu einzelnen Kunstlandschaften und Künstlerfamilien vgl. beispielsweise *Anton Legner* (Hg.), Die Parler und der Schöne Stil 1350 – 1400. Europäische Kunst unter den Luxemburgern. Handbuch zur Ausstellung, 3 Bde., Köln 1978; *Hans Erich Kubach*, Architekturgeschichte und Kunstlandschaft (Romanische Baukunst an Rhein und Maas 4), Berlin 1989; sowie *Herbert Schindler* und *Toni Schneiders*, Kunstlandschaft Bodensee. Ein Spiegel europäischer Kultur, Kontanz 1981.

12 Vgl. dazu *Roland Gerber*, Die Einbürgerungsfrequenzen der Städte Freiburg im Üchtland, Konstanz und Luzern im späten Mittelalter, in: Reisen im Leben der Gesellschaft, hg. von Lenka Bobkova und Michaela Neudertova (Acta Universitatis Purkynianae, Studia Historica II), Usti nad Labem 1997, S. 95 – 104.

permanente, auf die Stadt gerichtete Migration war jedoch keineswegs gleichförmig, sondern unterlag während des gesamten Spätmittelalters verschiedenen, in Zeit und Ort variablen Bedingungen, die zu ständigen Fluktuationen der Wanderungstätigkeit führten. Neben mehr oder weniger zufälligen äusseren, von der Natur verursachten Einwirkungen war es die bewusste Einflussnahme von Stadtherren und Stadträten, die die Niederlassung und damit auch die Zuwanderung in eine Stadt steuerte. Diese konnten die Zuwanderung, je nach der vorherrschenden verfassungsrechtlichen und ökonomischen Situation, mit Hilfe spezieller Niederlassungs- und Bürgerrechtsbestimmungen zusätzlich erschweren oder erleichtern[14].

I. Neubürgeraufnahmen und städtisches Einbürgerungsverhalten

Ausdruck der in Raum und Zeit wandelbaren städtischen Niederlassungspolitik ist die Aufnahme neuer Bürger ins kommunale Bürgerrecht[15]. Die Stadtgeschichtsforschung betrachtet Bürgeraufnahmen und die damit verbundene Zuwanderung in spätmittelalterliche Städte als weitgehend bewussten, von den Stadträten gegen Ende des Mittelalters zunehmend reglementierten Vorgang. Die städtische Einbürgerungspolitik zielte darauf ab, einerseits entstandene Bevölkerungsverluste durch verstärkte Zuwanderung von aussen möglichst rasch wieder aufzufüllen, andererseits sollten Bürgerschaft und Zünfte durch restriktive Niederlassungsbestimmungen von einer allzu grossen Konkurrenz auswärtiger Zuwanderer geschützt werden. Dieses Bild einer überwiegend gesteuerten städtischen Bürgerrechts- und Zuwanderungspolitik muss im Folgenden jedoch insofern etwas relativiert werden, als neben den „bewussten" auch „unbewusste" überregionale Faktoren wie Bevölkerungsentwicklung und Agrarzyklen für die langfristigen Fluktuationen im Einbürgerungsverhalten von Städ-

---

13 Vgl. dazu *Theodor Penners,* Fragen der Zuwanderung in den Hansestädten des späten Mittelalters, in: Hansische Geschichtsblätter 83 (1965), S. 12–45; sowie *Hanno Vasarhelyi,* Einwanderung nach Nördlingen, Esslingen und Schwäbisch Hall zwischen 1450 und 1550. Einige Aspekte und Ergebnisse einer statistischen Untersuchung, in: Stadt und Umland, hg. von Erich Maschke und Jürgen Sydow (Veröffentlichungen der Kommission für geschichtliche Landeskunde in Baden-Württemberg, Reihe B: Forschungen 82), Stuttgart 1974, S. 129–166.

14 *Roland Gerber,* Migration, in: Berns grosse Zeit. Das 15. Jahrhundert neu entdeckt, hg. von Ellen J. Beer u. a., Bern 1999, S. 107–119; sowie *Rainer C. Schwinges,* Migration und Austausch: Studentenwanderungen im Deutschen Reich des Späten Mittelalters, in: Migration in der Feudalgesellschaft, hg. von Gerhard Jaritz und Albert Müller (Studien zur Historischen Sozialwissenschaft 8), Frankfurt/New York 1988, S. 141–155. Zu den wandelbaren Niederlassungs- und Bürgerrechtsbestimmungen spätmittelalterlicher Städte vgl. auch den Beitrag von *Eberhard Isenmann* in diesem Band.

15 Vgl. dazu *Gerhard Dilcher,* Bürgerrecht und Stadtverfassung im europäischen Mittelalter, Köln/Weimar/Wien 1996.

ten verantwortlich gemacht werden können. Stadtherren und Stadträte konnten zwar den Zugang zum Bürgerrecht und damit auch die soziale Zusammensetzung der Neubürger steuern, auf die Intensität der Zuwanderung sowie auf die Beweggründe, die einzelne Personen oder ganze Familien dazu veranlassten, in die Städte zu migrieren, hatten sie hingegen kaum Einfluss. Deutlich manifestieren sich diese beschränkten Einflussmöglichkeiten der Stadträte beispielsweise während Teuerungs- und Pestzeiten, als auch das stadtnahe Umland grosse Bevölkerungsverluste zu beklagen hatte und trotz der von der Stadt gewährten Vergünstigungen nur wenige Personen das Bürgerrecht erwarben[16]. Ähnliches gilt für die Zuwanderung qualifizierter Handwerker, die nur in solche Städte migrierten, deren Wirtschaft ihnen ein ausreichendes Auskommen versprach[17].

Bei einer vergleichenden Auswertung städtischer Bürgerbücher gilt es des Weiteren zu beachten, dass eine solche Untersuchung nicht die gesamte auf die Stadt gerichtete Migration, sondern nur einen Teil der Zuwanderung beinhaltet. Die Bürgerbücher berücksichtigen in der Regel nur diejenigen Personen, die auf dem ordentlichen Weg ins kommunale Bürgerrecht aufgenommen wurden. Alle übrigen in spätmittelalterliche Städte migrierenden Personen wie Mägde, Knechte, Studenten, Bettler und Spielleute, aber auch die Angehörigen städtischer Oberschichten wie Fernkaufleute, Adlige, Kleriker, Künstler und Akademiker, die zu besonderen Bedingungen das Bürgerrecht erhielten, bleiben von einer einzig auf den Erwerb des Bürgerrechts beruhenden Untersuchung ausgeschlossen[18]. Zwischen den verschiedenen Personengruppen können zudem unterschiedliche Beweggründe für das Verlassen ihrer Heimat festgestellt werden. Ein anderes Migrationsverhalten als die Neubürger besassen beispielsweise die vermögenslosen Landbewohner. Diese waren gezwungen, ihren heimatlichen Hof zu verlassen, wenn sie während länger anhaltenden Kornteuerungen nicht Hunger leiden wollten[19]. Bei schlechten Getreideernten waren es deshalb

---

16 *Roland Gerber*, Rückgang und Stagnation, in: *Beer* (Anm. 14), S. 97–102, hier 98 ff.

17 Vgl. dazu *Bruno Koch*, Neubürger in Zürich. Migration und Integration im Spätmittelalter (Forschungen zur mittelalterlichen Geschichte 40), Weimar 2002. Um den Anteil von Handwerkern in der Bürgerschaft zu erhöhen, ging beispielsweise der Luzerner Rat im 15. Jahrhundert dazu über, die Berufsausübung in der Stadt an den Besitz des Bürgerrechts zu knüpfen; *Anne-Marie Dubler*, Handwerk, Gewerbe und Zunft in der Stadt und Landschaft Luzern (Luzerner Historische Veröffentlichungen 14), Luzern/Stuttgart 1982, S. 153–160.

18 Zu den verschiedenen während des Mittelalters in die Städte migrierenden Personengruppen vgl. *Gerhard Jaritz* und *Alberg Müller* (Hg.), Migration in der Feudalgesellschaft (Studien zur Historischen Sozialwissenschaft 8), Frankfurt/New York 1988; sowie *Peter Moraw* (Hg.), Unterwegssein im Spätmittelalter (Zeitschrift für Historische Forschung, Beiheft 1), Berlin 1985.

19 Mittel- und Kleinbauern mussten in Teuerungsjahren im ungünstigsten Fall zu hohen Preisen noch Getreide zukaufen, während sie in guten Jahren trotz niedriger

vor allem arme Bauern und Tagelöhner, die in grosser Zahl in die Städte zogen, um dort von der obrigkeitlich kontrollierten Versorgungs- und Preispolitik zu profitieren. Dieser verstärkte Zuzug vermögensloser Landleute entsprach jedoch keinesfalls den Interessen der Stadträte, die versuchten, die fremden Zuwanderer so rasch als möglich wieder aus dem Stadtgebiet auszuweisen[20]. Insbesondere der Erwerb des Bürgerrechts blieb den ärmeren Bevölkerungskreisen grundsätzlich verwehrt. Dieser wurde von den Stadträten gegen Ende des Mittelalters immer ausschliesslicher auf vermögende Personen, auf Kaufleute und Akademiker sowie auf qualifizierte Handwerksmeister eingeschränkt[21].

Obwohl nicht jeder Einbürgerung auch ein wirklicher Wechsel des Wohnsitzes vorausging und die in Bürgerbüchern aufgezeichneten Personen nicht die gesamte auf die Stadt gerichtete Migration abdecken, stellten die Neubürger zusammen mit ihren Familienangehörigen den weitaus grössten Teil derjenigen Personen, die in die spätmittelalterlichen Städte migrierten, um sich dort für immer niederzulassen. Neubürgeraufnahmen widerspiegeln auf diese Weise exemplarisch die veränderliche stadtherrliche und städtische Bürgerrechtspolitik im „Sozialraum" des näheren und ferneren Umlandes. Gleichzeitig sind sie Ausdruck vielfältiger ökonomischer und politisch-rechtlicher Entwicklungsunterschiede zwischen den verschiedenen Landschaften und Regionen des Reiches[22]. Die in Bürgerbüchern langfristig dokumentierte Aufnahme neuer Bürger eignet sich somit in besonderem Masse als Indikator für die sich je nach Raum und Zeit verändernde städtische Zuwanderung. Die relativ dichte Überlieferung von Bürgerbüchern macht es dabei möglich, das Einbürgerungsverhalten von Städten im gesamten Reichsgebiet nördlich der Alpen vom ausgehenden 13. bis zur Mitte des 16. Jahrhunderts zu überblicken. Mit Hilfe von Trend-

---

Kornpreise nur ein knappes Auskommen fanden; *Hans-Jörg Gilomen*, Stadt-Land-Beziehungen in der Schweiz des Spätmittelers, in: Itinera 19 (1998), S. 10–48, hier 29.

20 Deutlich erkennbar wird diese verstärkte Zuwanderung vermögensloser Landbewohner beispielsweise nach den Verheerungen einer Pest. So zog im Jahre 1479 eine Vielzahl hungernder Landleute in die Stadt Bern, um die während der Pest verwaisten Herdstellen neu zu besetzten. Der Chronist Diebold Schilling spricht 1481 sogar davon, dass *vil armer frömder lüten gen Bern kament,* so dass die Stadt *allenthalben vol was.* Der Rat beschloss jedoch, die fremden Zuwanderer infolge der damals herrschenden Lebensmittelteuerung wieder aus der Stadt auszuweisen. Einzig Jakobsbrüder und *ander bewärt bilgre* sollten sich weiterhin ungehindert in Bern aufhalten dürfen; *Gustav Tobler* (Hg.), Die Berner Chronik des Diebold Schilling 1468–1484, Bd. 2, Bern 1901, Nr. 400, S. 249 ff.; sowie *Roland Gerber,* Gott ist Burger zu Bern. Eine spätmittelalterliche Stadtgesellschaft zwischen Herrschaftsbildung und sozialem Ausgleich (Forschungen zur mittelalterlichen Geschichte 39, Weimar 2001, S. 105–109.

21 *Gerber* (Anm. 14), S. 108–112.

22 *Rainer C. Schwinges,* Problem regionaler Wanderungen. Neubürger im Deutschen Reich des Spätmittelalters, Protokoll des Konstanzer Arbeitskreises für mittelalterliche Geschichte, Sektion Hessen 155, Marburg 1986, S. 1 f.

berechnungen kann die langfristige Entwicklung von Einbürgerungszahlen sowohl zwischen einzelnen Städten als auch zwischen ganzen Städtelandschaften systematisch verglichen werden.

Im ersten Teil der Untersuchung wird die Überlieferungsdichte und Überlieferungsdauer von Bürgerbüchern beschrieben, um diejenigen Städte, die sich durch eine langfristige Überlieferung von Neubürgeraufnahmen auszeichnen, einzelnen Städtelandschaften zuzuordnen. Am Beispiel der zentral gelegenen Städtelandschaft Franken und Oberpfalz wird dabei gezeigt, wie sich die langfristigen Einbürgerungsfrequenzen von Städten als regionaler Trend darstellen lassen. Ziel dieser Vorgehensweise ist es, kurzfristige Fluktuationen im städtischen Einbürgerungsverhalten, wie diese durch Einschränkungen der Bürgerrechts- und Niederlassungsbestimmungen oder durch gewaltsame Einwirkungen wie Seuchen und Kriege verursacht wurden, soweit zu eliminieren, dass die Einbürgerungstrends verschiedener Städte direkt miteinander verglichen werden können. Der zweite Teil widmet sich den Abhängigkeiten zwischen den städtischen Einbürgerungsfrequenzen und weiteren konjunkturellen Zyklen wie der langfristigen Entwicklung von Getreidepreisen. Die Kornpreise widerspiegeln das Wirtschaftswachstum einer Region in ähnlicher Weise wie die in den Bürgerbüchern dokumentierten Einbürgerungen. Es gilt abzuklären, inwieweit die Aufnahme neuer Bürger und die damit verbundene Zuwanderung in Städte von überregionalen Faktoren abhängig waren und inwieweit diese von Stadträten und Stadtherren bewusst beeinflusst werden konnten. Schliesslich werden die regionalen Einbürgerungstrends einzelner Städtelandschaften vergleichend ausgewertet und die gewonnenen Erkenntnisse in Form weiterführender Thesen formuliert.

II. Die überlieferten Bürgerbücher

Für eine vergleichende Auswertung von Neubürgeraufnahmen ist es notwendig, dass eine ausreichende Zahl von Bürgerbüchern vorhanden ist, die sich über einen längeren Zeitraum ohne Unterbruch auswerten lassen. Im Gebiet des spätmittelalterlichen Reiches nördlich der Alpen können mit Einbezug der benachbarten Regionen Flanderns und des Deutschen Ordens insgesamt 68 Städte gezählt werden, in denen die Aufnahme neuer Bürger vor 1550 über einen Zeitraum von mindestens 30 Jahren in Serie aufgezeichnet und überliefert wurde (Abb. 1). In allen untersuchten Städten sind zwischen 1277 und 1550 gesamthaft etwa 350'000 Neubürgeraufnahmen dokumentiert. Die durchschnittliche Überlieferungsdauer der Neubürgerverzeichnisse beträgt etwa 142 Jahre. Sowohl in der Überlieferungsdichte als auch in der Überlieferungsdauer der Bürgerbücher können

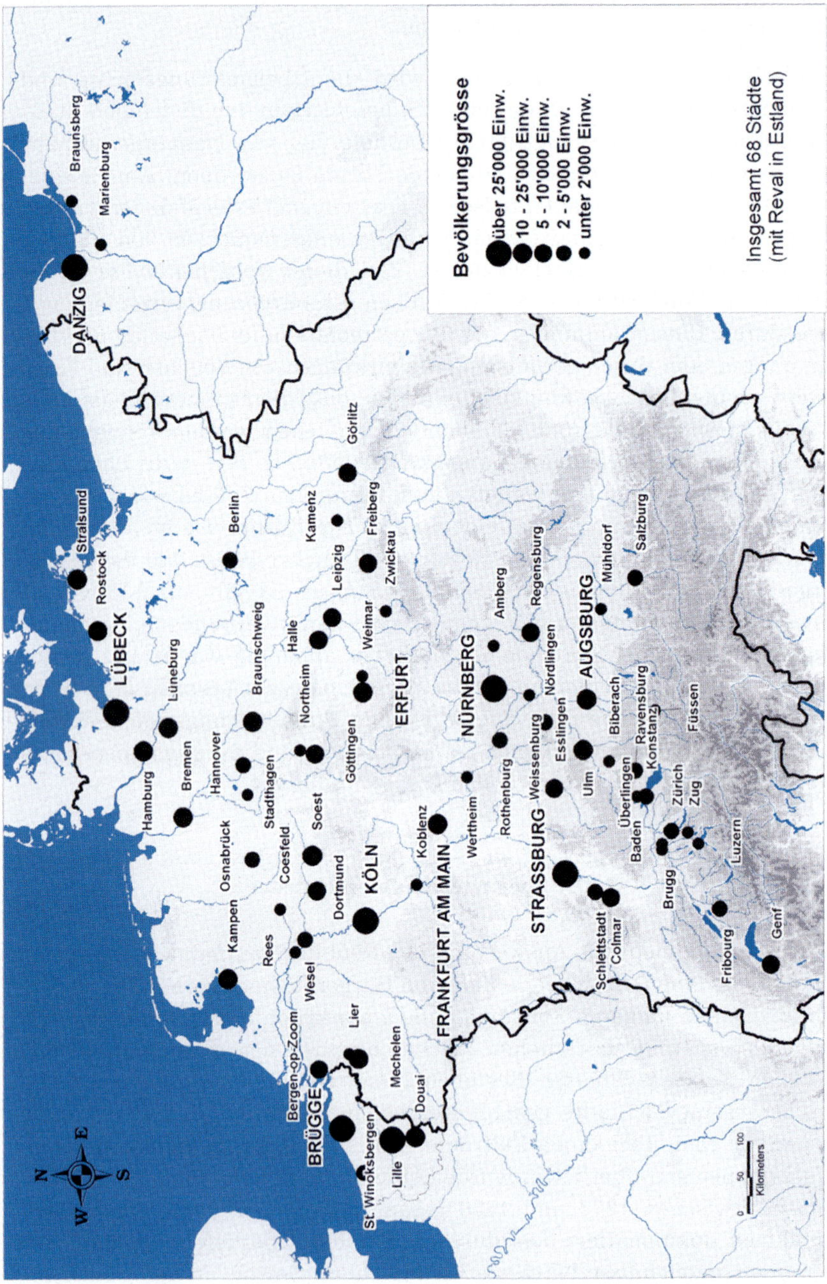

Abb. 1: Geographische Verteilung der Städte mit langfristiger Überlieferung von Neubürgeraufnahmen 1277 bis 1550

jedoch spezifische regionale Unterschiede festgestellt werden. Die Ursachen dieser Abweichungen liegen einerseits in der Verwaltungspraxis der Stadträte, die je nach den vorherrschenden rechtlichen und ökonomischen Gegebenheiten früher oder später mit der systematischen Registrierung der Neubürger begannen, andererseits ist die Quelle der Bürgerbücher teilweise nur lückenhaft oder wie beispielsweise in Strassburg nicht von Anfang an überliefert[23].

Am spätesten, erst in der zweiten Hälfte des 14. Jahrhunderts, beginnt die kontinuierliche Überlieferung von Neubürgeraufnahmen in den Städten Thüringens, Sachsens und Brandenburgs. In diesem Gebiet umfasst die Zahl der jährlichen Einbürgerungen bis zur Mitte des 16. Jahrhunderts durchschnittlich nur gerade 79 Jahre. Relativ gut dokumentiert sind die Neubürgeraufnahmen in den beiden mittelgrossen[24] Städten Halle und Görlitz, wo die systematische Registrierung der Einbürgerung bereits um 1400 einsetzt[25]. In der Grossstadt Erfurt, deren Bürgerlisten zwischen 1386 und 1419 jedes Jahr durchschnittlich rund 148 Neubürger verzeichnen, beschränkt sich die serielle Überlieferung der Bürgeraufnahmen hingegen auf nur 34 Jahre.

Völlig anders sind die Verhältnisse im Norden und Westen des Reiches. Hier können die Neubürgeraufnahmen wie zum Beispiel in Niedersachsen (seit 1277) und am Niederrhein (seit 1295) über einen Zeitraum von durchschnittlich 223 Jahren beziehungsweise 185 Jahren in Serie überblickt werden. Eine ausserordentlich dichte Überlieferung besitzen die der Nordsee zugewandten Grossstädte Hamburg, Lüneburg und Bremen, deren Bürgerbücher bereits im 13. Jahrhundert angelegt wurden[26]. Rund 250 Jahre umfassen auch die Neubürgeraufnahmen von Hannover (1301–1550), Soest

---

23 Aus der Einleitung des 1440 begonnenen Strassburger Bürgerbuches erfährt man, dass zwischen 1292 und 1424 bereits sieben Bürgerregister angelegt wurden, die heute jedoch verschollen sind; *Charles Wittmer* und *J. Charles Meyer* (Hg.), Le livre de bourgeoisie de la ville de Strasbourg 1440–1530, 2 Bde., Strassburg/Zürich 1948/54.

24 Zur Klassifizierung spätmittelalterlicher Städte nach ihrer Bevölkerungsgrösse vgl. *Hektor Ammann,* Wie gross war die mittelalterliche Stadt?, in: Die Stadt des Mittelalters, Bd. 1: Begriff, Entstehung und Ausbreitung, hg. von Carl Haase (Wege der Forschung 243), Darmstadt 1956, S. 409–415; *Heinz Stoob,* Stadtformen und städtisches Leben im späten Mittelalter, in: Die Stadt, hg. von Heinz Stoob, Köln/Graz 1979, S. 157–189; sowie zusammenfassend *Eberhard Isenmann,* Die deutsche Stadt im Spätmittelalter 1250–1500. Stadtgestalt, Recht, Stadtregiment, Kirche, Gesellschaft, Wirtschaft, Stuttgart 1988, S. 31.

25 Zu den Neubürgeraufnahmen von Görlitz vgl. *Erich Wentscher* (Hg.), Die Görlitzer Bürgerrechtslisten 1379–1600 (Codex diplomaticus Lusatiae superioris 5), Görlitz 1928.

26 *J. C. M. Laurent,* Über das zweitälteste hamburgische Bürgerbuch, in: Zeitschrift des Vereins für Hamburgische Geschichte 1 (1841), S. 141–168; sowie *Wilhelm Reinecke* (Hg.), Lüneburgs ältestes Stadtbuch und Verfestungsregister (Quellen und Darstellungen zur Geschichte Niedersachsens 8), Hannover/Leipzig 1903.

(1302–1550) und Wesel (1308–1550)[27]. In Flandern, wo die Überlieferung der jährlichen Einbürgerungen in der ersten Hälfte des 14. Jahrhunderts einsetzt, beträgt die Zahl der überlieferten Bürgeraufnahmen im Durchschnitt etwa 128 Jahre[28]. Diese übertrifft jedoch nur in der Handelsmetropole Brügge (1321–1550) einen Zeitraum von 200 Jahren. In den Grossstädten Lille (1330–1429) und Douai (1399–1506) erreicht die serielle Überlieferung der Bürgeraufnahmen ungefähr 100 Jahre[29].

Ein ähnliches Bild ergibt sich im Ostseegebiet, wo Bürgerbücher seit dem beginnenden 14. Jahrhundert erhalten sind. Die durchschnittliche Überlieferungsdauer der Neubürgeraufnahmen liegt hier wie in Flandern bei 128 Jahren. Am besten dokumentiert sind die Einbürgerungen in Stralsund (1319–1550) mit 232 Jahren, gefolgt von Rostock (1364–1480, 1494–1550) mit 174 Jahren und Reval (1409–1438, 1445–1550) im äussersten Osten des Untersuchungsgebiets mit 136 Jahren[30]. Eine relativ schlechte Überlieferung findet sich hingegen in der Grossstadt Lübeck, deren Bürgerbücher nur gerade über 40 Jahre in Serie erhalten sind[31]. Zwischen 1317 und 1356 wurden in Lübeck jedoch rund 7'425 Personen neu ins Bürgerrecht aufgenommen, was der ausserordentlich hohen Zahl von 186 Neubürgern pro Jahr entspricht.

Nur leicht unter dem Durchschnitt des gesamten Reiches liegt die Überlieferung städtischer Einbürgerungen mit 138 Jahren in Schwaben sowie mit 140 Jahren im Elsass und in der heutigen Schweiz. Am besten dokumentiert sind die Neubürgeraufnahmen in Augsburg, dessen Bürgerbuch bereits 1288 angelegt wurde. Eine dichte Überlieferung findet sich ausserdem in Ravensburg (1324–1549) mit 226 Jahren, in Freiburg im Üchtland (1341–1550) mit 210 Jahren sowie in Zürich (1351–1550) mit 200 Jah-

27 *Karl Friedrich Leonhardt* (Hg.), Das älteste Bürgerbuch der Stadt Hannover und gleichzeitige Quellen (Veröffentlichungen der Hauptstadt Hannover Reihe A: Quellen 1), Leipzig 1933; *Hermann Rothert* (Hg.), Das älteste Bürgerbuch der Stadt Soest 1302–1449 (Veröffentlichungen der Historischen Kommission für Westfalen 27), Münster 1958; sowie *Adolf Langhans* (Hg.), Die Listen der Neubürger von 1308–1677 (Die Bürgerbücher der Stadt Wesel 1), Duisburg 1950.

28 *R. A. Parmentier* (Hg.), Indices op de Brugsche Poorterboeken, Bd. 1: 1418–1450 und Bd. 2: 1450–1794 (Geschiedkunge Publicatien der Stad Brugge 2), Brugge 1938.

29 *Pierre Desportes,* Réception et inscription à la bourgeoisie de Lille aux 14e et 15e siècles, in: Revue du Nord 62 (1908), S. 541–571; sowie *Marcel Kocken,* De gekochte poorters van Mechelen 1400–1795 (Familia et Patria. Poorterboeken van de zuidelijke Nederlanden, Deel 7), Handzame 1975.

30 *Robert Ebeling* (Hg.), Das älteste Stralsunder Bürgerbuch 1319–1348 (Veröffentlichungen der Historischen Kommission für Pommern 1, Heft 2), Stettin 1925; sowie *Otto Greiffenhagen* (Hg.), Das Revaler Bürgerbuch 1409–1624 (Publikationen aus dem Revaler Stadtarchiv 6), Reval 1932.

31 *Olof Ahlers* (Hg.), Civilitates. Lübecker Neubürgerlisten 1317–1356 (Veröffentlichungen zur Geschichte der Hansestadt Lübeck 19), Lübeck 1967.

ren[32]. Bemerkenswert sind hier zudem die beiden eidgenössischen Kleinstädte Brugg und Baden, die im 15. Jahrhundert kaum mehr als 500 Einwohner zählten und deren Bürgeraufnahmen sich seit 1446/47 über einen Zeitraum von 106 beziehungsweise 89 Jahren verfolgen lassen[33].

Eine vergleichsweise niedere Überlieferungsdauer weisen die Städte in der Region Franken und Oberpfalz auf. Hier beginnt die systematische Überlieferung von Bürgerbüchern mit Ausnahme Nürnbergs und Frankfurts, deren Neubürgeraufnahmen seit dem beginnenden 14. Jahrhundert in Serie dokumentiert sind, erst in der ersten Hälfte des 15. Jahrhunderts[34]. Die Zahl der durchschnittlichen Einbürgerungen liegt in diesem Gebiet mit 129 Jahren deutlich unter derjenigen der benachbarten Städtelandschaften Norddeutschlands. Während sich die Neubürgeraufnahmen in Frankfurt (1311–1533) noch 223 Jahre in Serie überblicken lassen, nimmt die Überlieferungsdauer der Bürgerbücher in Nürnberg (pergamentene Bürgerlisten 1302–1502, papierene Bürgerlisten 1382–1550) mit 200 respektive 169 Jahren, in Regensburg (1419–1550) mit 132 Jahren und in Amberg (1425–1550) mit 126 Jahren kontinuierlich ab. In Rothenburg ob der Tauber (1480–1550) lassen sich die Neubürgeraufnahmen schliesslich nur noch gerade über einen Zeitraum von 71 Jahren in Serie überblicken.

Zusammenfassend lässt sich feststellen, dass diejenigen Städte, die eine längere Überlieferung von Neubürgeraufnahmen besitzen, sich in den zentralen Landschaften des Reiches konzentrieren (Abb. 1). Hier kann – mit gewissen regionalen Unterschieden in der Überlieferungsdauer – eine relativ gleichmässige Überlieferung von Bürgerbüchern zwischen der Nord- und Ostseeküste und dem Alpennordhang konstatiert werden. In Randregionen wie Lothringen und Burgund, Norditalien, Österreich, Böhmen und Mähren, Schlesien sowie in weiten Teilen Brandenburgs und Pommerns haben sich hingegen keine langfristigen Aufzeichnungen städtischer Einbürgerungen aus der Zeit vor 1550 erhalten. Wird die Zahl der in den Bürgerbüchern dokumentierten Einbürgerungen mit der Gesamtgrösse

---

32 *Yves Bonfils* und *Bernard de Vevey* (Hg.), Le premier livre des bourgeois de Fribourg 1341–1416 (Archives de la Société d'Histoire du Canton de Fribourg 16), Fribourg 1941.

33 *Hektor Ammann* (Hg.), Bürgerbuch der Stadt Brugg 1446–1550, in: Argovia 58 (1946), S. 404–419.

34 *Dietrich Andernacht* und *Otto Stamm* (Hg.), Die Bürgerbücher der Reichsstadt Frankfurt, Bd. 1: 1311–1400 (und das Einwohnerverzeichnis von 1387), Frankfurt a. M. 1955; *ders.* und *Erna Berger* (Hg.), Die Bürgerbücher der Reichsstadt Frankfurt, Bd. 2: 1401–1470, Frankfurt am Main 1978; sowie *Werner Schultheiss* und *Walter Lehnert* (Hg.), Die Nürnberger Bürgerbücher, Bd. 1: Die pergamentenen Neubürgerlisten 1302–1448. Mit einer Einführung in die mittelalterlichen Quellen zur Bevölkerungs- und Sozialgeschichte Nürnbergs (Quellen zur Geschichte und Kultur der Stadt Nürnberg 9), Nürnberg 1974.

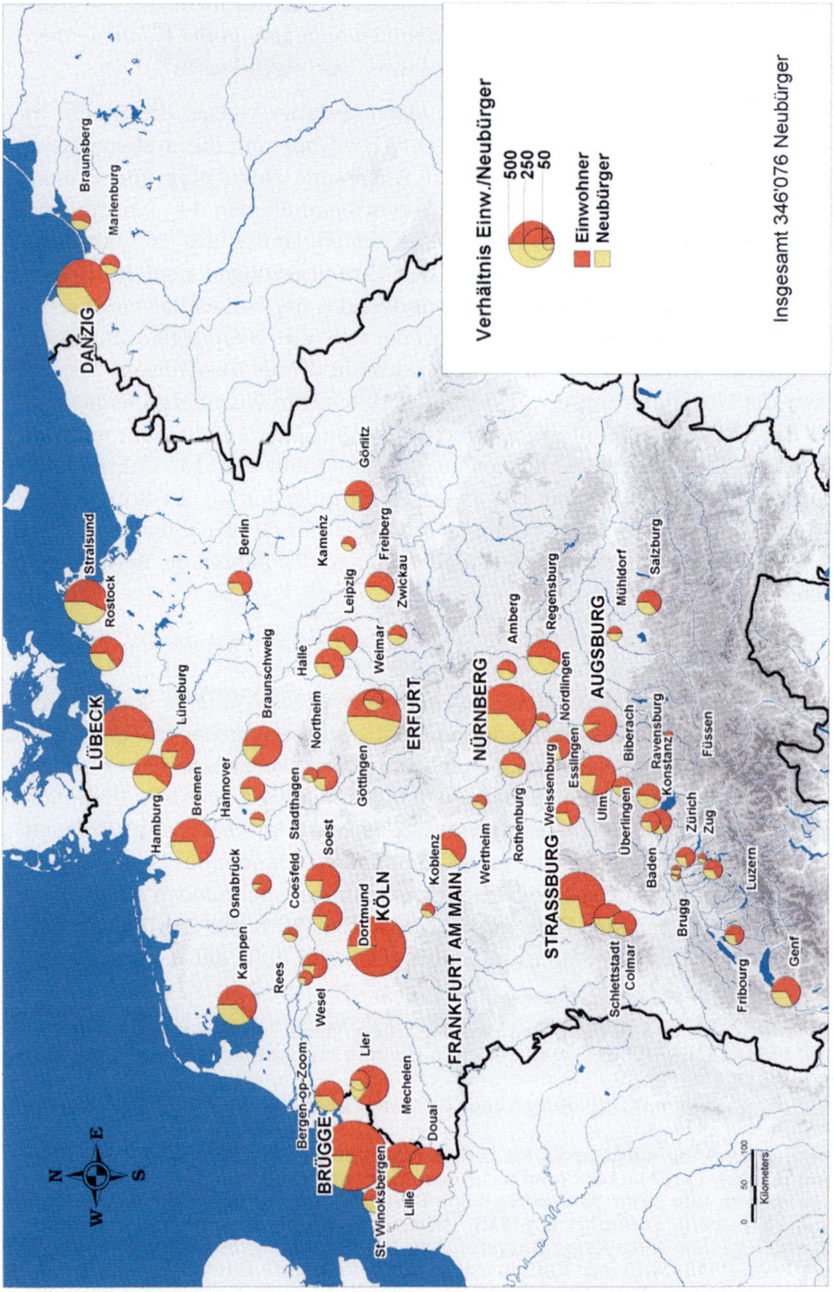

Abb. 2: Bevölkerungszahl der Städte im Vergleich mit den durchschnittlichen Einbürgerungen 1277 bis 1550

der Einwohnerschaft einer Stadt verglichen, zeigen sich jedoch Abweichungen zwischen den einzelnen Städten und Regionen des Reiches. Sowohl im Bevölkerungsreichtum als auch im Verhältnis zwischen Einwohnerzahlen und Neubürgeraufnahmen – die in Abb. 2 proportional zur Bevölkerungsgrösse einer Stadt grafisch dargestellt werden – erkennt man teilweise erhebliche Unterschiede zwischen den 68 untersuchten Städten.

Im gesamten Reichsgebiet betrug der Anteil der Neubürgeraufnahmen an der Gesamtbevölkerung einer Stadt im 14. und 15. Jahrhundert durchschnittlich zwischen 0,4 und 0,5 Prozent. Die Zahl der Neubürgeraufnahmen war jedoch in dem von der Hanse dominierten Norden und Osten tendenziell etwas grösser als im Süden und Westen des Reiches. Auffällig sind hier vor allem die beiden Grossstädte Lübeck und Erfurt, die bereits im 14. Jahrhundert gegen 20'000 Einwohner zählten und deren jährliche Bürgeraufnahmen rund 0,9 Prozent der gesamten Einwohnerzahl betrugen. Ausserordentlich hohe Anteile von Neubürgern verzeichnen auch die beiden süddeutschen Städte Mühldorf am Inn und Schlettstadt. Diese zählten im 15. Jahrhundert knapp 2'000 beziehungsweise 6'000 Einwohner. In beiden Städten wurden jedes Jahr zwischen einem und 1,3 Prozent der Gesamtbevölkerung neu ins Bürgerrecht aufgenommen. Diese hohe Zahl von Bürgeraufnahmen erklärt sich dadurch, dass neben den Vollbürgern jeweils auch die sogenannten Inwohner oder Seldener, die nur ein vermindertes Bürgerrecht besassen, in den Bürgerbüchern aufgezeichnet wurden[35].

Überdurchschnittlich klein war der Anteil der Neubürgeraufnahmen hingegen in den beiden Grossstädten Köln, das mit rund 40'000 Einwohnern im 15. Jahrhundert die weitaus grösste Stadt im Reich bildete, sowie in Augsburg, das gegen Ende des Mittelalters rund 18'000 Einwohner zählte[36]. Während die Neubürgeraufnahmen in Augsburg zwischen 1288 und 1497 mit durchschnittlich zwölf Einbürgerungen pro Jahr nur knapp 0,1 Prozent der Gesamtbevölkerung ausmachen, verzeichnet die Rheinmetropole mit durchschnittlich 22 Personen einen jährlichen Neubürgeranteil von lediglich 0,06 Prozent. Diese ausserordentlich geringe Zahl von Bürgeraufnahmen hängt mit der Verwaltungspraxis dieser Städte zusammen. Diese liessen jeweils nur diejenigen Neubürger in den Bürgerbüchern aufzeichnen, die sich durch einen speziellen Rechtsstatus auszeichneten. Während im Kölner Bürgerbuch (1356–1550) vorwiegend wohlhabende

---

35 *Maurice Kuble* (Hg.), Le livre des bourgeois et des manants de Sélestat 1472–1540, in: Annuaire des Amis de la Bibliothèque Humaniste de Sélestat 39–42, Schlettstadt 1989–1992, S. 167–201, 211–218, 185–202, 153–202.

36 *Hugo Stehkämper* (Hg.), Kölner Neubürger 1356–1798, Teil 1: Neubürger 1356–1640 (Mitteilungen aus dem Stadtarchiv Köln 61), Köln 1975.

Neubürger eingeschrieben wurden, die das lukrative Schankrecht für Wein besassen, finden sich im ältesten Bürgerbuch der Stadt Augsburg (1288–1497) grösstenteils nur solche Bürger, die sich durch die Stellung von Eidbürgen in besonderer Weise gegenüber dem Rat verpflichten mussten[37].

III. Die Städtelandschaften

Um das Einbürgerungsverhalten spätmittelalterlicher Städte im gesamten Reichsgebiet nördlich der Alpen vergleichend auszuwerten, müssen jene Städte, für die Einbürgerungen über einen längeren Zeitraum in Serie überliefert sind, in grösseren geografischen Einheiten zusammengefasst werden (Abb. 3). Mehrere Städte unterschiedlicher Grösse und Verfassungsstruktur werden deshalb im Folgenden acht Städtegruppen oder Städtelandschaften zugeordnet. Die Ausdehnung dieser Städtelandschaften definiert sich dabei einerseits durch ihre geografischen Lage innerhalb gleicher oder ähnlich beschaffener Natur- und Wirtschaftsräume, sowie andererseits durch die politischen Zusammenschlüsse der Städte in regionalen Bündnissystemen:

1. Im Nordosten des Reiches erstreckt sich die räumlich grösste Städtelandschaft. Sie umfasst die gesamte Ostseeküste von Lübeck über Rostock und Stralsund bis nach Danzig und Reval respektive Tallinn im heutigen Estland. Obwohl allein Lübeck und Reval über 1'000 Kilometer voneinander entfernt liegen, waren die Ostseestädte im 14. und 15. Jahrhundert durch die wendische respektive die preussische und livländische Hanse in einem grösseren politischen Bündnissystem zusammengefasst[38].

2. An der Nordsee liegt die zweite Städtelandschaft. Sie befindet sich im heutigen Bundesland Niedersachsen und wird im Osten durch die Elbe und im Westen durch die Weser begrenzt. Sämtliche grösseren Städte dieser Landschaft waren im 14. und 15. Jahrhundert mit der Hanse liiert. Die drei Hafenstädte im Norden, Hamburg, Lüneburg und Bremen, standen zudem in engem politischen Kontakt zu den im Landesinnern gelegenen Städten Hannover, Braunschweig und Göttingen. Diese drei Orte

---

37 Vgl.dazu *Wolfgang Herborn* und *Klaus Militzer,* Der Kölner Weinhandel. Seine sozialen und politischen Auswirkungen im ausgehenden 14. Jahrhundert (Vorträge und Forschungen, Sonderband 25), Sigmaringen 1980; sowie *Claudia Kalesse,* Bürger in Augsburg. Studien über Bürgerrecht, Neubürger und Bürgen anhand des Augsburger Bürgerbuchs I (1288–1497), Augsburg 2001.

38 *Philippe Dollinger,* Die Hanse (Kröners Taschenausgabe 371), Stuttgart 1989 (4. erweiterte Auflage von 1964), S. 155–171 und 592 f.; sowie *Horst Wernicke,* Die Städtehanse 1280–1418. Genesis – Strukturen – Funktionen (Abhandlungen zur Handels- und Sozialgeschichte 22), Weimar 1983.

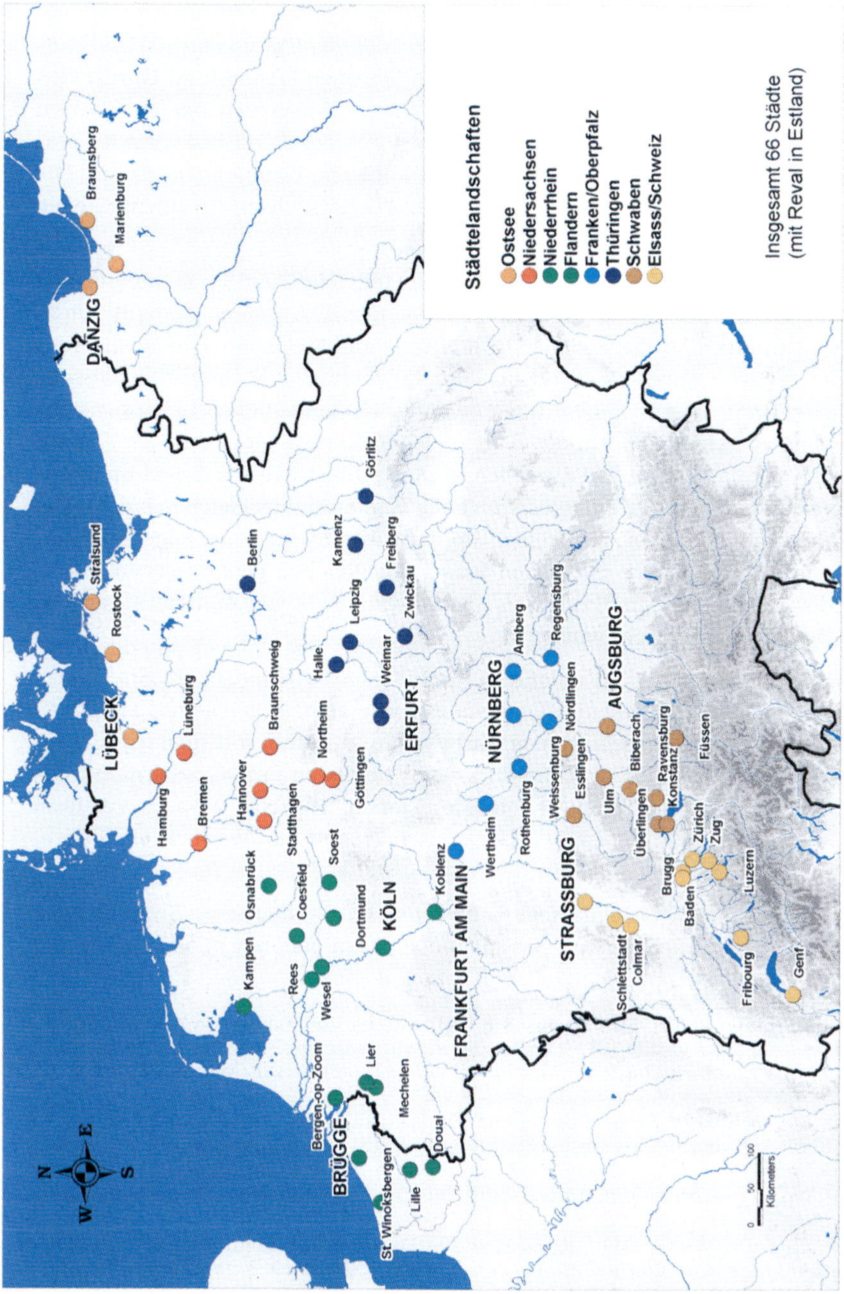

Abb. 3: Die spätmittelalterlichen Städtelandschaften im Gebiet des Römisch-deutschen Reiches nördlich der Alpen

waren ihrerseits mit den benachbarten Städten im sächsischen Städtebund zusammengeschlossen[39].

3. Gegen die Nordsee ausgerichtet waren auch die Städte der dritten Städtelandschaft. Diese erstreckt sich vom heutigen Bundesland Nordrhein-Westfalen bis zum angrenzenden Holland. Neben den beiden Zentren Köln und Soest sind in dieser Städtegruppe vor allem Dortmund, Coesfeld und Wesel, aber auch das niederländische Kampen zu nennen. Die Städte Westfalens waren wie diejenigen Niedersachsens in einem eigenen Städtebund politisch organisiert[40].

4. Die vierte Städtelandschaft gehörte nur teilweise zum Reich und umfasst das Gebiet der Grafschaft Flandern und des Herzogtums Brabant. Wichtige Städte sind hier Brügge, Lille, Douai und Mechelen. Die Reichsgrenze verlief während des 14. und 15. Jahrhunderts entlang der Schelde, was Flandern und Brabant den beiden unterschiedlichen Lehensverbänden des deutschen und des französischen Königs zuordnete. Im Frieden von Senlis 1493 wurde die Reichsgrenze schliesslich ins Artois im heutigen Frankreich verlegt, wodurch auch Flandern zum Reich gelangte. Die flämischen und brabantischen Städte waren nie in einem eigenen Städtebund organisiert. Sie liegen jedoch im gleichen geografischen Raum, der seit der ersten Hälfte des 15. Jahrhunderts von den Herzögen von Burgund beherrscht wurde[41].

5. Südlich des Mains befindet sich die fünfte Städtelandschaft. Sie liegt in der Region Franken und Oberpfalz. Diese zentral gelegene Landschaft umfasst die Flussgebiete von Mittelrhein und Main mit dem internationalen Messeplatz Frankfurt und reicht im Osten mit Nürnberg und Regensburg bis ins Einzugsgebiet der Donau. Politisch zusammengefasst war diese Städtegruppe im fränkischen und im Wetterauer Städtebund[42].

6. Die sechste Städtelandschaft umschließt die heutigen Bundesländer Thüringen, Sachsen und Brandenburg. Dazu gehören neben Erfurt und

---

39 *Matthias Puhle,* Der Sächsische Städtebund. Entstehung und Wirkung, in: Hanse – Städte – Bünde. Die sächsischen Städte zwischen Elbe und Weser um 1500, Ausstellungskatalog hg. von Matthias Puhle (Magdeburger Museumsschriften 4, Bd. 1: Aufsätze), Magdeburg 1996, S. 15–28.

40 *Jürgen Karl W. Berns,* Propter communem utilitatem. Studien zur Bündnispolitik der westfälischen Städte im Spätmittelalter (Studia humaniora 16), Düsseldorf 1991.

41 *Wim Blockmans* und *Walter Prevenier,* Die burgundischen Niederlande, Antwerpen 1986.

42 *Rainer A. Müller* (Hg.), Reichsstädte in Franken (Veröffentlichungen zur Bayerischen Geschichte und Kultur 15/2), München 1987; sowie *Elsbet Orth,* Frankfurter Umlandpolitik im späten Mittelalter (Archiv für Frankfurter Geschichte und Kunst 61), Frankfurt 1987, S. 33–51.

Leipzig auch Berlin, Halle, Görlitz und die sächsische Bergbaumetropole Freiberg. Die Städte dieser Landschaft verteilten sich im Spätmittelalter auf drei separate Bündnissysteme. Im Norden befand sich der brandenburgische, im Südwesten der thüringische und im Südosten der Oberlausitzer Städtebund[43].

7. Zwischen Donau und Hochrhein liegt mit Ulm, Nördlingen und Augsburg die siebte Städtelandschaft. Politisch vereinigt wurde diese Städtegruppe im einflussreichen schwäbischen Städtebund[44]. Eng mit dem schwäbischen Bündnissystem verbunden waren auch die Städte am Bodensee wie Konstanz, Ravensburg und Überlingen[45].

8. Am südwestlichen Rand des spätmittelalterlichen Reiches befindet sich die achte Städtelandschaft. Sie umfasst die südlich und westlich an Hoch- und Oberrhein anstossenden Gebiete. Zu dieser Landschaft gehören neben Strassburg, Colmar und Schlettstadt auch die in der heutigen Schweiz gelegenen Städte Zürich, Luzern und Freiburg sowie – im äussersten Südwesten des Reiches – Genf[46]. Die Städte der Eidgenossenschaft waren im 14. und 15. Jahrhundert mit denjenigen des elsässischen Städtebundes liiert[47].

Franken und Oberpfalz

Die Region Franken und Oberpfalz liegt im geografischen Mittelpunkt des Reiches zwischen dem von der Hanse geprägten Norden und den Gewerbelandschaften Oberdeutschlands. Die Städte dieser Städtelandschaft widerspiegeln somit im Kleinen die vielfältige Verfassungssituation des spätmittelalterlichen Reiches. Sie können deshalb als Beispiel genommen

43 *Werner Mägdefrau,* Der Thüringer Dreistädtebund im Mittelalter, Weimar 1976; sowie *Karl Czok,* Der Oberlausitzer Sechsstädtebund in vergleichender geschichtlicher Betrachtung, in: Oberlausitzer Forschungen (1961), S. 108–120.

44 *Johannes Schildhauer,* Der schwäbische Städtebund. Ausdruck der Kraftentfaltung des deutschen Städtebürgertums in der zweiten Hälfte des 14. Jahrhunderts, in: Jahrbuch für Geschichte des Feudalismus 1, Berlin 1977, S. 187–210; *Harro Blezinger,* Der Schwäbische Städtebund in den Jahren 1438–1445 (Darstellungen aus der Württembergischen Geschichte 39), Stuttgart 1954; sowie *Wilhelm Vischer,* Geschichte des Schwäbischen Städtebundes der Jahre 1376 bis 1389, Göttingen 1861.

45 *Jörg Füchtner,* Die Bündnisse der Bodenseestädte bis zum Jahre 1390 (Veröffentlichungen des Max-Planck-Instituts für Geschichte 8), Göttingen 1970.

46 *Bernhard Vogler,* Die Elsässische Dekapolis (1354–1679), in: Vom Städtebund zum Zweckverband, hg. von Bernhard Kirchgässner und Hans-Peter Becht (Stadt in der Geschichte 20), Sigmaringen 1994, S. 21–28.

47 *Johanna Forrer,* Die wirtschaftlichen Bestimmungen in den Bündnissen der süddeutschen und eidgenössischen Städte, Zürich 1940; sowie *Hans Nabholz,* Der Zusammenhang der eidgenössischen Bünde mit der gleichzeitigen deutschen Bündnispolitik, in: Festgabe für Gerold Meyer von Knonau, Zürich 1913, S. 216–284.

werden, wie sich die langfristigen Einbürgerungsfrequenzen verschiedener Städte als regionaler Trend darstellen lassen.

Die fränkisch-oberpfälzischen Städte reihen sich in westöstlicher Richtung entlang der bedeutenden Fernhandelsstrasse von der Messestadt Frankfurt am Main über die kleine Weinbaustadt Wertheim nach Nürnberg mit dessen beiden fränkischen Bündnispartnern Rothenburg und Weissenburg bis in die Oberpfalz mit Amberg und Regensburg an der Donau. Die Handelsmetropole Nürnberg war mit über 20'000 Einwohnern im 15. Jahrhundert die grösste Stadt in der Region. Frankfurt und Regensburg erreichten mit rund 10'000 Einwohnern etwa die halbe Grösse Nürnbergs, während die Bevölkerungen von Wertheim und Weissenburg bis zum Ende des Mittelalters kaum mehr als 3'000 Einwohner zählten. Etwas grösser waren die wittelsbachische Residenzstadt Amberg sowie die Reichsstadt Rothenburg, die im 15. Jahrhundert zwischen 5'000 und 6'000 Einwohnern besassen. Für alle sieben untersuchten Städte sind die langfristigen Bürgeraufnahmen über einen Zeitraum von mindestens 55 Jahren (Weissenburg) und 223 Jahren (Frankfurt) bis zur Mitte des 16. Jahrhunderts nahezu lückenlos dokumentiert (Abb. 4). Der Anteil der jährlichen Bürgeraufnahmen betrug in allen Städten während des späten Mittelalters zwischen 0,6 und 0,8 Prozent der Einwohnerschaft. Die fränkisch-oberpfälzischen Städte verfügen somit über einen vergleichsweise hohen Anteil an dokumentierten Neubürgeraufnahmen. Bei allen untersuchten Bürgerbüchern kann deshalb von einer gewissen Einheitlichkeit in der Buchführung sowie in der Vollständigkeit der gemachten Einträge ausgegangen werden.

Insgesamt verzeichnen die Bürgerbücher in Franken und der Oberpfalz zwischen 1311 und 1550 rund 54'000 Einbürgerungen. Dieser Wert entspricht ungefähr 16 Prozent aller im Reichsgebiet überlieferten Bürgeraufnahmen. Fast die Hälfte dieser Einbürgerungen entfallen dabei auf Nürnberg, wo allein in den papierenen Bürgerlisten zwischen 1382 und 1550 jedes Jahr durchschnittlich 144 neue Bürger eingeschrieben wurden. Die Einträge in den pergamentenen Bürgerlisten verzeichnen noch einmal etwa 20 Neubürgeraufnahmen pro Jahr. Diese enthalten jedoch nur die sozial höher gestellten Neubürger, die sich in den Jahren 1302 bis 1501 zu relativ hohen Aufnahmegebühren in den zentralen Nürnberger Stadtteilen St. Sebald und St. Lorenz niederliessen[48]. Einen hohen Anteil an dokumentierten Neubürgeraufnahmen besitzen auch die beiden Reichsstädte Frankfurt und Regensburg. Hier wurden im 14. und 15. Jahrhundert jährlich durchschnittlich 60 Personen neu ins Bürgerrecht aufgenommen. Lediglich zwischen 15 und 40 Einbürgerungen registrieren hingegen die Bürgerbücher

48 Vgl. dazu Nürnberger Bürgerlisten; *Schultheiss* (Anm. 34), S. 67 ff.

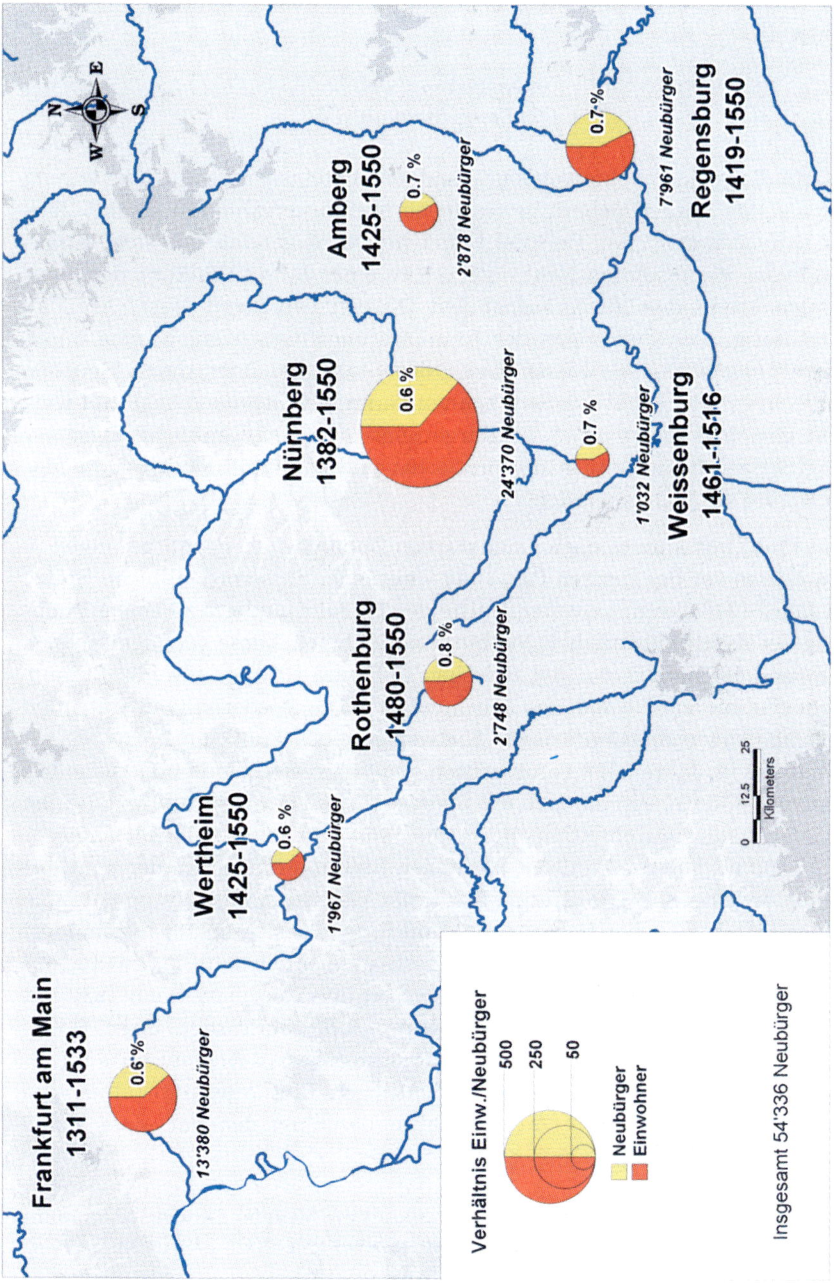

Abb. 4: Die überlieferten Neubürgeraufnahmen in Franken und der Oberpfalz 1311 bis 1550

der mittelgrossen Städte Wertheim, Rothenburg, Amberg und Weissenburg. Die vier Orte bürgerten zwischen 1425 und 1550 zusammen etwa 8'600 Personen ein.

Die Frequenzanalysen

Grundlage der nachfolgenden Trendberechnungen ist die Umwandlung der aus den Bürgerbüchern gewonnenen Neubürgerzahlen in einen 5-Jahres Durchschnitt[49]. Am Beispiel Frankfurts wird gezeigt, wie sich, ausgehend von den absoluten Neubürgerzahlen eines Jahres (Balken), der langfristige Trend der Bürgeraufnahmen (Kurve) berechnen lässt (Abb. 5). Kurzfristige Schwankungen der Einbürgerungsfrequenzen, wie sie durch verwaltungstechnische Massnahmen des Stadtrates oder durch Seuchen und Kriege verursacht wurden, können dadurch weitgehend geglättet werden. Gleichzeitig wird das Einbürgerungsverhalten Frankfurts in seiner langfristigen Entwicklung interpretierbar und kann mit demjenigen anderer Städte verglichen werden.

In Frankfurt kam es nach einer starken Zunahme der Einbürgerungen in den Jahren vor der grossen Pest 1349 – mit einer ausserordentlichen Spitze im Jahre 1346 – in der zweiten Hälfte des 14. Jahrhunderts zu einem Rückgang der durchschnittlichen Neubürgeraufnahmen. Diese verringerten sich von rund 48 Einbürgerungen zwischen 1325 und 1350 auf etwa 32 Einbürgerungen bis zum Ende des Jahrhunderts. Die wiederholt auftretenden Pestzüge sowie die militärische Niederlage eines Frankfurter Heeres bei Kronburg im Jahre 1389 verursachten eine schwerwiegende politische und finanzielle Krise, von der sich die Stadt erst nach der Restitution der alten Ratsverfassung durch König Ruprecht 1408 allmählich wieder erholte[50]. Seit 1400 begann die Zahl der jährlichen Einbürgerungen wieder kontinuierlich anzusteigen. Die Gründe für dieses Wachstum lagen in erster Linie in der wirtschaftlichen Prosperität Frankfurts, das sich im 15. Jahrhundert zum wichtigsten Messeplatz Oberdeutschlands entwickelte[51]. Die steigenden Neubürgerzahlen erreichten in der Zeit der Reformation um 1530 mit durchschnittlich 100 Einbürgerungen pro Jahr schliesslich ihren Höhepunkt. Charakteristisch für das Einbürgerungsverhalten Frankfurts im 15. Jahrhundert sind die drei ausserordentlichen Einbürgerungsspitzen von 1432, 1448 und 1459. In diesen Jahren beschloss der Rat, dass sämt-

---

49 *Gerber* (Anm. 12).

50 *Karl Bücher*, Die Bevölkerung von Frankfurt am Main im 14. und 15. Jahrhundert (Sozialstatistische Studien 1), Tübingen 1886; sowie *Andernacht* (Anm. 34), S. XI bis XXVII.

51 *Michael Rothmann*, Die Frankfurter Messen im Mittelalter (Frankfurter historische Abhandlungen 40), Stuttgart 1998.

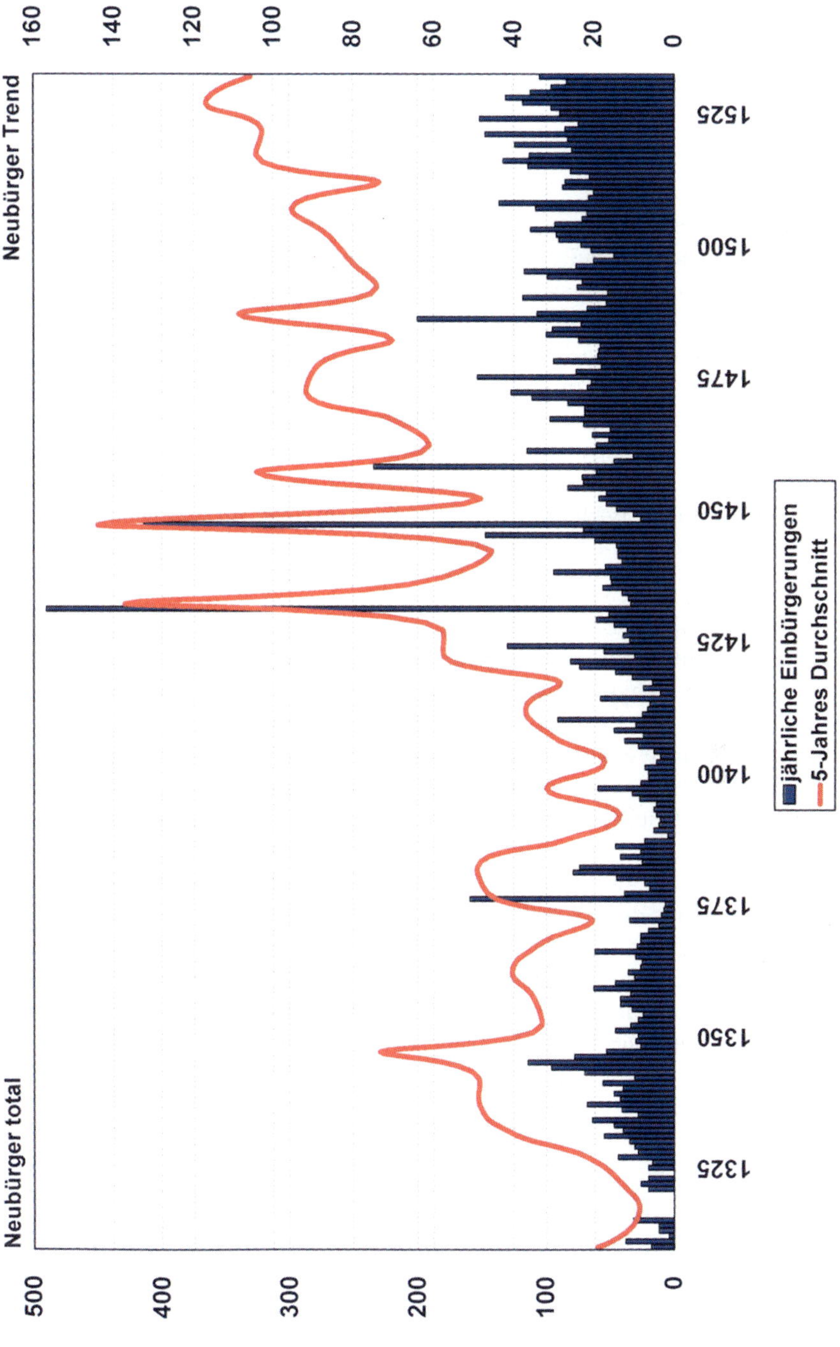

Abb. 5: Die Neubürgeraufnahmen der Stadt Frankfurt am Main 1311 bis 1533

liche in der Stadt ansässigen Haushaltsvorstände das volle Bürgerrecht zu erwerben hätten[52]. Die absoluten Neubürgerzahlen wuchsen entsprechend dieser Ratsverordnung kurzfristig von durchschnittlich 60 auf 200 bis 500 Personen an.

Der regionale Trend

Ausgehend von den jährlichen Einbürgerungsfrequenzen der fränkisch-oberpfälzischen Städte lässt sich die durchschnittliche Frequenz aller sieben Städte bestimmen und in Abhängigkeit zum geographischen Raum Frankens und der Oberpfalz als regionaler Trend darstellen (Abb. 6). Es ergibt sich daraus die Möglichkeit, die Städtelandschaft Franken und Oberpfalz anhand des Einbürgerungsverhaltens ihrer Städte zu charakterisieren und gegenüber benachbarten Räumen wie Schwaben oder dem Niederrheingebiet als eigenständige Städtelandschaft abzugrenzen. Gleichzeitig lassen sich die Neubürgeraufnahmen jeder einzelnen Stadt mit dem regionalen Trend in Beziehung setzen. Abweichungen im langfristigen Einbürgerungsverhalten können dadurch erkannt und in Abhängigkeit zur Stadtgeschichte erklärt werden.

Der regionale Einbürgerungstrend von Franken und Oberpfalz fasst die durchschnittlichen Einbürgerungsfrequenzen aller sieben untersuchten Städte in einem einheitlichen Trend zusammen. Da Nürnberg mit durchschnittlich 144 Neubürgern (papierene Neubürgerlisten) fast zehn mal so viele jährliche Einbürgerungen aufweist wie Wertheim, müssen die unterschiedlich hohen Frequenzen der untersuchten Städte aufgrund ihrer durchschnittlichen Bürgeraufnahmen auf ein einheitliches Niveau gebracht werden. Danach wird der gemeinsame Mittelwert aller Frequenzen berechnet und als regionaler Trend dargestellt (Kurve). Dieses methodische Vorgehen hat den Vorteil, dass sich die Fluktuationen im Einbürgerungsverhalten gleich stark im regionalen Trend niederschlagen und die Einbürgerungsfrequenzen der grossen Städte Nürnberg und Frankfurt diejenigen der kleinen Städte nicht zu stark dominieren. Zugleich kann verhindert werden, dass der regionale Trend bei jeder, im Laufe der Zeit neu hinzukommenden Stadt plötzlich anwächst und das langfristige Einbürgerungsverhalten der Region durch die ungleiche Überlieferung der Neubürgeraufnahmen verfälscht wird. Die Repräsentativität des regionalen Trends für die gesamte Region Franken und Oberpfalz nimmt seit 1311 (Frank-

52 *Gerhard Dilcher*, Zum Bürgerbegriff im späteren Mittelalter. Versuch einer Typologie am Beispiel von Frankfurt am Main, in: Über Bürger, Stadt und städtische Literatur im Spätmittelalter, hg. von Josef Fleckenstein und Karl Stackmann (Abhandlungen der Akademie der Wissenschaften in Göttingen, philosophisch-historische Klasse, 3. Folge 121), Göttingen 1980, S. 59 – 105.

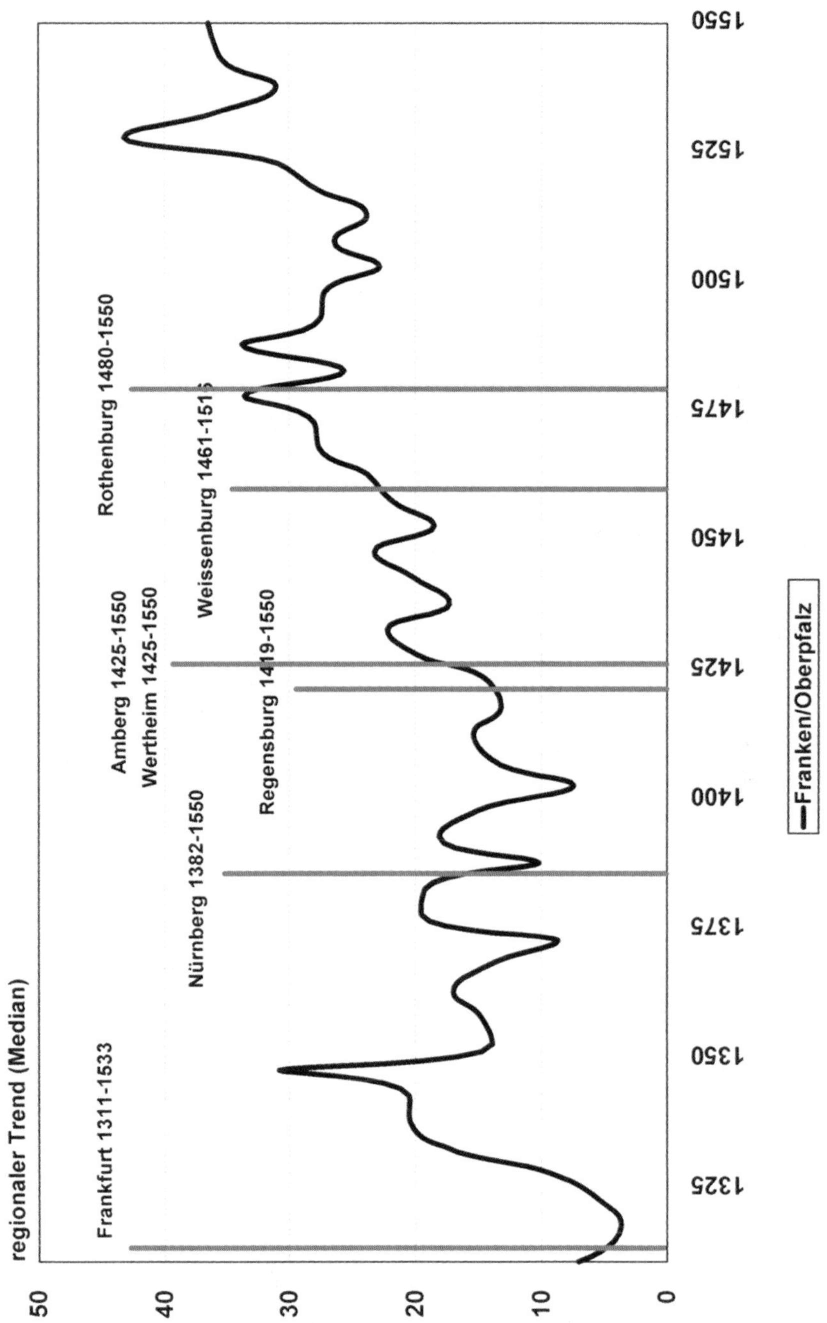

Abb. 6: Der langfristige Einbürgerungstrend der fränkisch-oberpfälzischen Städte 1311 bis 1550

furt am Main) jedoch mit der dichter werdenden Überlieferung bis 1480 (Rothenburg ob der Tauber) kontinuierlich zu (Balken).

Beim direkten Vergleich des langfristigen Einbürgerungsverhaltens der fränkisch-oberpfälzischen Städte zeigt sich, dass die Einbürgerungsfrequenzen aller sieben Städte gewisse, durch lokale Bedingungen hervorgerufene Eigentümlichkeiten aufweisen (Abb. 7). Diese erklären sich durch Unterschiede in der Buchführung der überlieferten Neubürgerverzeichnisse, durch verwaltungstechnische Massnahmen der Stadträte oder durch einmalige Ereignisse in der Stadtentwicklung wie innere Unruhen, Verfassungsänderungen, Stadtbrände und Seuchenzüge. In allen untersuchten Städten finden sich trotz der lokalen Eigenheiten jedoch auffällige Gemeinsamkeiten im langfristigen Verlauf der Frequenzen. Diese Übereinstimmungen können als regionale Charakteristiken im Einbürgerungsverhalten der fränkisch-oberpfälzischen Städte interpretiert werden. Vor allem in der zweiten Hälfte des 15. und zu Beginn des 16. Jahrhunderts zeichnen sich die untersuchten Städte durch nahezu gleich schwingende Frequenzen aus. Zu beachten sind dabei insbesondere die beiden Einbürgerungsspitzen um 1480 und 1490, das nachfolgende Absinken der Einbürgerungen zu Beginn des 16. Jahrhunderts sowie das erneute Anwachsen der Bürgeraufnahmen in der Reformationszeit um 1530.

Grundsätzlich kann somit folgende Feststellung gemacht werden: Obwohl sich jede der untersuchten Städte in Franken und der Oberpfalz durch eine individuelle Einbürgerungspolitik auszeichnete, wurde das langfristige Einbürgerungsverhalten dieser Städte von übergeordneten, in der gesamten Region wirksamen Faktoren beeinflusst. Um die städtischen Einbürgerungsfrequenzen als übergeordnetes Phänomen deuten zu können, wird das Einbürgerungsverhalten im Folgenden mit anderen konjunkturellen Zyklen wie der langfristigen Entwicklung von Getreidepreisen verglichen.

IV. Einbürgerungsfrequenzen und Getreidepreise

Die mittelalterliche Agrarwirtschaft wurde geprägt durch den Anbau, Verkauf und Verzehr von Getreideprodukten[53]. Getreide war das wichtigste Grundnahrungsmittel und lieferte den grössten Teil des menschlichen Kalorienbedarfs. Die jährlich erzielten Ernteerträge variierten jedoch sehr stark und konnten, je nach den vorherrschenden Witterungsverhältnissen,

53 *Werner Rösener*, Agrarwirtschaft, Agrarverfassung und ländliche Gesellschaft im Mittelalter, München 1992; sowie *Walter Achilles*, Getreidepreise und Getreidehandelsbeziehungen europäischer Räume im 16. und 17. Jahrhundert, in: Zeitschrift für Agrargeschichte und Agrarsoziologie 7 (1959), S. 17 ff.

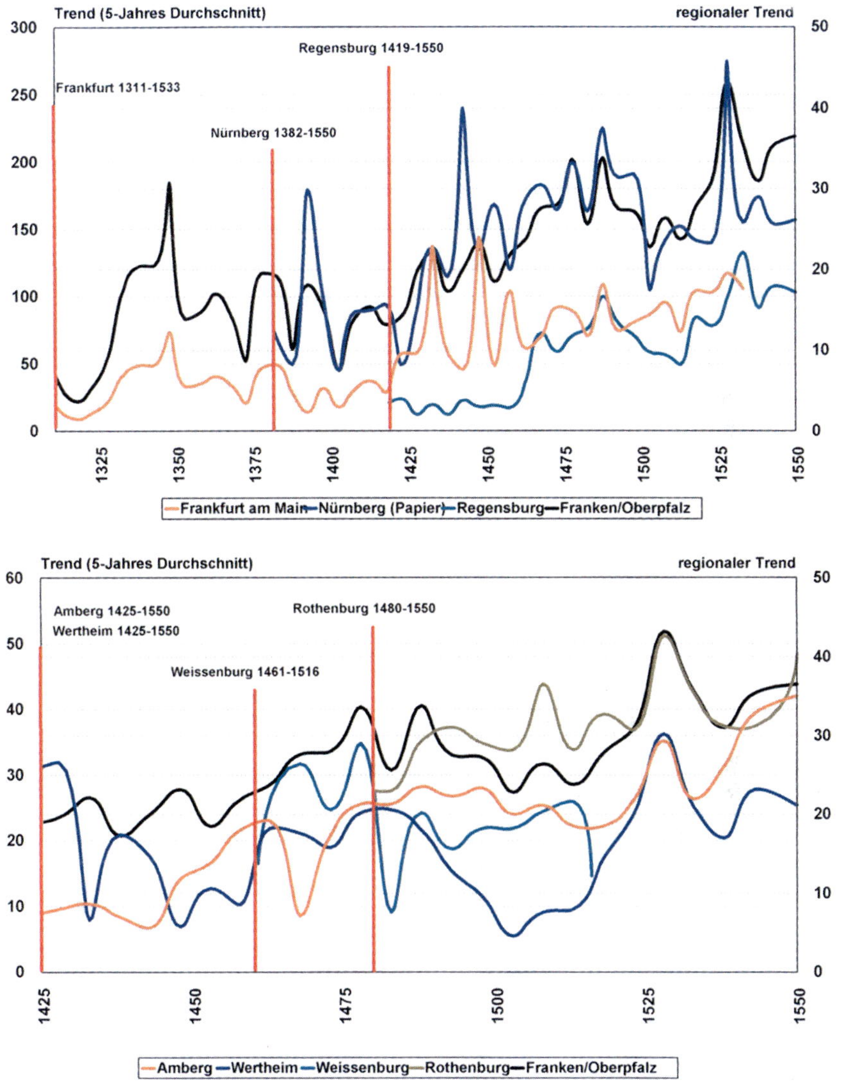

Abb. 7: Die durchschnittlichen Einbürgerungsfrequenzen der fränkisch-oberpfälzischen Städte im langfristigen Vergleich 1311 bis 1550

von Region zu Region erhebliche Unterschiede aufweisen[54]. Direkte Auswirkungen auf Getreideanbau und Getreidepreise besassen zudem Kriege und Naturkatastrophen wie Hagel, Überschwemmungen oder Sturmwinde sowie demografische Einbrüche, wie sie seit 1349 vor allem durch die wiederholt auftretenden Pestzüge verursacht wurden[55]. Missernten und die darauf folgenden Teuerungen wirkten sich nachhaltig auf die Lebenshaltungskosten grosser Bevölkerungsteile aus. Während ärmere Bewohner in Stadt und Land bei steigenden Kornpreisen bald einmal Hunger litten, mussten auch wohlhabende Personen immer mehr Geld für den Kauf von Brotgetreide aufwenden, so dass die Nachfrage für andere Güter und Dienstleistungen stark zurückging. Insbesondere das städtische Gewerbe erlitt während längeren Teuerungsphasen empfindliche Einkommenseinbussen, die nicht selten soziale Unruhen innerhalb der Handwerkerschaft begünstigten[56]. Hingegen belebten gute Getreideernten und die daraus resultierenden tiefen Preise die allgemeine Konjunktur[57]. Getreidepreise bilden deshalb ähnlich wie die Einbürgerungsfrequenzen wichtige Indikatoren für die sozioökonomische Entwicklung einer Region[58].

Am Beispiel der südlich des Mains gelegenen Städtelandschaften Franken, Schwaben und Elsass sowie der peripheren Städtelandschaft Flandern und Brabant lässt sich zeigen, dass die in den Bürgerbüchern überlieferten Neubürgeraufnahmen und die langfristige Preisentwicklung beim Brotgetreide in einer direkten Wechselbeziehung zueinander standen. Die Grundlage dieses Vergleichs bilden die von Rainer Metz und Walter Bauernfeind publizierten Preisreihen für Roggen in den Städten Frankfurt,

---

54 *Walter Bauernfeind,* Materielle Grundstrukturen im Spätmittelalter und der Frühen Neuzeit. Preisentwicklung und Agrarkonjunktur am Nürnberger Getreidemarkt von 1339 bis 1670 (Nürnberger Werkstücke zur Stadt- und Landesgeschichte 50), Nürnberg 1993, S. 1 ff.

55 Zu den Abhängigkeiten zwischen Bevölkerungsentwicklung und Getreideanbau vgl. die grundlegende Arbeit von *Wilhelm Abel,* Agrarkrisen und Agrarkonjunktur. Eine Geschichte der Land- und Ernährungswirtschaft Mitteleuropas seit dem hohen Mittelalter, Hamburg 1966 (2. Auflage von 1935).

56 *Ernst Kelter,* Das deutsche Wirtschaftsleben des 14. und 15. Jahrhunderts im Schatten der Pestepidemien, in: Jahrbücher für Nationalökonomie und Statistik 165 (1953), S. 183–195, hier 182; sowie kritisch *Erich Maschke,* Deutsche Städte am Ausgang des Mittelalters, in: Die Stadt am Ausgang des Mittelalters, hg. von Wilhelm Rausch (Beiträge zur Geschichte der Städte Mitteleuropas 3), Linz an der Donau 1974, S. 1–44, hier 20 ff.

57 Die Getreidepreise schwankten in der Regel nicht proportional zum Umfang der Ernten, sondern die Preissteigerungen fielen im Verhältnis zu einem geringeren Ernteertrag prozentual wesentlich höher aus (Spekulationen durch Fürkäufer etc.); *Bauernfeind* (Anm. 54), S. 2.

58 Vgl. dazu auch *Christian Pfister,* Klimageschichte der Schweiz 1525–1860. Das Klima der Schweiz und seine Bedeutung in der Geschichte von Bevölkerung und Landwirtschaft, Bd. 1, Bern 1984, S. 15; sowie *Michael Matheus* und *Walter G. Rödel* (Hg.), Landesgeschichte und historische Demographie (Geschichtliche Landeskunde 50), Stuttgart 2000.

Nürnberg, Nördlingen, Strassburg, Brügge und Antwerpen[59]. Für alle sechs Städte lassen sich die Preisreihen von Brotgetreide im 14. und 15. Jahrhundert über mehrere Jahrzehnte überblicken. Sie können dadurch, mit Ausnahme von Antwerpen, das über keine langfristige Überlieferung von Neubürgeraufnahmen im Spätmittelalter verfügt, mit dem langfristigen Einbürgerungsverhalten der genannten Städte in Beziehung gesetzt werden. Die Hafenstadt Antwerpen liegt jedoch in nächster Nachbarschaft zu Mechelen, dessen Bürgerbücher seit 1400 in Serie überliefert sind. Es kann deshalb angenommen werden, dass sich die langfristige Entwicklung der Getreidepreise in Antwerpen und Mechelen im 15. Jahrhundert nicht wesentlich voneinander unterschieden hat.

Franken, Schwaben und Elsass

Für die Städte Frankfurt, Nürnberg, Nördlingen und Strassburg lassen sich die Preise für Brotgetreide im 14. und 15. Jahrhundert über mehrere Jahrzehnte überblicken, so dass das langfristige Einbürgerungsverhalten dieser Städte mit den Getreidepreisen in der Region Franken, Schwaben und Elsass in Beziehung gesetzt werden kann. Bei allen vier Städten zeigt sich eine Abhängigkeit zwischen der Zahl der jährlich überlieferten Einbürgerungen und der Entwicklung des Kornpreises auf dem städtischen Markt. Werden die Neubürgeraufnahmen Frankfurts mit der durchschnittlichen Preisentwicklung für Roggen von 1347 bis 1465 verglichen, kann folgende Feststellung gemacht werden (Abb. 8): Bei tiefen Getreidepreisen steigen die jährlichen Einbürgerungen an, während die Zahl der Bürgeraufnahmen bei hohen Preisen wieder deutlich zurückgeht. Einbürgerungen und Roggenpreise zeigen vor allem in der Zeit zwischen 1350 und 1425 deutlich gegenläufige Schwingungen, die sich im spiegelbildlichen Verlauf der beiden Trendlinien manifestieren. Das gleiche Bild zeigt sich in Nürnberg, wo sich die Entwicklung der Neubürgeraufnahmen und der Preisreihen für Roggen zwischen 1427 und 1550 über einen Zeitraum von insgesamt 123 Jahren überblicken lassen (Abb. 9). Auch in Nürnberg scheint ein Anstieg der Getreidepreise zu einem Rückgang der Einbürgerungen respektive der Zuwanderung in die Stadt geführt zu haben. Bei niedrigen Roggenpreisen begann die Zahl der Bürgeraufnahmen dann aber wieder stetig zu steigen. Besonders deutlich zeigt sich diese Gegenläufigkeit der

59 *Bauernfeind* (Anm. 54), S. 426–441; sowie *Rainer Metz,* Geld, Währung und Preisentwicklung. Der Niederrheinraum im europäischen Vergleich: 1350–1800 (Schriftenreihe des Instituts für bankhistorische Forschung 14), Frankfurt am Main 1990, S. 444–456. Ich danke Herrn Prof. Rainer Metz für die verschiedenen Preisreihen in Gold- und Silberäquivalenten, die er unserem Institut freundlicherweise zur Verfügung gestellt hat.

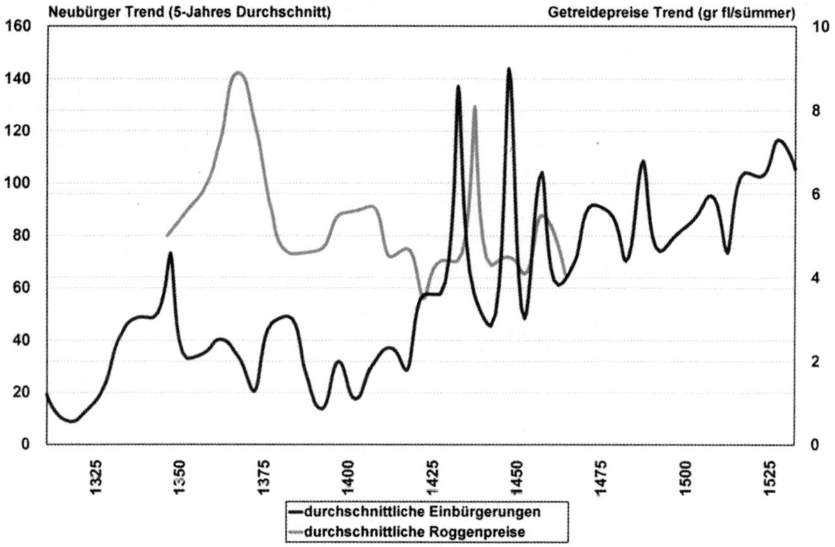

Abb. 8: Die Neubürgeraufnahmen von Frankfurt am Main im Vergleich mit den Roggenpreisen 1347 bis 1465

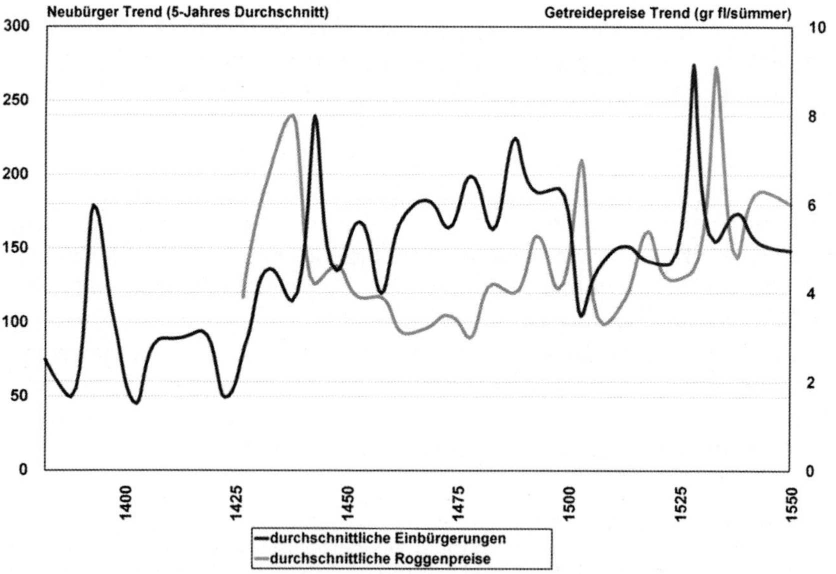

Abb. 9: Die Neubürgeraufnahmen von Nürnberg im Vergleich mit den Roggenpreisen 1427 bis 1550

Schwingungen beispielsweise zwischen 1425 und 1450, nach 1500 sowie in der Reformationszeit um 1530.

Eine ähnliche Entwicklung findet sich in der elsässischen Wirtschaftsmetropole Strassburg. Hier lassen sich die Preise für Roggen und die Zahl der Einbürgerungen zwischen 1440 und 1550 ohne Unterbruch vergleichen (Abb. 10)[60]. In Strassburg manifestiert sich dabei wie in Frankfurt und Nürnberg eine auffällige Gegenläufigkeit in der langfristigen Entwicklung von Kornpreisen und Neubürgeraufnahmen. Einzig in den Jahren 1475 bis 1500 kann nicht von einer eindeutigen Korrelation der beiden Trendkurven gesprochen werden. Am deutlichsten ist die direkte Abhängigkeit zwischen Neubürgeraufnahmen und Getreidepreisen in der schwäbischen Reichsstadt Nördlingen. Hier lässt sich die Gegenläufigkeit der Schwingungen ohne jegliche Abweichungen von 1425 bis 1524 in Serie nachweisen (Abb. 11).

Zusammenfassend kann somit folgende These formuliert werden: Das langfristige Einbürgerungsverhalten spätmittelalterlicher Städte steht, trotz der unbestrittenen Individualität städtischer Einbürgerungspolitik, in direkter Abhängigkeit zu „unbewussten“ überregionalen Faktoren. Diese scheinen vor allem durch Veränderungen in der Bevölkerungsentwicklung oder durch Agrarzyklen verursacht worden zu sein. Bei einem Anstieg der Getreidepreise ging die Zahl der Neubürgeraufnahmen zurück. Umgekehrt kam es zu einem Anwachsen der Einbürgerungszahlen, wenn die Preise für Korn auf dem städtischen Markt sanken. Die Abhängigkeit von Neubürgeraufnahmen und Getreidepreisen lässt sich grundsätzlich aus zwei verschiedenen Ursachen erklären: Einerseits lag es im Interesse der Stadträte, die Zuwanderung und damit auch die Aufnahme ins Bürgerrecht während Teuerungsphasen zu limitieren, damit die Getreideversorgung der Stadtbevölkerung nicht durch die Ansiedlung neuer Einwohner noch zusätzlich belastet wurde. Gingen die Kornpreise dann wieder zurück, lockerte der Rat die Niederlassungsbestimmungen, so dass Zuwanderer zu den vor der Teuerung herrschenden Bedingungen ins Bürgerrecht aufgenommen werden konnten. Andererseits bewirkten hohe Kornpreise, dass vor allem grundbesitzende Landbewohner mit dem von ihnen angebauten Getreide auf dem städtischen Markt hohe Gewinne erzielten[61]. Sie

---

60 *Auguste Charles Hanauer*, Etudes économiques sur l'Alsace ancienne et moderne, Bd. 2, Paris / Strassburg 1878, S. 90 – 95.

61 Grossbauern und adlige Grundherren konnten bei partiellen Fehlernten mit einer zwar verminderten Marktquote immer noch von kurzfristig überproportional zum Ernteausfall in die Höhe schnellenden Preisen profitieren; *Gilomen* (Anm. 19), S. 29. Vgl. dazu auch *Roland Gerber*, Öffentliches Bauen im mittelalterlichen Bern. Verwaltungs- und finanzgeschichtliche Untersuchung über das Bauherrenamt der Stadt Bern 1300 bis 1550 (Archiv des Historischen Vereins des Kantons Bern 77), Bern 1994, S. 119 f.

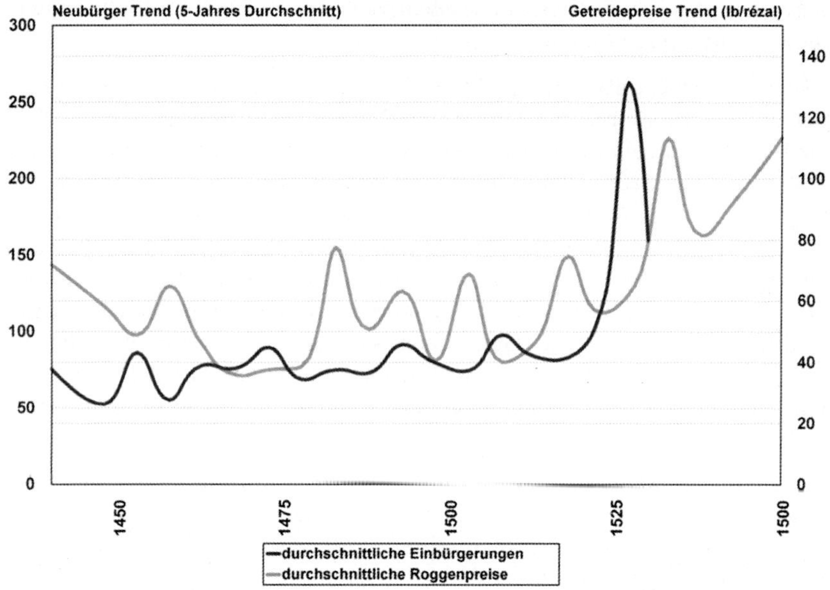

Abb. 10: Die Neubürgeraufnahmen von Strassburg im Vergleich mit den Roggenpreisen 1440 bis 1550

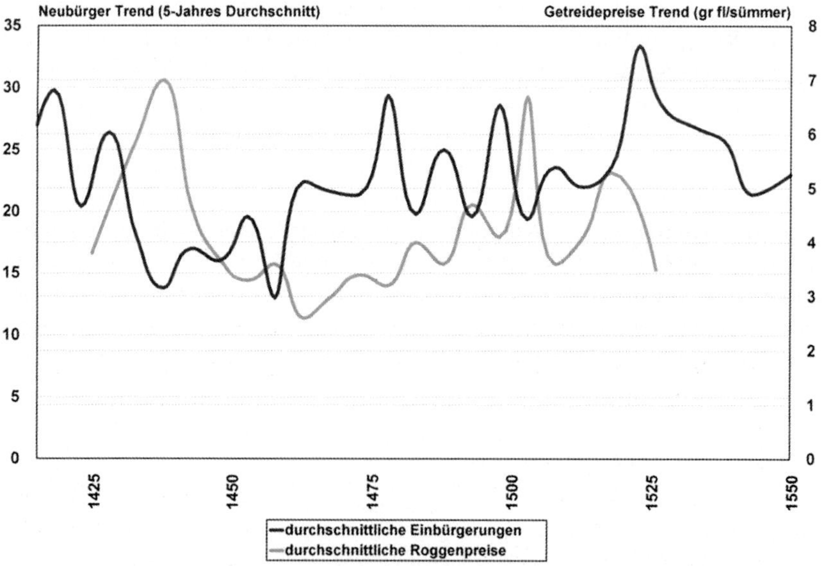

Abb. 11: Die Neubürgeraufnahmen von Nördlingen im Vergleich mit den Roggenpreisen 1425 bis 1524

hatten dadurch keinerlei Anlass, während Teuerungszeiten in die mit Versorgungsproblemen kämpfenden Städte zu ziehen.

Bei einem Vergleich von Immatrikulationszahlen deutscher Universitäten mit Getreidepreisen kann zudem gezeigt werden, dass die Korrelation von Einbürgerungsfrequenzen und Kornpreisen während des Spätmittelalters nicht allein auf die Personengruppe der Neubürger beschränkt war. Auch an den Universitäten wuchs die Zahl der Immatrikulationen an, wenn die Getreidepreise sanken. Während Teuerungsphasen verkleinerte sich hingegen die Zahl der neu immatrikulierten Studenten merklich[62]. Sowohl bei den Studenten als auch bei den Neubürgern wurde somit das Bedürfnis, sich in einer fremden Stadt niederzulassen, im 14. und 15. Jahrhundert eindeutig von den vorherrschenden ökonomischen Verhältnissen in einer Region beeinflusst.

Flandern und Brabant

Bestätigung findet diese These in den Einbürgerungsfrequenzen von Brügge und Mechelen (Abb. 12 und 13). Sowohl die Neubürgeraufnahmen als auch die Getreidepreise zeichnen sich in diesen beiden Städten im 15. und beginnenden 16. Jahrhundert durch eine auffällige Gegenläufigkeit der Schwingungen aus. Während in Brügge vor allem zwischen 1415 und 1500 eine Korrelation festgestellt werden kann, lässt sich in Mechelen während fast des gesamten Untersuchungszeitraums von 1400 bis 1550 ein spiegelbildlicher Verlauf der Schwingungen verfolgen. Getreidepreise und Neubürgeraufnahmen widerspiegeln deshalb in Flandern und Brabant wie schon in den Städten südlich des Mains bestehende ökonomische und politisch-rechtliche Entwicklungsunterschiede zwischen den verschiedenen Regionen und Landschaften des Reiches.

V. Die Einbürgerungstrends von Städtelandschaften im langfristigen Vergleich

Mit der zuvor beschriebenen Methode lassen sich die Einbürgerungsfrequenzen verschiedener Städte in ihrer langfristigen Entwicklung direkt miteinander vergleichen und auf Grund ihres spezifischen Einbürgerungsverhaltens einzelnen Städtelandschaften zuordnen. Das Beispiel der beiden Städte Dortmund und Kampen zeigt, wie sich die langfristigen Einbürgerungsfrequenzen einzelner Städte – hier mit einer gewissen zeitlichen Verschiebung im 14. Jahrhundert – entsprechen können (Abb. 14). Die holländische Hafenstadt Kampen lässt sich trotz der sich abzeichnenden poli-

62 *Schwinges* (Anm. 9), S. 207–220.

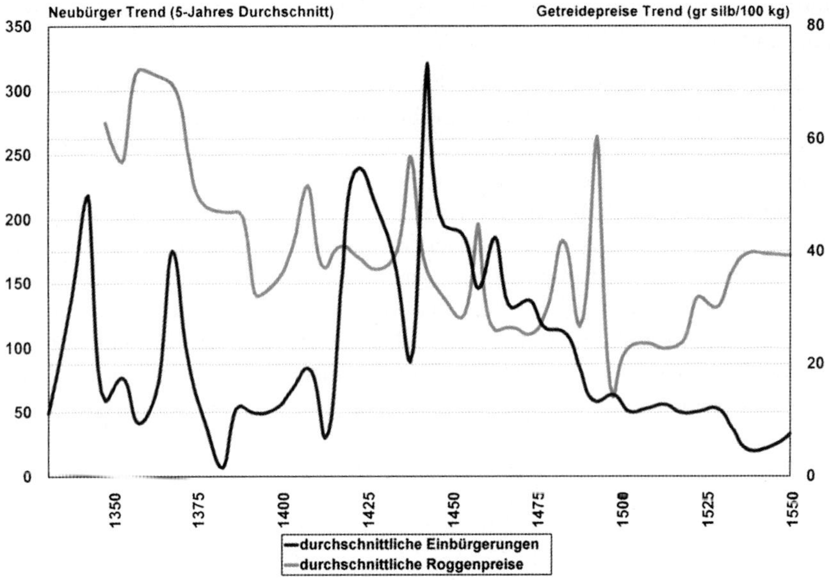

Abb. 12: Die Neubürgeraufnahmen von Brügge im Vergleich mit den Roggenpreisen 1348 bis 1550

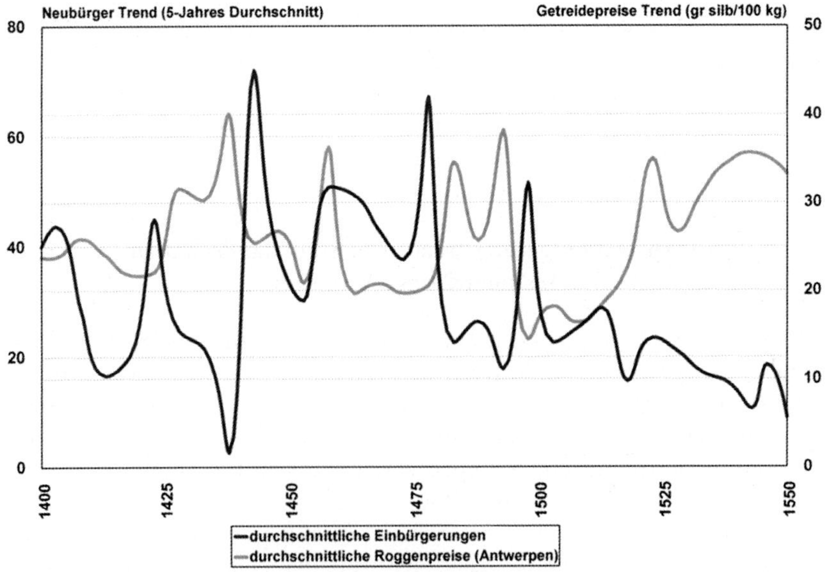

Abb. 13: Die Neubürgeraufnahmen von Mechelen im Vergleich mit den Roggenpreisen 1400 bis 1550

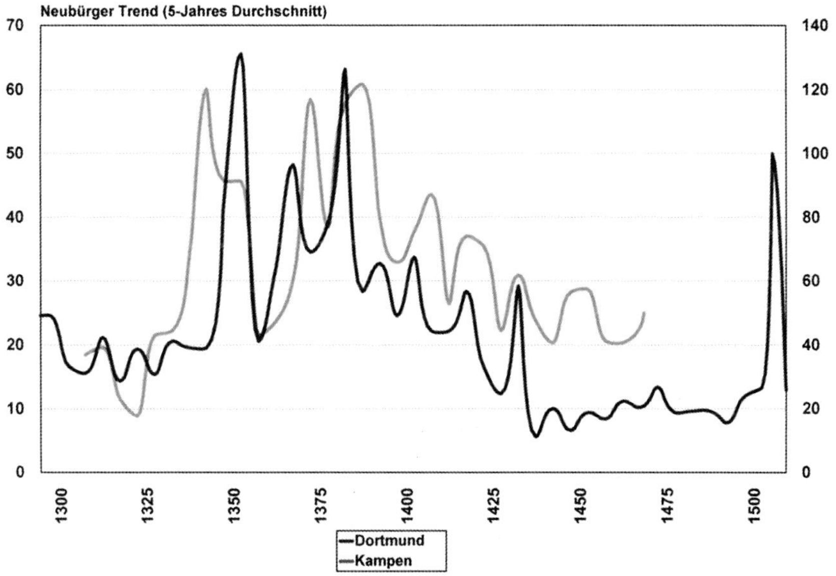

Abb. 14: Die Einbürgerungsfrequenzen der Städte Dortmund und Kampen im Vergleich 1295 bis 1510

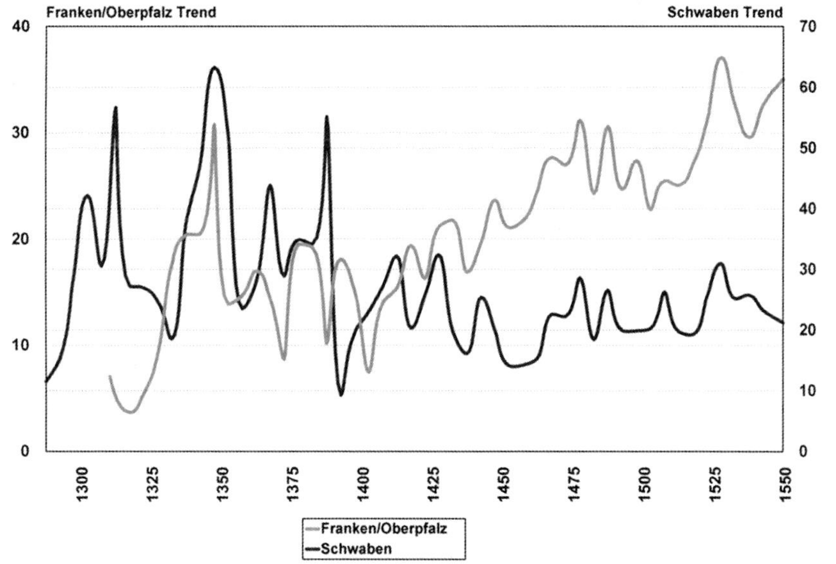

Abb. 15: Die Einbürgerungstrends von Franken / Oberpfalz und Schwaben im regionalen Vergleich 1288 bis 1550

tischen Trennung des niederländischen Raumes vom Reich auf Grund ihres Einbürgerungsverhaltens während des 14. und 15. Jahrhunderts eindeutig dem niederrheinischen (Wirtschafts-)Raum zurechnen.

Aber nicht nur einzelne Städte, sondern auch ganze Städtelandschaften können anhand ihrer regionalen Einbürgerungstrends miteinander verglichen werden. So zeigt sich bei einem Vergleich der Einbürgerungstrends von Franken und Oberpfalz mit Schwaben, dass diese beiden benachbarten Städtelandschaften einem einheitlichen Wirtschaftsraum angehörten (Abb. 15). Sowohl im 14. Jahrhundert als auch in der zweiten Hälfte des 15. und zu Beginn des 16. Jahrhunderts bestehen auffällige Gemeinsamkeiten im Verlauf der Schwingungen, die keinesfalls zufällig sein können. In Schwaben finden sich beispielsweise wie in Franken und der Oberpfalz die bereits erwähnten Einbürgerungsspitzen um 1480 und 1490. Dann folgt in beiden Städtelandschaften ein Rückgang der Neubürgeraufnahmen, die durch eine deutliche Einbürgerungsspitze in der Reformationszeit abgelöst wird. Ein wesentlicher Unterschied zwischen den beiden Städtelandschaften besteht darin, dass die Zahl der Neubürgeraufnahmen in Franken und in der Oberpfalz während des gesamten 15. Jahrhunderts kontinuierlich anwuchs, während sie in Schwaben weitgehend stagnierte. Diese abweichende Entwicklung kann dadurch erklärt werden, dass sich vor allem die beiden Handelszentren Frankfurt und Nürnberg im 15. Jahrhundert durch ein ausserordentliches Wachstum ihrer Wirtschaft auszeichneten. Die Einwohnerzahlen dieser beiden Reichsstädte stiegen deshalb während des 15. Jahrhunderts stetig an, während die Bevölkerungen der meisten schwäbischen Städte erst nach einer längeren Phase des Stillstandes gegen Ende des 15. Jahrhunderts wieder anzuwachsen begannen. Grundsätzlich muss jedoch darauf hingewiesen werden, dass in einzelnen Städten wie etwa in Augsburg verwaltungstechnische Massnahmen des Rates ebenfalls zu einem merklichen Rückgang der in den Bürgerbüchern dokumentierten Einbürgerungen führen konnten[63].

Nur eine geringe Korrelation ist erkennbar, wenn die regionalen Einbürgerungstrends von Franken und Oberpfalz mit der im Nordwesten angrenzenden Städtelandschaft des Niederrheingebietes verglichen werden (Abb. 16). Hier lassen sich im gesamten Zeitverlauf hauptsächlich gegenläufige Schwingungen feststellen. Der Niederrhein muss deshalb im Spätmittelalter grundsätzlich einem anderen Wirtschafts- und Kulturraum zugeordnet werden. Deutlich zeigen sich diese Unterschiede beispielsweise in den Jahren um 1375, 1405, 1485 sowie in der Reformationszeit um 1530. Die von der Wirtschaftsgeschichte bereits seit längerer Zeit postulierte Zweiteilung des spätmittelalterlichen Reiches in den von der Hanse domi-

---

63 *Kalesse* (Anm. 37), S. 162–170.

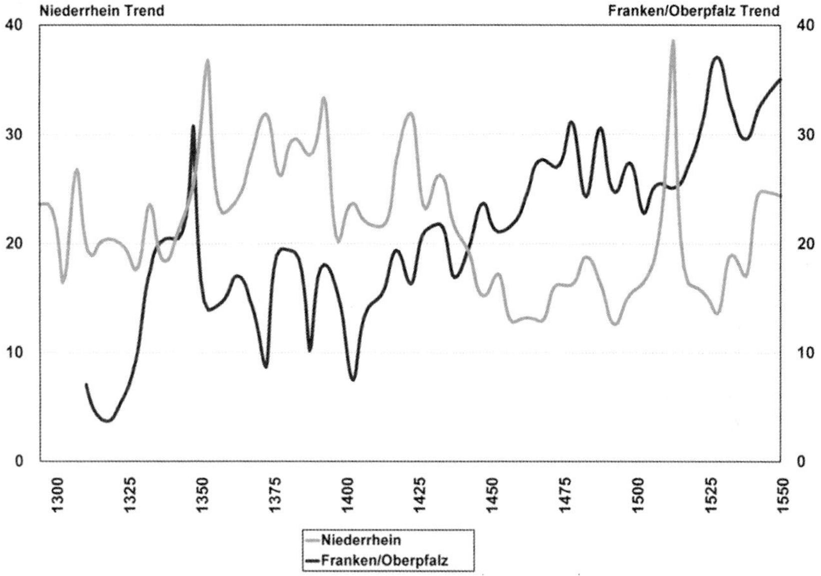

Abb. 16: Die Einbürgerungstrends von Niederrhein und Franken / Oberpfalz im regionalen Vergleich 1295 bis 1550

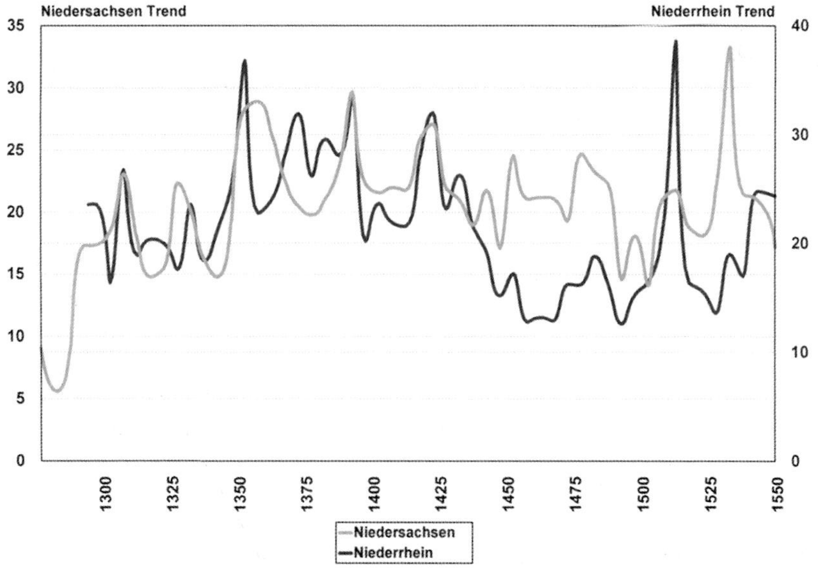

Abb. 17: Die Einbürgerungstrends von Niedersachsen und Niederrhein im regionalen Vergleich 1277 bis 1550

nierten Norden und in die spezialisierten Gewerbelandschaften Oberdeutschlands lässt sich somit auch anhand des langfristigen Einbürgerungsverhaltens von Städten verifizieren[64]. Bestätigt wird diese Behauptung beispielsweise in den beiden nördlichen Städtelandschaften Niedersachsen und Niederrhein, die deutliche Gemeinsamkeiten in ihrem Einbürgerungsverhalten aufweisen und dadurch dem gleichen Wirtschaftsraum zugerechnet werden müssen (Abb. 17).

Etwas weniger auffällig sind die Übereinstimmungen im Süden des Reiches. Hier scheinen die politischen Massnahmen von Stadträten und Zünften das langfristige Einbürgerungsverhalten der Städte stärker beeinflusst zu haben als in den mittleren und nördlichen Reichsgebieten. Die regionalen Einbürgerungstrends von Schwaben, Elsass und der heutigen Schweiz lassen jedoch vor allem im 14. Jahrhundert ebenfalls Gemeinsamkeiten im Verlauf der Schwingungen erkennen. Es kann deshalb auch im Süden von einer gewissen Einheitlichkeit des Wirtschafts- und Kulturraums ausgegangen werden (Abb. 18). Solche Übereinstimmungen zeigen beispielsweise die auffälligen Einbürgerungsspitzen um 1350, 1370 und 1390. Erst im Verlauf des 15. Jahrhunderts begann das Einbürgerungsverhalten dieser beiden Städtelandschaften immer stärker von einander abzuweichen. Im Unterschied zu Holland, dessen Städte im 15. Jahrhundert noch eindeutig dem Reich beziehungsweise dem niederrheinischen Raum zugerechnet werden müssen, lassen sich im Einbürgerungsverhalten der eidgenössischen Städte bereits im 15. Jahrhundert Unterschiede feststellen, die als beginnende Trennung vom Reich interpretiert werden können[65].

Bei einem Vergleich der Ostseestädte mit Flandern und Brabant fällt auf, dass sich das langfristige Einbürgerungsverhalten dieser beiden Städtelandschaften durch vornehmlich gegenläufige Schwingungen auszeichnet (Abb. 19). In der Zeit zwischen 1360 und 1420, 1425 und 1500 sowie zwischen 1510 und 1550 scheinen die Einbürgerungstrends dieser beiden wirtschaftlich konkurrierenden Städtelandschaften jeweils sogar auf Kosten der anderen Städtelandschaft angewachsen zu sein. Es entsteht der Eindruck, dass wirtschaftliche Prosperität und steigende Neubürgeraufnahmen in der einen Städtelandschaft von ökonomischen Krisen und sinkenden Einbürgerungszahlen in der anderen Städtelandschaft begleitet wurden. Ob sich dieser Eindruck durch die konfliktreichen Wirtschaftsbeziehungen dieser beiden Städtelandschaften erklärt lässt, kann im Moment nur als These formuliert werden.

---

64 *Hektor Ammann,* Deutschland und die Tuchindustrie Nordwesteuropas im Mittelalter, in: Hansische Geschichtsblätter 72 (1954), S. 1–63.

65 Vgl. dazu *Peter Moraw,* Reich, König und Eidgenossen im späten Mittelalter, in: Jahrbuch der historischen Gesellschaft Luzern 4, Luzern 1986, S. 15–33.

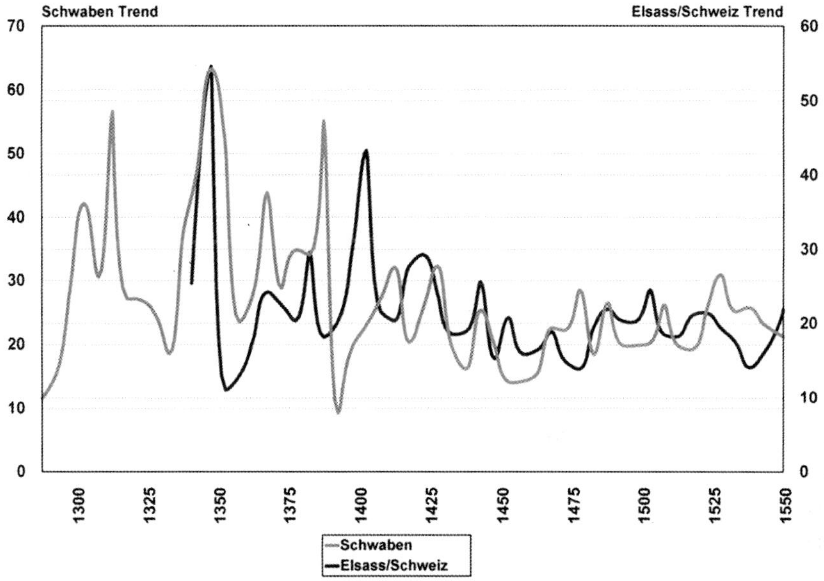

Abb. 18: Die Einbürgerungstrends von Schwaben und Elsass / Schweiz im regionalen Vergleich 1288 bis 1550

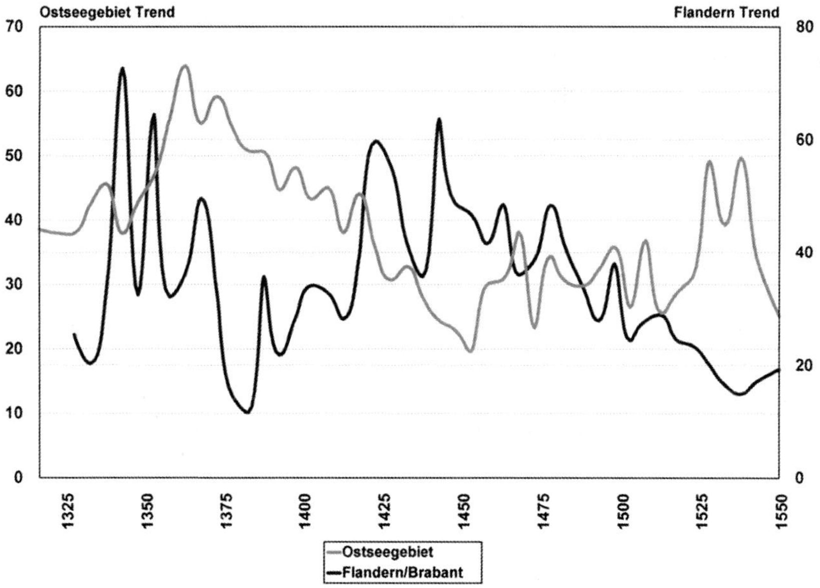

Abb. 19: Die Einbürgerungstrends von Ostseegebiet und Flandern / Brabant im regionalen Vergleich 1317 bis 1550

Zusammenfassung

Neubürgerbücher gehören zu den wenigen seriellen Quellen des späten Mittelalters, die sich über einen Zeitraum von mehreren Jahrhunderten im Gebiet des Römisch-deutschen Reiches nördlich der Alpen vergleichend auswerten lassen. Obwohl sich die einzelnen Bürgerbücher sowohl in Form und Inhalt als auch in der Vollständigkeit ihrer Einträge teilweise erheblich voneinander unterscheiden, können diese wegen ihres einheitlichen Verwendungszwecks als chronologisch geführte Namenregister der neu ins kommunale Bürgerrecht aufgenommenen Personen mit Hilfe von Trendberechnungen direkt miteinander verglichen werden. Es ist möglich, einzelne Städte sowie ganze Städtelandschaften aufgrund ihres spezifischen Einbürgerungsverhaltens zu charakterisieren und in ihrer langfristigen Entwicklung zu beschreiben. Die Fluktuationen in den Einbürgerungsfrequenzen widerspiegeln dabei bestehende ökonomische wie politisch-rechtliche Entwicklungsunterschiede zwischen den verschiedenen Landschaften und Regionen des spätmittelalterlichen Reiches. Vor allem zwischen dem von der Hanse dominierten Norden und den Gewerbelandschaften Oberdeutschlands lassen sich Unterschiede im langfristigen Einbürgerungsverhalten der Städte feststellen. Die räumliche Abgeschlossenheit dieser beiden Grosslandschaften als eigenständige Kultur- und Wirtschaftsräume wird dadurch bestätigt.

Für die südlich des Mains gelegenen Städtelandschaften Franken, Schwaben und Elsass sowie für die periphere Städtelandschaft Flandern und Brabant kann zudem nachgewiesen werden, dass die Zahl der Bürgeraufnahmen und die langfristige Entwicklung von Getreidepreisen in direkter Abhängigkeit zueinander standen. Bei tiefen Getreidepreisen stiegen die jährlichen Einbürgerungen an, während die Zahl der Bürgeraufnahmen bei hohen Preisen wieder deutlich zurückging. Trotz der unbestrittenen Individualität städtischer Bürgerrechtspolitik muss deshalb das langfristige Einbürgerungsverhalten von Städten während des Spätmittelalters von zusätzlichen, überregionalen und konjunkturellen Faktoren gesteuert worden sein, auf die der Mensch durch bewusstes Handeln kaum Einfluss nehmen konnte.

Umlandpolitik im Spiegel städtischer Einbürgerungen während des späten Mittelalters

Von Rolf Kießling, Augsburg

Als der Augsburger Stadtschreiber Dr. Conrad Peutinger um 1500 ein Gutachten zur Bürgeraufnahme erstellte, hatte er zwar ein konkretes Problem aus dem reichsstädtischen Alltag vor Augen, nämlich die Rückforderung ehemaliger Eigenleute durch einen Landesherrn, den Herzog von Bayern, argumentierte aber sehr abstrakt anhand fiktiver Fälle A, B, C über grundlegende Rechtsprobleme, die dabei auftraten. Uwe Heckert hat die Schrift deshalb als „Mustergutachten" auf den juristischen Diskurs über die De-facto-Souveräntität der Stadt und die damit verbundene Rezeption des Römischen Rechts bezogen und den programmatischen Satz Peutingers *in dubio pro libertate est iudicandum* als Markstein für die Weiterentwicklung der deutschen Rechtstradition interpretiert[1]. Man kann in diesem Gutachten die Akzente aber auch anders setzen, wenn man es in die Situation seiner Entstehung einbettet:

Es erwuchs wohl aus einer ins Grundsätzliche gehobenen Auseinandersetzung zwischen der Reichsstadt und ihrem territorialen Nachbarn, wie Claudia Kalesse erst jüngst aufgezeigt hat[2]. Nach einer Rückforderung von fast 200 Leibeigenen durch Herzog Georg den Reichen von Bayern-Landshut 1487 und ersten Ausgleichsbemühungen, die eine Verrechnung vor dem bayerischen Landgericht Friedberg auf der Basis des Augsburger Stadtrechts beziehungsweise des bayerischen Landrechts beabsichtigten, waren zunächst Nürnberger Gutachten zur Absicherung eingesetzt worden, die eine Vermittlungsposition auf der Ebene der Reichsgesetzgebung anboten. Doch die Frage blieb weiterhin strittig, und 1493 zog auch Herzog Albrecht von Bayern-München entsprechende Bürger vor sein Landgericht Mering.

---

1 *Uwe Heckert,* „Im Zweifel für die Freiheit". Ein Mustergutachten Conrad Peutingers zu Bürgerrecht und Bürgeraufnahme im spätmittelalterlichen Augsburg, in: Klaus Schreiner und Ulrich Meier (Hg.), Stadtregiment und Bürgerfreiheit (Bürgertum 7), Göttingen 1994, S. 120–144.

2 *Claudia Kalesse,* Bürger in Augsburg. Studien über Bürgerrecht, Neubürger und Bürgen anhand des Augsburger Bürgerbuchs I (1288–1497), (Abhandlungen zur Geschichte der Stadt Augsburg, 37) Augsburg 2001, S. 120–125.

Das Peutinger-Gutachten gehört damit in den Kontext einer neuen Phase wittelsbachischer Expansion nach Ostschwaben[3]. Der Versuch Herzog Georgs, 1486 die gesamte Markgrafschaft Burgau zu erwerben, war zwar 1492 gestoppt worden, doch die Bemühungen waren damit noch keineswegs erschöpft, sondern liefen bis zum Landshuter Erbfolgekrieg weiter. Augsburgs Grenzlage gegenüber Bayern hatte immer eine problematische Komponente: zum einen herrschaftspolitisch, weil die beiden Teilherzogtümer aufgrund des konsequenten bayerischen Territorialisierungsprozesses ungleich schwerer zu beeinflussen waren als das *territorium non clausum* der Markgrafschaft Burgau im Westen, zum anderen ökonomisch, weil die Ressourcen leicht mittels einer Handelssperre abgeschnitten werden konnten[4]. Der Zuzug bayerischer Hintersassen nach Augsburg wurde von den Herzögen deshalb wohl nicht so sehr als „Landflucht" attackiert, um den Verlust an Untertanen zu unterbinden[5]; denn die Rechtsstellung der bayerischen Bauern war von herzoglicher Seite bereits bewußt verbessert worden: Sie hatten die „Freistift" ihrerseits bereits durch die Vergabe des Erbrechts zurückgedrängt und verteidigten die Rechte der Bauern gegenüber den Forderungen der Klöster und Stifte, und zudem dürfte die Abwanderung in die Städte zu Zeiten eines massiven Bevölkerungsanstiegs ohnehin nicht mehr als große Gefahr empfunden worden sein[6]. Vielmehr ist diese aktuelle Politik um 1500 als einer der Nadelstiche gegen die soeben durch einen neuen Konjunkturaufschwung im Aufwind begriffene Reichsstadt zu sehen, auf die man seit dem 14. Jahrhundert den Zugriff verloren hatte – im Gegensatz zu Regensburg, das etwa gleichzeitig, wenn

3 Vgl. dazu ausführlich *Reinhard Stauber,* Herzog Georg der Reiche von Niederbayern und Schwaben, in: Zeitschrift für bayerische Landesgeschichte 49 (1986), S. 611–670; *ders.*, Herzog Georg der Reiche von Bayern-Landshut und seine Reichspolitik. Möglichkeiten und Grenzen reichsfürstlicher Politik im wittelsbachisch-habsburgischen Spannungsfeld zwischen 1470 und 1505 (Münchener Historische Studien, Abt. Bayerische Geschichte 15), Kallmünz 1993, S. 199–274, 346–353, 463–498.

4 Vgl. dazu etwa *Wolfgang Zorn,* Augsburg. Geschichte einer europäischen Stadt, Augsburg 2001 (4. Auflage), S. 147–198; *Karl Schnith,* Die Reichsstadt Augsburg im Spätmittelalter (1368–1493), in: Gunther Gottlieb u. a. (Hg.), Geschichte der Stadt Augsburg von der Römerzeit bis zur Gegenwart, Stuttgart 1985 (2. Auflage), S. 153–166.

5 So *Heckert* (Anm. 1), S. 122 f., in Anlehnung an *Karl-Heinz Spieß,* Zur Landflucht im Mittelalter, in: Hans Patze (Hg.), Die Grundherrschaft im späten Mittelalter. Teil I (Vorträge und Forschungen 27), Sigmaringen 1983, S. 157–204, hier S. 162–164, 192, allerdings bezogen auf das ausgehende 14. und beginnende 15. Jahrhundert.

6 Vgl. *Gero Kirchner,* Probleme der spätmittelalterlichen Klostergrundherrschaft in Bayern: Landflucht und bäuerliches Erbrecht. Ein Beitrag zur Genesis des Territorialstaates, in: Zeitschrift für bayerische Landesgeschichte 19 (1956), S. 1–94, hier S. 35–45, 81 f., 86 f.; *Renate Blickle,* „Spenn und Irrung" im „Eigen" Rottenbuch. Die Auseinandesetzungen zwischen Bauernschaft und Herrschaft des Augustiner-Chorherrenstifts, in: Peter Blickle (Hg.), Aufruhr und Empörung? Studien zum bäuerlichen Widerstand im Alten Reich, München 1980, S. 69–145, hier S. 84–95.

auch nur für wenige Jahre, zur Herzogsstadt mediatisiert wurde[7]. So gesehen markieren die heftigen Kontroversen um die „Einbürgerung“ um 1500, lange nachdem sich ein relativ einheitliches Bürgerrecht entwickelt hatte, einen neuralgischen Punkt der Stadt im Verhältnis zu ihren benachbarten Herrschaftsträgern – das „Umland“ der Stadt war der neue Austragungsort politischer Spannungen.

Um das komplexe Problemfeld zumindest in einigen wesentlichen Aspekten abstecken zu können, bedarf es zunächst einer methodischen Vorbemerkung: Die Begriffe „Umland“ und „Einbürgerung“ sind zwei unterschiedlichen kategorialen Ebenen zuzuordnen. Einbürgerung vollzog die Zugehörigkeit zum Bürgerverband der Stadtgemeinde, sie war ein Rechtsakt, dessen Natur beziehungsweise Rechtspraxis bereits von den Zeitgenossen diskutiert wurde[8]. Der wissenschaftliche Ordnungsbegriff des „Umlandes“ wurde demgegenüber von der gegenwartsorientierten geographischen Zentralitätsforschung entwickelt und zielt auf abstrahierbare Raumbeziehungen, die prinzipiell von Kräften der Gravitation abgeleitet werden, wie das Walter Christaller in seinem Sechseck-Modell dargelegt hat[9]. Ein solches mathematisches „Idealbild“ bedarf freilich gerade bei der Anwendung auf die historische Stadt der empirischen Überprüfung, wobei neben der Frage nach dem Stellenwert und der Gewichtung einzelner Faktoren, die dieses Bündel von Außenbeziehungen bestimmten, nicht zuletzt das Problem zu diskutieren ist, inwieweit eine bewußte „Umlandpolitik“ sie beeinflussen konnte[10]. Übernimmt man aus der Zentralitätsforschung

7 Vgl. *Peter Schmid,* Herzog Albrecht IV. von Oberbayern und Regensburg, in: Pankraz Fried und Walter Ziegler (Hg.), Festschrift für Andreas Kraus zum 60. Geburtstag (Münchener Historische Studien, Abt. Bayerische Geschichte 10), Kallmünz 1982, S. 143–160; vgl. auch *Stauber,* Herzog Georg der Reiche (Anm. 3), S. 304–309.

8 Vgl. dazu umfasssend *Ulrich Meier,* Mensch und Bürger. Die Stadt im Denken spätmittelalterlicher Theologen, Philosophen und Juristen, München 1994; zum Bürgerbegriff ansonsten der Beitrag von *Eberhard Isenmann* in diesem Band.

9 *Walter Christaller,* Die zentralen Orte in Süddeutschland. Eine ökonomisch-geographische Untersuchung über die Gesetzmäßigkeit der Verbreitung und Entwicklung der Siedlungen mit städtischer Funktion, Jena 1933; vgl. zur Forschungsgeschichte *Peter Schöller* (Hg.), Zentralitätsforschung (Wege der Forschung 301), Darmstadt 1972. Vgl. dazu jetzt auch *Rolf Kießling,* Die Zentralitätstheorie und andere Modelle zum Stadt-Land-Verhältnis, in: Hansjörg Gilomen, Martina Stercken (Hg.), Zentren. Aussstrahlung, Einzugsbereich und Anziehungskraft von Städten und Siedlungen zwischen Rhein und Alpen, Zürich 2001, S. 17–40; eine relativierende Einschätzung bei *Tom Scott,* Regional Identity and Economic Change. The Upper Rhine 1450–1600, Oxford 1997, S. 73–101; vgl. auch div. Beiträge in *Peter Ainsworth, Tom Scott* (Eds.), Regions and Landscapes, Oxford u.a. 2000. Eine neue Diskussionsebene eröffnet die Einbeziehung von Netzmodellen, vgl. etwa *Monika Escher, Alfred Haverkamp, Frank G. Hirschmann* (Hg.), Städtelandschaft – Städtenetz – zemtralörtliches Gefüge. Ansätze und Befunde zur Geschichte der Städte im hohen und späten Mittelalter (Trierer Historische Forschungen 43), Mainz 2000.

10 Vgl. dazu *Michael Mitterauer,* Das Problem der zentralen Orte als sozial- und wirtschaftshistorische Forschungsaufgabe, in: Vierteljahreschrift für Sozial- und Wirtschaftsgeschichte 58 (1971), S. 433–467; *Rolf Kießling,* Stadt-Land-Beziehun-

Peter Schöllers Abstufung von innen nach außen in der Dreiheit von Umland-Hinterland-Einzugsgebiet[11], so schält man mit dem Umland jenen Teilbereich heraus, bei dem eine besonders intensive Wechselbeziehung auftritt, die sich also nicht nur graduell, sondern qualitativ von den beiden anderen unterschied. Mein Vorschlag einer Definition für das Spätmittelalter[12]: „Umland" ist der Raum, der durch Besitz und Herrschaftsrechte eng an die Stadt gebunden und durch mehrgliedrige, allseitige und häufig aktualisierte Versorgung bestimmt ist; das „Land" ist hier einseitig auf die Stadt bezogen, dient als Zulieferer und bleibt auch in eindeutiger Abhängigkeit – gegenüber dem „Hinterland", das als Beziehungsfeld zu herrschaftlichen „Nachbarn" mit höherer Eigenständigkeit und eigenen subzentralen Orten charakterisiert ist, während das „Einzugsgebiet" bereits Mittelstädte mit ausgeprägter Selbständigkeit und eigenen Umlandgebieten aufweist.

„Umlandpolitik" realisiert sich somit als der Versuch, den stadtnahen Interaktionsraum zu sichern und die Beziehungen zu intensivieren. Das Bürgerrecht kann als Instrument dafür eingesetzt werden, wenn einerseits die Einbürgerung gezielt gehandhabt wird, um den Zuzug aus dem Umland zu steuern, und wenn andererseits spezifische Formen bürgerrechtlicher Bindungen eingesetzt werden, die auf die Bewohner des Umlandes gerichtet sind. Zwei Beobachtungsfelder sollen dazu dienen, dieses Spannungsfeld an einigen zentralen Punkten zu skizzieren:

1. Im Rahmen der Einbürgerungsvorgänge gilt es zunächst den Zuzug in die Stadt daraufhin zu befragen, inwieweit er sich als Indikator für die Abgrenzung des „Umlandes" eignet. Der „Migrationsraum" einer Stadt ist zwar zunächst völlig anders zu definieren, denn Zu- und Abwanderung sind oft einmalige und endgültige, zumindest aber für eine bestimmte Frist, also gerade nicht häufig aktualisierte Vorgänge, doch spie-

---

gen im Spätmittelalter. Überlegungen zur Problemstellung und Methode anhand neuerer Arbeiten vorwiegend zu süddeutschen Beispielen, in: Zeitschrift für bayerische Landesgeschichte 40 (1977), S. 829–867; *Emil Meynen* (Hg.), Zentralität als Problem der mittelalterlichen Stadtgeschichtsforschung (Städteforschung A 8), Köln-Wien 1979; *Franz Irsigler*, Stadt und Umland in der historischen Forschung: Theorien und Konzepte, in: Neidhart Bulst u. a. (Hg.), Stadt-Land-Beziehungen in Deutschland und Frankreich. 14. bis 19. Jahrhundert, Trier 1983, S. 13–38.

11 Die Begrifflichkeit wurde systematisiert von *Peter Schöller*, Aufgaben und Probleme der Stadtgeographie, in: Erdkunde 7 (1953), S. 161–184; nachgedruckt in: *Ders.* (Hg.), Allgemeine Stadtgeographie (Wege der Forschung 181), Darmstadt 1969, S. 38–97; vgl. auch *ders.*, Stadt und Einzugsgebiet. Ein geographische Forschungsproblem und seine Bedeutung für Landeskunde, Geschichte und Kulturraumforschung, in: Studium Generale 10 (1957), S. 602–612, nachgedruckt in: *Ders.* (Hg.), Zentralitätsforschung (Anm. 9), S. 267–292.

12 In Übernahme meiner aus empirischer Analyse gewonnenen Begrifflichkeit: *Rolf Kießling*, Die Stadt und ihr Land. Umlandpolitik, Bürgerbesitz und Wirtschaftsgefüge in Ostschwaben vom 14. bis ins 16. Jahrhundert (Städteforschung A 29), Köln/Wien 1989, S. 707–713.

geln sich in ihm auch derartige Faktoren der Stadt-Umland-Beziehungen. Im Mittelpunkt steht dabei die Frage nach den Korrelationen von Migration und Umlandbeziehungen, aus denen sich möglicherweise Kausalitäten ableiten lassen. Kann beispielsweise der häufige Marktbesuch eine Verhaltensänderung, nämlich den Zuzug in die Stadt auslösen? Wird der Zuzug aus dem Umland bewußt von städtischen Entscheidungsträgern gesteuert oder wird er sich selbst überlassen?

2. Sodann sind die spezifischen Formen des Bürgerrechts selbst einzubeziehen, die außerhalb der Stadt, genauer „extramural" eingesetzt wurden. Inwieweit handelt es sich um Instrumente, mit deren Hilfe eine Erweiterung des Aktionsraumes zu erzielen war? Vor allem das Pfal- und Ausbürgertum ist dabei auf seine räumlichen Muster in den Beziehungen zwischen Stadt und Land zu befragen.

Das Spätmittelalter dürfte für diese Beobachtungen insofern besonders günstig sein, als die Entwicklung beider Phänomene, der Einbürgerung[13] wie der Umlandbeziehungen, noch vielfach im Fluß war. Wenn dabei im folgenden schwerpunktmäßig Beispiele aus den schwäbischen Raum herangezogen werden, dann vor allem deshalb, weil erst eine detaillierte Kenntnis des tatsächlich vorhandenen komplexen Beziehungsgefüges[14] die Voraussetzung für eine sachgerechte Einschätzung liefern kann.

I. Städtische Zuwanderung, intramurales Bürgerrecht und Umlandbeziehungen

Schon Hektor Ammann hat in seiner nach wie vor anregenden Studie über den „Lebensraum der mittelalterlichen Stadt" dem Zuzug als Indikator eine erhebliche Bedeutung beigemessen[15]. Dabei konzentriert er sich auf die Stadt-Stadt-Wanderung, weil sie besonders aussagekräftig für die Attraktivität des jeweiligen urbanen Zentrums erscheint, während er die Land-Stadt-Wanderung davon im „engeren Einflußbereich" der Stadt qualitativ abhebt. Die „Masse des Zuzugs" erfolgte „aus der näheren Umgebung, einem Umkreis von 10 bis 20 km" und betraf vorwiegend „Dienstboten, Lehrlinge, Hilfsarbeiter aller Art, von Handwerkern etwa den

---

13 Vgl. dazu grundsätzlich *Gerhard Dilcher,* Zum Bürgerbegriff im späteren Mittelalter. Versuch einer Typologie am Beispiel von Frankfurt am Main, in: Josef Fleckenstein und Karl Stackmann (Hg.), Über Bürger, Stadt und städtische Literatur im Spätmittelalter (Abhandlungen der Akademie der Wissenschaften in Göttingen, phil.-hist. Klasse 3, Folge Nr. 121), Göttingen 1980, S. 59–105; sowie den Beitrag von *Eberhard Isenmann* in diesem Band.

14 Vgl. dazu *Kießling* (Anm. 12), passim.

15 *Hektor Ammann,* Vom Lebensraum der mittelalterlichen Stadt, in: Berichte zur deutschen Landeskunde 31 (1963), S. 284–316, hier S. 286–288.

schlecht entlöhnten Leinenweber", kurz: die „unteren Schichten der Einwohnerschaft"[16]. Diese eher intuitiv gewonnene Abgrenzung wurde in der weiteren Forschung methodisch auf zwei Wegen festgemacht. Sie erscheint zum einen als quantitativer Sprung in der linearen Degression der Zuwanderungszahlen, je weiter der Herkunftsort von der Stadt entfernt liegt: Dietrich Fliedner konstatiert ihn zum Beispiel bei Soest (1302–1350) in der ersten Hälfte des 14. Jahrhunderts an der 20 km-Linie[17]. Zum anderen wird statistisch das Umschlagen von einer überwiegend ländlichen zu einer überwiegend städtischen Zuwanderung herangezogen: Rolf E. Portmann hat für Basel im Zeitraum zwischen 1358 und 1527 dafür zunächst sehr grob eine Zone zwischen 15 und 75 km ermittelt, innerhalb derer sich die Relation von 90:10 auf 40:60 verschob; seine eigene Kartierung läßt allerdings diesen Grenzbereich auf eine Entfernung von etwa 20 bis 30 km einengen[18].

Wird somit die Grundthese Ammanns über den Weg der Statistik im wesentlichen bestätigt, so liefert gerade eine Anwendung kartographischer Methoden nähere Aufschlüsse. So hat etwa Hanno Vasarhelyi für die drei schwäbischen Reichsstädte Nördlingen, Esslingen und Schwäbisch-Hall das „Kerngebiet der Einwanderung" mit dem Bereich innerhalb der 50 km-Linie, den Raum bis zu den „nächsten größeren Nachbarstädten", definiert; ihn setzt er mit dem Umland-Begriff gleich[19]. Mit Hilfe einer Verfeinerung dieses statistisch-geographischen Instrumentariums weist Hildegard Ditt für Soest einen zusammenhängenden Raum von kleineren Flächeneinheiten zu je ca. 150 qkm aus, aus denen jeweils mehr als ein Prozent der Zuwanderer kamen. Dieses „Kernwanderungsgebiet" erscheint als geschlossene Fläche mit sehr individuellem Zuschnitt[20].

---

16 *Ammann* (Anm. 15), S. 286.

17 *Dietrich Fliedner*, Wirtschaftliche und soziale Stadtumlandbeziehungen im hohen Mittelalter (Beispiele aus Nordwestdeutschland), in: Stadt-Land-Beziehungen und Zentralität als Problem der historischen Raumforschung (Historische Raumforschung 11), Hannover 1974, S. 123–138, hier S. 129–131.

18 *Rolf E. Portmann*, Basler Einbürgerungspolitik 1358–1798 (Basler Statistik 3), Basel 1979, S. 71–76, 79–84; mit Hilfe einer präzisen Analyse des Glückshafenrodels kommt zum gleichen Ergebnis *Dorothee Rippmann*, Bauern und Städter: Stadt-Land-Beziehungen im 15. Jahrhundert. Das Beispiel Basel, unter Berücksichtiung der Nahmarktbeziehungen und der sozialen Verhältnisse im Umland (Basler Beiträge zur Geschichtswissenschaft 159), Basel/Frankfurt am Main 1990, S. 1–137, hier S. 132 f. Auch in seiner jüngst erschienenen Analyse zu Bern: *Roland Gerber*, Gott ist Burger zu Bern. Eine spätmittelalterliche Stadtgesellschaft zwischen Herrschaftsbildung und sozialem Ausgleich (Forschungen zur Mittelalterlichen Geschichte 39), Weimar 2001, S. 112, hebt der Autor einen gleich großen „Kernmigrationsraum" von den äußeren Zuwanderungszonen ab; eine datalliierte Analyse ist auch demnächst von *Bruno Koch*, Neubürger in Zürich (Forschungen zur Mittelalterlichen Geschichte 40), Weimar 2002, zu erwarten.

19 *Hanno Vasarhelyi*, Einwanderung nach Nördlingen, Esslingen und Schwäbisch Hall zwischen 1450 und 1550, in: Erich Maschke und Jürgen Sydow (Hg.), Stadt und Umland (Veröffentlichungen der Kommission für geschichtliche Landeskunde in Baden-Württemberg, Reihe B, Bd. 82), Stuttgart 1974, S. 129–165, hier S. 152–158.

Unabhängig davon, daß jeweils im einzelnen die Aussagekraft der zugrundeliegenden Quellen – in der Regel die Bürgerbücher – zusätzlich zu berücksichtigen ist, so hebt sich doch eine Raumbeziehung ab, die durch besonders intensive Bindungen gekennzeichnet ist. Ist mit einer solchen aus der Migration abgeleiteten „Kernzone“ aber auch das Umland der Stadt zu identifizieren? Gibt es tatsächlich Wechselwirkungen von engerem Migrationsraum und Umland, die über eine rein formale Deckung hinausgehen? Ein erster Ansatzpunkt bietet sich über das Marktgeschehen. Freilich haben wir über die engeren Marktgebiete der Städte selten direkte und präzise Aussagen – im Gegensatz zu den Jahrmärkten und Messen, über deren Einzugsgebiete etwa Einladungslisten oder Standgeldverzeichnisse Auskunft geben. Indikatoren wie die urkundlich genannten Getreidemaße und die Verbreitung beziehungsweise die Rechnung mit bestimmten Münzen liefern zwar erste Hinweise[21], doch müssen wir bekanntlich mit sehr unterschiedlichen Ausformungen rechnen. Zeitliche Veränderungen wegen des ökonomischen Ausbaus oder der konjunkturellen Schwankungen sind ebenso zu berücksichtigen wie räumliche Differenzierungen, die sich aus dem Stellenwert der verschiedenen Waren beziehungsweise Gewerbe in einer Stadt ergeben.

Immerhin läßt sich gelegentlich ein enger Zusammenhang zwischen Land-Stadt-Migration und ökonomischen Faktoren herstellen. Als Beispiel sei das Loderhandwerk in Nördlingen[22] herausgegriffen, das mit der Fertigung grober Wolltuche ein wichtiges Exportgewerbe im 15. Jahrhundert stellte. Bereits in der ersten Zunftordnung von 1453 wurde ein Fürkaufsverbot in einer 3-Meilen-Zone festgelegt (die bis ins 16. Jahrhundert galt), um die Versorgung des einfachen Handwerkers mit einheimischer Wolle zu gewährleisten. Sie kann als spezifisches Umland betrachtet werden, da in ihr das Zusammenspiel von Stadt und Land die Produktion bestimmte. Aus einem Streit mit den Geschlachtgewandern – die mit Importwolle feinere Qualitäten herstellten – von 1507 ergibt sich zudem, daß die Loderer ihr Garn bislang im Umkreis von zwei Meilen spinnen ließen, nun aber aufgrund der Expansion des Gewerbes mit dieser Auftragsarbeit noch weiter ausgriffen. Die Lehrlinge der städtischen Loderer stammten aber noch im 16. Jahrhundert überwiegend aus dieser 2-Meilen-Zone. Als konkurrierend empfand die Nördlinger Zunft Produktionsstandorte in den kleineren Nachbarstädten Oettingen, Wemding, Wassertrüdingen und Bopfingen. Alle diese Indizien lassen einen Raum von ca. 15 bis 25 km abgrenzen, der

---

20 *Hildegard Ditt*, Bevölkerungseinzug und Raumbeziehungen der Stadt Soest in Mittelalter und Neuzeit, in: Gerhard Köhn (Hg.), Soest. Stadt – Territorium – Reich, Soest 1981, S. 35–84, hier S. 40 f., 50–53.

21 *Ammann* (Anm. 15), S. 290–292.

22 *Kießling* (Anm. 12), S. 224–234.

zunächst für die Produktion der eigenen Stadt entscheidend war, sich im 16. Jahrhundert aber tendenziell ausweitete. Der „engere Migrationsraum" zwischen 1450 und 1550 stimmte damit in hohem Maße überein[23]: Der ländliche Zuzug deckte sich also weitgehend mit dem aus anderen Quellen definierbaren wirtschaftlichen Umland der Stadt; erst außerhalb davon ging er in einen vorwiegend städtischen Zuzug über. Der Schluß erscheint also zwingend, daß die enge wirtschaftliche Verflechtung in diesem Gewerbesektor den Zuzug stimuliert hat, wobei die für die Stadt geleisteten Zuarbeiten – die Herstellung des Rohstoffs Wolle und seine Verarbeitung zu Zwischenprodukten – als Auslöser gewertet werden können.

Ähnliche Zusammenhänge lassen sich auch bei anderen Gewerben und anderen Städten beobachten. Nicht zufällig hat schon die ältere Migrationsforschung bei Frankfurt am Main, Soest und Dortmund einen hohen Anteil von Neubürgern ausgemacht, der offenbar aus dem gewerblichen Sektor kam[24]. Selbst wenn man dabei berücksichtigt, daß der nicht ins Bürgertum aufgenommene Teil der Zuwanderer (die Mägde, Knechte, oft auch die Taglöhner etc.) sich in einer solchen Auswertung in der Regel gar nicht niederschlug[25], so ist doch aus diesem Sachverhalt im ländlichen Raum ein hoher Anteil von Handwerkern abzuleiten. Für das 15. und 16. Jahrhundert sprechen viele Indizien bekanntlich für eine Ausweitung des ländlichen Gewerbes, die eine am Beispiel Nördlingen geschilderte Art des Zuzugs begünstigt haben dürfte. Wie reagierten die städtischen Entscheidungsträger auf diesen Druck von außen?

Für die schwäbischen Städte ist sicher bis zum beginnenden 15. Jahrhundert mit einer sehr offenen Haltung der Zünfte zu rechnen – zumindest begegnen in den frühen Statuten kaum Hinweise auf Vorbedingungen, die den Zuzug vom Land erschwert oder gar unterbunden hätten[26]. Zudem kam ihnen der generelle Aufschwung der Städte zugute. Dies läßt sich noch im 15. Jahrhundert nachweisen: Die relativ geringe Zahl von Webern beziehungsweise Angehörigen der Textilberufe, die Claudia Kalesse aus dem Augsburger Bürgerbuch 1288 bis 1497 eruieren konnte (71 beziehungsweise 101 von 2.572 Einträgen, d. h. 3,9 Prozent)[27], ist zwar nur sehr eingeschränkt aussagekräftig, doch fallen zwei Sachverhalte auf. Zum einen korrespondieren die Spitzenwerte der Einbürgerung deutlich mit dem konjunkturellen Verlauf: In den Jahren 1433/34 und 1443/45 sind sie mit der Aufhebung der zeitweisen Blockade Kaiser Sigismunds gegen Venedig

23 *Vasarhelyi* (Anm. 19), S. 152 f.

24 Vgl. dazu die kritische Bewertung bei *Spieß* (Anm. 5), S. 167 f.

25 So auch *Vasarhelyi* (Anm. 19), S. 133, 135 Tab. 1 und 2.

26 Dies ergibt sich aus der Einzelanalyse bei *Kießling* (Anm. 12), passim.

27 *Kalesse* (Anm. 2), S. 226–229.

in Verbindung zu bringen, und um 1490 war eine Depression wegen regionaler Kriegsereignsse überwunden[28]. Umgekehrt resultierte das kurzzeitige Ruhenlassen des Bürgerrechts nicht selten aus den gleichen wirtschaftlichen Wechsellagen. In den Krisen zogen zahlreiche Bürger, nicht zuletzt Weber, es vor, die Stadt zu verlassen. Als *extranei cives* hatten sie besondere Vereinbarungen mit dem Rat getroffen, etwa wegen *notturft und narung* oder *gewerbs halb*[29]. Dörfer des Umlandes und benachbarte Städte im Hinterland boten sich als Ausweichstationen an. Um die bei einer endgültigen Aufgabe fälligen Nachsteuern nicht zu verlieren, ließ der Rat die Abwandernden als *Ausbürger* neuer Art registrieren. Ähnliche kurzfristige wirtschaftlich bedingte Aufenthalte außerhalb der Stadt sind auch für Esslingen (wenn auch bislang unsystematisch) beobachtet worden[30]. Das Umland stellte somit auch den Raum dar, in dem sich Fluktuationen abspielten, die noch im Rahmen der konkreten Anwendung des Bürgerrechts lagen.

Zum anderen aber sind generell nahezu alle nichtstädtischen Herkunftsnamen Augsburger Bürger in einem Umkreis von 3 bis 4 Meilen um die Stadt zu verorten[31], einem Bereich, der zu dieser Zeit als vorwiegendes ökonomisches Umland anzusetzen ist. Die Vielzahl der Neubürger, für die keine Berufangaben beziehungsweise Herkunftsnamen überliefert sind und die oft auch nicht in den Bürger-, sondern nur in den Steuerlisten erscheinen, dürfte in den gleichen Zusammenhang zu stellen sein – man denke nur an das berühmte Beispiel des Hans Fugger von Graben: *Fucker advenit* heißt es lapidar im Steuerbuch von 1367, bezeichnenderweise zu einem Zeitpunkt, als die Barchentproduktion einem ersten Höhepunkt zustrebte[32] und mit Steuererleichterungen der Zuzug besonders begehrter Neubürger begünstigt wurde[33]. Entscheidend blieb dabei die Frage nach der Nachsteuer. Nachdem sie 1399 auf 10 Prozent des Vermögens angehoben worden war, hatte Augsburg sie 1424 wieder auf das Dreifache der Normalsteuer festgesetzt – ein auch in anderen oberschwäbischen Reichsstädten üblicher Satz[34] –, um damit die Stadt besonders attraktiv erschei-

28 Vgl. dazu *Kießling* (Anm. 12), S. 736 f.; *ders.*, Das Umlandgefüge ostschwäbischer Städte vom 14. bis zur Mitte des 16. Jahrhunderts, in: Hans K. Schulze (Hg.), Städtisches Um- und Hinterland in vorindustrieller Zeit (Städteforschung A 22), Köln / Wien 1985, S. 33 – 60.

29 *Kalesse* (Anm. 2), S. 139 – 141.

30 *Vasarhelyi* (Anm. 19), S. 153.

31 *Kalesse* (Anm. 2), S. 209 – 224, die Tabelle „Herkunftsorte Neubürger“ S. 506 – 515 sowie die Kartenbeilagen S. 519 – 524.

32 *Kießling* (Anm. 12), S. 722 – 725.

33 *Kalesse* (Anm. 2), S. 87 – 89.

34 *Karl Otto Müller*, Das Bürgerrecht in den oberschwäbischen Reichsstädten, in: Württembergische Vierteljahreshefte für Landesgeschichte, Neue Folge 25 (1916), S. 163 – 192; 26 (1917), S. 42 – 63, hier 25, S. 186.

nen zu lassen: Bürgermeister Ulrich Artzt argumentierte damit, daß Augsburg deshalb *ain so guete und herliche stat* sei, *als in teutschen landen mocht sein* – um gleich anschließend selbst davon zu profitieren und nach Nürnberg zu ziehen, so daß der Chronist Burkard Zink grimmig die gegenteilige Wirkung konstatierte: *dass auf dasselb mal niemant her zoch und zogen wol ir etwan menger von hinnen*[35]. Eine flexible Handhabung der Bedingungen war schon allein deshalb nötig, um der Steuerflucht zu begegnen, deshalb blieben die Vermögenswerte in der Stadt und ihrer Gemarkung auch weiterhin steuerpflichtig.

Vereinzelt sind berufsspezifische Zuwanderungen mit bewußten Steuerungsmaßnahmen in Verbindung zu bringen, die wiederum aus der gesamtwirtschaftlichen Entwicklung resultierten. So führte die in Nördlingen 1537 erlassene Zulassungsvoraussetzung von einer mindestens einjährigen Lehrzeit bei den Geschlachtgewandern tatsächlich zu einem rapiden Rückgang bei der entsprechenden Bürgeraufnahme – beziehungsweise zu einer Verlagerung auf das benachbarte Lodergewerbe[36]. Ansonsten ist hier und damit für eine spätere Zeitspanne über die Steuerpolitik kein Zusammenhang festzumachen, im Gegenteil: Schwankungen bei der Bürgeraufnahme gingen fast ausschließlich auf das Konto der seuchenbedingten Dezimierung[37].

Dies führt zu einer allgemeinen Überlegung: Einbürgerungen gehörten zwar zu den wichtigsten Kompetenzen des Stadtregiments, doch spielten dabei auch die Zunftinteressen eine bedeutsame Rolle, vor allem wenn in Städten mit Zunftverfassung das Bürger- und Zunftrecht gekoppelt waren. Restriktive Handhabungen der Zulassung zum Gewerbe lassen also auch eine selektive Zuwanderung erwarten: Mit der Forderung eines Meisterstücks und der Festlegung bestimmter Lehrlings- und Gesellenjahre konnte der Zustrom der ländlichen Handwerker entscheidend gebremst werden. Knut Schulz hat diesen Vorgang am Oberrhein vorwiegend ins ausgehende 15. und 16. Jahrhundert datiert[38], zahlreiche Parallelen finden sich auch in den ostschwäbischen Städten[39]. Die tendenzielle Schließung der Zünfte bedeutete also insofern eine umlandpolitische Maßnahme, als über den erschwerten Zugang zum Handwerk auch die Bürgeraufnahme

35 *Kalesse* (Anm. 2), S. 193; vgl. dazu auch *Rolf Kießling,* Zum Augsburg-Bild in der Chronistik des 15. Jahrhunderts, in: Johannes Janota und Werner Williams-Krapp (Hg.), Literarisches Leben in Augsburg während des 15. Jahrhunderts (Studia Augustana 7), Tübingen 1995, S. 183–215, hier S. 204 f.

36 *Vasarhelyi* (Anm. 19), S. 162 f.

37 *Vasarhelyi* (Anm. 19), S. 144.

38 *Knut Schulz,* Handwerksgesellen und Lohnarbeiter. Untersuchungen zur oberrheinischen und oberdeutschen Stadtgeschichte des 14. bis 17. Jahrhunderts, Sigmaringen 1985, S. 225, 231–236.

39 Belege dafür in den einschlägigen Kapiteln bei *Kießling* (Anm. 12).

tangiert war. Wenn Augsburg 1558 das Meisterstück für die Leinen- und Barchentweber einführte, zudem die Zugangsbedingungen für Auswärtige erschwerte, reduzierte es die Aufnahmechancen von ländlichen Webern massiv; seit den 1570er Jahren zogen auch nur mehr sehr vereinzelt Weber aus dem Umland zu[40]. Dieses Abdrängen der „Gäuweber" läßt sich aber in ganz Ostschwaben bereits seit dem beginnenden 15. Jahrhundert beobachten. Verschiedene Maßnahmen – zum Beispiel in Augsburg das Verbot des Verlags für Barchent in einer 3-Meilen-Zone seit 1411 – zielten darauf, die selbständige handwerkliche Produktion auf dem Land, die bis dahin üblich war, abzubauen und auf eine Zuarbeit für die städtischen Weber zu verschieben, wobei vor allem der engere Bereich des Umlandes zur Debatte stand[41]. Wenn aber die Einbürgerung an eine mehrjährige Gesellenzeit oder gar die Lehrzeit in einer Stadt gebunden war, blieben die Bewohner des Umlandes auf der Stufe einer ökonomischen Abhängigkeit stehen und waren damit auf den Status von bäuerlichen Hintersassen fixiert – auch wenn sie faktisch eine Mischökonomie betrieben. Die mehrfach in der Forschung für die Frühe Neuzeit beobachtete Verschiebung der Zuwanderung von der Land-Stadt-Migration auf die Stadt-Stadt-Migration und damit tendenziell größere Entfernungen[42] findet hiermit eine einfache Erklärung; sie muß nicht auf eine Ausweitung des Handels der jeweiligen Städte zurückgeführt werden – dagegen spricht ohnehin die ökonomische Entwicklung etwa der schwäbischen Reichsstädte, die sich eher von Fernhandelsstädten zu regionalen Wirtschaftszentren wandelten[43].

Spiegelt somit die Einbürgerung gemäß einigen signifikanten Indizien die ökonomische Umlandpolitik des Rates beziehungsweise der Zünfte – die konkreten Verhältnisse lassen dabei verschiedene Gewichtungen zwischen beiden Kräften zu –, so bietet sie andererseits Rückschlüsse für die Ausbildung der städtischen Versorgungs- und Marktgebiete an, die gegenüber der idealtypischen Kreisform – deren Ausdehnung von der Größe der Stadt und ihrer Attaktivität abhing – charakteristische Abweichungen aufweist und damit politische Orientierungen erklären kann.

---

40 Zum Erwerb der Meistergerechtigkeit ausführlich *Claus Peter Clasen*, Die Augsburger Weber. Leistungen und Krisen des Textilgewerbes um 1600 (Abhandlungen zur Geschichte der Stadt Augsburg 27), Augsburg 1981, S. 90–103; *Kießling* (Anm. 12), S. 722–733, zu den Auswirkungen auf die Stadt-Land-Beziehungen.

41 Vgl. dazu auch *Rolf Kießling*, Stadt und Land im Textilgewerbe Ostschwabens vom 14. bis zur Mitte des 16. Jahrhunderts, in: Neidhart Bulst u. a. (Hg.), Bevölkerung, Wirtschaft und Gesellschaft. Stadt-Land-Beziehungen in Deutschland und Frankreich. 14. bis 19. Jahrhundert, Trier 1983, S. 115–137.

42 So *Vasarhelyi* (Anm. 19), S. 148 f.; *Portmann* (Anm. 18), S. 80 f.

43 Vgl. etwa die entsprechenden Abschnitte bei *Thomas Wolf*, Reichsstädte in Kriegszeiten. Untersuchungen zur Verfassungs-, Wirtschafts- und Sozialgeschichte von Isny, Lindau, Memmingen und Ravensburg im 17. Jahrhundert (Memminger Forschungen 2), Memmingen 1991.

Wiederum bietet sich Augsburg als Beispiel an[44]: Zeigt schon die generelle Ausformung des Migrationsraumes, daß der östliche, bayerische Bereich gegenüber dem westlichen, schwäbischen zurückblieb, so läßt sich seit dem 14. Jahrhundert aufgrund der restriktiven Politik der bayerischen Herzöge mit dem Aufnahmeverbot von Eigenleuten Kaiser Ludwigs des Bayern 1331 bis hin zur Eigenleuterückforderung ab 1487 eine zusätzliche Abschwächung erkennen. Auch dies korrespondiert mit der gesamtwirtschaftlichen Entwicklung, angefangen vom Getreidemarkt über den Flachs- und Garnmarkt bis hin zur Rekrutierung der Handwerker für die Exportgewerbe[45]. Umgekehrt fallen im schwäbischen Umland die Schwerpunkte des Zuzugs aus dem Gebiet der hochstiftisch-augsburgischen „Straßvogtei" im Süden und der Reichenau beziehungsweise dem Raum Wertingen, generell das Gebiet der Markgrafschaft Burgau bis zum Mindeltal ins Auge – wo das Umland von Ulm begann –, die als bevorzugte Versorgungsgebiete der Stadt angesprochen werden können.

Eine charakteristische Gestalt hatte auch der Soester Zuzugsbereich, soweit er als engerer Raum definiert wird[46]. Zum einen tritt die Hellwegzone besonders hervor – daß die Spitzen der Land-Stadt-Migration an den Straßen lagen, wurde auch sonst vielfach beobachtet –, so daß er sich hier mit dem Dortmunds überlagert. Zum anderen umfaßte er das engere Herrschaftsgebiet der vorwiegend agrarisch genutzten Soester Börde, reichte aber auch bis zur oberen Möhne und Ruhr und ins nördliche Sauerland, aus dem Holz, Holzkohle und Eisen bezogen wurden. Deutliche Einbuchtungen ergaben sich vorwiegend aus der Nachbarschaft anderer Städte. Bei Nürnberg wiederum tendierte offenbar die faßbare Einbürgerung aus dem Umland vor allem nach Westen und Nordwesten, während die Zuwanderung aus den Städten die anderen Richtungen bevorzugte[47]. Besonders auffällig ist hier die Diskrepanz zwischen Nahwanderung und Territoriumsbildung, die genau gegensätzlichen Richtungen folgte[48]: Hat Nürn-

---

44 Dazu *Kalesse* (Anm. 2), S. 220 sowie Karten III und IV.

45 Vgl. *Rolf Kießling,* Herrschaft – Markt – Landbesitz. Aspekte der Zentralität und der Stadt-Land-Beziehungen spätmittelalterlicher Städte an ostschwäbischen Beispielen, in: Meynen, Zentralität (Anm. 10), S. 180–218, hier S. 193–205; *ders.* (Anm. 12), S. 722–733, zum Textilbereich. Daß dieses Strukturprinzip bis in die Frühe Neuzeit anhielt, zeigt jetzt *Reinhild Reith,* Kommunikation und Migration: Der Arbeitsmarkt des Augsburger Handwerks im 17./18. Jahrhundert in räumlicher Dimension, in: Carl A. Hoffmann, Rolf Kießling (Hg.), Komminikation und Region (Forum Suevicum. Beiträge zur Geschichte Ostschwabens und der benachbarten Regionen 4), Konstanz 2001, S. 327–356.

46 Dazu *Ditt* (Anm. 20), S. 50–53, 77.

47 Die Nürnberger Bürgerbücher I. Die Pergamentenen Neubürgerlisten 1302–1448, hg. vom Stadtarchiv Nürnberg (Quellen zur Geschichte und Kultur der Stadt Nürnberg 9), Nürnberg 1974, S. 103–115.

48 Dazu immer noch grundlegend *Heinz Dannenbauer,* Die Entstehung des Territoriums der Reichsstadt Nürnberg (Arbeiten zur deutschen Rechts- und Verfassungsgeschichte 7), Stuttgart 1928.

berg versucht, den Zuzug aus dem eigenen Herrschaftsgebiet, das seinerseits als wirtschaftlicher Ergänzungsraum fungierte[49], zu bremsen? Daß dies nicht völlig von der Hand zu weisen ist, belegt der Fall Basel: Nach den ersten Erwerbungen im Zuge der Territorialpolitik am Anfang des 15. Jahrhunderts schob der Rat 1406 einen Riegel gegen die Abwanderung aus den ländlichen Ämtern in die Stadt vor, indem er bei der „großzügigen Masseneinbürgerung nach Kriegszügen die freiwilligen Teilnehmer aus den Ämtern [...] vom unentgeltlichen Erwerb des Basler Bürgerrechts" ausschloß[50]. Wollte man damit die Landflucht auf die Gebiete der Nachbarn abwälzen? Auch bei Augsburg fällt auf, daß die räumlichen Schwerpunkte, in denen sich der bürgerliche Landerwerb abspielte, nicht unbedingt mit den Orten zusammenfiel, von denen die höchsten Einbürgerungszahlen bekannt sind[51].

Insgesamt ergibt sich aus diesen wenigen exemplarischen Beobachtungen, daß das reine Gravitationsprinzip die Einbürgerungsvorgänge nicht hinreichend zu erklären vermag: Die Korrelation, gewonnen aus den Faktoren Entfernung und Bevölkerungsgröße, ist wenig signifikant, was schon Portmann für Basel rechnerisch ermittelt hat[52]. Vielmehr sind Variablen wie die Marktbeziehungen oder die gewerbliche Ausprägung ebenso relevant wie die herrschaftlich-territorialen Strukturen des Zuwanderungsraumes. Daß dabei zuweilen auch eine bewußte Steuerung vorgenommen wurde, ließ sich zumindest an einigen Punkten gerade für den Bereich des Umlandes verifizieren.

Immerhin zeichnen sich dabei zeitliche Phasen ab, die auf einen tendenziellen Wandel deuten: Während bis zum Beginn des 15. Jahrhunderts eher eine offene Zuwanderung zu dominieren scheint, die lediglich durch die Abwehrmaßnahmen benachbarter Herrschaftsträger gegen die Landflucht eingeschränkt wurde, nahmen im Laufe des 15. Jahrhunderts offenbar

---

49 Vgl. dazu *Fritz Schnelbögl*, Die wirtschaftliche Bedeutung ihres Landgebiets für die Reichsstadt Nürnberg, in: Beiträge zur Geschichte und Kultur der Stadt Nürnberg 11 (1967), S. 261–317.

50 *Portmann* (Anm. 18), S. 83 (Zitat); *Juliane Kümmell*, Bäuerliche Gesellschaft und städtische Herrschaft im Spätmittelalter. Zum Verhältnis von Stadt und Land im Fall Basel/Waldenburg 1300–1535 (Konstanzer Dissertationen 20), Konstanz 1984 (2. Auflage), S. 106, 109 f.; *Rippmann* (Anm. 18), S. 144.

51 Vgl. dazu die Karten zu den Neubürgern 1288–1497 I-VII bei *Kalesse* (Anm. 2); dazu erste Analysen des bürgerlichen Landbesitzes bei *Kießling* (Anm. 45); *ders.*, Bürgerlicher Besitz auf dem Land – ein Schlüssel zu den Stadt-Land-Beziehungen im Spätmittelalter, aufgezeigt am Beispiel Augsburgs und anderer ostschwäbischer Städte, in: Pankraz Fried (Hg.), Bayerisch-schwäbische Landesgeschichte an der Universität Augsburg 1975–1977 (Augsburger Beiträge zur Landesgeschichte Bayerisch-Schwabens Bd. 1), Sigmaringen 1979, S. 121–140; *ders.*, Augsburger Bürger, Klöster und Stifte als Grundherren, in: Heimatverein für den Landkreis Augsburg 20 (1985/86), S. 99–120.

52 *Portmann* (Anm. 18), S. 84 f.

auch in den Städten selbst derartige Bestrebungen zu. Zum einen versuchten die Zünfte, den Zuzug wegen des enger werdenden Nahrungsspielraums durch Auflagen zu drosseln, zum anderen wollten die Magistrate anscheinend nicht zulassen, daß das eigene herrschaftlich kontrollierte Gebiet übermäßig ausgedünnt wurde. Damit wurde aber die ursprünglich besonders massive Einbürgerung eher nach außen ins „Hinterland“ verschoben, während in der primären Interessenzone die Versorgung optimiert beziehungsweise die gewerbliche Zuarbeit konzentriert werden sollte – das Umland wurde damit an die Stadt angebunden.

II. Extramurale Bürgerrechtsbeziehungen als Instrumente der Umlandpolitik

Gesteht man den Entscheidungsträgern der spätmittelalterlichen Stadt zu, daß sie darauf zielten, die existenziellen Interessen der Stadt gegenüber den Nachbarherrschaften zu sichern, insbesondere die Versorgung mit Nahrungsmitteln und Rohstoffen zu gewährleisten, die militärische Bedrohung zu reduzieren und den Zugang zur Stadt zu stabilisieren, dann läßt sich ein derartiges Bündel von Maßnahmen als „Umlandpolitik“ begreifen. Das Mittel des Bürgerrechts bot sich dafür besonders an, konstituierte sich doch im willentlichen Beitritt zur Bürgerschaft die Stadtgemeinde selbst. Ein derartiger Personenverband mit spezifischen Rechten und Pflichten konnte prinzipiell auch über die Stadtgrenzen hinausgreifen, so daß die Einbürgerung zum Instrument der Umlandpolitik wurde.

Bekanntlich war das Bürgerrecht verfassungstopographisch intramural wie extramural wirksam, so daß die einfache Unterscheidung von Bürgern in der Stadt und Nichtbürgern außerhalb nur sehr bedingt greift. Abgesehen von der Sonderstellung der kirchlichen Immunitäten sei an die Abstufung zwischen Kernstadt und Vorstadt erinnert, die schon Karl Czok anhand der sächsischen Städtelandschaft zu der Einschätzung veranlaßten, die Vorstädte seien ein „wichtiges Bindeglied zwischen Stadt und Land“ sowie eine „Durchgangsstation bei der Erwerbung der Bürgerschaft“[53]. Wie lange das andauern konnte, ist am Beispiel Nürnberg zu sehen[54]: 1382 war die Aufnahme zu Vollbürgern den Bezirken von St. Sebald und St. Lorenz (samt Eintrag in die „Pergamentene Neubürgerliste“) vorbehalten und wurde von den *handwerksbürgern* und den *sleht tagwerkern* ohne

53 *Karl Czok,* Die Vorstädte – ihre Stellung in den Stadt-Land-Beziehungen, in: Hansische Studien IV, Weimar 1979, S. 127–135, Zitate S. 135.

54 *Werner Schultheiß,* Das Bürgerrecht der Königs- und Reichsstadt Nürnberg. Beiträge zur Verfassungsgeschichte der deutschen Städte, in: Festschrift für Hermann Heimpel zum 70. Geburtstag (Veröffentlichungen des Max-Planck-Instituts für Geschichte 36), Bd. 2, Göttingen 1972, S. 159–194, hier S. 180 f., 189–191.

Bürgerrecht in den Vorstädten abgehoben. Erst 1467 fiel diese Unterscheidung und wich einem homogenen Bürgerrecht, während nun die beiden neuen Vororte Wöhrd und Gostenhof, die 1427 beziehungsweise 1457/77 von der Stadt angekauft worden waren, weiter die halbe Aufnahmegebühr bewahrten.

Umgekehrt konnte das Bürgerrecht außerhalb der Stadt auf Dauer Gültigkeit besitzen – wobei freilich an eine eingeschränkte Form zu denken ist, die nicht die Partizipation an der politischen Willensbildung und an der Ausübung von Ämtern beinhaltete. Das Dorf Hausen bei der wittelsbachischen Territorialstadt Lauingen an der Donau wurde noch in den Steuerlisten des 15. und 16. Jahrhunderts als geschlossene Bürgergruppe geführt, was vermutlich auf den ehemaligen staufischen Verwaltungsbezirk zurückging[55], ähnlich wie die Dörfer Offenhausen und Pfuhl als Teil der alten Ulmer Gemarkung ein besonderes Bürgerrecht genossen[56]. Demgegenüber wurden die Freien in Eglofs und auf der Leutkircher Heide erst im Laufe des 15. Jahrhunderts in den Bürgerverband der Reichsstädte Wangen und Leutkirch aufgenommen[57]. Die Beispiele lassen sich sicher unschwer vermehren, sie illustrieren insgesamt den stufenweisen Übergang von Stadt und Land, auch was das Bürgerrecht betrifft.

Das Instrument der Pfal- und Ausbürger erscheint deshalb als konsequente Erweiterung einer Politik, die versuchte, die ökonomischen Umlandbeziehungen zu verrechtlichen. Hält man sich vor Augen, daß die Territorienbildung der Städte im 14. und 15. Jahrhundert sich noch im Stadium einer mehr oder weniger dichten Agglomeration von Besitz- und Herrschaftsrechten befand und in der Regel (zumindest in Oberdeutschland) erst um die Wende zum 16. Jahrhundert einer organisatorischen Durchdringung unterworfen beziehungsweise zur Landeshoheit verdichtet wurde, dann ist die bürgerrechtliche Anbindung als ein Element unter vielen anderen einzustufen[58]. Die spezifischen umlandpolitischen Aspekte dieses Problemfeldes gilt es im folgenden zu umreißen.

---

[55] *Reinhard H. Seitz*, Zur frühen Geschichte von Dorf und Stadt Lauingen (Donau), in: Jahrbuch des Historischen Vereins für Dillingen an der Donau 81 (1979), S. 146–179, hier S. 176–178; *Kießling* (Anm. 12), S. 552 f.

[56] *Gerold Neusser*, Das Territorium der Reichssstadt Ulm im 18. Jahrhundert (Forschungen zur Geschichte der Stadt Ulm 4), Ulm 1964, S. 45.

[57] *Müller* (Anm. 34), hier 25, S. 180 f.: die Leutkircher Freien 1497 in der Bauleutezunft der Stadt Leutkirch; *Catherine De Kegel-Schorer*, Bauern als Republikaner. Die Freien auf der Leutkircher Heide, in: Peter Blickle (Hg.), Politische Kultur in Oberschwaben, Tübingen 1993, S. 97–117, hier S. 105; *Peter Kissling*, Die Eglofser Freien – eine verhinderte spätmittelalterliche Republik?, in: Peter Blickle (Hg.), Verborgene republikanische Traditionen in Oberschwaben (Oberschwaben – Geschichte und Kultur 4), Tübingen 1998, S. 159–176, hier S. 164 f.

[58] Vgl. dazu die Beispiele Nördlingen und Memmingen in *Kießling* (Anm. 12), S. 97–106, 326–344.

Geläufig ist, daß die reichsrechtlichen Verbote seit dem Reichsgesetz von 1231/32 über die Goldene Bulle von 1356 samt den verschiedenen Landfrieden bis hin zur Bulle Sigismunds für den ritterschaftlichen Adel von 1431 die Städte nicht gehindert haben, Pfalbürger aufzunehmen[59]. Die daraus resultierenden Spannungen weiteten sich mitunter zu regionalen Konflikten aus, etwa in der bekannten Konfrontation der Gesellschaft mit St. Jörgenschild mit den schwäbischen Reichsstädten[60]. Faktisch ergeben sich aus den Bürger- und Steuerlisten jedoch sehr unterschiedliche Verhältnisse. In Augsburg[61] beispielsweise, wo sich die frühesten Belege für Pfalbürger bis zum Anfang des 14. Jahrhunderts zurückverfolgen lassen, war 1355 das Maximum mit 156 Eintragungen erreicht, ein zweiter schwächerer Höhepunkt findet sich in den 80er Jahren im Kontext der Politik des Schwäbischen Städtebundes; im 15. Jahrhundert ging ihre Zahl rapide zurück und sie spielten keine Rolle mehr. Die Auswertung ergibt zunächst einen eindeutigen Zusammenhang mit dem wirtschaftlichen Umland: Berufsbezeichnungen wie Schmiede, Wagner, Lederer, Schuster, Schneider, Bäcker – neben Bauern (*villici*) – spiegeln die Marktbeziehungen zum Zentrum, und ihre Massierung in den schwäbischen Orten im Umkreis bis zu ca. 30 km markiert den gleichen bevorzugten Kernraum der Stadt-Umland-Entwicklung, der sich schon bei der Einbürgerung abgezeichnet hat. Eine der größten Konzentrationen findet sich zudem im Süden der Stadt in den Orten Großaitingen, Schwabmünchen, Langerringen, Hiltenfingen, Siebnach, d. h. in einem Raum, der ehemals zum staufischen Reichsland in Ostschwaben gehört hatte, seit der ersten Hälfte des 14. Jahrhunderts aber in eigenständige Territorienbildungen zerfiel: Das Hochstift Augsburg erhielt über die dauerhafte Verpfändung seit 1336/48 die sogenannte Straßvogtei, die Wittelsbacher hatten bereits vorher über das Konradinische Erbe auf die westlich anschließende Herrschaft Schwabegg zugegriffen[62]. Die Reichsstadt setzte also das Mittel der Pfalbürgerschaft vorwiegend dort ein, wo sie aus der alten Reichslandpolitik noch vogteiliche Rechte wahrnehmen konnte, wobei die Nord-Süd-Straße als wichtigste Verkehrsader die zusätzliche aktuelle Interessenlage markiert. Die zweite Welle von 1377/88 stellt demgegenüber nur noch einen schwachen Nachklang dar, ohne daß die geschilderten räumlichen Bezüge verändert worden wären –

---

59 Vgl. dazu immer noch *Max Georg Schmidt,* Die Pfalbürger, in: Zeitschrift für Kulturgeschichte 9 (1902), S. 241–321.

60 *Hermann Mau,* Die Rittergesellschaften mit St. Jörgenschild in Schwaben. Ein Beitrag zur Geschichte der deutschen Einungsbewegung im 15. Jahrhundert (Darstellungen aus der Württembergischen Geschichte 33), Stuttgart 1941, S. 100–134.

61 Nach ersten Beobachtungen von *Kießling* (Anm. 45), S. 192; jetzt ausführlicher *Kalesse* (Anm. 2), S. 134–142.

62 Dazu *Rudolf Vogel,* Mindelheim (Historischer Atlas von Bayern, Teil Schwaben Heft 7), München 1970, S. 1–36; *Hans Bauer,* Schwabmünchen (Historischer Atlas von Bayern, Teil Schwaben Heft 15), München 1994, S. 106–122, 227–254.

doch wird an der verminderten Zahl schon deutlich, daß dieses Instrument zu dieser Zeit bereits an Bedeutung verloren hatte.

Dieser erste Befund sagt freilich noch nicht allzuviel über die tatsächliche Wirksamkeit aus. Abgesehen davon, daß in vielen Fällen dieser Status als Vorstufe für den Zug in die Stadt gewertet werden kann[63], ist die Ambivalenz dieser Rechtsbeziehung unübersehbar[64]: Die nur schwer handhabbare Verpflichtung zur Steuerleistung wie die latente Verwicklung in Streitigkeiten mit den Grundherren schränkten den effektiven Nutzen eines solchen außerstädtischen Personenverbandes für die Stadt erheblich ein. Der Verzicht des Augsburger Rates von 1415, *das man von dehainem pfalburger, der ußerhalben der statt uff dem lannde sitzet und nit herein faren wil, dehain stüre nemmen sol und ist man im dehainer hilff nit schuldig in dehain wyse*[65], weist unumwunden auf diese Problematik hin. So nimmt es nicht wunder, daß Augsburg sein Interesse auf die Ausbürger verlagerte.

Beim adeligen Ausbürgertum des 14. und 15. Jahrhunderts wird der umlandpolitische Zusammenhang schon aus dem Bündnischarakter ableitbar, wobei aus städtischer Sicht vor allem die militärische Sicherheit intendiert war. Nach ersten Ansätzen im ausgehenden 13. Jahrhundert ist in Augsburg um 1313 eine dichtere Aufnahme von auswärtigen Adeligen zu registrieren, die dabei ihre Burgen als Pfand einsetzten; auch die zweite Gruppe, die nach dem Beitritt Augsburgs zum Schwäbischen Städtebund um 1387/88 das Ausbürgerrecht annahm, stellte ihre Burgen als *Offenhäuser* zur Verfügung[66]. Der politische Kontext des habsburgisch-wittelsbachischen Thronstreites und des ersten Städtekrieges unterstreichen die strategische Komponente dieser Verträge mit dem Landadel. Etwas anders gelagert sind 1348 die Aufnahmen von Mitgliedern aus den Linien des Familienverbandes der Marschälle von Pappenheim, die im Raum Biberbach-Wertingen nordwestlich der Stadt saßen: Hier ging es wohl vor allem darum, dauerhafte Stützpunkte für die Stadt zu gewinnen, nachdem im gleichen Jahr die Patrizierfamilie Langenmantel die Kleinstadt selbst erworben hatte und bis 1467 halten konnte[67]. Das relativ geringe Steuerfixum und der Verzicht auf die Residenzpflicht schufen offenbar adäquate Voraussetzungen dafür, so daß die Verträge später verlängert wurden.

---

63 *Kalesse* (Anm. 2), S. 136.

64 Vgl. den Beitrag von *Guy P. Marchal* in diesem Band.

65 Zitiert nach *Kalesse* (Anm. 2), S. 138.

66 *Kalesse* (Anm. 2), S. 142–148.

67 *Klaus Fehn*, Wertingen (Historischer Atlas von Bayern, Teil Schwaben Heft 3), München 1967, S. 18 f.; *Wilhelm Störmer*, Entstehung und frühe Entwicklung der Stadt Wertingen in Mittelschwaben, in: 700 Jahre Stadt Wertingen, Wertingen 1974, S. 1–15, hier S. 9–13.

In der ersten Hälfte des 15. Jahrhunderts gerieten auch die geistlichen Institutionen in diesen Sog[68]. Von 1439 bis 1457/58 war das Zisterzienserinnenkloster Oberschönenfeld, westlich der Stadt gelegen, ins Paktbürgertum eingetreten, 1446 folgte der Komtur des Deutschen Ordens von Donauwörth speziell für seinen Besitz südlich der Donau, und beide füllten empfindliche räumliche Lücken, zumal 1419/22 auch der Abt des Benediktinerklosters St. Ulrich und Afra diese Bindung eingegangen war und sie bis 1526 aufrechterhielt, dem die städtischen Kollegiatstifte St. Moritz 1429 bis 1466 und St. Peter 1429 bis 1432/33 folgten. Die Verpflichtung des Rates, gegen eine Pauschalsteuer Schutz und Schirm für die Klostergüter auch außerhalb der Stadt zu gewährleisten, was nicht selten der Fall war – nicht aber in geistliches Recht einzugreifen –, bedeutete ja nicht nur eine Belastung, sondern auch einen größeren Einfluß auf das Umland. Nach dem zweiten Städtekrieg 1449/50 entschloß sich die Stadt 1451 allerdings dazu, keine Bürger mehr mit *gedinge* aufzunehmen; wiederum hatte sich die Möglichkeit erschöpft, mit Hilfe einer spezifischen Ausformung des Bürgerrechts den städtischen Einflußbereich im Umland zu intensivieren.

In Nördlingen dagegen erreichte diese Politik erst um die Mitte des 15. Jahrhunderts ihren Höhepunkt[69]. Im Vorfeld des zweiten Städtekrieges verzeichnete der Rat 1448 insgesamt 31 adelige Ausbürger, darunter auch einige Mitglieder des Hauses der Grafen von Oettingen, vor allem aber deren Lehensleute. Die Kartierung des räumlichen Bezugssystems veranschaulicht, daß damit die wichtigsten Herrschaftsträger im 20 bis 30 km-Umkreis im Ries und auf den Randhöhen erfaßt waren, mit dem auch die wirtschaftliche Interessenzone der Stadt definiert werden kann. Da diese Paktbürgerverträge häufig die jeweiligen grundherrschaftlichen Besitzungen einschlossen, zum Teil auch die Residenzpflicht in Nördlingen fixierten, und nicht selten die gleichen Personen über mehrere Jahre im Solddienst der Stadt standen, wird man gerade für Nördlingen das strategische Motiv betonen dürfen – abgesehen von einigen Witwen adeliger Standespersonen, die offenkundig in die Stadt übersiedelten; eine Vertragsvariante, die auch später noch eine Rolle spielte.

Auch hier ist allerdings einzuräumen, daß diese Ausbürgerverträge nicht immer unproblematisch waren, drohte damit doch die Gefahr, in Fehden hineingezogen zu werden, zumindest aber in Loyalitätskonflikte zu geraten; entsprechende Bestimmungen in den Verträgen versuchten gerade das auszuschließen. Wenn Augsburg und Nördlingen dieses Paktbürgertum trotzdem relativ umfassend instrumentalisierten, dann wohl sicher in der Ab-

---

68 Zum folgenden für Augsburg *Kießling* (Anm. 45), S. 109 f.; *Kalesse* (Anm. 2), S. 172–176.

69 *Kießling* (Anm. 12), S. 75–84.

sicht, ihr Umland und zum Teil auch das Hinterland in einer Art Sicherheitskordon an die Stadt zu binden. Das korrespondiert zwar in beiden Fällen mit der Tatsache, daß es den Städten aufgrund der herrschaftlichen Situation in ihrer Region nicht gelang, den Durchbruch zur Territorienbildung zu bewerkstelligen. Doch auch Memmingen, das in seiner Territorialpolitik wesentlich erfolgreicher war, verhielt sich nicht grundlegend anders[70]. Freilich läßt sich an diesen Beispielen auch zeigen, daß im weiteren Verlauf des 15. Jahrhunderts die politische Alternative zunehmend darin gesucht wurde, mit Hilfe von Nachbarschaftsverträgen eine Stabilisierung der Außenbeziehungen zu erreichen[71]. So gesehen ist immerhin eine gewisse zeitliche Abfolge zu erkennen, die dem Bürgerrecht seinen Stellenwert in der frühen Phase der städtischen Umlandbeziehungen verleiht. Läßt sich ein derartiges Muster auch in anderen Städtelandschaften ausmachen?

Köln baute seit 1263 und damit sehr früh und ausgesprochen weiträumig ein Netz von adeligen „Außenbürgern“ auf, das bezeichnenderweise vor allem auf der linksrheinischen Seite lag und damit gegen den Erzbischof gerichtet war[72], gleichzeitig aber einen wesentlichen Teil des Wirtschaftsraums abdeckte[73]. Das Pfalbürgertum hat es jedoch offenbar nicht eingesetzt: „statt sich mit den Pfalbürgern zugleich dauernde Scherereien und Auseinandersetzungen mit deren Herren einzuhandeln, erwies es sich für die Stadt auf die Dauer als vorteilhafter, diese Herren selbst zu Außenbürgern zu machen“[74]. Ist dahinter ebenfalls ein Ersatz für die erfolglose Territorialpolitik zu sehen? Nach dem Urteil von Hans Domsta hatten die adeligen Ausbürger nichts mit der Territorienbildung zu tun[75] – darauf wird noch zurückzukommen sein.

Frankfurt verzichtete nicht zuletzt wegen seiner starken reichspolitischen Verankerung bereits 1346 vertraglich auf bäuerliche Pfalbürger, und

[70] *Kießling* (Anm. 12), S. 300–322.

[71] Vgl. dazu auch *Rolf Kießling,* Die „Nachbarschaft“ und die „Regionalisierung“ der Politik: Städte, Klöster und Adel in Ostschwaben um 1500, in: Ferdinand Seibt und Winfried Eberhard (Hg.), Europa 1500. Integrationsprozesse im Widerstreit: Staaten, Regionen, Personenverbände, Christenheit, Stuttgart 1986, S. 262–278.

[72] *Hans J. Domsta,* Die Kölner Außenbürger. Untersuchungen zur Politik und Verfassung der Stadt Köln von der Mitte des 13. bis zur Mitte des 16. Jahrhunderts (Rheinisches Archiv 84), Bonn 1973.- Die Einschätzung von *Hugo Stehkämper,* Über das Kölner Bürgerrecht, in: Ders. und Gerd Müller (Hg.), Kölner Neubürger 1356–1798 (Mitteilungen aus dem Archiv der Stadt Köln 61), Köln 1975, S. XXII: „Die sogenannte Außenbürgerschaft großer und kleiner (Landes-) Herren hat mit dem Bürgerrecht nichts zu tun“, erscheint problematisch, da sie die funktionalen Zusammenhänge nicht berücksichtigt; vgl. demgegenüber die Einordnung als „bürgerschaftsähnliche Rechtsverhältnisse“ von *Dilcher* (Anm. 13), S. 96–98.

[73] Dazu *Franz Irsigler,* Stadt und Umland im Spätmittelalter: Zur zentralitätsfördernden Kraft von Fernhandel und Exportgewerbe, in: Meynen, Zentralität (Anm. 10), S. 1–14.

[74] *Domsta* (Anm. 72), S. 30.

[75] *Domsta* (Anm. 72), S. 26 f.

die Mehrzahl seiner 145 Ausbürger zog in die Stadt[76]. Kurz darauf lief auch das adelige Ausbürgertum aus und an seine Stelle traten Bündnis- und Dienstverträge mit auswärtigen Adeligen. Bezeichnenderweise umfaßten sie den gleichen Raum, aus dem auch die Fehdegegner der Stadt kamen[77].

Nürnberg[78] war anscheinend ebenfalls bereit, das Pfalbürgerverbot aus Gründen der starken Bindung an das Reich einzuhalten, aber es hat selbst das adelige Ausbürgertum nur sehr bedingt eingesetzt und lediglich 1386/87 20 fränkische Ritter als „Pfalbürger", d. h. adelige Ausbürger, aufgenommen. Zur Begründung zieht Wolfgang Leiser noch ein weiteres Element in diesem Spannungsfeld heran: Der Verzicht auf die Ausbürgerpolitik sei schon wegen des ausgeprägten Gütererwerbs seiner Patrizier unnötig gewesen[79]. Laut einem Verzeichnis von 1439 bis 1446 zählte die Stadt in 670 Orten 5.813 Hintersassen; davon waren knapp 70 Prozent in der Hand von Einzelbürgern und hiervon wiederum der Löwenanteil in der ratsfähiger Geschlechter, während die Zahl der ländlichen Güter geistlicher Institutionen nur zweitrangig war, die des Rates aber verschwindend gering ausfiel[80]. Damit begründete Nürnberg seine spezifische Form weiträumiger Territorienbildung, die nicht zuletzt darauf gerichtet war, die Stadt selbst nicht in Lehensbindungen zu verstricken[81].

Straßburg gehörte demgegenüber zu den Städten, die im 14. Jahrhundert bevorzugt mit dem Pfalbürgertum operierten, ehe es 1422 aufgegeben wurde; es schränkte aber auch das adelige Ausbürgertum ab 1433 ein[82]. Das gilt auch für Soest, Dortmund und eine Reihe niederländischer[83] und Schweizer Städte[84]. Augsburg und andere schwäbische Reichsstädte wie Memmingen,

---

76 *Dilcher* (Anm. 13), S. 96–98, unter Verarbeitung der älteren Literatur.

77 *Elsbeth Orth,* Die Fehden der Reichsstadt Frankfurt am Main im Spätmittelalter. Fehderecht und Fehdepraxis im 14. und 15. Jahrhundert, Wiesbaden 1973, S. 173; vgl. *dies.*, Stadtherrschaft und auswärtiger Bürgerbesitz. Die territorialpolitischen Konzeptionen der Reichsstadt Frankfurt im späten Mittelalter, in: Schulze, Städtisches Um- und Hinterland (Anm. 28), S. 99–156, hier S. 150.

78 *Schultheiß* (Anm. 54), S. 162, 172 f., 192 f.; Bürgerbücher (Anm. 47), S. 73*-77*.

79 *Wolfgang Leiser,* Das Landgebiet der Reichsstadt Nürnberg, in: Rudolf Endres (Hg.), Nürnberg und Bern. Zwei Reichsstädte und ihre Landgebiete (Erlanger Forschungen, Reihe A Bd. 46), Erlangen 1990, S. 227–260, hier S. 231, 246.

80 Dazu ausführlich *Karl-Friedrich Krieger,* Bürgerlicher Landbesitz im Spätmittelalter. Das Beispiel der Reichsstadt Nürnberg, in: *Schulze,* Städtisches Um- und Hinterland (Anm. 28), S. 77–98, hier S. 80–84.

81 *Krieger* (Anm. 80), S. 96–98.

82 *Charles Wittmer,* Das Straßburger Bürgerrecht. Vom Ursprung bis zum Jahre 1530, in: Alemannisches Jahrbuch 1961, S. 235–249, hier S. 243 f.; eine Reihe von Hinweisen auch bei *Schmidt* (Anm. 59), S. 269 f., 272, 274, 287 f.

83 *Domsta* (Anm. 72), S. 20 f.; vgl. den Beitrag von *Guy P. Marchal* in diesem Band.

84 *Katharina Reimann,* Untersuchungen über die Territorialbildung deutscher Reichs- und Freistädte, Dissertation Breslau 1935, S. 41; *Elisabeth Raiser,* Städtische

Ravensburg[85] oder Nördlingen zeigten eine wesentlich größere Zurückhaltung bei den Pfalbürgern, nutzten aber das adelige Ausbürgertum.

Diese Auswahl unterschiedlicher Verhaltensmuster läßt einen jeweils spezifischen Stellenwert der einzelnen Instrumente im Kontext der Umlandpolitik vermuten, so daß Pfalbürger, Ausbürger und Territoriumsbildung in einem funktionalen Zusammenhang zusehen sind. Für Freiburg im Breisgau hat Tom Scott eine Gesamtschau dieser Phänomene vorgelegt, die aufgrund einer günstigen Quellenlage weitere Aufschlüsse vermittelt[86]. Danach hatte die Stadt zunächst das Pfalbürgerrecht – hier als „Ausbürger" bezeichnet – eingesetzt und bis zum Anfang des 16. Jahrhunderts auch aufrechterhalten. Noch 1453 saßen ihre Inhaber in 41 Orten, um 1500 immerhin noch mit 120 Haushalten in 25 Dörfern, die Masse davon in den Weinbauorten am Tuniberg, Kaiserstuhl und Batzenberg. Parallel dazu bestanden seit ca. 1300 Paktbürgerverträge mit dem Adel des Umlandes, auch hier gekoppelt mit der Öffnung von Burgen und Solddienstleistungen; 1370 aber waren 62 adelige Ausbürger in ein gemeinsames Schutz- und Schirmbündnis eingetreten – was als Zeichen zunehmender Spannungen mit der seit 1368 endgültig habsburgischen Stadt gewertet wird[87]. Zudem griff die Stadt über den Erwerb von Grundbesitz in Bürgerhand auf das Land aus.

Die Kombination aller drei umlandpolitischer Instrumente blieb allerdings nicht ohne Konflikte. Die wirtschaftliche und politische Krise des Adels, die ihn verstärkt auf die Intensivierung der eigenen Herrschaften verwies, löste nicht zuletzt Auseinandersetzungen aus. Sie führten 1451 zu einen jahrzehntelangen Prozeß zwischen dem aus einer Patrizierfamilie stammenden und nunmehr adeligen Ausbürger Hans der Jüngere von Snewlin-Landeck mit dem Rat um die städtischen Pfalbürger. Die Stadt erhob Anspruch auf das volle Bürgerrecht der Betroffenen – auch wenn sie selbst diese faktisch wie städtische Eigenleute behandelte –, während Landeck auf einer Eingliederung in den eigenen Herrschaftsverband bestand. Ein Kompromiß mit zwei anderen Ausbürgern, St. Peter und dem Ritter

Territorialpolitik im Mittelalter. Eine vergleichende Untersuchung ihrer verschiedenen Formen am Beispiel Lübecks und Zürichs (Historische Studien 406), Lübeck-Hamburg 1969, S. 67–70, 83 f.; vgl. auch *Schmidt* (Anm. 59), S. 271. Jetzt ausführlich dazu *Gerber* (Anm. 18), S. 144–150 zu Bern.

85 *Müller* (Anm. 34), 25, S. 182–184.

86 *Tom Scott,* Freiburg and the Breisgau. Town-Country Relations in the Age of Reformation and Peasents' War, Oxford 1986, S. 77–102; *ders.*, Die Stadt und ihr Umland, in: Heiko Haumann und Hans Schadek (Hg.), Geschichte der Stadt Freiburg im Breisgau, Bd. 1, Stuttgart 1996, S. 237–252.

87 Dazu *Hans Schadek,* „die missehelle, die wir wieder einander hetten". Friedenssicherung als Aufgabe städtischer Politik, in: Haumann und Schadek, Freiburg (Anm. 86), S. 159–162; *Tom Scott,* Die Folgen des Herrschaftswechsels, in: Ebd., S. 216.

von Falkenstein, sah 1483 auch weiterhin die Steuerhoheit der Stadt und die Heranziehung zum Wehrdienst im städtischen Kontingent vor, während die Entrichtung des Fastnachthuhns und die Leistung der Frondienste die Rechte des Gerichtsherrn bestätigten, der seinerseits die Nutzung der Allmende zugestand; bei Heiraten mit anderen Eigenleuten war allerdings (wie auch anderswo) ein Austausch Vorbedingung. Die Position der „Ausbürger" zwischen Stadtbürgertum und herrschaftlicher Untertanenschaft macht deutlich, daß dieses Instruments aufgrund der Herrschaftsverdichtung keine Zukunft hatte – der Verkauf der drei größten Ausbürgerdörfer 1505 erscheint als untrügliches Zeichen dafür.

Die Ausdünnung bürgerrechtlicher Bindungen geht aber Hand in Hand mit dem Aufbau eines städtischen Territoriums. Seit der Mitte des 15. Jahrhunderts systematisch mit den „klassischen" Mitteln von Kauf, Lehensübernahme, Pfandschaft von Güterkomplexen, dazu der Kastenvogtei über Klosterbesitz betrieben, richtete er sich jedoch nach Osten auf die Straßen in den Schwarzwald, eine Umorientierung als Folge der wirtschaftlichen Entwicklung, aber auch des Vordringens der Markgrafschaft Baden und der verschärften Auseinandersetzung mit dem Breisgauer Adel[88]. Der strukturelle Wandel vom „Personenverband" Bürgertum zum „Herrschaftskonzept" über ein städtisches Territorium fällt hier ins 15. Jahrhundert.

Ein solches „Modell" läßt sich wohl auch auf die schweizerischen Städte Luzern, Zürich und Bern anwenden, die ja ebenfalls diese Elemente der Außenbeziehungen umfassend eingesetzt haben[89]. Es wirft aber auch Licht auf jene Fälle, in denen die verschiedenen Elemente nicht gleichmäßig ausgebildet waren. Wenn Augsburg die herrschaftliche Struktur des Umlandes, die durch die starke Präsenz der städtischen Kollegiatstifte, des Hochstift/Domkapitels und des Herzogtums Bayern bestimmt war, nicht entscheidend in Richtung auf eine eigene Territoriumsbildung zu durchbrechen vermochte, so sind trotzdem die Vorstufen dafür gleichermaßen auszumachen[90]. Ähnlich liegen die Verhältnisse in anderen Bischofsstädten wie Regensburg[91]. Die beabsichtigte Konsequenz des Ausbaus personaler

---

88 *Scott,* Umland (Anm. 86), S. 248–252.

89 *Reimann* (Anm. 84), S. 38–40; *Raiser* (Anm. 84), S. 51–103, zu Zürich, besonders zu den Ausbürgern S. 67–70; vgl. dazu zusammenfassend *Hans-Jörg Gilomen,* Stadt-Land-Beziehungen in der Schweiz des Spätmittelalters, in: Ulrich Pfister (Hg.), Stadt und Land in der Schweizer Geschichte: Abhängigkeiten – Spannungen – Komplementaritäten (Itinera 19), Basel 1998, S. 10–48, hier S. 30–37, freilich ohne Einbeziehung der bürgerrechtlichen Aspekte. Jetzt für Bern detailliert *Gerber* (Anm. 18), S. 150–159, 402–419.

90 Dazu *Rolf Kießling,* Bürgerliche Gesellschaft und Kirche in Augsburg im Spätmittelalter (Abhandlungen zur Geschichte der Stadt Augsburg 19), Augsburg 1971, S. 205–212; zusammenfassend *ders.*, Augsburg zwischen Mittelalter und Neuzeit, in: *Gottlieb,* Augsburg (Anm. 4), S. 248 f.

wie besitzrechtlicher Verbindungen in das Umland – sei es über die Pfal- und Ausbürger oder über den Bürgerbesitz, die Pflegschaft über das Spital und kirchliche Institutionen – wird aber deutlich greifbar im Zuge der Landfriedenspolitik: Mit Hilfe des Privilegs Karls IV. von 1359 konnte die Stadt Augsburg *von allen leuten iren nachpuoren die umb die stat zu Auspurg gesezzen sind* – gemeint sind hier die dem Reich vogtbaren Bauern an der „Straße" sowie die Hintersassen der Bürger, Stiftungen und Klöster der Stadt – Leistungen zum städtischen Wehrverband gebieten; 1362 waren an der Einung 130 Dörfer beteiligt, noch 1489 wurden 1'640 „Bauern" aus 122 Dörfern auf diese Weise in den Landfriedensverband der Stadt eingebunden – allerdings bestritt jetzt der Bischof diesen späten Reflex der ehemaligen Pfalbürgerschaft in der Straßvogtei entschieden und setzte den Anspruch auf flächendeckende Herrschaftsausübung dagegen[92].

Auch Frankfurt gelang es im 14. Jahrhundert, mit Hilfe „scheinbar reichspolitischer Interessenvertretung" zahlreiche Dorfschaften an die Stadt zu binden und damit seine Stellung im Umland zu sichern, wobei letztlich die „Dorfbewohner in einen Untertanenverband" eingegliedert wurden[93]. Auf Dauer konnte es allerdings nur die Besteuerung und die Gerichtsbarkeit, die sich auf den bis 1456 erworbenen „Altbürgerbesitz" bezog, gegen konkurrierende Ansprüche der Territorialherren geltend machen: Elsbeth Orth konstatiert dies prägnant als eine „pragmatische" Handlungsmaxime im herrschaftlichen Geflecht des Umlandes[94]. So blieb den Städten, denen keine umfassenden Herrschaftskäufe gelangen – wie besonders ausgeprägt etwa Ulm[95] – oder die nicht auf die Übernahme älterer raumbezogener Herrschaftsrechte – wie etwa Soest[96] – zurückgreifen konnten[97], vor allem der Bürger- und Stiftungsbesitz, um nicht nur

---

91 Vgl. *Diethard Schmid,* Regensburg I. Das Landgericht Stadtamhof, die Reichsherrschaften Donaustauf und Wörth (Historischer Atlas von Bayern, Teil Altbayern Heft 41), München 1976; *ders.*, Regensburg – Bürgertum und Stadtregion im späten Mittelalter, in: Verhandlungen des Historischen Vereins für Oberpfalz und Regensburg 117 (1977), S. 259–278.

92 Dazu jetzt *Bauer* (Anm. 62), S. 106–122.

93 *Bernd Schneidmüller,* Städtische Territorialpolitik und spätmittelalterliche Feudalgesellschaft am Beispiel von Frankfurt am Main, in: Blätter für deutsche Landesgeschichte 118 (1982), S. 115–136, Zitat S. 131.

94 *Elsbeth Orth,* Stadtherrschaft und auswärtiger Besitz. Die territorialpolitischen Konzeptionen der Reichsstadt Frankfurt im späten Mittelalter, in: Hans K. Schulze (Hg.), Städtisches Um- und Hinterland in vorindustrieller Zeit (Städteforschung A 22), Köln/Wien 1985, S. 99–156, Zitate S. 145 f.

95 Dazu immer noch *Otto Hohenstatt,* Die Entwicklung des Territoriums der Reichsstadt Ulm im 13. und 14. Jahrhundert (Darstellungen aus der Württembergischen Geschichte 6), Stuttgart 1911.

96 Vgl. *Wolfgang Bockhorst,* Soest und die Börde bis zur Reformation, in: Heinz-Dieter Heimann (Hg.), Soest. Geschichte der Stadt (Soester Beiträge 53), Soest 1996, S. 153–171.

97 Zur Typologie vgl. *Reimann* (Anm. 84), S. 28–43; *Raiser* (Anm. 84), S. 14–19.

die ökonomischen Effekte auszuschöpfen, sondern auch herrschaftliche Funktionen auf dem Land in Anspruch nehmen zu können.

Funktional gesehen gehören somit Pfal- und Ausbürgerrecht wie Bürgerbesitz, Kirchenpflegschaft beziehungsweise Schutz und Schirm über innerstädtische wie auswärtige Klöster und Stifte oder der Vollzug des Landfriedens – einschließlich dem Recht, schädliche Leute auch außerhalb der eigenen städtischen Gerichtsgrenzen zu fangen und abzuurteilen – zu einem Bündel verschiedenartiger Maßnahmen, die sich gegenseitig ergänzten und auf die Erschließung, Anbindung und herrschaftliche Durchdringung des städtischen Umlandes gerichtet waren – sie bilden zusammen ein „präterritoriales" System. Auch wenn dabei die personalen bürgerrechtlichen Faktoren zu den schwächeren Komponenten gehörten und ambivalent blieben, so waren sie doch von der Zielsetzung aus gesehen die frühesten Ansatzpunkte, das Umland an die Stadt zu binden. Da sie spätestens seit der zweiten Hälfte des 15. Jahrhunderts kaum mehr anwendbar waren, setzte die städtische Politik gezielt auf den verschiedenartigen Erwerb von Besitz und Herrschaftsrechten, deren Vereinheitlichung und Durchdringung gemäß der Gesamtentwicklung auf ein Territorium hinausliefen. Auf jeden Fall schwenkte damit die Stadt auf eine eigene Herrschaft über das Land ein, die im günstigsten Fall bis hin zur vollen Landeshoheit ausgebaut werden konnte. In diesem Kontext näherte sich der Begriff des „Ausbürgers" dem der „Ausleute" an und bezog sich zumindest in den ostschwäbischen Städten vor allem auf die Besteuerung von Besitz in der Stadt beziehungsweise in ihrer Gemarkung[98].

Diese Entwicklung verläuft parallel zur Bereinigung der abgestuften bürgerrechtlichen Beziehungen: Wenn Nürnberg erst um 1455 das gesonderte Recht der Vorstädte beseitigte[99] – was etwa in Freiburg schon um 1300 der Fall gewesen sein dürfte[100] –, gleichzeitig aber auch das neue „Einwohnerrecht" schuf – anderswo hießen sie Beisassen[101] –, die Bewohner der „Alten Landschaft" nun aber eindeutig als städtische Hintersassen behandelte und über eine zunehmend verdichtete Herrschaft verwaltete[102], dann war damit das Gegenüber von „Stadt" i.S. der Bürgerschaft und „Land" im Sinne der Untertanenschaft im eigenen stadtbezogenen Rechtsbereich klar abgegrenzt. Bezeichnenderweise geht es in dem einleitend

98 *Kießling* (Anm. 12), S. 83 f. (Nördlingen), S. 300–305 (Memmingen), S. 556 f. (Lauingen), S. 645 (Mindelheim); vgl. auch *Müller* (Anm. 34), 26, S. 48 ff.

99 *Schultheiß* (Anm. 54), S. 189.

100 *Hans Schadek*, Das Bild der Stadt am Ausgang des 13. Jahrhunderts. Vorstädte und Stadtbefestigung, in: Haumann und Schadek, Freiburg (Anm. 86), S. 153–156.

101 Vgl. *Dilcher* (Anm. 13), S. 79 f., 98 f.

102 *Leiser* (Anm. 79), S. 238–245, 259 f.

zitierten grundsätzlichen Gutachten Peutingers nicht mehr um die ehemals heftig umstrittenen Pfal- oder Ausbürger, sondern nur mehr um die Durchsetzung des Vollbürgerrechts gegenüber alten Forderungen – auch sie spiegeln den Anspruch auf die Verfügungsgewalt über die Untertanen im Zuge der territorialen Herrschaftsverdichtung[103]. Es ist sicher kein Zufall, daß auch die Freien von Eglofs und auf der Leutkircher Heide, die in bürgerrechtlichen Beziehungen zu den benachbarten Reichsstädten gestanden hatten, im gleichen Zeitraum als Personalgenossenschaften Opfer des Territorialisierungsprozesses wurden[104].

Versucht man die Ergebnisse in den beiden Beobachtungsfeldern zu resümieren, so läßt sich insgesamt festhalten, daß die Städte im Zusammenhang mit einer verstärkten Umlandpolitik auch und nicht zuletzt das Element der Einbürgerung einsetzten.

1. Zunächst ergibt sich eine hohe Korrelation zwischen den Land-Stadt-Wanderungen und den Umlandbeziehungen; nicht nur die räumliche Übereinstimmung ist dafür signifikant, sondern auch die wechselseitige Verbindung von ländlichem Handwerk, Versorgung und Einbürgerungspolitik: Die frühe Rekrutierung des städtischen Gewerbes aus den Dörfern und die anschließende Abgrenzung der Zünfte von der sich ausbildenden Konkurrenz spiegelt sich in der tendenziellen Verschiebung der Einbürgerung aufgrund von Migration auf die weiter entfernten Städte des Hinterlandes, während das Nahgebiet auf die Zulieferung zu den Exportgewerben beziehungsweise die Versorgung der Stadt mit Nahrungsmitteln verwiesen wurde. Auch die beginnende Ausdehnung der Stadt in den Frühstadien der Durchdringung des Umlandes mit Bürgerbesitz beziehungsweise dem Erwerb von Herrschaften bedingte eine gewisse Lockerung der ursprünglich engen Verbindung mit den Einbürgerungsvorgängen.

2. Die direkten Mittel des Pfal- und Ausbürgertums wurden zwar unterschiedlich eingesetzt, was die zeitliche Abfolge und die Intensität betrifft: Abgestufte vorstädtische Sonderrechte, stadtnahes Quasi-Bürgerrecht in abhängigen Dörfern, vor allem aber Gruppierungen von Pfalbürgern in besonders empfindlichen Zonen – etwa an den Zugangsstraßen oder den Rebhängen – und der adeligen Ausbürger im Sinne einer Absi-

---

103 Vgl. dazu jüngst *Pankraz Fried,* Die Landeshoheits- und Grenzverhältnisse zwischen dem alten Bayern und den schwäbischen Territorien: Landeshoheitsrechte in Gemengelage, in: Erwin Riedenauer (Hg.), Landeshoheit. Beiträge zur Entstehung, Ausformung und Typologie eines Verfassungselements des Römisch-deutschen Reiches (Studien zur Bayerischen Verfassungs- und Sozialgeschichte 16), München 1994, S. 61–68.

104 *Kissling* (Anm. 57); *Catherine De Kegel-Schorer,* Die Freien auf der Leutkircher Heide. Zum Scheitern der Kommunalisierung einer freibäuerlichen Genossenschaft, in: Blickle, Oberschwaben (Anm. 57), S. 145–158.

cherung belegen eindeutig den Zusammenhang mit den ökonomischen wie rechtlichen Mitteln der Erschließung des Umlandes. In Verbindung mit der Territoriumsbildung erscheinen sie als Elemente einer noch stark vom Personenverband getragenen „präterritorialen" Politik, deren Abbau seit der zweiten Hälfte des 15. Jahrhunderts mit der Verdichtung über die städtischen Grundherrschaften, die Gerichtsorganisation und den Schutz und Schirm beziehungsweise die Pflegschaft über kirchliche Institutionen einherging, die auf das städtische Territorium des 16. Jahrhunderts zuliefen. Die inneren Gegensätze von quasibürgerlicher Freiheit und den Interessen „feudaler" Herrschaft brachen dabei auch im städtischen Bereich selbst auf, wenn die bürgerlichen beziehungsweise ausbürgerlichen Intensivierungen der Dorfherrschaften auf die nominelle Verteidigung der Freiheiten traf, wie das bei Freiburg der Fall war. Die neue Abgrenzung von Stadt und Land mündete in ein Konzept ein, bei dem sich auch die „De-facto Souveränität" des Rates als Obrigkeit[105] an die Seite traditioneller Herrschaftsträger stellte.

Trotz ihres eindeutigen Übergewichts blieb die Einbürgerung aus dem Umland freilich keine Einbahnstraße: Eine konjunkturbedingte zeitlich befristete Abwanderung von Handwerkern wie der Übergang der städtischen Oberschicht zum Landadel markieren die gleichen räumlichen Beziehungen. Spiegelt sich gerade in diesen Verhaltenweisen, daß das Umland auch als eine räumliche Kategorie im Bewußtseins der Zeitgenossen vorhanden war, so vermag ein weiteres Argument ex negativo diese umlandpolitische Orientierung noch abzurunden: der Stadtverweis als Sanktionsmittel. Seit den frühen Rechtskodifikationen üblich[106], erfuhr er einen charakteristischen Wandel. Schon Hans Weymuth hat an den nordostschweizerischen Städten gezeigt, daß dabei – abgesehen von der Differenzierung nach der Schwere des Vergehens – nach und nach eine Ausweitung vollzogen wurde[107]: von dem Bezirk der ummauerten Stadt über die Vorstädte bis zum Friedensbezirk beziehungsweise „innerhalb der Kreuze", einem spezifischen Bereich um die engere Stadt, der vor allem als Wirtschaftsgebiet relevant war. Schließlich aber spielte neben bestimmten Meilenzonen das Landgebiet die wesentliche Rolle. In Zürich[108] etwa war es im 14. Jahrhundert üblich, solche „Verweisungszonen" von bis zu 10 und 20 Meilen festzulegen, besonders häufig waren aber 1 bis 2 Meilen; nach der Ausbildung des Territoriums wechselte man jedoch auf die Formel

105 *Heckert* (Anm. 1), S. 135 f.

106 Vgl. dazu auch *Müller* (Anm. 34), S. 25 und 190.

107 *Hans Weymuth,* Erscheinungsformen und Bedeutungen der extramuralen Rechtsbereiche nordostschweizerischer Städte (Züricher Beiträge zur Rechtswissenschaft, Neue Folge 279), Zürich 1967, S. 18–22.

108 *Weymuth* (Anm. 107), S. 23–36, Zitat S. 21.

über, der Verbannte dürfe nicht mehr *in unser statt noch in unser gericht und gebiet* kommen – während daneben zusätzlich Fernverweisungen *über Rin* und *über das gebirg gen welschen landen* auferlegt wurden. Den gleichen Befund konstatierte jüngst Guy P. Marchal anhand einer umfassenden Untersuchung[109]: „Durchwegs am Ende des 14. Jahrhunderts [...] erscheinen hier [im eidgenössischen Bereich, R.K.] Bezugnahmen [...] auf die eigenen Herrschaftsbereiche, aus denen die Urfehdeleistenden sich zu entfernen hatten. Im Laufe des 15. Jahrhunderts können diese offensichtlich immer differenzierter und vielfältiger eingesetzt werden". Wenn demgegenüber bei den oberrheinischen Städten bis zum Ende des 15. Jahrhunderts „geographisch-topographische Grenzbestimmungen und die Meilenverbannung bei weitem (überwiegen)", so führt er das zurecht auf die dort noch nicht so weit entwickelte städtische Territorienbildung zurück[110]. Dies bestätigt sich auch in Augsburg: Dort blieb der im 14. Jahrhundert verfügte Stadtverweis in Form einer Meilen-Distanz – wobei, abgesehen von geographischen Benennungen wie „über die Donau" oder „über den Rhein", die drei Meilen offenbar besonders häufig waren[111] – auch noch im 16. Jahrhundert üblich, wurde aber häufig auf bis zu 10 Meilen ausgedehnt[112] – das fehlende Territorium ließ keine anderen Bezugsgrößen zu. Bei allen räumlichen und inhaltlichen Varianten, die dabei zu konstatieren sind[113], paßten sich also die Stadtverweisungen dem Wandel der Umlandbeziehungen an, wobei der herrschaftliche Bezugspol in den Vordergrund trat – ganz parallel zu den Territorien wie etwa Bayern[114].

---

109 *Guy P. Marchal,* „Von der Stadt" und bis ins „Pfefferland". Städtische Raum- und Grenzvorstellungen in Urfehden und Verbannungsurteilen oberrheinischer und schweizerischer Städte, in: Ders. (Hg.), Grenzen und Raumvorstellungen (11.-20. Jh.) (Clio Lucernensis 3), Zürich 1996, S. 225–263.

110 *Marchal* (Anm. 109), S. 249–253, Zitate S. 250 f.

111 *Karin Schneider-Ferber,* Das Achtbuch als Spiegel für städtische Konfliktsituationen? Kriminalität in Augsburg (ca. 1348–1378), in: Zeitschrift des Historischen Vereins für Schwaben 86 (1993), S. 45–114, hier S. 65–68, 81 f.

112 *Carl A. Hoffmann,* Der Stadtverweis als Sanktionsmittel in der Reichsstadt Augsburg zu Beginn der Neuzeit, in: Hans Schlosser und Dietmar Willoweit (Hg.), Neue Wege strafrechtsgeschichtlicher Forschung (Konflikt, Verbrechen und Sanktion in der Gesellschaft Alteuropas. Symposien und Synthesen 3), Köln/Weimar/Wien 1999, S. 193–237, hier 203 f.

113 Vgl. dazu auch *Helmut Maurer,* Erzwungene Ferne. Zur räumlichen Dimension der Stadtverweisung im Spätmittelalter, in: Marchal, Grenzen (Anm. 109), S. 199–224.

114 Vgl. *Renate Blickle,* Das Land und das Elend. Die Vier-Wälder-Formel und die Verweisung aus dem Land Bayern. Zur historischen Wahrnehmung von Raum und Grenze, in: Wolfgang Schmale und Reinhard Stauber (Hg.), Menschen und Grenzen in Mittelalter und Früher Neuzeit (Innovationen 2), Berlin 1998, S. 131–154.

New Burghers in the Late Medieval Towns of Flanders and Brabant: Conditions of Entry, Rules and Reality

By Marc Boone and Peter Stabel, Gent[1]

I. Burghers and city-dwellers: living apart together in the same city?

The notion of burgher, *poorter* as contemporary sources would have it, was a central point of urban identity. Indeed, the numerous, interminable and often very expensive court cases which the towns fought out against each other, against the central legal institutions and against individuals, concerned in most cases the interpretation of the concept of *poorter*. This was not yet another expression of the obsessive exploitation of the legal apparatus, which became part of the behaviour of late-medieval citizens. The issue often centered on the notion of collective honour, the interpretation of what made somebody a *poorter* or not, or in other words, which elements distinguished a citizen from a foreigner.

It is, therefore, noteworthy that the notion of *poorter* was still in use when the word *poort* itself, from which the notion derived (a town gate, or by extension, a harbour and a town itself), had been abandoned in the course of the fourteenth century, and was gradually being replaced by the word *stad,* even in those parts of the Netherlands (Flanders, Holland-Zeeland and the quarters of Antwerp and Brussels in Brabant) where *poort* had been widespread as a synonym for town[2].

The line which separated *poorters* from foreigners was, however, not always easy to draw. More so, since the institution of *buitenpoorter* (outburgher) created additional complications. They were residents of rural

---

[1] Professor of Medieval History (University of Ghent) and Scientific Collaborator University of Leiden (The Netherlands), Interuniversity Attraction Pole V, nr. 10 (Urban society in the Low Countries, late middle ages – early modern times). We are very grateful to dr Rebecca Reeder (St. Andrews) and dr Andrew Brown (Edinburgh) for their critical remarks.

[2] *Raymond Van Uytven,* "Poort": une contribution à la lexicographie urbaine, in: Villes et campagnes au moyen âge. Mélanges Georges Despy, Jean-Marie Duvosquel and Alain Dierkens (eds.), Liège 1991, pp. 753–757.

areas, who had acquired the status of citizenship of a large or smaller town because of the more favourable fiscal status, and above all because they could in this way enjoy additional judicial protection. Correspondence between the dukes of Burgundy (who became counts of Flanders from 1384 and dukes of Brabant from 1430 on), their courts of law and high ranking civil servants on the subject of the numerous conflicts which erupted over the implications of the status of *poorter* and *buitenpoorter* is evidence enough of the importance of the matter[3]. The interpretation of the status of *poorter* given in such cases, turned into judicial precedents and became a component of the city's privileges as a whole. This is clear in the case of the city of Ghent, during the whole medieval period the largest city of the Low Countries and the "natural" leader of most movements of urban rebellion against the central authorities. The city's privileges remained surprisingly vague about the status of its *poorters*[4]. The room left for interpretation and tactical manoeuvring was important : so in 1450 Philip the Good accused Ghent of having sent its militia into the Western territories of the county (the castellanies of Bergues, Bourbourg and Furnes), a region where the Ghent *buitenpoorterij* was traditionally numerous, and asking whether there were out-burghers wanting to bring court cases before the Ghent aldermen[5]. The latter posing as the incarnation of efficient administration of justice, in contrast to the often corrupt and inefficient administration by the officers of the central government. Only harmonization of customary law in the course of the sixteenth century would put an end to this tactical interpretation of citizenship. Before it reached this stage, however, burghership would remain an essential component of urban identity which was shaped by a multitude of conflicts and claims.

In the duchy of Brabant, on the other hand, the large cities could not impose themselves as an alternative for central power as was the case in the county of Flanders. The equally numerous judicial conflicts between Brabantine towns, which concerned the implications of the status of *poorter* as well, led to the reinforcement of the Council of Brabant, the central ducal court, thereby turning it into a real instrument of centralization[6].

---

3 Different cases are discussed in : *Marc Boone,* Droit de bourgeoisie et particularisme urbain dans la Flandre bourguignonne et habsbourgeoise (1384–1585), in: Revue belge de Philologie et d'Histoire 74 (1996), pp. 718–721 (an Italian version of this article appeared in: Quaderni Storici 30 (1995), pp. 287–307).

4 *Johan Decavele,* De Gentse poorterij en buitenpoorterij, in: Recht en instellingen in de oude Nederlanden tijdens de middeleeuwen en de moderne tijd. Liber amicorum Jan Buntinx, Leuven 1981, pp. 63–69, and *Boone* (Anm. 3), pp. 709–714.

5 *Boone* (Anm. 3), p. 720.

6 *Philippe Godding,* Le conseil de Brabant au XVe siècle, instrument du pouvoir ducal à l'égard des villes?, in: Villes et campagnes au moyen âge. Mélanges Georges Despy, Jean-Marie Duvosquel and Alain Dierkens (eds.), Liège 1991, pp. 349–350.

However vague some privileges may have been, the notion of *poorter* also had a negative connotation, in the sense that it could be lost or withdrawn, implying a disgraceful expulsion or the payment of a taxation for "bad citizenship" (*qualic poorterscepe*) as a Ghent ordonnance of 1286 puts it[7].

II. The acquisition of burghership: rules and reality

The conditions of entry to the burghership of towns of the Low Countries could differ a lot from town to town. In general, burghership was hereditary for residents. Marriage to a burgher provided citizenship too[8]. In order to acquire the status of burgher, newcomers usually were compelled to reside in the town[9]. In some towns wealthy immigrants, who were prepared to pay a higher entrance fee, could be allowed in without a prolonged stay in the town and they acquired a specific status within urban society[10]. Newcomers were always asked to swear an oath of allegiance to the prince and the urban privileges. Less frequent was the requirement of a certificate of *good behaviour*[11]. In most towns, a minimum period of prior residence was required. Usually this period lasted one year or a year and a day (Ghent, Bruges, Oudenaarde, Eeklo), but the period could amount to 3 years (Ypres) or more[12].

Being a burgher of more than one town (the so-called *double burghership*) was strictly forbidden, but it nevertheless seems to have been a very common practice until the early 15th century. This was especially so in the district of Kortrijk, where the small towns, the regional capital town of Kortrijk and the city of Ghent competed to attract the loyalty of both town dwellers and countryfolk in the densely populated countryside. In 1402, double burghership was formally abolished by Philip the Bold and townsmen and rural out-burghers had to choose between their various loyalties,

---

7 Which echoes the notion of *toti oppido et universitate inutilis* present in the oldest privilege of the city in which the question of burgership is treated, the so-called privilege of Queen Mathilda dating from 1191; *Boone* (Anm. 3), pp. 710–711.

8 For a general survey on the conditions pertaining to the acquisition or loss of burghership; *Philippe Godding,* Le droit privé dans les pays-Bas méridionaux du 12e au 18e siècle, Brussels 1987, pp. 58–59. See also various essays in : Individual, corporate and judicial status in European cities (late middle ages and early modern period), Marc Boone and Maarten Prak (eds.), Leuven / Apeldoorn 1996.

9 Leaving the towns for a long period usually had consequences for the status as burgher. As has already been discussed, in many towns the status of out-burgher was a notable exception to this rule.

10 In the town of Oudenaarde, for example, one could become burgher of the town by way of *gift* or by special allowance of the prince.

11 Ghent and Bruges in the 16th century.

12 *Godding* (Anm. 8), p. 58.

many of them preferring the status of out-burgher to the citizenship of their home town[13].

Some towns demanded an entrance fee, the cost of which would rise steadily during the late middle ages and especially in the course of the early modern period, and would eventually become a significant social threshold[14]. The city of Antwerp offers a striking example. No other city in the Burgundian Netherlands experienced such steady growth as Antwerp. The city's population grew from around 12'000 in 1358 to around 20'000 in 1400, 32'000 in 1464, 47'000 in 1496, 60'000 in 1526 and 100'000 and more in 1566. The key factors in explaining this exceptional growth are immigration and the attraction exerted by a booming economy. Not all Antwerpers were equal, however. At the top of the ladder were the *poorters,* everyone born in the city. Immigrants could, of course, buy citizenship, but here social discrimination appears clearly. Apart from having led an irreproachable life, holding a certificate from the previous place of residence and swearing an oath to the duke and the city, the would-be citizen had to pay a one-off charge. In 1459 the sum was equal to 17 days' wages for an unskilled worker. By 1544 the price of citizenship had risen to the equivalent of 68 days' wages. *Poortersgeld* was, however, still within reach of skilled workers. Immigrants who brought technological innovation or who breathed new life into old industries, were often exempt from the citizenship charge. A second category of Antwerp burghers, known as residents *ingezetenen,* had lived for a year and a day in the town, in their own or rented property, which entitled them to some but not all rights associated with *poorterschap*, though they could not become master in a craft. A third group consisted of itinerant workers and the poor who formed the pool of proletarians attracted by Antwerp's flourishing economy[15]. The example of Antwerp serves as an illustration that, in general, fully fledged citizenship remained the right of those whose social origins or economic utility proved to be of value to the city.

---

13 *Paul Bonenfant, John Bartier, Andrée Van Nieuwenhuysen,* Ordonnances de Philippe le Hardi, de Marguerite de Male et de Jean sans Peur, vol. 2, Brussels 1974, pp. 583–585.

14 In the 15th century the entrance fee in most secondary towns was 3 lb.par. or the equivalent of 6 to 10 daily wages of a skilled artisan; *Peter Stabel,* De kleine stad in Vlaanderen. Bevolkingsdynamiek en economische functies van de kleine en secundaire stedelijke centra in het Gentse kwartier (14de-16de eeuw), Brussels 1995, pp. 31–34. More general remarks on the use of registers of new burghers in *Myriam Carlier,* Migration trends in the towns of Flanders and Brabant (15th-18th century), in: Le migrazione in Europa (secc. XIII-XVIII). 25. Settimana di Studi. Istituto Internazionale di Storia Economica F. Datini, Simonetta Cavaciocchi (ed.), Florence 1994, pp. 355–370.

15 *Alfons K.L. Thijs,* Minderheden te Antwerpen (16de-20e eeuw), in: Minorities in Western European Cities (sixteenth-twentieth centuries), Hugo Soly and Alfons K. L. Thijs (eds.), Brussels / Rome 1995 (Institut Historique Belge de Rome, Bibliothèque 34), pp. 17–20.

In most medieval towns, there was only a limited registration fee, usually amounting to no more than two days' wages for a skilled artisan[16]. This fee played an important role in the relative attraction of different towns. After the revolt of the city of Bruges against Philip the Good in 1436–38 and the ensuing period of economic turmoil, the city's aldermen successfully attracted migrants by lowering the entrance fee from 6 to 3 lb.parisis. In the short run the numbers of new burghers inflated spectacularly[17]. In 1442 Philip the Good allowed Kortrijk to raise the registration fee for new burghers by 20 per cent from 40 to 48 d.gr. -a rather marginal rise of 1 day's work for a skilled artisan- but this rise had clear consequences for the immigration of burghers into the town. In a period when its drapery industry met with structural difficulties and its new linen industry was only beginning its growth, the aldermen were soon obliged to ask the duke to revoke his decision and in 1459 the old tariff was re-installed[18].

Just like Antwerp, other towns attempted to attract *desired* newcomers, for instance by giving subsidies for housing, equipment and economic infrastructure to highly skilled craftsmen. In order to compensate for the declining cloth manufacture, attempts to attract new industries were made in nearly every Flemish town in the course of the 15th and 16th centuries (for example silk weavers from Lille were given subsidies in 16th-century Kortrijk). However, both the scope and the ambition of these policies were too limited to achieve any lasting result. Apart from these policies, the towns put a lot of effort into discarding unwanted immigrants (poor vagrants, beggars).

16 The names of new burghers were mostly entered in special registers. Traces can also be found in the urban accounts. The registration fee would often vary. In Kortrijk a sum of 20 to 40 d.gr. (3 to 5 days' wages of a skilled craftsman) was paid to the town's scribe. In Oudenaarde the town clerk had to be paid a fixed amount of 50 d.gr., or the equivalent of around 7 days' work in the 15th century. Besides this normal way of acquiring the burghership by way of residence (*poorter van versitte*), the burghership could also be bought. In this way the obligatory period of residence could be avoided. The costs involved were, however, much higher. Entrance to the burghership could cost 12 to 100 lb.par. or 30 to 250 daily wages. It comes as no surprise to learn that this kind of burghership was not very popular. Only 166 burghers bought their citizenship during the 15th century, compared to more than 1'200 new residential burghers; *Stabel* (Anm. 14), pp. 20–21.

17 *Erik Thoen*, Immigration to Bruges during the late middle ages, in: Le migrazione, Cavaciocchi (ed.), pp. 339–340. Some correcting remarks concerning this article were formulated by *Wim Blockmans*, The creative environment. Incentives to and Functions of Bruges Art Production, in: Petrus Christus in Renaissance Bruges. An Interdisciplinary approach, M.W. Ainsworth (ed.), New York/Turnhout 1995, pp. 13 and 19. A general reassessment of the Bruges demography offers *Jan Dumolyn*, Population et structures professionelles à Bruges aux XIVe et XVe siècles, in: Revue du Nord LXXXI (1999), pp. 43–64.

18 *Stabel* (Anm. 14), p. 22.

III. Registers of new burghers as a biased source for population movement

From this survey of the different conditions of entry, it becomes clear that the use of registers of new burghers as an indicator for demographic mobility is very complicated, not to say hazardous. The number of new burghers is very difficult to interpret and it allows only a very biased assessment of general migration patterns. In practice, they deal only with particular flows of population, those of skilled and semi-skilled craftsmen and retailers, members of the town guilds, rentiers, and more general those of urban middle classes. Only these groups stood to gain from the purchase of the privilege. Burghership was very often an explicit condition for becoming a member of a craft guild. In the specific context of the Burgundian Low Countries the economic argument was even reinforced by the specific political context and culture within towns. In the great Flemish towns and gradually also in Brabantine towns a socio-political equilibrium between interest-groups (patriciate, merchants, artisans) had resulted, from the middle of the 14th century on, in craftsmen being deeply involved in city politics[19]. Thus, becoming member of a guild, via the acquisition of citizenship, and henceforth of the corporative elite as a dean or a juror may have been, in many cases, the reason why someone decided to invest in the acquisition of burghership.

When burghership was not a preliminary condition of guild-membership, there was always an implicit handicap for craftsmen, who were not burghers, because guild entrance-fees were usually substantially higher for foreigners and non-burghers[20]. The case of 16th-century Ghent offers an illustration of how specific the socio-political context of the late medieval city was in this respect[21]. The admission fee which new masters had to pay to their guild was the essential obstacle to entering the system, but not to the burghership, which was traditionally easy to obtain. In 1540, emperor Charles V intended to make it easier for outsiders to gain access to mastership as part of the deliberate destruction of the medieval social order. The entry fee for brewers sank from the equivalent of 320 days' wages of jour-

19 See in general; *Marc Boone,* La construction d'un républicanisme urbain. Enjeux de la politique municipale dans les villes flamandes au bas moyen âge, in: Enjeux et expressions de la politique municipale (XIIe-XXe siècles). Actes de la 3e table ronde internationale du Centre de Recherches Historiques sur la Ville, Denis Menjot and Jean-Luc Pinol (eds.), Paris 1997, pp. 41–60. For an example of a Brabantine town, Leuven; *Raymond Van Uytven,* Leuven "de beste stad van Brabant". deel I: de geschiedenis van het stadsgewest Leuven tot omstreeks 1600, Leuven 1980, pp. 221–227.

20 For Oudenaarde see *Stabel* (Anm. 14), pp. 20–21.

21 *Johan Dambruyne,* Guilds, Social Mobility and Status in Sixteenth-Century Ghent, in: International Review of Social History 43 (1998), pp. 44–48.

neymen bricklayers to a mere 20, to rise to 320 again in 1580 during the Calvinist period, which was characterised by a deliberate return to the political and social order which had existed before 1540. After the retrocession of the town to King Philip II of Spain (1584) the number sank to 7. Similar figures can be produced for other guilds: from 100 days' wages before 1540 to a mere 20 in the case of the mercers, from 160 to 20 in the guild of the tailors[22]. The massive emigration of skilled workers to the Northern Netherlands after 1584 and the deliberate policy of both town and central government to keep admission fees to the guilds again very low, resulted in the guilds and hence the town being flooded with newcomers. Therefore, the interpretation of the numbers of new burghers revealed by the burgher registers can only take place after a careful examination of both the economic and the socio-political context of a given city.

Burgher numbers are in general only a useful indicator of the specific migration of skilled and semi-skilled labour and they reflect not so much the demographic, but rather the economic attraction of towns[23]. The different conditions connected to becoming a burgher proved to be a real and often insurmountable threshold for the lower classes in urban society. For unskilled workers, temporary migrants, marginals and outcasts of society, burghership was an unnecessary luxury, even in those towns where only a formal registration fee had to be paid. There is no doubt that this caused the majority of migrants to remain completely out of the picture : migration out of necessity (poor vagrants or people living on the margins of late medieval society) can only be detected in juridical sources[24].

An unusually complete image of foreign immigration is offered by the London tax lists (known as the alien subsidy rolls) of 1440 and 1483–84[25]. The most numerous "nationality", that of the Germans (1307 individuals out of 1595 in 1483), represented North Sea migration, predominantly from Holland and Brabant, with Flanders and Zeeland as a poor third and fourth. This was, however, not a massive migration flow of impoverished Flemish weavers, as traditional literature has it. Professionally the group was diverse, including some prominent representatives of members of luxury trades normally seen as the backbone of the renewal of economic wel-

---

22 See the table in *Dambruyne* (Anm. 21), p. 45.

23 The same remarks apply to other principalities as well. For Holland; *Dick E.H. De Boer,* Graaf en grafiek. Sociale en economische ontwikkelingen in het middeleeuwse "Noord-Holland" tussen 1345 en 1415, Leiden 1978, p. 166.

24 Policing poverty became one of the major concerns of town administrators, especially from the beginning of the early modern period; *Catharina Lis* and *Hugo Soly,* Poverty and Capitalism in Pre-Industrial Europe, Hassocks 1979.

25 See the edition and comments by *J.L. Bolton,* The alien communities of London in the fifteenth century. The subsidy rolls of 1440 and 1483–84, Stamford 1998, pp. 29–34, and 134–143 (occupational survey).

fare in the Burgundian Low Countries (goldsmiths, hatmakers, printers). But in far greater numbers, servants (293 out of a total of 906 of all people declaring occupations) were among those emigrating to London in 1483. J.L. Bolton, to whom we owe now the most thorough study of the question, suggests that economic hardship in the Low Countries was not the sole factor which drove people from Holland, Brabant and Flanders abroad in great numbers. A comparative advantage of England concerning wages and working conditions may have played a role, but political factors are not to be underestimated. England and London in particular may have seemed a safer haven than the troubled towns of the Netherlands[26].

IV. Burgher migration: a quantitative approach

Quantitative data about burgher-migration have not been preserved for every Flemish town, which makes it very difficult to analyse migration prosopographically throughout the county and beyond. The assessment of registers of new burghers in this period can only produce an impression of movement. Still, a representative number of time-series allows us, in anticipation of a more detailed database of the new burghers in Low Countries cities and towns, to assess the relative importance of these flows. Moreover, typological differences can be noticed between administrative towns, industrial centres, market towns, and the much larger capital cities. The secondary town of Oudenaarde (a regional commercial town of about 6'000 inhabitants with an increasingly important textile industry based on the manufacture of woollen cloth and tapestries) received an average of 12.3 new burghers each year in the 15th century. In the more prosperous 16th century, when the town developed its tapestry industry, and its population exceeded 8'500 inhabitants, the number of new burghers rose rapidly to more than 26 a year from the 1530s onwards. The rise in this figure clearly correlates with the general population growth of the town in this period[27]. Periods of strong growth were partly stimulated by an upsurge of the number of new burghers. In periods of demographic stagnation, however, a constant influx of burghers was necessary to maintain at least the population size of the town. Because of the low entrance fees for burghership, the general structure of the Oudenaarde economy (dominated by the manufacture of high quality export commodities, and therefore a considerable impact of guild-regulated occupations and trades), and the relatively high share of middle classes in urban society, the flows of burgher-migration are representative of the general population movement in and around the town.

26 *Bolton* (Anm. 25), pp. 33–34.

27 The correlation coefficient is r = +0,9821; *Stabel* (Anm. 14), pp. 35–36.

In the town of Kortrijk -an industrial town of the same size which became the leading commercial centre for rural linen- this was certainly not the case[28]. If anything, the movement was inverse, and the number of new burghers seems to decline as the town expanded. Kortrijk received more than 28 new burghers each year before the 1480s. During the crisis of the late 15th century these figures suddenly dropped and in the 16th century average numbers remained very low, at less than 8, despite Kortrijk's spectacular population growth in this period. Urban textile entrepreneurs successfully combined their central position in a linen-manufacturing countryside with the development of a more specialized urban output of fine linen. The added value of linen production and the technical skills required for artisans were, however, substantially lower than those required in the traditional cloth industry, which had been the most important industry in the 14th and 15th centuries. Lower wages and an ample supply of labour, which kept wages low, caused massive proletarianization among textile workers. Guild regulation for linen weavers was still more relaxed, and many of the workers would not have been stimulated to acquire citizenship. The difference between the two industries (woollens and linen) is clearly seen at the beginning of the 16th centruy, when a short-lived recovery of the traditional manufacture of woollens happened at the same time as a similar upsurge of new burghers (in some years Kortrijk received more than 50 new burghers). Yet as the cloth industry decayed and the urban economy became more dependent on the export of linens, the number of new burghers declined also. Burghership became increasingly more elitist in the 16th century, and higher entrance fees and stricter conditions of admission were the consequence.

In a small market town and regional servicing centre such as Deinze, the admission of new burghers was more stable in time. In the 15th century the town received 3 to 4 new burghers each year. In the middle of the 16th century, probably because of the development of the town's service functions, and of growing population, this figure rose to 10[29]. In the administrative capital towns, which dominated their castellanies, but which lacked, in contrast to Oudenaarde or Kortrijk, a full-grown export-industry, numbers of incoming burghers were more impressive. These towns depended for their central functions on a steady supply of skilled craftsmen, needed in

---

28 See *Peter Stabel,* "Dmeeste, oirboirlixste ende proffitelixste let ende neringhe". Een kwantitatieve benadering van de lakenproductie in het laatmiddeleeuwse en vroegmoderne Vlaanderen, in: Handelingen van de Maatschappij voor Geschiedenis en Oudheidkunde te Gent, n.S., 51 (1997), pp. 113–153, id. (Anm. 14), pp. 176–189, and concerning the economic development of the Leie-region, see also: *Bernard Haquette,* Des lices et des joncs: rivière et draperies de la vallée de la Lys à la fin du moyen âge, in: Revue du Nord, 79 (1997), pp. 859–882.

29 Figures in *Stabel* (Anm. 14), pp. 22–26.

the urban service industries and in specialized retailing activity. The relative share of the middle classes in urban society must have been much higher in such a central place. In Bergues-Saint-Winoc, the capital town of a castellany in coastal Flanders, an average of 40 to 50 newcomers were registered each year in the first half of the 15th century[30]. This influx, however, did not prevent the town becoming gradually overshadowed economically by its semi-rural and say-manufacturing neighbour of Hondschoote (which grew spectacularly from 3'000 to almost 10'000 inhabitants in half a century). At the same time, even such an important central place as a regional administrative centre, lost many of its leading craftsmen in the leather, clothing and building industries to the city of Bruges.

The volume of burgher-migration reached in the big cities were, of course, much greater than in the secondary or small towns. In 15th-century Bruges, 145 newcomers asked each year for the burghership of the city ; one century later Antwerp received over 300 new citizens each year. Yet again local traditions could influence both the average number of new registered burghers and the trend of migration flows. Cities which had a high social threshold for burghership inevitably had fewer newcomers, which were interested in burgher status. The big cities in Walloon-Flanders (Lille and Douai) attracted a yearly average of only about 30 new burghers in the 15th century. About the same amount of new burghers were accepted in Amiens, and in Mechelen[31]. Concerning Douai, Martha Howell adds yet another motive, since in this traditional industrial centre citizenship was not required for residence or for trade rights, but is was obligatory for those who wanted to own real property. A large number of those identified by trade in the lists between 1399 and 1506 were textile artisans (at least 25 per cent) or artisans working in other sectors of production (at least another 30 per cent), which is proof of how intensely these people participated in the city's economy[32].

---

30 *Emile Coornaert,* Une industrie urbaine du XIVe au XVIIe siècle. L'industrie de la laine à Bergues-Saint-Winoc, Paris 1930, pp. 18–19. The lists of new burghers in Bergues have been published in *Thérèse Vergriete,* Indices op de poortersboeken van St.-Winoksbergen 1389–1789, Handzame 1968.

31 *Thoen* (Anm. 17), p. 340; and *Jan Verbeemen,* Immigratie te Antwerpen, in : Mededelingen van de Geschied- en Oudheidkundige Kring voor Leuven. Lustrumuitgave. De Brabantse Stad, Leuven 1965, pp. 81–100. The financial conditions and the privileges concerning the burghership were, however, an important factor. In the same period the city of Lille only received 32 new burghers each year, Douai 28 and Amiens 29. In Mechelen this figure was even less : 25; *Pierre Desportes,* Réceptions et inscriptions à la bourgeoisie de Lille aux XIVe et XVe siècles, in: Revue du Nord, 62 (1980), p. 565–566; and id., Nouveaux bourgeois et métiers à Amiens au XVe siècle, in : ibidem, 64 (1982), pp. 28–29; *Raymond Van Uytven* (ed.), De Geschiedenis van Mechelen, Tielt 1991, pp. 42–43.

32 *Martha Howell,* The marriage exchange. Property, social place and gender in cities of the Low Countries, 1300–1550, Chicago / London 1998, p. 179.

It is clear from these very different figures, that the number of new burghers accepted in the Low Countries cities and towns depended on various elements. The number of migrants was clearly related to the general population development of the towns. There were, however, also remarkable similarities between various types of towns. The figures in the secondary and even in some small towns are surprisingly similar to those in the big cities. Secondary industrial towns received more or less 3 new burghers each year per thousand inhabitants. The big cities were able to do only slightly better at the height of their economic development (3.6 in Bruges in the middle of the 15th and 3.2 in Antwerp in the middle of the 16th century)[33]. Towns in decline, both the big cities and the smaller towns, lost much of their attraction and numbers of new burghers declined rapidly (in early 15th-century Oudenaarde and 16th-century Bruges, these figures were only 1.7 and 1.0 per year respectively). Small market towns and administrative towns with a very high level of centrality performed even better in attracting new burghers[34].

This already warns against the assumption that the countryside was merely a provider of migrants and the town only a receiver. The mobility of population was much more complex, certainly in smaller towns, where seasonal labour comprised an important part in total income. Moreover, a significant number of people then left these towns again to look for opportunities in other towns or in the big cities. The smaller towns had to face a continual brain-drain of mostly skilled workers. The big cities recruited many of their new burghers in the smaller towns. They were able to offer more services to newcomers, more chances of employment for specialist craftsmen, more opportunities for both entrepreneurs and tradesmen, and, last but not least, higher wages for artisans and skilled workers. Figures are often overwhelming ; in the 15th century 218 men from Oudenaarde, and 283 from Kortrijk, the aforementioned growing towns in the Flemish river-basin, decided to emigrate to the commercial city of Bruges and to acquire burghership. In the 16th century Bruges lost much of its attraction to newcomers from the Flemish towns, but the new commercial gateway-city in the Low Countries, Antwerp, took over, and many emigrants from the Flemish river towns found their way to the Scheldt metropolis[35].

The small towns also became increasingly a buffer for migration from countryside to the big cities. Structural *step-migration* became more frequent and the small towns often took upon themselves the first training of

---

[33] In some of the small service towns in Flanders this figure was substantially higher: f.ex. 7.1 in Deinze; *Stabel* (Anm. 14), p. 26–27.

[34] *Stabel* (Anm. 14), p. 39–40.

[35] *Peter Stabel,* Dwarfs among giants. The Flemish Urban Network in the Late Middle Ages, Leuven/Apeldoorn 1997, pp. 132–133.

unskilled rural workers, before they or their descendents migrated further towards the big cities. Chances for employment and substantially different wage levels in countryside, small towns and big cities were the main impetus for this continuous movement of people[36].

V. The Profile of New Burghers: Origins, Social Status, Demographic Patterns

Whereas the volume of migrants can indicate changes within the urban structure, the origins of the migrants can establish the direction of population flows, and thus the existence of networks. Systematic information about the origin of new burghers, however, is very scarce. In the late medieval county of Flanders, only the commercial gateway-city of Bruges and the secondary industrial town of Oudenaarde present a reliable picture. The fact that Bruges had been an international commercial metropolis during the 14th and 15th centuries is clearly reflected in the origin of its new burghers in the same period. In contrast to the origin of new burghers in the smaller towns, who came, for the most part, from the immediate hinterland of the town, Bruges recruited its immigrants mainly from a distance of more than 35 kilometres. In the heyday of the city's commercial development, a significant share of the immigrants came from foreign principalities[37].

The migrants in the smaller towns came mainly from the immediate rural hinterland. In this way, their new habitat was not a strange new world, but rather a familiar place in which they had been used to meeting other people or buying and selling goods at market. It was also these towns that recruited vast numbers of out-burghers in the same region[38]. In Oudenaar-

---

36 See also *Karl L. Reyerson,* Patterns of population attraction and mobility : the case of Montpellier 1293 – 1348, in: Viator, 10 (1979), pp. 257 – 282. The average wage rate in the big cities was significantly higher than in the small towns in the same region, as these lagged behind. Moreover, there were also substantial differences between the economically flowering industrial towns and decaying towns. The average wages in the countryside were only 60 to 70% of those in the towns of the same region; figures in *Stabel* (Anm. 14), pp. 185 – 192.

37 *Thoen* (Anm. 17), pp. 340 ff.

38 In the castellany of Kortrijk in the middle of the 15th century, nearly 70% of the adult male population had become out-burghers of this town. Similar percentages can also be found in the castellany of Aalst, where two towns were active in recruiting out-burghers: over 50% of the inhabitants were out-burghers of either Aalst or Geraardsbergen. Dendermonde had about 970 out-burghers in 1469, which was 48% of the rural population in its castellany. An estimate of the general figures for all the Flemish towns shows a total of about 100'000 out-burghers – about a quarter of the Flemish rural population. It is no coincidence that the majority of urban immigrants were recruited from the same regions as out-burghers. Moreover, many town dwellers had real estate in the countryside in the same areas. In the same

de new burghers were mainly recruited within the county itself (80 per cent) and especially in the neighbouring castellanies of Oudenaarde and Aalst. Almost half of all new burghers came from a distance less than 10 km away, and 65 per cent came from within a range of 20 km.

Moreover, other regions also sent migrants to the town : there were new burghers coming from as far as Walloon-Flanders, Hainaut, Brabant, and Holland. With increasing distance, migration also became more inter-urban. This general picture, however, changed over time. Despite the preponderance of regional countryfolk, there had always been an important minority of newcomers coming from more distant regions. And as the urban economies grew, the area from which the town recruited its newcomers became wider also. It was no coincidence that during the first decades of the 16th century, the proportion of foreigners and townsmen among the new burghers of the booming industrial town of Oudenaarde, when the local manufacture of tapestries achieved spectacular success on the Antwerp market, was actually equal to the proportion reached in the commercial metropolis of Bruges a century before. As the town grew and the number of its new burghers increased, newcomers came more and more from the neighbouring principalities of Brabant and Hainaut and from urban centres instead of the countryside. In a growing industrial town economy, inter-urban migration increased significantly, while urban hinterlands grew[39].

Although information about the origins of new burghers of the other towns is less complete, the few indications for industrial secondary towns such as Aalst or Dendermonde and for the city of Ghent from the middle of the 16th century seem to confirm this picture[40]. The information from the administrative town of Bergues suggests that these regional centres followed more closely the pattern of the big cities than the industrial towns of the river basin. New immigrants were recruited at a greater distance and were particularly numerous from the cities of neighbouring principali-

region, urban entrepreneurs and merchants were also the most important employers for rural labour : rural weavers of linen, woollen cloth or tapestry also had very often the status of out-burghers of the towns for which they worked; *Stabel,* (Anm. 35), pp. 95–106.

39 The town of Oudenaarde was divided into two administrative quarters. The more commercial part lay on the left bank of the River Scheldt, and specialized in service industries, retailing, and inter-regional commerce. The more industrial parts lay on the right bank (Pamele). Sources allow us to distinguish between new burghers in both parts of the town, and it is very striking that the industrial Pamele traditionally recruited new burghers from a greater distance. Although it is not possible to assess the occupational structure of the immigrants, this discrepancy was probably caused by the fact that skilled craftsmen (in this case cloth and tapestry weavers) were prepared to cover greater distances than the average migrants; *Stabel* (Anm. 14), pp. 43–44.

40 *Decavele* (Anm. 4), pp. 75–77.

ties, such as the duchy of Brabant and the counties of Holland and Hainaut[41]. Very small towns only recruited from their immediate surroundings and urban migrants were only very sporadically received[42].

Little research has been done into the social profile of new burghers. New burghers did not figure among urban elites, nor were they the most poor in urban society. The analysis of the Oudenaarde probate inventories in the 15th and 16th centuries -these were recorded at the moment of death, and not of entry among the town's burghers- reveals that newcomers were certainly underrepresented in the upper layers of society. They were, however, very much present among the middle classes, especially so among the lower middle classes[43]. Except for the big commercial cities of Bruges and Antwerp, occupational titles were only rarely registered systematically in citizens' registers. The few indications confirm that burgher migration patterns concern mainly skilled craftsmen and retailers. The most important group of immigrants in the smaller and secondary towns of Flanders were active in the important urban export industries (textiles). A second group worked in the urban service industries or were involved in retail trade. Other immigrants were working in transport (wagoners, shippers) and intellectual and artistic occupations (teachers, professional writers, painters, sculptors). In contrast to the big cities, however, many of the new burghers remained active in occupations with a rural connotation (makers of teasels, swineherds, horse smiths, clog-makers, etc.)[44]. Lower social groups, such as the servants (clearly important in general surveys of foreigners such as those in the London subsidy rolls) are almost absent from registers of new citizens in the Low Countries, though they must have constituted an important part of town populations[45].

Finally, questions should be raised about the demographic behaviour of new burghers. Research on the early modern period has clearly revealed that most permanent immigrants in towns and cities were young single

---

41 *Coornaert* (Anm. 30), pp. 17–18.

42 See for instance the small town of La Roche in the Ardennes; *Roger Petit*, L'extension du droit de bourgeoisie de La Roche au XVe siècle, in: Album Carlos Wyffels, Brussels 1987, pp. 393–394.

43 About 20% of the new burghers lived in the wealthy quarters of the town at the moment of their death (the central marketsquare and adjacent streets). The less wealthy town quarters were mere popular among newcomers (the streets leading to the town gates). In the 16th century, when tapestry weavers flocked the city, the poorer quarters (within the town walls and increasingly outside the defensive perimeter) received the bulk of all newcomers; *Stabel* (Anm. 14), pp. 47–48.

44 *Stabel* (Anm. 14), pp. 45–46. For Bruges, see *Thoen* (Anm. 17), pp. 453–491.

45 See on servants: *Marc Boone,* La domesticité d'une grande famille patricienne gantoise d'après le livre de comptes de Simon Borluut (1450–1463), in: Actes du colloque 'les niveaux de vie au moyen âge: mesures, perceptions et représentations', Spa 21–25 octobre 1998, Jean-Pierre Sosson et Claude Thiry (ed.), Louvain-la-Neuve 1999, pp. 82–90.

men. Women more often achieved burgher status by marriage and were, therefore, not registered by the town clerks, or they were employed in occupations which did not require them to acquire the status of burgher[46]. This profile is certainly confirmed by the registration of new burghers in the Flemish cities and towns. Yet still 10 per cent to 15 per cent of new burghers in the secondary towns were women. This share was substantially lower in the very small market towns or in towns with a high social threshold for burghership. The demographic contribution of new burghers is very difficult to assess. In general, it is assumed that fertility among newcomers to urban society was lower and that death rates were substantially higher. The latter phenomenon is clearly confirmed by the Oudenaarde probate inventories : new burghers seem to die more rapidly than resident burghers and they also seem to marry more often. Household size (at the moment of death of one or both parents), however, resembles at a very early stage the general pattern of the resident town population[47]. Although further research into this matter is badly needed, it seems that the demographic behaviour of newcomers in 15th and 16th century Flemish towns conformed rapidly to the general urban pattern, although a higher mortality rate for immigrants seems acceptable. This higher death rate was, however, checked by a more intense marriage pattern[48].

VI. Conclusions

Leaving aside the question of whether urban settlements were capable of producing natural population increase in the long run, the effects in the short term of high mortality rates and sudden death crises were very real in late medieval urban society. The economic survival of the town, the supply of skilled, unskilled or seasonal labour, the stability of wage rates and the competitiveness and productivity of urban industries, whether they were active for an export or a domestic market, all depended upon a steady supply of immigrants compensating for the erratic demographic cycle. These migration flows are of crucial importance in explaining urban demographic patterns in the medieval and early-modern period.

Population movement was present in all kinds of medieval societies and as the Flemish urban network was a very dense one, it must also have in-

46 *Peter Clark,* Migrants in the city : the process of social adaptation in English towns 1500–1800, in: Migration and society in early modern England, Peter Clark and D. Souden (eds.), London 1987, pp. 269–272.

47 *Stabel* (Anm. 14), pp. 48–49.

48 *Stabel* (Anm. 14), pp. 81–83. For a more general assessment of demographic behaviour within groups of urban immigrants, see *Michel Poulain,* De la campagne à la ville : le comportement démographique des migrants, in: Annales de Démographie historique, 1990, pp. 71–74.

fluenced the structure of rural society in the county and far beyond its borders. Moreover, research on the small and secondary Flemish towns permits the conclusion that the towns were not merely receivers of newcomers but also providers. They seem to have functioned as catalysts for the movement of skilled and semi-skilled labour and as reservoirs for immigration into the big metropolises of the 15th and 16th century Low Countries.

The figures of new burghers are, however, not always reliable for assessing total flows of migration. They reveal only a socially biased part of what must really have been continuous movement. But as they concern the migration flows of the all important urban middle groups (skilled craftsmen and retailers), they are a good indicator of economic and social flows within an urban network. Still, the number of new burghers entering urban society must be interpreted with great care. Conditions of entry and policies of attracting or keeping away newcomers on the one hand, and the general social structure and economic profile of the towns and their hinterland, influence both the volume and the trend of burgher entries. So did the political fate of the large towns: in many cases citizenship was an essential condition for taking part in the city's political life. Again the economically and politically active middling groups of urban society may thus have been more attracted by citizenship than the traditional elites. Among the elites, the foreign merchants often had more interest in staying foreign, though they mixed with local elites in fraternities and at other social occasions. Foreign merchants received highly favourable treatment from lawmakers, cities and princes alike. They could count on special legal protection, thus leaving aside the cost and burden of acquiring burgher status of a specific town. On the other hand, as the London subsidy rolls teach us, political unrest combined with economic hardship proved to be an important push-factor in driving migrants from the "prosperous" Low Countries to England.

Pfahlburger, bourgeois forains, buitenpoorters, bourgeois du roi: Aspekte einer zweideutigen Rechtsstellung

Von Guy P. Marchal, Luzern

De burgensibus autem, qui se burgenses dicebant et in villis campestribus manentes, burgensium libertate gaudebant, et ab ecclesiis et a militibus graves sepe procedebant querimonie, ordinavit dominus comes et de consilio nobilium suorum instituit ut nemo burgensis ulterius esset si in burgo non maneret. Dieses Verbot von „sogenannten“ Bürgern, die in den Dörfern lebten und sich der städtischen Freiheiten erfreuten zur grossen Ungemach der Adeligen und der Kirchen, hat Baudouin V. von Flandern im Jahre 1195 erlassen, rund vierzig Jahre vor dem *Statutum in favorem principum* und dem Mainzer Landfrieden[1]. Das Verbot wiederholt sich mit verschiedenen Nuancen dutzendfach im Reich, in Flandern und Brabant und in Frankreich bis ins 15. Jahrhundert hinein[2]. Auf dem Lande unter einer Herrschaft wohnend, der städtischen Freiheit sich erfreuend: Diese widersprüchliche Rechtslage barg offensichtlich ein andauerndes Störpotential in sich; aber sie war, so unklar sie war oder gerade weil sie unklar war, ausserordentlich zählebig. Denn sie liess sich für verschiedene Zwecke und Interessen instrumentalisieren. Lassen sich indessen die Interessen, die sich hier ausgewirkt haben, überhaupt noch erkennen? Wer konnte welche Vorteile aus dieser Institution ziehen? Wer hatte welche Nachteile zu erdulden? Antworten sind schon etliche gegeben worden, vom Bestreben der Städte, ihren Einfluss auszudehnen, jenem der Landleute, sich von ihrem Herrn zu lösen, bis hin zum gemeinsamen Streben nach Demokratie und Freiheit in einer feudalen Welt[3]. Doch hat vor kurzem Ehbrecht im ‚Handwörterbuch der deutschen Rechtsgeschichte‘ darauf hingewiesen, dass es

---

1 Vollständige bibliographische Angaben vgl. Bibliographie am Ende. *Génicot* t. 3, S. 149; *Bruwier*, S. 906.

2 Vgl. für das Reich: *Bücher*, S. 367, 369–372, 375 f.; *Schmidt*, S. 241–248; *Hergemöller*, Fürsten, S. 132; *Heckert*, S. 133; *Spiess*, S. 189–193; *Kiessling*, Stadt-Land-Beziehungen, S. 300; *Kalesse*, S. 102 (alt); für Belgien: *Bruwier*, S. 900, 906–908; für Frankreich: *Chabrun* legt in seinem Bemühen, die Bedeutung der Bourgeoisie du roi zu relativieren, allgemein das Gewicht auf restriktiven Charakter der königlichen Gesetzgebung; *Glasson*, S. 98; *Viollet*, S. 177; *Chénon*, S. 41; *Lot/Fawtier*, S. 162; *Fawtier*, S. 13.

3 *Mau*, S. 107.

eigentlich unklar sei, „inwieweit und welche Konsequenzen sich für die einzelnen betroffenen Pfahlbürger ergaben“[4]. Ich möchte hinzufügen, dass mir im Laufe der Recherchen das auch für die Stadt immer unklarer geworden ist.

Im Folgenden möchte ich mich auf die Pfahlburger beschränken, diese aber unter Berüchsichtigung der Verhältnisse in Deutschland, der Schweiz, Belgiens und Frankreichs behandeln. Absichtlich wähle ich hier anachronistisch die aktuellen Staatsbezeichnungen, um damit auch zum Ausdruck zu bringen, dass es in dieser Problematik aufgrund der jeweiligen Quellenlage und unterschiedlicher nationaler Forschungstraditionen erhebliche Unterschiede des Forschungsstands gibt, die in den Ausführungen implizit erkennbar werden mögen.

Ausserhalb der Betrachtung stehen also die Ausburger, unter denen man in der Forschung gemeinhin Adelige, auf Eigengut sitzende Freie und Kleriker oder kirchliche Gemeinschaften versteht, die das Bürgerrecht einer Stadt angenommen haben. Denn hier liegen die Interessen der Kontrahenten relativ offen zu Tage. Ausserhalb bleiben auch die Aufnahme ins Burgrecht von ganzen Dörfern und kleinen Landstädten, da es sich hier um verhältnismässig vereinzelte Erscheinungen handelt und die Problematik nicht ganz dieselbe ist[5].

In möglichst allgemein gehaltener Form ist der Pfahlbürger an sich leicht zu umschreiben als eine Person, die in irgend einer Weise einer Herrschaft untertan ist, die das Bürgerrecht einer bestimmten Stadt angenommen hat ohne aber den bisherigen Wohnsitz aufzugeben. Hierin besteht der gemeinsame Nenner mit den anderwärts vorkommenden *bourgeois forains, buitenpoorters* und *bourgeois du comte* oder *bourgeois du roi.*

Auch die rechtlichen Modalitäten und Konsequenzen seien hier in einer modellhaften Beschreibung vorweggenommen: *Bourgeois forain,* Pfahlburger wird man unter Einhaltung gewisser Formen: Der (oder die) Aufnahmewillige hat die jeweils zuständigen Instanzen um Aufnahme ins Bürgerrecht zu bitten, eine Eintrittgebühr zu entrichten, und sich eidlich der Stadt zu verpflichten, welche Bindung häufig noch durch den Erwerb eines Hauses oder mehr oder weniger symbolischen Eigentums in der Stadt, bisweilen durch die zusätzliche Stellung eines oder mehrerer Bürgen bestärkt wird, mit der Zeit auch durch die Auflage, während gewisser Zeiten in der Stadt zu wohnen, und schliesslich eine fixe jährliche Steuer zu entrichten. Dafür kamen ihm in der Regel, aber nicht immer, die gleichen Rechte und Freiheiten zu wie dem in der Stadt wohnhaften, eingesessenen Bürger. Er

4 HRG 3, S. 1653.

5 *Marchal,* S. 154–177.

unterstand der städtischen Gerichtsbarkeit und hatte freien Zugang zum städtischen Markt. Gegenüber seinem Herrn, unter dem er immer noch sass, konnte er nun auf sein Bürgerrecht pochen, war insbesondere, und viel erwähnt, vom lästigen Besthauptfall oder dem *meilleur catel* befreit und konnte sich unter Berufung auf die städtische Gerichtsexemtion dem herrschaftlichen Zugriff entziehen. Zugleich aber behielt er seine wirtschaftliche Grundlage auf dem Land, gegebenenfalls mit Allmend-, Weid- und Waldnutzung bei, allerdings ohne sich dem Gemeindewerk zu unterziehen und an der Steuer zu beteiligen. Auch diese modellhafte Beschreibung der rechtlichen Situation kann als gemeinsamer Nenner für die Institution im Reich, in Flandern, Brabant und Frankreich gelten.

Diese Beschreibung sagt aber weder über das Funktionieren, die Auswirkung, noch über die effektive Tragweite dieser Institution etwas aus. Auch eine genaue Analyse allein der rechtlichen Ausformungen und Entwicklungen losgelöst vom jeweiligen Kontext kann hierüber keine Aufschlüsse geben. Will man Einblick in die konkrete Situation erhalten, sind die Perspektiven der an diesem Rechtskonstrukt Beteiligten aufzuarbeiten, und deren gibt es mindestens vier: Zunächst natürlich die Stadt, welche Pfahlbürger aufnahm, dann die Pfahlbürger selbst, drittens die Herren, adelige und kirchliche Grundherrschaften, auf deren Güter die Pfahlbürger sitzen, und schliesslich die Landesherren.

Wenn im Folgenden diese vier Perspektiven in einem vergleichenden Überblick untersucht werden sollen, dann versteht es sich von selbst, dass beim uneinheitlichen Forschungsstand nur skizzenhaft einige Aspekte aufgezeigt werden können. Es geht mir weder um einen Forschungsbericht, noch um eine systematische Behandlung des Pfahlburgerwesens, sondern lediglich darum, aufzuzeigen, was alles offenbar möglich gewesen ist.

Ich verwende dabei der Eindeutigkeit halber immer die Nomenklatur Pfahlburger (*bourgeois forain, buitenpoorter*), obwohl dieser Begriff in den Quellen eher selten und sehr uneinheitlich eingesetzt wird – die Städte meiden ihn – und gerade deshalb nicht unproblematisch ist[6]. Wenn auch

---

[6] Nicht weiter hilft die offenbar schwer zu bewerkstelligende ethymologische Herleitung: von *falsi cives* (*Schmidt*) oder von *phal* – Pfahl (*Schröder*, S. 52–60, mit wenig überzeugender Begründung und nicht rezipiert). *Kalesse*, S. 102 (alt), geht neuerdings wieder von *falsi cives* aus. HRG 3, S. 1657 f. (*Wiegand*) nimmt die Herleitung von falsi cives nicht auf und stellt fest, dass phalburgaere und uzburgaere sich inhaltlich entsprechen. Dagegen machen die Städte am Nürnberger Reichstag 1431 durchaus einen Unterschied: Entgegen der Ritterschaft, die auch *geistlich und weltlich bede ritter und knechte und ein jeglich friman, der nieman weder zu gebe noch zu gelte sitzet und etlicher uf sime eigen sitzet* [...] *das doch nit pfalburger sint noch heissent* (sondern eben Ausbürger) definieren sie klar: *Da sich ein stat understunde, einen, der eins herren eigen wer und uf dem lande sesshaft wer, haruss uf daz lant ze schirmen, dieselben heissent pfalburger noch usswisung der goldenen bulle,* zitiert nach *Mau*, S. 120.

bei den *buitenpoorters* und *bourgeois forains* wie bei den *bourgeois du roi* Freie oder nachweislich Adelige vorkommen[7], so setze ich diese hier trotzdem den Pfahlburgern gleich, denn die Mehrzahl waren eben doch Untertanen und die Erscheinungsbilder, die ich verfolgen möchte, entsprechen vollkommen jenem des Pfahlburgers.

I. Städtische Perspektive

Um die Interessen der Städte an den Pfahlbürgern festzustellen, sollten nur jene ins Aug gefasst werden, die in den Quellen wirklich explizit gemacht werden. Das sind zunächst finanzielle, die sich schon bei der Bürgerrechtsverleihung in der Aufnahmegebühr, dann bei den Steuern zu erkennen geben, besonders dort wo sorgfältige Registerführung festzustellen ist wie in Augsburg[8]. Erhebliche finanzielle Interessen sind auch bei Bern und Zürich im Spiel[9]. Bisweilen kann dieses finanzielle Interesse unverhohlen an den Tag treten, wie beispielsweise in Courtrai (Kortrijk), wo versucht wurde, die *bourgeois forains* durch schwer erfüllbare Forderungen, die mit strengen Bussen verbunden wurden, regelrecht auszubeuten und zur Finanzierung des Wiederaufbaus der Stadt einzusetzen[10]. Verschiedentlich, aber lange nicht überall, tritt uns auch ein militärisches Interesse entgegen, wie besonders deutlich in Ath[11]: Hier wurden die *bourgeois forains* verpflichtet, wenn immer das Aufgebot erfolgte, bewaffnet und mit Pferd in die Stadt zu kommen und auf eigene Kosten bis zu ihrer Entlassung in der Stadt zu bleiben. Pfahlburgerinnen hatten sich vertreten zu lassen. Säumige wurden – wie die Rechnungsbücher ausweisen – gebüsst, wie auch jene, die mangelhaft gerüstet waren oder nur mit einem schlechten Gaul einrückten. Auch wirtschaftliche Interessen sind erkennbar, wie die Sicherung der Nahrungsmittelzufuhr schon nur durch die Beteiligung der Pfahlburger am städtischen Markt, deutlich etwa in Strassburg oder in Gent, wo die zahlreichen *buitenpoorters* zum grössten Teil im für die Getreideversorgung wichtigen sog. Quartier von Gent siedeln[12]; oder die Möglichkeit der Städte, die Hand auf ortsgebundene Gewerbe, etwa Ziegeleien, Mühlen und Schmieden zu legen[13].

---

7 *Nicholas,* S. 240; *Godding,* La bourgeoisie foraine, S. 36 ff.

8 *Kalesse,* S. 103.

9 *Marchal,* S. 181.

10 *Huys,* S. 7–15.

11 *Verriest,* S. 219–221; *Bruwier,* S. 910; *Verbeemen,* Nederlanden, S. 85; *Prims,* S. 148; *Godding,* La bourgeoisie foraine, S. 7.

12 Neuerdings *Boone,* S. 713 f. (86,2%); *Nicholas,* S. 348 ff., und ihm folgend *Petri,* S. 114, haben dagegen die Importe aus der Artois und der Piccardie betont.

13 *Kiessling,* Stadt und ihr Land, S. 301, 553.

Doch sind diese verschiedenen Interessen noch nicht Ausdruck einer zielbewussten Politik der Einflussnahme auf das Land mittels der Pfahlburgeraufnahmen. Es wäre zum Beispiel voreilig, aus der geographischen Verteilung der Pfahlburger unbesehen bewusste Einflussrichtungen der Stadt herauslesen zu wollen. Häufig geht nämlich die Initiative von denjenigen aus, die nach dem Bürgerrecht streben und selber wählen, wo sie das erlangen wollen. Lange nicht immer geschah dies, wie wir sehen werden, aus politischen Gründen, etwa der Solidarität mit einer Stadtbürgerschaft. In gewissen Regionen haben nicht die Städte selbst den Raum bestimmt, aus dem Bürger angenommen wurden. Es ist auch nicht so, dass die Anzahl der Pfahlburger in einer direkten Beziehung zur Bedeutung und Grösse einer Stadt stünde, was ja naheliegend wäre, wenn die Aufnahme von Pfahlbürgern etwas mit einer Territorialpolitik der Stadt zu tun hätte. Man hat dort, wo *bourgeois forains* Gang und Gäbe waren wie in Flandern, feststellen können, dass auch kleine Städte über eine bedeutende Ausburgerschaft verfügen konnten, wie etwa Bavai im Hennegau, und umgekehrt bedeutende Städte keine Ausburger aufgenommen haben, wie etwa Ypern[14].

Wäre das Pfahlbürgerwesen Ausdruck städtischer Landpolitik, dann müsste eigentlich auch eine effiziente „Bewirtschaftung" dieses Potentials feststellbar sein. Doch ist es unklar, wie die Stadt ausserhalb ihres eigenen Rechtskreises ihren Rechtsanspruch zu behaupten vermag, obwohl eigentlich rechtlich alles geregelt sein sollte. Es ist schon nicht selbstverständlich, dass sich die Stadt gegenüber den eigenen Pfahlbürgern durchsetzen kann. Der Einzug der Steuern durch die Städte war offenbar sehr mühsam, umso mehr, als sie eingezogen (*quérable*), nicht abgeliefert (*portable*) werden mussten. In Ath entrichten Mitte des 14. Jahrhunderts nur gegen 11 Prozent der registrierten *bourgeois forains* die Steuer, in Bouchain im Durchschnitt nur etwas mehr als 40 Prozent[15]. Als zu Beginn des 15. Jahrhunderts das System gändert wurde und die Steuern in die Stadt gebracht werden mussten, fielen die Zahlen der effektiv Steuerzahlenden noch drastischer. Für Brüssel ist festgestellt worden, dass trotz der Zunahme der *bourgeois forains* die *accises* (eine in der Stadt zu entrichtende direkte Steuer) nicht vermehrt wurden, weshalb 1377 strengere Residenzbestimmungen eingeführt wurden[16]. In der Regel wurden die Steuern um viele Jahre versessen. Man mochte sich jeweilen erst um die Bezahlung der

---

14 Bavai, 1368: 12 *bourgeois* – 618 *bourgeois forains, Bruwier,* S. 914; Ypern, 1320 Massnahmen gegen *bourgeois forains,* 1366 keine Bürger ausserhalb der Stadt mehr akzeptiert, *Nicholas,* S. 244. Das grosse Gent weist 1432 schätzungsweise 5'000 *buitenpoorters* auf, *Verbeemen,* Nederlanden, S. 85; *Boone,* S. 714; – das kleine Kortrijk 1398 7'763, *Verbeemen,* Nederlanden, S. 89; *Bruwier,* S. 900 (dazu unten).

15 *Bruwier,* S. 903 f.

16 *Godding,* La bourgeoisie foraine, S. 5, 10 f.; *Clerbaut* II, S. 200.

Rückstände bemüht haben, wenn man die Unterstützung und den Schutz der Stadt wirklich beanspruchen wollte[17]. In Brüssel waren Mitte des 15. Jahrhunderts die Steuerrückstände der *bourgeois forains* so angewachsen, dass der Rat zur Bereinigung der Situation die Nachzahlungen auf die letzten drei Jahre beschränkte. Das wurde offenbar so sehr als Erleichterung empfunden, dass das Brüsseler Bürgerrecht gegenüber andern Städten als attraktiv erschien[18]. In Bouchain lässt sich wiederholt feststellen, dass Witwen nach dem Tod ihres Mannes sofort mehrjährige Steuerrestanzen bezahlen, um damit dem grundherrlichen Besthauptfall zu entgehen[19], und vielleicht lässt sich der allenthalben feststellbare Hohe Anteil von Witwen bei Pfahlburgeraufnahmen hierauf zurückführen[20]. Dass unter solchen Umständen auch die Kontrolle über die eigenen Pfahlbürger erheblich erschwert, wenn nicht verunmöglicht wurde, liegt auf der Hand.

Bei der Frage nach der Effizienz städtischer Pfahlburgerpolitik wären überhaupt etliche der verschiedenen Pfahlbürgerverzeichnisse unter dem Aspekt der Verschriftlichung und der Gebrauchssituation quellenkritisch genauer zu prüfen: Die Namen und Wohnorte in den Verzeichnissen bedeuteten dann nicht *a priori* einen sicheren „Stützpunkt“ der Stadt, nicht ein „Haben“, sondern ein „Soll“, meist nur ein „Sollte“. Das über 400 Personen erfassende Verzeichnis der *bourgeois forains* von Ath scheint gerade jene zu betreffen, welche zahlungssäumig waren; ebenso die Verzeichnisse der Stadt Löwen aus dem 15. Jahrhundert[21]. Als 1382 Courtrai gebrandschatzt worden war, legte der Graf von Flandern zur Finanzierung des Wiederaufbaus auf die wenig zahlungsfreudigen *bourgeois forains* eine einmalige Pauschalsumme, bei deren Fixierung man von 1'500 auswärtigen Bürgern ausging. Als die Einzugsliste innert weniger Monate bereinigt war, wies sie die sensationelle Zahl von 7'753 *bourgeois forains* aus. Das veringerte den zu entrichtenden Betrag für den einzelnen natürlich erheblich, lässt aber bei einer so eklatanten Differenz die Aussagekraft solcher Bürgerlisten doch sehr fragwürdig erscheinen[22]. In Luzern hat die Lokalhistorie viel auf das sog. Bürgerbuch B gegeben, schien es doch aufzuzeigen, wie zur Zeit des letzten sog. eidgenössischen Befreiungskrieges, der in die Schlachten von Sempach und Näfels mündete, die Stadt Luzern massenhaft Bürgerrechtsverleihungen weit in habsburgisches Gebiet hinaus vorgenommen und so die österreichische Herrschaft bereits zu unterhölen begonnen habe. Eine genaue Analyse hat dann das ernüchternde Bild er-

17 *Godding,* La bourgeoisie foraine, S. 35.

18 *Godding,* La bourgeoisie foraine , S. 12, 35.

19 *Bruwier,* S. 910.

20 *Verriest,* S. 223; *Bücher,* S. 379.

21 *Veriest,* S. 234 – 236; *Bruwier* , S. 902; *Verbeemen,* Nederlanden, S. 203.

22 *Huys,* S. 11 f.

bracht, dass es sich – wenn diese „Bürger" überhaupt zum Nennwert genommen werden sollen – um eine kurzfristige Aufwallung gehandelt haben muss, die kaum in eine Umlandpolitik umgesetzt werden konnte, denn die Listen zeigen vor allem, dass diese sog. „Bürger" Jahre nach ihrer Aufnahme zum Teil weder ihren Aufnahmegulden noch die ausstehende Taxe mehr entrichten wollten, zum Teil der Stadt bereits völlig entglitten waren[23].

Jedenfalls ist anzunehmen, dass der Steuereinzug, je weiter zerstreut die Pfahlburger oder *bourgeois forains* waren, desto schwieriger wurde. Und es scheint, dass etwa die *bourgeois forains* von Brüssel solches bewusst in ihr Kalkül einbezogen haben[24]. Die von den Städten angeordneten Minimalresidenzen, die ein Pfahlbürger in der Stadt zu erfüllen hatte, entsprachen nicht nur der Absicht, die Pfahlbürgerverbote, die ja die Wohnsitznahme *corporaliter et realiter* in der Stadt verlangten, zu umgehen, sondern dem Bedürfnis der Stadt, die Kontrolle in die Hand zu bekommen. In den Städten Flanderns und Brabants ist es allenthalben zur Einrichtung der *nataux,* zu einer je vierzigtägigen oder sechswöchigen Residenzpflicht um die Hochfeste Weihnachten, Ostern und Pfingsten gekommen, wobei mitunter der Tatbestand der Residenz unter Strafandrohung mit Zeugen bewiesen werden musste[25]. Im Reich war die Wohnsitznahme in der Stadt häufig auf die Winterszeit beschränkt, von Martini (11. November) bis zu Petri Stuhlfeier (22. Februar)[26], eine Zeitspanne also, wo die landwirtschaftlichen Arbeiten ohnehin grösstenteils ruhten. Die strengeren Bestimmungen etwa des Rheinischen Städtebundes von 1255, welche die Stadtabwesenheit zur Erntezeit lediglich vom Margarethentag (12. Juli) bis zum Laurentiustag (10. August) und zur Weinlese drei Wochen im Herbst zulassen wollte, war offenbar nicht einzuhalten und wurde 1297 wieder rückgängig gemacht[27]. Wie nun solche Residenzzeiten finanziell genutzt wurden, zeigt in aller Deutlichkeit das schon angesprochene Beispiel von Courtrai. Dort wurden, um die hohen Baukosten decken zu können, zusätzlich zur Steuer die *bourgeois forains* gegen hohe Bussen zur dreimaligen Wohnsitznahme gezwungen. Das glückte ein erstes Mal, dann begannen jene Widerstände, die schliesslich eine Ablösung der Residenzpflicht durch die einmalige Pauschalsumme vom 5'000 Gulden (nobles) erzwangen[28]. In Brüssel, wo die direkte Steuer der *accises* nur von in der Stadt Wohnenden zu entrichten

[23] *Marchal,* S. 133–140, S. 208–213.

[24] *Godding,* La bourgeoisie foraine, S. 25 f., 34 f.

[25] *Bruwier,* S. 911; *Nicholas,* S. 245 f.; *Clerbaut* II, S. 200 f., S. 288 (Beweis); *Huys,* S. 4; *Godding,* La bourgeoisie foraine, S. 3 f., 10.

[26] *Schmidt,* S. 250; *Bücher,* S. 370.

[27] *Schmidt,* S. 249; *Bücher,* S. 369 f.

[28] *Huys,* S. 7–10.

war, hat man durch den Zwang zur Residenz versucht, diese Steuer auch von den *bourgeois forains* einzuheben[29]. Schliesslich stellt die Verpflichtung zur zeitweiligen Residenz in der Stadt für die Pfahlburger eine erhebliche finanzielle Belastung dar, die sich nur wohlhabende Landleute auf Dauer leisten konnten. In den Frankfurter Steuerbücher erscheinen die Pfahlburger in der mittleren Steuerklasse[30]. An solchen solventen Pfahlburgern mochten die Städte vor allem interessiert sein.

Ebenso unklar ist, wie weit sich die Städte mit dem Pfahlburgerwesen gegenüber den betroffenen Adelsherrschaften durchsetzen konnten. Im Vordergrund steht hier die städtische Gerichtsexemtion, auf die sich die Pfahlburger gegenüber dem herrschaftlichen Gericht berufen konnten. Es ging ja um die Eigenleute oder Untertanen des betreffenden Grund- und Gerichtsherrn, die sich etwas zu Schulden haben kommen lassen oder auch willkürlich verhaftet worden waren, nicht um Stadtbürger, die aus irgendwelchen Gründen vor ein fremdes Gericht geladen worden waren und nun von der Stadt abgefordert wurden. Die Situation war also für die Stadt ungleich schwieriger. Die Boten der grossen Städte Antwerpen, Brüssel und Löwen, die für ihre *bourgeois forains* in deren Wohnort, einer kleinen Stadt, intervenieren wollten, wurden mit Schimpf und Schande verjagt[31]; wie jene Boten von Courtrai, die von zwei adeligen Grundherren gezwungen wurden, den Abforderungsbrief gleich aufzuessen[32]. Weder Brüssel noch Courtrai konnte verhindern, dass *bourgeois forains* trotz ihrer Intervention hingerichtet wurden, auch wenn sie nachher eine Genugtuung erhielten[33]. Wenn solches im 14. und 15. Jahrhundert in einer Region möglich ist, wo das Ausburgerwesen weit verbreitet und etabliert ist, wie wird das wohl anderwärts ausgesehen haben? Zudem bedeuteten diese Interventionen für die Stadt andauernde und lästige Umtriebe und Kosten. 1377 beklagen sich Brüsseler Schöffen und Rat, über die grossen Mühen und Kosten, die ihnen viel mehr von den *poirteren die buten woonen dan von poirteren van binnen* erwachsen[34]. In der Regel fand man zur Lösung, dass die städtische Intervention auf Kosten des betroffenen Pfahlburgers ging. Freiburg im Üchtland hat 1374 einfach beschlossen, dass es für Bürger, solange sie nicht persönlich in der Stadt wohnten, *causa dicte burgesie eo tunc in actibus suis intromittere non tenetur*[35]. Und Augsburg hat 1415, der

29 *Godding,* La bourgeoisie foraine, S. 4.

30 *Bücher,* S. 378.

31 *Godding,* La bourgeoisie foraine, S. 14 (doch setzen sich die Städte später durch).

32 *Huys,* S. 17 (die beiden wurden später hingerichtet).

33 *Huys,* S. 18.

34 *Godding,* La bourgeoisie foraine, S. 10, Anm. 38.

35 *Schmidt,* S. 247.

Schwierigkeiten überdrüssig, auf die Steuern von Pfahlbürgern verzichtet, aber zugleich bestimmt, dass es auch nicht mehr verpflichtet sei *deheiner hilff in deheiner weyse mehr* zu leisten[36]. Dass es natürlich auch viele Beispiele von effizienter Wahrnahme des Schutzes für die eigenen Bürger, auch Pfahlbürger gibt, sei nicht verschwiegen. Der Markgraf von Baden hatte diesbezüglich seine liebe Mühe mit den Städten Basel, Freiburg und Breisach[37]. Auch in Ath war dieser Rechtsschutz effizient, aber zugleich zeigen die diesbezüglichen Detailbestimmungen, mit welchen Schwierigkeiten die Stadt hat kämpfen müssen[38]. Und nur schon die in Flandern, Brabant und Frankreich vielfach eingeführte Unterscheidung, dass die städtische Gerichtsexemtion nur in Fällen, die nach der Bürgeraufnahme auftreten, gelten solle, wobei das Datum der Aufnahme genau zu nennen war, während die städtische Zuständigkeit für alles Frühere abgelehnt wurde, zeigt, dass dieser Rechtsschutz in vielen Städten eine Realität der Praxis war[39]. Allerdings ist immer zu untersuchen, in welchem machtmässigen Kontext[40] dieser Rechtsschutz wahrgenommen werden konnte, worauf ich noch zu sprechen komme.

Schliesslich ist, was in den auf das Pfahlbürgerwesen bezogenen Studien häufig übersehen wird, einmal deutlich festzuhalten, dass dieses für die Territorialpolitik oder Umlandpolitik der Städte völlig unerheblich ist. Als Wolfgang Vogelmann, der Stadtschreiber von Nördlingen 1536 die mangelhafte Landpolitik seiner Stadt kritisierte, da dachte er an *vil guter keuff. Pflaumloch* (=ein Dorf), *unnd die korngült, auch wol die gannz herrschafft Öting hetten unnsre vorfarn mit aim geringen gar erkhauffen mugen* [...] *Aber es hat nit sein sollen noch mögen, vielmer die Grafen dardurch hochlichen uffgenommen haben*[41]. An Pfahlbürger dachte er nicht. Auch wenn diese Bemerkung zu einer Zeit geschrieben worden ist, in der dem Pfahlburgerwesen keine Bedeutung mehr zukam, so bestätigen zahlreiche Studien[42] zur städtischen Umlandpolitik Vogelmanns Sichtweise unabsichtlich, denn Pfahlburger werden unter dieser Fragestellung gar nicht erwähnt oder spielen eine völlig unerhebliche Rolle. So zuletzt beim grossangelegten typologischen Vergleich einiger schwäbischen Städte durch Rolf

36 *Heckert,* S. 133, 142.

37 *Schmidt,* S. 268.

38 *Verriest,* S. 210 ff.

39 Fälle nach Bürgerrechtsannahme: *Clerbaut* III, S. 286; *Verriest,* S. 229; *Godding,* La bourgeoisie foraine, S. 17; Ordonnance von 1287, in: Recueil général des anciennes lois français depuis l'an 420 jusqu'à la révolution de 1789, par MM. *Jourdan, Isambert, Decrusy,* 29 Bde., Paris 1822–27, Bd. 2, Nr. 282, S. 676.

40 Das betont auch *Blickle.*

41 *Kiessling,* Umlandgefüge, S. 33.

42 Die Arbeiten werden jeweilen in Sammelanmerkungen zu Beginn der Abhandlung aufgeführt; statt aller früheren: *Krieger,* S. 77 Anm. 2.

Kiessling, wo die Pfahlburger neben den andern Kategorien, wie Landfriedenspolitik, Erwerb von Gerichtbarkeiten und Grundbesitz, Wirtschaftsbeziehungen und Tuchproduktion usw., als zu ephemer erscheinen, als dass sie zu einem eigenständigen typologischen Kriterium entwickelt hätten werden können[43]. In Luzern lässt sich für die Pfahlburger nur eine kurzfristige Rolle in Krisenzeiten erkennen, und sie haben, sobald die Stadt in den Stand versetzt worden war, Herrschaft auf dem Land auszuüben, keine Bedeutung mehr besessen[44]. Eine ähnliche Entwicklung ist auch für Frankfurt festgestellt worden, das, sobald es seine Schutzherrschaft errichtet hatte, sich wie jede Feudalherrschaft gegen Untertanen verhielt[45]. Und Wolfgang Leiser hat in einem strukturell vergleichenden Überblick über die Stadt-Land-Beziehungen festgestellt, dass den eigenen Untertanen ganz allgemein der Zugang zum städtischen Bürgerrecht nicht erleichtert wurde. In der Tat, „Warum sollte man auch Bevölkerungspolitik auf eigene Kosten betreiben und die eigenen Bauern abwerben?“[46] Aber auch hier sei festgehalten, dass es auch gegenläufige Beispiele gibt, etwa Bern und Zürich, wo Pfahl- und Ausburgerverhätnisse unter den gegebenen besondern Umständen – in Bern das Interesse am Udelzins, in Zürich die Nachbarschaft gewisser Herrschaften zum unbequemen Nachbar Schwyz – auch in den eigenen Herrschaften aufrecht erhalten wurden[47].

Aus den Ausführungen sollte deutlich geworden sein, dass Funktion und Bedeutung des Pfahlbürgerwesens für die Stadt nicht so evident ist, wie es mitunter in der Literatur angenommen wird. Es war offenbar sehr schwer zu kontrollieren, brachte den Städten oft mehr Mühen und Kosten als Nutzen. Wenn Konrad Fritze Auftstieg und Blüte des mittelalterlichen Städtewesens von der Existenz vielfältiger und stabiler Verbindungen zwischen Stadt und Land abhängig macht[48], so ist dem Pfahlbürgerwesen im Vergleich zu den andern Formen, wie Land- und Rentenbesitz, wie Herrschaftserwerb, gerade diese Stabilität abgegangen. Rolf Kiessling hat dem frühen Pfahlbürgerwesen zumindest vom Prinzip her eine Bedeutung zugesprochen, da es sich um ein Durchbrechen der rechtlichen Abgrenzung von Stadt und Land gehandelt habe, wobei es zu punktuellen Anbindungen an die Stadt gekommen sei und sich Elemente herrschaftlicher Zentralität gebildet hätten[49]. Aber lässt sich Stadt – und zwar von Anfang an – ohne Land denken? Oder anders gefragt: Handelt es sich hier vielleicht nicht

43 *Kiessling,* Die Stadt und ihr Land, S. 692 ff. (Teil C).

44 *Marchal,* S. 118–186.

45 *Schneidmüller,* S. 124 u. passim.

46 *Leiser,* Territorien, S. 974.

47 *Marchal,* S. 179, 182 (mit Literatur).

48 *Fritze,* S. 21 f.

49 *Kiessling,* Stadt-Land-Beziehungen, S. 850.

eher um einen wissenschaftsgeschichtlichen Tatbestand, nämlich um die von Haverkamp festgestellte Auflösung eines eindeutigen Stadtbegriffs mit seiner Vorstellung von einem abgeschlossenen Rechtskreis städtischer Bürgerfreiheit, der in einer gewissen Epoche sich auf das Umland hin geöffnet hätte, zugunsten eines Stadtbegriffs, der von landschaftlich und zeitlich variablen Kriterienbündeln ausgeht[50]? Ist möglicherweise gerade auch in der Bürgerrechtsfrage von einem Stadt *und* Land erfassenden Konzept auszugehen? Das Pfahlburgerwesen mit seinen Vorteilen und Beschwernissen für die Stadt erschiene dann nicht als Ausdruck einer besonderen, zielgerichteten Politik. Wenn wir die Tatsache, dass Verbote seit dem 12. Jahrhundert belegt sind, beachten, liesse es sich als ein von Anfang an vorhandener Aspekt der mittelalterlichen Stadt begreifen, wie das Bürgerrecht an sich. Eine Frühform, die im Kontext der Herrschaftsbildungen, sich sehr unterschiedlich entwickelt hätte, im Reich bis anfangs des 15. Jahrhunderts durch stabilere Konstruktionen der Stadt-Land-Beziehungen abgelöst worden wäre, während sie in Flandern und Brabant unter anderen Bedingungen bis in die Neuzeit überdauert hätte.

II. Perspektive der Landbevölkerung

Theoretisch hatten Landleute, die sich zum Pfahlburger aufnehmen liessen, viele rechtliche Vorteile, wie ich sie in der modellhaften Beschreibung aufgezählt habe, und konnten zugleich ihre wirtschaftliche Existenzgrundlage behalten. Konkret befanden sie sich aber in einer rechtlich zweideutigen Situation zwischen der Ortsherrschaft und der Stadt, wobei der rechtliche Schutz durch die Stadt, wie wir gesehen haben, je nach dem Machtverhältnis zwischen Stadt und Herrschaft nicht einmal so sicher war. Zudem wurde diese Rechtskonstruktion im Laufe der Zeit zusehends mit Auflagen belastet, welche zur Frage Anlass geben, was denn diesen Status überhaupt noch als attraktiv erscheinen liess.

Hier ist auf die vielfach gestellte Forderung auf zeitweise Residenz in der Stadt zurückzukommen. Sie bedeutete nichts anderes, als dass der Pfahlbürger oder *bourgeois forain* drei Mal jährlich oder über die Winterszeit mit seiner Familie und mit dem Hausgesinde in die Stadt ziehen und dort mit Feuer und Rauch wohnen musste, wie die eingesessenen Bürger. Abgesehen davon, dass dieser mehrfache Umzug im Jahr beschwerlich und kostspielig war, bedeutete diese Anordnung auch, dass Pfahlbürger einen doppelten Haushalt führen mussten. Während ihres Aufenthaltes auf dem Land sollte in der Stadt ausreichendes Gesinde zurückbleiben, um Feuer

50 *Haverkamp*, S. 583; *Rösener*.

und Rauch zu erhalten. Wenn die städtischen Ordnungen auch nichts dazu aussagen, was mit der Landwohnung zu geschehen habe während der Stadtresidenz, so wird man doch davon ausgehen müssen, dass diese mit den Gütern auf irgend eine Weise unterhalten werden mussten. Die Anordnung dürfte denn auch nur mangelhaft eingehalten worden sein. In Frankreich musste 1280 bei der Residenzforderung an den Festtagen offenbar betont werden, dass diese Präsenz nicht mit der Anwesenheit allein am Festtag selbst erfüllt sei[51]. Als sich das Domkapitel von Strassburg deswegen beklagte, begründeten die betroffenen Weinbauern dies damit, dass die Arbeit im Weinberg vom Februar bis in den November gehe, sie die Arbeit selber leisten müssten und zu arm seien, Lohnarbeiter anzustellen, ja, dass sie auch ihrer Frauen und Kinder nicht entbehren könnten. Wenn sie dann noch *jedesmol mit Wib und Khinden derselben zit uss und ein tlempern* müssten, wäre *das inen ganz verderblich*[52]. Und als in Courtrai die *bourgeois forains*, wie schon erwähnt, zur dreimaligen Residenz tatsächliche gezwungen wurden, schilderten sie dem Grafen von Flandern ihre Situation auf drastische Weise: *que la dicte demeure et residence continuele en la manière que dit est leur est très grief et préjudiciable à faire pour ce à cescunne fois il leur a convenu et conviendrait mesner leur mesnage en nostre dicte ville en icelle louer maisons pour y avoir leur demeure apres ramener leur mesnage en leurs hostels, qu'ils ont en nostre dicte chastellenie par trois fois l'an* [...] *en quoy ils ont eu et supporté et poroient encores faire plus très grans frais, despens et dommages, meismement durant le dit temps il leur a convenu et convendroit délaisser à cultiver leurs terres gisunt en nostre dicte chastellenie et les autres à faire leur marchandises et autres besoingnes qu'ils ont à faire hors de nostre dicte chastellenie et nostre pays de Flandres ou ailleurs pour avoir les vivres et sustentacions d'eulx, leurs femmes et enfans, pour lesquelles causes ils seroient envoyé d'estre mis en povreté*[53]. Dass sie sich bereit fanden, für die Befreiung von dieser Auflage innerhalb eines Jahres in zwei Raten 5'000 nobles aufzubringen, zeigt, dass hier wirklich ein existentieller Notstand eingetreten war, auch wenn durch die schon erwähnte wunderbare Vermehrung der Betroffenen die Umlage für den Einzelnen schliesslich erträglich gestaltet wurde.

Doppelte Haushaltsführung war das eine, Doppelverpflichtung das andere. Denn mit der Zeit setzten die geschädigten Herren verschiedentlich

---

51 Les Olim ou registres des arrêts rendus par la cour du roi sous les règnes de St. Louis, de Philippe le Hardi, de Philippe le Bel, de Louis le Hutin et de Philippe le Long (Coll. De documents inédits, série I), Paris 1839–48, Bd. 2, S. 164 Nr. XXIX (wer nur am Festtag anwesend ist und übernachtet soll nicht als *burgensis noster* verteidigt werden); 3 / 1, S. 431 XL (1309).

52 *Schmidt,* S. 250.

53 *Huys,* S. 14.

auch durch, dass während des Aufenthaltes auf dem Land die Pfahlbürger an die ortsüblichen Pflichten, Leistungen und Abgaben gebunden sein sollten. Graf Wilhelm I. von Hennegau verordnete 1356, dass die *bourgeois forains* von Ath den Herren dieselben Leistungen zu erbringen hätten wie die Eigenleute; und Albrecht von Bayern unterstellte sie 1396 der herrschaftlichen Gerichtbarkeit[54]. In den Städten von Brabant, Antwerpen 1298, Bois-le-Duc 1330, Löwen 1331 und in Brüssel mussten die *bourgeois forains* sich den örtlichen Ordnungsmassnahmen unterziehen; sie unterstanden in Bezug auf Wegrecht (Unterhalt der Wege und Gräben), wie Flurrecht (Tierschäden, Einhagen) dem Gericht des Wohnorts und hatten auch die auf ihren Wohnort pauschal gelegte Herzogssteuer mit zu tragen[55]. Als offensichtlich wurde, dass das Bürgerrecht von Ath angenommen wurde, um den herrschaftlichen Abgaben und dem Sterbefall zu entgehen, verbot der Graf von Hennegau 1356 diese Praxis, da sie seinen Vasallen schädlich sei. 1410 wurde die Gewohnheit bestätigt, dass *bourgeois forains* in Dingen der grundherrschaftlichen Gerichtbarkeit (*justice foncière*) ihrem Grundherrn unterstellt seien[56]. Das Frankfurter Stadtrecht von 1297 sah vor, dass die Pfahlbürger an den Hochfesten die *oblaciones* dem Pfarrer ihres Wohnortes darbringen sollten[57]. Kaufbeuren, Frankfurt, Speyer und Winterthur wurde zugestanden, Pfahlburger aufzunehmen unter der Bedingung, dass diese sich nicht ihren sonstigen Verpflichtungen entzögen[58]. Die Stadt Basel und die Herren von Eptingen vereinbarten, dass die Eptinger Basler Bürgerrechtsannahmen nicht hindern; doch sollten diese Pfahlbürger alle Dienste und Leistungen den Eptingern erbringen[59]. Ähnliches vereinbarte Maximilian mit der Stadt Leutkirch[60]. Auch für Strassburg sind für das 13. und 14. Jahrhundert derartige Vereinbarungen zu finden[61]. Die Beispiele liessen sich leicht vermehren. Es stellt sich tatsächlich die Frage, was denn unter solchen Bedingungen die Annahme des Bürgerrechts so verlockend hat erscheinen lassen, denn die Stadt hat selbstverständlich auf ihren Steueranspruch nicht verzichtet. Wenn es die Gerichtsexemtion und der Schutz vor der Willkür des eigenen Herrn war, so war dieser ebenfalls nicht unentgeltlich. Mit der Zeit hatte der Pfahlbürger die seiner Stadt erwachsenen Gerichtskosten in der Regel selbst zu berappen[62], und die städtische Gerichtbarkeit war, was die Bussen anbe-

---

54 *Bruwier,* S. 907.

55 *Clerbaut* III, S. 288; *Godding,* La bourgeoisie foraine, S. 6 f.

56 *Verriest,* S. 228.

57 *Schmidt,* S. 281 f.

58 *Schmidt,* S. 282.

59 *Heinrich Boos,* Urkundenbuch der Landschaft Basel, Bd. 2, Basel 1883, S. 866.

60 *Schmidt,* S. 287.

61 *Schmidt,* S. 287; *Dubled,* S. 139.

62 *Ehbrecht,* HRG 3, S. 1652.

traf, nicht unbedingt vorteilhafter[63]. Wenn alle Bedingungen je erfüllt wurden, so waren es eigentlich nur wohlhabende Bauern, die das bewerkstelligen konnten. Für manche unter ihnen mag es der erste Schritt hin zur Stadt gewesen sein, eine Übergangsphase, während der sie in einer Zeit, wo Immobilien nicht einfach monetarisiert werden konnten, ihre Existenzgrundlage allmählich vom Land in die Stadt verlagern konnten[64]. Zudem mögen gerade wohlhabende Bauern den vielfach als Motiv zur Bürgerrechtsannahme erwähnten Sterbefall, den Besthauptfall oder das *meilleur catel,* als eine so unerträgliche Last empfunden haben, dass sie sich bereit fanden, sich deren Ablösung einiges kosten zu lassen. Aber die vielen andern, weniger begüterten Pfahlbürger?

Um eine Möglichkeit zu gewinnen, deren Interesse zu verstehen, müssen wir uns vergegenwärtigen, dass die zweideutige Rechtsstellung der Pfahlburger auch Unklarheiten schuf, die den Pfahlbürgern einigen Manövrierraum zur Verfolgung ihrer eigenen Interessen offenliessen. Wir besitzen hiefür eine ausserordentlich sprechende Quelle, die Gerichtsverhandlungen zwischen dem kaiserlichen Generalprokurator für Flandern und Alost (Aalst) und dem Regionaladel einerseits, der Stadt Grammont (Geraardsbergen) andererseits wegen deren *bourgeois forains.* Wohl stammt diese Quelle aus einer späten Zeit, anfangs des 16. Jahrhundert, und sie bezieht sich auf ein Gebiet, das schon früh herrschaftlich stark strukturiert war. Aber sie zeigt doch, was alles in dieser Rechtskonstruktion möglich war, und mag *mutatis mutandis* auch für andere Regionen und frühere Zeiten, wo wir nicht über annähernd vergleichbare Quellen verfügen, Anregungen bieten[65] .Wie zu erwarten, liegen die Hauptklagepunkt im Bereich der Gerichtbarkeit und des Sterbefalls. Die Herrschaftsvertretung beklagt sich, dass ihre Untertanen, sobald sie ein strafwürdiges Verbrechen begangen hätten, das Bürgerrecht von Grammont annehmen würden, wobei dieser Schritt von der Stadt unstatthaft erleichtert würde durch die Möglichkeit, den erforderlichen Erwerb eines Erbgutes (*héritage*) auf städtischem Grund auf ein symbolisches Minimum zu reduzieren. Darauf würde der Fall durch Abforderungsbrief an das Stadtgericht gezogen, und der örtliche Richter müsse die Klage dann dort vorbringen. Das städtische Verfahren würde in der Folge so in die Länge gezogen, dass der Amtsmann, der ja auf eigene Kosten handle, aus finanziellen Gründen von der Klage

63 *Galesloot,* S. 12 (für Grammont 1508, die Relation der Bussen für ein gleiches Vergehen in der Höhe von 60 Pfd. vor städtischem Gericht – 3 Pfd. vor dem herrschaftlichen Gericht dürfte wohl übertrieben sein); *Godding,* La bourgeoisie foraine, S. 21 (für Brüssel 1501, Stadtgericht schlägt 50% auf die vor herrschaftlichem Gericht fällige Busse).

64 *Bücher,* S. 377; *Nicholas,* S. 241; *Kiessling,* Bürgerliche Gesellschaft, S. 204 (Pfahlbürgertum als Sprungbrett in das Vollbürgertum: Pfahlburger erwerben allmählich Eigen in der Stadt) ; *Kalesse,*103 (alt).

65 *Galesloot.*

zurücktreten müsse. Wenn keine Klage mehr bestünde, würde das Gericht auch kein Urteil mehr sprechen, so dass das Verbrechen zum Schaden des öffentlichen Wohls und der Gerechtigkeit ungesühnt bleibe. Gleich werde verfahren, wenn ein Gläubiger von einem Untertan die Schuld eintreiben wolle. Erschwerend komme hinzu, dass die betreffenden Untertanen das Bürgerrecht absichtlich bei einer weitentfernten Stadt annehmen würden. Jene von Bornehem, das nahe der Stadt Alost liegt, wählten das Bürgerrecht von Grammont, und jene von Renaix bei Grammont jenes von Alost. Dadurch würde die Nachjagd der Gläubiger unnötig erschwert und verteuert, wobei der Erfolg höchst ungewiss bleibe. Denn wenn es sich abzeichne, dass der Gläubiger seinen Anspruch durchsetzen könne, gebe der Schuldner vor dem letzten Prozesstag insgeheim sein Bürgerrecht auf, und das Gericht erkläre dann, er sei gar nicht Bürger der Stadt, und es daher für ihn nicht zuständig. So habe der Gläubiger am Ende nichts als Unkosten. Wenn ein *bourgeois forain* an seinem Wohnort verhaftet würde, lasse er sich aufgrund seines Bürgerbriefs ohne Kaution freisetzen und flüchte dann vom Land. Wenn ein Taglöhner bei einem *bourgeois forain* gedient habe und jener sich nicht bereit finden würde, ihm den Lohn auszurichten, würde er um sein Verdienst geprellt, da er sich den kostspieligen Gang vor das städtische Gericht, auf welches sich der Zahlungssäumige berufe, gar nicht leisten könne. Der andere Hauptpunkt war der Sterbefall. Die *bourgeois forains* von Grammont erklärten sich exemt vom gräflichen *meilleur catel*. Wenn ein Untertan sich dem Tode nahe fühle, nehme er rasch das Bürgerrecht von Grammont an, um seine Erben dem Sterbefall zu entheben. Komme er wieder zu Gesundheit, verzichte er auf das Bürgerrecht. Beides würde ihm durch die niedrigen Gebühren leicht gemacht, die im Vergleich zum Sterbefall wenig bedeuteten. Bei der Vielzahl dieser Pfahlbürger habe der Graf aus seinen Ländern kaum Nutzen, wie es die Rechnungsbücher des grand *bailli d'Alost* und anderer ausweisen würden.

Wenn auch Grammont in diesem Prozess unter Berufung auf das geltende Recht, von dem es in der Praxis nie und nimmer abgewichen sei, obsiegte, wobei auch der Nachweis gewirkt haben mag, dass der Graf vom Verhalten der Stadt tatsächlich viel mehr profitierte, die Klagen zeigen doch, was alles von den Herren als möglich erachtet wurde und wahrscheinlich eben doch möglich war. Jedenfalls lassen sich auch anderwärts Spuren finden, dass ähnliches geschehen ist: Im Vorland Antwerpens, dem Marquisat, wohnen im 15. Jahrhundert viele *bourgeois forains* Brüssels, um sich einerseits dem Zugriff Antwerpens zu entziehen, andererseits die Schwierigkeit Brüssels über die Entfernung hin die Steuerleistung zu kontrollieren, für sich zu nutzen[66]. Und wenn 1404 im Hainaut vom Grafen in

66 *Godding,* La bourgeoisie foraine, S. 34 f.

einer grossen Regruppierungsaktion zwischen seinen Städten Ath, Bavay, Bouchain und Le Quesnoy die *bourgeois forains* unter Androhung des Bürgerrechtsverlusts gezwungen wurden, das Bürgerrecht der ihrem Wohnort am nächsten gelegenen Stadt anzunehmen, so deshalb, weil missbräuchlich die ferne Stadt gewählt worden sei, *pour donner plus de fraix, de traveil et de dommage à chiaux à cui il voulloient faire demande*[67]. 1402 begründete eine gräfliche Urkunde das Verbot, an mehreren Städten das Bürgerrecht anzunehmen mit ganz ähnlichen Argumenten: *ce quils naient ou tiengnent leurs domicilles et habitations que en l'une de nos dictes villes et les aucuns en villaiges ou paroises de nostre ditte chastellenie, soubs umbre desquels bourgoisies ils ont deçu et deçoivent chasque jour nos officiers et les lois des lieux où ils ont commis et commectent les dites crimes et aultres délicts, car si tost que iceux crimes et aultres délits sont avenus en l'une des juridictions de nos dictes villes, pour en destourner les justice et punition telles quil appartient il ecques et en estre absous ou jugié quittes, ou au moins estre condamnés en moindres punitions et amendes que là ou les faits sont arrivés, ils élisent la loy et se mettent a purger pardevant les eschevins de celle de nos dictes aultres villes où ils pensent avoir ladventaige dessusdit* daher sei es des öftern gekommen, dass Verbrechen und Vergehen nicht bestraft wurden[68]. Unter dieser Perspektive ist nicht von der Hand zu weisen, dass Pfahlburger in fremden Herrschaften, wie etwa die weit entfernten Luzerner Pfahlbürger in ähnlicher Weise ihre Interessen wahrgenommen haben mögen, wenn sie unter Berufung auf ihr Bürgerrecht etwa das österreichische Landstädtchen Zofingen boykottierten, andererseits offenbar weder Bürgergulden noch Steuern entrichteten[69].

Solche Zeugnisse lassen einen Raum rechtlicher Unklarheiten aufscheinen, eine rechtliche Grauzone, in der auch der weniger bemittelte Pfahlburger seine doppeldeutige Situation durch Winkelzüge und Rochaden zum eigenen Vorteil nutzen konnte. Dabei sind die letzten Kontrahenten dieses verwirrlichen Interessenspiels bereits auf die Szene getreten: die adeligen Herren und Landesherren.

III. Die herrschaftliche Perspektive

Es ist nicht mehr weiter auszuführen, dass die adeligen und kirchlichen Herrschaften die Hauptgeschädigten waren. Tendenziell verloren sie den

67 *Verriest,* S. 226.

68 *Huys,* S. 19.

69 *Marchal* S. 150, 208 ff. (allerdings kann aus Quellen nicht geschlossen werden, dass es sich um dieselben *usburgere* handelt. Die hier geäusserte Vermutung möchte bloss deutlich machen, dass es auch andere Deutungsmöglichkeiten geben könnte als die Feindschaft gegen Österreich).

Gewinn aus dem Sterbefall, die Erträge aus ihrer Gerichtsbarkeit, Abgaben, Leistungen und Steuern. Bei letzteren traf es sie unmittelbarer als die Landesherren, die ihre Steuern pauschal erhoben und es den Gemeinden überliessen, diese auf die Individuen umzulegen[70]. In Flandern und Brabant, wo das Ausburgerwesen ganz andere Dimensionen annahm als im Reich und in die Hunderte ja Tausende ging, war diese Entwicklung besonders weit fortgeschritten, wie es etwa 1322 in der Klage eines Abtes zum Ausdruck kam, der in der klösterlichen Grundherrschaft die Ämter nicht mehr besetzen konnte, da offenbar der grösste Teil seiner Eigenleute *buitenpoorter* von Gent geworden war[71]. Auch in Frankreich klagen Adelige, dass ihre Gerichtsbarkeit wegen der Annahme der *bourgeoisie du roi* durch ihre Untertanen ephemer geworden sei[72]. Im Reich ist die Entwicklung nie so weit gekommen. Dabei sind die Abwehrmassnahmen der kleinen Herren wie auch die Form des Pfahlbürgerwesens oder der *bourgeoisie foraine* prinzipiell überall dieselben gewesen. Wenn wir von den gewaltsamen Auseinandersetzungen zwischen den Herren und den Städten und den Schikanen, die ja keine strukturelle Lösungen bewirken konnten, einmal absehen, so sind hier in erster Linie die zahlreichen Pfahlbürgerverbote zu nennen, die auf Betreiben der betroffenen adeligen und kirchlichen Grund- und Gerichtsherren zustande gekommen sind, wie es schon im ersten Verbot von 1195 erwähnt und besonders gut für die Goldenen Bullen Karls IV. von 1356 und Sigismunds von 1431 belegt ist[73]. Wirkungsvoller waren aber die von den betroffenen Herren mit den Städten direkt abgeschlossenen Verträge und die Schiedsurteile, bei denen die Herren gewisse Bedingungen, wie Leistungen und Abgaben, stellen konnten[74], wie es etwa besonders deutlich im Vertrag des Herrn von Falkenstein mit Frankfurt von 1346 zum Ausdruck kam: *Und welche uzburger die zit, die wile daz verbundnuze weret, undir uns uff dem lande in unserme gebiet wollent wonen und sitzen, die sollent uns dienen von wasser und von weide in einer gemeinschaft alse andere ire nochgebur*[75]. Am effizientesten scheint der direkte Zugriff auf die Untertanen selbst gewesen zu sein, wobei die Herren diese zu einer eidlichen Nichtabzugsverpflichtung zwangen[76]. In diesem Vorgehen erkannten die Städte, die demographisch auf den Zuzug vom Land angewiesen waren, offenbar eine existentielle Bedrohung. Jedenfall kam es 1341 zu einem Kompromiss, indem

70 *Schmidt,* S. 274; *Dubled,* S. 140.

71 *Nicholas,* S. 243.

72 *Patault,* S. 41.

73 *Hergemöller,* Reichstag; *Hergemöller,* Fürsten; *Mau; Kiessling,* Stadt und Land, S. 300 . Vgl. Anm. 2.

74 *Hergemöller,* Fürsten, S. 133; *Schmidt,* S. 286; *Bücher,* S. 375 f.

75 *Bücher,* S. 376.

76 *Spiess,* S. 189 ff.

Kaiser Ludwig der Bayer ein allgemeines Verbot nicht nur der Pfahlbürger, sondern auch der Nichtabzugsverpflichtung erliess.

Nun geht der von Spiess gebildete Begriff Nichtabzugsverpflichtung vom Tatbestand der Landflucht aus, und die zahlreichen Pfahlbürgerverbote stipulierten immer wieder, dass nur zum Bürger aufgenommen werden durfte, wer *realiter et corporaliter* in der Stadt residiere. Die städtische Politik hat aber nicht nur durch die Bestimmungen über die erforderliche Minimalresidenz, welche dieses *corporaliter et realiter* ephemer werden liessen, sondern auch durch die wirtschaftlichen Aktivitäten der Stadtbewohner auf dem Land dazu geführt, dass der Bürgerbegriff selbst unklar wurde, oder anders gesagt, dass Pfahlburger und eingesessener Burger gar nicht so leicht mehr zu unterscheiden waren: Vielfach lebten ehemals in der Stadt sesshafte Bürger aus wirtschaftlichen Gründen auf dem Land, der *nottdurft und narung* wegen, wie es etwa in Augsburg hiess. Seit 1454 wurden sie dort auch in einer gesonderten Kategorie als *cives extranei* registriert. Auch sie wurden zu einem jährlichen Minimalaufenthalt in der Stadt verpflichtet und waren steuerpflichtig. Während ihres Landaufenthaltes erhielten sie jedoch keinen Rechtsbeistand von der Stadt. In der Regel wurde die Möglichkeit des Landaufenthaltes auf fünf Jahre beschränkt, da sonst die Gefahr bestand, dass sie aus dem Bürgerrecht entglitten, ohne die Gebühren und Restanzen zu regeln[77]. Die Situation war also jener von Pfahlbürgern sehr ähnlich, nur dass es sich nicht um ehemalige Untertanen, sondern um eigentliche Bürger handelte. In Luzern haben wir möglicherweise eines der extremsten Beispiele vor uns: Hier konnten eingesessene Burger, sofern sie die Bewilligung des Rats einholten und Steuer und Wacht durch eine Vetretung in der Stadt sichergestellt hatten, unbeschränkt auf dem Lande wohnen. Wenn bei der Aufnahme ins Bürgerrecht ein städtisches Grundstück erworben oder die Rückbindung an die Stadt mindestens durch ein Udel in der Stadt gesichert werden musste, so war es in Luzern möglich, hiefür auch Güter auf dem Land einzusetzen. In Luzern konnten so eingesessene Bürger ohne weiteres auf dem Lande leben. In den Luzerner Quellen kommen denn auch Begriffe, wie Pfahlbürger oder Ausbürger gar nicht vor, sie kennen nur *burger* oder *ingesessen burger* gegebenenfalls mit dem Zusatz, *die usvarent uf daz lant*[78]. Die Städte haben denn auch ganz allgemein den Begriff Pfahlbürger eher gemieden und – wenn schon – von Ausburgern gesprochen[79], um schon in der Begriffswahl den Tatbestand der verbotenen Pfahlbürgerschaft zu unterschlagen, ein Procedere, das zu unklaren und widersprüchlichen Gesetzgebungen

[77] *Kalesse,* S. 106 f. (alt).

[78] *Marchal,* S. 123 – 132.

[79] *Schmidt,* S. 293.

führen konnte[80]. Nur wenn die Ausburgerverhältnisse generell in Frage gestellt wurden, war auch ihnen, wie wir sehen werden, die Unterscheidung Ausburger – Pfahlburger willkommen.

Während die Städte so den Bürgerbegriff ausweiteten, haben die Herren die Forderung nach Dienstleistungen und herrschaftlichen Abgaben nicht mehr bloss zur persönlichen Rechtsstellung der Pfahlbürger in Beziehung gesetzt, sondern verschiedentlich begonnen, diese auch von den Gütern, die in ihrem Herrschaftsbereich von Stadtbürgern besessen wurden, einzufordern. Im Elsass sind solche Bestrebungen besonders früh aufgetreten. 1205 hat sich Strassburg von König Philipp bestätigen lassen, dass niemand von Besitzungen seiner Bürger, wo immer sie in der *provincia Alsatie* liegen, oder den Gutsleuten Dienst verlangen oder Abgaben (*precarie sive exactionis onus*) fordern dürfe[81]. 1223/24 stipulierte der Vertrag zwischen dem Bischof und Kaiser Friedrich II., das *ratione banni* von den städtischen Landgütern alle herrschaftlichen Abgaben und Leistungen erbracht werden sollen[82]. Diese Widersprüchlichkeit hat dazu geführt, dass die Besteuerung der bürgerlichen Landgüter bis ins 16. Jahrhundert hinein ein permanenter Streitfall geblieben ist, auch als Strassburg keine Pfahlbürger im eigentlichen Sinn mehr besass[83]. In Frankfurt suchten die Herren seit 1390 die von Bürgern in ihrer Herrschaft erworbenen Landgüter zu besteuern und der herrschaftlichen Gerichtbarkeit zu unterstellen. Da Frankfurt beharrlich an seiner Gerichtsexemtion festhielt, kam es zu einem formalen Kompromiss: die Bürger liessen sich nicht persönlich vor das auswärtige Gericht laden, aber doch durch einen örtlichen Bevollmächtigten oder die Gutsleute vetreten[84].

Zudem wurde von den Herren nun ebenfalls versucht, den unklar gewordenen Bürgerbegriff in ihrem Sinne in zwei Richtungen auszuweiten. Einerseits tendierten sie, wie es aus den Verhandlungen zu den Goldenen Bullen Karls IV. und Sigismunds hervorgeht, den Pfahlbürgerbegriff auszuweiten auf Freie, Adelige und Kleriker, andererseits das Pfahlbürgerverbot auch für landflüchtige Eigenleute in der Stadt in Anschlag zu bringen[85]. Damit wäre nicht nur die städtische Bürgeraufnahmepraxis, sondern auch der Zuzug in die Stadt im Kern getroffen gewesen. So haben denn die Vetreter der Städte sich zu begrifflicher Klärung veranlasst gesehen. In den Verhandlungen zur Goldenen Bulle Sigismunds, 1431, verwahrten sie sich dagegen, dass die Ritterschaft *geistlich und weltlich bede*

80 *Dubled,* S. 141.

81 *Winckelmann,* S. 512.

82 *Dubled,* S. 139.

83 *Winckelmann,* S. 512 f.

84 *Orth,* Frankfurter Umlandpolitik, S. 49.

85 *Hergemöller,* Fürsten; *Heckert; Mau.*

ritter und knechte und ein jeglich friman, der nieman weder zu gebe noch zu gelte sitzet und etlicher uf sime eigen sitzet – also Kleriker, Adlige und Freie – unter das Verbot zählen wolle, *das doch nit pfalburger sint noch heissent.* Nur wenn *sich ein stat understunde, einen, der eins herren eigen wer und uf dem land sesshaft wer, haruss uf daz lant zu schirmen, dieselben heissent pfalburger noch usswisung der goldenen Bulle*[86]. Sigismund, der lange an eine radikale Eliminierung aller Ausburgerverhältnisse gedacht hatte , liess es dann bei einem Verbot allein der Pfahlbürger bewenden. Doch hat das Pfahlbürgerwesen unabhängig von der Gegenwehr der adeligen Herrschaften und der Reichsgesetzgebung seit Beginn des 15. Jahrhunderts an Bedeutung verloren. Bei der Intensivierung fürstlicher und städtischer Territorialbildung ist diese personenbezogene rechtliche Grauzone zusehends verblasst. In Flandern und Brabant hat das Pfahlburgerwesen von einigen nicht strukturell sondern situationsbedingten Einbrüchen abgesehen, bis weit in die Neuzeit hinein fortbestanden. Warum dieser Unterschied der Entwicklung im Westen und im Reich?

IV. Die landesherrliche Perspektive

Wenn wir unter unserer Fragestellung die Verhältnisse in der Grafschaft Flandern ins Auge fassen, dann fallen vor allem zwei Erscheinungen auf: zunächst die Bedeutung der Städte und ihr Verhältnis zum Grafen und dann das Verhältnis zwischen der *bourgeoisie foraine* und der herrschaftlichen Verwaltungsstruktur[87]. Was die Städte anbetrifft, so haben seit dem beginnenden 12. Jahrhundert die sieben grossen Städte Arras, Brügge, Douai, Gent, Lille, Saint-Omer und Ypern einen erheblichen Einfluss auf die gräfliche Politik nehmen können. Es bildet sich ein Dualismus zwischen der Grafengewalt und den – nach Verlust der Städte Saint-Omer und Arras, dann 1302 Douai und Lille – drei *bonnes villes* oder *goede steden* Brügge, Gent und Ypern heraus, welche Flandern unter sich in drei Einflusssphären, die drei *quartiers,* aufgeteilt haben. Es sind gräfliche Städte, die gegenüber den kleinen Städten ihres Quartiers eine dominierende Stellung einnehmen, aber als potente Wirtschaftszentren im 14. Jahrhundert auch gegenüber ihrem Herrn sehr eigenständig als Vertreterinnen des Landes auftreten, ja geradezu als Hauptorgan der Regierung erscheinen, wenn nicht gar das alle überragende Gent dies allein tat. Brügge und vor allem Gent haben diese Stellung mit einer grossen Ausburgerschaft untermauert, während in Ypern diese Rechtsform überhaupt keine Rolle spielte. So sehr die Grafen auf ihre *bonnes villes* angewiesen waren,

86 *Mau,* S. 120.

87 Das Folgende nach *Ganshof.*

so sehr suchten sie ihrer Dominanz seit 1306 entgegenzutreten durch die Schaffung des *Commun Pays* oder *Ghemeene Land,* ein vom Grafen einberufenes Parlament, in dem alle Städte, der Adel und die Kastellaneien vertreten waren, und das manchmal als der erweiterte Rat des Grafen aufgefasst wurde. Dem gleichen Ziel diente auch 1350 die Erweiterung des Gremiums der drei *bonnes villes* durch den vom Grafen geschaffenen *Franc de Bruges.* In dieser spannungsvollen Zusammenarbeit mit den *bonnes villes* ist auch das gräfliche Verhalten gegenüber der Institution der *bourgeoisie foraine* zu sehen. Die gräfliche Regierung bekämpfte sie vor allem bei Gent, bewerkstelligte aber gerade beim einträglichen Gerichtswesen jeweilen einen profitablen Kompromiss, der letztlich die *bourgeoisie foraine* anerkannte[88] und die gräfliche Gerichtbarkeit allmählich durch die städtische ersetzt werden liess. Diese von dauernden Zwistigkeiten gekennzeichnete Ambivalenz wurde schliesslich unter burgundischer Herrschaft erst 1453 nach der militärischen Niederlage Gents eliminiert, bis die Genter *buitenpoorterij* 1540 gänzlich abgeschafft wurde[89]. Bei den kleinen Städten haben die Grafen hingegen die Aufnahme von *bourgeois forains* unterstützt, um sie gegenüber den *bonnes villes* zu stärken[90]. Dabei spielte die verwaltungsmässige Strukturierung der Grafschaft eine gewisse Rolle. Flandern war schon sehr früh in territorialen Verwaltungseinheiten, die *chatellenies* oder *kasselrije,* organisiert worden, Kastlaneien also mit militärischen, administrativen, jurisdiktionellen und in beschränktem Masse grundherrlichen Funktionen. Der Kastellan nahm in seinem Bezirk stellvertretend die Permanenz der Grafengewalt wahr. Als dieses Amt in die Hände adeliger Geschlechter zu entgleiten drohte, wurden die Kastlane durch die *baillis,* besoldete und absetzbare Vögte, ersetzt, die dem *receveur de Flandre* unterstellt und durch den gräflichen Hof, später den Rat kontrolliert wurden. Diese gräflichen Beamten, wie die Kastlanei als solche standen nun in vielfältigen Beziehungen zum hier zur Frage stehenden Rechtsinstitut.

Bringen wir nämlich diese mit der *buitenpoorterschaft* oder *bourgeoisie foraine* in Bezug, so zeigt sich zunächst, dass der Graf einigen finanziellen Gewinn aus jener bezog. Im Prozess zwischen der Stadt Grammont und den Adeligen, der uns einigen Aufschluss über die Möglichkeiten der *bourgeois forains* vermittelte, verteidigte sich die Stadt gegen den Vorwurf, dass sie die Ausburger, wenn der lokale Richter die Sache aufgegeben hatte, nicht mehr verurteile, wie folgt: Das Gegenteil sei der Fall und zwar zum Vorteil des Grafen selbst. Denn wenn die städtischen Geschworenen einen

[88] *Boone,* S. 718 f. (gegen Zahlung an bailli Verzicht auf gräfliche Strafverfolgung).

[89] *Boone,* S. 721 ff., 724 (1579 wird dann die Institution unter anderen Vorzeichen wieder eingeführt).

[90] *Boone,* S. 713.

verurteilten, würden 60 Pfund Busse dem Grafen zufallen, in den herrschaftlichen Gerichten für das gleiche Verbrechen hingegen nur drei Pfund, wobei dahingestellt bleibe, wie realitätsnah diese Relation ist[91]. Den Vorwurf, dass mit der *bourgeoisie foraine* dem Grafen grosser Schaden entstünde, da ihm nicht nur die Gerichtsbussen entgingen, sondern auch der Sterbefall der Untertanen entzogen würde, parierte sie mit dem Hinweis, dass ohne diese *bourgeoisie foraine* die Stadt Grammont dem Untergang geweiht sei. Ohne die Ein- und Austrittsgebühren und die verschiedenen Steuern der Ausbürger könne sie nicht überleben. Vor allem aber entstünde dann dem Grafen ein grosser Verlust: Er erhielte dann weder die 10 Prozent von den Eintrittsgebühren mehr, noch die 40 nobles, welche die Stadt ihm jährlich für diese Bürger entrichte, noch den achten Teil der direkten Steuern, die ohne jene Bürger *viendrai grandement au néant,* noch die Busse von 60 Pfund, die praktisch täglich anfiel, und er verlöre zudem seine Domäne und andere grosse Rechte in der Stadt. Das in der flandrischen Grafschaft Alost gelegene Grammont war nicht allein. Die Bürgeraufnahme geschah vor dem gräflichen Kastellan oder *Prévot* und den Schöffen der Stadt, in Brügge wurde verboten, ohne ausdrückliche Bewilligung des Grafen *bourgeois forains* aufzunehmen, was den Zustrom keineswegs veringerte[92]. Was die Steuern anbetrifft, hat der Graf auch anderwärts profitiert: Die *Bourgeois forains* der direkt dem Grafen unterstellten Stadt Dendermont entrichteten ihre Steuern nach einem Kompromiss von 1357 direkt an die Kastlanei zuhanden des Grafen[93]. Wo in einer Kastlanei fremde Ausburger auftraten, wie jene von Brügge in Courtrai, wodurch zwei gräfliche Administrationsbezirke in Konflikt gerieten, konnte der Kompromiss – im gegebenen Fall 1398 – dahin gefunden werden, dass die Betreffenden für die vor einem Stichjahr – hier 1380 – erworbenen Güter an ihre Stadt steuern sollten, für alles später Erworbene an die Kastlanei, in der sie wohnten[94]. Bei der Finanzierungsaktion des Wiederaufbaus von Courtrai war der Graf, vertreten durch den *bailli,* unmittelbar beteiligt, indem die Bussen für die Nichterfüllung der Residenzforderung nach anfänglicher Unklarheit ihm zufielen, wie schliesslich auch die vereinbarte Ablösungssumme von 5'000 nobles. Und in diesem Zusammenhang wird denn auch einmal von den *bourgeois forains de Monseigneur* gesprochen[95]. In Ath hat Marinette Bruwier einen aproximativen Vergleich der gräflichen Einkommenssektoren machen können. Demnach bezog er aus der Kastlanei 5'000 Pfund an Abgaben und Steuern, aus der Gerichtbarkeit

91 *Galesloot,* S. 12.
92 *Nicholas,* S. 246.
93 *Nicholas,* S. 236.
94 *Nicholas,* S. 236.
95 *Huys,* S. 8.

1'200 Pfund, während die Bürgeraufnahmen lediglich 5 Prozent jener Einnahmen entsprachen[96]. Mit Ath haben wir die Grafschaft Hennegau betreten, wo eine besondere Beziehung zwischen Graf und *bourgeois forains* bestand. Nicht die grossen Wirtschaftszentren, wie Valenciennes, Mons, Binche, Maubeuge, besassen *bourgeois forains,* sondern die von den Grafen gegründeten vier *bourgs francs* Ath, Bouchain, Bavai und Le Quesnoy. Die Aufnahmegebühr hatten die *bourgeois forains* in Ath, Bouchain und Bavai dem gräflichen *officier de justice,* die jährlichen Steuern dem gräflichen *officier domanial* zu entrichten, die den geringeren Teil an die Stadt abtraten. In Le Quesnoy gingen die Steuern an die städtischen Geschworenen, Aufnahme- und Austrittsgebühr an die Grafschaft[97]. Freilich gab es auch hier die üblichen Schwierigkeiten beim Eintreiben der Steuern; dann war es der Graf, der 1423 in Ath einen recht glücklosen *Châtelain forain* einsetzte, während für Le Quesnoy in der ersten Hälfte des 15. Jahrhundert während Jahrzehnten ein *prévôt forain* wirkte[98]. Die Forderung nach einer Minimalresidenz hat es in den *bourgs francs* nicht gegebenen, waren doch die *forains* sehr viel zahlreicher als die stadtansässigen Bürger[99]. Der Graf war wohl auch vielmehr daran interessiert, dass seine *Bourgeois forains* auf dem Lande sassen, um gegenüber den kleinen Herren die zentrale Landesherrschaft zu verstärken. Im Hennegau waren die Ausbürger eine gräfliche Institution, geschaffen durch und für den Grafen, und sie hiessen denn auch im 15. Jahrhundert *bourgeois du comte*[100]. Angesichts des verschuldeten Finanzhaushalts des Grafen von Hennegau ist die von Bruwier geäusserte Vermutung nicht von der Hand zu weisen, dass die gräflichen Steuereintreiber auch aktiv *bourgeois forains* geworben und damit die wirtschaftliche Realität des Ausbürgers erst geschaffen hätten, wobei es auch zu den feststellbaren Wellen von Bürgeraufnahmen gekommen sein könnte[101].

Zeigt sich also, dass in Flandern und Hennegau der Landesherr aus der *bourgeoisie foraine* etlichen Gewinn zog, ja sie für seine Ziele einsetzte, so lässt sich auch eine deutliche Korrelation zwischen dem Ausbürgerwesen und der territorialen Strukturierung der Herrschaft erkennen. Im Hennegau ist bestimmt worden, dass, wer *bourgeois forain* der vier *bourgs francs* werden wolle, sich bei jener Stadt bewerben müsse, in deren Kastlanei oder *Prévôté* er wohne[102]. In der Grafschaft Flandern wohnten die meisten

---

96 *Bruwier,* S. 914.

97 *Bruwier,* S. 901, 911 f.

98 *Bruwier,* S. 902 f.

99 Vgl. Anm. 14.

100 *Bruwier,* S. 915.

101 *Bruwier,* S. 915.

102 *Bruwier,* S. 908.

bourgeois in der Kastlanei, in der die Stadt lag, deren Bürgerrecht sie besassen. In Dendermonde, Courtrai, Oudenaarde und Alost war die Bindung der *bourgeois* an die entsprechende Kastlanei sogar legislativ festgelegt[103]. Diese Bindung an die gräfliche Bezirkseinheit ist offensichtlich so stark, dass Verbeemen eine Typologie der *bourgeoisies foraines* nach Kastlaneien vornehmen kann und zwar zum Teil mit neuzeitlichen Verzeichnissen[104]: Neben dem Typ des innerhalb seiner Kastlanei dominierenden Hauptortes, in diesem Falle Courtrai, gibt es jenen der anderen in der Kastlanei aufstrebenden Städte, während der Hauptort für die *bourgeois forains* an Attraktivität verliert, wie in Alost und Grammont, oder den Typ der Nebenstädte, die innerhalb der Kastlanei über die *bourgeoisie foraine* einen eigenen Einflussbereich errichten. Bürger ausserhalb der Kastlanei sind offenbar nur bei einigen, nahe der Kastlaneigrenzen gelegenen Städten zu finden[105]. Von den *bonnes villes* hat Gent, das an Attraktivität alle übertraf, über die grösste *Buitenpoorterschaft* verfügt, die über ganz Flandern verstreut war, wobei im 15. Jahrhundert um die 86 Prozent derselben im Genter Quartier wohnten[106]. Diese – man ist versucht zu sagen – Organisation der Ausbürgerschaften nach den gräflichen Verwaltungsbezirken, kann eigentlich nur auf gräfliche Steuerung zurückgeführt werden. Innerhalb der Kastlaneien konnte sich dann durchaus eine Konkurrenz zwischen den Städten abspielen, wobei besonders die mehr oder weniger starke Befreiung vom Sterbefall eine Hauptrolle gespielt hat[107]. Im Herzogtum Brabant, wo es ebenfalls eine ausgreifende *bourgeoisie foraine* in den grossen Städten Löwen, Brüssel und Antwerpen gibt, ist gleichfalls, aber weniger ausgeprägt als in Flandern und Hennegau, eine gewisse Beteiligung des Herzogs festzustellen, etwa bei den Steuerbezügen, doch hat Brabant eine ähnliche Gliederung in landesherrliche Verwaltungsbezirke nicht gekannt[108]. Eine annähernd vergleichbare Erscheinung scheint es im Reich nur im westfälisch- niedersächsischen Raum gegeben zu haben, wo seit Beginn des 14. Jahrhunderts Landesherren das Pfahlbürgerinstitut durch Ausweitung des Geltungsbereichs städtischer Privilegien aufs Land unterstützt haben[109]. Wie weit die lange Zeit missverstandene Bestätigung Rudolfs IV. von Habsburg 1361 für Luzern, *ingesessene burger* aus seinen Herrschaften annehmen zu dürfen, in einem ähnlichen Zusammenhang gesehen werden kann, darf immerhin gefragt werden. Dass die eingesessenen

103 *Nicholas,* S. 239.

104 *Verbeemen,* Nederlanden, S. 197.

105 *Verbeemen,* Nederlanden, S. 200.

106 *Boone,* S. 713; *Verbeemen,* Nederlanden, S. 87; *Nicholas,* S. 247 f.

107 *Verbeemen,* Nederlanden, S. 82.

108 *Godding,* La bourgeoisie foraine, S. 7 ff., 13, 17 ff.

109 HRG 3, S. 1655 (*W. Ehbrecht*).

Bürger in Luzern auch auf dem Land sitzen können, haben wir schon gesehen, und dass die habsburgischen Herrschaftsvetreter vor Ort zu selbstherrlichem Handeln nicht nur zum Vorteil der Landesherrschaft tendierten, ist schon verschiedentlich festgestellt worden.[110] Vermutungsweise kann schon gefragt werden, ob der Herzog mit den Luzerner Bürgern in seinen Landen nicht der Eigendynamik der Pfandherren entgegenzutreten versuchte; auch wenn eine sichere Antwort mangels Quellen nicht gegeben werden kann. Hingegen steht die klar erkennbare *bourgeoisie du comte* im Hennegau im Reich völlig einzig da. Merkwürdigerweise findet sich in der Trésorerie der Grafen von Hennegau eine aus dem 14. Jahrhundert stammende Kopie einer *Ordonance* des französischen Königs Philippe le Bel aus dem Jahre 1287 über die *Bourgeoisie.* Ob sie auf fanzösischen Einfluss im Hennegau hinweist, ist offen. Aber sie lenkt unsere Aufmerksamkeit auf Frankreich.

Seit Mitte des 12. Jahrhunderts[111] ist in Frankreich eine *burgesia regis* belegt, die nicht eine königliche Neuerfindung darstellt, sondern Vorläufer in der *bourgeoisie du comte* in der Grafschaft Champagne und in Grafschaft und Herzogtum Burgund besitzt[112]. Allgemein wird diese *bourgeoisie du Roi* als eines der Mittel angesehen, mit deren Hilfe das französische Königtum das Land durchdrungen habe, wobei Wirkung und Bedeutung der Institution uneinheitlich beurteilt werden[113]. Indessen lässt sich nicht übersehen, dass diese Institution grosse und kleine Vasallen und Grundherren erheblich gestört hat und immer wieder zu Interventionen beim König führte, denen er allerdings auf ambivalente Weise Rechnung trug.

Wer die *burgesia regis* im Zusammenhang mit den Pfahlbürgern und *bourgeois forains* im Gebiet des Reiches behandeln will, muss sich zunächst mit dem Forschungsstand zu dieser Frage in Frankreich auseinandersetzen. Die *bourgeoisie du roi* ist vor allem von der Rechts- und Verfassungsgeschichte thematisiert worden und zwar allein von der Herrschaftsbildung des französischen Königtums her. Soweit ich sehe, hat die stadtgeschichtliche Forschung diese Institution nicht erfasst, wie übrigens auch kaum die städtische Umlandpolitik. Es scheint keine Quellen und Arbeiten

---

110 *Glauser; Marchal,* S. 70–105, 130, 404 f.

111 *Boussard.*

112 *Viollet,* S. 177; *Patault,* S. 36.

113 *Esmein,* S. 414, behandelt die *bourgeoisie du roi* unter der *théorie des cas spéciaux* zur Durchsetzung der königlichen Gerichtbarkeit; *Viollet,* S. 221, unter der *théorie de prévention* zur Durchsetzung der königlichen Gerichtbarkeit *ratione personae; Lot / Fawtier,* S. 162, relativiert diese Annahme, ebenso wie den fiskalischen Ertrag der *bourgeoisie du roi; Lemarignier,* S. 51, sieht wieder Zusammenhang mit Durchsetzung der königlichen Gerichtbarkeit unter den *cas spéciaux.* Die jüngste verfassungsgeschichtliche Gesamtdarstellung *Guillot / Rigaudière / Sassier,* erwähnt die *bourgeoisie du roi* nicht mehr.

zu geben, die Auskunft über die konkrete Situation der *bourgeois du roi* oder über ihre auch nur zahlenmässige Bedeutung für die jeweilige Stadt geben könnten. Lediglich indirekte Aufschlüsse lassen sich aus den königlichen Rechtsquellen, den *Olims, Ordonnances* und *Enquêtes* gewinnen. Trotz diesem unbefriedigenden Forschungsstand lässt sich – *à titre provisoire* – folgendes feststellen: Des königlichen Bürgerrechts konnten Freie teilhaftig werden, die irgendeiner Gerichtsherrschaft unterstanden, aber offensichtlich auch Unfreie und Eigenleute[114]. Dieses Bürgerrecht bezog sich auf eine königliche Stadt, in die man sich durch den *Prévôt* oder den Bürgermeister aufnehmen liess, und das in der Literatur als *Bourgeoisie territoriale* bezeichnet wird. Ob es auch eine spezifische *bourgeoisie personelle* gibt, ein an der Person des Begünstigten haftendes Recht ohne Bezug zu einer königlichen Stadt, ist umstritten[115]. Jedenfall gab es die Möglichkeit, relativ einfach durch Eidleistung in die Hände eines königlichen Amtmanns und die Entrichtung eines *droit de jurée* – eine Modalität, die besonders in der Champagne in Brauch stand – oder durch eine *lettre du roi* und Entrichtung der Aufnahmegebühr an eine königliche Stadt in die *burgesia regis* einzutreten. Nach Fawtier wurde man dann ins Bürgerverzeichnis einer königlichen Stadt eingetragen, war aber nicht genötigt zu residieren[116]. Andererseits scheint – wiederum besonders in der Champagne – eine Minimalresidenz an den vier Hochfesten Weihnachten, Ostern, Pfingsten und Allerheiligen gefordert gewesen zu sein, wobei in einem *Olim* 1280 festgehalten werden musste, dass die Anwesenheit an den Festtagen allein nicht genügte[117]. Mit dem Schritt in die *burgesia regis* trat man unter königliche Gerichtsbarkeit und Schutz und wurde aus der Gerichtsbarkeit der Herrschaft, unter der man sass, befreit. Die offenbar rapide Ausbreitung dieser Rechtskonstruktion hat zu zahlreichen Klagen der Herren geführt, so dass der König 1272 alle seit 12 Jahren eingegangenen *nove avoerie*[118] *seu garde, quas baillivi et servientes domini regis ceperunt* revozieren und neue Bürgeraufnahmen verbieten musste. Ohne Folgen freilich, denn 1287 sah sich der König genötigt, eine Ordonnanz über die Bürger (*ordonnance sur les bourgeois*) zu erlassen. Sie ist schon als *petit code des bourgeois* bezeichnet worden[119] und es ist eine Kopie dieser Ordonnanz, die man in der *Trésorerie* der Grafen von Hennegau gefunden hat.

---

114 Vor allem *Patault*.

115 *Chabrun*, S. 19; *Lot / Fawtier*, S. 162, verneinen dies; *Fawtier*, S. 13; *Patault*, S. 35, nehmen es an.

116 *Fawtier*, S. 13.

117 Les Olim 2 (siehe Anm. 51), S. 164 Nr. XXIX; 3 / 1, S. 431; Ordonnances des rois de France de la troisième race 1, Paris 1727, S. 314 ff.; *Chabrun*,64 – 70.

118 Zur Interpretation s. *Chabrun*, S. 57.

119 *Viollet*, S. 257.

In dieser Ordnung wurde die Bürgeraufnahme insofern erschwert, als der Petent vor Zeugen innerhalb von Jahr und Tag für mindestens 60 *solidi* ein Haus in der Stadt erwerben und dann mit einem von der Stadt geliehenen Weibel (*sergeant*) dies seinem früheren Herrn ankündigen musste. Wenn dann eine verhältnismässig lange Minimalresidenz von Allerheiligen (1. Nov.) bis Johann Baptist (24. Juni) bestimmt wurde, so sind vor allem die zugestandenen Absenzmöglichkeiten zu beachten: Die Residenzbestimmung war erfüllt, wenn bei einem Ehepaar nur ein Teil in der Stadt wohnte, sei es der Mann oder die Frau, während sich der andere Teil, Frau oder Mann, aufhalten konnte, wo er oder sie wollte. Bei Unverheirateten genügte es, wenn der Knecht oder die Magd (*valet ou baissel*) die Stadtwohnung hütete. Wegen Krankenbesuchen bei Verwandten und Freunden, Wallfahrten oder Hochzeiten konnte sich der oder die Residierende auch zwischen Allerheiligen und Johann Baptist aus der Stadt entfernen und hatte bloss nach Wegfall dieses Grundes innert spätestens vier Tagen zurückzukehren. Auch hier hat die Tatsache, dass Neubürger Verschuldungen und Vergehen aus der Zeit vor der Bürgerrechtsannahme vor das städtische Gericht zu ziehen suchten, immer wieder zu Schwierigkeiten geführt. Die Ordonnanz sollte dem vorbeugen durch die Bestimmung, dass vor der Bürgerrechtsaufnahme alle Steuern (*tailles*) bezahlt und Verpflichtungen eingelöst sein müssen. Für Verbrechen und Streitfälle, die drei Monate vor der Aufnahme ins Bürgerrecht stattgefunden hatten, war es dem ehemaligen Herrn erlaubt, den Neubürger noch drei Monate nach ihr einzuklagen, allerdings vor dem städtischen Gericht. Das war wiederum eine zweideutige Regelung, denn sowohl die zeitliche Beschränkung, wie der Gerichtsstand benachteiligte den ehemaligen Herrn. Wie ersichtlich, forderte die *ordonnance* von 1287 im Vergleich zu den diesbezüglichen Bestimmungen im Reich eine lange Pflichtresidenz in der Stadt und erschwerte die Annahme des Bürgerrechtes. Dies aber nur vordergründig, denn in den Detailbestimmungen wurden Mittel und Wege zur effektiven Umgehung dieser Forderung und zur Erschwerung der Stellung des früheren Herrn eingerichtet. Die *ordonnance* hat denn auch nicht den von den Herren erwünschten Effekt gehabt. Daran änderte sich auch nichts, dass sie immer wieder neu erlassen oder bestätigt wurde[120].

Ende des 13. Jahrhunderts erscheint in der Champagne[121] die Institution der *bourgeois du roi* oder – wie es hier heisst – die *jurée du roi* in den *coutûmes* von Sens, Langres, Auxerre, Chaumont, Vitry, Troyes und Meaux und ermöglicht es den Untertanen, sich unter Berufung auf den königlichen Schutz dem herrschaftlichen Gericht zu entziehen. In Anbetracht des

120 *Patault,* S. 36.

121 Das Folgende nach *Patault.*

fiskalischen Ertrags jeder Gerichtbarkeit kam dem Rechtskonstrukt ein hohes materielles Interesse zu. An diesem Profit waren auch die königlichen Amtleute direkt interessiert, was nachweislich zu eigentlichen Werbefeldzügen der königlichen Amtleute oder zumindest zu deren Komplizenschaft gegenüber den Landleuten, die sich aus den Herrschaften zu lösen trachteten, führte. Die Herren, wie etwa das Kapitel St-Pierre in Troyes, haben ihrerseits diese rechtliche Entfremdung der Untertanen durch Vergünstigungen zu steuern gesucht, etwa durch den Verzicht auf den Sterbefall oder die Erlaubnis der Heirat mit Freien[122]. Doch liess sich die Entwicklung nicht aufhalten. Allein in Troyes mussten wegen der Zunahme der dem königlichen Gericht Unterstellten 13 neue *mairies royales* eingerichtet werden. Die königliche Justiz wurde zusehends zur Justiz des gemeinen Rechtes, des *droit commun.* Zumindest in der Champagne hat die Bourgeoisie zur Auflösung der feudalen Bindungen geführt, eine Entwicklung, die parallel zur Zunahme der königlichen Macht verlief. In dieser Funktion überdauerte die *bourgeoisie du roi,* wie die *bourgeoisies foraines* in Brabant, Flandern und Hennegau. Als noch zu Beginn des 16. Jahrhunderts die *coutume officielle du baillage de Troyes* diesen im 14. Jahrhundert erreichten Stand bestätigte, blieb den Inhabern der hohen Gerichtsbarkeit nur mehr der Protest, dass dann die hohe und mittlere Gerichtbarkeit, die sie als königliche Lehen innehätten, illusorisch sei. Die Adeligen und Kleriker seien ohnehin exemt, die im Gerichtskreis lebenden Untertanen seien *bourgeois du roi,* so dass ihnen nur mehr die Leibeigenen zu richten blieben[123]. So seien sie jenen Bischöfen des Königreichs zu vergleichen, die als Titularkirchen Diözesen in Arkadien innehätten. Da komme es nicht mehr drauf an, ob sie Bohnenkönig oder Hochgerichtsherr in der Champagne sein wollten[124]! Es ist nicht zu verkennen, im Grundzug führte die *bourgeoisie du roi* zu einer Immediatisierung der Untertanen zum Königtum.

Schluss

Nach dieser sicher ergänzungsbedürftigen Skizze der vier Perspektiven dürfte zumindest feststehen, dass das Pfahlbürgerinstitut mit dem Begriff „rechtliche Grauzone“ zutreffend bezeichnet sein dürfte. Dabei sei freimütig zugestanden, dass dieser Eindruck noch dadurch verschärft worden ist, dass ich mich – durchaus bewusst – vorzugsweise auf Quellen und Hinweise gestützt habe, welche die gerade in strittigen Fällen zutagetretenden Probleme und Möglichkeiten aufzeigen. Eine gewisse Zufälligkeit dieser

122 *Patault,* S. 38, 44.
123 *Viollet,* S. 178 f.
124 *Patault,* S. 41.

Hinweise ist nicht abzusprechen und es muss auch deutlich festgehalten werden, dass keine Aussage gemacht werden kann, inwieweit die vorgelegten Beobachtungen flächendeckend repräsentativ sind.

Dies vorausgeschickt, ist es für die Würdigung des Pfahlbürgerinstituts doch beachtlich, dass diese Probleme und Möglichkeiten vorgekommen sind und zwar in einer doch bemerkenswerten Häufigkeit. Sie legen nahe, dass beim Versuch, die Funktion dieses Instituts zu verstehen, nicht von eindeutigen Interessenlagen ausgegangen werden kann, die es erlauben würden, genererell das Pfahlbürgerinstitut als ein Instrument städtischer Territorialpolitik zu bezeichnen. Wir haben es vielmehr mit einem verwirrlichen Interessenspiel zu tun, bei dem zumindest drei Kontrahenten aktiv beteiligt waren und in irgend einer Weise einen bei der rechtlichen Ambivalenz unsicheren Gewinn erzielen konnten: die Stadt, der Pfahlbürger und gegebenenfalls der Landesherr. Dieses Interessenspiel lässt sich nicht generalisieren. Je nach lokalen und regionalen Machtverhältnissen, wirtschaftlichen Verhältnissen und politischen Entwicklungen akzentuiert es sich anders und es verändert sich im Laufe der Zeit, mitunter schlagartig. Diese Faktoren – mehr als die spezifischen rechtlichen Ausformungen – entschieden darüber, inwieweit eine Stadt von diesem Rechtskonstrukt in irgendeiner Weise – sei es politisch, militärisch oder wirtschaftlich – profitieren konnte. Vielfältig und nicht bloss auf die Stadt ausgerichtet müssen bei den Mehrfachbelastungen auch die Interessen der Pfahlbürger selbst gewesen sein. An dieser Stelle sei hervorgehoben, dass sich die Pfahlbürgerschaft in gewissem Sinne auch verstehen liesse als eine Form des verdeckten Widerstandes gegen verschiedenste Forderungen, seien diese herrschaftlicher oder wirtschaftlicher Natur. Pfahlbürger scheinen sich in der durch diese Institution geschaffenen rechtlichen Grauzone in ähnlicher Weise bewegt zu haben, wie es beispielsweise für Grenzbevölkerungen festgestellt worden ist[125]. Es ist das Fehlen einer einheitlichen, konkordierenden Interessenlage, mehr als die ständigen Verbote, welches dazu führte, dass das Pfahlburgerinstitut in der ersten Hälfte des 15. Jahrhunderts – von Ausnahmen abgesehen – sang- und klanglos erlosch. Nur dort, wo der Landesherr im Zusammenhang mit einer kontinuierlichen Machtpolitik zielstrebig das Pfahlbürgerwesen zu seinen Gunsten zu nutzen wusste, wobei er relativ mühelos einen mehr oder weniger erheblichen Gewinn aus ihm ziehen konnte, während er den mit dem Institut verbundenen Ärger seinen Städten überliess, hat die *bourgeoisie foraine* zum Teil bis weit in die Neuzeit überdauert.

---

125 *Ulbrich.*

Bibliographie

a) Deutsches Reich

Peter Blickle, Zur Territorialpolitik der oberschwäbischen Reichsstädte, in: Erich Maschke / Jürgen Sydow (Hgg.), Stadt und Umland, Stuttgart 1974, S. 54 – 71.

Emil Blösch, Die geschichtliche Entwicklung der Stadt Bern zum Staate Bern, in: Festschrift zur Jahrhundertfeier der Gründung Berns 1191 – 1891, Bern 1891, Bd. I, S. 1 – 33.

Karl Bücher, Die Bevölkerung von Frankfurt am Main im 14. und 15. Jahrhundert. Socialstatistische Untersuchungen, Tübingen 1886, Bd. 1, S. 366 – 387.

Joachim Deeters, Das Bürgerrecht der Reichsstadt Köln seit 1396, in: Zeitschrift für Rechtsgeschichte, Germ. Abt. 104 (1987), S. 1 – 83.

Hans J. Domsta, Die Kölner Ausbürger. Untersuchungen zu Politik und Verfassung der Stadt Köln Mitte 13. Jahrhundert bis Mitte 16. Jahrhundert (Rheinisches Archiv 84), Bonn 1973.

Henri Dubled, La bourgeoisie foraine en Alsace principalement à Strasbourg: „Pfalburger" et „Ausburger", in: Cahiers d'Archéologie et d'Histoire d'Alsace 133 (1953), S. 137 – 142.

Wilfried Ehbrecht, Das Privileg von 1379. Ein Beitrag zum Verhältnis von Territorium und Stadt im spätmittelalterlichen Emsland, in: Clemens von Looz-Corswarem, M. Schmitt (Hgg.), Nordhorn: Beiträge zur 600jährigen Stadtgeschichte, Nordhorn 1979, S. 35 – 53.

Beat Frey, Ausburger und Udel namentlich im Gebiete des alten Bern, Bern 1950.

Konrad Fritze, Soziale Aspekte der Stadt-Land-Beziehungen im Bereich der wendischen Hansestädte (13.-16. Jh.), in: Hans K. Schulze (Hg.), Städtisches Um- und Hinterland in vorindustrieller Zeit (Städteforschungen A / 22), Köln / Wien 1985, S. 21 – 32.

Fritz Glauser, Luzern und die Herrschaft Österreich 1326 – 1336. Ein Beitrag zur Geschichte des Luzerner Bundes von 1332, in: Luzern und die Eidgenossenschaft, Luzern 1982, S. 9 – 135.

Alfred Haverkamp, Die „frühbürgerliche" Welt im hohen und späten Mittelalter. Landesgeschichte und Geschichte der städtischen Gesellschaft, in: Historische Zeitschrift 221 (1975), S. 571 – 602.

H. J. Hecker, Die Ausdehnung städtischer Gerichtsbarkeit mit Hilfe des Bürgerrechts der mittelalterlichen Stadt, das Beispiel Freiburg im Breisgau, (jur. Diss) 1977 (unveröffentlicht).

Uwe Heckert, „Im Zweifel für die Freiheit". Ein Mustergutachten Conrad Peutingers zu Bürgerrecht und Bürgeraufnahme im spätmittelalterlichen Augsburg, in: Klaus Schreiner, Ulrich Meier (Hgg.), Stadtregiment und Bürgerfreiheit (Bürgertum 7), Göttingen 1994, S. 120 – 144.

Bernd-Ulrich Hergemöller, Der Nürnberger Reichstag von 1355 / 56 und die „Goldene Bulle" Karls IV., Münster 1978.

Bernd-Ulrich Hergemöller, Fürsten, Herren, Städte zu Nürnberg 1355 / 56: die Entstehung der „Goldenen Bulle" Karls IV. (Städteforschung A / 13), Köln / Wien 1983.

Eberhard Isenmann, Die deutsche Stadt im Spätmittelalter (1250–1500). Stadtgestalt, Recht, Stadtregiment, Kirche, Gesellschaft, Wirtschaft, Stuttgart 1988.

Claudia Kalesse, Bürger in Augsburg. Studien über Bürgerrecht, Neubürger und Bürger anhand des Augsburger Bürgerbuchs I (1288–1497), (Dissertation maschinenschriftlich) Augsburg 1997.

Friedrich Keutgen, Urkunden zur städtischen Verfassungsgeschichte (Ausgewählte Urkunden zur Deutschen Verfassungsgeschichte 1), Berlin 1901 (Nachdruck Aalen 1965).

Rolf Kießling, Bürgerliche Gesellschaft und Kirche in Augsburg im späten Mittelalter. Ein Beitrag zur Strukturanalyse der oberdeutschen Reichsstädte (Abhhandlungen zur Geschichte der Stadt Augsburg 21), Augsburg 1971.

Rolf Kießling, Stadt-Land-Beziehungen im Spätmittelalter. Überlegungen zur Problemstellung und Methode anhand neuerer Arbeiten vorwiegend zu süddeutschen Beispielen, in: Zeitschrift für Bayerische Landesgeschichte 40 (1977), S. 829–867.

Rolf Kießling, Das Umlandgefüge ostschwäbischer Städte vom 14. bis zur Mitte des 16. Jahrhunderts, in: Hans K. Schulze (Hg.), Städtisches Um- und Hinterland in vorindustrieller Zeit (Städteforschungen A / 22), Köln / Wien 1985, 33–60.

Rolf Kießling, Die Stadt und ihr Land. Umlandpolitik, Bürgerbesitz und Wirtschaftsgefüge in Ostschwaben vom 14. bis ins 16. Jahrhundert (Städteforschung A / 29), Köln / Wien 1989.

Karl-Friedrich Krieger, Bürgerlicher Landbesitz im Spätmittelalter. Das Beispiel der Reichstadt Nürnberg, in: Hans K. Schulze (Hg.), Städtisches Um- und Hinterland in vorindustrieller Zeit (Städteforschungen A / 22), Köln / Wien 1985, S. 77- 98.

Anton Lagiadèr, Untersuchungen zur zürcherischen Landeshoheit, Zürich 1920.

Wolfgang Leiser, Territorien süddeutscher Reichsstädte. Ein Strukturvergleich, in: Zeitschrift für Bayerische Landesgeschichte 38 (1975), S. 967–981.

Wolfgang Leiser, Das Landgebiet der Reichsstadt Nürnberg, in: Rudolf Endres (Hg.), Nürnberg und Bern. Zwei Reichsstädte und ihre Landgebiete (Erlanger Forschungen A, Geisteswissenschaften 46), Erlangen 1990, S. 227–260.

Guy P. Marchal, Sempach 1386. Von den Anfängen des Territorialstaates Luzern. Beiträge zur Frühgeschichte des Kantons, Basel 1986, S. 118–185.

Hermann Mau, Rittergesellschaften mit Sankt-Jörgenschild in Schwaben. Ein Beitrag zur deutschen Einigungsbewegung im 15. Jahrhundert (Darstellungen aus der Württembergische Landesgeschichte 33), Stuttgart 1941, S. 103–136.

Emil Meynen, Zentralität als Problem der mittelalterlichen Stadtgeschichtsforschung (Städteforschung A / 8), Köln / Wien 1979.

Elsbeth Orth, Stadtherrschaft und auswärtiger Bürgerbesitz. Die territorialpolitischen Konzeptionen der Reichsstadt Frankfurt im späten Mittelalter, in: Hans K. Schulze (Hg.), Städtisches Um- und Hinterland in vorindustrieller Zeit (Städteforschungen A / 22), Köln / Wien 1985, S. 99–151.

Elsbeth Orth, Frankfurter Umlandpolitik im späten Mittelalter, in: Archiv für Frankfurts Geschichte und Kunst 61 (1987), S. 33–51.

Hans Planitz, Die deutsche Stadt im Mittelalter. Von der Römerzeit bis zu den Zunftkämpfen, Köln / Wien 1954, S. 275–277.

Werner Rösener, Aspekte der Stadt-Land-Beziehungen im spätmittelalterlichen Deutschland, in: Jean-Marie Duvosquels, Erik Thoen (Hgg.), Peasents and townsmen in medieval Europe, Gent 1995, S. 663–680.

Emil von Rodt, Berns Burgerschaft und Gesellschaften, in: Festschrift zur Jahrhundertfeier der Gründung Berns 1191–1891, Bern 1891, Bd. II, S. 1–114.

Roger Sablonier, Innerschweizer Gesellschaft im 14. Jahrhundert, in: Innerschweiz und frühe Eidgenossenschaft, Olten 1990, Bd. II, S. 55–62.

Max Georg Schmidt, Die Pfahlbürger, in: Zeitschrift für Kulturgeschichte 9 (1901), S. 241–263.

Bernd Schneidmüller, Städtische Territorialpolitik und spätmittelalterliche Feudalgesellschaft am Beispiel von Frankfurt am Main, in: Blätter für deutsche Landesgeschichte 118 (1982), S. 115–137.

Klaus Schreiner / Ulrich Meier (Hg.), Stadtregiment und Bürgerfreiheit (Bürgertum 7), Göttingen 1994.

E. Schröder, Pfahlbürger, in: Festschrift für Ernst Heymann, Weimar 1940, S. 52–60.

Werner Schultheiss, Das Bürgerrecht der Königs- und Reichsstadt Nürnberg, in: Festschrift für Hermann Heimpel 2, Göttingen 1972, S. 159–194.

Hans K. Schulze (Hg.), Städtisches Um- und Hinterland in vorindustrieller Zeit (Städteforschungen A / 22), Köln / Wien 1985.

Karl Heinz Spiess, Zur Landflucht im Mittelalter, in: Hans Patze (Hg.), Die Grundherrschaft im späten Mittelalter (Vorträge und Forschung 27 / 1), Sigmaringen 1983, S. 171–189.

Hugo Stehkämper u. a. , Kölner Neubürger 1356–1798, Teil 1, 1356–1640 (Mitteilungen aus dem Stadtarchiv von Köln 61), Köln 1975.

Claudia Ulbrich, Grenze als Chance? Bemerkungen zur Bedeutung der Reichsgrenze im Saar-Lor-Lux-Raum am Vorabend der französischen Revolution, in: Arno Pilgram (Hg.), Grenzöffnung, Migration, Kriminalität, Baden-Baden 1993, S. 139–146.

Ernst Voltmer, Reichsstadt und Herrschaft. Zur Geschichte der Stadt Speyer im hohen und späten Mittelalter, Trier 1981.

Otto Winckelmann, Strassburgs Verfassung im 16. Jahrhundert, in: Zeitschrift für die Geschichte des Oberrheins, N.F. 18 (1903), S. 509 ff.

Charles Wittmer, Le Livre de Bourgeoisie de la ville de Strasbourg Bd. 3, Zürich / Strassburg 1961, S. XI-XLIII.

Gerd Wunder, Das Strassburger Gebiet (Schriften zur Verfassungsgeschichte 3), [o.O.] 1965.

Karl Zeumer, Die Goldene Bulle Kaiser Karls IV. (Quellen und Studien zur Verfassungsgeschichte des Deutschen Reichs in Mittelalter und Neuzeit 2), Heft 2, Weimar 1908.

Peter Ziegler, Die Herrschaft Wädenswil im Spannungsfeld zwischen Zürich und Schwyz, in: Festschrift für Walter Drack, Zürich 1977, S. 179–188.

b) Grafschaft Flandern, Grafschaft Hennegau, Herzogtum Brabant:

Paul Bonenfant, Un dénombrement brabançon inédit du XIVe s.: Gens de ménie et bourgeois forains dans l'ammanie de Bruxelles, in: Bulletin de la Commission royale d'histoire 125 (1960), S. 295–345.

Marc Boone, Droit de bourgeoisie et particularisme urbain dans la Flandre bourguignonne et habsbourgeoise (1384–1585), in: Revue Belge de Philologie et d'Histoire 74 (1996), S. 707–726.

J. de Brouwer, Het buitenpoortersboek van Geraardsbergen van 1396 met bewerking, in: Het Land van Aalst VI (1954), S. 1–109.

Marinette Bruwier, La bourgeoisie foraine du Hainaut au moyen-âge, in: Revue belge de Philologie et d'Histoire 33 (1955), S. 900–915.

M. de Bruyne, De Roeselaarse poorterie. Bijdrage tot de geschiedenis van Roeselare en Ommeland (pro civitate – Historische uitgaven 6), Roeselare 1964.

Paul Buijse, Des bourgeois forains dans la Seigneurie d'Enghien, in: Annales du cercle archéologique d'Enghien IX (1954), S. 211–216.

N. Clerbaut, La bourgeoisie et les bourgeois dans l'ancien Bruxelles au point de vue historique et juridique, in: Annales de la société d'archéologie de Bruxelles 11 (1897), S. 398–415 (I); 12, (1898), S. 192–214, S. 281–309 (II).

L. Galesloot, Arrêt du Grand Conseil de Malines qui maintient le magistrat de la ville de Grammont dans le droit de créer des bourgeois forains, in: Messager des sciences historiques ou Archives des arts et de la bibliographie de Belgique, 1882, S. 323–344.

François-Louis Ganshof, La Flandre, in: Ferdinand Lot, Robert Fawtier, Histoire des Institutions françaises au moyen age 1: Institutions seigneuriales, Paris 1957, S. 343–426.

Léopold Génicot, L'économie rurale namuroise au bas moyen age, t. 3: Les hommes – le commun , Bruxelles/Louvain 1982, t. 4: La communauté et la vie rurale (Université de Louvain, Recueil de travaux d'histoire et de philologie 6, S. 25 u. 49), Louvain/Bruxelles 1995.

J. Gessler, Le droit de bourgeoisie de Bocholt et la créance Bormans sur cette commune, in: Mélanges Camille Borman, Liège 1919, S. 165–175.

Philippe Godding, Les conflits à propos des lettres échevinales des villes brabançonnes (XV-XVIII s.), in: Revue d'histoire du droit 22 (1954), S. 308–353.

Philippe Godding, La bourgeoisie foraine de Bruxelles du XIV au XVI s., in: Cahiers Bruxellois 7 (1962), S. 1–64.

Philippe Godding, Le droit privé dans les Pays-Bas méridionaux du 12e au 18e siècle (Académie Royale de Belgique. Mémoires de la classe des Lettres, Coll 4o – 2e série, T. XIV, fascicule 1), Brüssel 1987, S. 56–61.

A. Hansay, Le droit de bourgeoisie accordé par la ville de Hasselt à des bourgades lossaines au cours des XIVe et Xve s., in: Verzamelde opstellen uitgegeven door den Geschied- en Oudheidkundigen studiekring te Hasselt XI (1935), S. 367–396.

F. Hofmans, Histoire juridique et administrative de la bourgeoisie foraine de Louvain au moyen âge, 1945 (unveröffentlicht).

Emil Huys, Etudes sur la bourgeoisie foraine de Courtrai, in: Handelingen van de Kon. geschied- en outheidkundige kring van Kortrijk N.S. 17 (1938), S. 3–35.

Godefroid Kurth, La cité de Liège au moyen age, 3 t., Bruxelles / Liège 1909–10, t. 1, S. 243–245.

Th. Limburg Stirum, Coutumes des deux villes et pays d'alost, Brüssel 1878.

David Nicholas, Town and countryside: Social, economic and political tensions in fourteenth-century Flanders, Brügge 1971, S. 222–249.

Franz Petri, Das Verhältnis von Stadt und Land in der Geschichte der Niederlande, in: Stadt-Land-Beziehungen und Zentralität als Problem der historischen Raumforschung (Historische Raumforschung 11, Veröffentlichungen der Akademie für Raumforschung und Landesplanung, Forschungs- und Sitzungsberichte 88), S. 103–122.

F. Prims, Binnenpoorters, buitenpoorters, in: Antwerpiensia 10 (1936), S. 144–151.

Peter Stabel, De kleine stad in Vlaanderen. Bevolkingsdynamiek en economische functies van de kleine en secundaire stedelijke centra in het Gentse kwartier (14de-16de eeuw), Brüssel 1995.

Peter Stabel, Dwarfs among Giants. The Flemish Urban Network in the Late Middle Ages, Leuven-Apeldoorn 1996.

Jacques Stiennon, Histoire de Liège, Toulouse 1991.

H. van den Linden, Oorkonde van Filips den Schoone betreffende de privilegien der Leuvensche buitenpoorters en Leuvensche schepenbrieven (1501), in: Bulletin de la commission royale d'histoire 97 (1933), S. 337–349.

J. Verbeemen, De buitenpoorterij van Roeselare, in: Handelingen van het 35ste congres van het verbond der geschiedkundige en oudheidkundige kringen van België, deel 3, Kortrijk 1953, S. 247–254.

J. Verbeemen, De buitenpoorterij in de Nederlanden, in: Bijdragen voor de geschiedenis der Neederlanden 12 (1957), 81–99, S. 191–217.

J. Verbeemen, De Antwerpse buitenpoorterij, in: Bijdragen tot de geschiedenis inzonderheid van het oud hertogdom Brabant 41 (1958), S. 43–64.

Léo Verriest, La bourgeoisie foraine à Ath, in: Annales du cercle royale archéologique d'Ath et de la région 26 (1940), S. 207–302.

c) Frankreich

Jacques Boussard, Les Bourgeois du Roi au XIIe siècle d'après un acte inédit de Louis VII, in: Mélanges dédiés à la mémoire de Félix Grat, t. 1, Paris 1946, S. 283–288.

César Chabrun, Les bourgeois du Roi, Paris 1908.

Emil Chénon, Histoire générale du droit français public et privé, t.2, Paris 1929.

B. Chevalier, Tours ville royale 1356–1520, Thèse Sorbonne 1975.

Georges Duby, La ville médiévale (Histoire urbaine T. 2), Paris 1980.

Adhémar Esmein, Cours élémentaire d'histoire du droit français, 15 ed. par R. Génestal, Paris 1925, S. 414–415.

Robert Fawtier, L'Europe occidentale des 1270 à 1380, 1ère Partie: 1270 à 1328 (Histoire générale, dir. Gustave Glotz, Section 2, t. 6 / 1), Paris 1940.

Ernest Glasson, Histoire du Droit et des Institutions de France, t. 5, Paris 1893.

Olivier Guillot, Albert Rigaudière, Yves Sassier, Pouvoirs et institutions dans la France médiévale, t. 2, Paris 1994.

Jean Lemarignier, La France médiévale: institutions et société (Coll. U), Paris 1970.

Ferdinand Lot, Robert Fawtier, Histoire des Institutions françaises au moyen age, t.2: Institutions royales, Paris 1958.

Auguste Molinier, Etudes sur l'administration féodale dans le Languedoc, Toulouse 1879, S. 156–159.

Anne-Marie Patault, Hommes et femmes de corps en Champagne à la fin du moyen age (Annales de l'Est, Mémoires 58), Nancy 1978, bes. S. 35–45.

Paul Viollet, Histoire des Institutions politiques et administratives de la France, t. 2, Paris 1898.

Migrations- und Gewerberäume

Die Herkunft der Neubürger: Migrationsräume im Reich des späten Mittelalters

Von Rainer Christoph Schwinges, Bern

Neubürgerbücher sind problematische Quellen, und problematisch sind folglich deren Analysen, selbst dann, wenn man ‚nur' migrationshistorische Absichten hegt und zu diesem Zweck die herkunftsräumlichen Aspekte der Bürgeraufnahmen betrachtet. Gemeint sind weniger die technischen Fragen der Ortsbestimmung als vielmehr das grundsätzliche Problem der Interpretation einer im Bürgerbuch dokumentierten Bürgeraufnahme. Es wurde andernorts schon darauf hingewiesen[1]: Keineswegs muss hinter jeder Namenseintragung eine nahezu zeitgleiche Migration stehen; nicht nur Monate, sondern Jahre, wenn nicht Generationen können zwischen Einwanderung und Bürgerrechtserwerb liegen, vom Tatbestand des Ausbürgerwesens ganz zu schweigen. Die Eintragungen in Bürgerbücher sind also nichts anderes als Rechts- und Verwaltungsakte, in denen sich bestenfalls räumliche Tatbestände spiegeln – und überdies in zeitlich tiefgestaffelter Weise. Wir haben es daher grundsätzlich mit einem Raum-Zeit-Modell zu tun, einem Modell städtischer Migrationsräume, in denen die Zeit eher ‚träge fliesst'.

Gleichwohl zeigen gut geführte Bürgerbücher und Kontrollquellen wie Steuerbücher oder Kammerregister, dass diese Spiegelungen durchaus plausibel, wenn nicht ziemlich realistisch sind. Gut geführt nach unseren Konditionen und für Stichproben in Sechs-Jahres-Schritten zwischen 1282 und 1546 geeignet sind 68 Bürgerbücher aus dem gesamten Reichsgebiet. Aus ihnen sind Daten von rund 70'000 Neubürgern und Neubürgerinnen mit mehr als 22'000 Angaben zur lokalen Herkunft erhoben; sie bilden die empirische Grundlage des Modells und dieses Beitrags[2]. Ich bin mir dabei bewusst, dass Stichproben ein weiteres Problem, nämlich das der Vollständigkeit der Quellen einschliesslich der Lücken in den Jahresreihen noch vergrössern, und dass die Chronologie zwischen 1282 und 1546 wegen der oft unterschiedlichen Anfangs- und Enddaten der Bürgerbücher auch nicht immer übereinstimmt. Es gibt aber nur die eine Alternative, vor der

1 Siehe dazu meinen Beitrag oben S. 46 ff.

2 Ebd. S. 50 mit Anm. 75 und 76.

ich bei meinen Arbeiten zu Universitätsbesuchern ebenfalls gestanden habe[3]: Entweder man tut's in selbstverständlich kritischer Aufmerksamkeit oder man lässt es sein.

Die Entscheidung ist freilich klar. Denn die jährlichen, monatlichen und täglichen Neubürgerdokumentationen, aus denen man Bürgerwanderungen herauslesen kann, bestechen in ihrer doch oft seriellen Geschlossenheit zu sehr. Für eine ganze Reihe von Städten lassen sich grosse Zeiträume fast lückenlos erschliessen, und manche reichen vom frühen 14. bis tief ins 19. Jahrhundert hinein. Gegenüber den meisten anderen permanenten oder temporären Migrationstypen der so ausserordentlich mobilen spätmittelalterlichen „Unterwegs-Gesellschaft", gegenüber Pilgern, Kriegern und Kriminellen, Bettlern, Dirnen, Spielleuten, Handwerksgesellen, Studenten und Scholaren, Mönchen und Nonnen, Boten- und Dienstpersonal, Verbannten, Reisenden und Flüchtlingen, zeigen Bürgermigrationen – von Ausnahmen abgesehen – keine besonders virulenten, anlassgebundenen oder überwiegend saisonalen Formen[4]. Obwohl mit rund 40'000 Migranten und Migrantinnen pro Jahr einer der bedeutendsten alltäglichen Wanderungsvorgänge im alten Reich, ist die Migration der Neubürger vielmehr ein Beispiel für ein relativ stetiges, langfristig angelegtes und vor allem regelmässig in Erscheinung tretendes Phänomen, für das es nur wenig Vergleichbares im Kreis der anderen Fälle gibt. Eine solche Feststellung setzt allerdings Prozesshaftigkeit voraus und unterstellt der neubürgerlichen Migration spezifische Muster, die geeignet sein könnten, die möglicherweise besonderen räumlichen Beziehungen zwischen Herkunfts- und Zielorten aufzuklären. Ich nutze dazu den Terminus Migrationsraum, weil das Urteil stets aus der Optik der Zielorte und ihrer Bürgerbücher fällt und es doch

[3] *Rainer C. Schwinges,* Deutsche Universitätsbesucher im 14. und 15. Jahrhundert. Studien zur Sozialgeschichte des Alten Reiches, Stuttgart 1986.

[4] Siehe z. B. die Arbeiten von *Peter Moraw* (Hg.), Unterwegssein im Spätmittelalter (ZHF, Beiheft 1), Berlin 1985; *Gerhard Jaritz, Albert Müller* (Hg.), Migration in der Feudalgesellschaft (Studien zur Historischen Sozialwissenschaft 8), Frankfurt a.M. 1986; *Claudine Billot,* Le migrant en France à la fin du moyen age, in: Medieval Lives and the Historian, hg. von Neithard Bulst und Jean-Philippe Genet, Kalamazoo/Michigan 1986, S. 235–242; *Albert Müller* und *Ingrid Matschinegg,* Migration, Wanderung, Mobilität in Spätmittelalter und Frühneuzeit. Eine Auswahlbiographie (Medium Aevum Quotidianum 21), Krems 1990; *Andreas Gestrich* (Hg.), Historische Wanderungsbewegungen. Migration in Antike, Mittelalter und Neuzeit (Stuttgarter Beiträge zur Historischen Migrationsforschung 1), Münster/Hamburg 1991; *Simonetta Cavaciocchi* (Hg.), Le migrazioni in Europa secc. XIII-XVIII (Atti delle Settimane di Studi di Prato 25), Florenz 1994; *Seymour Phillips,* The Medieval Background, in: Europeans on the Move. Studies on European Migration, 1500–1800, hg. von Nicholas Canny, Oxford 1994, S. 9–25; *Siegfried de Rachwiltz, Josef Riedmann* (Hg.), Kommunikation und Mobilität im Mittelalter. Begegnungen zwischen dem Süden und der Mitte Europas (11.-14. Jahrhundert), Sigmaringen 1995; *Mathias Beer, Martin Kintzinger, Marita Krauss* (Hg.), Migration und Integration. Aufnahme und Eingliederung im historischen Wandel (Stuttgarter Beiträge zur Historischen Migrationsforschung 3), Stuttgart 1997; *Hans-Jörg Gilomen, Anne-Lise Head-König, Anne Radeff* (Hg.), Migration in die Städte – Migrations vers les villes, Zürich 2000.

unsere Aufgabe ist, jene Räume vergleichend zu untersuchen, aus denen die Städte ihre künftigen Bürger und Bürgerinnen rekrutierten oder sie zur Migration – wann und wie auch immer – veranlassten[5].

I.

Unsere Untersuchung erstreckt sich auf das alte Reich nördlich der Alpen; insofern sei zunächst einmal das gesamte Reichsgebiet als Migrationsraum aufgefasst, zusammengesetzt aus vieltausendfachen einzelnen Migrationen, die – aus der Vogelperspektive betrachtet – sehr wohl auf vielfältige Weise ineinandergreifen, ohne jedoch individuelle Merkmale zu verwischen. Zu sehen sind in Abb. 1 sämtliche aus den Bürgerbüchern der Zielorte verifizierten Herkunftsorte, multipliziert mit der Anzahl der Neubürger pro Ort. Die Karte gewährt den Eindruck einer ausreichend plausiblen, in rund 300 Jahren angewachsenen Füllung des Reichsraumes, allerdings mit ganz unterschiedlichen Schwerpunkten. Gut erkennt man die sehr dichten Städte- und Siedellandschaften im gesamten Westen, die sich auflösende Dichte zur Nordsee-Küste und nach Osten hin, schon östlich der Weser und Elbe und erst recht östlich der Oder. Gut zu sehen sind auch die von Siedlungen ausgesparten deutschen Mittelgebirge und grosse Teile des Alpenraumes.

Ferner bemerkt man, dass der gesamte Reichsraum entlang seiner Aussengrenzen von ‚nachbarlichen Migrationen' abgeschnitten war. Schon westlich des Jura und der Vogesen, aus dem Gebiet der sogenannten Reichsromanen, gab es offensichtlich kaum noch Zuwanderungen ins Binnenreich, und dies im Überblick von rund 300 Jahren, erst recht nicht jenseits der Reichsgrenze aus Frankreich. Etwas mehr Durchlässigkeit zeigt sich dagegen nur im Grenzraum zwischen Frankreich, Flandern und Brabant[6]. Nahezu unbeteiligt erscheint der gesamte böhmisch-mährische

---

5 Ich unterscheide im folgenden nicht zwischen den Geschlechtern, sondern operiere stets mit Gesamtzahlen; wenn nicht spezielle Umstände vorlagen, war zwischen bürgerlichen Frauen- und Männermigrationen ohnehin kaum ein Unterschied auszumachen; vgl. zu den Neubürgerinnen den Beitrag von *Barbara Studer* in diesem Band; auch *dies.*, Adlige Damen, Kauffrauen und Mägde. Zur Herkunft von Neubürgerinnen in spätmittelalterlichen Städten Süddeutschlands und der Schweiz, in: Gilomen u.a, Migration (Anm. 4), S. 39–55. – Ferner muss klar sein, dass es hier in erster Linie um eine Herkunftsanalyse und nicht um eine solche der Personen und deren Rechtscharakter geht; insofern ist es m. E. unerheblich, speziell auch für diese Untersuchungen einen Bürgerbegriff zu erörtern, wie es während der Tagung gefordert wurde; ganz abgesehen davon, dass alle Migrationen – real oder modellhaft – vor der Eintragung in ein Bürgerbuch stattgefunden haben und Letzteres der einzige gemeinsame Nenner aller neubürgerlichen Personen gewesen ist. Zum Bürgerbegriff und allen weiteren Voraussetzungen, um über Neubürger reden zu können, siehe ansonsten die entsprechenden Beiträge in diesem Band.

6 Siehe etwa *Claude Bruneel*, Bijdrage van de poorterboeken tot de historische demografie. Kritische bedenkingen bij het voorbeeld van Antwerpen (mit franz.

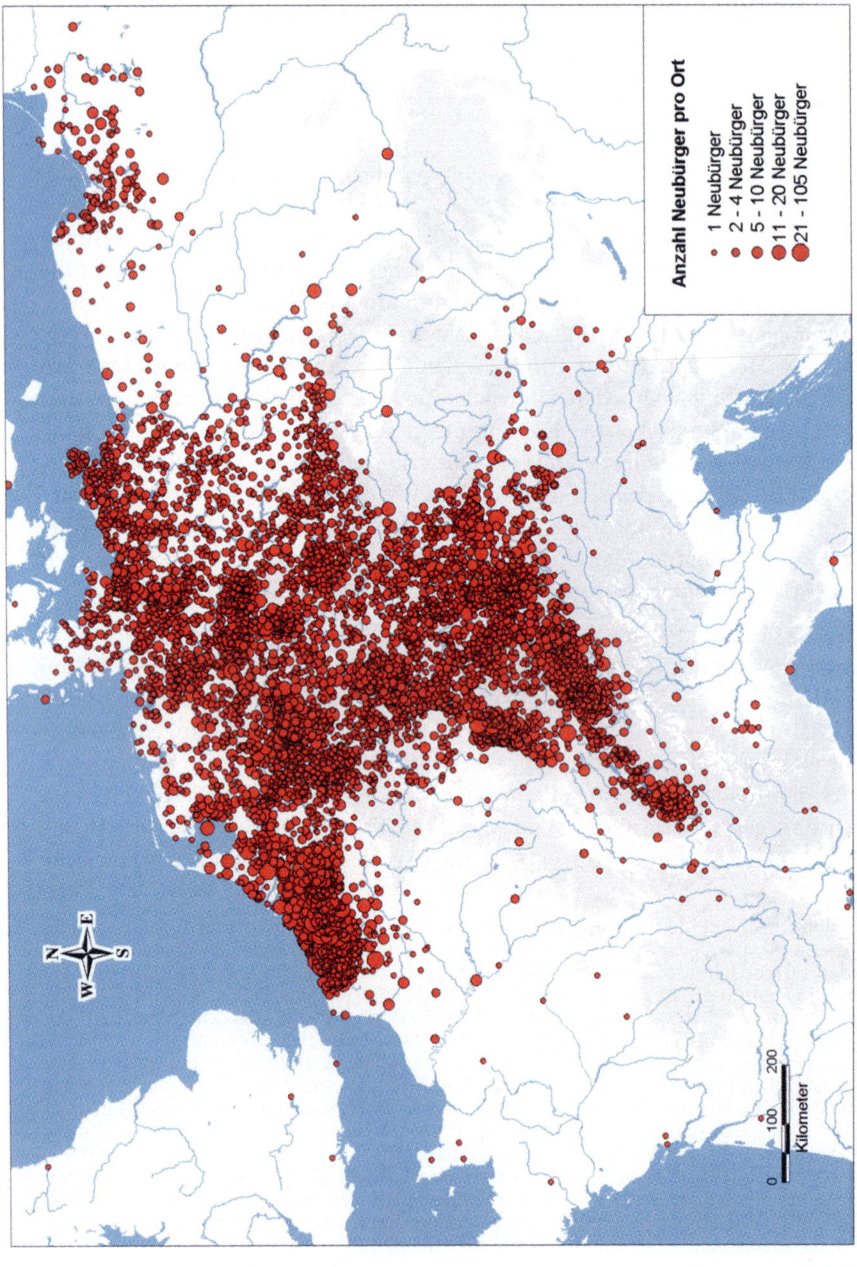

Abb. 1: Herkunftsorte von Neubürgern im späten Mittelalter (1250 – 1550)

Raum, von dem aus kaum einmal Neubürgereinwanderungen in deutsche Städte zu bemerken sind. Wegen des langen Beobachtungszeitraums kann dies mit dem Hussitenproblem allein nichts zu tun haben. Bekanntlich war die Migrationsrichtung im Rahmen der deutschen Ostsiedlung eher umgekehrt, nur lässt sich dies wegen der in Böhmen und Mähren kaum einmal vorhandenen Bürgerbücher und verwandten Quellen nicht zeigen[7]. Sehr gering war auch die Zuwanderung aus Dänemark und Schweden sowie aus Polen, während das Deutschordensgebiet neben seinen westlichen Basen bereits eine kräftige Binnenmigration erlebte[8]. Gering erscheint ferner die Nordwanderung aus Niederbayern und Österreich; allerdings wird man hier vorsichtig formulieren müssen, wie auch für Schlesien und den gesamten Osten des Reiches, da fehlende Bürgerbücher natürlich nicht Kriterien für ausgebliebende Bürgermigration sein können[9]. Dennoch wird man festhalten dürfen, dass es eine grössere West- bzw. Westrückwanderung während des ganzen späten Mittelalters wohl nicht gegeben hat. Wie auch immer: In allen vier Himmelsrichtungen wird deutlich, dass nicht die politischen Grenzen und auch nicht topographische Hindernisse wie Gewässer und Gebirge, sondern die zumeist weiter ins Binnenreich einrückenden Sprachgrenzen von entscheidendem Einfluss auf die Wanderungsvorgänge gewesen sind. Sie waren die eigentlichen Migrationsgrenzen der künftigen Neubürger, Sprachaussengrenzen wohlgemerkt, während sich Sprachgrenzen im deutschsprachigen Binnenreich – ausgenommen die alten Niederlande, wie noch zu zeigen sein wird, so gut wie gar nicht bemerkbar zu machen schienen, ein Sachverhalt von ebenso neubürgerlich exemplarischer wie gesamtdeutscher Relevanz. Schliesslich bestimmte sich der Raum, in den man mi-

---

Übersetzung), in: Gemeentekrediet, Crédit Communal. Bulletin trimestriel 172, Brüssel 1990, S. 101–110, sowie die Arbeiten von *Marc Boone, Peter Stabel* und *Katharina Müller-Herrenschwand* in diesem Band; besonders auch dies. wie Anm. 11.

7 Hinweise bei *Rostislav Nový,* Městské knihy v Čechách a na Moravě 1310–1526, Katalog (Acta Universitatis Carolinae, Philosophica et Historica 4), Prag 1963, z. B. für Prag, Leipa oder Iglau: *Josef Teige,* Seznamy měšt'anů pražských I: Staré město, in: Almanach kralého města Prahy 4 (1901) – 7 (1904), Neubürger der Prager Altstadt 1324–1550; *Karl J. Bienert,* Leipaer Bürgerrechtsverleihungen, Teile 1–5: 1460–1509, in: Mitteilungen des Nordböhmischen Vereins für Heimatforschung und Wanderpflege 54 (1931) S. 7–83; *Anton und Helmut Altrichter,* Die Iglauer Neubürger 1360–1649 nach Beruf, Herkunft und Volkszugehörigkeit, in: Zeitschrift für sudetendeutsche Geschichte 2 (1938), S. 91–112.

8 Dazu schon *Theodor Penners,* Untersuchung über die Herkunft der Stadtbewohner im Deutsch-Ordensland Preussen, Leipzig 1942; *Tomasz Jasinski,* Die westfälische Einwanderung in Preussen im Spätmittelalter, in: Niemcy-Polska (Coll. P.) 1986, S. 105–117 (polnisch); im Kartenbild: *Bernd Ristau,* Stadtbewohner des Ordenslandes Preussen bis 1425 nach bezeugten Herkunftsangaben (Historisch-geographischer Atlas des Preussenlandes, Lieferung 12), hg. von Gertrud Mortensen, Reinhard Wenskus und Helmut Jäger, Wiesbaden/Stuttgart 1988; allgemein auch *Charles Higounet,* Die deutsche Ostsiedlung im Mittelalter, München 1990, S. 306 ff.

9 Zur Verteilung der Bürgerbücher im Reich siehe meinen Beitrag oben S. 29 ff. mit Abb. 3.

grierte, vom Interesse her, das Migranten an ihm hatten, und Nicht-Reichsangehörige hatten dies offensichtlich in nur sehr begrenztem Masse. Diese Beobachtung bestätigt sich zum Beispiel auch im Verhalten zeitgenössischer west- und südeuropäischer Universitätsbesucher: Universitäten des deutschen Reiches wurden so gut wie nie das Ziel der wandernden Gelehrten und Studenten romanischer Länder; aus französischer Sicht zum Beispiel war spätestens der Rhein die Grenze, die man nicht mehr überschreiten mochte[10].

II.

Wie schon angedeutet, setzte sich der Migrationsraum des Binnenreiches aus tausendfachen Wanderungen zusammen, freilich in höchst unterschiedlicher Intensität, so dass man grössere und kleinere, dichte und weniger dichte Migrationsräume unterscheiden kann. In einer Karte des Reiches (Abb. 2), in der Herkunftsgebiete und Zielorte dargestellt sind, ist dies gut auszumachen: Besonders dichte Räume mit besonders attraktiven Zielorten – Dichte und Attraktivität bemessen sich nach der Anzahl der Neubürger pro Fläche und der Einbürgerungen pro Ort – befanden sich zum Beispiel im Elsass, im Bodenseeraum und in Oberschwaben, ferner im Rhein-Main-Gebiet, im Kölner Raum mit Westfalen, in Flandern und den Niederlanden, in den welfischen Territorien und im Küstenraum zwischen Bremen, Hamburg und Lübeck sowie Danzig. Einige dieser Räume gilt es nun vor dem Hintergrund des Ganzen näher zu betrachten und zu vergleichen, wobei zunächst Befunde darzustellen sind. So wenig die Bürgerbücher als Quellen selbst nämlich einer reichsweit vergleichenden Analyse unterzogen sind, so wenig sind es auch die Migrationen der Neubürger. Wohl gibt es Studien zur Immigration in einzelne Städte und zu deren Einzugsbereichen, zum Teil auch im Rahmen der Erforschung von Stadt-Stadt- und Stadt-Land-Beziehungen[11], welche wir nutzen können, doch

---

10 Rainer *C. Schwinges,* Französische Studenten im spätmittelalterlichen Reich, in: Les échanges universitaires franco-allemands du Moyen Age au XXe s. Actes du Colloque de Göttingen, Mission Historique Française en Allemagne, 3–5 novembre 1988, hg. von Michel Parisse, Paris 1992, S. 37–54; *Ders.*, Le Università nei territori dell'Impero, in: Le Università dell'Europa: La Nascita delle Università, hg. von Gian Paolo Brizzi e Jacques Verger, Milano 1990, S. 221–255, 221 ff. Vgl. entsprechend neben *Billot* (Anm. 4) auch *Hektor Ammann,* Die französische Südostwanderung im Rahmen der mittelalterlichen französischen Wanderung, München 1955.

11 Neben der ‚klassischen' Studie von *Karl Bücher,* Die Bevölkerung von Frankfurt am Main im 14. und 15. Jahrhundert, Socialstatistische Studien, Band 1, Tübingen 1886, etwa noch *Hildegard Ditt,* Bevölkerungseinzug und Raumbeziehungen der Stadt Soest in Mittelalter und Neuzeit, in: Soest. Stadt, Territorium, Reich, hg. von Gerhard Köhn (Soester Zeitschrift 92/93), Soest 1981, S. 35–84; *Hans K. Schulze* (Hg.), Städtisches Um- und Hinterland in vorindustrieller Zeit (Städteforschungen Reihe A, 22), Köln/Wien 1985; *Urs Portmann,* Bürgerschaft im mittelalterlichen

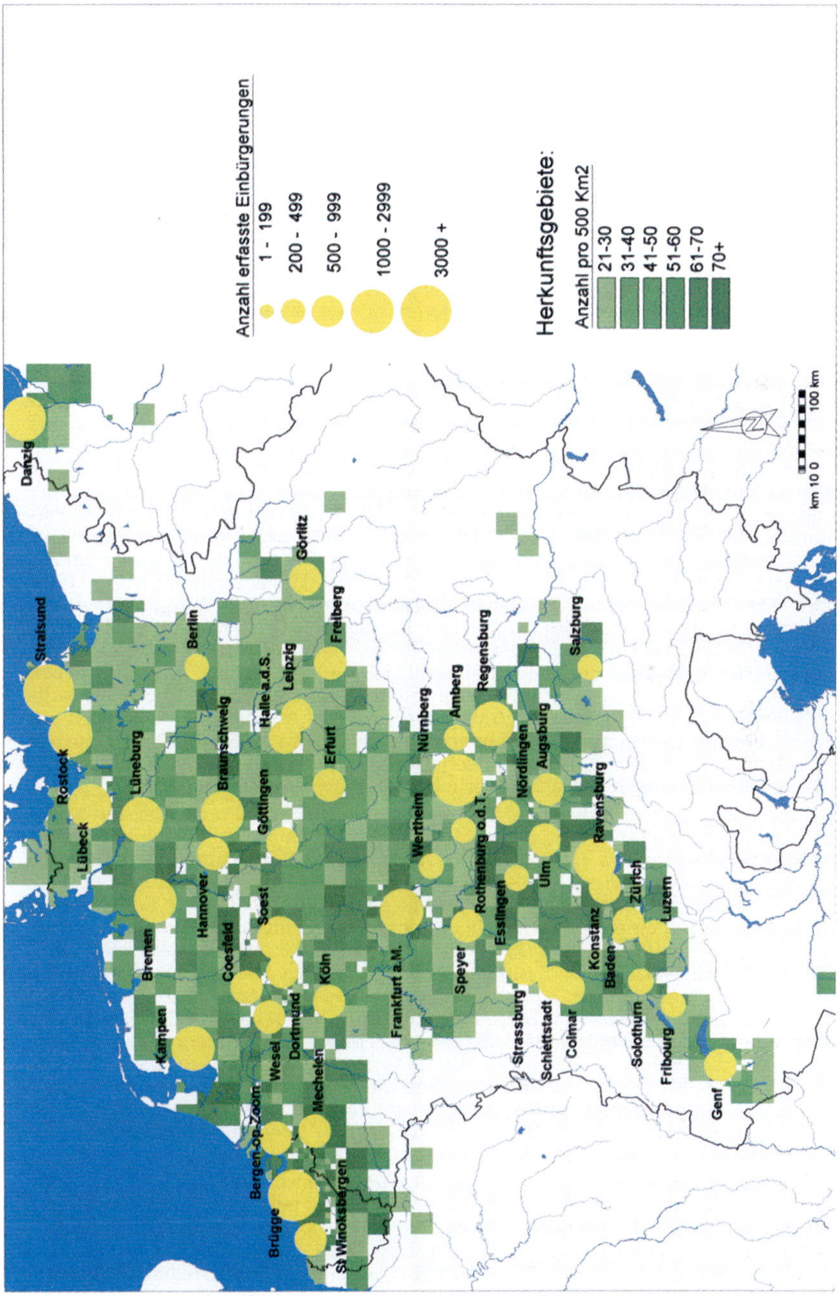

Abb. 2: Herkunftsgebiete und Einbürgerungsorte 1282 – 1546

treten überlokale, gar überregionale Räume in der Forschung seltener in den Blick[12].

Beginnen wir im Süden mit dem Raum Ravensburg, Konstanz, Zürich[13]: Alle drei Städte waren als Mittelstädte mit bis zu 5000 Einwohnern in etwa gleich gross, sowohl nach der Zahl ihrer Bevölkerung als auch nach dem Verhältnis von Neubürgern zu Einwohnern. Dies betrug in etwa ein zu zwei Drittel und lag damit im Normbereich der deutschen Städte, die

---

Freiburg. Sozialtopographische Auswertungen zum ersten Bürgerbuch 1341–1416, Freiburg i. Ü. 1986; *Peter Michael Lipburger* und *Albert Müller*, „Es soll auch kainer fremder auffgenommen werden, sunder man wiss, wer er sey". Untersuchungen zur Neubürgeraufnahme und städtischen Immigration in Radstadt um 1500, in: Die alte Stadt im Gebirge. 700 Jahre Stadt Radstadt, red. Friederike Zaisberger und Fritz Koller, Salzburg 1989, S. 88–135; *Rolf Kießling*, Die Stadt und ihr Land. Umland, Bürgerbesitz und Wirtschaftsgefüge in Ostschwaben vom 14. bis ins 16. Jahrhundert (Städteforschung Reihe A, 29), Köln/Wien 1989; *Dorothee Rippmann*, Bauern und Städter. Stadt-Land-Beziehungen im 15. Jahrhundert. Das Beispiel Basel (Basler Beiträge zur Geschichtswissenschaft 159), Basel/Frankfurt 1990; *Andreas Hafer*, Wimpfen. Stadt-Raum-Beziehungen im späten Mittelalter (Veröffentlichungen der Kommission für geschichtliche Landeskunde in Baden-Württemberg, Reihe B: Forschungen 130), Stuttgart 1993, S. 374–391; *Peter Michael Lipburger*, Salzburger Bürgerbücher als Quelle für die Migrationsgeschichte, in: Gewerbliche Migration im Alpenraum – La migrazione artigianale nelle Alpi, red. Ursus Brunold, Bozen 1994, S. 261–279; *Claudia Kalesse*, Bürger in Augsburg. Studien über Bürgerrecht, Neubürger und Bürgen anhand des Augsburger Bürgerbuchs I (1288–1497), Diss. phil. Augsburg 1997; *Katharina Müller-Herrenschwand*, „wierdt poortre vander stede van Brugge". Die Neubürger der Stadt Brügge 1282–1492, Phil.-hist. Lizentiatsarbeit Bern 1998; *Roland Gerber*, „Gott ist Burger zu Bern". Eine spätmittelalterliche Stadtgesellschaft zwischen Herrschaftsbildung und sozialem Ausgleich (Forschungen zur mittelalterlichen Geschichte 39), Weimar 2001; *Bruno Koch*, Neubürger in Zürich. Herkunft und Entwicklung der Bürgerschaft der Stadt Zürich im späten Mittelalter 1350–1550 (Forschungen zur mittelalterlichen Geschichte 40), Weimar 2002.

12 Vgl. z. B. *Penners*, Ordensland Preussen (Anm. 8); *ders.*, Fragen der Zuwanderung in den Hansestädten des späten Mittelalters, in: Hansische Geschichtsblätter 83 (1965), S. 12–45; *Erich Hoffmann*, Die Herkunft des Bürgertums in den Städten des Herzogtums Schleswigs (1400–1750), Neumünster 1953; *Hektor Ammann*, Vom Lebensraum der mittelalterlichen Stadt, Bad Godesberg 1963; *Dick Edward Herman de Boer*, Graaf en Grafiek. Sociale en economische ontwikkelingen in het middeleeuwse Noordholland tussen 1345–1415, Leiden 1978; *Hanno Vasarhelyi*, Einwanderung nach Nördlingen, Esslingen und Schwäbisch-Hall zwischen 1450 und 1550, in: Stadt und Umland, hg. von Erich Maschke und Jürgen Sydow, Stuttgart 1979, S. 129–165; *Steven L. Hochstadt*, Migration in Preindustrial Germany, in: Central European History 16 (1983), S. 195–224; *Bruno Koch*, Integration von Neubürgern in die Städte des späten Mittelalters, in: Migration und Integration (Anm. 4), S. 75–87; *Roland Gerber*, Die Einbürgerungsfrequenzen der Städte Freiburg im Üchtland, Konstanz und Luzern im späten Mittelalter, in: Reisen im Leben der Gesellschaft, hg. von Lenka Bobková und Michaela Neudertová, Ustí nad Labem 1997, S. 95–104.

13 Zugrunde liegen die vier unedierten Bürgerbücher von Konstanz (1378–1550): Stadtarchiv Konstanz Sign. A IV.1, A IV.3 – A IV.5; das unedierte Bürgerbuch I von Zürich (1336–1545): Stadtarchiv Zürich Sign. III.A.1, maschinenschriftliche Abschrift III.A.3; die Bürgerlisten von Ravensburg (1324–1549): Stadtarchiv Ravensburg Sign. Büschel 26 und 27, dazu *Albert Hengstler* (Hg.), Bürgerlisten der Reichsstadt Ravensburg, Teil 1: 1324–1436, Teil 2: 1436–1549 (masch.), Ravensburg 1959–1966.

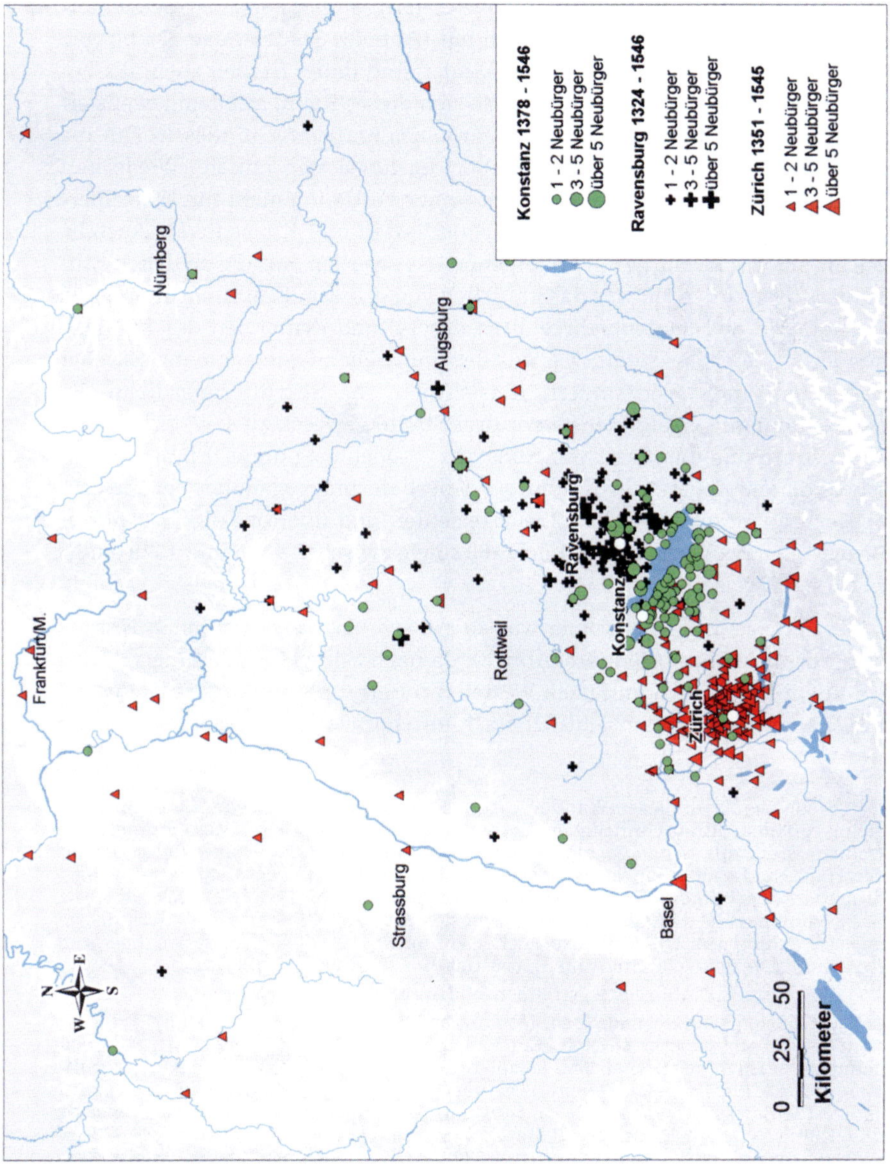

Abb. 3: Herkunft der Neubürger aus den Räumen von Konstanz, Ravensburg und Zürich (1324 – 1546)

immer sehr viel mehr Einwohner als Bürger hatten[14]. Alle drei Städte behaupteten einen nahen, mehr oder weniger eng umgrenzten Raum, der auf den ersten Blick auch ihr Hauptmigrationsraum zu sein scheint, ein jeweils eigener Herkunftsraum von Neubürgern, in den keine der beiden anderen Städte wesentlich eingegriffen hat (Abb. 3). Stadtsässige Neubürger, ehemalige Hintersassen und Bürgerkinder sind dabei freilich ebenfalls berücksichtigt. Zu grossen Teilen deckte sich dieser Raum mit dem jeweils eigenen städtischen Territorium, so man eines hatte, wie in diesem Fall die drei Reichsstädte, ohne dass dies aber die Regel sein musste. Wiederholt konnten aus dem Territorium und zu seiner Festigung nicht nur Einzelpersonen, sondern auch ganze Dorfgemeinschaften und Konvente als Ausbürger ins städtische Bürgerrecht aufgenommen werden; auf die örtlichen Einbürgerungsfrequenzen war das natürlich von grossem Einfluss, vor allem in Konstanz in den letzten Jahrzehnten des 14. und den ersten des 15. Jahrhunderts[15]. Zürich scheint, was aus der politischen Geschichte der Zürcher Landschaft nicht verwundert, hinsichtlich der Rekrutierungsdichte im nahen Raum die erfolgreichste der drei Städte gewesen zu sein, gefolgt von Ravensburg und dann erst von Konstanz[16]. Doch mag dieser Eindruck täuschen, da der Konstanzer Neubürger-Überlieferung gegenüber der Ravensburger und Zürcher 54 bzw. 27 Jahre fehlen und überdies die Konstanzer Bürgerbücher zwischen 1446 und 1468 sowie zwischen 1518 und 1529 einige Lücken aufweisen.

Der fernere Migrationsraum war so gut wie auschliesslich nach Norden und Nordosten hin orientiert (Abb. 3), da nach Süden hin die Innerschweiz vor allem mit Luzern und nach Westen hin Bern und Freiburg im Üchtland ihre Landschaften offensichtlich stark abschotteten[17]. Den ferneren Raum

---

14 Siehe *Gerber* in diesem Band mit Abb. 2: „Bevölkerungszahl der Städte im Vergleich mit den durchschnittlichen Einbürgerungen 1277–1550". Zum Bürger-Einwohner-Verhältnis schon grundsätzlich *Heinrich Reincke,* Bevölkerungsprobleme der Hansestädte, in: Hansische Geschichtsblätter 70 (1951), S. 1–33 (wiederabgedruckt in: *Carl Haase* (Hg.), Die Stadt des Mittelalters, Bd. 3, Darmstadt 1973, S. 256–302). – Zu den Grössenkategorien der Städte im Rahmen von Herkunftsanalysen *Schwinges,* Universitätsbesucher (Anm. 3), S. 273 ff.; ansonsten *Eberhard Isenmann,* Die deutsche Stadt im Spätmittelalter, Stuttgart 1988, S. 29 ff.

15 Vgl. *Gerber,* Einbürgerungsfrequenzen (Anm. 12), S. 98.

16 Zu Zürich grundlegend *Koch,* Neubürger (Anm. 11). – Zu Ravensburg *Peter Eitel,* Die oberschwäbischen Reichsstädte im Zeitalter der Zunftherrschaft. Untersuchungen zu ihrer politischen und sozialen Struktur unter besonderer Berücksichtigung der Städte Lindau, Memmingen, Ravensburg und Überlingen (Schriften zur südwestdeutschen Landeskunde 8), Stuttgart 1970; *Roswitha Sauer,* Die Beinamen und Familiennamen in der Stadt Ravensburg im 14. und 15. Jahrhundert. Untersucht auf grund der ersten Bürgerliste (1324–1436), Tübingen 1956. – Zu Konstanz grundlegend *Helmut Maurer,* Konstanz im Mittelalter, 2 Bde., Konstanz 1989, hier zu den Neubürgern Band. 1, S. 238 ff.

17 Vgl. *Gerber,* Einbürgerungsfrequenzen (Anm. 12), S. 96 ff.; *ders.,* Bern (Anm. 11).

teilten sich die drei Städte jedoch mit sehr individuellen Akzenten: Konstanz rekrutierte relativ bescheiden im Rheintal und im Schwarzwald, Ravensburg und Zürich dagegen viel weitergespannt in Oberschwaben und von der Schwäbischen Alb. Für Zürich kommt noch der Rheinraum, vom Oberrhein bis zum unteren Niederrhein hinzu, so dass man Zürich während eines langen 15. Jahrhunderts ein bemerkenswert weites, überregionales Einzugsgebiet zuschreiben kann, obwohl in allen Richtungen selbst wieder stark anziehende Städte für eine Begrenzung seiner Neubürgermigration hätten sorgen können. Eine solche Weite hat freilich – das gilt prinzipiell für alle Migrationsräume – auch seine Schattenseiten; man darf sie nicht einfach in wirtschaftliche Erfolge umrechnen, wie noch zu zeigen sein wird. Zürichs relativ starke rheinische und überhaupt nördliche Orientierung ist jedoch in Abb. 3 nicht besonders augenfällig. Man bemerkt sie deutlicher erst mit Hilfe von Abb. 4, die auf einer Totalerhebung der Zürcher Neubürger (1351–1545) beruht[18]. Hier liegt ein methodisches Problem vor. Jahrgangsstichproben erfassen immer nur dann die örtliche Herkunftsdichte genauer, wenn die Konzentration um den Zielort relativ eng ist. Im weitergespannten Raum können dagegen Informationen ausbleiben, wenn sich in bestimmten Jahrgängen, die nicht der Stichprobe angehören, auf Grund zum Beispiel von administrativen, zunft- oder gewerbepolitischen Massnahmen abweichende örtliche und regionale Rekrutierungen ergeben haben; so geschehen auch anlässlich der Zürcher Masseneinbürgerung von 1440 vor dem Hintergrund des Alten Zürichkrieges, wovon u. a. das Elsass und Südbaden als Herkunftsräume stärker als sonst betroffen waren. Grundsätzlich erkennt man durch die Stichproben die Richtungen, aber nicht die ganze Fülle des Raums.

Nach Nordosten zu schliessen sich grosse Teile der Migrationsräume der Reichsstädte Nördlingen, Ulm und Augsburg an, erstere eine grössere Mittelstadt mit etwa 6000 Einwohnern um 1500, die beiden anderen spätmittelalterliche Grossstädte mit einer Gesamtbevölkerung von über 15‘000 Personen (Abb. 5)[19]. Das Verhältnis von Neubürgern zu Einwohnern liegt in Nördlingen mit über 30 Prozent im Normbereich, in Ulm mit ca. 20 Prozent eher am unteren Rand der Norm, in Ausgburg jedoch mit acht Prozent so niedrig, dass man dieses Ergebnis nicht für bare Münze nehmen kann,

---

18 Nach *Koch,* Neubürger (Anm. 11).

19 Wie Anm. 14. – Zugrunde liegen die Bürgerbücher II – V von Nördlingen (1415–1672): Stadtarchiv Nördlingen, ab 1450 zusammengestellt und ergänzt durch Bürgerlisten aus den Kämmereirechnungen und den Ratsprotokollen von *G. Wulz,* Das Bürgerbuch der Reichsstadt Nördlingen, 1450–1499, 1500–1599, 2 Bde. maschinenschriftlich, Nördlingen 1942, 1959, dazu *Vasarhelyi* (Anm. 12); vier unedierte Bürgerbücher von Ulm (1387–1547): Stadtarchiv Ulm Sign. A 3731 – A 3734, sie liegen zum Teil in Abschriften vor; ferner das unedierte Bürgerbuch I von Augsburg (1288–1496), dazu jetzt *Kalesse* (Anm. 11).

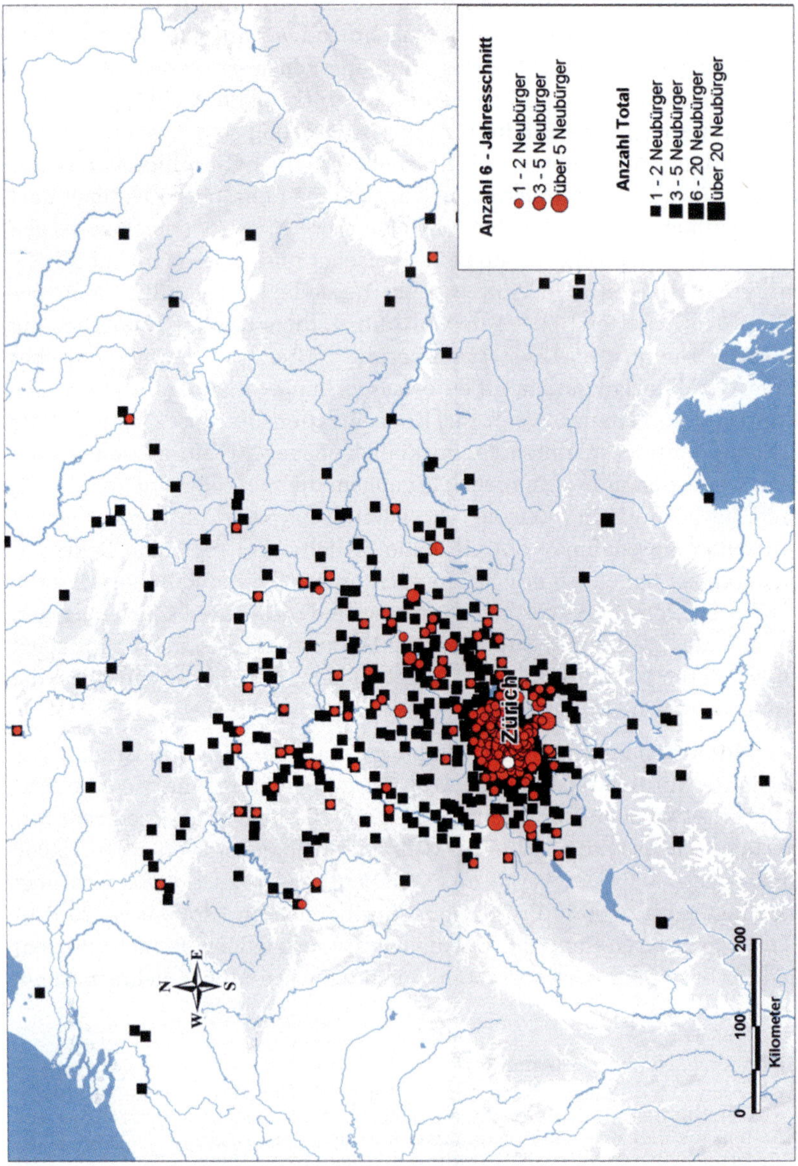

Abb. 4: Neubürger in Zürich (1351 – 1545): Vergleich zwischen Totalerhebung und 6-Jahresschnitt

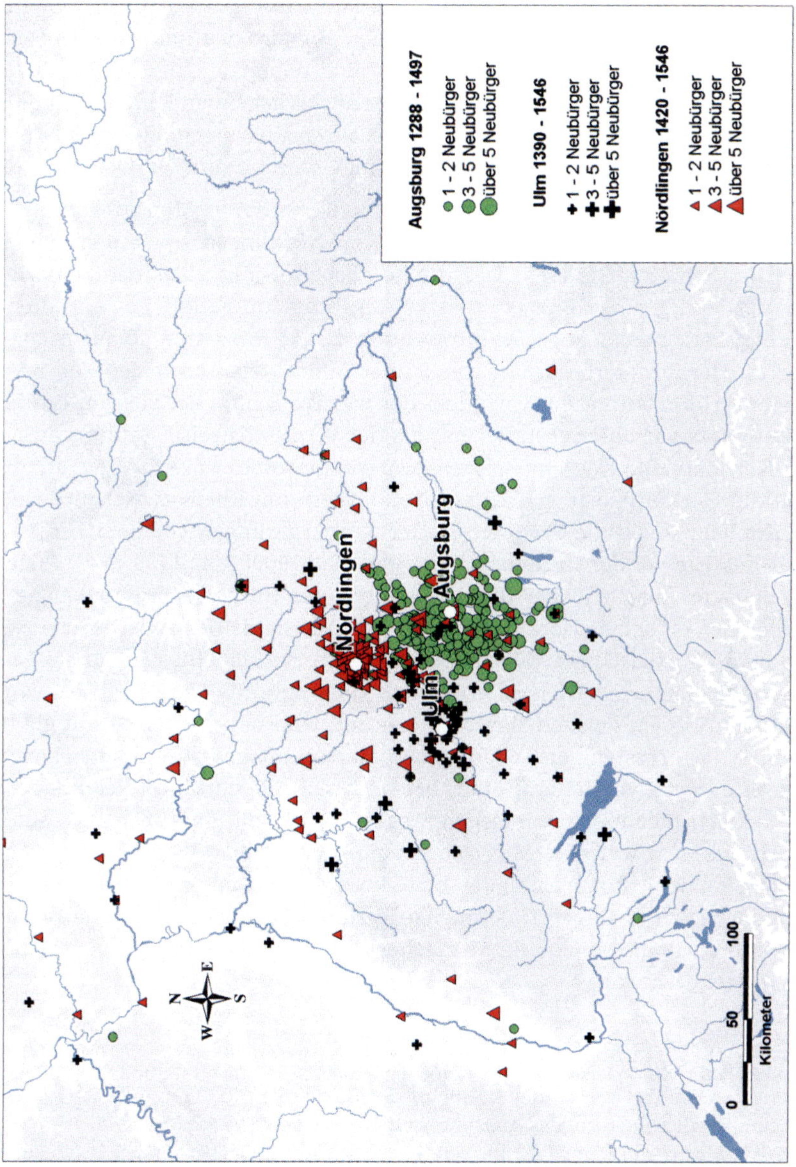

Abb. 5: Herkunft der Neubürger aus den Räumen von Augsburg, Nördlingen und Ulm (1288 – 1546)

wie wir gleich sehen werden[20]. Immerhin zeigen auch diese drei grossen Städte ihren charakteristischen, jeweils sehr eigenen Migrationskernraum, unabhängig offenbar von den zeitlichen Differenzen, die zwischen den zugrundeliegenden Bürgerbüchern bestehen und von Augsburg zu den beiden anderen Städten mehr als 100 Jahre betragen. So wird deutlich, dass die Bodenseestädte, vor allem Ravensburg, was aber auch für Überlingen gilt[21], durch diese Städte, insbesondere durch die nächstliegenden Ulm und Augsburg gewissermassen einen Landriegel bei ihren Rekrutierungen gefunden haben und zur Schwäbischen Alb ‚abgedrängt' worden sind[22].

Überraschend eng erscheinen in Abb. 5 die weiteren Migrationsräume von Ulm und Augsburg gegenüber dem von Nördlingen sowie denen der schon betrachteten Städte[23]. Das dürfte ebenso wenig plausibel sein wie der auffallend geringe Bürgeranteil in Augsburg. Im Falle Ulms entfallen von allen Personenangaben im Bürgerbuch nur 16 Prozent auch auf Angaben zum Herkunftsort, so dass der Ulmer Migrationsraum eigentlich nur rudimentär darstellbar ist, vor allem der weitere Raum, der sich im Laufe der Zeit stets variabler gestaltet hat als der vergleichsweise stabile städtische Kernbereich. Dass mehr zu erwarten gewesen wäre, zeigen allein schon die Herkunftsorte von Ulmer Neubürgern am Rhein zwischen Basel und Koblenz sowie die Frequenzen der Einbürgerungen vor dem Hintergrund des Einwohnerwachstums der Stadt von 9000 um 1400 auf 17'000 Personen um 1500[24]. Woher diese Abstinenz der Bürgerbuchschreiber gegenüber der örtlichen Herkunft rührte, ist angesichts der sonst sehr ausführlich geführten Ulmer Bücher mit häufigen Berufs-, Bürgen- und Bürgergeldangaben schwerlich zu erkennen. Dass man die Herkunftsorte von Zuzügern aus dem eigenen Territorium – und Ulm besass im Spätmittelalter eines der grössten reichsstädtischen Herrschaftsgebiete – nicht eigens vermerkte, wäre vorstellbar, auch bei anderen süddeutschen Reichsstädten[25], jedoch hier nicht zu belegen, abgesehen davon, dass man das Ausbleiben aus dem weiteren Migrationsraum damit ebenfalls nicht erklären könnte. Vielmehr dürfte sich auch bei Ulm die Schwäche der Stichprobenmethode bei zu geringer Datenmenge gerade gegenüber der Variabilität des weiteren Raumes bemerkbar machen, wie dies schon im Zürcher Beispiel aufgefallen war.

---

20 Siehe Abb. 2 im Beitrag *Gerber* in diesem Band.

21 Vgl. *Peter Eitel,* Die Herkunft der Überlinger Neubürger im 15. Jahrhundert, in: Schriften des Vereins für die Geschichte des Bodensees 87 (1969), S. 127–132.

22 Zum Einfluss hier v.a. des Augsburger Raumes siehe *Kalesse* (Anm. 11).

23 Dazu *Vasarhelyi* (Anm. 12) im Vergleich noch mit Esslingen und Schwäbisch-Hall und ihren gleichfalls weiter gespannten Migrationsräumen.

24 Ulm, Bürgerbuch I (Anm. 19); siehe *Hans Eugen Specker,* Ulm: Stadtgeschichte, Ulm 1977.

25 Siehe unten bei Nürnberg.

Augsburg ist dagegen anders zu beurteilen: Sein Bürgerbuch entbehrt nicht nur der quantitativen, sondern auch der qualitativen Vollständigkeit. Es verzeichnete nämlich vor allem Ausbürger und nur unregelmässig stadtsässige Neubürger[26]. So erklärt sich einerseits der oben erwähnte geringe Bürgeranteil an der Einwohnerschaft, andererseits die starke Konzentration auf einen Migrationskernraum, an dem das eigene kleine Augsburger Territorium zwar wesentlich partizipierte, aber kaum genügen konnte. Interessanterweise ergibt eine Totalerhebung der Augsburger Bürger aufgrund zusätzlicher Parallelüberlieferungen in den Rechnungsbüchern gegenüber unseren Stichproben aber kaum ein anderes Bild[27]: Augsburg hat seine Bürger in der Tat im 14. wie im 15. Jahrhundert sehr eng, grossmehrheitlich „schwäbisch" rekrutiert, wofür vielleicht eine spezifische, ebenso herrschaftlich wie ökonomisch begründete Umlandpolitik bei offenbar ausreichender Bevölkerungsdichte verantwortlich gewesen ist[28].

Nach Osten zu trifft man auf die Migrationsräume von Rothenburg ob der Tauber, Nürnberg und Regensburg, grösseren Mittelstädten neben der Grossstadt Nürnberg, deren Bürgeranteile in allen drei Fällen im deutschen Normdrittel lagen (Abb. 6)[29]. Der Befund ist zunächst uneinheitlich und scheint vom bisher Betrachteten abzuweichen: Der erwartete dichte Kernraum um die Stadt herum begegnet nur bei Regensburg, allenfalls noch bei Rothenburg, kaum jedoch bei Nürnberg. Ohne Einbürgerungen

---

26 Vgl. *Kalesse* (Anm. 11), Kapitel II, 1.1.

27 Ebd., Herkunftstabelle, Kartenteil. Frau Dr. Kalesse sei für das frühe Überlassen des Zahlenmaterials herzlich gedankt.

28 Vgl. den Beitrag von *Rolf Kießling* in diesem Band und seine dort zitierten einschlägigen Arbeiten zu Augsburg; im Überblick *Wolfgang Zorn*, Augsburg. Geschichte einer Stadt, Augsburg 1994.

29 Siehe Abb. 2 im Beitrag *Gerber* in diesem Band. – Zugrunde liegen zwei unedierte Bürgerbücher von Rothenburg ob der Tauber (1480–1583): Stadtarchiv Rothenburg Sign. B40–B41; die pergamentenen und die papierenen Neubürgerlisten von Nürnberg (1302–1620 bzw. 1382–1630): Staatsarchiv Nürnberg, Amts- und Standbücher, Sign. Rep. 52b, AStB Nr. 228, 297–300 (pergamentene), Rep. 52b, AStB Nr. 303–308 (papierene), dazu *Werner Schultheiss* (Hg.), Die Nürnberger Bürgerbücher, Band 1: Die pergamentenen Neubürgerlisten 1302–1448. Mit einer Einführung in die mittelalterlichen Quellen zur Bevölkerungs- und Sozialgeschichte Nürnbergs (Quellen zur Geschichte und Kultur der Stadt Nürnberg 9), Nürnberg 1974, die in den pergamentenen fehlenden Jahre 1500–1545 sind ab 1534 zum Teil aus Rechnungsbelegen in einem 1915 angelegten Neubürgerverzeichnis rekonstruiert (AStB Nr. 300), ferner *Albert Gümbel*, Die Nürnberger „Pergamentenen Bürgerbücher" und die Ergänzung ihrer Lücken, in: Korrespondenzblatt des Gesamtvereins der deutschen Geschichts- und Altertumsvereine 65 (1917), Sp. 147–152; Regensburger Neubürgerlisten (1419–1569) sind als Dateien im Stadtarchiv Regensburg dankenswerterweise einsehbar gewesen; vgl. *Bettina Callies, Heinrich Wanderwitz*, Das Regensburger Bürger- und Häuserbuch, in: Regensburg und Bayern im Mittelalter (Studien und Quellen zur Geschichte Regensburgs 4), Regensburg 1987, S. 131–147, bisher publiziert als CD-ROM: *Susanne Kropac* (Bearb.), Das älteste Bürgeraufnahmebuch der Reichsstadt Regensburg, Regensburg/Graz 1997; *dies.* (Bearb.), Das zweite Bürgeraufnahmebuch der Reichsstadt Regensburg, Regensburg/Graz 1999.

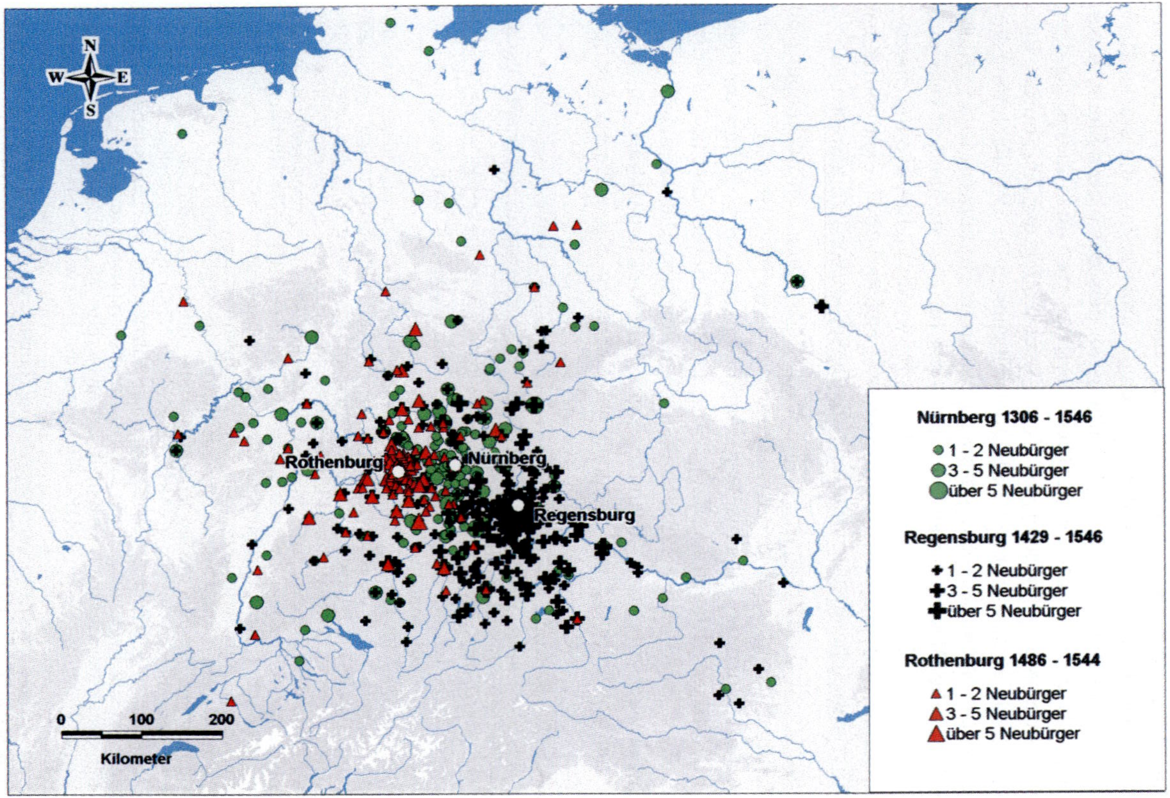

Abb. 6: Herkunft der Neubürger aus den Räumen von Nürnberg, Regensburg und Rothenburg o. T. (1306–1546)

aus den Städten selbst würde wohl ein diffuses Bild entstanden sein. Dabei geboten beide Reichsstädte, vor allem Nürnberg, über ein ausgedehntes städtisches Herrschaftsgebiet ganz im Gegensatz zu den wenigen Gebietsstreifen der Freien Stadt Regensburg, und doch scheint der Zuzug von Neubürgern davon nicht abhängig gewesen zu sein. Wie schon bemerkt, ist das Territorium nicht unbedingt ein Garant für einen erschöpfenden Kernraum. Während Nürnberg und Regensburg in dieser Hinsicht also ein gegensätzliches Bild bieten, lässt sich bei Rothenburg indessen eine gewisse Einheit von Kernraum und Herrschaftsgebiet erkennen; die umliegenden Herkunftsorte bilden die Umrisse des Rothenburger Landes noch recht deutlich ab, wobei man vorbehaltlich einkalkulieren sollte, dass der Vergleichszeitraum wegen mangelnder früherer Dokumentationen beträchtlich kürzer ausfallen muss als bei den beiden anderen Städten und somit die Intensität der kartographischen Darstellung möglicherweise nicht ganz der Wirklichkeit entspricht[30].

Dies gilt bei Rothenburg erst recht für den weiteren Migrationsraum, obwohl auch so schon Fernrekrutierungen erkennbar werden (Abb. 6), die in ihrer Ausgedehntheit etwa am Rhein denen von Nürnberg und Regensburg kaum nachstehen. Wie es scheint, stand Rothenburg mit seinem Migrationsraum zumindest im späten 15. und der ersten Hälfte des 16. Jahrhundert keineswegs bloss im Schatten des nahen Nürnberger Zentrums. Regensburg rekrutierte weit und dicht im Südosten, in Franken und Niederbayern, deutlich auch im Augsburger, Ulmer und Nürnberger Raum, sowie in nördlicher Richtung über die Oberpfalz bis ins Sächsische, während Nürnberg von einem eher lockeren fränkischen Kerngebiet aus einen weitaufgespannten Migrationsraum schwerpunktartig am Mittel- und Oberrhein, in Bayern sowie im mitteldeutschen Raum entfaltete[31].

Der so beschaffene Nürnberger Migrationsraum ist allerdings das Abbild einer bürgerlichen Besonderheit: Dargestellt in Abb. 6 sind nämlich nicht die Herkunftsorte der Neubürger schlechthin, sondern in erster Linie die-

---

30 Ein älteres Bürgerbuch Rothenburgs für die Zeit vor 1480 ist verschollen, und die frühesten Aufzeichnungen im Stadtbuch von 1375 bis 1381 und 1385 (Stadtarchiv Rothenburg Sig. B 39) bieten keinerlei Ersatz.

31 Zur Einordnung vgl. etwa *Ludwig Schnurrer,* Der Bürger als Grundherr, in: Schulze (Anm. 11), S. 61–75; *Rudolf Walter von Bezold,* Die Verfassung und Verwaltung der Reichsstadt Rothenburg ob der Tauber (1172–1803), Nürnberg 1915; *Karl Bosl,* Die Sozialstruktur der mittelalterlichen Residenz- und Fernhandelsstadt Regensburg, München 1966; *Martin Angerer,* Regensburg im Mittelalter, Regensburg 1995; *Hektor Ammann,* Nürnbergs wirtschaftliche Stellung im Spätmittelalter, Nürnberg 1970; *Hans Hubert Hofmann,* Nürnbergs Raumfunktionen in der Geschichte, in: Stadt-Land-Beziehungen als Problem der Historischen Raumforschung, Hannover 1974, S. 91–101; *Werner Schultheiss,* Die Mittelschicht Nürnbergs im Spätmittelalter, in: Städtische Mittelschichten, hg. von Erich Maschke und Jürgen Sydow, Stuttgart 1972, S. 135–149; *Gerhard Pfeiffer* (Hg.), Nürnberg. Geschichte einer europäischen Stadt, Bd. 1, Nürnberg 1971.

jenigen der in die sogenannten pergamentenen Listen eingetragenen Bürger. In Nürnberg hat man bis 1664 zwei verschiedene Aufzeichnungen nebeneinander geführt, die *pergamentenen* seit 1302 und die *papierenen* seit 1382. Erklärt wird diese ‚doppelte Büchführung' durch den unterschiedlichen sozialen Stand, die Höhe der Einbürgerungsgebühren sowie die unterschiedliche Wohnsitznahme in Nürnberg, entweder in der Innenstadt oder in den Randbezirken und den Vorstädten. So schrieb man die Namen der bessergestellten und ‚reicheren' Neubürger, die sich in der Innenstadt niederliessen, auf die Pergamentfolien, die der übrigen, nach den Berufsangaben zumeist Handwerker, auf Papier. Auch die bezeichnenderweise *Slehtbürger* oder *Tagwerker* genannten Einwohner ohne (volles) Bürgerrecht wurden in diesen Listen bis etwa zur Mitte des 15. Jahrhunderts in besonderen Rubriken ‚zu Papier' gebracht[32]. Da nun die Herkunftsangaben der „pergamentenen Neubürger" wesentlich häufiger dokumentiert sind als die der „papierenen" (mit 24 zu fünf Prozent auf den gesamten Zeitraum gerechnet), bietet die Karte in Abb. 6 vor allem den Migrationsraum einer mittleren und gehobenen bürgerlichen Klientel, deren Fernwanderung die nahe zudem beträchtlich überwog. Demgegenüber stammte vermutlich ein sehr grosser Teil der „papierenen Neubürger", deren Herkunft aufzuschreiben man nicht für notwendig hielt, immerhin zu 95 Prozent, aus dem stadtnahen Umland und dem reichsstädtischen Territorium, oder er lebte schon lange in den Vorstädten, wie zum Beispiel im Jahre 1393, als über 400 Tagwerker ihren Status auf einen Schlag legalisieren lassen mussten[33]. Man trifft hier offenbar auf eine ähnliche Schreiberpraxis, wie sie schon im Falle Ulms angedeutet worden ist. Auf solcher Praxis beruht dann natürlich der gegenüber Regensburg und Rothenburg im Bild kaum vorhandene bzw. nicht in gleicher Weise darstellbare ‚Nürnberger Kernraum'. Die alte Frage, ob Nahwanderung und Territoriumsbildung überhaupt etwas miteinander zu tun haben, kann man jedenfalls nicht allein mit den pergamentenen Bürgerlisten beantworten; sie weisen in die falsche Richtung[34].

Schon mehrfach ist der Rhein auf seiner ganzen Länge als fernerer Migrationsraum verschiedener Beispiel-Städte von Zürich bis Nürnberg aufgefallen, so dass wir uns ihm zuwenden wollen. Hier treffen wir auf die

---

32 Dazu *Schultheiss*, Bürgerbücher I (Anm. 29); *Werner Schultheiss*, Satzungsbücher und Satzungen der Reichsstadt Nürnberg aus dem 14. Jahrhundert, Bd. 1, Nürnberg 1965, Bd. 2, Nürnberg 1978 mit Registern und einer wichtigen Einführung; *ders.*, Das Bürgerrecht der Königs- und Reichsstadt Nürnberg, in: Festschrift für Hermann Heimpel, Bd. 2, Göttingen 1972, S. 159–195; *ders.*, Mittelschicht (Anm. 31), S. 140 f.

33 Nürnberg, AStB Nr. 303 (Anm. 29), fol. 93 ff.; *Schultheiss*, Mittelschicht (Anm. 31), S. 139 f.

34 Vgl. *Kießling* in diesem Band unter Hinweis (Anm. 48) auf *Heinz Dannenbauer*, Die Entstehung des Territoriums der Reichsstadt Nürnberg, Stuttgart 1928.

Räume zweier Grossstädte wie Strassburg und Köln sowie zweier grösserer Mittelstädte wie Speyer und Frankfurt am Main (Abb. 7)[35]. Das Bürger-Einwohner-Verhältnis liegt in Strassburg und Frankfurt im Normdrittel, in Speyer bei etwa 50 zu 50, nur in Köln scheint es ähnlich Augsburg nicht über sieben bis acht Prozent hinauszugelangt zu sein[36], ein Ergebnis, dem man sofort nur mit Misstrauen begegnen kann, will man die Kölner Situation nicht fehleinschätzen[37]. Denn wie in Augsburg und Nürnberg verzeichneten auch die Bürgerbücher Kölns nicht allgemein die Neubürger, sondern vielfach nur jene, die zugleich auch das Weinschankrecht besessen oder erworben haben und in die Weinbruderschaft aufgenommen worden sind[38]. Wie in Nürnberg hat man es also in Köln ebenfalls mehrheitlich mit einer mittleren bis gehobenen bürgerlichen Klientel und folglich ihrem Migrationsraum in erster Linie zu tun. Indessen muss auch die in Speyer über

---

35 Zugrunde liegen: *Charles Wittmer, J.-Charles Meyer* (Hg.), Le livre de bourgeoisie de la ville de Strasbourg 1440–1530, 3 Bde., Strasbourg 1948–1961, dazu *Charles Wittmer,* Das Straßburger Bürgerrecht. Vom Ursprung bis zum Jahre 1530, in: Alemannisches Jahrbuch 1961, S. 235–249, mit Korrekturen und Ergänzungen zur Edition *François J. Fuchs,* Le droit de bourgeoisie à Strasbourg, in: Revue d'Alsace 101 (1962), S. 1–50. – Die unedierten, teils fragmentarischen Bürgerbücher I und II von Speyer (1344–1371, 1382–1409, 1514–1590), Stadtarchiv Speyer Sign. 1A 113–114, 1A 348, ebd. Abschriften von *Günther Groh;* einige Ergänzungen für das 14. Jahrhundert aus dem Ratsbuch (Sign. Fasc. 50) sind mitgeteilt von *Franz Josef Mone,* Bürgerannahme vom 13. bis 18. Jahrhundert [in Rheinpreußen, Hessen, Baiern, Elsaß, Schweiz, Wirtemberg und Baden], in: Zeitschrift für Geschichte des Oberrheins 8 (1857), S. 1–71, hier für Speyer S. 27–32, die Dokumentationslücken im 15. Jahrhundert bleiben aber ein Problem, dazu auch *Kurt Andermann,* Probleme einer statistischen Auswertung der älteren Speyrer „Volkszählung" von 1469/70, in: Ders. und Hermann Ehmer (Hg.), Bevölkerungsstatistik an der Wende vom Mittelalter zur Neuzeit. Quellen und methodische Probleme im überregionalen Vergleich, Sigmaringen 1990, S. 95–108. – *Dietrich Andernacht, Otto Stamm* (Hg.), Die Bürgerbücher der Reichsstadt Frankfurt 1311–1400 und das Einwohnerverzeichnis von 1387 (Veröffentlichungen der Historischen Kommission der Stadt Frankfurt am Main 12), Frankfurt a.M. 1955; *Dietrich Andernacht, Erna Berger* (Hg.), Die Bürgerbücher der Reichsstadt Frankfurt 1401–1470 (Veröffentlichungen der Historischen Kommission der Stadt Frankfurt am Main 14), Frankfurt aM. 1978, zur Edition vorbereitet (Stadtarchiv Frankfurt) das Bürgerbuch 1471–1530, dazu bereits mit Kritik und Analyse *Bücher* (Anm. 11), S. 315–525. – *Hugo Stehkämper, Gerd Müller* (Hg.), Kölner Neubürger 1356–1798, Teil I: 1356–1640 (Mitteilungen aus dem Stadtarchiv von Köln 61), Köln/Wien 1975; *Joachim Deeters, Arnold Lassotta* (Hg.), Kölner Neubürger 1356–1798, Teil IV: Index und Nachträge (Mitteilungen aus dem Stadtarchiv von Köln 64), Köln/Wien 1983.

36 Siehe Abb. 2 im Beitrag *Gerber* in diesem Band.

37 So wie z. B. *Martha Howell,* Citizenship and Gender: Women's Political Status in Northern Medieval Cities, in: Women and Power in the Middle Ages, ed. Mary Erler and Maryanne Kowaleski, Athen/London 1988, S. 37–60; siehe dazu auch *Barbara Studer* in diesem Band, wie aber auch die Herausgeber *Stehkämper* und *Müller* (Anm. 35), deren Frequenztabellen, S. LXII-LXV, so nicht brauchbar sind, weil sie nicht zwischen reinen Bürgeraufnahmen und den Aufnahmen in die Weinbruderschaft unterscheiden und so vielfach zu Doppelzählungen gekommen sind.

38 Wir haben in unserem Material auch nur diese strikt als Neubürger behandelt. Zur Sache neben *Stehkämper* und *Müller* (Anm. 35) grundlegend *Joachim Deeters,* Das Bürgerrecht der Reichsstadt Köln seit 1396, in: Zeitschrift für Rechtsgeschichte, Germ. Abt. 104 (1987), S. 1–83.

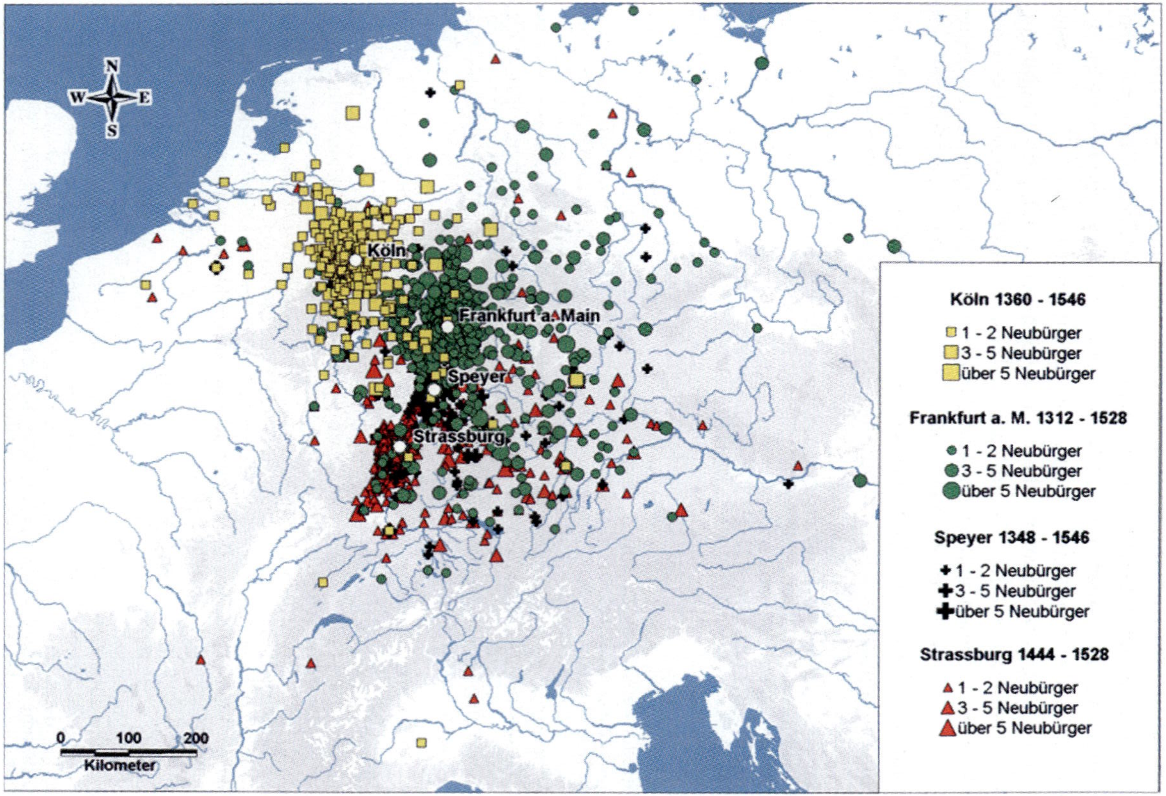

Abb. 7: Herkunft der Neubürger aus den Räumen von Köln, Frankfurt a. M., Speyer und Strassburg (1312 – 1546)

der Norm liegende Bürgerzahl zu denken geben: Speyer besitzt seit 1344 recht ausführlich geführte Bürgerbücher mit vergleichsweise reichen Herkunftsangaben (52%), Bürgen-, Berufs- und Leistungsangaben, mit zumeist sorgfältiger Trennung zwischen Einbürgerungs- und Inskriptionsdaten sowie nach Art des Bürgerrechts. Was andernorts oft nur in wenigen Personen erkennbar wird, hat man in Speyer zunächst unterschiedslos unter den anderen, erst im 16. Jahrhundert in eigenen Rubriken, vielfach aufgelistet, Personen, die bei entsprechender Eidesleistung ein spezielles Bürgerrecht erhielten: überdurchschnittlich viele Juden, Kleriker und Frauen[39]. Auf den gesamten Untersuchungszeitraum gerechnet – allerdings bestehen grosse Überlieferungslücken zwischen 1409 und 1514 – waren die Inhaber dieser bürgerlichen Sonderrechte sogar in der Überzahl, und dies musste sich auch im Migrationsraum auswirken.

Die vier „rheinischen", wiederum Freien oder Reichs-Städte zeigen die erwarteten, charakteristischen Kernräume (Abb. 7), Köln und Frankfurt in besonderer Ausgedehntheit und Dichte vom 14. bis ins 16. Jahrhundert, obwohl Köln kein eigenes Herrschaftsgebiet und Frankfurt nur ein relativ kleines besass. Dafür aber verfügten beide Städte über gelungene Bindungen verschiedenster Art in zahlreichen Dörfern der Umlande; Köln förderte zudem besonders in seinen linksrheinischen Kernraumanteilen ein ausgedehntes Ausbürgerwesen[40]. Nach der Grösse des Kernraums scheint sich Strassburg anzuschliessen, doch kann man nur vorsichtig vergleichen, da das im Jahre 1292 begonnene erste Bürgerbuch verloren ist und das zweite Buch erst 1440 einsetzte. Aber auch so ist gut sichtbar, dass der Kernraum weit über das eigene, durchaus ansehnliche Territorium hinauswies. Speyer hatte dagegen wenig Chancen, sich zwischen den Grossräumen von Frankfurt und Strassburg und ungeachtet der Umlande vieler anderer mittel- und oberrheinischer Städte ein bedeutenderes Kerngebiet aufzubauen; das wird man trotz der Lückenhaftigkeit der Quellen so feststellen dürfen, zumal das Gebiet der kartographisch sichtbaren Nahwanderung ohnehin komplett mit dem linksrheinischen Herrschaftsgebiet der Stadt nebst kleinen Teilen des Speyrer Hochstifts identisch ist. Im weiteren Migrationsraum rekrutierten Strassburg und Speyer fast parallel im gesamten Rheinraum, mit Eingriffen in die Kernräume der jeweils anderen Städte, recht stark zum Beispiel in den Frankfurter Raum, die Zentralen nicht ausge-

39 Zur Problematik siehe die Arbeiten von *Gilomen* und *Studer* in diesem Band.

40 Siehe *Elsbet Orth,* Frankfurter Umlandpolitik im späten Mittelalter, in: Archiv für Frankfurter Geschichte und Kunst 61 (1987), S. 33–51; umfassender *dies.*, Stadtherrschaft und auswärtiger Bürgerbesitz. Die territorialpolitischen Konzeptionen der Reichsstadt Frankfurt im späten Mittelalter, in: Schulze (Anm. 11), S. 99–156. – *Hans J. Domsta,* Die Kölner Ausbürger. Untersuchungen zur Politik und Verfassung der Stadt Köln von der Mitte des 13. bis zur Mitte des 16. Jahrhunderts (Rheinisches Archiv 84), Bonn 1973.

nommen, und doch blieben beide im wesentlichen auf den Mittel- und Oberrhein fixiert, auch wenn weite Beziehungen in den Bodenseeraum, nach Oberschwaben und bis in die Nürnberger Region erkennbar sind; in Speyer sind dafür auch die Sondergruppen im Bürgerrecht verantwortlich gewesen, für die grösseren Entfernungen und Wanderungen sogar die Frauen[41].

Viel weiter gespannt, entsprechend dem Rang einer Messestadt, zeigt sich der Migrationsraum Frankfurts, in dem die Überregionalität vom frühen 14. bis ins frühe 16. Jahrhundert in Orten und Personen zumindest annähernd so bedeutend gewesen ist wie der Kernraum. Das Schwergewicht der Frankfurter Zuwanderungen stammte allerdings aus dem süddeutschen Raum zwischen Rhein und Donau sowie aus dem mittel- und ostdeutschen Raum bis zur Elbe und gelegentlich darüber hinaus bis zur Ostsee[42]. In nördlicher und nordwestlicher Richtung endete Frankfurts Anziehungskraft indessen fast barriereartig vor dem Kölner Migrationskernraum, der in etwa schon im südlichen Westfalen begann, unterstützt gewissermassen durch die Räume von Dortmund und Soest[43]. Nur selten, so scheint es, erhielt Frankfurt Zuzug aus der eigentlichen Kölner Domäne: linksrheinisch aus den Gebieten zwischen Mosel, Maas und Niederrhein sowie aus den Niederlanden und rechtsrheinisch aus dem nördlichen Westfalen bis zur Weser.

Damit ist der Kölner Migrationsraum auch gleich selbst schon beschrieben; man kann nur noch in südlicher Richtung Zuzüger aus dem Frankfur-

---

41 Vgl. *Studer,* Adlige Damen (Anm. 5), S. 46 f. – Zu Speyer auch die Darstellung von *Willi Alter* (Hg.), Pfalzatlas, Speyer 1964, mit Textband I, S. 440 ff.; *Wolfgang Eger* (Hg.), Geschichte der Stadt Speyer, Bd. 1, Speyer 1983. – Zu Strassburg *Walter Bodmer,* Die schweizerische Zuwanderung in Strassburg im Rahmen der allgemeinen Einwanderung, in: Zeitschrift für Schweizerische Geschichte 23 (1943), S. 201–233, hier 202–208; *Jean-Paul Kintz,* La mobilité humaine en Alsace. Essai de présentation statistique XIVe-XVIIIe siècles, in: Annales de Démographie Historique 1970, S. 157–183; *Philippe Dollinger,* La population de Strasbourg et sa répartition aux XVe et XVIe siècles. Die Stadt in der europäischen Geschichte, Bonn 1972.

42 *Bücher* (Anm. 11), S. 422 ff.; *Konrad Bund,* Frankfurt am Main im Spätmittelalter 1311–1519, in: Frankfurt am Main. Die Geschichte der Stadt in neun Beiträgen, hg. von der Frankfurter Historischen Kommission, Sigmaringen 1991, S 53–149, 66 ff., 73 ff. u.ö.

43 Vgl. *Karl Rübel,* Verzeichnis der Dortmunder Neubürger von 1295 bis 1410, in: Dortmunder Urkundenbuch I-III, Dortmund 1881–1899 (Ndr. Osnabrück 1975); *ders.*, Die Bürgerlisten der Frei- und Reichsstadt Dortmund (1411–1511 und 1557–1803), in: Beiträge zur Geschichte Dortmunds und der Grafschaft Mark 12 (1903), S. 33–268; *Luise von Winterfeld,* Berichtigungen zu den Bürgerlisten für die Zeit von 1411–1510, in: Beiträge zur Geschichte Dortmunds und der Grafschaft Mark 42 (1936), S. 133–137. *Hermann Rothert* (Hg.), Das älteste Bürgerbuch der Stadt Soest 1302–1449 (Veröffentlichungen der Historischen Kommission für Westfalen XXVII), Münster 1958; *ders.*, Soest und Dortmund im Spiegel ihrer Bürgerbücher, in: Westfälische Forschungen 8 (1955), S. 65–73; für die Zeit von 1302–1354 und ab 1561 *Ditt* (Anm. 11), S. 35 ff.

ter Kernraum, vom Mittel- und Oberrhein sowie, aber sehr isoliert, aus den Räumen von Nürnberg und Augsburg erkennen. Es ist in dieser Form ein ganz überwiegend westlich orientierter Raum oder anders gesagt ein Raum, in dem im Gegensatz zu Frankfurt, mitteldeutsche, süd- und ostdeutsche Herkunftsregionen keine Rolle spielten. Damit aber entspricht dieser Raum dem zu erwartenden überregionalen Einzugsgebiet der mächtigen rheinischen Exportgewerbe- und Fernhandelsstadt ganz und gar nicht, auch nicht dem der grossen Kölner Universität, deren Besucher den Wegen der Wirtschaft folgend in bedeutender Weise im gesamten Reichsraum rekrutiert worden sind[44]. Das Kölner Bürgerbuch lässt also eher den etwas erweiterten rheinischen Raum der „Weinbrüder" erkennen als den der puren Neubürger. Vom sozialen Status her mögen die „Weinbrüder" den „pergamentenen Neubürgern" Nürnbergs ähnlich gewesen sein, jedoch von der Migrationsweite her gesehen wohl nicht. Etwas ist in diesem Raum dennoch von allgemeiner Bedeutung: Im Westen endete die Kölner Migration – von wenigen Ausnahmen abgesehen – an der Maas und am unteren Niederrhein (Abb. 7). Die westlichen alten Niederlande scheinen damit als Migrationsgebiete für Köln auszuscheiden. Trotz der weinbruderschaftlich eingeschränkten Aussagekraft der kartographischen Darstellung kann man aber bereits eine Grenze erkennen, eine die Neubürgerwanderungen vermutlich behindernde Sprachgrenze. Dieser Befund korrespondiert umgekehrt mit Beobachtungen aus den Migrationsräumen von Brügge, Mechelen und Bergen-op-Zoom zwischen dem frühen 15. und frühen 16. Jahrhundert, die eine gewisse gesamtniederländische Geschlossenheit gegenüber dem Binnenreich zu erkennen geben: Schon das Mass-Rhein-Gebiet – mit Ausnahme des beidseitig verknüpften Maastrichter Raumes – ist kaum noch als Bürgerreservoir wahrzunehmen, und die Grenze nach Osten ist spätestens der Rhein auf der Höhe Kölns[45].

---

44 *Franz Irsigler,* Die wirtschaftliche Stellung der Stadt Köln im 14. und 15. Jahrhundert (VSWG Beiheft 65), Wiesbaden 1979 (Karten); *Schwinges,* Universitätsbesucher (Anm. 3), S. 244–255.

45 Zugrunde liegen die Bürgerbücher von Brügge: *Alfred Jamees,* Brugse poorters. Opgetekend uit de stadsrekeningen en ingeleid, 3 Bde., Handzame / Zedelgem 1974, 1980, 1990; *R.A. Parmentier,* Indices op de Brugse poorterboeken, 2 Teile, Brugge 1938; vgl. dazu jetzt *Müller-Herrenschwand,* Neubürger der Stadt Brügge (Anm. 11), bes. S. 69 ff., 77 ff.; *dies.,* Brügges Bevölkerung, in diesem Band. – Unedierte Bürgerbücher von Bergen (1397–1522): Stadsarchief Bergen-op-Zoom Sign. 15, 955a, 955 f.; Bürgerlisten des 14. Jahrhunderts bei *H. Levelt,* 14e eeuwse poortersnamen te Bergen-op-Zoom, in: Sinte-Geertruidsbronne 4, 5, 7 (1927, 1928, 1930). – *Marcel Kocken,* De gekochte poorters van Mechelen 1400–1795 (Familia et Patria. Poorterboeken van de zuidelijke Nederlanden, deel VII), Handzame 1975; *J. Verbeemen,* Liste d'émigrants venus de Malines (Belgique) achetant la bourgeoisie (1341–1798), in: Tablettes de Brabant 5 (1963), S. 259–351; *ders.,* Emigratie uit Mechelen, in: Handelingen van de koninklijke kring voor outheidkunde, letteren en kunst van Mechelen 67 (1963), S. 26–37. – *P. J. H. Ubachs,* De burgerboeken van Maastricht, 1300–1795, in: Publications de la Société Historique et Archéologique dans le Limbourg 126 (1990), S. 22–50; *ders.,* Nieuwe burgers van Maastricht 14de eeuw-1795,

Vom Rhein aus nach Osten blickend, wählen wir als Beispiele zunächst die Migrationsräume von Göttingen, Lüneburg und Braunschweig, einer Mittelstadt und zweier Grossstädte am Ende des 15. Jahrhunderts, deren Bürgeranteile über den gesamten Beobachtungszeitraum hinweg gesehen den Normbereich vermutlich nicht ganz erreicht haben[46]. In Braunschweig mag dies an der teilweise lückenhaften Führung und Überlieferung der Bürgerbücher gelegen haben. Jedes der fünf Weichbilde der Stadt: Altstadt, Neustadt, Altenwiek, Sack und Hagen, führte zu unterschiedlichen Zeiten sein eigenes Neubürgerverzeichnis. Ein Buch der Gesamtstadt, weiterhin freilich nach Weichbilden rubriziert, existiert erst – abgesehen vom isolierten Jahrgang 1517 – seit 1530; doch für unsere Darstellung haben wir alle Aufzeichnungen zwischen 1336 und 1540 zusammengefasst[47].

Wiederum bemerkt man um alle drei Städte herum die bekannten, mehr oder weniger klar umrissenen Migrationskernräume (Abb. 8). Sie basierten sowohl auf den eigenen Landgebieten dieser drei „halbautonomen“, freistadtähnlichen Territorialstädte der Herzogtümer Braunschweig-Wolfenbüttel und Braunschweig-Lüneburg als auch auf nahe Ortschaften der herzoglichen Lande. Alle drei Städte, insbesondere Braunschweig und Lüneburg, haben mit ihren Rekrutierungen in die Kernräume der jeweils anderen Stadt, wie es scheint, stärker eingegriffen als es sonst bisher im Reich aufgefallen war; dafür sorgte schon die gemeinsame Nachbarschaft der welfischen Territorien[48]. Ziemlich klar aufgeteilt war dagegen der weitere Migrationsraum. Göttingen zog seine Neubürger im wesentlichen aus westlicher und südwestlicher Richtung an, aus Westfalen, Thüringen und Hessen; die Mainlinie scheint die Südgrenze gewesen zu sein. Braun-

Geleen 1993. – Ähnlich ambivalent noch der Rheinmündungsraum, vgl. *de Boer* (Anm. 12); *ders.*, De verhouding Leiden-Rjinland 1365–1414. Veranderingen in een relatie, in: Economisch en Sociaal-Historisch Jaarboek 38 (1975), S. 48–73.

46 Siehe Abb. 2 im Beitrag *Gerber* in diesem Band.

47 Zugrunde liegen die unedierten Bürgerbücher I-VII von Braunschweig (1320–1541): Stadtarchiv Braunschweig Sign. B I 7, Nrn. 1–7, Altstadt (1), Neustadt (2), Altenwiek (3), Sack (4), Gesamtstadt (5–7), dazu einschlägig, aber ohne Herkunftsanalyse *Andrea Theissen,* Die Neubürgerpolitik der Stadt Brauschweig im Rahmen ihrer Finanz- und Wirtschaftspolitik vom Ende des 15. Jahrhunderts bis zum 30jährigen Krieg, in: Stadt im Wandel. Kunst und Kultur des Bürgertums in Norddeutschland 1150–1650, hg. von Cord Meckseper, Ausstellungskatalog Band 4, Stuttgart/Bad Canstatt 1985, S. 119–129. – *Heinz Kelterborn* (Hg.), Die Göttinger Bürgeraufnahmen, Band 1: 1328–1640, Göttingen 1961. – Unediertes Bürgerbuch von Lüneburg (1399–1552 und darüber hinaus): Stadtarchiv Lüneburg Sign. AB 2; Neubürgerverzeichnis 1289–1397 bei *Wilhelm Reinecke* (Hg.), Lüneburgs ältestes Stadtbuch und Verfestungsregister (Quellen und Darstellungen zur Geschichte Niedersachsens 8), Hannover/Leipzig 1903.

48 Vgl. etwa *Gerhard Bartel,* Der ländliche Besitz der Stadt Göttingen. Entwicklung, Bewirtschaftung und Verwaltung vom 13. Jahrhundert bis zur Gegenwart, Hildesheim 1952; *Heinz Germer,* Die Landgebietspolitik der Stadt Braunschweig bis zum Ausgang des 15. Jahrhunderts, Göttingen 1937; *Richard Moderhack,* Braunschweigs Stadtgeschichte, Band 1, Braunschweig 1985, S. 1–35, 19 ff.

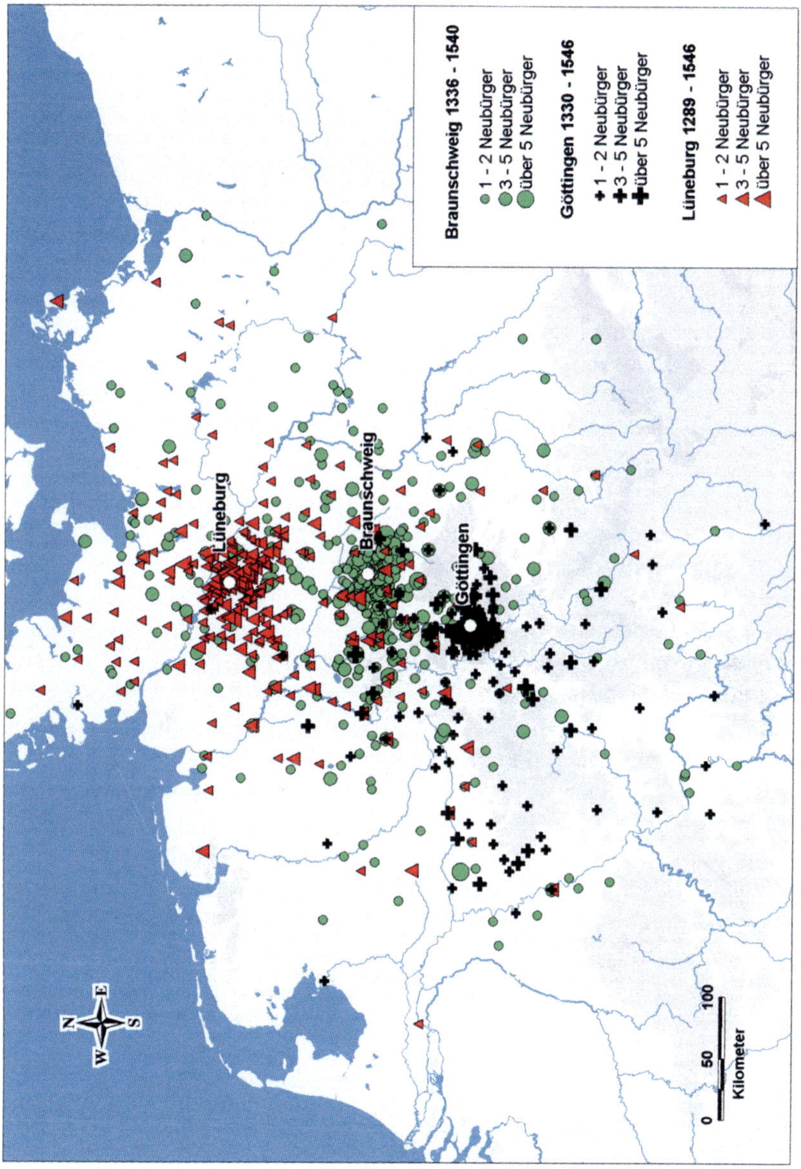

Abb. 8: Herkunft der Neubürger aus den Räumen von Braunschweig, Göttingen und Lüneburg (1289 – 1546)

schweig und im geringeren Umfang Lüneburg folgten dieser Richtung, auch vom unteren Niederrhein bis zum Main, hatten insgesamt aber ihren Einzugsschwerpunkt sehr deutlich nordwärts ausgerichtet, im Hanseraum zwischen Weser und Elbe und nördlich der Elbe bis zur Ostsee in Holstein, Mecklenburg und Pommern[49]. Aufschlussreich ist der Hinweis aus den die Bürgerbücher ergänzenden Kämmereirechnungen Göttingens, dass man „Niederländer", d. h. Neubürger aus Gebieten westlich der Weser, nicht sonderlich gerne in der Stadt gesehen hat, sie zwar nicht am Zuzug hinderte, aber dafür den doppelten Satz des üblichen Bürgergeldes verlangte[50]. Dass dies nicht nur eine Aktennotiz, sondern spätmittelalterliche Realität für Göttingen gewesen ist, hat sich in der vergleichenden Darstellung der Migrationsräume der drei niederdeutschen Städte (Abb. 8) sehr deutlich niedergeschlagen. Solche geradezu ‚raumsteuernde' Praxis dürfte in der einen oder anderen Form weitverbreitet gewesen sein, zum Beispiel auch im Südwesten des Reichs, in der Eidgenossenschaft, wo man von Neubürgern – gestaffelt nach der Herkunft aus dem eigenen, dem eidgenössischen oder dem fremden Territorium – unterschiedlich hohe Aufnahmegebühren verlangen konnte[51].

Ein letztes Beispiel führt zur ‚hansischen Ostsee', in die neubürgerlichen Migrationsräume der Grossstädte Rostock, Stralsund und Danzig (Abb. 9), deren Bürgeranteile oberhalb des deutschen Normdrittels liegen[52]. Man bemerkt hier relativ diffuse Kernräume, vor allem bei Rostock, was auf die Situation in einer wenig verstädterten und nicht sehr dicht besiedelten Landschaft zurückzuführen ist, vielleicht zusätzlich auch, ausser bei Danzig, auf das Fehlen eigener Herrschaftsgebiete im ländlichen Umkreis. Alle drei Städte sind auf einen grossen und weitgespannten Migrationsraum angewiesen, der den gesamten Nordwesten bis zum Rhein und den Süden bis etwa zum Thüringer Wald erfasst und für Stralsund und Danzig darüber hinaus noch tendenziell in Richtung Bodensee ausgreift. Danzig weisst im übrigen den weitesten Migrationsraum auf. Es beherrscht gewissermassen den Ostseeraum (Pommern eindeutig), greift massiv in die Kernräume von Rostock und Stralsund ein, tritt auch im Westen zum Rhein hin

---

49 Vgl. *Walter Kronshage,* Die Bevölkerung Göttingens. Ein demographischer Beitrag zur Sozial- und Wirtschaftsgeschichte vom 14. bis 17. Jahrhundert, Göttingen 1960; *Thomas Schuler* (Hg.), Die Bevölkerung der niedersächsischen Städte in der Vormoderne. Ein Quellen- und Datenhandbuch, St. Katharinen 1990. – *Theodor Penners,* Der Umfang der altdeutschen Nachwanderung des 14. Jahrhunderts in die Städte des Ostseegebiets und ihre Bedeutung für das altdeutsche Ausgangsgebiet am Beispiel des Landes Lüneburg. Ein Beitrag zur Methode statistischer Feststellungen über mittelalterliche Auswanderungsbewegungen, in: Lüneburger Blätter 2 (1951), S. 27–58.

50 *Kelterborn* (Anm. 47), S. vi.

51 *Gerber,* Bern (Anm. 11); *Koch,* Neubürger (Anm. 11).

52 Siehe Abb. 2 im Beitrag *Gerber* in diesem Band.

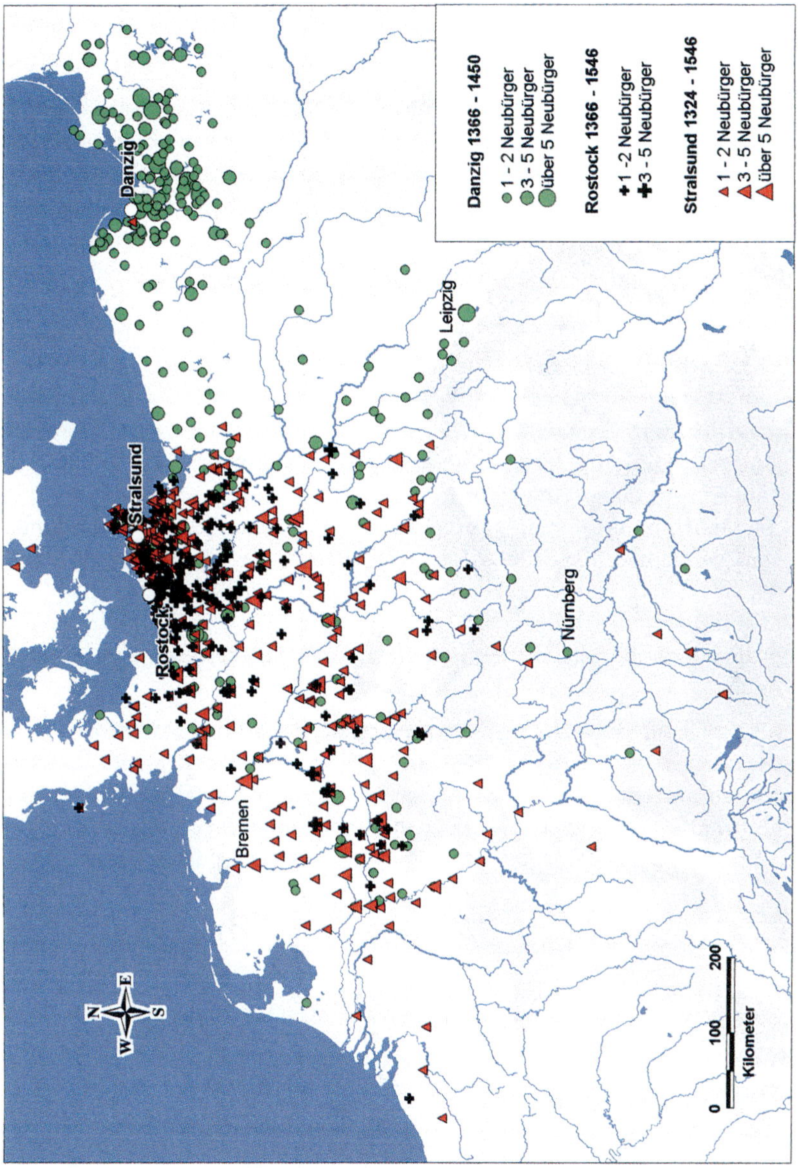

Abb. 9: Herkunft der Neubürger aus den Räumen von Rostock, Stralsund und Danzig (1324 – 1546)

in starke Konkurrenz zu den beiden anderen Städten und tut dies auch im Osten, in Sachsen und Schlesien[53].

III.

Soweit die Darstellung einzelner Migrationsräume zwischen Zürich, Köln und Danzig. Wir haben dabei so getan – entsprechend dem oben erwähnten Modell der ‚träge fliessenden Zeit', wenn man von der Neubürgerdokumentation auf Migration schliessen will –, als ob es zulässig sei, Beziehungen zwischen Herkunfts- und Zielorten von Neubürgern über lange Zeiträume von oft mehr als zwei Jahrhunderten hinweg in gleichsam chronologischem Stillstand zu betrachten. Man müsste doch vielmehr damit rechnen, dass sich Migrationsgebiete und Migrationsrichtungen sowie die Zahl der beteiligten Ortschaften und Personen aufgrund einer ganzen Fülle von demographischen, politischen und wirtschaftlichen Ereignissen im Laufe der Zeit veränderten. Wir haben daraufhin unsere Stichproben Jahrgang für Jahrgang, also alle sechs Jahre, überprüft, und beides ist aufgefallen: zum einen eine erstaunliche Stabilität und Konstanz des seit dem 14. Jahrhundert einmal aufgebauten städtischen Migrationsraums, zum anderen eine tatsächliche Veränderung in der Gestaltung solchen Raumes, vor allem an seinen äusseren Rändern; spätestens zur Mitte des 15. Jahrhunderts hin begann er zu schrumpfen. Von diesem Phänomen dürfte allerdings der Osten des Reiches betroffener gewesen sein als der Westen.

Als Beispiel für hohe Stabilität sei noch einmal auf den Frankfurter Migrationsraum in der Zeit von 1312 bis 1528 zurückgegriffen und im Vergleich dazu auf ein typisches Ereignis, das die normale Alltäglichkeit der Bürgeraufnahmen unterbrochen hat: die Masseneinbürgerung von 1432, als mehrere hundert Personen auf einen Schlag Frankfurter Bürger wur-

53 Zugrunde liegen die beiden unedierten Bürgerbücher von Rostock (1364–1585): Stadtarchiv Rostock Sign. 1.1.3.1 Nr. 197 und 250; die beiden Bürgerbücher von Stralsund (1319–1571): Stadtarchiv Stralsund Sign. Hs III 1 und 1a, von denen nur das erste ediert ist: *Robert Ebeling,* Das älteste Stralsunder Bürgerbuch 1319–1348 (Veröffentlichungen der Historischen Kommission in Pommern I,2), Stettin 1926; die beiden unedierten Bürgerbücher von Danzig Rechtstadt (1364–1434) und Danzig Jungstadt (1400–1455): Stadtarchiv Danzig Sign. 300, 32/1 und 300, 60.1 (Abschrift von 1901); vgl. dazu *Erich Keyser,* Die Bevölkerung Danzigs und ihre Herkunft im 13. und 14. Jahrhundert (Pfingstblätter des hansischen Geschichtsvereins 15), Lübeck 1924; *Penners,* Ordensland Preussen (Anm. 8); *ders.*, Zuwanderung (Anm. 12), S. 12–45; *ders.*, Nachwanderung (Anm. 49); Karte bei *Ristau* (Anm. 8); *Reincke* (Anm. 14), S. 256 ff.; *Konrad Fritze,* Soziale Aspekte der Zuwanderung zu den Hansestädten an der südwestlichen Ostseeküste bis zum 16. Jahrhundert, in: Jahrbuch für die Geschichte des Feudalismus 2 (1978), S. 177–190; *Philippe Dollinger,* Die Hanse, Stuttgart 3. Aufl. 1981, S. 171 ff.

den[54]. Es war dies eine der nicht seltenen politisch-administrativen Massnahmen der Städte, zum Teil durchaus Zwangsmassnahmen, um in Krisenzeiten der Gefährdung der Wehr- oder Steuer- und Finanzfähigkeit durch absinkendes Bürgertum entgegenzuwirken. Man erkennt aber sogleich anhand der Karte (Abb. 10), dass diese frequentiell einschneidende Veränderung von 1432 im einmal bestehenden und für jede Stadt typischen Migrationsraum nur wenig bewirkt hat: Sie bestätigt fast deckungsgleich den Kernraum, füllt hier und da auf und akzentuiert damit Richtungen und Positionen, so etwa am Rhein und in Schwaben. Neu ist – erwartungsgemäss – eigentlich nichts, und das gilt so auch für die gleichen Massnahmen der Jahre 1448 und 1459[55]. In ähnlicher Weise könnte man Veränderungen im Zürcher Migrationsraum anlässlich der Masseneinbürgerung von 1440 wahrnehmen wollen, worauf oben schon in anderen Zusammenhang (Abb. 4) hingewiesen worden ist[56]: Aber auch hier wird der bereits abgesteckte Raum im wesentlichen bestätigt und aufgefüllt, insbesondere am Oberrhein und an der oberen Donau.

Grössere Schwankungen oder gar Brüche in den Einbürgerungsfrequenzen haben sich dagegen in einem Raum durchaus langfristig auswirken können[57], indem sich zum Beispiel die mittleren oder durchschnittlichen Migrationsdistanzen der Neubürger zwischen Herkunfts- und Zielorten vor und nach bestimmten raumtypischen „Wendezeiten" veränderten[58]. So schien der gemeinsame Migrationsraum der drei Ostseestädte Rostock, Stralsund und Danzig – die Daten der Neubürger wurden entsprechend zusammengefasst – in der Zeit zwischen 1430 und 1546 geschrumpft zu sein (Abb. 11); das heisst, die Zuwanderungen aus Gebieten westlich und südwestlich von Weser und Elbe waren in dieser Zeit zurückgegangen. Nach Mass der Migrationsdistanz legten Neubürger zwischen 1324 und 1429 im Durchschnitt eine Strecke von 213 Kilometern zurück, um die drei Ostseestädte zu erreichen, zwischen 1430 und 1546 aber nur noch 141 Kilometer, rund 70 Kilometer also im Durchschnitt weniger als zuvor. Einen Schrumpfungsprozess durchlief nach 1430 auch der gemeinsame Migrationsraum der westfälischen Städte Dortmund und Soest; er verlor gewissermassen die Ferne und schränkte sich im wesentlichen auf die Kernräume ein, während sich zur gleichen Zeit die Rheingrenze im Migrationsraum

54 *Andernacht* und *Berger* (Anm. 35), S. XIII; siehe auch *Bücher* (Anm. 11), S. 324 ff.

55 Ebd.

56 Oben S. 381; *Koch,* Neubürger in Zürich (Anm. 11); allgemein *ders.*, Integration (Anm. 12), S. 81 ff.

57 Zu Frequenzen und ihren Hintergründen siehe *Gerber* in diesem Band.

58 Zum Mass der Migrationsdistanz *Koch* in diesem Band mit Tabelle 1; *ders.*, Neubürger in Zürich (Anm. 11).

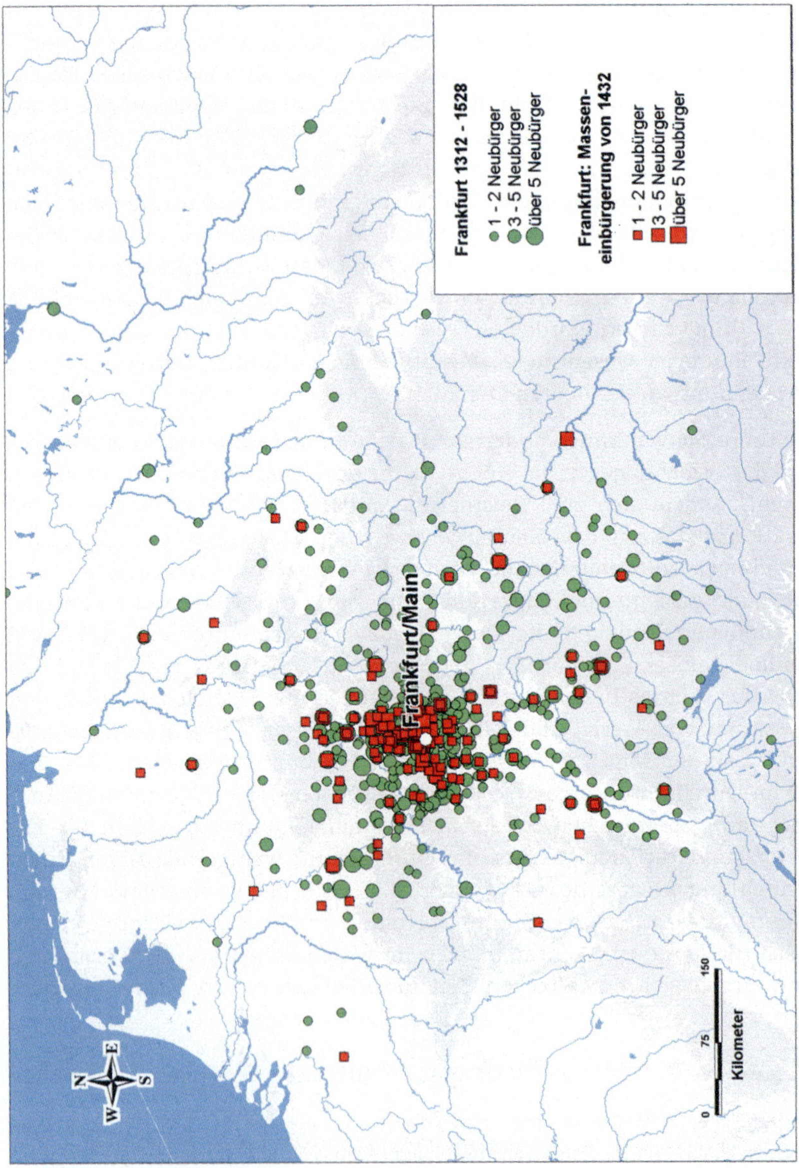

Abb. 10: Herkunft der Neubürger von Frankfurt 1312 – 1528 im Vergleich zur Masseneinbürgerung von 1432

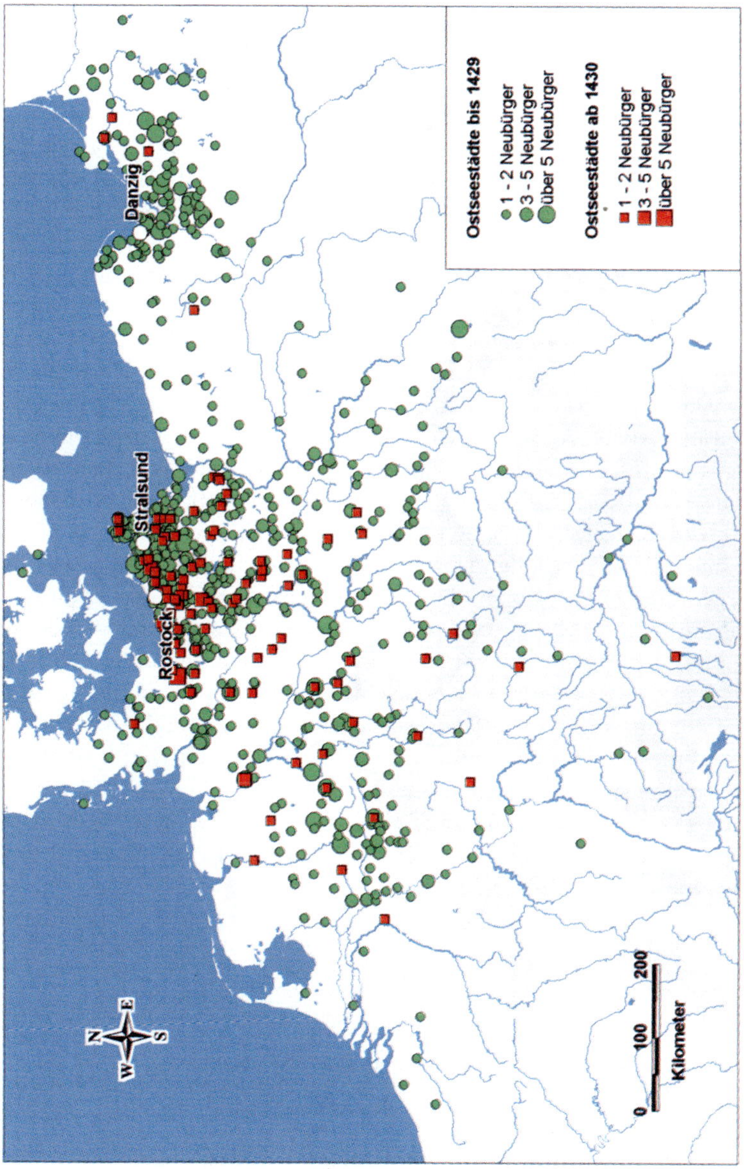

Abb. 11: Herkunft der Neubürger aus den Ostseestädten Rostock, Stralsund und Danzig vor und nach 1429/30

altniederländischer Städte wie Brügge, Mechelen und Bergen-op-Zoom noch stärker bemerkbar machte als zuvor[59].

In Kenntnis nun der hier vorgestellten, insgesamt 19 verschiedenen Migrationsräume (und der rund 50 mehr in unseren Stichproben aus dem alten Reich) lässt sich folgendes zur Neubürgermigration grundsätzlich formulieren: Die Migrationsräume der einzelnen Zielorte unterteilten sich morphologisch und funktional in drei verschiedene Raumsegmente: (1) in einen zielortnahen, im wesentlichen herrschaftlich geprägten Migrationsraum, den Kernraum, in dem die Einbürgerung gezielt als Mittel zur Herrschaftssicherung und Herrschaftserweiterung oder allgemein zur politischen Einflussnahme eingesetzt werden konnte. Dazu war weder ein eigenes Territorium vonnöten, auch wenn es mehrheitlich vorhanden und mit dem Kernraum oft nahezu identisch war, noch ein florierendes oder überhaupt existierendes Ausbürgerwesen. Insgesamt sind die Befunde jedoch zu uneinheitlich, als dass man bezüglich des Landgebiets eine Regel formulieren könnte. Entscheidend war in jedem Fall, den Zugang zu diesen Reserven im eigenen Kernraum zu erhalten und sich zum Beispiel auch gegenüber Landfluchtklagen benachbarter Landes- und Grundherren, vor allem im 14. und frühen 15. Jahrhundert, entweder vertraglich oder machtpolitisch durchzusetzen[60]. Neben kleineren Landstädten waren es in diesem Segment daher vor allem Dörfer des näheren Umlandes, aus denen die Neubürger stammten, wobei die Versorgungsökonomie des städtischen Marktes natürlich auch eine wichtige Rolle spielte[61]. (2) teilten sich Migrationsräume in ein weiteres, vor allem wirtschaftlich geprägtes Raumsegment, das sich weitgehend mit Handelsinteressen deckte und das vor allem durch die damit verbundene Handwerkermigration geprägt war. Die Neubürger aus diesem Raum stammten grossenteils aus Städten. (3) ist ein fernerer Migrationsraum auszumachen, besonders deutlich bei Zürich, Regensburg, Frankfurt, Stralsund oder Danzig, aus dem in erster Linie berufliche Spezialisten zuwanderten. Hier handelte es sich fast ausschliesslich um Migrationen von Stadt zu Stadt[62].

---

59 Auf Abbildungen wird hier verzichtet; Quellen wie in Anm. 43 und 45; siehe auch *Müller-Herrenschwand* in diesem Band, Tabelle 2, *dies.*, Neubürger der Stadt Brügge (Anm. 11), Kartenteil.

60 Hierzu auch neubürgerrelevant mit Beispielen aus Süd und Nord: *Karl-Heinz Spiess*, Zur Landflucht im Mittelalter, in: Die Grundherrschaft im späten Mittelalter I (Vorträge und Forschungen 27), hg. von Hans Patze, Sigmaringen 1983, S. 157–204; *Orth* (Anm. 40), S. 33 ff.; *Norbert Becker*, Landflucht am unteren Niederrhein als Spiegel gesellschaftlichen Umbruchs, in: Annalen des Historischen Vereins für den Niederrhein 196 (1994), S. 7–30.

61 Diese Erscheinung ist immer wieder bestätigt worden und ändert sich auch in der Neuzeit nicht, zusammenfassend *Christian Pfister*, Bevölkerungsgeschichte und Historische Demographie 1500–1800, München 1994, S. 44–58. Vgl. auch *Kießling* in diesem Band.

62 Siehe v.a. die Arbeiten von *Schulz, Koch* und *North* in diesem Band.

Die geographische Ausdehnung der Raumsegmente und die Intensität der Migrationen waren von Stadt zu Stadt trotz der gemeinsamen Muster nicht homogen, sondern individuell aufgebaut[63]. Man kann auch sagen: Sie folgten unterschiedlichen sozialräumlichen Bewegungsmustern. In vielfacher Hinsicht ähnelten die Migrationsräume der Neubürger damit den universitären Einzugsräumen bzw. den Herkunftsräumen der Universitätsbesucher im alten Reich. Letzteren kann man im übrigen wie den Neubürgern einen relativ stetigen, längerfristig undramatischen und alltäglichen Wanderungsprozess attestieren. Der kardinale Unterschied zwischen beiden Gruppen bestand nur darin, dass man Universitäten praktisch beschränkungslos aufsuchen konnte, während die Verleihung des Bürgerrechts und die Aufnahme in die Bürgergemeinde an gewisse Bedingungen geknüpft war. Doch ihre sozialräumlich organisierte Migration verband beide Gruppen. Der Begriff „Sozialraum" meint, dass der Raum nicht abstrakt zu definieren oder nur nach Entfernungen zu ermessen ist, sondern unter einem sozialen Netzwerk oder einem Beziehungsgeflecht gesehen werden muss[64]. Der Migrationsraum entspricht dann der Spannweite des Netzes, das nach verschiedenen Richtungen hin gröber oder feiner geknüpft ist. Nähe und Ferne sind in diesen Zusammenhängen auch soziale Kategorien, so dass Nähe paradoxerweise weite Entfernungen einschliessen kann. Die drei Raumsegmente stehen also nicht einfach in einem nachlassenden Nahverhältnis zueinander, ausgehend von einem festen Kernraum über variierende Mittelzonen bis zu fernen, eher flüchtigen Randgebieten, sondern in einem grundsätzlichen Konsens.

So hängt die Migrationsdistanz der in die Stadt einwandernden Neubürger, als Massstab der Individualität in allen drei Raumsegmenten, unter anderem auch von der demographischen, ökonomischen, politisch-herrschaftlichen und sozialen Einbettung der Stadt in ihr Umland ab, gleich der starken regionalen Existenz einer erfolgreichen Universität[65]. Ob sich die Kernräume bzw. regionalen Existenzen ‚diffus' oder ‚kompakt' aufbauten, hatte stets Auswirkungen auch auf die anderen Raumsegmente. Während zum Beispiel die Zuwanderung in die oberdeutsche Leinwandmetro-

---

63 So schon *Dietrich Denecke,* Beziehungen zwischen Stadt und Land in Nordwestdeutschland während des späten Mittelalters und der Frühen Neuzeit. Historische Geographie städtischer Zentralität, in: Stadt im Wandel. Kunst und Kultur des Bürgertums in Norddeutschland 1150–1650, hg. von Cord Meckseper, Ausstellungskatalog Band 4, Stuttgart/Bad Canstatt 1985, S. 191–217, hier S. 193.

64 Zu diesem Konzept *Schwinges,* Universitätsbesucher (Anm. 3), S. 493–496; *ders.*, Migration und Austausch: Studentenwanderungen im Deutschen Reich des späten Mittelalters, in: Jaritz und Müller (Anm. 4), S. 141–155; für die Städte siehe auch *Denecke* (Anm. 63), S. 191 f.; sehr aufschlussreich zu spatial networks: *Huw R. Jon*es, Population Geography, London 1990, S. 244–255.

65 *Kießling,* Stadt und ihr Land (Anm. 11); *ders.*, Umlandpolitik im Spiegel städtischer Einbürgerungen, in diesem Band; *Schwinges,* Universitätsbesucher (Anm. 3), S. 234 ff., 490 ff.

pole Augsburg eine mittlere Migrationsdistanz von nur etwa 35 Kilometern aufwies, berechnet auf den gesamten Beobachtungszeitraum des 14. bis 16. Jahrhunderts, betrug diese, um den gleichen Zweck zu erfüllen, in der nahezu gleich grossen Hanse- und Hafenstadt Stralsund über 200 Kilometer. In Augsburg rekrutierte sich die grosse Mehrzahl der Neubürger aus den politisch wie wirtschaftlich beeinflussten ersten beiden Segmenten (Abb. 5), im Nordosten dagegen, in Stralsund, fehlte diese starke Verankerung in der Nähe und war nur durch weitreichende Verbindungen aus dem zweiten und dritten Raumsegment wettzumachen (Abb. 9). Alle diese Beobachtungen treffen dabei in der absolut überwiegenden Mehrheit auf eine breite mittlere bürgerliche Migrantenschicht zu, die sich im wesentlichen aus gewerblichen Berufsgruppen zusammensetzte[66]. Die Bürgerbücher waren ihre repräsentativen Quellen. Das sozialräumliche Migrationsgefüge einer Stadt wäre dann ein von oben nach unten wohldifferenziertes mittleres Gefüge, das sich ständig in erster Linie aus dem sozialen Netz von Stadt und individuell zugehörigem Raumsegment rekrutierte.

Trotz dieser erkennbaren Eigenheiten kann man Migrationsdistanzen auch als generellen Massstab für das Migrationsverhalten von Neubürgern im Zeitverlauf verwenden. In Abb. 12 ist die Entwicklung der Migrationsdistanz der Neubürger zwischen Herkunfts- und Zielort im gesamten Reichsgebiet zwischen 1280 und 1540 dargestellt[67]. Wie man sieht, lag der langfristige Trend um 1300 bei durchschnittlich 100 Kilometern und um 1500 bei 80 Kilometern pro Distanz. Um einen solchen langfristigen Trend zu erreichen, müssten die weiteren Distanzen von 150 bis 200 Kilometern wie im Stralsunder Beispiel den näheren zumindest gleich gewesen sein, was bedeutet, dass eine relativ grosse Anzahl von Personen eher aus einem ferneren Raumsegment stammte als aus dem nahen Kernraum, so jedenfalls im Überblick des Reiches. Schon diese Zahlen widersprechen der gängigen Vorstellung von der überragenden generellen Bedeutung eines kernräumigen Migrationskreises von 20 bis 30 Kilometern um den Zielort herum. Der Kernraum hat zwar seinen hohen Wert als kontinuierliches Neubürgerreservoir, er sichert langfristig die regionale Existenz, dominiert aber keineswegs das gesamte Geschehen. Vergleicht man nämlich die Migranten pro Kilometer-Distanz, so lässt sich beobachten, dass 13 Prozent der ‚deutschen Neubürger' aus einer Null- bis Zehn-Kilometer-Distanz zuwanderten, 27 Prozent aus einer Null- bis Zwanzig-Kilometer- und 36 Prozent aus einer Null- bis Dreissig-Kilometer-Distanz zum jeweiligen Zielort. Nur ein gutes Drittel gehörte also im reichsweiten Durchschnitt zum

---

66 Siehe *Koch* und *Schulz* in diesem Band. Interessante Parallelen bei *Brunold* (Anm. 11) mit dem Beitrag von *Lipburger*, Salzburger Bürgerbücher, S. 270 f.

67 Auf der Grundlage unserer Stichprobe aus 68 Bürgerbüchern mit rund 70'000 Personen.

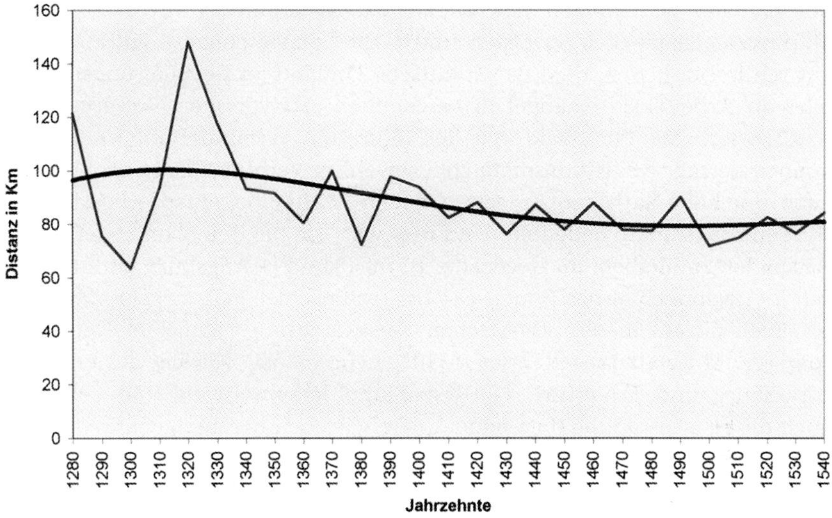

Abb. 12: Entwicklung der Migrationsdistanzen der Neubürger im Reich (1280 – 1540)

oft beschworenen nahen Umkreis. Ein weiteres Drittel wanderte bis zu 100 Kilometer und das restliche Drittel der Neubürger sogar noch darüber hinaus. Die Fernwanderung war also insgesamt bedeutender als die aus kürzerer Distanz – zunächst freilich nur, denn sie reduzierte sich anscheinend im Laufe der Zeit und ging seit etwa 1330 kontinuierlich zurück, um sich um 1430 auf eine mittlere Achtzig-Kilometer-Migrationsdistanz einzupendeln. Diesen Eindruck aus Abb. 12 muss man allerdings ein wenig relativieren, da er teilweise künstlich erzeugt sein könnte: Die starken Distanzschwankungen zwischen 1280 und 1340 gehen nämlich auf die Tatsache und zugleich das methodische Problem zurück, dass bis zur Mitte des 14. Jahrhunderts mangels Masse einfach weniger Bürgerbücher mit entsprechend weniger Informationen ausgewertet werden können als danach. Bürgerbücher entstanden gerade erst zu dieser Zeit als selbständiger Stadtbuchtypus[68]. Kernraumbetonende Einwanderungsstädte wie Augsburg um 1300 oder auch Konstanz um 1380 schlagen da rasch ein wenig bizarr zu Buche, ebenso wie die fernraumbetonenden Städte Braunschweig und Stralsund um 1320.

Nun sind mittlere Migrationsdistanzen relativ schwierig zu interpretieren. Steigende Distanzen können darauf schliessen lassen, dass Handel und Gewerbe einer Stadt oder auch nur bestimmte gewerbliche Sektoren

68 Siehe dazu meinen Beitrag oben mit Abb. 1.

überregional bedeutender geworden, die sogenannten Pull-Faktoren der Migration also stärker geworden sind[69]. Sie können genauso gut aber darauf schliessen lassen, dass das städtische Umland an Bevölkerungsmangel oder an Arbeitskräftemangel in bestimmten ortstypischen Gewerben litt, so dass sich die Push-Faktoren der Migration verminderten. Umgekehrt können geringe Migrationsdistanzen sowohl gewerbliche Provinzialität als auch eine hohe Sättigung an gewerblichen Kräften bei entsprechend hoher Bevölkerungsdichte bedeuten. Und dies war, um bei den oben angeführten Beispielen zu bleiben, im Gegensatz zu Stralsund in Augsburg und im ganzen Leinwandgebiet des Bodensee-Grossraumes der Fall, so sehr, dass dieser auch zu einem der ‚klassischen' Auswanderungsräume im Reich des späteren Mittelalters seit etwa 1370 geworden ist. Zürich, Regensburg, Strassburg und Frankfurt, Göttingen und Braunschweig und zeitweise auch die Ostseestädte haben einmal, wie wir oben bereits bemerken konnten, von diesen Zuwanderen profitiert, letztere freilich in ungleich höherem Masse aus einem anderen, ebenso ‚klassischen' Auswanderungsraum, aus dem Rheinland und Westfalen. Weitgespannte oder im Gegenteil enge Migrationsräume lassen sich also nicht einfach linear mit wirtschaftlichem Erfolg oder Misserfolg der Städte gleichsetzen.

Mit Hilfe der Migrationsdistanzen und in Kenntnis der für Berufsleute wichtigen Pull- und Pushfaktoren zwischen Herkunfts- und Einbürgerungsorten kann man nun versuchen, eine Typologie der Migrationsräume im Reich zu entwerfen. Bruno Koch hat in seinem Beitrag in diesem Band die dazu notwendigen Informationen über die Herkunftsgebiete weitmigrierender Berufsleute (>150 km) und die Migrationsdistanzen zu den von ihnen bevorzugten Einbürgerungsstädten zusammengetragen und auf einer Karte (dort seine Abb. 13) sichtbar gemacht. Danach lassen sich um diese Städte herum typische Räume zeigen, entweder als Austauschräume mit etwa gleich viel Kommenden und Gehenden, als Einwanderungsräume mit relativ mehr Neubürgern oder als Auswanderungsräume mit relativ weniger Neubürgern als anderswo im Reich zwischen etwa 1370 und 1520.

Man könnte denken, dass die für die weitmigrierenden Berufsgruppen so attraktiven Einwanderungsräume – allesamt am Rande des Reichsgebietes gelegen – besonders prosperierende Räume gewesen seien. Doch ist das nur bedingt richtig. Diese Räume hatten ihre wirtschaftlichen Höhepunkte längst überschritten oder steuerten im Verlauf des 15. Jahrhundets auf eine Krise zu. Für den Norden und Nordosten genügt es hier für einmal, auf

69 Statt vieler siehe nur *Jan* und *Leo Lucassen* (Hg.), Migration, Migration History, History, Bern 1997 und die prägnante Zusammenstellung bei *Jürgen Hagel*, Historische Migrationsforschung aus geographischer Sicht. Dargestellt am Beispiel des Stuttgarter Raumes, in: Zeitschrift für Württembergische Landesgeschichte 58 (1999), S. 113–129.

das Auslaufen der deutschen Ostsiedlung einschliesslich des Stagnierens der Zuwanderung in die Hansestädte an der Ostsee hinzuweisen[70]. Im äusseren Nordwesten brach das alte Leitgewerbe, die Tuchproduktion massiv ein; dafür erschienen zahlreiche Neubürger (poorters), v. a. in Brügge, mit ganz anderen Berufsspektren. Gefördert von den burgundischen Herzögen traten Luxusproduktionen von Kleidern, Gold- und Silberwaren hinzu; und anders als früher stammten die neuen Bürger nun aus einem sehr weit über die Grafschaft Flandern hinaus nach Nordfrankreich und nach Deutschland bis zur Rheingrenze hin ausgedehnten Einzugsraum[71].

Im Südwesten hatte die Eidgenossenschaft als Einwanderungsraum ebenfalls schon Probleme, obwohl sie im 15. Jahrhundert reich und mächtig geworden war. Die grösseren Städte Zürich, Bern, Luzern, Fribourg, hatten sich ausgedehnte Territorien zusammengekauft oder militärisch zusammengesiegt. Bern war zum grössten Stadtstaat nördlich der Alpen aufgestiegen, in der Ausdehnung vom Rhein bis zum Genfersee wie ein mittleres Reichsfürstentum. Die Dienste der Schweizer Söldner und die Pensionen der französischen Krone hatten viel Geld ins Land gebracht[72]. Doch all das Kapital und das wirtschaftliche Umfeld der Städte waren zu schwach, um die Lasten der territorialen Ausdehnung und der städtischen Wirtschaft zwischen Gewohnheit und Innovation zugleich zu tragen. Und dies, worin sich die bekannte These Hans Conrad Peyers von der wirtschaftlichen Sonderstellung der Schweiz verbergen mag[73], sieht man eben besonders eindrücklich auch im Spiegel der Neueinbürgerungen. Zürich musste seine bürgerlichen Spezialisten selbst aus traditionellen Gewerben (Leder, Textil, Lebensmittel, Bau, Holz) von sehr weit her heranziehen, ohne mit eigenem Know-how aus der Landschaft bis weit über 1500 hinaus ausgleichen zu können. Dies ist das bereits angesprochene Gegenbild zur Weitgespanntheit eines Migrationsraums. So kann man sagen: Zürich

---

70 Vgl. etwa *Reincke* (Anm. 14); *Fritze* (Anm. 53); *Dollinger* (Anm. 53), S. 171 f.; *Higounet* (Anm. 8), S. 344 ff.

71 *Müller-Herrschwand,* Neubürger der Stadt Brügge (Anm. 11), S. 59 ff., 101 f. mit Karten. Wie die Verfasserin nachweist, sind diese Vorgänge v.a. in Brügge viel später im 15. Jahrhundert anzusetzen, als das die Wirtschaftsgeschichte in der Nachfolge *Jan A. van Houttes* (der vom 14. Jahrhundert gesprochen hatte) lehrt, vgl. etwa dessen Schriften: The rise and decline of the market of Bruges (1966); Stadt und Land in der Geschichte des flandrischen Gewerbes im Spätmittelalter und in der Neuzeit, beide nachgedruckt in *Ders.*, Essays on medieval and early modern economy and society, Leuven 1977, S. 249–274, 275–289.

72 Vgl. die Arbeiten von *Koch,* Neubürger und *Gerber,* Bern (Anm. 11); auch die einschlägigen Beiträge von *Roland Gerber,* in: Berns grosse Zeit, das 15. Jahrhundert neu entdeckt, hg. von Ellen J. Beer, Norberto Gramaccini, Charlotte Gutscher-Schmid und Rainer C. Schwinges, Bern 1999.

73 Siehe etwa *Hans Conrad Peyer,* Schweizer Städte des Spätmittelalters im Vergleich mit den Städten der Nachbarländer, in: Ders., Könige, Stadt und Kapital, hg. von Ludwig Schmugge, Roger Sablonier und Konrad Wanner, Zürich 1982, S. 262–270.

wie auch andere Deutschschweizer Städte hatten an politisch-territorialer Zentralität gewonnen, dafür aber an wirtschaftlicher Zentralität verloren[74]. Am Ende des Mittelalters stand man anders als Augsburg, Ulm oder Nürnberg, Strassburg, Frankfurt oder Köln inmitten langfristig stabiler Austausch- oder Auswanderungsräumen in einem unausgewogenen Verhältnis. Ob dies Aussicht auf Bestand gehabt hätte, ohne die bekannte politische Entwicklung der Eidgenossenschaft gegenüber dem Reich, mag dahingestellt bleiben.

74 *Koch,* Neubürger (Anm. 11), und *ders.* in diesem Band.

Quare magnus artificus est: migrierende Berufsleute als Innovationsträger im späten Mittelalter

Von Bruno Koch, Brittnau

Innovationen, ihre Diffusion und Adoption, spielen bei der wirtschaftlichen Entwicklung von Räumen eine entscheidende Rolle[1]. Es waren aber in den wenigsten Fällen einzelne isolierte Inventionen, welche Innovationsschübe auslösten. Die meisten der erfolgreichen technischen wie kulturellen Innovationen waren nicht die Werke einzelner Genies, sondern müssen im Kontext einer innovativen Umgebung betrachtet werden, wie die neuere Forschung im Bereich der Ökonomie zeigt[2]. Es gab auch im Mittelalter Räume, die Inventionen eher aufnahmen als andere. Sie boten analog dem heutigen Silicon Valley für innovatives Gewerbe die besseren Rahmenbedingungen[3]. Es waren letztlich nicht nur einzelne Persönlichkeiten wie Gutenberg, da Vinci und Regiomontanus, welche mit ihren Erfindungen die Welt veränderten, sondern es waren vor allem Tausende von Berufsleuten, die als Handwerker und Gewerbetreibende, als Lehrer oder Amtleute im späten Mittelalter vor allem in den Städten tätig waren. Sie verbesserten in einem evolutionären Prozess laufend ihre Fähigkeiten und Produkte und verbreiteten diese als wandernde Gesellen oder migrierende Berufsleute im Raum[4]. Dies geschah vor allem durch diejenigen Berufsleute, die ihr Metier besonders gut beherrschten oder die neue Fertigkeiten mit brachten. Es waren spezialisierte Berufsleute, die in den Städten gefragt waren, besonders wenn Ihre Kenntnisse einen grossen praktischen Nutzen

---

1 Siehe als Überblick und zur Terminologie *Hans-Wilhelm Windhorst,* Geographische Innovations- und Diffusionsforschung (Erträge der Forschung 189), Darmstadt 1983, S. 3 f.

2 Die Wichtigkeit einer innovativen Umgebung auf den Erfolg einzelner Wirtschaftszweige betont *Michael E. Porter,* Nationale Wettbewerbsvorteile. Erfolgreich konkurrieren auf dem Weltmarkt (The Competitive Advantage of Nations, übersetzt von Wolfgang Rhiel), München 1991, besonders S. 12. Siehe auch *Claus Weyrich,* Was ist eine Innovation?, in: Heinrich von Pierer, Bolko von Oetinger (Hg.), Wie kommt das Neue in die Welt?, München / Wien 1997, S. 41 f.

3 *Everett M. Rogers* und *Judith K. Larsen,* Silicon Valley Fever, Growth of High Technology Culture, New York 1984.

4 *Uta Lindgren* (Hg.), Europäische Technik im Mittelalter 800 bis 1200. Tradition und Innovation, Berlin 1996, S. 15. Bibliographie zur Technikgeschichte: *Claudia Kren,* Medieval science and technology: a selected, annotated bibliography, New York / London 1985.

versprachen. Diese Spezialisten waren als „Innovationsträger" in einem wesentlichen Masse an den Diffusionspozessen von Innovationen beteiligt, welche die Gewerbelandschaften im späten Mittelalter und der frühen Neuzeit prägten und veränderten[5].

Die Spuren dieser Diffusionsprozesse sollen in diesem Aufsatz verfolgt werden. Dabei stütze ich mich auf diejenigen spezialisierten Berufsleute, welche im Mittelalter unterwegs waren und sich in die Städte einbürgerten. Mein Augenmerk lege ich vor allem auf diejenigen, die besonders weit migrierten und welche aufgrund ihrer grossen Menge in erster Linie an den Migrations- und Austauschprozessen zwischen Land und Stadt aber auch zwischen den einzelnen Städten beteiligt waren[6]. Dazu werden zuerst die einzelnen Berufsleute in den Bürgerbüchern des Alten Reiches aufgrund ihrer Anzahl Nennungen in Kombination mit ihren Migrationsdistanzen analysiert werden. Zweitens wird gezeigt, aus welchen Räumen die weit gewanderten potentiellen Träger von Innovationen kamen und wo sie wirkten. Dabei wird dank der systematisch angelegten Datenerfassung ein Vergleich zwischen einzelnen Grosslandschaften des Reiches möglich sein. Drittens versuche ich, anhand des Wanderverhaltens weit migrierender Berufsleute eine Typologie verschiedener Wirtschaftsräume zu bilden.

Grundlage meiner Auswertungen sind 13'500 Neubürger unserer Datei, die in den Bürgerbüchern neben dem Namen als Berufsleute gekennzeichnet sind (Beispiel: Hans Lieb der Schreiner)[7]. Der Terminus „Berufsleute" soll als Sammelbegriff für alle diejenigen Personen verwendet werden, welche eine qualifizierte Tätigkeit ausführten, die also in irgend einer Form

---

5 Dieser Diffusionsprozesses ist das Mittelalter betreffend erst anhand weniger Fallstudien aufgezeigt worden. Zu Uhren: *Gerhard Dohrn-van Rossum,* The Diffusion of the Public Clocks in the Cities of Late Medieval Europe 1300–1550, in: Bernard Lepetit/Jochen Hook (Ed.), La ville et l'innovation: relais et réseaux de diffusion en Europe 14e-19e siècles, Paris 1987, S. 29–43.; *ders.,* Die Geschichte der Stunde: Uhren und moderne Zeitordnung, München 1992; zur Drucktechnik: *Michael Giesecke,* Der Buchdruck in der frühen Neuzeit: eine historische Fallstudie über die Durchsetzung neuer Informations- und Kommunikationstechnologien, Frankfurt am Main 1991.

6 Nur am Rand berücksichtigt wird das Verlagswesen, das ebenfalls ein wichtiger Motor von Innovationen war. Siehe dazu *Rudolf Holbach,* Frühformen von Verlag und Grossbetrieb in der gewerblichen Produktion 13. bis 16. Jahrhundert (Vierteljahresschrift für Wirtschafts- und Sozialgeschichte, Beiheft 110), Stuttgart 1994; *ders.,* Tradition und Innovation in der gewerblichen Wirtschaft des Spätmittelalters: Zunft und Verlag, in: Edelgard E. Du Bruck und Karl Heinz Göller (Hg.), The City of Regensburg and its Intellectual Milieu (Medieval and Renaissance Monograph Series 5), Detroit 1984, S. 81–119; *Wolfgang von Stromer,* Der Verlag als strategisches System einer an gutem Geld armen Wirtschaft, am Beispiel Oberdeutschlands in Mittelalter und Früher Neuzeit, in: Vierteljahresschrift für Wirtschafts- und Sozialgeschichte 78 (1991), S. 153–171.

7 Zur Datenerhebung siehe den Beitrag von *Rainer C. Schwinges,* Neubürger und Bürgerbücher im Reich des späten Mittelalters: Eine Einführung über die Quellen, in diesem Band.

einen Beruf erlernt hatten. Dies können Handwerker, aber auch im Dienstleistungsgewerbe tätige Personen und Amtleute sein. Während sich die ausgewerteten Neubürgerbücher ziemlich gleichmässig im Raum des Alten Reiches verteilen, so sind bei der Berufsangabe von Neubürgern grosse Differenzen vorhanden, was zu einer ungleichen Verteilung der Berufsleute in unserem Sample führt. Vor allem im Norden des Reiches sind eindeutige Berufsangaben vergleichsweise selten und vielfach im Familiennamen enthalten. (Beispiele: Hans Schuhmacher oder Heinrich Glockengiesser). Wir haben nach 1400, wenn die Familiennamen sich zu verfestigen beginnen, solche Familiennamen nur sehr zurückhaltend für Berufsangaben verwendet. Derart bestimmte Berufsleute machen in unserer Datei denn auch nur einen Anteil von knapp zehn Prozent aus[8].

Auf Abb. 1 sind die Herkunftsräume der Berufsleute grün und ihre Einbürgerungsorte als Kreise abgebildet sind. Die Anzahl der eingebürgerten Neubürger entsprechen proportional der Grösse des Kreises. Der gelbe Sektor bezeichnet, wie gross dieser Anteil im Vergleich zu allen Neubürgern ist.

Nürnberg bürgerte am meisten Berufsleute ein – der Anteil liegt bei 70 Prozent[9]. Gut zu sehen ist, wie selten Neubürger mit eindeutigen Berufsangaben im Norden zu finden sind. Hier wird die Menge, die zur statistischen Auswertung einzelner Berufe notwendig ist, nicht erreicht. Ein Vergleich zwischen nördlichen und südlichen Städten des Reiches ist deshalb nur im Ansatz möglich. In den mitteldeutschen und südlichen Gebieten sind aber Herkunfts- und Berufsangaben in den ausgewählten Neubürgerbüchern mit grosser Regelmässigkeit und Dichte verzeichnet. Die Berufsangaben betragen im Durchschnitt um die 40 Prozent, während die Herkunftsangaben bei 50 Prozent liegen. Das ist viel, wenn man bedenkt, dass lange nicht jeder Neubürger einen Beruf oder Herkunftsort angab, sei es, weil er keinen Beruf erlernt oder bereits längere Zeit in der Stadt gewohnt hat. Der hohe Anteil der Berufsnennungen in den Neubürgerbüchern ist vor allem in denjenigen Städten gross, in denen die Zünfte wesentlich am Regiment beteiligt waren[10]. In diesen Städten war der Eintritt in eine

[8] Ebda. sowie *Dorothee Rippmann*, Bauern und Städter: Stadt-Land-Beziehungen im 15. Jahrhundert: Das Beispiel Basel, unter besonderer Berücksichtigung der Nahmarktbeziehungen und der sozialen Verhältnisse im Umland (Basler Beiträge zur Geschichtswissenschaft 159), Basel / Frankfurt am Main 1990, S. 34–40.

[9] Zur speziellen Stellung von Nürnberg siehe *Hektor Ammann*, Die wirtschaftliche Stellung der Reichsstadt Nürnberg im Spätmittelalter (Nürnberger Forschungen 13), Nürnberg 1970.

[10] Zu Zunftstädten siehe *Erich Maschke*, Verfassung und soziale Kräfte in der deutschen Stadt des späten Mittelalters, vornehmlich in Oberdeutschland, in: Städte und Menschen, Beiträge zur Geschichte der Stadt, der Wirtschaft und Gesellschaft 1959–1977 (Vierteljahresschrift für Wirtschafts- und Sozialgeschichte, Beihefte 68), Wiesbaden 1980, S. 170–274.

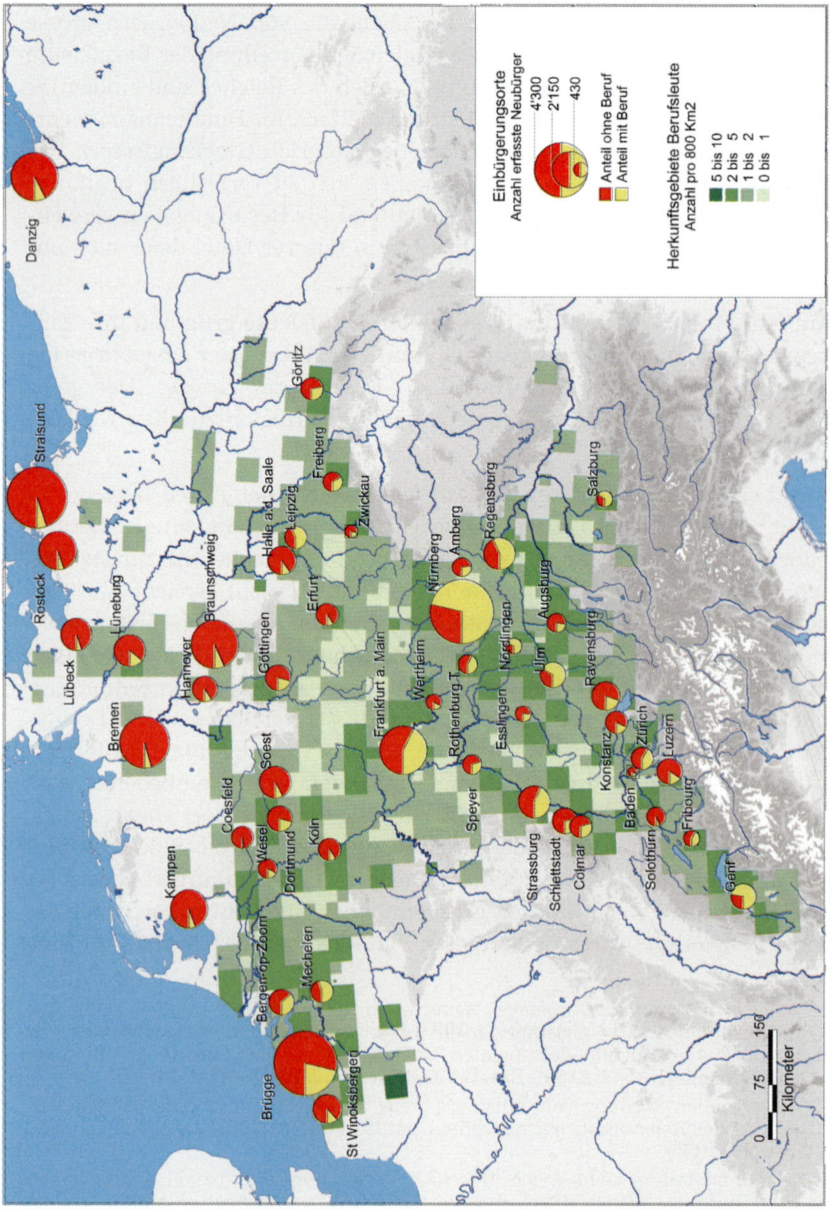

Abb. 1: Herkunftsgebiete und Einbürgerungsorte von Neubürgern mit einer Berufsbezeichnung

Zunft ohne den Erwerb des Bürgerrechts im 15. Jahrhundert oft gar nicht mehr möglich[11]. Der für den Eintritt in die Zunft relevante Beruf wurde daher meistens im Neubürgerbuch festgehalten.

Ausnahmen von der guten Quellenenlage sind lediglich Bürgerbücher weniger Städte, die nur speziell bestimmte Neubürger enthalten. Köln erfasste in seinem Bürgerbuch nur die Aufnahmen in die gehobene Gesellschaft der Weinbruderschaft und Augsburg verzeichnete, neben den unregelmässig eingetragenen stadtsässigen Neubürgern, vor allem Ausbürger im Bürgerbuch[12]. Kleinere Lücken, wie sie in den meisten Neubürgerbüchern vorkommen, verfälschen das Gesamtbild jedoch nicht wesentlich, weil die grosse Menge der Daten ausgleichend wirkt und weil auf Vergleiche zur Einbürgerungshäufigkeit mit absoluten Zahlen verzichtet wird[13].

Trotzdem gab es bestimmte Berufsgruppen, die vergleichsweise selten Eingang in die Bürgerbücher fanden. Es sind vor allem wandernde Handwerker, die sich temporär in der Stadt aufhielten, wie etwa Steinmetze und Baumeister. Eine kritische Überprüfung der Ergebnisse ist hier besonders angezeigt. Gar nicht in den Bürgerbüchern erfasst sind die wandernden Lehrlinge und Gesellen. Knut Schulz hat gezeigt, wie diese Gruppe im 15. und 16. Jahrhundert immer mobiler wird und durch die Verbreitung von beruflichem Wissen und handwerklichen Fertigkeiten zur Bildung von Gewerbelandschaften beitragen. Fast alle Gesellen werden aber, sofern sie sich nicht auf dem Land niederlassen, einmal zu Bürgern und sind dann vermutlich auch in den Bürgerbüchern erfasst. Herkunftsräume von Neubürgern und Gesellen bestimmter Berufe unterscheiden sich deshalb nur unwesentlich[14].

---

11 In Zürich war ab 1409 das Bürgerrecht Voraussetzung zum Eintritt in eine Zunft. Stadtbücher I, Nr. 222, S. 371. Auch in anderen Städten galt diese Bestimmung, *Eberhard Isenmann,* Die deutsche Stadt im Spätmittelalter 1250–1550, Stuttgart 1988, S. 312.

12 Zu Köln siehe Kölner Neubürger 1356–1798, bearbeitet von Hugo Stehkämpfer (Mitteilungen aus dem Stadtarchiv von Köln), Erster Teil, Köln 1975, S. XXIX. Zu Augsburg siehe *Claudia Kalesse,* Bürger in Augsburg, Studien über Bürgerrecht, Neubürger und Bürgen anhand des Augsburger Bürgerbuchs I (1288–1497), Dissertation maschinenschriftlich, Augsburg 1997, zur Vollständigkeit siehe Teil II, Kapitel 1.1 (mittlerweile publiziert, Augsburg 2001).

13 Fehlende Jahre oder andere Lücken wirken sich auf die Validität der Daten nicht gravierend aus, da sie die Daten nicht systematisch in eine bestimmte Richtung verfälschen. Für Vergleiche empfiehlt es sich ohnehin, mit Durchschnittswerten pro Zeiteinheit zu operieren.

14 *Knut Schulz,* Handwerksgesellen und Lohnarbeiter, Untersuchungen zur oberrheinischen Stadtgeschichte des 14. bis 17. Jahrhunderts, Sigmaringen 1985. Für den eidgenössischen Raum *Annemarie Dubler,* Fremde Handwerksgesellen in der Stadt Luzern des 15. Jahrhunderts, in: Jahrbuch der Historischen Gesellschaft Luzern 9 (1991), S. 41–76.

I. Die innovativen Berufsleute

Neubürger, die bei der Einbürgerung einen Beruf nannten, unterschieden sich hinsichtlich der Wanderdistanz von denjenigen ohne Beruf: Während Neubürger ohne Berufsangaben durchschnittlich 70 km wanderten, zogen Berufsleute im Durchschnitt über 85 km weit. Berufsleute, egal welcher Tätigkeit, waren also mobiler, was mit der Wandertätigkeit der Gesellen aber auch mit dem Arbeitsmarkt erklärt werden kann, da eine gewünschte Gesellen- oder Meisterstelle nicht unbedingt in der nächstliegenden Stadt gefunden werden konnte[15]. Diese Migrationsdistanzen veränderten sich im Verlauf des späten Mittelalter für das Total aller Berufsleute nur geringfügig. Das gilt aber nicht für jeden einzelnen Beruf in gleichem Masse. Hier gibt es im Lauf der Zeit grosse Unterschiede und Verschiebungen. So wurde etwa von Knut Schulz am Beispiel der Strassburger Kürschnergesellen beobachtet, dass im 15. Jahrhundert die Wanderdistanzen zunahmen[16]. Dies kann auch durch die Kürschner-Neubürger bestätigt werden: Ihre durchschnittliche Migrationsdistanz verdoppelte sich zwischen 1400 und 1500 von ca. 60 km auf 120 km.

Unter den Berufen, die weit migrierten, befanden sich seit der Wende vom 15. zum 16. Jahrhundert auch die „Geschenkten Handwerker“[17]. Diese Handwerksgesellen wurden so genannt, weil sie in der Schenke Umschau hielten und sich dort organisierten und gegenseitig unterstützten. Sie waren dafür bekannt, dass sie weite Strecken zurücklegten und deshalb auch „wandernde Handwerker“ genannt wurden. Die weiten Wanderdistanzen brachten es mit sich, dass sie sich leichter als andere irgendwo in der Ferne niederliessen. Allerdings gab es auch unter diesen Handwerken einige, wie etwa die Schwertfeger oder Hutmacher, die weniger weit migrierten als der Durchschnitt. Allein dieser Ansatz reicht nicht, um die unterschiedlichen Migrationsdistanzen einzelner Handwerke, ja ganzer Gewerbezweige zu erklären, umso mehr als die „Geschenkten Handwerker“ erst gegen Ende des Mittelalters in dieser Form auftauchten.

Vielmehr zeigen die Unterschiede in den Wanderdistanzen von Berufsleuten, dass mit einzelnen regionalen Ausnahmen Berufsleute mit spezialisierten Berufen weiter wanderten als andere (Tabelle 1). Bestätigt wird dieser empirische Befund durch die Angaben in den Bürgerbüchern von Zürich und Leipzig. Hier finden sich etwa 50 spezialisierte Handwerker,

---

15 Zur Wandertätigkeit der Handwerksgesellen siehe *Schulz* (Anm. 14), S. 265–295; *Annemarie Dubler*, Handwerk, Gewerbe und Zunft in Stadt und Landschaft Luzern (Luzerner Historische Veröffentlichungen; XIV), Luzern 1981, S. 255 ff. und *dies.* (Anm. 14), S. 41–76.

16 *Schulz* (Anm. 14), S. 279.

17 *Schulz* (Anm. 14), S. 129 ff. und 265.

Tabelle 1

Die durchschnittlichen Migrationsdistanzen von Neubürgern

Anzahl	Beruf	Mittelw. Distanz	Anzahl	Beruf	Mittelw. Distanz
9	Arzt	240	21	Kessler	90
7	Holzschuher	212	21	Seiler	90
12	Silberschmied	211	48	Diener, Knecht	89
8	Buchbinder	194	286	Schuhmacher	89
37	Gürtler	175	29	Kannen- / Zinngießer	88
7	Drucker	167	57	Hutmacher	88
17	Apotheker	165	39	Maurer	86
30	Taschenmacher	160	165	Zimmermann	85
18	Riemenschneider	152	59	Tuchscherer	84
48	Goldschmied	143	232	Bäcker	84
8	Armbrustmacher / Bogenmacher	142	27	Koch	84
			70	Leinenweber	84
18	Ziegler	136	45	Barchentweber / -schneider	83
10	Nagelschmied	133			
21	Tischler	131	22	Sergeweber	81
7	Musikant, Sänger	130	7	Teppichweber	81
33	Harnischer, Plattner	130	33	Schreiner	81
14	Maler	130	7	Waffenschmied	79
6	Lehrer	129	6	Ölmüller	79
9	Spengler, Klempner	128	110	Metzger	77
35	Sattler	122	151	Tagelöhner, Hilfsarbeiter	75
6	Helmmacher	121			
13	Drechsler	121	27	Winzer	74
12	Nestelmacher	119	6	Schäfer	73
18	Schreiber	116	6	Drillichweber	73
11	Säckelmacher	115	128	Böttcher, Küfer	71
24	Dirne	114	11	Weinschenk	70
16	Kupferschmied	112	175	Schmied	69
106	Krämer, Kleinhändler	110	134	Weber	68
13	Bildermaler	110	31	Wagner	67
49	Schlosser	109	49	Fuhrmann	65
6	Lebensmittelhändler	107	15	Schuhflicker	65
11	Weißgerber	107	18	Hacker	65
24	Hufschmied	107	62	Fischer	64
95	Barbier, Scherer	106	16	Wollaufbereiter	64
10	Sporer	105	8	Schwertfeger	63
18	Glasmacher	102	7	Pflästerer	62
89	Kleidermacher	102	81	Müller	61
17	Kordewaner	101	98	Wollweber	60
18	Käser	101	7	Bierfuhrmann	60
64	Steinmetz	100	36	Lodenweber	60
34	Bader	99	15	Sämischgerber	59
43	Klingenschmied	97	35	Färber	59
20	Nadelmacher	97	20	Säger	58
30	Kaufmann	97	74	Gerber	58
120	Kürschner	93	34	Wirt	57
266	Schneider	90	22	Töpfer, Hafner	55

Anzahl	Beruf	Mittelw. Distanz	Anzahl	Beruf	Mittelw. Distanz
35	Bierbrauer	51	12	Rotgerber	39
7	Handschuhmacher	48	6	Pergamenter	38
18	Träger	48	6	Schießpulverhersteller	38
20	Dachdecker	46	8	Obsthändler	32
8	Korber	45	77	Schiffer	31
33	Gärtner	44	8	Bleicher	28
30	Bauer, Ackermann	43	39	Tuchbereiter, Walker	26
28	Feinbäcker	42	7	Torfstecher	19
16	Notar	40			

Bedingung: Herkunft und Beruf sind bekannt, Anzahl der Nennungen pro Beruf > 5.

die ausdrücklich wegen ihrer Künste eingebürgert worden sind, wie zum Beispiel Hans Luther der Uhrenmacher *siner kunstrichen Tätigkeit willen*, der Röhrenmeister Gorge Kirsten *propter officium*, oder gar der Messerschmid Konrad Mülegg *quare de ipso fuit fama, quod bonus mechanicus esset*[18]. Diese sind Vertreter gefragter Handwerke wie Bildhauer, Büchsenmeister, Harnischer, Buchdrucker, Klingenschmiede, Schlosser und Apotheker. Diese Berufsleute wanderten im Durchschnitt mehr als doppelt so weit wie die übrigen Neubürger, d. h. über 160 km. Sie waren begehrt, weil sie Wissen oder handwerkliche Fertigkeiten mitbrachten, die schnell umgesetzt werden konnten. Es waren ausgesprochene Innovationsträger, da ihr spezielles Wissen oder ihr handwerkliches Können so aussergewöhnlich war, dass es sich lohnte, diese Leute gratis einzubürgern. Somit lässt sich folgende These formulieren: Je weiter eine Berufsgruppe im Durchschnitt migrierte, umso grösser war darin der Anteil an gefragten und innovativen Berufsleuten.

Nicht jeder weit migrierende Neubürger war freilich ein Innovationsträger, genauso wie nicht jeder Schlosser ein innovativer Uhrmacher war. Da sich die Spezialisten aber, wie wir gesehen haben, vor allem unter den weit migrierenden Berufsleuten befanden, so wurde jeder Neubürger, der über 150 km weit wanderte und mit Beruf im Bürgerbuch eingetragen wurde, als potentieller Innovationsträger angesehen. Das hat den Vorteil, dass wir auch innovative Personen in Berufen erfassen, in denen wir auf den ersten Blick keine Spezialisten vermuten. Dass in unserer Auswahl auch ganz „gewöhnliche“ Berufsleute zu finden sind, wird die Ergebnisse nicht verfälschen.

---

18 Erwähnte Beispiele: Bürgerbuch der Stadt Zürich 1336–1545, Stadtarchiv Zürich, Sign.: III:A.1, Hans Luther f. 198b, Konrad Mülegg, f. 35; *Ernst Müller* (Hg.), Leipziger Neubürgerliste 1502–1556 (Quellen und Forschungen zur sächsischen Geschichte 6), Leipzig 1981, Gorge Kirsten, S. 73.

II. Die Gewerbezweige und ihr Wirken im Raum

Die grossen Unterschiede bei den Migrationsdistanzen, die bei den Vertretern bestimmter Berufe festgestellt werden können, lassen sich auch bei ganzen Gewerbegruppen beobachten. Nicht alle wanderten gleich weit und waren gemäss unserer These gleich innovativ. Um das Migrationsverhalten einzelner Berufsgruppen untersuchen zu können, werden die einzelnen Berufe in elf Berufssektoren oder Gewerbezweige zusammengefasst. Die Einteilung der einzelnen Berufe zu den entsprechenden Gewerbezweigen wurde entweder aufgrund des verarbeiteten Materials oder der Tätigkeit vorgenommen[19].

Diese elf Berufssektoren sind in Abbildung 2 nach Häufigkeit der Einbürgerungen geordnet[20]. Nicht alle Gewerbezweige sind zur Beurteilung von Diffusionsprozessen gleich aussagekräftig. Ich berücksichtige in meiner Auswahl deshalb nur die drei grössten und wichtigsten Berufssektoren im späten Mittelalter, also Textil-, Metall- / Waffen- und das Leder- / Fellgewerbe, sowie drei kleinere Berufssektoren, dessen Vertreter im 15. Jahrhundert jedoch die grössten Zunahmen der Migrationsdistanzen aufweisen und deshalb geeignet sind, Innovationen über grössere Distanzen zu verbreiten. Diese Gewerbezweige sind das Medizinalgewerbe, das Holz- / Mobilienmachergewerbe und die in der Verwaltung tätigen Amtleute und Gelehrte. In Abb. 3 wird die durchschnittliche Migrationsdistanz der Gewerbezweige zeitlich differenziert dargestellt. Als Migrationsdistanz gilt die Luftlinie zwischen dem in den Bürgerbüchern angegebenem Herkunftsort und der Einbürgerungsstadt. Die Migrationsdistanz sowie ihre Veränderung wird uns erste Hinweise geben, wie sich der „Aktionsradius" der Berufsleute bestimmter Gewerbe entwickelte, der gemäss unserer These ein Merkmal für die Innovationstätigkeit ist.

In einem zweiten Schritt werden anhand der Herkunfts- und Einbürgerungsorte Gewerbelandschaften gebildet. Die Erkenntnis, dass bestimmte Gewerbezweige sich in gewissen Landschaften häufen und sogenannte Gewerbelandschaften oder Reviere bilden, ist seit längerer Zeit bekannt.

---

19 Eine reine Einteilung nach Zünften konnte wegen der Vergleichbarkeit der Daten nicht vorgenommen werden, da die Zusammensetzung der Zünfte von Stadt zu Stadt etwas verschieden ist und sich oft mit der Zeit ändert.

20 Zu Neubürgerfrequenzen und ihrem Einfluss auf die wirtschaftliche Entwicklung siehe den Beitrag von *Roland Gerber* in diesem Band; *Ingomar Bog,* Wachstumsprobleme der oberdeutschen Wirtschaft 1540 – 1618, in: Friedrich Lütge (Hg.), Wirtschaftliche und soziale Probleme der gewerblichen Entwicklung im 15.-16. und 19. Jahrhundert (Forschungen zur Sozial und Wirtschaftsgeschichte 10), Stuttgart 1968, S. 44 – 89. Obwohl der Schwerpunkt von Bogs Studien in der zweiten Hälfte des 16. Jahrhunderts liegt, behandelt er teilweise auch Zeitreihen ab 1430. Zu den Hansestädten siehe ebda. *Ernst Pitz,* Wirtschaftliche und soziale Probleme der gewerblichen Entwicklung im 15. / 16. Jahrhundert nach hansisch-niederdeutschen Quellen, S. 16 – 43.

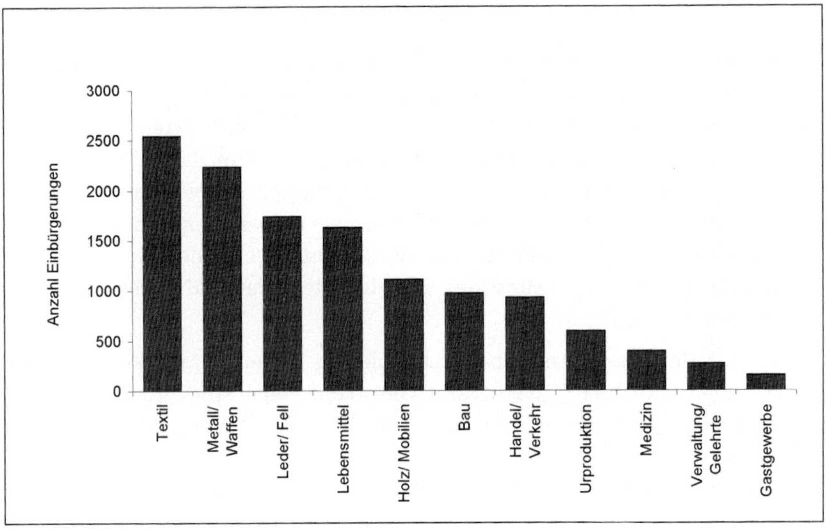

Abb. 2: Die Grösse der städtischen Gewerbezweige im Reich 1280 bis 1550

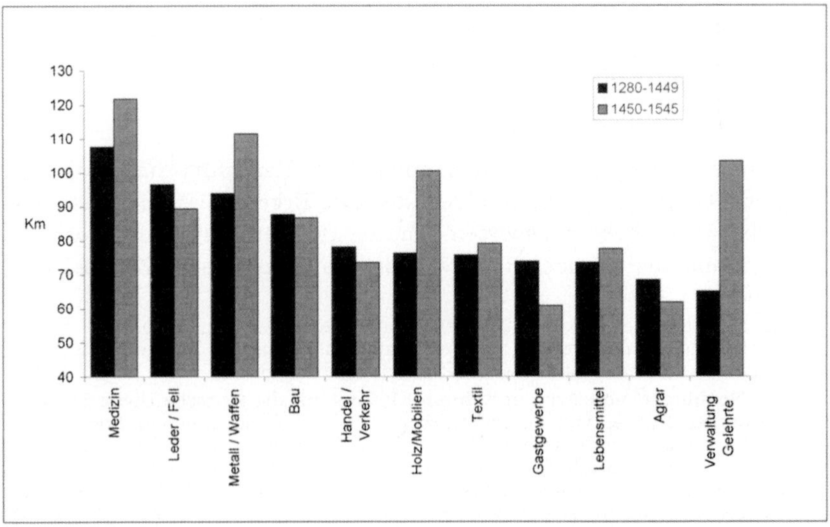

Abb. 3: Die Entwicklung der durchschnittlichen Migrationsdistanzen einzelner Gewerbezweige

Tabelle 2

Die 30 häufigsten Berufe in den Städten

Beruf	Anzahl	Prozent
Bäcker	693	5,2
Schneider	686	5,2
Schuhmacher	651	4,9
Schmied	440	3,3
Weber (unspezifisch)	432	3,3
Zimmermann	411	3,1
Krämer, Kleinhändler	371	2,8
Metzger	331	2,5
Kürschner	315	2,4
Böttcher, Küfer	287	2,2
Müller	270	2,0
Klingenschmied	229	1,7
Barbier, Scherer	229	1,7
Gerber	203	1,5
Wollweber	197	1,5
Fischer	187	1,4
Leinenweber	182	1,4
Harnischer, Plattner	175	1,3
Steinmetz	171	1,3
Schlosser	166	1,3
Schiffer	146	1,1
Fuhrmann	142	1,1
Goldschmied	140	1,1
Hutmacher	139	1,0
Bierbrauer	130	1,0
Tuchscherer	122	0,9
Bäder	122	0,9
Färber	120	0,9
Barchentweber / -schneider	118	0,9

Bekannt sind die Tuchlandschaften in Flandern, Schwaben und im Bodenseegebiet, im Vogtland (am Oberlauf des Mains gelegen) und in Westfalen, die Montanreviere in der Oberpfalz und in der Steiermark sowie der Weinbau im Elsass, um nur die wichtigsten zu nennen[21]. Es stellt sich die Frage, ob aus diesen Gebieten auch mehr Neubürger der entsprechenden Gewerbe

[21] Zu Gewerbelandschaften im Mittelalter mit ausgezeichneter Literaturübersicht siehe *Holbach*, (Anm. 6); Grundlegende Artikel in *Hans Pohl*, (Hg.), Gewerbe und Industrielandschaften vom Spätmittelalter bis ins 20. Jahrhundert (Vierteljahresschrift für Wirtschafts- und Sozialgeschichte, Beiheft 78), Stuttgart 1986, darin vor allem *Wolfgang von Stromer*, Gewerbereviere und Protoindustrien in Spätmittelalter und Frühneuzeit, S. 39–111.

stammen und ob die weit migrierenden Spezialisten aus bisher bekannten Führungs- oder Vorsprungslandschaften herkamen oder ob für bestimmte Gewerbezweige bisher unbekannte Innovationsräume gebildet werden können[22]?

1. Textilgewerbe

Am meisten eingebürgert wurden Berufsleute des Textilgewerbes[23]. Dieser Befund unterstreicht die grosse Bedeutung des Textilgewerbes in den mittelalterlichen Städten. Zuoberst stehen hier mit gegen 1'000 Nennungen die verschiedenen Weber, wobei je nach Landschaft die Woll- und Leinenweber und ab 1450 die Barchentweber am meisten vertreten sind[24]. Im ganzen wurden zehn verschiedene Weberberufe genannt. Wenn jedoch diese Weberberufe jeder für sich genommen wird, dann sind die Schneider mit 700 Nennungen zahlenmässig im Textilgewerbe klar an der Spitze. Sie waren aber, im Gegensatz zu den Tuchveredlern, den Färbern und Walkern, auch ausserhalb der bekannten Tuchlandschaften anzutreffen. Sie gehörten zu denjenigen Berufsleuten, die in jeder Stadt in grosser Zahl vorkamen.

Berufsleute des Textilgewerbes gehörten eindeutig nicht zu denjenigen, die weit migrierten. Am weitesten wanderten mit 90 km die Schneider, während die Weber mit 67 km deutlich weniger weit als der Durchschnitt wanderten. Die Tuchveredler zählen mit einer mittleren Migrationsdistanz von 45 km gar zu denjenigen, die am Schluss der Skala rangieren. Das weist darauf hin, dass das Textilgewerbe ein regional abgeschlossenes Gewerbe war, das mit anderen Textilregionen kaum einen Austausch von Berufsleuten pflegte. Einzelne Versuche bestimmter Städte durch einen Know-how-Transfer ein bestimmtes Tuchgewerbe zu etablieren, dürften selten den angestrebten Erfolg gezeitigt haben[25]. Der Schlüssel zu diesem

---

22 Zum Begriff „Führungslandschaft" siehe *Peter Moraw*, Über Entwicklungsunterschiede und Entwicklungsausgleich im deutschen und europäischen Mittelalter, in: Rainer C. Schwinges, (Hg.), Über König und Reich, Sigmaringen 1995, S. 293–320, hier S. 299.

23 Das Textilgewerbe, seine Bedeutung und Verbreitung in Europa, ist von allen Gewerbezweigen am besten untersucht: *Holbach* (Anm. 6), S. 47–208; *Almut Bohnsack*, Spinnen und Weben, Entwicklung von Technik und Arbeit im Textilgewerbe, Reinbeck 1981; Grundlegend immer noch *Wolfgang von Stromer*, Die Gründung der Baumwollindustrie in Mitteleuropa. Wirtschaftspolitik im Spätmittelalter (Monographien zur Geschichte des Mittelalters 17), Stuttgart 1978; *ders.*, Die Wolle in der oberdeutschen Wirtschaft, in: La lana, Florenz 1974, S. 109–118; *Hektor Ammann*, Die Anfänge der Leinenindustrie des Bodenseegebietes, in: Zeitschrift für Schweizerische Geschichte 25 (1943), S. 329–370; *ders.*, Deutschland und die Tuchindustrie Nordwesteuropas im Mittelalter, in: Hansische Geschichtsblätter 72 (1954), S. 1–63.

24 Zum Aufkommen des Barchents siehe *Stromer* (Anm. 23).

25 Der Berner Rat liess 1463 einen flämischen Tuchwalker holen, um die Tuchproduktion zu reformieren. Dieses Vorhaben scheiterte nicht zuletzt am Widerstand der

Befund könnte darin liegen, dass die meisten Textilproduzenten eine bestimmte Marke produzierten, die in regional abgesteckten Räumen hergestellt wurde[26].

Auf Abbildung 4 sieht man die Herkunftsgebiete der Berufsleute, die im Textilgewerbe tätig sind. Die Einbürgerungsorte sind als Punkte dargestellt, wobei die Anzahl der Textilberufsleute proportional der Grösse der Punkte entspricht. Sehr deutlich sind die grossen Tuchlandschaften erkennbar aus denen viele Textilberufsleute stammten: Flandern / Brabant, Südholland, Schwaben mit dem Bodenseegebiet und Westfalen. Neben den von Wolfgang von Stromer beschriebenen Tuchregionen sind jedoch noch Hessen und das Unterelsass ersichtlich, das mit einem Verbindungskorridor durch Baden mit Franken verbunden ist[27].

Anhand den grossen Anteilen von Textilberufsleuten bei den Einbürgerungen sieht man, dass beinahe jede Stadt ihr eigenes lokales Tuchgewerbe hatte. Trotzdem stechen folgende bekannte Tuchstädte heraus: Brügge, Mechelen, sehr deutlich Ulm[28], aber auch Strassburg, Frankfurt, Nördlingen, Leipzig und Nürnberg, das wegen seiner wirtschaftlichen Potenz fast in jedem Gewerbe auffällt. Das grosse wirtschaftliche Gewicht Augsburgs im Textilgewerbe ist auf der Karte nicht ersichtlich, da das Augsburger Bürgerbuch nicht alle Neubürger verzeichnet[29]. Besonders im 15. Jahrhundert, in dem die Barchentproduktion so richtig im Aufschwung begriffen war, sind die Einträge besonders lückenhaft[30].

Wenn wir auf Abbildung 5 nur die „potentiellen Innovationsträger" betrachten, die weit, und zwar über 150 km migrierten (rote Punkte), so sehen wir, dass die Herkunftsorte weit gestreut sind. Es waren hier vor allem die Schneider, welche nicht nur aus den typischen Tuchregionen

---

Handwerker; *Roland Gerber,* Die Gewerbeaufsicht des Rates, in: Ellen J. Beer, Norberto Gramaccini, Charlotte Gutscher-Schmid, Rainer C. Schwinges (Hg.*),* Berns grosse Zeit. Das 15. Jahrhundert neu entdeckt, Bern 1999, S. 211.

26 Zu den Tuchsiegeln als Markenzeichen siehe *Lukas Clemens* und *Michael Matheus,* Tuchsiegel, eine Innovation im Bereich der exportorientierten Qualitätsgarantie, in: *Lindgren* (Anm. 4.), S. 479 f.

27 Siehe dazu die Karte bei Holbach, der diesen Korridor auch abbildet, *Holbach* (Anm. 6), Karte 5, S. 763.

28 Ulms führende Stellung in der Textilproduktion in Oberdeutschland ist auch aus andern Quellen ersichtlich: *Eugen Nübling,* Ulms Baumwollweberei im Mittelalter. Urkunden und Darstellung. Ein Beitrag zur deutschen Städte- und Wirtschaftsgeschichte (Staats- und socialwissenschaftliche Forschungen 9 / 5) Leipzig 1890. Siehe auch *Holbach* (Anm. 6), S. 133 (Wolle), S. 163 (Leinen), S. 184 (Baumwolle); *Stromer* (Anm. 23), S. 37.

29 Zu den Einbürgerungsfrequenzen *Kalesse* (Anm. 12), Teil II, Kapitel 1.1.

30 Augsburg löste im 15. Jahrhundert Ulm als führendes Zentrum der Barchentweberei ab. *Rolf Kiessling,* Augsburgs Wirtschaft im 14. und 15. Jahrhundert, in: Gottlieb Günther (Hg.), Geschichte der Stadt Augsburg. 2000 Jahre von der Römerzeit bis zur Gegenwart, Stuttgart 1982, S. 171 – 181.

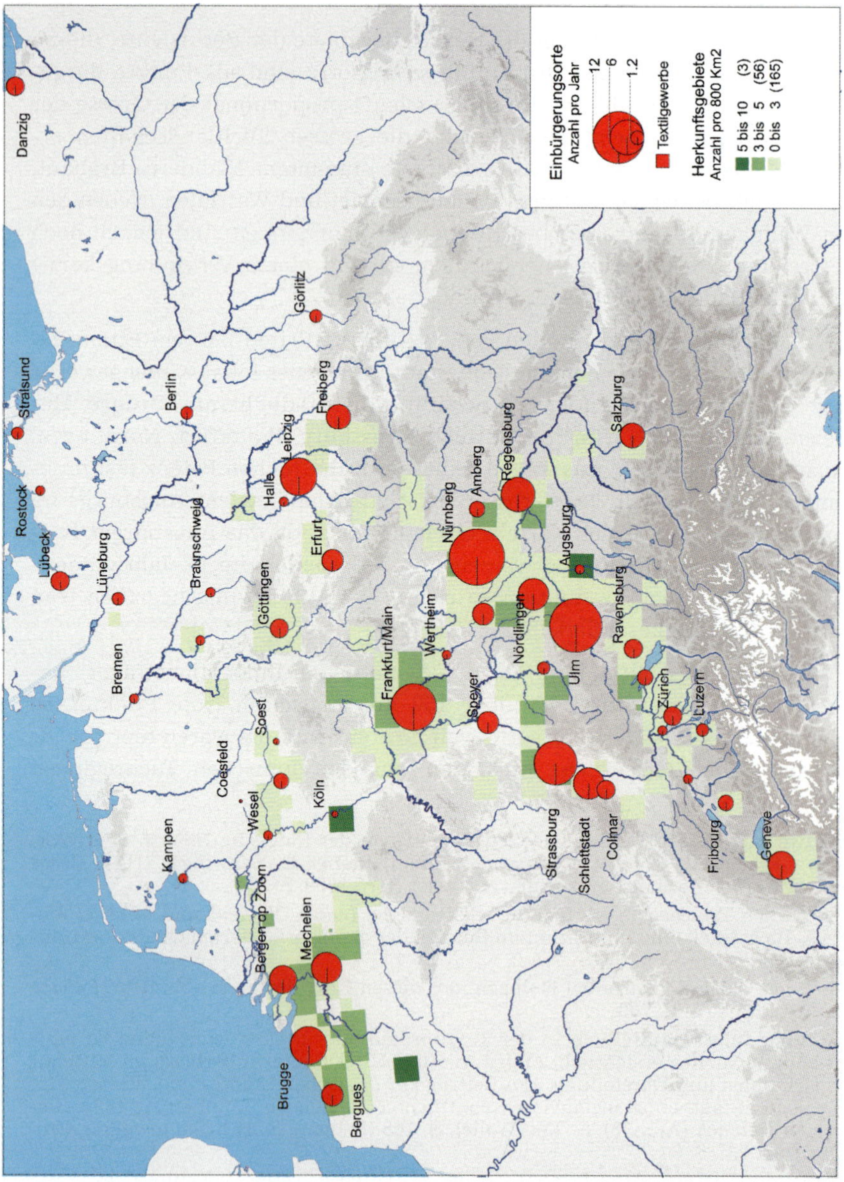

Abb. 4: Herkunftsgebiete und Einbürgerungsorte der Neubürger des Textilgewerbes

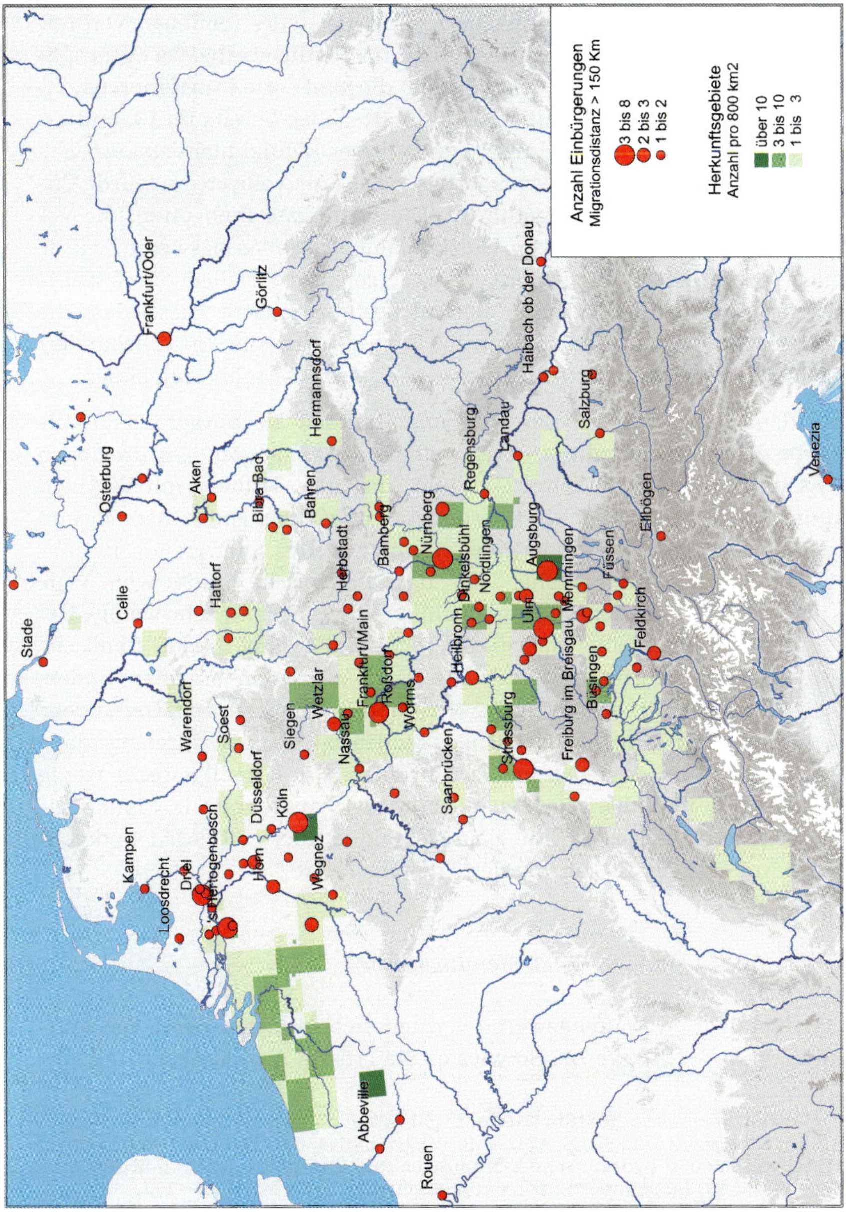

Abb. 5: Herkunftsorte weit migrierender Neubürger des Textilgewerbes

migrierten. Die charakteristischen Tuchberufe, die Weber, Färber, Walker und Wollschläger sind nur mit etwa 25 Prozent vertreten. Offenbar gab es neben den Schneidern und Hutmachern, die neue Modeströmungen verbreiten konnten, nur wenige Innovationsträger im Textilgewerbe. Da es im späten Mittelalter keine neuen Techniken gab, die man hätte transferieren können, denn Walkmühle und Trittwebstuhl hatten sich bereits im 13. und 14. Jahrhundert in Europa ausgebreitet, muss dieser Befund nicht erstaunen[31]. Auch die im 15. Jahrhundert stark wachsende Baumwollweberei wurde Ende des 14. Jahrhunderts eingeführt[32]. Die wichtigste Innovation, die vor allem im Textilbereich wirksam wurde, nämlich das Verlagswesen, wurde weniger durch Textilhandwerker verbreitet, sondern vor allem durch Kaufleute und Tuchhändler[33]. Dieser Befund bestätigt unsere These, dass die stagnierenden Migrationsdistanzen im Textilgewerbe im 15. Jahrhundert auf ein eher statisches und wenig innovatives Gewerbe schliessen lassen.

Bei den Herkunftsorten der weit migrierenden Neubürger im Textilgewerbe zeichnen sich mit einer Ausnahme die bekannten Textilregionen ab: Es sind dies Schwaben mit Ulm und Augsburg, Franken mit Vogtland und der Niederrhein. Hier sind besonders im verarbeitenden Bereich und in den Barchent- und Leinengebieten einige weiter migrierende Berufsleute festzustellen. Überraschend ist, dass flandrische Städte wohl viele Textilberufsleute aus der Umgebung einbürgern, aber nur sehr wenige Berufsleute aus diesen abwandern. Es ist bekannt, dass gerade flämische Tuchzentren Abwehrmassnahmen gegen Konkurrenten ergriffen, indem Sie die Abwanderung von Arbeitskräften und Spezialisten zur Konkurrenz verboten[34]. Diese protektionistischen Tendenzen können durchaus dazu beigetragen haben, dass sich im 15. Jahrhundert das Textilgewerbe wenig entwickelte, ja in einigen Regionen – besonders ausgeprägt in Flandern – sogar in eine Krise geriet. Eine Neubelebung ist hier erst gegen Ende des 15. und Anfangs des 16. Jahrhunderts dokumentiert[35].

2. Metallgewerbe

Das Metall- und Waffengewerbe verhielt sich in vielen Bereichen antizyklisch zum Textilgewerbe. So wies es die grösste Anzahl neuer und ver-

---

31 *Gudrun Spoerbeck,* Textilherstellung. Zu mittelalterlichen Spinn- und Webgeräten, in: *Lindgren* (Anm. 4), S. 471–479; *Walter Endrei* und *Wolfgang von Stromer,* Textiltechnische und hydraulische Erfindungen und ihre Innovatoren in Mitteleuropa im 14. und 15. Jahrhundert, in: Technikgeschichte 41 (1974), S. 89–117.

32 *Stromer* (Anm. 23), S. 11 f.

33 *Holbach* (Anm. 6), S. 206 und 581.

34 *Holbach* (Anm. 6), S. 74.

35 *Holbach* (Anm. 6), S. 74 f.

schiedener Berufe auf[36]. Während im Textilsektor vor allem die Weber das Textilgewerbe prägten, so war im Metallsektor eher die Vielfalt der Berufe das kennzeichnende Merkmal. Der Metall-Waffensektor war zudem ein Wachstumssektor. Im Durchschnitt der gesamten Untersuchungszeit liegt er nach der Anzahl Berufsleute noch an zweiter Stelle hinter dem Textilgewerbe, aber bereits um 1470 wird er zum grössten Gewerbezweig im Reich. Zahlenmässig wichtigster Beruf waren die „gewöhnlichen" Schmiede, das heisst solche, die keine speziellen Materialien oder Produkte bearbeiteten, danach folgten die Klingenschmiede, die Harnischer und die Schlosser.

Viele Berufsleute des Metallgewerbes gehörten im Gegensatz zum Textilgewerbe zu denjenigen, die sehr weit wanderten. Das waren vor allem Edelmetallschmiede, Waffenschmiede und Schlosser, dazu viele spezielle Metallberufe mit nur wenigen Vertretern wie Uhrenmacher, Helmmacher, Armbruster usw[37]. Nicht zu den weit migrierenden Metallberufsleuten zählten aber die gewöhnlichen Schmiede und die Schwertfeger, welche Halbfabrikate verarbeiteten, die aber zum Teil von weither bezogen wurden[38]. Von Bedeutung ist die grosse Zunahme der Wanderdistanz im 15. Jahrhundert, was zeigt, dass Metallberufsleute den Austausch intensivierten und überregional sehr gefragte Berufsleute waren. Gerade im 15. Jahrhundert setzten sich im Reich viele bedeutende Innovationen durch, auch wenn die Invention bereits im 14. Jahrhundert erfolgte. Neben Verbesserungen im Bergbau und der Verhüttung von Eisenerz waren es die Erfindung der Gusstechnik, der Feuerwaffen, der Drahtziehmühlen und feinmechanischer Geräte wie Uhren und Astrolabien, welche einen gewaltigen Aufschwung bewirkten[39]. Zudem breitete sich das Verlagswesen auch im Metallgewerbe immer mehr aus, so dass Massenprodukte wie Sensen, Messer, Draht und Nägel in Markenqualität günstig hergestellt werden

---

36 Zu Bergbau und Metallverarbeitung und Innovationen siehe *Karl-Heinz Ludwig* und *Volker Schmidtchen* (Hg.), Metalle und Macht 1000–1600 (Propyläen Technikgeschichte 2), Berlin 1992; *Hermann Kellenbenz,* Europäisches Eisen. Produktion – Verarbeitung – Handel, in: Ders. (Hg.), Schwerpunkte der Eisengewinnung und Eisenverarbeitung in Europa 1500–1650 (Kölner Kolloquien zur internationalen Sozial- und Wirtschaftsgeschichte 3), Köln/Wien 1974; *Wolfgang von Stromer,* Apparate und Maschinen von Metallgewerbe im Mittelalter und Frühneuzeit, Handwerk und Sachkultur im Spätmittelalter (Österreichische Akademie der Wissenschaften, Phil. Hist. Kl., Sitzungsberichte 513), Wien 1988, S. 127–149; *Rolf Sprandel,* Das Eisengewerbe im Mittelalter, Stuttgart 1968.

37 Gute Fallstudie zur Diffusion einer Invention am Beispiel der Uhrmacher: *Dohrn-van Rossum* (Anm. 5), S. 29–43.

38 *Holbach* (Anm. 6), S. 245 f.

39 *Jean Gimpel,* Die industrielle Revolution des Mittelalters (deutsche Übersetzung), Zürich/München 1980; Zur Drahtmühle: *Wolfgang von Stromer,* Innovation und Wachstum im Spätmittelalter, Die Erfindung der Drahtmühle als Stimulator, in: Technikgeschichte 44 (1977), S. 89–120.

40 Holbach weist Verlagswesen bei folgenden Metallgewerbezweigen nach: Sensen-, Messer- und Scherenmacher, Plattnerei, Messing- und Goldschlägerei, Draht-,

konnten[40]. Die hergestellten Produkte waren so günstig, dass oft die einheimischen Schmiede nicht mehr konkurrenzfähig waren[41].

Ein Blick auf die Abbildung 6 zeigt es deutlich: Das Metall- und Waffengewerbe wurde von Nürnberg dominiert[42]. Hier bürgerten sich weitaus am meisten Berufsleute des Metallgewerbes ein. Erst mit einigem Abstand folgten Leipzig, Strassburg, Regensburg, Frankfurt und Salzburg, die ebenfalls einen höheren Anteil Metallberufsleute anzogen als andere Städte. Berufsleute des Metallhandwerks kamen aber auch aus der Landschaft. Es waren dies in erster Linie die „gewöhnlichen" Schmiede, die sich vor allem aus dem Umland der Städte rekrutierten. Aus Nürnberg und Umgebung kamen aber auch viele der weit migrierenden Metall- und Waffenspezialisten her (Abb. 7). Im Gegensatz zum Textilgewerbe waren die Herkunftsgebiete der weit migrierenden Spezialisten dichter und räumlich begrenzter. So erweist sich vor allem der fränkische und oberpfälzische Raum um Nürnberg als eigentliche Drehscheibe des Metallhandwerks. Weitere Herkunftsgebiete waren Schwaben, aber auch der Mittel- und der Niederrhein und die Donau bis zum steyrischen Erzrevier[43]. Am Rhein müssen Köln und Solingen genannt werden, die ein Zentrum der Messerei bildeten, wie auch Passau und Steyr in Österreich für Messer und Sensen[44]. Zur Bildung dieser metallverarbeitenden Zentren war die Nähe zum Rohstoff Eisen wichtig, aber nicht allein entscheidend, denn nicht immer bildeten Eisenvorkommen ein Grund für eine weiterverarbeitende Industrie. In Zürich etwa wurden respektable Eisenmengen hoher Qualität aus dem Bergwerk Gonzen rheinabwärts gehandelt, ohne

---

Nägel- und Nadelherstellung, Büchsenfabrikation. Militärische Produkte wie Geschütze wurden zudem von Fürsten gefördert; *Holbach* (Anm. 6), S. 415. Ebenfalls die Wichtigkeit der Verlage betont *Wolfgang von Stromer*, Eine „Industrielle Revolution" des Spätmittelalters, in: Ulrich Troitzsch und Gabriele Wohlauf (Hg.), Technikgeschichte. Historische Beiträge und neuere Ansätze, Frankfurt am Main 1980, S. 105–138.

41 Beispiel aus Zürich in *Werner Schnyder* (Hg.): Quellen zur Zürcher Wirtschaftsgeschichte. Von den Anfängen bis 1500, 2 Bde., Zürich 1936, Nr. 918 1c, S. 513 und Nr. 959, S. 540.

42 Der süddeutsche Raum war in der Metallverarbeitung gegen Ende des 15. Jahrhunderts nicht nur im Reich, sondern in Europa führend; *Carlo M. Cipolla*, Gezählte Zeit. Wie die mechanische Uhr das Leben veränderte (Übersetzung von F. Hausmann), Berlin 1997, S. 24; Zur führenden Stellung Nürnbergs siehe: *Ammann* (Anm. 9); sowie *Hermann Aubin*, Die Stückwerker von Nürnberg bis ins 17. Jahrhundert, in: ders. (Hg.), Beiträge zur Wirtschafts- und Stadtgeschichte. Festschrift für Hektor Ammann, Wiesbaden 1965, S. 333–352.

43 Gut erforscht ist das steyrische Erzrevier; *Othmar Pickl*, Die Steiermark als Gewerbe und Industrielandschaft vom Spätmittelalter bis zur Gegenwart, in: Hans Pohl (Hg.), Gewerbe und Industrielandschaften vom Spätmittelalter bis ins 20. Jahrhundert (Vierteljahresschrift für Wirtschafts- und Sozialgeschichte, Beiheft 78), Stuttgart 1986, S. 16–38; *Holbach* (Anm. 6), S. 227 ff.

44 Das Kölner Bürgerbuch dokumentiert Handwerker nur schlecht, so dass sie auf diesem Weg nicht erfasst werden können.

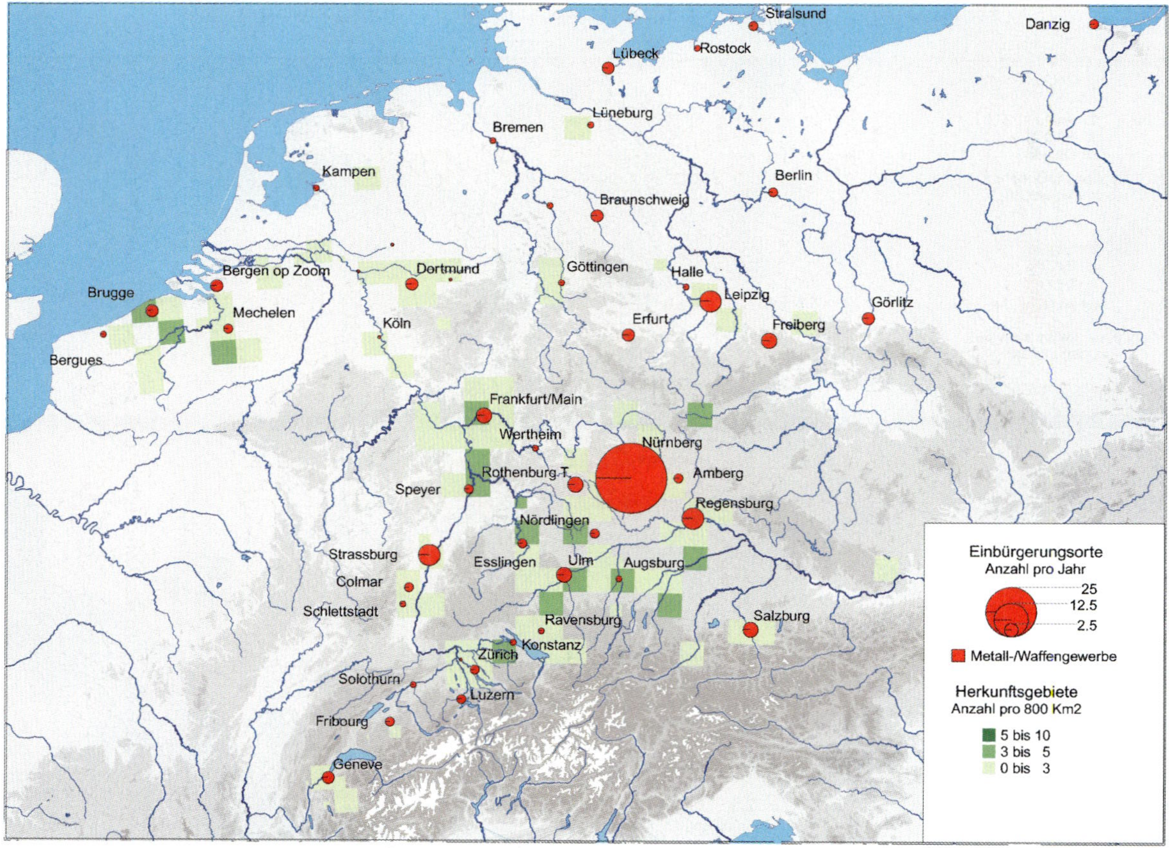

Abb. 6: Herkunftsgebiete und Einbürgerungsorte von Neubürgern des Metall- / Waffengewerbes

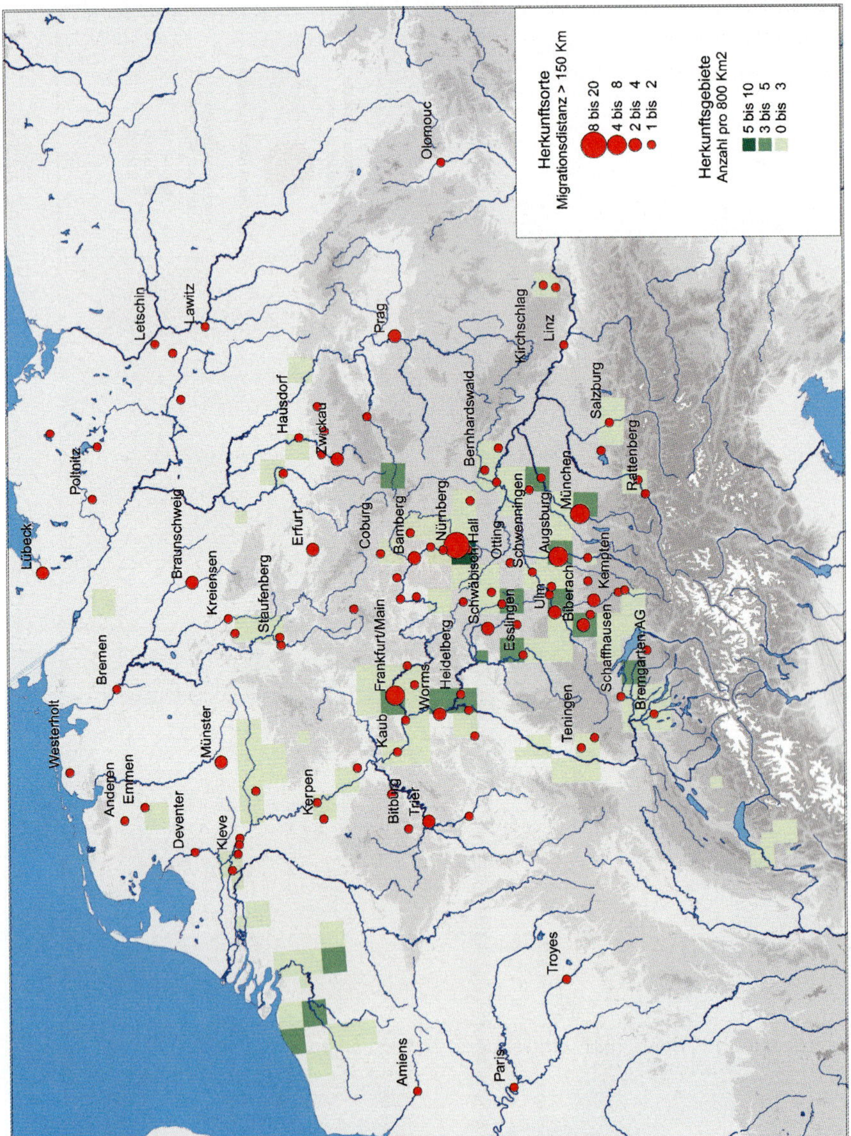

Abb. 7: Herkunftsorte weit migrierender Neubürger des Metall- / Waffengewerbes

dass dies zu einem bedeutenderen Metallgewerbe geführt hätte[45]. Allein 1470 bis 1477 lieferte der 1460 eingebürgerte Zürcher Kaufmann Rudolf Maness 60 Tonnen Stahl nach Basel, eine Menge, die sich auch im Vergleich mit andern Bergwerken sehen lassen konnte[46]. Die bereits von Peyer gestellte Frage, wieso sich wirtschaftliche Innovationen im eidgenössischen Raum im 15. Jahrhundert nicht durchsetzten, wird noch zu beantworten sein[47].

3. Leder- / Fellgewerbe

An dritter Stelle folgt das leder- / fellverarbeitende Gewerbe[48]. Klar an der Spitze stehen hier nicht wie erwartet die Gerber, sondern die Schuhmacher, mit 650 Nennungen einer der drei am meisten genannten Berufe überhaupt[49]. Mit gerade der Hälfte der Nennungen folgen die Kürschner und Gerber. Die grosse Bedeutung der Schuhmacherei im städtischen Gewerbe ist bis anhin in der Forschung noch zuwenig hervorgehoben worden[50].

Die Migrationsdistanzen der Berufsleute im Leder- / Fellsektor nahmen seit dem 15. Jahrhundert kontinuierlich ab. Dies ist besonders bedeutsam, da diese Berufsleute noch im 14. Jahrhundert am weitesten migriert waren. Das Ledergewerbe war offenbar vor dem 15. Jahrhundert ein innovatives Leitgewerbe. Hier zeichnet sich ein Strukturwandel in der Gewerbelandschaft des späten Mittelalters ab, der bisher in dieser Schärfe nicht be-

---

45 *Schnyder* (Anm. 41), S. 85 ff. Auch *ders.*, Aus der Geschichte des Sarganser Eisen- und Stahlproduktion im Spätmittelalter, in: Zeitschrift für Schweizerische Geschichte 29 (1949), S. 387–392.

46 *Schnyder* (Anm. 41), S. 101. Rudolf Maness war bei weitem nicht der einzige Eisenhändler. Sicher war die Verhüttung in Gonzen aber bedeutend kleiner als in der Steiermark oder in der Oberpfalz.

47 *Hans Conrad Peyer,* Schweizer Städte des Spätmittelalters im Vergleich mit den Städten der Nachbarländer, in: ders., Könige, Stadt und Kapital, Zürich 1982, S. 262–270, hier S. 266; *Bruno Koch,* Neubürger in Zürich. Migration und Integration im Spätmittelalter (Forschungen zur mittelalterlichen Geschichte; 40), Weimar 2002, speziell Kapitel 5.6.2: Die wirtschaftliche Strukturkrise gegen Ende des 15. Jh.

48 Obwohl das Leder-Fellgewerbe ein bedeutender Wirtschaftszweig war, ist die Literaturbasis unbefriedigend. Am besten ist die Gerberei dokumentiert: *Johannes Cramer,* Gerberhaus und Gerberviertel in der mittelalterlichen Stadt (Studien zur Bauforschung 12) Bonn 1981; *Guiseppe A. Bravo* und *Juliana Trupke,* 100'000 Jahre Leder. Eine Monographie, Basel Stuttgart 1970. Zum Gerberhandwerk in den einzelnen Städten siehe *Holbach* (Anm. 6), S. 419–487.

49 Die „Trias" der verarbeitenden Berufe, die Bäcker, Schneider und Schuhmacher, sind (abgesehen von den Woll-, Leinen- und Barchentwebern, die zusammen 7 Prozent ausmachen) mit einem Anteil von je 5 Prozent klar die zahlenmässig grössten einzelnen Berufe in den mittelalterlichen Städten. Siehe Tabelle 2.

50 Es gibt praktisch keine neuere Literatur über das Schuhmachergewerbe: *Herbert Bock,* Die Entwicklung des deutschen Schuhmachergewerbes bis zum 16. Jahrhundert, Freiburg 1922; allgemein: *Paul Weber,* Der Schuhmacher: ein Beruf im Wandel der Zeit, Aarau 1988.

kannt war. Die innovativen Berufe im Leder-/Fellgewerbe müssen wohl bei denjenigen gesucht werden, die auch im 15. Jahrhundert zu den im Vergleich weit migrierenden Berufsleuten zählten. Das waren die Taschenmacher, Nestler und Sattler, die Weissgerber, auch Alaungerber genannt, und die Kordewaner[51]. Als potentielle Innovationsträger kommen allerdings nur die Alaun- oder Weissgerber in Frage, da andere Gerbe- und Bearbeitungstechniken, wie das Pressen und Punzieren, bereits seit der Antike bekannt waren und angewendet wurden[52]. Die schwindende Bedeutung des Ledergewerbes scheint aber nicht nur auf fehlende Innovationen zurückzuführen sein, sondern auch, weil ab dem 15. Jahrhundert immer mehr Lederprodukte durch andere Materialien abgelöst wurden. Zu erwähnen sind hier etwa das Pergament, das durch das Papier und lederne Defensivwaffen, die durch Plattenharnische ersetzt wurden[53]. Behaupten konnte sich hingegen das Kürschnerhandwerk[54]. Während sich die zahlreichen Schuhmacher im Durchschnitt aller Berufe bewegen, so wandern die Gerber nur gerade 56 km, was den technischen Stillstand bei der Gerberei bestätigt. Ein Verlagswesen trifft man denn im Leder- und Fellgewerbe, von wenigen Ausnahmen bei den Schuhmachern abgesehen, kaum an[55]. Die Produktion war im Leder-/Fellgewerbe wenig zerteilt und kam mit einfachen gleichbleibenden Techniken aus.

Die Neubürger im Leder- und Fellsektor waren ähnlich wie im Textilsektor relativ gleichmässig über das Reich verstreut (Abb. 8). Trotzdem gab es Städte und Regionen mit einem höheren Anteil an leder- und fellverarbeitenden Neubürgern. Diese waren Lübeck, Görlitz, Rothenburg, Nördlingen, Strassburg, Genf, Bern, Zürich, Fribourg, und zum Teil auch Brügge. In Nürnberg war der Anteil der leder-/fellverarbeitenden Berufsleute eher klein. Wegen der Grösse Nürnbergs waren es im Vergleich mit anderen Städten trotzdem viele. Besonders grosse Anteile an Leder-Fellhandwerkern wies die Eidgenossenschaft, das Elsass, Flandern und Mittelfranken um Rothenburg auf[56]. Es sind Gebiete, in der die Vieh- oder Schafzucht einen bedeutenden Raum einnahm und die deshalb nahe am Rohstoff

---

51 Kordewaner gerben feine Leder mit Fetten.

52 *Rosita Nenno,* Gerbeverfahren, Lederverarbeitung und Ziertechniken, in: *Lindgren* (Anm. 4), S. 487–492.

53 *Karl-Heinz Ludwig,* Technik im hohen Mittelalter zwischen 1000 und 1350/1400, in: *Ders.* (Anm. 36), S. 185.

54 Siehe Anm. 12.

55 *Holbach* (Anm. 6), S. 485 f.

56 Besonders in der Eidgenossenschaft war die Gerberei und die Lederverarbeitung eines der wichtigsten Exportgewebe, *Holbach* (Anm. 6), S. 437 f.; *Aloys Schulte,* Geschichte des mittelalterlichen Handels und Verkehrs zwischen Westdeutschland und Italien mit Ausschluss von Venedig, 2. Bde., Berlin 1900, S. 718 (Neudruck Berlin 1966); *Hektor Ammann,* Die Zurzacher Messen im Mittelalter, in: Taschenbücher der historischen Gesellschaft des Kantons Aargau 1923 und 1929.

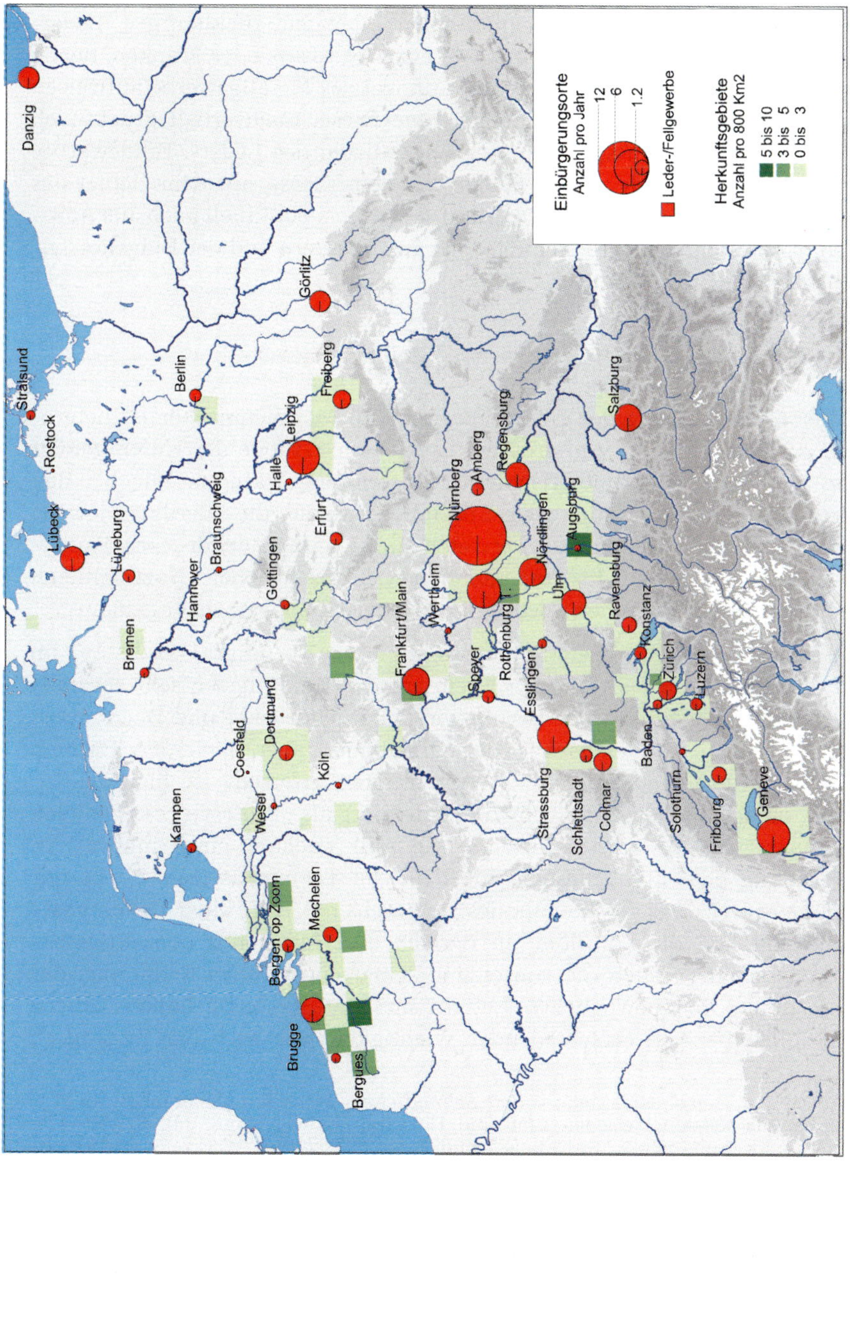

Abb. 8: Herkunftsgebiete und Einbürgerungsorte von Neubürgern des Leder- / Fellgewerbes

lagen. Auffallend ist, dass einige dieser Gebiete, wie etwa die Eidgenossenschaft oder Flandern, wirtschaftlich in der zweiten Hälfte des 15. Jahrhunderts in einer Krise steckten. Zumindest in der Eidgenossenschaft ist ein Zusammenhang mit dem stagnierenden oder gar rückläufigen Ledergewerbe naheliegend. Städte, die, wie etwa im Elsass oder Franken, neben dem Lederhandwerk ein starkes und innovatives Metallgewerbe aufweisen konnten, erscheinen viel krisenresistenter. Dieser Sachverhalt drückt sich auch in den Herkunftsgebieten der Spezialisten des Leder- / Fellgewerbes aus (Abb. 9). Besonders viele kamen aus dem Elsass, aus dem Gebiet des Neckar in Württemberg, vom Oberlauf des Mains, punktuell auch aus Augsburg, Ulm und Nürnberg; keine jedoch aus Flandern und der Eidgenossenschaft!

4. Holzbearbeiter / Mobilienmacher

Der Gewerbezweig der Holzbearbeiter und Mobilienmacher ist heterogen zusammengesetzt. Am grössten ist hier die Gruppe der Küfer, gefolgt von den Schreinern und Tischlern, Töpfern und Hafnern. Wie bei den Metallberufen gibt es hier viele Spezialistenberufe, die allerdings jeweils nur mit wenigen Neubürgern vertreten sind wie die Buchdrucker, Papiermacher, Glasmacher, Instrumentenbauer, Kerzenmacher, Holzschnitzer, holländische Holzschuher, auch Patinen- oder Klumpenmacher genannt[57].

Sehr gross war in diesem Sektor die Zunahme der Migrationsdistanz im 15. Jahrhundert. Diese ging vor allem auf das Konto neuer, sehr spezialisierter und expandierender Berufe wie der Buchdrucker und Buchbinder, der Glas- und Brillenmacher, der Orgelbauer, aber auch der Tischler, Drechsler und Figurenschnitzer. Am meisten erforscht ist hier die Innovation des Buchdrucks[58]. Obwohl Gutenberg als „Prototyp“ des genialen Erfinders gilt, so zeigt sich hier, wie sehr auch er einer innovativen Umgebung bedurfte, um seine Ideen in die Tat umzusetzen. Nicht nur stützte er sich, was die Technik des Kopierens mit Hilfe einer Druckpresse anbelangt, auf die Vorbilder im Bereich des Holzschnitt oder Stichverfahrens, sondern auch die Umsetzung seiner eigentlichen Erfindung, der Anfertigung von beweglichen Lettern aus Blei, bedurfte handwerkliche Spezialisten[59]. Von entscheidender Wichtigkeit war auch der Zugang zu

57 Zu Ton, Ziegel, Glas siehe *Volker Schmidtchen,* Technik im Übergang vom Mittelalter zur Neuzeit zwischen 1350 und 1600, in: Ludwig (Anm. 36), S. 452–472. Druck und Papier, ebda., S. 573–587 und *Peter F. Tschudin,* Werkzeug und Handwerkstechnik in der mittelalterlichen Papierherstellung, in: *Lindgren,* (Anm. 4), S. 423–428. Zu Holzbearbeitung vgl. *Holbach* (Anm. 6), S. 488–562, mit jeweils guter Literaturübersicht.

58 Zum Buchdruck siehe die massgebende Arbeit von *Giesecke* (Anm. 5).

59 *Giesecke* (Anm. 5), S. 76.

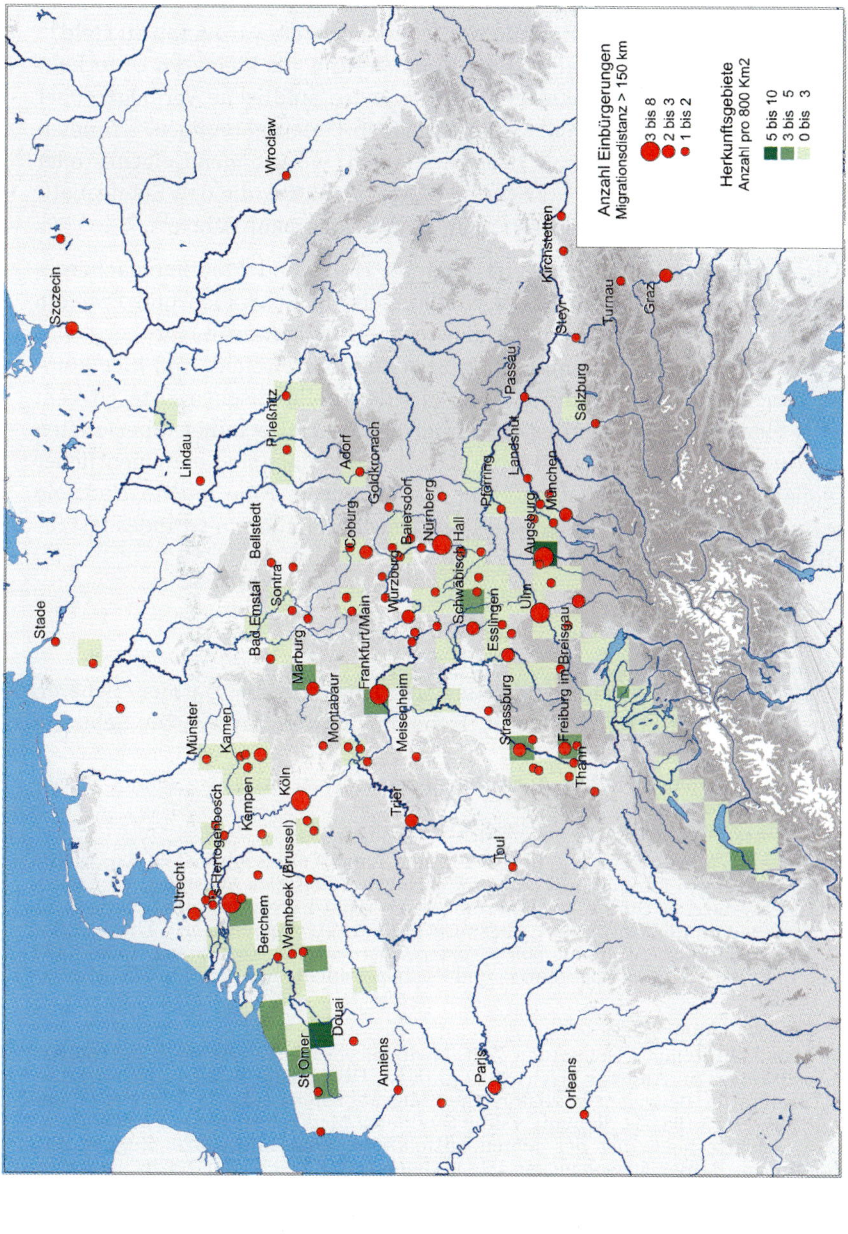

Abb. 9: Herkunftsorte weit migrierender Neubürger des Leder- / Fellgewerbes

Risikokapital. Gutenberg erhielt in Strassburg von verschiedenen Personen grosse Summen an Kapital – und das zu einer Zeit, als erst die Idee vorhanden war[60]. In dieser Hinsicht ist das Beispiel Gutenbergs exemplarisch. Das Europa des späten Mittelalter und der frühen Neuzeit war knapp an Geld[61]. Im Gegensatz zur Hochfinanz ist die Finanzierung von kleineren Unternehmungen praktisch nicht erforscht, doch wurden städtische Vermögen eher in Immobilien und Ländereien angelegt, als in Unternehmungen[62]. Innovationen konnten sich aber nur dort entwickeln, wo genügend eigenes oder fremdes Risikokapital jene „kritische Masse“ schaffte, die den Schneeballeffekt (Stromer) auslöste, der zu einem Innovationsschub führte[63].

Die Herkunftsgebiete der Neubürger im Holz- und Mobilienmachergewerbe lagen einerseits am Rhein, andererseits in Schwaben und Franken (Abb. 10). Wichtigstes Zentrum war wie im Metallgewerbe Nürnberg, was dessen Stellung als Zentrum des Handwerks unterstreicht. Von hier kommen Drechsler, Tischler und Glaser; aus den holländischen Orte Utrecht und ‘s Hertogenbosch sind es weit migrierende Holzschuher. Spezialisten neuer und innovativer Berufe sind zu selten, als dass sich ein eigentlicher regionaler Schwerpunkt ausmachen lassen würde. Eine leichte Häufung der Buchdrucker, Buchbinder und Papiermacher am Rhein ist indes festzustellen.

5. *Medizinalsektor*

Nur aus sieben Berufen besteht das Medizinalgewerbe: Barbier / Scherer, Bader, Apotheker, Arzt, Wundarzt, Hebamme und Tierarzt[64]. Die Scherer /

---

60 *Giesecke* (Anm. 5), S. 133. Auch Gutenberg selbst steckte sein gesamtes Vermögen in das Projekt.

61 *Stromer* (Anm. 6), S. 160.

62 Siehe dazu *Rolf Kiessling,* Besitz auf dem Land – ein Schlüssel zu den Stadt-Land-Beziehungen im Spätmittelalter, aufgezeigt am Beispiels Augsburgs und anderer Ostschwäbischer Städte, in: Pankranz Fried (Hg.) Bayerisch-schwäbische Landesgeschichte an der Universität Augsburg 1975 – 1977, Sigmaringen 1979, S. 121 – 140. Zur Hochfinanz: *Wolfgang von Stromer,* Oberdeutsche Hochfinanz, 1350 – 1450 (Vierteljahresschrift für Wirtschafts- und Sozialgeschichte, Beiheft 55 – 57), Wiesbaden 1970.

63 *Stromer* (Anm. 21), S. 110.

64 *Martin Kintzinger,* Heimat auf Zeit, Medizinisches Fachpersonal in mittelalterlichen Städten, in: Andreas Gestrich u. a. (Hg.), Historische Wanderungsbewegungen (Stuttgarter Beiträge zur Historischen Migrationsforschung 1), Münster / Hamburg 1991, S. 79 – 99. Zu den universitär gebildeten Medizinern siehe: *Markus Bernhardt,* Gelehrte Mediziner des späten Mittelalters: Köln 1388 – 1520. Zugang und Studium, in: Rainer C. Schwinges (Hg.), Gelehrte im Reich. Zur Sozial und Wirkungsgeschichte akademischer Eliten des 14. bis 16. Jahrhunderts (Zeitschrift für Historische Foschung, Beiheft 18), Berlin 1996, S. 113 – 134; *Cay-Rüdiger Prüll,* Die „Karriere“ der Heilkundigen an der Kölner Universität zwischen 1389 und 1520, in: ders., S. 135 – 158; Zur medizinischen Versorgung im Mittelalter siehe *Gerhard Baader* und *Gundolf Keil,* (Hg.), Medizin im mittelalterlichen Abendland, Darmstadt

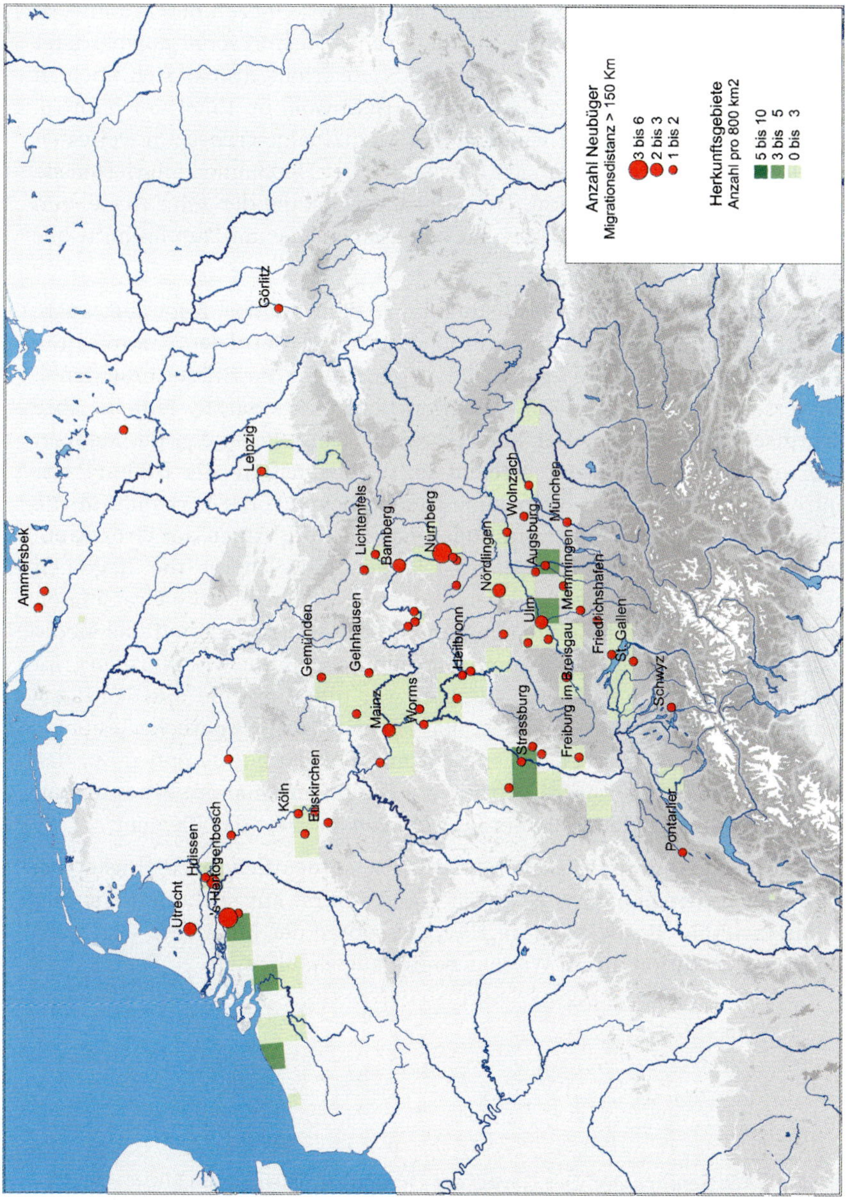

Abb. 10: Herkunftsorte weit migrierender Neubürger des Holz- / Mobilienmachergewerbes

Barbiere machen hier den weitaus grössten Anteil aus. Medizinische Fachleute gehörten im Mittelalter zur mobilsten Berufsgruppe. Während sich die Wanderzeit bei andern Berufsleuten oft auf die Gesellenzeit beschränkte, so war es in vielen Städten Brauch, medizinisches Fachpersonal nur befristet anzustellen oder einzubürgern[65]. Dieser Sachverhalt drückt sich auch in den Migrationsdistanzen der Neubürger aus: Sowohl im 15. als auch im 16. Jahrhundert wanderten die Vertreter des Medizinalgewerbes am weitesten von allen Gewerbetreibenden. Mit Ausnahme der Hebammen migrierten sie durchschnittlich über 100 km. Die Migrationsdistanz der zehn Ärzte, von denen der Herkunftsort bekannt ist, belief sich sogar im Durchschnitt auf 240 km.

Die Zunahme der Migrationsdistanz im 15. Jahrhundert zeigt aber auch, dass Berufsleute des Medizinalsektors innovative Berufsleute waren, die einerseits die universitäre „galenische" Medizin in die Städte brachten[66]. Andererseits verfeinerten die handwerklichen Wundärzte laufend ihre chirurgischen Techniken. Der hohe Spezialisierungsgrad, den die Medizin schon im späten Mittelalter erreicht hatte, begünstigte die Bildung von Zentren, aus denen vermehrt medizinisches Fachpersonal herkam. Für die universitäre Medizin war dies im Reich nördlich der Alpen der Grossraum Utrecht / Köln[67], für die Wundärzte, Bader und Scherer die Regionen Rheinhessen, Unterfranken und der Bodenseeraum, wobei die Grossregion Frankfurt eindeutig die Spitze einnahm (Abb. 11). In Bezug auf das Medizinalgewerbe spielte diese Region eine ähnliche Rolle wie Nürnberg im Metallsektor. Für die Eidgenossenschaft war die Migration aus der Lombardei und dem Piemont wichtig, vor allem was die Apotheker betrifft. Dieser Befund verschärft sich, wenn wir nur die weit migrierenden Spezialisten des Medizinalgewerbes betrachten. Die Mainregion mit Frankfurt an der Spitze hebt sich deutlich vom Rest ab, genauso wie das Piemont.

Wieso sich gerade in diesen Räumen eine so deutliche medizinisch geprägte Gewerberegion entwickelt hat, kann vorerst nur spekuliert werden. Da das fachliche Know-how die Hauptressource der Mediziner war, wird man in der Tradition dieses Wissens weiter suchen müssen.

1982; *Heinrich Schipperges,* Der Garten der Gesundheit: Medizin im Mittelalter, Zürich / München 1985.

65 *Kintzinger* (Anm. 54), S. 90 f.

66 *Prüll* (Anm. 54) , S. 140.

67 *Bernhardt* (Anm, 54), S. 122 – 126.

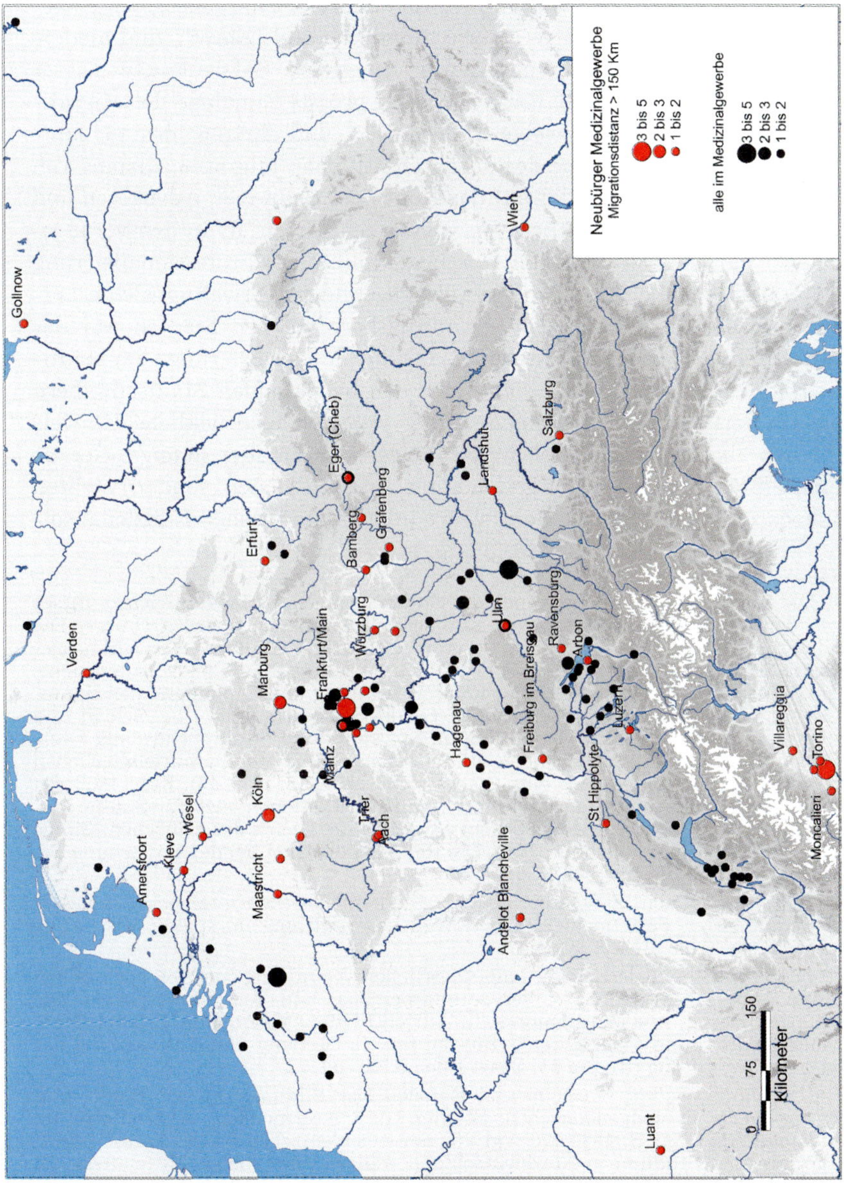

Abb. 11: Herkunftsorte der Neubürger des Medizinalgewerbes

6. Gelehrte / Verwaltung

Im Sektor Gelehrte / Verwaltung wurden Schreiber am häufigsten eingebürgert[68]. Dazu kamen einige Notare, Advokate und Lehrer[69] und niedere städtische Amtleute wie Zöllner, Läufer, Spielleute, Salzleute usw. Dieser Berufssektor fällt durch die vergleichsweise grösste Zunahme der Migrationsdistanz aller Gewerbezweige Ende des 15. und Anfangs des 16. Jahrhunderts auf. Die Zunahme der durchschnittlichen Migrationsdistanz von 72 auf über 100 km ging klar auf das Konto der Schreiber, Advokaten und Lehrer, die nach 1500 deutlich von weiter her kamen als in den vorangegangenen Jahren. Der Grund hierfür liegt wohl in der Professionalisierung der Verwaltung, die vermehrt speziell ausgebildete Verwaltungsleute notwendig machte[70]. Wichtigster Verwaltungsberuf in den Städten war der Stadtschreiber[71]. Diese zeichneten oft für die „Modernisierung" der städtischen Verwaltung[72]. Obwohl sich unter den bedeutenden Stadtschreibern viele studierte Juristen befanden, findet sich der ausdrückliche Hinweis auf einen akademischen Titel in den Bürgerbüchern aber selten[73]. Gerade kleinere Städte konnten sich kaum einen Juristen leisten, sondern stellten Stadtschreiber ein, die eine Berufslehre in einer städtischen Kanzlei absol-

---

68 Die Entwicklung der Verwaltung der Städte im Reich ist im Vergleich zu derjenigen der Landesherrschaft schlecht erforscht: Zur Übersicht *Georg Droege,* Die Stellung der Städte, in: Kurt G. A. Jeserich u. a. (Hg.), Deutsche Verwaltungsgeschichte, Bd. 1, Stuttgart 1983, S. 177 - 187; Zu einzelnen Städtelandschaften siehe: *Klaus Wriedt,* Das gelehrte Personal in der Verwaltung und Diplomatie der Hansestädte, in: Hansische Geschichstblätter 26 (1978), S. 15 - 37; *Ernst Pitz,* Schrift und Aktenwesen der städtischen Verwaltung im Spätmittelalter. Köln - Nürnberg - Lübeck. Ein Beitrag zur vergleichenden Städteforschung und zur spätmittelalterlichen Aktenkunde (Mitteilungen aus dem Stadtarchiv von Köln, Heft 45), Köln 1959; Zu Entwicklungsunterschieden von Territorien mit Implikationen auch für Städte: *Moraw* (Anm. 22), S. 293 - 320; *ders.*, Gelehrte Juristen im Dienst der deutschen Könige (1273 - 1493), in: Roman Schnur (Hg.), Die Rolle der Juristen bei der Entstehung des modernen Staates, Berlin 1986, S. 77 - 147.

69 Zu Lehrpersonen in Schulen auch in Städten: *Martin Kintzinger,* Scholaster und Schulmeister, Funktionsfelder und Wissensvermittlung im späten Mittelalter, in: *Schwinges* (Anm. 54) , S. 349 - 374.

70 Zur Professionalisierung der landesherrlichen Verwaltung zum Teil auch in den Städten siehe *Christian Hesse,* Verwaltungspersonal und Verwaltungspraxis: Die Territorien Hessen und Württemberg, in: Ulrich Pfister / Maurice de Tribolet (Hg.), Sozialdisziplinierung - Verfahren - Bürokraten. Entstehung und Entwicklung der modernen Verwaltung (Itinera 21) Basel 1999, S. 29 - 41.

71 *Urs Martin Zahnd,* Studium und Kanzlei. Der Bildungsweg von Stadt- und Ratsschreibern in eidgenössischen Städten des ausgehenden Mittelalters, in: *Schwinges* (Anm. 54), S. 453 - 476. Vgl. für den norddeutschen Raum: *Klaus Wriedt,* Bürgertum und Studium in Norddeutschland während des späten Mittelalters, in: Johannes Fried (Hg.), Schulen und Studium im sozialen Wandel des hohen und späten Mittelalters (Vorträge und Forschungen 30), Sigmaringen 1986, S. 487 - 525.

72 Zum Begriff „Modernisierung der Verwaltung" siehe *Hesse* (Anm. 70), S. 1.

73 Als bekannte Beispiele seien etwa Thüring Fricker in Bern, Konrad Peutinger in Augsburg und Sebastian Brandt in Strassburg erwähnt; *Zahnd* (Anm. 71), S. 453 f.

viert hatten[74]. Die Herkunftsorte der weit migrierenden Spezialisten der Verwaltung liegen ziemlich gleichmässig verteilt im Raum (Abb. 12). Eine Verdichtung der Herkunftsorte kann kaum beobachtet werden, dazu wäre auch unser Sample zu klein.

III. Typologie der Migrationsräume

Wir konnten feststellen, dass sich einzelne Gewerbe unterschiedlich im Raum verteilen. Die Unterschiede in der Wandertätigkeit dieser Gewerbezweige ergibt ein sehr komplexes Bild der Migrationsdichte in den Herkunftsräumen weit migrierender Neubürger[75]. Auf Abbildung 13 sind die Herkunftsräume der weit migrierenden Berufsleute (Migrationsdistanz >150 km) und ihre bevorzugten Einbürgerungsorte abgebildet. Die durchschnittliche Immigrationsdistanz, die anhand der Punktegrösse ablesbar wird, besagt, wie weit die Neubürger zuwanderten. Die Unterteilung der Herkunftsgebiete in solche mit weit migrierenden Berufsleuten (grün eingefärbt) und den übrigen gestattet uns in Kombination mit der Immigrationsdistanz der Berufsleute in den einzelnen Städten, vier verschiedene Kategorien von Räumen zu bilden, an denen die Resultate der einzelnen Gewerbelandschaften gespiegelt werden können.

1. Auswanderungsräume

Es sind Räume aus denen viele spezialisierte Berufsleute weit wandern, jedoch wenige Spezialisten von weit her anziehen. Die Auswanderung spezialisierter Berufsleute dominiert, es herrscht ein Überfluss an gut ausgebildeten Berufsleuten. Dies trifft deutlich auf die Region Schwaben und den Niederrhein zu. Es sind alte Vorsprungslandschaften[76], mit einem dicht besiedelten Umland. Es sind gewerblich betrachtet heterogen aufgebaute Wirtschaftsräume: Die Tuchherstellung steht neben Metall, Leder und diversen anderen Gewerben. Spezialisten kommen aus allen diesen Gewerbezweigen. Diese Gebiete sind nicht zuletzt wegen des grossen gewerblichen Spektrums krisenresistent und wirtschaftlich stabil.

74 *Zahnd* (Anm. 71), S. 464 f.

75 Eine gewisse Korrelation mit der Bevölkerungsdichte ist wahrscheinlich, die aber auch als Indiz für die wirtschaftliche Potenz einer Region gewertet werden kann. Besonders deutlich betont dies in Bezug auf die Städtedichte *Peyer* (Anm. 47), S. 61–70.

76 *Moraw* (Anm. 22), S. 298 ff.

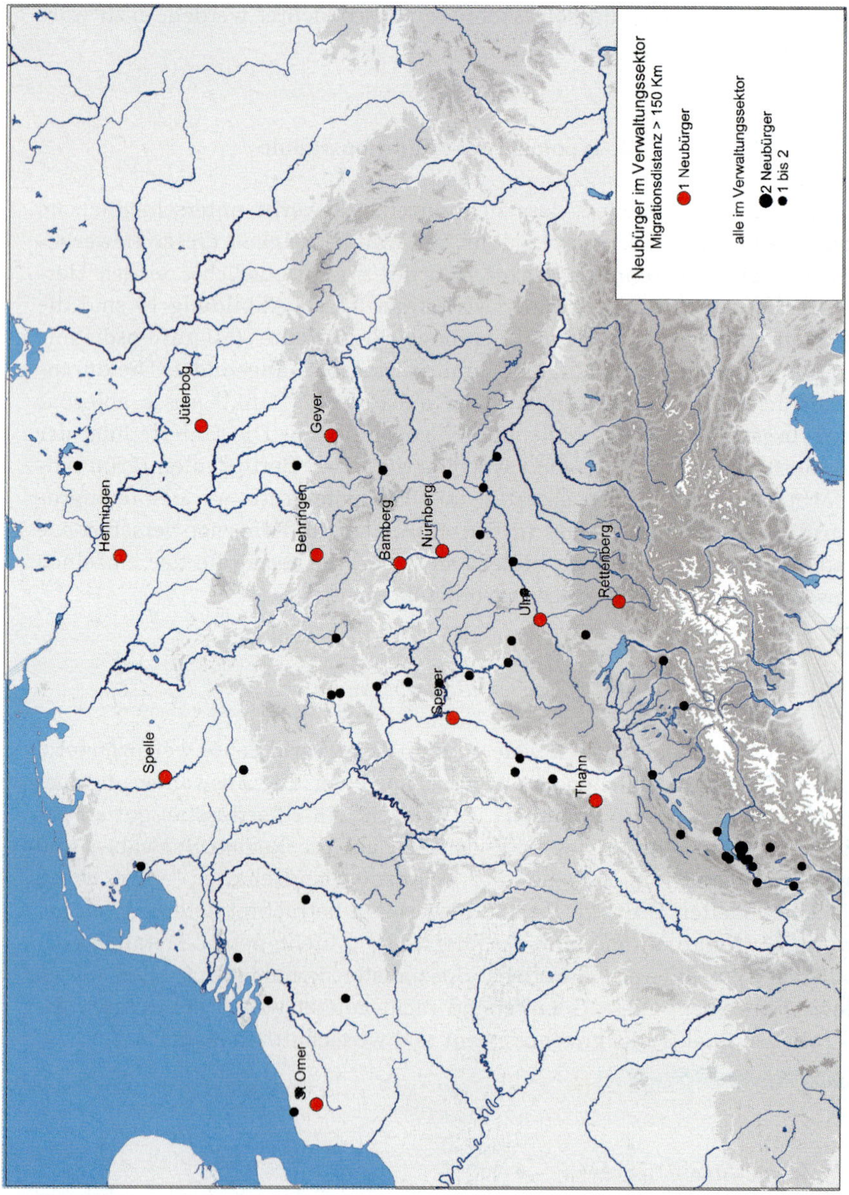

Abb. 12: Herkunftsorte der Neubürger des Sektors Verwaltung / Gelehrte

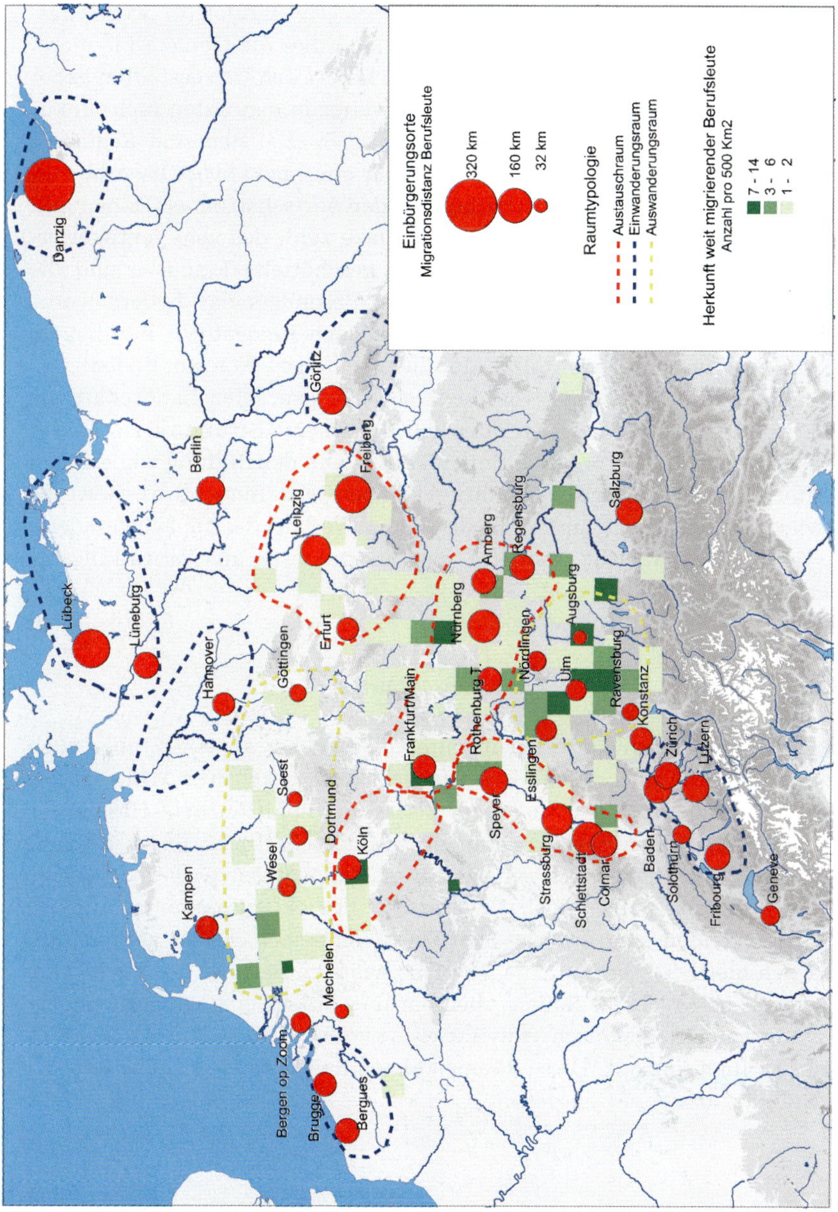

Abb. 13: Typologie der Migrationsräume

2. *Einwanderungsräume*

Es sind Räume, aus denen wenige spezialisierte Berufsleute wegziehen, die aber solche von weit her anziehen. Es sind dies die Gebiete Flandern, Ostsee und die Eidgenossenschaft. Vorsicht ist bei den Ostseestädten geboten, da wir eine vermutete Abwanderung weiter in den Osten nicht dokumentieren können. Einwanderungsräume von Spezialisten sind Regionen, deren Städte reich sind, die aber kaum über ein innovatives Gewerbe verfügen. Es sind zum Teil Landschaften, die den wirtschaftlichen Höhepunkt im 15. Jahrhundert überschritten haben. Dazu zählt das vom Textilgewerbe dominierte und von Wirtschaftskrisen geschüttelte Flandern und die Gebiete mit einem starken Ledergewerbe. Besonders das Ledergewerbe verlor im 15. Jahrhundert gegenüber den neuen innovativen Berufen im Metall- / Waffen- und im Holz- / Mobilienmachergewerbe an Boden. Gewerbelandschaften mit einer vom Ledergewerbe geprägten Landschaft wie die Eidgenossenschaft gerieten offensichtlich in eine Strukturkrise. In der Eidgenossenschaft wurde diese Entwicklung dank der Bildung von eigenen Territorien und militärischer Stärke kompensiert. Innovatives Gewerbe entwickelte sich aber kaum mehr, da sich im Verlauf des 15. Jahrhunderts ein Verwaltungspatriziat etablierte, das die Einkünfte aus Verwaltungstätigkeit und Solddienst bezog[77].

3. *Austauschräume*

Räume, die spezialisierte Berufsleute von weit her anziehen, aber auch wieder abgeben, möchte ich als Austauschräume bezeichnen. Dies ist vor allem in Franken und Thüringen, im Elsass und in Mittelrhein-Hessen der Fall. Diese Regionen besitzen eine starke wirtschaftliche Basis. Es sind Vorsprungslandschaften mit einem starken innovativen Gewerbe, welche gerade deswegen immer noch ein grosses Entwicklungspotential aufweisen. Hier können sich Innovationen zuerst festsetzen. Es ist kein Zufall, dass sich hier neue, bedeutende Gewerbe wie zum Beispiel der Buchdruck entwickelt haben. Diese Räume üben darüber hinaus eine wichtige Scharnierfunktion im Austausch von Wissen sowohl in Nord-Süd als auch in West-Ost Richtung aus. Diese Räume können daher als eigentliche Innovationsräume bezeichnet werden.

77 *Peyer* und *Koch* (Anm. 47).

4. Räume mit geringem Austausch

Räume mit geringem Austausch von spezialisierten Berufsleuten sind solche, die sich, sowohl was die Einwanderung als auch die Abwanderung von Spezialisten betrifft, kleinräumig verhalten. Auch hier ist die Wanderungsbilanz ausgeglichen. Diese Städte oder kleinere Landschaften kommen ausser in Franken und im Norden in fast allen Räumen vor. Es sind wirtschaftlich schwache Gebiete. Auf unserer Karte sind sie aber nur unvollständig abgebildet und wären in den weiss gebliebenen Flächen mit Städten, die nur Berufsleute aus der Nähe einbürgern, zu suchen. Da vor allen in kleineren Städten oft die Bürgerbücher fehlen, sind die Resultate jedoch zu lückenhaft, um diese Räume genauer eingrenzen zu können.

Zusammenfassung

Die Neubürgerbücher mit ihren tausenden dokumentierten Einbürgerungen von Berufsleuten erweist sich als eine erstklassige Quelle zur Erforschung der Migration und zur Entwicklung der Gewerbestruktur in den Städten des Alten Reiches. Damit kann nicht nur die gewerbliche Ausrichtung einzelner Städte und Landschaften gezeigt werden, sondern auch die Entwicklung der einzelnen Gewerbe und ihrer Berufe. Anhand der Verbreitung von Gewerbezweigen aber auch der Entwicklung der Wanderungsdistanzen von Berufsleuten in den einzelnen Gewerbezweigen lassen sich Hochkonjunkturen und Krisen verschiedener Berufe und Berufszweige erkennen, besonders deutlich trat die gegenläufige Entwicklung des Leder- und Metallgewerbes hervor. Als Indikator dienen dabei die weitwandernden Spezialisten, die aufgrund der weiten Wanderdistanzen fähig sind, Innovationen zu verbreiten. Veränderungen in der gewerblichen Struktur von Landschaften lassen sich zuerst im Wanderverhalten dieser Innovationsträger ablesen.

Grob konnte dabei zwischen vier Kategorien von Landschaften unterschieden werden: Einwanderungs- beziehungsweise Auswanderungsräume, Austauschräume und solche mit geringem Austausch. Austausch- oder Innovationsräume entwickelten sich vor allem in den alten Vorsprungslandschaften am Rhein, in Schwaben und Franken. Notwendig für die wirtschaftliche Prosperität war aber zusätzlich eine vielfältige Gewerbestruktur und die Bereitschaft, Kapital in neue Technologien zu investieren.

Handwerkerwanderungen und Neubürger im Spätmittelalter

Von Knut Schulz, Berlin*

Das Thema der Neubürger unter dem Vorzeichen der Gesellen- beziehungsweise Handwerkerwanderungen fragt sicherlich in erster Linie nach den wechselnden Zuzugsbedingungen und den Konsequenzen eines starken oder nachlassenden Zustroms von Fremden je nach der Perspektive, also der Sicht der Stadtgemeinde oder der Zuzügler selbst. Zusammensetzung und Bedeutung des handwerklich-gewerblichen Mittelstandes sind nun einmal Grundfragen einer jeden Stadtgemeinde, ihrer Stabilität und Wirtschaftskraft, aber auch ihrer Wehrhaftigkeit und durchaus auch ihres Renommees[1]. Ich denke, daß die Forschungsdiskussion der letzten zwei Jahrzehnte zureichend verdeutlicht hat, daß die Vorstellung von dem wandernden Handwerksgesellen auf einer schwierigen oder gar ergebnislosen Suche nach Arbeit und von Problemen bei der Errichtung einer eigenständigen Existenz mit Meisterstatus, Werkstatt und Familie, wie es in einigen Handbüchern anzutreffen ist, für das Spätmittelalter fehlgreift[2]. Gewiß hat es auch in dieser Zeit schon Ansätze für Abgrenzungen oder gar Ausschließungen durch Zünfte gegeben[3], aber das vorherrschende Bild ist bis

---

* Vortragsfassung vom März 1998.

1 Als das Ziel der Bürgeraufnahmepolitik formulierte der Basler Stadtrat im Jahr 1541: [...] *ein rechtgeschaffenn erlich dapffer vollck zu pflantzenn unnd zu erhaltenn,* das unkontrolliert in die Stadt hineinströmende fremde unnütze Volk hingegen wieder loszuwerden; Staatsarchiv Basel, Ratsbücher A 6, f. 64v–65r. Zu den damit inhaltlich verbundenen Vorstellungen und ihren Veränderungen vgl. *Knut Schulz,* Handwerksgesellen und Lohnarbeiter. Untersuchungen zur oberrheinischen und oberdeutschen Stadtgeschichte des 14. bis 17. Jahrhunderts, Sigmaringen 1985, Kap. IV: Die Zugangsbedingungen zu Handwerk und Gewerbe vom 13./14. bis zum 17. Jahrhundert, besonders S. 219 ff. und S. 226 ff., hier S. 226.

2 *Wilfried Reininghaus,* Die Entstehung der Gesellengilden im Spätmittelalter (Vierteljahrschrift für Sozial- und Wirtschaftsgeschichte, Beiheft 71), Wiesbaden 1981; *Knut Schulz,* Die Handwerksgesellen, in: Unterwegssein im Spätmittelalter, hg. von Peter Moraw (Zeitschrift für Historische Forschung, Beiheft 1), Berlin 1985, S. 71–92; *Kurt Wesoly,* Lehrlinge und Handwerksgesellen am Mittelrhein. Ihre soziale Lage und ihre Organisation vom 14. bis ins 17. Jahrhundert (Studien zur Frankfurter Geschichte 18), Frankfurt am Main 1985; Migration in der Feudalgesellschaft, hg. von *Gerhard Jaritz* und *Albert Müller* (Studien zur Historischen Sozialwissenschaft 8), Frankfurt am Main/New York 1988.

3 *Rainald Ennen,* Zünfte und Wettbewerb. Möglichkeiten und Grenzen zünftlerischer Wettbewerbsbeschränkungen im städtischen Handel und Gewerbe des Spät-

weit in das 15., zum Teil auch noch in das 16. Jahrhundert hinein im Gegensatz dazu eher von einem werbenden Bemühen mancher Stadtregierungen um den Zuzug qualifizierter junger Männer, in erster Linie von Handwerksgesellen, geprägt[4]. Dabei konnte es durchaus zu Abweichungen zwischen der in dieser Zeit eher offenen Bevölkerungspolitik des Stadtrates und der gelegentlich auf Abwehr bedachten Aufnahmepolitik der Zünfte kommen[5]. Dies trifft auch auf Städte mit einer Zunftverfassung zu.

Die Gründe lassen sich vereinfachend in der Weise zusammenfassen, daß nach den schweren Pestverlusten der zweiten Hälfte des 14. Jahrhunderts und einem oft hastigen Auffüllen der Bevölkerungslücken durch verstärkten Zuzug der einfachen ländlichen Bevölkerung des Umlandes die strukturellen Probleme spätestens seit dem frühen 15. Jahrhundert evident wurden: Manche Häuser und Werkstätten standen leer, die Wirtschaftskraft drohte zu schrumpfen, die militärische Stärke schien nicht mehr gesichert[6]. Man ergriff Steuerungsmaßnahmen zur Erleichterung der Zunft- und Bürgerrechtsverleihung, die auf einen Zuzug von Handwerksgesellen abzielten. Der zahlenmäßige Tiefpunkt der Bevölkerungskurve um 1440 ist zugleich der Anwerbungshöhepunkt, ob in Basel oder Straßburg, in Freiburg oder Colmar, um kurz an meine Studien zum Südwesten anzuknüpfen[7].

---

mittelalters (Neue Wirtschaftsgeschichte 3), Köln / Wien 1971, mit den Angaben zu der umfangreichen älteren Literatur.

4 In Orientierung an dem Beispiel Basels sei verwiesen auf *Rudolf Wackernagel,* Geschichte der Stadt Basel, 3 Bde., Basel 1907 – 1924, hier Bd. 2 / 1, S. 351 und *Franz Gschwind,* Bevölkerungsentwicklung und Wirtschaftsstruktur der Landschaft Basel im 18. Jahrhundert. Ein historisch-demographischer Beitrag zur Sozial- und Wirtschaftsgeschichte mit besonderer Berücksichtigung der langfristigen Bevölkerungsentwicklung von Stadt (seit 1100) und Landschaft (seit 1500), Basel / Liestal 1977.

5 In der Krisensituation von 1441 beschloß der Basler Stadtrat neben der Herabsetzung der Bürgerrechtsgebühren eine drastische Senkung der Zunftaufnahmegelder, da [...] *daz burgrecht, zunffte recht und stubenrecht ze erobernde und ze kouffende slechten* [einfachen] *erbern luten vast ze swere ist gewesen, dadurch manig man, es were von zunftknechten* [Handwerksgesellen] *oder sust, sich von der statt in vergangen ziten getan habent, die gerne by der statt beliben werent, lieb und leid mit ir gelitten* [...]; Staatsarchiv Basel, Ratsbücher A 1, S. 148 / 49. Zu der gewerblich-wirtschaftlichen Divergenz zwischen der Politik von Stadtrat und Zünften vgl. *Knut Schulz,* Rheinschiffahrt und städtische Wirtschaftspolitik am Oberrhein im Spätmittelalter, in: Die Stadt am Fluß, hg. von Erich Maschke und Jürgen Sydow (Stadt in der Geschichte 4), Sigmaringen 1978, S. 141 – 189.

6 Zu der Basler Bevölkerungs- und Wirtschaftsentwicklung vgl. (neben den in Anm. 4 genannten Arbeiten) *Gustav Schönberg,* Die Finanzverhältnisse der Stadt Basel im 14. und 15. Jahrhundert, Tübingen 1879; *Bernhard Harms,* Die Steuern und Anleihen im öffentlichen Haushalt der Stadt Basel 1361 – 1500. Ein Beitrag zur mittelalterlichen Finanzstatistik, in: Zeitschrift für die gesamten Staatswissenschaften 63 (1907), S. 627 – 681; *Hektor Ammann,* Die Bevölkerung von Stadt und Landschaft Basel am Ausgang des Mittelalters, in: Basler Zeitschrift für Geschichte und Altertumskunde 99 (1950), S. 25 – 52. Das Gesamtphänomen beleuchtet für Freiburg im Breisgau *Hermann Flamm,* Der wirtschaftliche Niedergang Freiburgs und die Lage städtischen Grundeigentums im 14. und 15. Jahrhundert. Ein Beitrag zur geschlossenen Stadtwirtschaft (Volkswirtschaftliche Abhandlungen der Badischen Hochschulen 8, Ergänzungsband 3), Karlsruhe 1905.

Daß es zu nachhaltigen Veränderungen in der Bürger- und Zunftaufnahmepolitik um 1500 sowie erneut und noch stärker um 1550 kam, sei hier nur noch einmal erinnernd erwähnt[8]. Denn die im Laufe des 16. Jahrhunderts immer stärker kontrollierte und normierte Aufnahme in das Bürgerrecht unterschied sich, zumindest in den zuvor genannten oberrheinischen Städten, in entscheidender Weise von der des ausgehenden Mittelalters.

Dem Thema der Handwerkerwanderungen und der Neubürger soll an drei verschieden gelagerten Beispielen mit unterschiedlichen Gesichtspunkten nachgegangen werden. Die Fragestellungen lassen sich kurz folgendermaßen umreißen. Erstens soll die Verknüpfung einer Stadt und Stadtregion mit ihren Wanderräumen herausgearbeitet und dabei festgestellt werden, welche Voraussetzungen und Wertigkeitskriterien bei der Aufnahme in das Zunft- und Bürgerrecht zugrunde gelegt wurden. Dafür soll das Beispiel Thorn an der Weichsel herangezogen werden[9]. Zweitens wird auf einige grundlegende Unterschiede, die auch das Gesellschafts- und Verfassungsgefüge prägten, zwischen wandernden Handwerkern und größeren Gruppen einfacher Zuzügler hinsichtlich der beruflichen Qualifikation, der Mobilität und des Selbstverständnisses am Beispiel oberrheinischer Städte einzugehen und nach ihren Auswirkungen auf die Stadtgesellschaft und die Stadtwirtschaft zu fragen sein[10]. Drittens geht es um die Erörterung der Problematik eines Quellendefizits mit der Gefahr einer generellen Fehleinschätzung der städtischen Bevölkerungsstruktur des Spätmittelalters. Denn meist bleibt ein prozentual hoher und in vieler Hinsicht wichtiger Anteil der Stadtbewohner statistisch unberücksichtigt. Eine der auffälligsten und lebendigsten Bevölkerungsgruppen der spätmittelalterlichen Städte, also die wandernden Handwerksgesellen, entziehen sich in der Regel der statistisch-demographischen Erfassung, obwohl sie einen hohen Anteil der Stadtbewohner ausgemacht haben, da sie bei der Registrierung der Neubürger oder Zunftmitglieder nicht in Erscheinung treten[11]. Hier wird das interessante Beispiel Esslingen mit der autobiographischen Chronik des Kürschnermeisters Dionysius Dreitwein heranzuziehen und kartographisch auszuwerten sein[12].

---

7 *Schulz* (Anm. 1), Kap. I,2: Die Bevölkerungszahlen oberrheinischer Städte, S. 28–34.

8 Ebd., S. 219–248.

9 Dabei kann ich mich auf meinen Beitrag über „Identität im Handwerk des spätmittelalterlichen Thorn“ stützen in dem Toruner Tagungsband über „Ständische und religiöse Identitäten im Spätmittelalter und in der Frühen Neuzeit“, hg. von Stefan Kwiatkowski und Janusz Małłek, Toruń 1998, S. 131–146.

10 Vgl. dazu *Schulz* (Anm. 1), Kap. I,1, Kap. II, besonders 4 und 5 sowie Kap. IV,1.

11 Ebd., Kap. I,3, S. 37–46: „Anteil der Knechte (Gesellen) an der städtischen Bevölkerung“.

12 Dionysius Dreytweins Esslingische Chronik (1548–1564), hg. von *Adolf Diehl* (Bibliothek des Litterarischen Vereins in Stuttgart, 221), Tübingen 1901.

Die gewählten Beispiele spiegeln nicht nur eine räumlich wechselnde Schwerpunktbildung, sondern auch eine gewisse chronologische Entwicklung wider. Thorn repräsentiert vergleichsweise frühe Erscheinungsformen um die Wende vom 14. zum 15. Jahrhundert, die oberrheinischen Städte haben ihren quellenmäßigen Schwerpunkt um die Mitte des 15. Jahrhunderts und die Aufzeichnungen des Dionysius Dreitwein aus Esslingen enthalten die für unsere Fragestellungen relevanten Aussagen für die Zeit der ersten Hälfte des 16. Jahrhunderts, zum Teil auch etwas darüber hinaus.

I. Thorn / Toruń

Wenn wir mit Thorn[13], der entfernter gelegenen großen Weichselstadt im Deutschordensland Preußen beginnen, dann dürften hier, wie man sogleich vermuten wird, besondere Gründe und Voraussetzungen vorhanden sein. In der Tat liegen für Thorn schon für die Zeit um 1400 Quellen vor, die es erlauben, die Frage nach den Wanderräumen und den Kriterien für die Bewertung der Zuwanderer vergleichsweise klar zu erfassen[14]. Zugleich treten einige Besonderheiten dieses Neusiedelraumes mit seiner kulturell-ethnischen Grenzlage hervor und schärfen möglicherweise den Blick für Unterschiede und ggf. auch Gemeinsamkeiten mit der aus stadtgeschichtlicher Sicht „klassischen" Städteregion am Rhein und in Schwaben. Von dem unveröffentlichten Quellenbestand, um den es hierbei geht, wurden etwa 150 an den Rat von Thorn gerichtete Briefe ausgewertet, die über ei-

---

13 Zu unserer Thematik: *J.E. Wernicke,* Geschichte Thorns aus Urkunden, Dokumenten und Handschriften, 2 Bde., Thorn 1839 und 1842; *E. Kestner,* Beiträge zur Geschichte Thorns, Thorn 1883; *Albert Voigt* (Hg.), Thorner Denkwürdigkeiten von 1345–1547, in: Mitteilungen des Copernikus-Vereins für Wissenschaft und Kunst, Heft 13, Thorn 1904 (künftig zitiert als MCV); *Paul Ostwald,* Das Handwerk unter dem Deutschen Orden, in: Zeitschrift des Westpreußischen Geschichtsvereins 55 (1913), S. 149–166; *ders.*, Das Thorner Handwerk und Gewerbe im Mittelalter, in: Altpreußische Rundschau 2 (1913/14), S. 14–24; *ders.*, Die wirtschaftliche Entwicklung Preußens unter dem Deutschen Ritterorden, Berlin 1919; *Arthur Semrau,* Die Neustadt Thorn während ihrer Selbständigkeit, in: MCV 37 (1929), S. 11–70; *ders.*, Thorn im 13. Jahrhundert, in: MCV 38 (1930), S. 1–64; *Richard Heuer,* Siebenhundert Jahre Thorn. 1231–1931. Abriß seiner Geschichte, Danzig 1931; *S. Herbst,* Torunskie cechy rzemieslnicze (Zunftgewerbe in Toruń), Thorn 1933; *Antoni Czacharowski,* Toruń als Produktionszentrum um die Wende des 14. und 15. Jahrhunderts, in: Studia Maritima III (Académie Polonaise des Sciences), Wrocław/Warszawa/Kraków/Gdańsk/Łodz 1981, S. 49–58; *Bernhart Jähnig* und *Peter Letkemann* (Hg.), Thorn, Königin der Weichsel 1231–1981 (Beiträge zur Geschichte Westpreußens 7), Göttingen 1981; *Janusz Tandecki,* Kancelarie torunskich korporacjii rzemieslniczych w okresie staropolskin [Kanzleien Thorner Handwerkskorporationen in der altpolnischen Periode], Warszawa/Poznan/Toruń 1987, besonders S. 112–119; *Boguslaw Dybas* und *Janusz Tandecki* (Hg.), Statuty Torunskiego Rzemiola Artystycznego I Budowlanego z XVI-XVIII w [Thorner Statuten des Kunst- und Baugewerbes des 16.-18. Jahrhunderts] (Zrodla i materialy do dziejow sztuki polskiej 23), Warszawa/Toruń 1990.

14 Stadtarchiv Thorn/Arch. Toruń L. cech., ab Nr. 4050 (bis etwa 4610).

nen bestimmten Personenkreis von Zuzüglern Auskunft erteilen[15]. Neben den persönlichen Kriterien oder Qualifikationsmerkmalen werden darin gelegentlich auch Erbfälle und verwandtschaftliche Beziehungen angesprochen. Etwa die Hälfte der Schreiben machen die hier besonders interessierenden Handwerkerbriefe aus, die man vereinfachend als Geburts- und Empfehlungsschreiben charakterisieren könnte[16].

Ihre Bezeichnung als Lehr- oder Lehrlingsbriefe ist hingegen irreführend, denn von der Lehre ist auch, aber nicht immer und schon gar nicht in erster Linie die Rede[17]. In Lübeck und anderen Orten heißen sie zeitgenössisch *Echte Briefe* oder Lateinisch *Legitimationes*[18]. Vorrangig wird also die eheliche und ehrliche Geburt oder – mittelalterlich gesprochen – die echte und rechte Abkunft bescheinigt[19]. Zugleich geht es auch um die persönliche Unbescholtenheit, die mit Begriffen wie *redlich* und *irbirlich* (*erbarlich*), *ehrlich* und *frumlich*, *getreu* und *lobelich*, *sübirlich* und *enthaldin*, *biderwe* und *ziemelich*, *ehrenhaft* und *laudabilis* beschrieben wird. Letztlich geht es bei klarer Vorrangigkeit der erstgenannten Elemente um die Handwerksehre als *conditio sine qua non* für die Akzeptanz[20].

Werfen wir einen Blick auf die Karte der zuwandernden Handwerksgesellen (Abb. 1). Ins Auge springt sogleich, daß der Herkunftsbereich der zukünftigen Thorner Meister in der Art der räumlichen Orientierung markant und im wesentlichen klar umgrenzt war. Offensichtlich war für diesen Raum die Beibringung eines Abschieds aus der Heimatstadt vor Aufnahme in die Zunft und Gemeinde der fremden Stadt zur Pflicht gemacht worden oder zumindest üblich gewesen[21].

---

15 Bei der Auswahl aus den etwa 600 vorhandenen Schreiben war das Kriterium der Verbindung zum Thorner Handwerk maßgeblich.

16 Der alte „Catalog III“ (Rep. B III) aus dem Stadtarchiv Thorn hat für das maßgebliche Inventar folgende Überschrift gewählt: „Empfehlungs-, Geburts- und Lehrbriefe, auch Taufzeugnisse 1339 bis 1868“.

17 Von den 227 datierten Schreiben für das erste Jahrzehnt des 15. Jahrhunderts (1400–1409) enthalten lediglich 22 Angaben über die Lehre.

18 Archiv der Hansestadt Lübeck, Legitimationes, vgl. etwa Nr. 4, 5, 8, 8b, 9, 11, 12, 13, 15, 17–24.

19 *Knut Schulz*, Die Norm der Ehelichkeit im Zunft- und Bürgerrecht spätmittelalterlicher Städte, in: Illegitimität im Spätmittelalter, hg. von Ludwig Schmugge (Schriften des Historischen Kollegs, Kolloquien 29), München 1994, S. 67–83.

20 *Ferdinand Frensdorff*, Das Zunftrecht insbesondere Norddeutschlands und die Handwerksehre, in: Hansische Geschichtsblätter 34 (1907), S. 1–89, und *Rudolf Wissell*, Des alten Handwerks Recht und Gewohnheit, hg. von Ernst Schraepler (Einzelveröffentlichungen der Historischen Kommission zu Berlin 7), Berlin 1971 ff. (zweite erweiterte und bearbeitete Auflage), hier Bd. 1, S. 240 ff.

21 Für die Zeit von 1339 bis 1395 finden sich in diesem Quellenbestand nur insgesamt acht Schreiben, so daß nach den Übergangsjahren von 1396 bis 1399 mit dem Jahr 1400 ein markanter Einschnitt hinsichtlich der überlieferten Geburtsbriefe zu registrieren ist. Vgl. den handschriftlichen „Catalog III“ (Anm. 16) im Stadtarchiv Thorn.

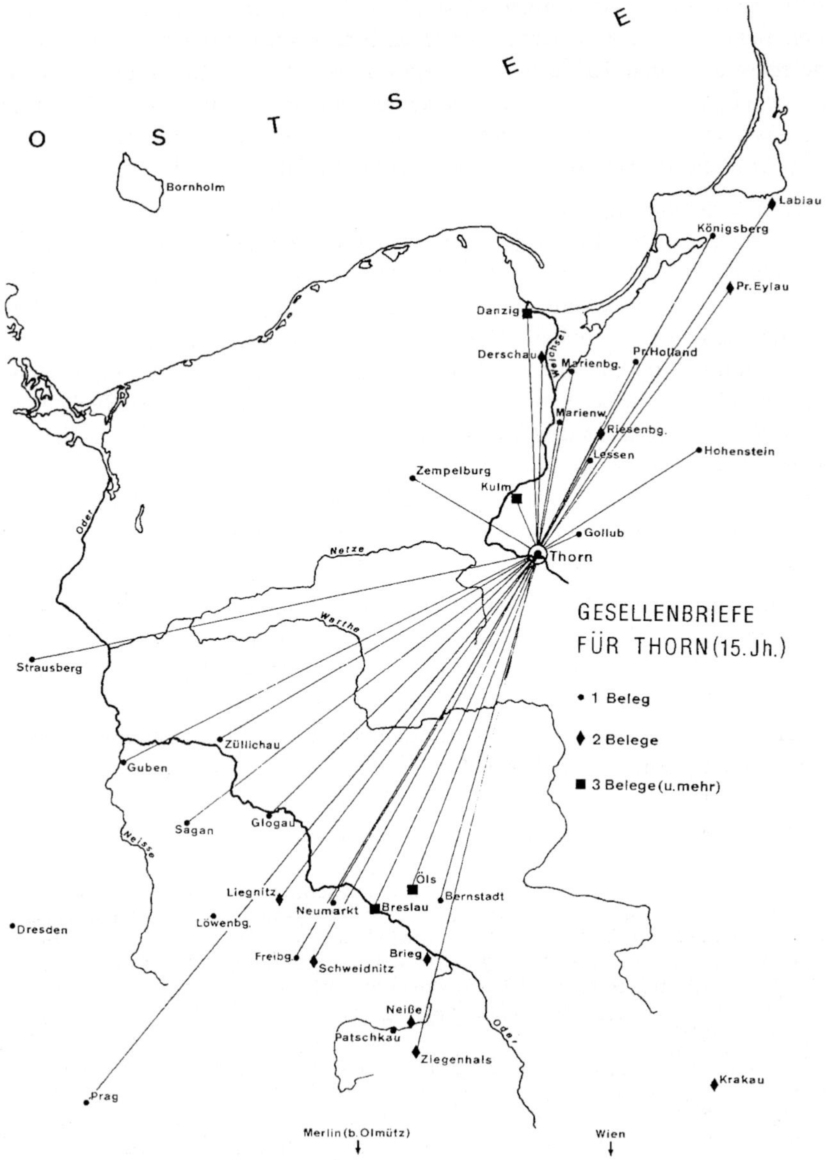

Abb. 1: Gesellenbriefe für Thorn (15. Jh.)

Vorlage: *Knut Schulz,* Identität im Handwerk des spätmittelalterlichen Thorn (Anm. 9).
Materialzusammenstellung: Lorenz Beck.
Graphik: Thomas Kern.

Das Kartenbild zeigt in aller Klarheit zwei größere Wanderräume, die in Thorn / Toruń zusammentreffen, nämlich Ostpreußen sowie noch stärker Schlesien (bis nach Krakau) mit Ausstrahlungen in die Lausitzen. Abgesehen von der vermittelnden Funktion Danzigs fehlen hingegen die hansischen Bezüge, also die sonst so stark hervortretenden wendischen sowie westfälischen und rheinischen Hansestädte als Herkunftsorte. Auch der ostelbisch-mitteldeutsche (und auch pommersch-westpreußische) Raum bleibt auffällig leer, so daß man unwillkürlich nach den historischen Voraussetzungen und Erklärungen sucht, die sicherlich in den Siedlungsbewegungen des 13. und frühen 14. Jahrhunderts liegen dürften[22].

Aber dies ist ein anderes und eigenes Thema. Hier gilt es erst einmal festzuhalten, daß wir es bei dem Herkunftsgebiet der Thorner Handwerker mit dem zu tun haben, was man in jüngster Zeit als regionale Identität zu bezeichnen pflegt. Unter diesem Stichwort wurden auf dem Bochumer Historikertag von 1990 folgende Kriterien für mittelalterliche Zusammenhänge als tragfähig vorgestellt: „Stammesbewußtsein", „Städtebünde", „Landesherrschaft", „ständische Einungen" und „Landstände"[23]. Wandergebiete von Handwerkern wären nach diesem Ergebnis ganz sicher hinzuzufügen und wegen ihrer prägenden und langen Wirkungsweise mit einem besonderen Akzent zu versehen, zumal wir seit einiger Zeit auf dem Wege sind, uns von der übergewichtigen herrschaftlich-staatlichen Betrachtungsweise etwas zu lösen.

Zitieren wir ein kurzes Beispiel, um einen Eindruck von dieser Quellengruppe zu gewinnen. Es handelt sich um einen der ältesten Briefe dieser Serie aus dem Jahre 1398, ausgestellt in der Stadt Neiße in Schlesien für den Handschuhmacher Niclas Koher, [13]98 Dezember 3:

---

[22] Arthur Semrau gelangt zu dem Ergebnis, „daß die Einwanderer im 13. Jahrhundert überwiegend aus dem benachbarten Ostdeutschland nach Thorn kamen"; *Semrau,* Thorn im 13. Jahrhundert (Anm. 13), S. 38. An erster Stelle werden von ihm die Ortsnamen Goldberg und Liegnitz in Schlesien, Forst und Guben in der Niederlausitz und Posen in Großpolen genannt (S. 36 / 37). Weiter heißt es: „Die Einwanderung aus Westfalen wird erst am Anfang des 14. Jahrhunderts deutlich" (S. 38); sie nahm im 14. Jahrhundert – vermittelt über Lübeck oder Elbing beziehungsweise auf direktem Wege – stark zu und betraf stärker Rats- und Kaufmannsfamilien. Richard Heuer gelangt für die stärker vom Handwerk geprägte Thorner Neustadt am Ende des 13. Jahrhunderts zu folgendem Ergebnis: „Danach nahm Schlesien die erste Stelle ein (Breslau, Brieg, Glatz, Schweidnitz, Görlitz, Neiße), doch ohne sprachlich erkennbare Einwirkungen auszuüben, dann kommen Sachsen und Thüringen und westliche Gegenden; selbstverständlich zogen auch Deutsche aus dem Ordensstaate und aus Polen hierher. Auch einige slavische Namen kommen vor"; *Heuer* (Anm. 13), S. 26.

[23] *Bernd Schneidmüller* u. a., Regionale Identität und soziale Gruppen im Mittelalter, in: Bericht über die 38. Versammlung deutscher Historiker in Bochum vom 26. bis 29. September 1990, Stuttgart 1991, S. 105 – 112. Auf eine allgemeinere Begriffsanalyse wird angesichts des begrenzten Thorner Beispiels mit spezifischer Fragestellung bewußt verzichtet.

Unsern fruntlichen dinst bevor, lieben frunden, vor uns habin bekant erbare lewte, unsere Taschener und Hantzkener Meister, das Niclas Koher Hantzkener, der von erbarn elichen eldern ist geborn, czeiger dises brifes, das hantwerck by en gelart habe und habe sich by en erbarlichen gehalden und fromelichen. Auch wissen wir von ym nicht anders denne gut. Wen[n] her na sich by euch meynet tzugeneren, bitten wir euwer liben mit fleise, das ir ym durch unsern willen in allen synen sachen forderunge und guten willen derzeigen wollet. Das stehet verner kegin euch und den euwern am grossen tzuvordynen. Geben an sante Barbaren abend anno XCVIII°.

Rotmanne
Zur Nyse[24].

Die Bemerkung nach der Grußformel, daß vor dem Stadtrat in Neiße die Taschen- und Handschuhmachermeister eine Erklärung zu der Person von Niclas Koher, der sich in Thorn beruflich etablieren wollte, abgegeben hätten, verdient unsere besondere Aufmerksamkeit, denn darin ist die Kernaussage enthalten: Die Bestätigung der Ehelich- und Ehrlichkeit des Bewerbers durch die Vertreter der spezifischen Berufsgruppe und nicht etwa der oft viel breiter gewerblich organisierten Zunft. Die hier als Aussteller und Empfänger des Schreibens genannten Stadträte sind nur insofern mehr als lediglich Übermittler von Nachrichten, als sie diesen einen rechtsförmlichen Charakter geben und sie durch eigene Kommentare ergänzen[25]. Man kann es nicht deutlich genug betonen, daß für die Akzeptanz im Handwerk das Zeugnis der Gewerbegenossen im engsten Sinne entscheidend ist. Deshalb ist selbstverständlich davon auszugehen, daß deren Aussage vor dem Rat der Herkunftsstadt durch den Empfänger des Schreibens, also den Stadtrat von Thorn, sogleich an die Vertreter dieses Gewerbes als Voraussetzung für deren Zustimmung zu der Aufnahme in das Amt weitergeleitet wurde. Demgegenüber ist die Frage der Aufnahme in das Bürgerrecht sekundär (im Sinne des nachfolgenden zweiten Schrittes)[26]. Die Norm setzt also hier das Handwerk, aber der jeweilige Rat, und zwar in einer größeren Städtelandschaft, vermittelt sie und sichert auf diesem Wege Einheitlichkeit und weiträumige Verbindlichkeit in schriftlicher Form.

---

24 Stadtarchiv Thorn / Arch. Toruń L. cech. Nr. 4163 vom 3. Dezember 1398. Die Adresse lautet: *Den ersamen und weizenn Rotmannen zu Thorun unsern lieben frunden.*

25 Dies betrifft in der Regel die Bitte um „Förderung" des Bewerbers und die Absichtserklärung, im umgekehrten Fall ebenso handeln zu wollen.

26 Zwei Thorner Ratsbeschlüsse aus den 1460er Jahren seien dazu mitgeteilt: Am 20. Dezember 1462 beschloß der Rat: *Stenzel Hofman ist erlaubt, burgerliche Nahrung zu treiben, zu kaufen, zu verkaufen, zwischen hier und Ostern* [...] *und auf Ostern mag Er briefe bringen und burgerrecht gewinnen.* 1465 findet sich folgender Ratsbeschluß: *Kein Meister soll arbeiten, Er habe vorhero burgerrecht gewonnen; Voigt* (Anm. 13), S. 99 und 105. Wie in anderen Städten auch wandte man in Thorn der Frage des Bürgerrechtserwerbs in dieser Zeit erhöhte Aufmerksamkeit zu.

Es ist die Zunft- oder Handwerksehre, die auf diesem Weg gewahrt werden soll und in diesem Raum und in dieser Zeit mehr und mehr zur Voraussetzung für die Aufnahme in die Stadt und später auch in das Bürgerrecht gemacht wird.

Die beiden Grundelemente des geforderten Nachweises sind nach unseren Quellenzeugnissen eindeutig die Ehelichkeit und die Ehrlichkeit; letzterer Begriff durchaus noch in der doppelten Bedeutung der nicht unehrlichen Abkunft oder nicht unehrlich machenden Tätigkeit sowie des ehrbaren Lebenswandels. Das auffällige Nord-Süd-Gefälle, vom hansischen Ostseeraum bis in die Schweiz hinein mit der interessanten Zwischenzone der Rheinlande, in der Frage der Bewertung dieser Normen und in der Chronologie der Entwicklung vermag die allgemeine Problematik zu verdeutlichen[27].

Hier gilt es, am Thorner Material noch auf eine andere Schwierigkeit beziehungsweise Notwendigkeit der Unterscheidung aufmerksam zu machen. Es geht um die von Gewerbe zu Gewerbe sehr unterschiedliche Verhaltensweise in der Frage der Beibringung von Geburtsbriefen, der letztlich noch mehr Gewicht beizumessen ist als der von Raum und Zeit. Diese Abweichungen in den Normen und in dem konkreten Verhalten werden in der erforderlichen Differenzierung nur selten zur Kenntnis genommen. Deshalb finden sich in handbuchartigen historischen Darstellungen Aussagen wie: „Die Zünfte forderten die eheliche Geburt“, „Unehrliche blieben ausgeschlossen“. An solchen Sätzen ist jedoch mancherlei irreführend beziehungsweise unklar. Der Zeitpunkt, wann und – besonders wichtig – mit welcher Konsequenz dies geschah, bleibt dabei ungenannt, ebenso erfährt man nichts über die räumlichen Unterschiede. Außerdem machten nicht „die Zünfte“, sondern ganz bestimmte Gewerbe solche Forderungen oder Vorstellungen geltend. Bezogen auf Thorn muß man nur einmal die Handwerke auflisten, die in den Geburtsbriefen gar keine Erwähnung finden, also keine Qualifikationsnachweise dieser Art beibringen mußten, nämlich das Tuchgewerbe, das Baugewerbe, das Transportgewerbe, das Braugewerbe einschließlich der Böttcher oder Faßbinder sowie der Garten- und Weinbau[28]. Die Gegenauflistung, die eigentlich auch schon die Erklärung in sich enthält, umfaßt folgende Gewerbegruppen: Bäcker, Schneider und Schuhmacher, die Schmiede, stark differenziert etwa in Schlosser, Schwertfeger, Gürtler und Nadler, sodann die Kürschner und das stark spezialisierte Ledergewerbe: Sattler, Handschuh- und Taschenmacher, Nestler und Beutler. Der grundlegende Unterschied zwischen den beiden Gruppen ist meines Erachtens auf Anhieb einsichtig. Die einen kommen überwiegend

[27] Vgl. zusammenfassend dazu *Schulz* (Anm. 19).

[28] Vgl. *Schulz* (Anm. 9), mit näheren Angaben zu diesem Punkt.

aus dem unmittelbaren Einzugsgebiet der Stadt und stellen das natürliche Potential für die Ergänzung und den Neuaufbau der städtischen Bevölkerung dar, während die anderen durch Mobilität und großräumige Wanderschaft charakterisiert sind. Begrifflich wurde diese Differenz spätestens seit der Wende vom 15. zum 16. Jahrhundert mit dem Gegensatzpaar der „geschenkten" und „ungeschenkten" Handwerke beziehungsweise übertreibend mit dem der „gewanderten" und „ungewanderten" Handwerke ausgedrückt. Die „geschenkten" beziehungsweise „gewanderten" Handwerke nahmen für sich in Anspruch, „alle Lande deutscher Zunge" organisatorisch zu umspannen, und waren wirtschaftlich nicht primär auf den städtischen Markt, sondern auf die großen Messen und Märkte hin orientiert, entzogen sich möglichst der städtischen oder regionalen Gewerbepolitik, verfügten über eine eigene Gerichtsbarkeit und entwickelten einen strengen und eigenwilligen Ehrbegriff[29]. Die Geburtsbriefe, wie sie anfangs nur von diesen Gewerben angefordert und kontrolliert wurden, spiegeln neben der Weite des Wanderraumes die Hierarchie der Identität und Einbindung wider. Als Grundprinzip kann festgehalten werden, daß die engere Einheit Vorrang vor den sich kontinuierlich erweiternden Kreisen genießt. Die jeweilige Gesellengruppe hat Priorität vor dem Gewerbe, das spezifische Gewerbe vor der breiter gefächerten Zunft und schließlich die Zunft vor dem städtischen Gesamtinteresse. Darüber hinaus genossen die großräumigen Normen in jedem einzelnen der geschenkten und gewanderten Handwerke eine hohe Wertigkeit, die in einem besonderen Selbstverständnis und Ehrbegriff zum Ausdruck kommt. Damit hängen fortwirkende Wandergewohnheiten zusammen, die, wie es die Karte zeigt, eine größere Städteregion auffällig mitprägten.

Von dieser Beobachtung ausgehend kann man für Thorn im Spätmittelalter drei je nach gesellschaftlicher Stellung und Zuordnung unterschiedliche Herkunftsräume bei der Zuwanderung teils feststellen, teils vermuten. Unser Material spiegelt nur das mittlere Bürgertum in Gestalt der selbstbewußten, qualifizierten und weit gewanderten Handwerkergruppen wider, während die Einsteiger in das städtische Wirtschaftsleben, die erst einmal Anschluß an die anderen Gewerbe oder im Bereich der Hilfstätigkeiten suchten, nicht im Material des großräumigen Thorner Wandergebiets erscheinen, sondern offensichtlich aus dem Umland zuzogen. Das dritte wichtige Herkunftsgebiet, das nur am Rande erwähnt wurde, betrifft das der städtischen Führungsschicht, das sich stärker auf die wendischen, westfälischen und rheinischen Hansestädte erstreckte[30].

---

29 *Hans Proesler*, Das gesamtdeutsche Handwerk im Spiegel der Reichsgesetzgebung von 1530 bis 1806 (Nürnberger Abhandlungen zu den Wirtschafts- und Sozialwissenschaften 5), Berlin 1954; *Wissell* (Anm. 20), Bd. 1, besonders S. 158–169; *Schulz* (Anm. 1), besonders Kap. II,5, S. 129 ff.

30 Vgl. Anm. 22.

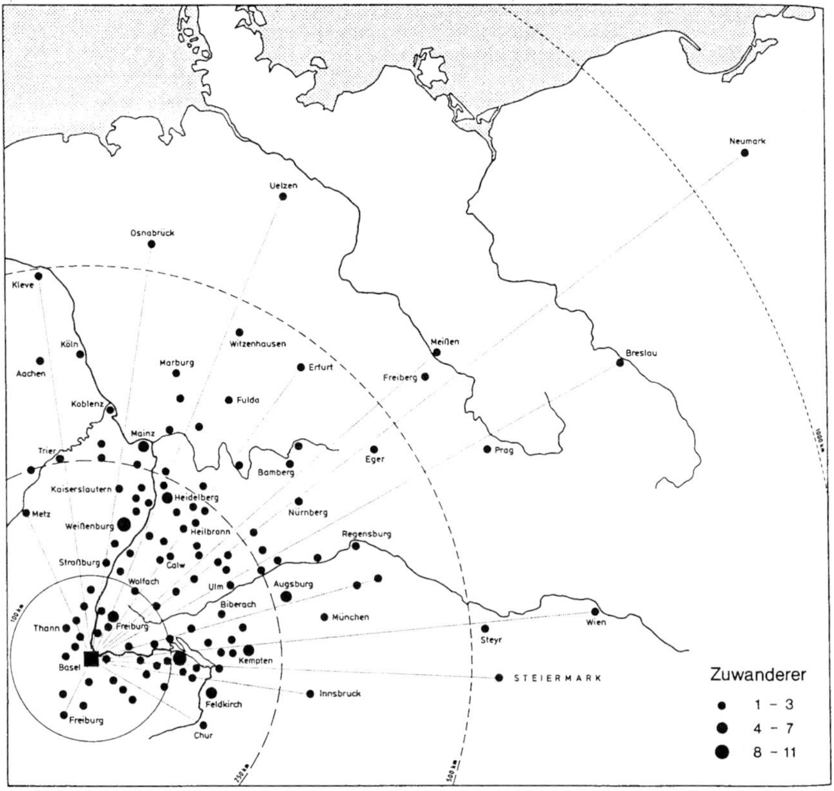

Abb. 2: Schlossergesellen in Basel ca. 1420–1450

Vorlage: *Knut Schulz,* Handwerksgesellen ... (Anm. 1), S. 284.
Grundlage: *Jean-Robert Zimmermann,* Les compagnons de métiers à Strasbourg ..., 1971, S. 136–138.

II. Die oberrheinische Städteregion (Frankfurt am Main, Straßburg, Basel)

Die Unterschiede zwischen den beiden zuvor genannten großen Gewerbegruppen, die das Bild der städtischen Zuzügler in verschiedenartiger Weise prägten, sei es von der Distanz, der Qualifikation und dem Selbstverständnis her, lassen sich am Thorner Material nur unzureichend herausarbeiten. Viel besser sind jedoch die quellenmäßigen Voraussetzungen und die teilweise auch vorliegenden Ergebnisse für die wichtige Städteregion des Mittel- und Oberrheins einschließlich der nördlichen Schweiz. Bewegen wir uns, wie es in gewisser Weise auch die Forschung auf diesem Gebiet getan hat, von Norden nach Süden, und beginnen wir mit Frankfurt am Main. Der große Name, der uns hier sogleich entgegentritt, ist der Karl Büchers, der mit seinem 1886 erschienenen Werk über die Bevölkerung von Frankfurt am Main im 14. und 15. Jahrhundert der sozialstatistischen Forschung den Weg gewiesen hat[31]. Während Karl Bücher das Bruderschaftsbuch der nach Frankfurt zugewanderten Schlosser mit seinen 2'753 Eintragungen für den Zeitraum von 1417 bis 1524 unter anderem auf die Herkunftsdistanzen und -richtungen ausgewertet hat, wurde von Kurt Wesoly im Vergleich dazu das Jakobsschillingsverzeichnis mit der Erfassung der Lehrlingsannahmen sowie der Gesellen und Neumeister der Bender, also der Faßbinder, von 1508 beziehungsweise 1524 bis 1547/1549 für die gleichen Fragestellungen herangezogen[32]. Das Ergebnis ist in unserem Zusammenhang sehr aufschlußreich. Während 86 Prozent der Faßbinder aus einer Entfernung von bis zu 75 km von der Stadtmitte stammten, waren es bei den Schlossern lediglich 23,5 Prozent. Entsprechend gegenteilig ist das Bild für die Distanz von 76 km an, bei der die Bender nur noch mit 14 Prozent, die Schlosser jedoch mit 76,5 Prozent vertreten sind[33]. Diese schon für sich selbst sprechenden Unterschiede lassen sich durch eine Anzahl zusätzlicher Informationen veranschaulichen, etwa hinsichtlich der überwiegend dörflich-kleinstädtischen Herkunft der Bender aus dem Nahbereich der Stadt und der mit der wachsenden Entfernung zunehmenden „großstädtischen" Herkunft der Schlosser, wobei die Zentren der metallverarbeitenden und feinmechanischen Produktion und Innovation des 15. Jahrhunderts wie Nürnberg und Augsburg, auch München, Würzburg, Straßburg, Köln und Siegen verständlicherweise besonders hervortreten[34].

Dieses schon sehr aussagekräftige Einzelergebnis hat Wilfried Reininghaus[35] in Anknüpfung an die Studien von Georg Schanz[36], Hektor Am-

---

31 *Karl Bücher*, Die Bevölkerung von Frankfurt am Main im 14. und 15. Jahrhundert. Socialstatistische Studien, Tübingen 1886; *ders.*, Die Berufe der Stadt Frankfurt am Main im Mittelalter, Leipzig 1914 (Quellenbelege und Erläuterungen zu den Berufsbezeichnungen).

32 *Wesoly* (Anm. 2), S. 276.

33 Ebd., und *Bücher* (Anm. 31), S. 655. Aufschlußreich ist auch der Vergleich, den Bücher in dem gleichen Zusammenhang zwischen den Entfernungszonen der Neubürger, Juden und fremden Gesellen im 15. Jahrhundert anstellt. Danach sind 75,8 Prozent der Neubürger aus einer Distanz von bis zu 10 Meilen zugezogen, während bei den Gesellen der Anteil nur 23,5 Prozent ausmacht, während eine Entfernung von über 20 Meilen (150 Kilometer) nur noch 12,3 Prozent der Neubürger, aber 56,7 Prozent der Gesellen zurückgelegt hatten; ebd., S. 655.

34 Die Vergleichszahlen für die Schlossergesellen lauten nach Karl Bücher folgendermaßen: Aus Frankfurt am Main selbst: 99, von Nürnberg: 92, von Augsburg: 47, von München: 39, von Würzburg: 37, von Straßburg: 35, von Köln: 34, von Siegen: 33; *Bücher* (Anm. 31), S. 632–645.

35 *Wilfried Reininghaus*, Die Migration der Handwerksgesellen in der Zeit der Entstehung ihrer Gilden (14./15. Jahrhundert), in: Vierteljahrschrift für Sozial- und Wirtschaftsgeschichte 68 (1981), S. 1–22.

mann[37], Rudolf Wissell und Bronisłav Geremek[38] in eine räumlich und zeitlich übergreifende Betrachtung einbezogen und dabei Abhängigkeiten von der unterschiedlichen Größe der Städte zu der Entfernung der Herkunftsorte und -räume, also eine Interdependenz zwischen der Attraktivität der Stadt und der Weite der Wegstrecke festgestellt. Außerdem weist nach diesen Beobachtungen die Herkunft aus größeren Städten zentraler wirtschaftlicher Bedeutung einen wesentlich höheren Anteil auf als aus solchen von mittlerer oder gar bescheidener Größe. Dabei hat Reininghaus die Entfernungszonen sehr viel stärker untergliedert[39] und vor allem eine breitere Vergleichsgrundlage hergestellt, so daß bei allen Schwierigkeiten der Zuordnung nach der Einwohnerzahl der Städte (bis zu 2'000, 2'000–10'000 und über 10'000 Einwohner)[40] das abgestufte Verhältnis der Distanzen bei der Zuwanderung zwischen mittelgroßen und großen Städten insgesamt nun sehr viel klarer hervortritt[41].

Einige andere Faktoren, die bei den Überlegungen von Reininghaus auch eine Rolle spielen, sind, wenn auch auf einer anderen Materialgrundlage, ergänzend in Rechnung zu stellen. Ich denke dabei nicht nur an Pest, Hunger und Krieg auf der einen Seite[42] und an Unterschiede der Entlohnung und Versorgung auf der anderen Seite[43], die sich naturgemäß auf das Wanderverhalten stark auswirken können, sondern stärker an die Differenzierung zwischen den einzelnen Handwerken und Gewerben. Zur Veranschaulichung dessen, was konkret gemeint ist, lege ich die beiden tabellarischen Auflistungen über die gesellschaftlich-gewerbliche Zusammensetzung der Einwohner Basels von 1429 (Tabelle 1) und Straßburgs von 1444 (Tabelle 2) aus meinen „Untersuchungen zur oberrheinischen und ober-

---

36 *Georg Schanz,* Zur Geschichte der deutschen Gesellen-Verbände, Leipzig 1878 (Neudruck Glashütten 1973); *ders.*, Zur Geschichte der Gesellenwanderungen im Mittelalter, in: Jahrbuch für Nationalökonomie und Statistik 28 (1877), S. 313–343.

37 *Hektor Ammann,* Gesellenwanderungen am Oberrhein im späten Mittelalter, in: Probleme der Geschichte und Landeskunde am linken Oberrhein (Ms.), Bonn 1966.

38 *Bronisław Geremek,* Le salariat dans l'artisanat Parisien aux XIIIe-XVe siècle, Paris 1968; *ders.*, Les migrations des compagnons au Bas Moyen Age, in: Studia historiae oeconomicae 5 (1970), S. 61–79. *Ders.*, Les Marginaux Parisiens aux XIVe et XVe siècles, Paris 1976; *ders.*, Geschichte der Armut. Elend und Barmherzigkeit in Europa, München / Zürich 1988.

39 *Reininghaus* (Anm. 35), S. 9 f.

40 Ebd., S. 16 f.

41 Ebd., Tabelle, S. 19.

42 *Neidhart Bulst,* Der Schwarze Tod. Demographische, wirtschafts- und kulturgeschichtliche Aspekte der Pestkatastrophe von 1347–1352, in: Saeculum 20 (1979), S. 45–67.

43 *Ulf Dirlmeier,* Untersuchungen zu Einkommensverhältnissen und Lebenshaltungskosten in oberdeutschen Städten des Spätmittelalters, Mitte 14. bis Anfang 16. Jahrhundert (Abhandlungen der Heidelberger Akademie der Wissenschaften, Phil.-hist. Klasse, Jahrgang 1978), Heidelberg 1978.

deutschen Stadtgeschichte des 14. bis 17. Jahrhunderts“[44] zugrunde. Die Gliederung der Basler Stadtgemeinde in A) Ritter und Bürger, B) Herrenzünfte und C) Meisterzünfte endet mit der ganz andersartigen Kategorie D) „Allerley Volkes nitzünftig“[45]. Unter dieser Rubrik finden sich allein 697 Personen verzeichnet, was bei einer Gesamtzahl von 2’536 Steuerzahlern einem Anteil von 27,5 Prozent entspricht. Der größere Teil dieser „Nichtzünftigen“ und auch nicht in das Bürgerrecht aufgenommenen Gruppen der Basler Bevölkerung lebte in den Vorstädten und verfügte über einen eigenen Status als Hintersassen, der sich in der Organisation der Vorstadtgesellschaften niederschlug[46]. Nimmt man die drei stärksten Handwerkergruppen aus der Reihe der Meisterzünfte hinzu, nämlich (5.) die Rebleute mit 213, (10.) die Gärtner mit 159 und (12.) die Bauhandwerker der Spinnwetternzunft mit 219 Personen, so werden damit insgesamt die größten geschlossenen Einheiten der städtischen Einwohnerschaft aufgeführt, die überwiegend als noch unselbständige Neueinsteiger in das städtische Gewerbeleben zu charakterisieren sind. Ihre Gemeinsamkeit besteht unter dem Aspekt der Zuwanderung in erster Linie darin, daß sie aus dem näheren Umfeld der Stadt kamen und nun in gewerblichen Bereichen anzutreffen sind, die den Übergang von den dörflich-ländlichen zu den städtischen Tätigkeiten nahelegten. Gewiß sind nicht alle Bauhandwerker in diese Gruppen einzuordnen, aber die große Zahl von ungelernten und angelernten Mitarbeitern im Baugewerbe läßt doch diese Zuordnung gerechtfertigt erscheinen.

15 Jahre später tritt uns ein ganz ähnliches Erscheinungsbild in dem Verzeichnis der Straßburger Zünfte von 1444 entgegen, wobei allein die Gärtner und Hilfsarbeiter, die in den Vorstädten angesiedelt waren, 690 Personen von insgesamt 4’436 Personen umfaßten[47]. Verschiedene andere Gruppen wären auch hier hinzuzurechnen[48]. Da uns in anderen oberrheinischen Städten, wie in Freiburg im Breisgau und Colmar, ein ähnliches Bild begegnet[49], wird die Bedeutung, die man diesen nichtbürgerlichen Bevölkerungsgruppen in der Stadt beimaß, klar ersichtlich. Der hohe prozentuale Anteil der nichtbürgerlichen Beisassen an der Gesamteinwohnerschaft ergab sich aus dem immer wieder erforderlichen Neuaufbau der städtischen Bevölkerung besonders im Zuge der spätmittelalterlichen Pestverluste.

---

[44] *Schulz* (Anm. 1), S. 19 und 39.

[45] Ebd., S. 18.

[46] Ebd., Kap. IV, 1 a-c, S. 209–236.

[47] Ebd., S. 39.

[48] Ebd., nämlich in der Auflistung die unter den Nummern 22–28 genannten Gewerbe.

[49] Ebd., S. 23 f. und 25–28 sowie S. 31–33. Besonders die (S. 23) vorgestellte Zunftgliederung von Colmar zeigt sehr anschaulich den hohen Anteil der Gewerbetreibenden im Rebbau, Ackerbau und Gartenbau.

Tabelle 1

Verzeichnis der Straßburger Zünfte (und Constofler) von 1444

	Männer	Frauen	(Lehrlinge) Gesellen	Summe
Constofler	100	21	–	121
1) zum Enker (Anker)	250	12	–	262
2) zum Spiegel	185	46	34	265
3) zur Blume	91	10	51	152
4) zum Freiburger	106	4	8	118
5) Tucher	72	13	16	101
6) Kornleute	59	10	–	69
7) zur Möhrin	34	1	–	35
8) später zur Stel(t)ze Goldschmiede, Maler, Sattler etc.	78 (93)	8	57 (41)	143 (142)
9) Brorbäcker	80 (74)	5	81	166 (160)
10) Küfer	125	13 (0)	20	153 (145)
11) Kürschner	45	–	48	93
12) Gerber	54	5	18	77
13) Winsticher	65	–	–	65
14) Schneider	132	42	119	293
15) Schmiede	108 (98)	5	60	173 (163)
16) a) Winrufer	25	–	–	25
b) Winmesser	38	–	–	38
17) a) Scherer	41	2	41	84
b) Bader	17	3	16	36
18) a) Ölleute	24	1	1	26
b) Müller	11	–	16	27
c) Tuchscherer	16	3	2	21
19) Schuhmacher	142	8	72	222
20) Fischer	222	12	–	243
21) Schiffzimmerleute	33	–	3	36
22) Wagner	98	9	26	133
23) Gärtner a) Finkwiler	60	2	6	68
b) unter Wagnern	221	19	–	240
c) Steinstraße	131	25	12	168
d) Waseneck	32	3	–	35
e) Krutenau	75	5	27	107
f) Rupertsau	72	–	–	72
24) Weber	69	35	38	142
25) a) Obser	71	14	–	85
b) Seiler	35	5	3	43
c) Gremper	26	18	–	44
26) Hauszimmerleute	61	–	6	67
27) Maurer	78	–	36	114
28) Faßzieher	10	1	67	78
Insgesamt	3192 (3391)	360 (347)	884 (868)	4436 (4606)

( ) = abweichende Angaben bei Dollinger.

Vorlage: *Kurt Schulz*, Handwerksgesellen ... (Anm. 1), S. 39.
Grundlage: *Philippe Dollinger*, Le premier recensement ... de Strasbourg en 1444, in: Revue d'Alsace 94 (1955), S. 112–124.

Tabelle 2

Basler Steuerliste von 1429 und Liste der gewerblichen Gliederung der 15 Basler Zünfte

A	Ritter und Bürger (Achtburger)	89
B	Herrenzünfte:	
1.	Kaufleute (Schlüsselzunft	77
	Grautucher (von 1453–1506), Tuchhändler, Tuchscherer	
2.	Hausgenossen	56
	Glockengießer, Goldschmiede, Hafengießer, Kannengießer, seit 1373 Münzer, Wechsler	
3.	Weinleute	121
	Weinhändler, Weinlader, Weinrufer, Weinschenken	
4.	Krämer (Safranzunft)	181
	Apotheker, Barettleinmacher, Buchbinder, Bürstenmacher, Gufenmachen, Gürtler, Handschuhmacher, Heiligenmacher, Hutmacher, Kartenmacher, Krämer, Lautenmacher, Lebkücher, Nadler, Nestler, Paternosterer, Permenter, Ringler, Rotgießer, Scheidenmachen, Seckler, Spengler, Spiegler, Strelmacher, Taschenmacher, Weißgerber	
C	Meisterzünfte:	
5.	Rebleute	213
	bis 1452 Grautücher, Rebleute	
6.	Brotbecken	70
	Feilbäcker, Hausfeurer, Kornmesser	
7.	Schmiede	172
	Armbruster, Büchsenschmiede, Harnischer, Holzschuhmacher, Hufschmiede, Keßler, Messerschmiede, Müller, Nagler, Schleifer, Schlosser, Schwertfeger, Uhrenmacher, Waffenschmiede	
8.	Gerber und Schuhmacher (Steuerrolle fehlt)	–
9.	Schneider und Kürschner	123
	Altwerker, Kürschner, Näherinnen, Schneider, Seidensticker	
10.	Gartner	159
	Gärtner, Gremper, Habermelwer, Karrer, Köche, Korbmacher, Öler, Pastetenmacher, Rechenmacher, Seiler, Wirte	
11.	Metzger	95
	Kuttler, Metzger	
12.	Spinnwettern	219
	1248: Faßbinder, Gipser, Maurer, Wagner, Zimmerleute	
	1271: Drechsler, Faßbinder, Gipser, Maurer, Wagner, Wannenmacher, Zimmerleute	
	Später außerdem: Baumhauer, Besetzer, Bildhauer, Bolzenmacher, Dachdecker, Flößer, Hafner, Holzhändler, Kistenmacher, Küfer	
	Später außerdem: Rahmenmacher, Schindler, Schnetzer, Siebmacher, Steinmetzen, Tischmacher, (Schreiner), Ziegler	
13.	Himmel und Stern	76
	Bader, Glaser, Goldschlager, Kommetsattler, Maler, Reitsattler, Scherer, Sporer	
14.	Weber	93
	Bleicher, Färber, seit 1506 Grautucher, Linweter, Spinner, Wollenweber	
15.	Fischer und Schiffer	95

D. Allerley Volkes nitzünftig:		
a)	Mynren Basel (Klein-Basel)	213
b)	St. Alban und Ulrich	115
c)	St. Leonhard	145
d)	St. Martin	42
e)	St. Peter	136
f)	aus allen Kirchspielen	14
g)	menigerley volckes	9
h)	zu zimberluten steuernd	23
		2536

Vorlage: *Knut Schulz,* Handwerksgesellen ... (Anm. 1), S. 19.
Grundlage: *Rudolf Wackernagel,* Geschichte der Stadt Basel (Anm. 4), Bd. II, 1, S. 413–415.

Rechtlich stellten die Vorstädte und Vorstadtgesellschaften mit den Hintersassen in Basel oder mit dem sogenannten Gassengewerft wie in Freiburg die unterste Ebene der Einstiegsmöglichkeit dar, während besonders über die Reb- und Gartenleutezünfte die Aufnahme in das Kleinbürger- oder Schultheissenrecht (Straßburg) erfolgen konnte[50]. Die beigegebene Tabelle für Straßburg bestätigt meines Erachtens eindrucksvoll das aus dem Basler Material vorgetragene Ergebnis eines im 15. Jahrhundert über 30% liegenden Anteils von Hintersassen und Kleinbürgern in diesen Städten. Für Straßburg böte sich mit den tabellarischen Auflistungen von 1537 und 1546/47 die Möglichkeit, die im Gefolge von Bauernkrieg, Reformation und Wirtschaftskrise eingetretenen Veränderungen der Bürgerrechtspolitik in der Auflistung des nunmehrigen Aufbaus der Stadtbevölkerung zu veranschaulichen[51]. Im Kontrast zu diesem Zuzug aus dem näheren Umland wird das Bild von der Handwerkerwanderung in doppelter Hinsicht aussagekräftig: Erst die Gegenüberstellung der Wanderkarten der Handwerker mit der Momentaufnahme des Bevölkerungsaufbaus und der Zunftgliederung von 1429 und 1444 für Basel und Straßburg erlaubt es, ein annähernd abgerundetes Bild von den bevölkerungspolitischen Konsequenzen der unterschiedlichen Herkunftsgruppen und Herkunftsräume für diese Städte zu gewinnen.

Veranschaulicht wird dieses Kontrastbild durch die Beifügung je einer Wanderkarte von Handwerksgesellen für Basel und Straßburg auf einer annähernd gleichen Zeitebene. Für Basel sind es die Schlossergesellen, die für die Dauer von etwa 1420 bis 1450 ihre Mitglieder und deren Herkunfts-

50 Ebd., S. 227 f. und 232 ff.

51 Ebd., S. 233. Die stärkere Zugangskontrolle des Schultheißenbürgerrechts um die Mitte des 16. Jahrhunderts ließ auch die Zahlen in diesem Bereich stark zurückgehen.

orte notierten[52]. Anhand der mehr als 330 Eintragungen läßt sich ein Wandergebiet in seiner Ausdehnung zureichend erfassen[53], denn hier werden die Steiermark, Österreich und Wien, mehrfach Böhmen, Eger und Prag, Freiberg und Meißen, Breslau und Neumark in Westpreußen ebenso genannt wie Köln, Aachen, Maastricht und Kleve am Niederrhein (Abb. 2). Ähnlich weit gespannt waren die Distanzen der nach Straßburg gewanderten Kürschnergesellen, wie sie im Kartenbild der Momentaufnahmen von 1404, 1440 und 1470 entgegentreten (Abb. 3)[54]. Diese Karten über die Wanderungen der spezialisierten und selbstbewußten Handwerksgesellen lassen die erheblichen Unterschiede sozialer und gewerblicher Art sehr anschaulich hervortreten. Die Auflistung nach Sozial- und Berufsgruppen der Zuzügler macht zumindest in Umrissen die inhaltliche Differenz deutlich, nämlich zwischen der ländlich-kleinstädtischen Herkunft auf der einen Seite und der aus der urbanen Lebenswelt mit einem weitgespannten Erfahrungshorizont auf der anderen Seite, zwischen der ungelernten oder angelernten Berufstätigkeit und der qualifizierten oder gar hochspezialisierten Berufsausbildung, zwischen der in der Regel im vorstädtischen Bereich ausgeübten Arbeit und der am Marktpreis und Publikumsgeschmack orientierten Produktion sowie vor allem zwischen der nur lockeren Anbindung an die städtische Gesellschaft und dem ausgeprägten Selbstwert- und Gruppenverständnis der gewanderten Handwerker[55]. Wenn sich diese ohnehin schon markanten Unterschiede außerdem noch in der Stadtverfassung widerspiegeln, also die seit der Wende vom 14. zum 15. Jahrhundert weitverbreitete Zunftverfassung mit politischen Zünften den qualifizierten Handwerkergruppen eine Mitwirkung am Stadtrat zubilligte, dann wird der gesellschaftliche und wirtschaftliche Abstand zusätzlich rechtlich markiert[56].

---

52 Staatsarchiv Basel, Schmiedenzunft 70.

53 *Schulz* (Anm. 1), S. 284 mit folgendem Kommentar. Vgl. *Wilfried Reininghaus,* Quellen zur Geschichte der Handwerksgesellen im spätmittelalterlichen Basel, Edition des Buches der Schlossergesellen (Quellen und Forschungen zur Basler Geschichte 10), Basel 1982.

54 *Schulz* (Anm. 1), S. 276–278, Karte S. 279; *Jean-Robert Zimmermann,* Les compagnons de métiers à Strasbourg du début du XIVe siècle à la veille de la Réforme (Publications de la Société Savante d'Alsace et des Régions de l'Est 10), Straßburg 1971.

55 Vgl. die Artikel von *Knut Schulz* im LexMa über „Gesellen", Bd. IV, Spalte 1386/87; „Lehrlinge", Bd. V, Spalte 1844; „Meister", Bd. VI, Spalte 481/82; „Wanderschaft, -pflicht", Bd. VIII, Spalte 2010/12; „Zunft", Bd. IX, Spalte 686–691.

56 *Knut Schulz,* Die politische Zunft. Eine die spätmittelalterliche Stadt prägende Institution, in: Verwaltung und Politik in Städten Mitteleuropas, hg. von Wilfried Ehbrecht (Städteforschung A/34), Köln/Weimar/Wien 1994, S. 1–20.

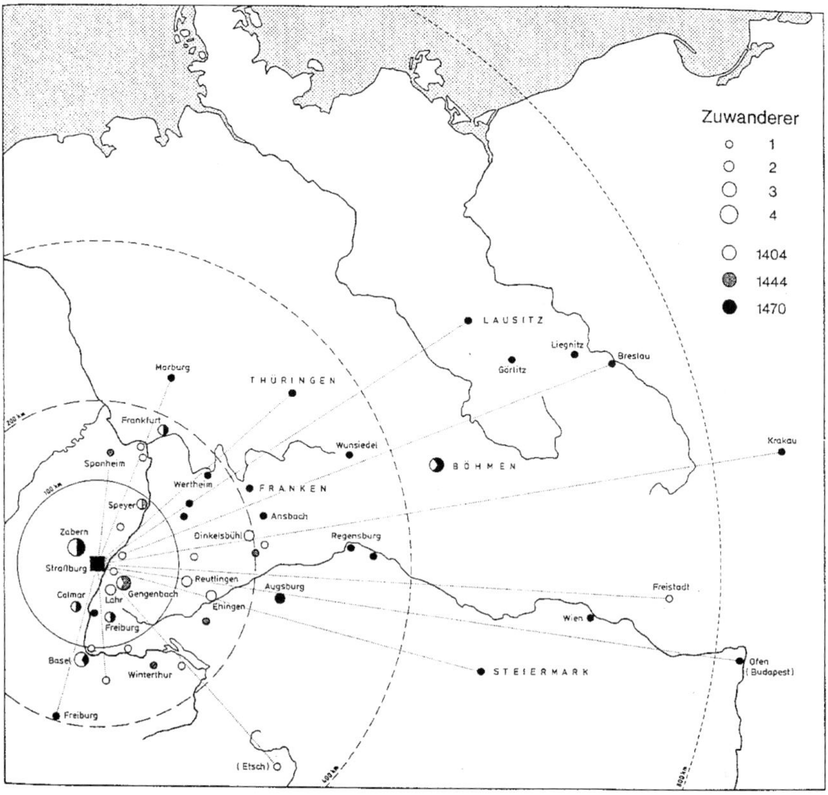

Abb. 3: Kürschnergesellen in Straßburg 1404, 1444, 1470

Vorlage: *Knut Schulz*, Handwerksgesellen ... (Anm. 1), S. 279.
Grundlage: *Jean-Robert Zimmermann*, Les compagnons de métiers à Strasbourg ..., 1971, S. 136–138.

III. Die Wanderungen des Esslinger Kürschners Dionysius Dreitwein und die Herkunft seiner Gesellen

Die als Autograph des Kürschnermeisters Dionysius Dreitwein (Trutwin) überlieferte „Esslingische Chronik" verzeichnet einerseits die beiden großen Wanderungen, die der Autor als Lehrling und Geselle über mehrere Jahre hinweg unternommen hat, und andererseits in einer sorgfältigen Auflistung die Namen und in den meisten Fällen auch die Herkunftsorte der Gesellen, die in späteren Jahren bei ihm gearbeitet haben[57].

57 Esslingische Chronik (Anm. 12), besonders S. 255–260.

Abb. 4: Bildnis des Dionysius Dreytwein
in seiner „Esslingischen Chronik"

Vorlage: Tuschzeichnung von unbekannter Hand
(WLB Cod. hist. fol. 679, Württ. Landesbibliothek)

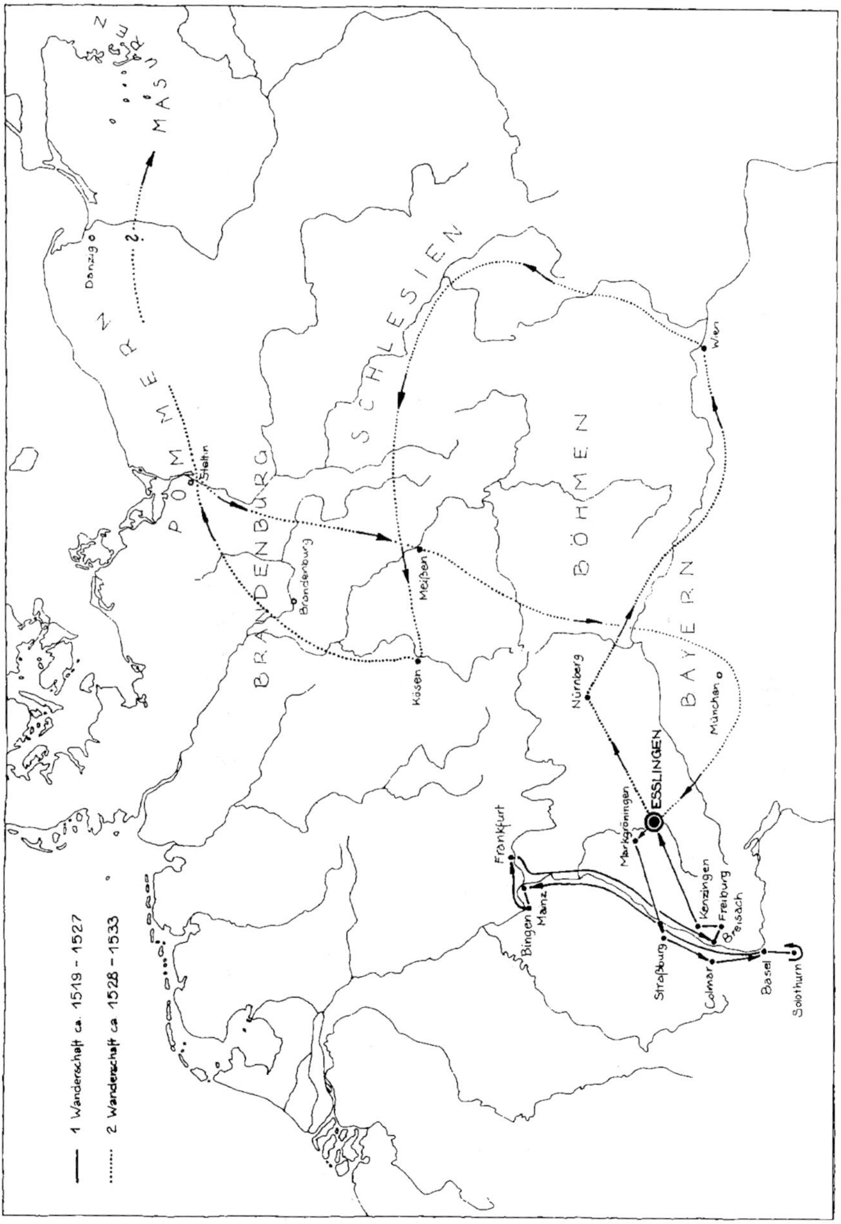

Abb. 5: Wanderwege des Esslinger Kürschnergesellen Dionysius Dreytwein (ca. 1519–1533)
Grundlage: Dionysios Dreytweins Esslingische Chronik, hg. v. Adolf Diehl (Anm. 12), S. 255 – Graphik: Margrit Röder.

Die Esslingische Chronik wurde, wie es Dionysius Dreitwein selbst zu erkennen gibt, zwischen 1548 und 1564 verfaßt[58]. Vermutlich hat er zwischen 1562 und 1564 auf der Grundlage älterer Notizen die Zusammenfügung zu der Chronik vorgenommen, sie also nicht chronologisch fortschreitend geschrieben, sondern aus Einzelbestandteilen erarbeitet und immer wieder ergänzt, so daß Wiederholungen und chronologische Sprünge unvermeidlich wurden[59]. Demgegenüber steht der Vorteil der Lebendigkeit und Anschaulichkeit; vieles wird aus dem eigenen Erlebnis- und Erfahrungshorizont heraus erzählt. Hinzu kommen Notizen über das, was auf den Zunfthäusern, öffentlichen Versammlungen in Kirchen und von den Gesellen in der Werkstatt berichtet und diskutiert worden ist. An schriftlichen Vorlagen sind neben der Bibel die „Stiftschronik vom Hause Wirtemberg", „newe Zeitungen" sowie Flugblätter und vereinzelt wohl auch die damals beliebten Flugschriftenkompendien zu nennen[60]. Neben der Chronik hat Dionysius Dreitwein, der sich in diesem Zusammenhang auch einmal selbst als Poet bezeichnet[61], zwei weitere Werke verfaßt: die Franziskaner-Reimchronik von 1567[62] und die (illuminierte) sogenannte Wiener Reimchronik, die „Von dem Land Wirtemberg und seiner Zulegung biss auff heitt" berichtet, aus dem Jahre 1573. Aus unserem thematischen Blickwinkel darf die Esslingische Chronik als ein ungewöhnliches Quellenzeugnis in mehrfacher Hinsicht besondere Aufmerksamkeit für sich beanspruchen. Erstens besitzt diese Chronik eines Handwerkers mit der individuellen Schilderung der Erlebnisse und der Registrierung der Namen für diese Zeit noch Seltenheitswert. Zweitens haben wir es hier nicht nur mit einer der typischen Momentaufnahmen zu tun, sondern erhalten Daten zur Gesellenwanderung über einen Zeitraum von mehr als 40 Jahren hinweg. Drittens schließlich wird sowohl die Geschichte und Tradition der eigenen Familie als auch der gesellschaftspolitische Hintergrund der Stadt Esslingen und ihrer Verfassung vor dem Umbruchcharakter der eigenen Zeit mit

58 *Adolf Diehl,* Einleitung, ebd., S. VIII, bemerkt dazu: So begann er denn im jahre 1548 (1548 steht über dem anfang der chroniken) seine chronik, in welcher er zunächst auf blatt 1–21 aus der erinnerung ereignisse aus früherer zeit, besonders den ersten jahrzehnten des 16. jahrhunderts niederschrieb, erst auf blatt 21[b] [...] geht er auf das jahr 1548 über. Von da an erzählt er bis zum jahr 1564 zeitgenössische ereignisse".

59 *Eberhard J. Nikitsch,* Dionysius Dreytwein – ein Esslinger Kürschner und Chronist. Studien zur Handwerkermentalität in frühneuzeitlichen Reichsstädten. Mit einer Edition der Franziskaner-Reimchronik, in: Esslinger Studien 24 (1985), S. 1–210, hier besonders S. 108/09.

60 Ebd., S. 110–115.

61 *Dionysius Dreytwein, Carmen Rhytmicum* [sic!] *in laudem Serenissimae Domus Wirtembergensis. Von dem land Wirtemberg und seiner zulegung biss auff heitt* (1573) [Wiener Reimchronik], Wien, Österreichische Nationalbibliothek, Cod. Vindob. 9109, fol. 50r.

62 Vgl. die Edition von *Nikitsch* (Anm. 59).

ihren tiefgreifenden politisch-konfessionellen Veränderungen bewußt reflektiert und bewertet.

Diesen Zusammenhang gilt es im Auge zu behalten, wenn wir uns auf die speziellen Mitteilungen über die Wanderschaft konzentrieren. Dionysius Dreitwein (Trutwin) ist sich der Zugehörigkeit zu einer, wie er schreibt, wenigstens 200 Jahre in Esslingen ansässigen Kürschnerfamilie sehr bewußt, wobei Bürgerstolz und Zunfttradition eine unauflösliche Verbindung eingehen[63]. Voller Bewunderung berichtet er von seinem Großvater Bernhard Trutwin, der 101 Jahre alt geworden sei. Dieser habe 41 Jahre lang als Zunftmeister im Rat gesessen und dort schließlich die Rolle des ältesten Sprechers der Zunftmeister wahrgenommen[64]. Die größte in der Chronik geschilderte Tat des Großvaters spiegelt das politische Selbstverständnis des Enkels und der ganzen Familie sehr anschaulich wider, wenn folgende Episode in der Chronik ausführlicher berichtet wird. Als die Grafen von Württemberg beim Rat der Stadt um die Genehmigung zur Errichtung *eines hunds stall[s]* zur bequemeren Unterbringung der Jagdhunde baten und die patrizischen Ratsherren die Neigung zeigten, dieser Bitte zu entsprechen, sei der Großvater als *der elter zunftmaister* aufgestanden, habe die Türklinke der Ratsstube ergriffen und angedroht, er wolle *einer gemein mordio schreyenn* und ausgerufen *Heut hent [sie] ein hundshuss, bis jar ein schloss drauss, wie lang wolten mir ein reichstatt sein*[65]? Die politisch-gesellschaftliche Grundhaltung der Familie spiegelt sich in dieser kleinen Geschichte wunderbar wider: Auf der einen Seite die offene Kritik an der ebenso unfähigen wie überheblichen patrizischen Führungsschicht, die den Zunftvertretern nur ein geringes Mitspracherecht im Rat einräumte. Auf der anderen Seite ein ausgeprägtes Bewußtsein politischer Selbständigkeit als Reichsstadt, die den fernen Kaiser ehrt, aber den benachbarten Landesherrn als Bedrohung empfindet. Im Grunde seines Herzens war Dionysius Dreitwein also ein entschiedener Verfechter der Ratsverfassung und der Autonomie seiner Heimatstadt als Reichsstadt.

Er selbst hat keine politische Karriere gemacht, sondern wurde 1555 vom Rat zum Torschließer bestellt, was ihn verbitterte: *mich dunkt, dass mir grössere schmach nie widerfahren sei*[66]. 1565 wurde er noch Pfleger verwaister Kinder und übte von 1570 bis 1575 das Amt eines Zuchtherren

63 Esslingische Chronik (Anm. 12), S. 255: *So hab ich fundenn in meiner altfordernn geschryftenn, das mein vatter selig hatt geschreibenn (sic!), das mein geschlecht vom stam her, das er von inen ist bericht wordenn, das sein gschlecht vor im 200 jar altt ist gewesen.* – Zum Wappen und zur Genealogie der „Großfamilie Trutwin / Dreytwein" vgl. *Nikitsch* (Anm. 59), S. 18 ff., besonders S. 24 / 25.

64 Esslingische Chronik (Anm. 12), S. 255.

65 Ebd., S. 256.

66 Ebd., S. 161.

aus[67]. Am 31. Januar 1576 ist er gestorben (Abb. 4)[68]. Neben dem politischen Interesse begegnet ein bürgerliches Bildungs- und Kulturbewußtsein, das bei Dionysius Dreitwein wiederum am prägnantesten am Beispiel des Großvaters vorgestellt wird. Denn er sei ein *kynstler gewesenn ein schener reisner* [begabter Zeichner] *und ein luttenist* [Lautenspieler], *es were vill von irem* [der Vorfahren] *lebenn zu schreybenn*[69].

Bezeichnenderweise werden diese Hinweise auf Familientradition und Eigenschaften des Großvaters, die sich unser Autor offensichtlich selbst zum Maßstab setzt, in einen unmittelbaren Zusammenhang mit der Wanderschaft gebracht, finden sie sich doch in dem Kapitel unter der Überschrift *Dionissius Dreyttwein von seinem wandern.* Denn dabei geht es offensichtlich nicht nur um die Erlangung weiterer handwerklich-gewerblicher Kenntnisse, sondern auch um das Verständnis besonders der politischen und gesellschaftlichen Verhältnisse in anderen Städten und Regionen. Kurzum: mit dem Wandern ist eine allgemeine Horizonterweiterung verbunden. Was hat unser Autor in dieser Hinsicht aufzuweisen? Seine erste Wanderschaft unternahm er bald nach dem Tode seines Vaters im Jahre 1519, auf der er erst einmal für drei Jahre in das benachbarte Markgröningen ging[70]. Anschließend zog er nach Straßburg, wo er den Bauernkrieg und die Anfänge der Reformation miterlebte, vor allem aber ein zweifellos bedeutendes Kürschnergewerbe und einen wichtigen Markt kennenlernte[71]. Sein weiterer Wanderweg führte ihn über das Elsaß und die Nordschweiz an den Mittelrhein nach Frankfurt, den wichtigsten Messeplatz seiner Zeit. Wenn seine erste Wanderzeit auch nicht 12 Jahre umfaßt haben kann, wie er in seiner Chronik schreibt, sondern vielleicht von 1519 bis 1527 gedauert hat, so erfaßte sie mit der zweimaligen Durchwanderung der wichtigen Rheinstrecke von Frankfurt bis Basel eines der wichtigsten Gebiete der Gesellenwanderung und -organisation und war für den jungen Dionysius zweifellos sehr instruktiv.

Die zweite, räumlich noch ausgedehntere Wanderung muß sich, nach einem kürzeren Zwischenaufenthalt in der Heimatstadt Esslingen, wohl bereits im Jahre 1528 angeschlossen haben, denn im Itinerar Dreitweins erscheint erst einmal Nürnberg und, mit der Jahreszahl 1529 und in Verbindung mit der Türkenabwehr, als nächster Ort die Stadt Wien[72]. Dort hat

67 *Nikitsch* (Anm. 59), S. 16 mit Anm. 56 und 57.

68 Ebd., S. 17, mit dem Beleg aus dem Kirchenbuch. Dreytwein „erreichte also das hohe Alter von 78 oder 79 Jahren".

69 Esslingische Chronik (Anm. 12), S. 255.

70 Ebd.: *Erstlich als mein lieber vatter selig starb Jos Dreyttwein, bin ich hinweg zogenn genn Greiningen und hab nit me dan 4 ß gehabt, da bin ich 3 jar gewessen* [...].

71 Ebd., S. 5 / 24 ff., S. 20 / 8 – 22.

72 Ebd., S. 255: *darnach bin ich inhin weg zogenn ins Bechamer land auff Nyrberg zu, darnach im 29 jar fyr Weinn.*

sich der Kürschnergeselle in einen Landsknecht verwandelt und den Truppenaufmarsch unterschiedlicher Regionen und Völker verfolgt. Nach dem militärischen Intermezzo vor Wien verfolgte Dreitwein einen eher ungewöhnlichen, aber um so interessanteren Wanderweg, der ihn erst einmal *in die Schlesy,* also nach Schlesien, führte. Fügen wir sogleich die beiden folgenden Wandergebiete hinzu, nämlich den Weg von Schlesien wohl über die Oberlausitz in die Markgrafschaft Meißen und in den sächsisch-thüringischen Raum, wobei Kösen (Bad Kösen) als Zwischenstation ausdrücklich erwähnt wird (Abb. 5)[73].

Die Motive für die Wahl dieses Wanderweges kennen wir nicht, können aber ganz allgemein darauf verweisen, daß die Städte dieser Landschaften zu Beginn des 16. Jahrhunderts nicht zuletzt in Verbindung mit dem Bergsegen einen lebhaften wirtschaftlichen und gewerblichen Aufschwung nahmen. Darüber hinaus könnten sie für einen Esslinger Kürschnergesellen durch die reformatorische Bewegung und die Förderung des Schulwesens eine gewisse Attraktivität besessen haben. Von der Lebendigkeit der Entwicklung dieses Raums gibt es mancherlei anschauliche Zeugnisse; allein aus der Perspektive wandernder Handwerksgesellen dieser Jahre läßt sich auf die Briefe der Brüder Gottschalck aus Goslar-Braunschweig und die Chronik von Wolfgang Vincentz aus Breslau verweisen[74]. Daß sich Leipzig in dieser Zeit zu dem zentralen europäischen Markt für Pelzwerk entwickelte, sei mit Blick auf das Kürschnerhandwerk nur erwähnt[75]. Die Angaben über den weiteren Wanderweg beschränken sich auf Landschaftsbezeichnungen, nämlich zweimal (Hin- und Rückweg) die Mark (Brandenburg), sodann *Bomern* (Pommern) und – wenn man die Randnotiz als einen autographischen Nachtrag bewertet – Polen und Masuren[76]. Spä-

---

73 Ebd.: *auss der Schlessy auff Kossenn, darnach in die Marktt, darnach in Bomern, auss Bomer in die Marck und in Meyxenn, auss Meyxenn in Beyerland und darnach wider haym.*

74 Handwerkerbriefe aus der Zeit der Reformation, mitgeteilt von *Lucian Hölscher,* in: Zeitschrift der Geschichte für niedersächsische Kunstgeschichte 6 (1901), S. 250–294; Die Goldschmiedechronik. Die Erlebnisse der ehrbaren Goldschmiede-Ältesten Marlin und Wolfgang, auch Mag. Peters Vincentz, Verlag der deutschen Bauhütte, Hannover o.J. [1918]. Als Herausgeber, der sich auch streckenweise als Autor betätigt hat, findet sich folgende Angabe: *für Liebhaber merkwürdiger und lehrhafter Begebenheiten diesmal aufs neue zugericht von Curt Rudolf Vincentz.*

75 Bibliographie zur Geschichte der Stadt Leipzig, Sonderband 1: Die Leipziger Messe, bearbeitet von *Edith Rothe* (Schriften der Historischen Kommission bei der Sächsischen Akademie der Wissenschaften zu Leipzig, 23), Leipzig 1957; *J.H. Heiderich,* Das Leipziger Kürschnergewerbe, Heidelberg 1897; *Friedrich Wiggert,* Entstehung und Entwicklung des alten schlesischen Kürschnerhandwerks. Mit besonderer Berücksichtigung der Kürschnerzünfte zu Breslau und Neumarkt, Dissertation Leipzig 1924, Breslau 1926; *Robert Delort,* Le Commerce des fourrures en Occident à la fin du moyen âge (Bibliothèque des Ecoles Françaises d'Athènes et de Rome, sér. 1, fasc. 236), 2 Bde., Rom 1978.

76 Esslingische Chronik (Anm. 12), S. 255 mit Anm. 4. Am Rand der Beschreibung des Wanderweges (fol. 188 b) findet sich folgende – wohl vom Verfasser stammende –

testens 1533 muß Dionysius Dreytwein über die Markgrafschaft Meißen und Bayern in seine Heimatstadt Esslingen zurückgekehrt sein, das Zunftrecht erworben und eine Familie gegründet haben[77]. Auf dieser fast 15jährigen Wanderschaft mit einem nur kurzen Zwischenaufenthalt in Esslingen hat, so können wir rein geographisch feststellen, Dionysius weite Teile des deutschsprachigen Raumes mit Ausnahme des Nordwestens kennengelernt.

Herauszuheben sind dabei als besonders wichtige Plätze sowohl des internationalen Markt- und Messegeschehens wie auch des kunstreichen Handwerks Straßburg, Frankfurt am Main, Nürnberg und möglicherweise auch Breslau und Leipzig. Die wichtigen Märkte blieben auch weiterhin das Ziel gelegentlicher Wanderungen oder Handelsfahrten unseres Esslinger Kürschnermeisters, der in seiner Chronik den Besuch der Messen von Frankfurt am Main, Nördlingen und Ulm erwähnt[78], also nie zu einem ausschließlich für den heimischen Markt produzierenden Handwerker wurde.

In enger Verbindung mit der Wanderschaft des Meisters stehen, unter geographischen Gesichtspunkten, die Herkunftsräume seiner Gesellen[79]. Von einem reinen Zufall möchte man angesichts der Übereinstimmung oder der auffallenden Ähnlichkeit der Kartenbilder besonders zwischen dem östlichen Wanderweg des Meisters und den Herkunftsräumen der Gesellen nicht ausgehen, vielmehr sind hier vermutlich Fäden geknüpft worden, die sich später bei der Nachfrage in der Esslinger Werkstatt ausgewirkt haben. Die 135 Gesellennamen, die Dionysius Dreytwein für vermutlich 25 Jahre, nämlich für die Abfassungszeit der Chronik von 1544 bis 1568 registriert hat, sind in den meisten Fällen mit Herkunftsangaben versehen, die die bemerkenswerten Distanzen der Zuwanderung zugleich erahnen lassen. Die fünf am häufigsten genannten Städte, nämlich Glogau an der Oder mit 10 Belegen, Erfurt 6, München 5, Straßburg 5, Breslau 4, bezeichnen sehr schön wichtige Fixpunkte des Einzugsgebietes. Erst danach folgen mit Reutlingen, Nördlingen und Ulm einige halbwegs benachbarte Städte, die unmittelbar anschließend jedoch mit Chemnitz, Halle,

---

Notiz: *Osterland* [Österreich], *Mererland* [Mähren], *Schlesy, Poln, Masur, Thiringen, Bomern, Mark* [Mark Brandenburg], *Meyxen, markgraffschaft zu, Schweitzerland, Elses, Reinstrom, Beyer.* Mit Ausnahme von *Poln* und *Masur* ist die Übereinstimmung der als Randnotiz genannten Regionen mit dem beschriebenen Wanderweg gegeben, so daß die Hinzufügung als authentisch anzusehen ist. Dionysius Dreytwein hat offensichtlich auf seinem nordostdeutschen Wanderweg einen Abstecher in diese beiden Landschaften unternommen.

77 Ebd., S. 18: *Item ich Dionyssius Dryttwin hab mein weyb genomenn und hochzeytt gehaltenn im 1534 jar auff unsser frawe lychmes* [Februar 2].

78 Ebd., S. 132,11 und 149,31 und 162,16 ff. sowie 100,15.

79 Ebd., S. 256–260. Dem Anhangskapitel unter der Überschrift *Dionissius Dreyttwein von seinem wandern* ist die Auflistung (fol. 189 b) seiner Gesellen angefügt unter der Überschrift *Meine gesellenn, die ich hab gehabtt, weil ich hauss han gehalttenn, die mir woll bekant sind gewessenn.*

Salzburg und Danzig weit übersprungen werden. Am stärksten tritt zweifellos der schlesische und sächsisch-meißnische Raum hervor. Dafür wird sicherlich nicht einmal in erster Linie die unterstellte Bekanntheit der Esslinger Adresse, sondern werden die wichtigen Messen und Absatzmärkte im Westen und Südwesten des Reiches sowie die dort anzutreffende Tradition und Kunstfertigkeit im Kürschnergewerbe maßgeblich gewesen sein[80].

Im übrigen sollte man es nicht versäumen, die Quelle auf ihre menschliche Facette hin zu betrachten, d. h. die charakterisierenden, pejorativen Anmerkungen zu den Gesellennamen mitzuberücksichtigen[81]. Besonders beliebt ist bei unserem Kürschnermeister der Zusatz Schelm. So *Jerg von Committaw, schelm* oder *Enderlein von Saltzburg, schelm* oder *Barttle von Eyssliebenn, schelm.* Allein neun seiner Mitarbeiter werden mit diesem ‚liebevollen' Zusatz bedacht, der den Vorwurf der Ehrlosigkeit impliziert und damit aus der Perspektive des Handwerks vernichtend ist. *Hans Müller von Bressburg* [Pressburg] wird gleich mehrfach negativ charakterisiert als *schelm, dieb, zwey mall bey mir gewest, schelm.* Hier scheint sich unser Meister allerdings getäuscht zu haben, denn der *schelm* und *dieb* ist von ihm wieder gestrichen worden. *Hans von Augspurg* wird als *nit gescheid* und *Jerg von Strasburg* als *ein unflatt* vorgestellt. *Mertte von Erdfurtt* erhält das ‚schmückende' Beiwort *ein gschlachter gsell* und *Casper von Jawr* erscheint als *schinderlein langer gsell.* Daneben gibt es auch eine Reihe von neutralen Hinweisen, so etwa *der jung* oder *junger* sowie *auch mein lerknab gewest* und *auch lantzknecht* oder *hat ein schneweis har.*

Diese Randbemerkungen werfen wohl zugleich ein Licht auf gewisse Eigenschaften des Meisters, nämlich zu provozieren und entsprechende Reaktionen herauszufordern, denn die Esslinger Ratsprotokolle verzeichnen mehrere von ihm angestrengte oder gegen ihn gerichtete Anklagen wegen Beleidigung und Verunglimpfung[82]. Aber nehmen wir die Angaben als das, was sie sind, nämlich gelegentliche Zusätze, und richten den Blick auf die in erster Linie interessierenden Herkunftsangaben der bei dem Esslinger Kürschnermeister beschäftigten Gesellen.

Der Eindruck überwiegend großer Entfernungen, wie ihn das Kartenbild über die Herkunft der Dreytweinschen Gesellen vermittelt (Abb. 6), läßt sich durch eine exaktere Berechnung der Distanzen bestätigen und konkretisieren; dabei wurden die kürzesten Wegstrecken (Luftlinie) zugrunde gelegt. Besonders extreme Distanzen ergeben sich für Siebenbürgen und Danzig mit ca. 1150 und 900 Kilometern, während sie sich für Schlesien

---

80 Vgl. *Schulz* (Anm. 1); *Zimmermann* (Anm. 54); und *Paul Koelner,* Die Kürschnern-Zunft zu Basel 1226–1926, Basel 1926.

81 Siehe Anm. 78.

82 *Nikitsch* (Anm. 59), besonders S. 15 mit Anm. 38, 40–42 und S. 16 mit Anm. 50, 51, 53.

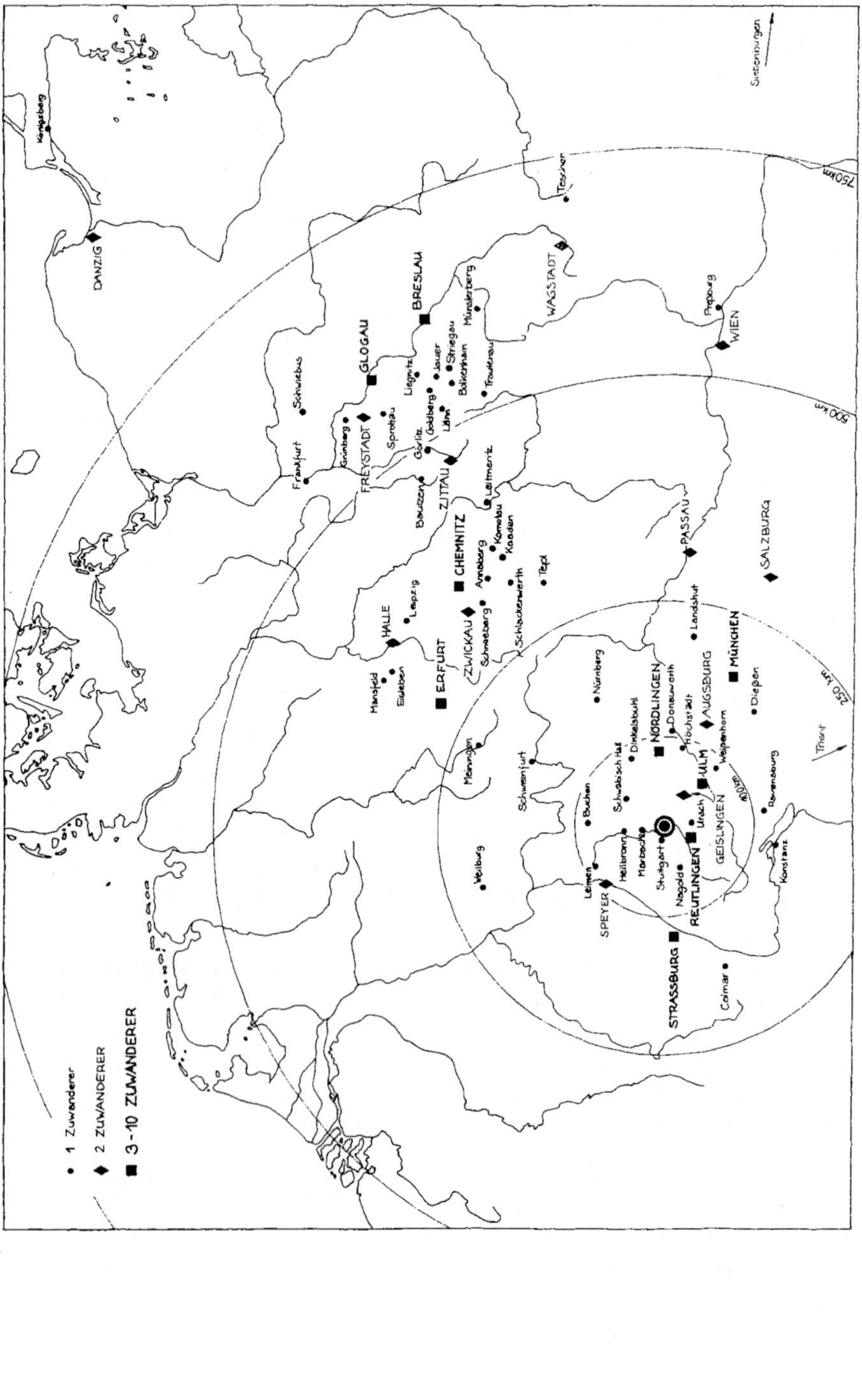

Abb. 6: Herkunft der Handwerksgesellen des Esslinger Kürschnermeisters Dionysios Dreytwein (um 1550)

Grundlage: Dionysios Dreytweins Esslingische Chronik, hg. v. Adolf Diehl (Anm. 12), S. 256 – 260 – Graphik: Margrit Röder.

Abb. 7: Herkunft der Esslinger Neubürger 1540 – 1552

Grundlage: *Ines Bechinger*, Das Bürgerbüro der Reichsstadt Esslingen 1482 – 1522 (Anm. 55) – Graphik: Margrit Röder.

von 520 (Lähn) bis 610 (Breslau) Kilometern bewegen. Der Durchschnittswert für die Wegstrecken, die sich einigermaßen sicher ermitteln ließen, beträgt 320 Kilometer. Dies sind auch für Wanderdistanzen qualifizierter Gesellen hohe Werte, die sich annähernd mit den für die Schlossergesellen in Frankfurt am Main ermittelten Zahlen vergleichen lassen[83]. Ähnliche Distanzen und Herkunftsgebiete zeigt vor allem die Wanderkarte der Kürschnergesellen für Straßburg, allerdings etwa hundert Jahre früher, wenn man die drei Momentaufnahmen von 1404, 1440 und 1470 zusammenfaßt[84]. Hier treten Schlesien und der östliche Donauraum besonders hervor.

Interessanter noch als der Vergleich mit anderen Gesellengruppen und anderen Städten, was die zurückgelegte Wegstrecke zugewanderter Gesellen anbelangt, dürfte – gerade auch im Zusammenhang mit dem Tagungsthema – die Gegenüberstellung mit dem Herkunftsgebiet der Neubürger sein (Abb. 7). Für Esslingen sind wir in der glücklichen Lage, das Verzeichnis der Bürgeraufnahmen für die Jahre von 1482 bis 1552 wenigstens als Manuskript vorliegen zu haben[85], so daß es sich anbietet, für die Jahre um 1539 bis 1551 die beiden Wanderräume, also die der Kürschnergesellen und der Neubürger, miteinander zu vergleichen und sie uns in ihrer Unterschiedlichkeit vor Augen zu führen. Die durchschnittliche Distanz beträgt bei letzteren nur knapp 52 km und konzentriert sich räumlich auf den stark hervortretenden Naheinzugsbereich, die Schwäbische Alb und das Donaugebiet östlich von Ulm. Die Handwerksgesellen waren im Durchschnitt aus einer mehr als sechsfachen Distanz nach Esslingen gelangt. Angesichts der Tatsache, daß wir von fast allen der hier notierten Gesellen vermutlich nicht einmal die Namen wüßten, wenn unser Kürschnermeister nicht die persönliche Neigung zu solchen Aufzeichnungen gehabt hätte, kann man geradezu von einem Überlieferungsglücksfall sprechen, daß auch einmal die meisten Herkunftsorte erfaßt worden sind.

Die Anlässe solcher Registrierungen sind rasch aufgezählt. Auf Stadt- oder Zunftebene sind es eigentlich nur zwei; erstens anläßlich von Bevölkerungszählungen, oder besser: Konsumentenerfassungen bei militärischer Bedrohung, wofür die beiden berühmten Beispiele Straßburg 1444 und Nürnberg 1449 zu benennen sind[86], und zweitens die Vereidigung und

---

83 *Bücher* (Anm. 31), besonders S. 650–656.

84 Siehe Anm. 54.

85 *Ines Bechinger,* Das Bürgerbuch der Reichsstadt Esslingen 1482–1552, maschinenschriftliche Zulassungsarbeit, Tübingen 1981.

86 *Karl Theodor Eheberg,* Verfassungs-, Verwaltungs- und Wirtschaftsgeschichte Straßburgs bis 1681. 1. Bd.: Urkunden und Akten, Straßburg 1899, Nr. 254, S. 499–501; *Philippe Dollinger,* Le premier recensement et le chiffre de population de Strasbourg en 1444, in: Revue d'Alsace 94 (1955), S. 112–124; *ders.*, Instructions pour le recensement de Strasbourg en 1444, in: Revue d'Alsace 100 (1961), S. 119–121; *Bücher* (Anm. 31), S. 31 ff.; *Schulz* (Anm. 1), S. 28 f., 37 f. und 39.

Registrierung der Handwerksgesellen nach Konflikten, wofür auch nur eine bruchstückhafte Überlieferung zu 1421 und 1436 am Mittel- und Oberrhein erhalten ist[87]. Aber diese Listen sind zu selten und zu unvollständig geführt, als daß sie eine zureichende Grundlage für die Erfassung dieser so wichtigen Personengruppe böten. Ein wenig weiter helfen dabei die von einzelnen Gesellengruppen selbst angelegten Mitgliederverzeichnisse, die allerdings den grundlegenden Nachteil haben, daß sie aus einem aktuellen Anlaß immer nur für die Gesellen eines einzelnen Gewerbes, nicht einmal für die einer Zunft, geschweige denn für die einer ganzen Stadt geführt worden sind[88]. Also stehen wir in der Regel vor der quellenbedingten Schwierigkeit, daß wir zwar zum Teil über die seriell überlieferten Matrikel der Aufnahme in das Bürgerrecht und die Zünfte sowie über Steuerlisten verfügen, aber für die in unserem Zusammenhang wichtigen beiden Großgruppen, die Neueinsteiger in den Vorstädten und vor allem die Handwerksgesellen, bestenfalls eine punktuelle und selektive Überlieferung haben. Und wenn eine solche für die Gesellen ausnahmsweise einmal vorhanden ist[89], wird ihr besonderer Charakter leicht übersehen, daß es sich eben nur um Momentaufnahmen handelt. Aus der Sicht der Stadt und der Zünfte war dies – von Konfliktfällen abgesehen – allerdings kein Problem. Die Gesellen unterlagen zwar einer formal geregelten, faktisch allerdings nicht realisierbaren Kontrolle[90], behielten aber den Charakter von Gästen. In ihrer personellen Zusammensetzung wechselten sie ständig und blieben nur als Gesamtheit kontinuierlich präsent. Altersbedingt und von ihrem ausgeprägten Gruppen- und Selbstverständnis her waren sie mit ihrem 25 bis 30prozentigen Anteil an der erwerbstätigen erwachsenen Bevölkerung[91] das vielleicht auffälligste Element, das überdies zur Wirtschaftskraft und Verteidigungsfähigkeit jeder Stadt erheblich beitrug. Zu-

---

87 *Wesoly* (Anm. 2), S. 353 ff.; *Schulz* (Anm. 1), S. 81–97 („Die rheinische Knechtsordnung"). – Außerdem ist die mit der Erhebung der Margzalsteuer von 1454 und der Reichstürkensteuer von 1495 ff. in Basel verbundene Registrierung von Handwerksgesellen als Zahler der Kopfsteuer zu erwähnen, wobei allerdings die Herkunftsorte nur vergleichsweise selten genannt werden und außerdem aussagekräftige Listen nur für je zwei Pfarr-/Steuerbezirke vorliegen. Vgl. dazu *Schulz* (Anm. 1), S. 30, 40 f. und 44.

88 Ebd., S. 278 und 280 (Verzeichnis der 1436 geforderten Eidesleistung der Basler Gerbergesellen).

89 Für die oberrheinischen Städte des 15./16. Jahrhunderts geben die ebd. auf den Seiten 279–284 beigefügten Karten einen gewissen Überblick in dieser Frage. Vgl. auch *Anne Marie Dubler,* Fremde Handwerksgesellen in der Stadt Luzern im 15. Jahrhundert, in: Jahrbuch der Historischen Gesellschaft Luzern 9 (1991), S. 41–76.

90 *Knut Schulz,* Die Stellung der Gesellen in der spätmittelalterlichen Stadt, in: Haus und Familie in der spätmittelalterlichen Stadt, hg. von Alfred Haverkamp (Städteforschung A/18), Köln/Wien 1984, S. 304–326.

91 Ebd., besonders S. 42 mit einer Tabelle über den „Anteil der Knechte/Gesellen (Mägde) an der Stadtbevölkerung" auf der Grundlage des Materials von Nürnberg (1449), Straßburg (1444), Basel (1454 und 1497) und Freiburg (1497).

sammen mit wenigen anderen städtischen Gruppen waren sie die wichtigsten Informanten, die Vermittler genauso von Sensationsnachrichten und politischem Geschehen wie von gewerblichen Neuerungen[92]. Aber, wie gesagt, sie treten in den städtischen Quellen, solange sie Wandergesellen waren, höchst selten in Erscheinung und müssen aufgrund von anderen Materialien in das Bild eingezeichnet werden.

Zusammenfassung

Fassen wir zusammen und halten das Verbindende der drei zeitlich und räumlich so verschieden gelagerten Beispiele fest. Bei allen Unterschieden liegt die Gemeinsamkeit – soviel dürfte deutlich geworden sein – in dem eigenen und besonderen Charakter, den die von der Wanderschaft geprägten Handwerksgesellen und – damit verbunden – auch ein Teil der werdenden Meister im Vergleich zu anderen Gruppen der städtischen Gesellschaft aufwiesen. Sehr schön ließ das frühe Thorner Quellenmaterial über die Geburtsbriefe eine der Besonderheiten hervortreten, nämlich die zwar über die Stadträte weitervermittelte, aber von dem jeweiligen Spezialgewerbe in Gang gesetzte beziehungsweise eingeforderte Überprüfung der Handwerksehrlichkeit. Dies geschah im Fall Thorns im Rahmen eines vorstrukturierten Wanderraums, der sich von dem Einzugs- oder Herkunftsgebiet sowohl der führenden als auch der einfachen Gesellschaftsschichten klar unterschied. Dabei wurde zugleich die Zweiteilung innerhalb des städtischen Gewerbes zwischen den geschenkten und ungeschenkten, den gewanderten und ungewanderten Handwerken, deutlich. Die geschenkten Handwerke waren bestimmt von der Weite des Wanderns, dem damit verbundenen ausgeprägten Gruppenbewußtsein und Selbstverständnis sowie einem sich in dieser Zeit ausbildenden eigenen Ehrbegriff.

Die Unterschiede, die sich daraus für die städtische Gesellschaft ergaben und für Thorn nur in Umrissen erkennbar wurden, ließen sich auf der Grundlage des oberrheinischen Quellenmaterials konkretisieren, nämlich an den Beispielen von Frankfurt, Straßburg und Basel. Hier wird nicht nur sehr deutlich, in welchem Umfang die Einstiegsberufe und Hilfsgewerbe den Zuzug und Neuaufbau der städtischen Bevölkerung prägten, sondern auch, wie stark die rechtlichen und siedlungsräumlichen Abstufungen hervortraten. Erinnert sei an das Schultheißen-, Kleinbürger- oder Hintersassenrecht und daran, welches Gewicht die in die Stadt einbezogenen Vorstädte erlangten. Diesen zahlenmäßig hohen Anteil an der städtischen

92 *Knut Schulz,* Handwerk im spätmittelalterlichen Europa. Zur Wanderung und Ausbildung von Lehrlingen in der Fremde, in: Jahrbuch des Historischen Kollegs 2 (1997), S. 69–97.

Bevölkerung lernen wir nicht aus Bürgerlisten, sondern aus Steuerlisten und über die Registrierungen von Zünften und Vorstadtgesellschaften kennen. Damit ist jedoch nur das unmittelbare Umland als Einzugsgebiet erfaßt, während das großräumige Wandergebiet in diesem Spektrum nicht erscheint, da die Wandergesellen in keiner dieser städtischen Überlieferungen (Bürger-, Steuerlisten, Zunftverzeichnisse) registriert werden. Schließlich konnte am anschaulichen Beispiel des Esslinger Kürschnermeisters Dionysius Dreytwein und seiner Gesellen die Weite und besondere Ausrichtung des Wandergebietes in einem Spezialgewerbe dieser Stadt aufgezeigt werden. Diese fluktuierenden, ständig wechselnden Gruppen von qualifizierten Handwerksgesellen bestimmten in starkem Maße das Gesicht einer Stadt, auch wenn sie in der seriellen Überlieferung in der Regel nicht in Erscheinung treten. Nur ein Überlieferungszufall bietet die Möglichkeit zur Komplettierung des Bildes in diesem zentralen Bereich.

Brugges Bevölkerung und Wirtschaft zwischen 1282 und 1492 im Spiegel der Einbürgerungsquellen

Von Katharina Müller-Herrenschwand, Schalunen

Bereits kurz nach 1000 sind Berichte über Brugges Handelsbeziehungen zu Skandinavien und England überliefert. Mit der Gründung neuer Städte und Jahrmärkte in der Umgebung bauten die Grafen von Flandern Brugge im 11. Jahrhundert zu einem Handelszentrum aus. Als eine Sturmflut 1134 im Zwin einen idealen Hafen schuf, entwickelte sich die Stadt rasch zum grössten Warenumschlagplatz nördlich der Alpen. In den Wirren um die Nachfolge des 1127 ermordeten Grafen Karl trat erstmals die Bürgerschaft Brugges als einflussreiche und geschlossene Gemeinschaft auf, mächtig genug, um dem neuen Grafen so wichtige Privilegien abzuringen wie die Abschaffung des ihm geschuldeten Grundzinses und die Zollfreiheit innerhalb Flanderns. Analog zu St-Omer erhielt auch Brugge eine eigene Schöffenbank[1]. Die Grenzen des Schöffentums deckten sich mit dem Stadtwall von 1127/28. In der zweiten Hälfte des 13. Jahrhunderts erwarb Brugge käuflich die sich schnell ausserhalb des Stadtwalls ausbreitenden Quartiere. 1305 hatte Brugge mit 430 Hektaren[2] seine bis zur französischen Revolution bestehende Grösse erreicht. Auf dieser Fläche wohnten um die Mitte des 14. Jahrhunderts 40'000 bis 45'000 Menschen[3].

Ganz unterschiedlich wird in der Forschung die wirtschaftliche Entwicklung dieser Weltstadt beurteilt. Van Houtte[4] beschrieb 1982 ihren raschen Aufstieg bis um 1350, als seiner Meinung nach der Niedergang einsetzte, ein langsamer Prozess, der am Ende des 15. Jahrhunderts mit dem definitiven Verlust der Vormachtstellung im internationalen Handel abgeschlossen war. Jüngere Forscher wie van Uytven[5], Prevenier/Blockmans[6]

---

1 *Jan A. van Houtte,* De geschiedenis van Brugge, Tielt/Bussum 1982, S. 50. Vorher hatte die Stadt Brugge gemeinsam mit der Burggrafschaft Brugge, dem Brugse Vrije, eine Schöffenbank.

2 *van Houtte* (Anm. 1), S. 60.

3 *Walter Prevenier,* Bevolkingscijfers en professionele strukturen der bevolking van Gent en Brugge in de 14de eeuw, in: Album Charles Verlinden, Gent 1975, S. 269–303.

4 *van Houtte* (Anm. 1), Kap. 7.

und Sosson[7] führen anhand verschiedener Untersuchungen dagegen den Beweis, dass die Blütezeit des Handels- und Industrieplatzes Brugge bis weit ins 15. Jahrhundert andauerte. Die Einbürgerungsquellen der Stadt Brugge belegen diesen Standpunkt. Anhand der jährlichen Anzahl und der Herkunftsorte der Neubürger lässt sich die Anziehungskraft Brugges im Lauf der untersuchten zwei Jahrhunderte einigermassen zuverlässig ermitteln. Die Berufe der eingebürgerten Personen zeigen eine erstaunliche Flexibilität der Brugger Wirtschaft, dank derer die Stadt in der Lage war, ihre mächtige Position viel länger als früher angenommen zu behaupten.

I. Das Bürgerrecht

Im Hinblick auf die untersuchte Quellengattung, die Bürgerbücher, drängt sich ein kurzer Überblick über den Inhalt des Brugger Bürgerrechts auf. Während deutsche Historiker den Bürger der mittelalterlichen Stadt unter dem Blickwinkel seiner besonderen rechtlichen Stellung innerhalb der Stadtgesellschaft sehen, wird das Thema Bürger und Bürgerschaft in der französischen und belgischen Forschung hauptsächlich aus der sozialen Perspektive behandelt: Der Bürger als Angehöriger einer gehobenen sozialen Schicht. Erst 1986 und 1987 erschienen in Belgien die ersten Untersuchungen zum rechtlichen Inhalt des Begriffes „Bürger“[8]. Aber noch 1993 beklagte Thoen[9] das Fehlen einer eingehenden vergleichenden Untersuchung zum Bürgerrecht in den Städten Flanderns. Das Bürgerrecht der Stadt Brugge war bis jetzt nie Gegenstand einer speziellen Untersuchung.

Hinsichtlich des Erwerbs und des Inhaltes ihres Bürgerrechts waren Frauen und Männer einander gleichgestellt, bis auf die Wählbarkeit in städtische Ämter, welche allein den Männern vorbehalten war. Im homolo-

5 *Raymond van Uytven,* Stages of economical decline. Late medieval Bruges, in: Peasants and townsmen in medieval Europe, hg. von J.-M. Duvosquel und E. Thoen, Gent 1995, S. 259–269.

6 *Walter Prevenier* und *Wim Blockmans,* Die burgundischen Niederlande, übersetzt von Rolf Erdorf, Weinheim 1986.

7 *J.-P. Sosson,* La structure sociale de la corporation médiévale. L'exemple des tonneliers de Bruges de 1350 à 1500, in: Revue belge de philologie et d'histore 44 (1966) S. 457–478.

8 *Philippe Godding,* Le droit privé dans les Pays-Bas méridionaux du 12e au 18e siècle, Bruxelles 1987, S. 56–61; *K. Maddens,* De poorterij en buitenpoorterij in Vlaanderen, in: Jaarboek van het Vlaams centrum voor genealogie en heraldiek 3 (1986), S. 102–128.

9 *Erik Thoen,* Verhuizen naar Brugge in de late middeleeuwen. De rol van de immigratie van de poorters in de aanpassing van de stad Brugge aan de wijzigende ekonomische omstandigheden (14e-16e eeuw), in: Beleid en bestuur in de oude Nederlanden. Liber amicorum M. Baelde, hg. von H. Soly und R. Vermeir, Gent 1993, S. 329–349.

gierten Recht der Stadt Brugge aus dem Jahr 1619, in dem das Gebrauchsrecht der vorangegangenen Jahrhunderte gesammelt ist, wird das Bürgerrecht als ein von väterlicher wie von mütterlicher Seite vererbtes Recht beschrieben: *De poorterie der selver stede wort vercreghen by gheboorte van poorter ofte van poortersse* [...]. Gleicherweise heiraten sowohl Frauen wie Männer ins Bürgerrecht ein: [...] *ofte by huwelicke, te wetene, als een vremde traut een poorter ofte poortersse*[10]. Die Einträge in die Einbürgerungsquellen sind für beide Geschlechter identisch.

Die Bestimmungen zu Bürger und Bürgerrecht in den normativen Quellen[11] decken sich weitgehend mit der aus den Einbürgerungsquellen zu erschliessenden Praxis. Aus einer Verordnung von 1280 gehen zwei wesentliche Punkte für den Erwerb des Brugger Bürgerrechts hervor. Der Neubürger bringt Zeugen mit, und er wird registriert *in der stede brief*[12]. Zusätzlich erhebt die Stadt eine Gebühr, welche in der Regel für Ausländer doppelt so hoch ist, wie für Flamen. Je nach persönlichen Verdiensten und Beziehungen oder nach der finanziellen Situation des Neubürgers kann das Bürgergeld erlassen werden. Aufzeichnungen zum Bürgergeld finden sich in den Stadtrechnungen. Ein Neubürgereid lässt sich für den Untersuchungszeitraum nur aus spärlichen Andeutungen erschliessen. Der von den deutschen Forschern als ausschlaggebend für die Zugehörigkeit zur Bürgerschaft angesehene Schwörtag fehlt in den Quellen von Brugge vollständig. Dafür wird sowohl ein Eid des Fürsten, die Rechte der Stadt zu respektieren, als auch ein Schwur der Bürger gegenüber ihrem Stadtherrn urkundlich fassbar: *noz bourgois, subgez, habitans et la communaulté d'ilecque nous aient fait le serment que bons et loyaux subgez doient faire à leur seigneur*[13]. Obwohl es Hinweise auf eine *buitenpoorterij* (Ausbürgerschaft) in Brugge gibt, hat die Stadt im Gegensatz zu Gent nie versucht, mit diesem Instrument Einfluss auf das umgebende Territorium auszuüben.

In der dritten Brugger Stadt*keure* von 1304 wird erklärt, was den Bürger von anderen Stadtbewohnern unterscheidet: *Ende es te verstane dat elc meinsche porter es die jaer ende dach woenst houdt over recht bin den palen van der vryheit van der stede ende scot ende lot der mede ghelt*[14]. Ein Bür-

---

10 *Louis Gilliodts-van Severen,* Coutumes de la ville de Bruges, 2 Bde. Bruxelles 1874–1875, hier Bd. 1, S. 20: „Das Bürgerrecht dieser Stadt wird erworben durch Geburt von einem Bürger oder einer Bürgerin [...] oder durch Heirat, was heisst, wenn ein Fremder (eine Fremde) einen Bürger oder eine Bürgerin heiratet".

11 *Gilliodts-van Severen* (Anm. 10).

12 *Gilliodts-van Severen* (Anm. 10), Bd. 1, S. 238.

13 *Gilliodts-van Severen* (Anm. 10), Bd. 1, S. 435 (Philipp der Kühne 1384).

14 *Gilliodts-van Severen* (Anm. 10), Bd. 1, S. 298–299: Jeder Mensch, der Jahr und Tag rechtmässig Wohnsitz im Schöffentum Brugge hat und seine Steuern und Gebühren bezahlt, gilt als Bürger.

gergeld bezahlte damals nur, wer sich in kürzerer Zeit einbürgern lassen wollte. Detaillierter wird der Erwerb des Bürgerrechts 1414 von Herzog Johann Ohnefurcht beschrieben, als er den Brugger Bürgern ihre Freiheit von Konfiskation bestätigt. Bürger sind sie geworden, *soit par nativité, par donation, mariage, ou achat, ou en autre manière quelconque*[15]. Die explizite Erwähnung der Ersitzung fehlt hier, führt also wohl zu diesem Zeitpunkt nicht mehr automatisch zur Einbürgerung. Eheliche Geburt ist in Brugge keine Voraussetzung zum Erwerb des Bürgerrechts[16]. Sowohl Adlige wie auch Geistliche werden eingebürgert[17]. Die Stadt kann einem Bürger sein Bürgerrecht unter gewissen Voraussetzungen auch wieder aberkennen, so bei Heirat mit einem Ausländer, d. h. einem Nichtflamen[18] oder bei Verschuldung. Die Kinder der 1427 vom Bürgerrecht ausgeschlossenen ausländische Kaufleute behalten ihr Bürgerrecht, weil sie als Bürger geboren sind[19]. Wegzug aus der Stadt hat den Verlust des Bürgerrechts zur Folge.

Die Rechte, welche durch die Einbürgerung erworben werden, sind Wählbarkeit in Ämter der Stadt[20], Vorrechte bei Strafverfolgung[21], Freiheit der Berufsausübung[22] und Zugang zu den Zünften[23]. Die Berechtigung, ein Gewerbe innerhalb einer Zunft ausüben zu dürfen, scheint der Hauptgrund zum Erwerb des Bürgerrechts gewesen zu sein. *Omme hem te bevryene ende te doene tambocht vanden sceppers,* [...] *vanden zelversmeden,* [...] *vanden backers*[24] sind im Bürgerbuch immer wieder genannte

15 *Gilliodts-van Severen* (Anm. 10), Bd. 1, S. 477.

16 *Gilliodts-van Severen* (Anm. 10), Bd. 1, S. 434: Die Stadt regelt den Nachlass von kinderlos verstorbenen Bürgern unehelicher Abkunft.

17 *Gilliodts-van Severen* (Anm. 10), Bd. 2, 19 f.: Verordnung Herzog Philipps des Guten vom Jahr 1452 an „alle Ritter und Adligen, welche Bürger von Brugge sind"; *Van Houtte* (Anm. 1), S. 292: 1484 werden einige Zunftkapläne von der Stadt gezwungen, gegen ihren Willen das Bürgerrecht der Stadt anzunehmen.

18 Siehe zum Beispiel *poorterboek 1418–1434,* fol. 99.

19 *Gilliodts-van Severen* (Anm. 10), Bd. 1, S. 502–505.

20 *Gilliodts-van Severen* (Anm. 10), Bd. 1, S. 477: Verordnung Johann Ohnefurchts von 1414. Um Bürgermeister oder Schatzmeister der Stadt zu werden, muss jemand sogar als Bürger von Brugge geboren sein.

21 *Gilliodts-van Severen* (Anm. 10), Bd. 1, S. 476 f. und 479.

22 *Gilliodts-van Severen* (Anm. 10), Bd. 1, S. 280: Privileg Johanns von Namur 1302, S. 365 f.: Privilegien Roberts von Béthune 1305 und 1306. *Ders.* (Anm. 10), Bd. 2, S. 80 f.: Privileg Marias von Burgund 1477.

23 *M.J.F., Willems,* Collection des keuren ou statuts de tous les métiers de Bruges (Recueil de chroniques, chartes et autres documents concernant l'histoire et les antiquités de la Flandre Occidentale, troisième série: documents isolés, chartes et keuren), Gent 1842, S. 3 (Weber), S. 31 (Walker), S. 63 (Scherer), S. 85 (Färber): *Eerst zo wat manne die bevryet wesen wille int voorseyde ambocht die moet bringhen certifficatie van der plaetsen danen hi es dat hi goet cnape es ende daer toe moet hi tambocht soffisantelike connen doen metter handt ende poorter wezen eer menne daer in ontfanct* [...]; „Erstens: wenn ein Mann in die vorgenannte Zunft eintreten will, dann muss er eine Bestätigung bringen von seinem früheren Wohnort, dass er ein guter Knappe ist, und dazu muss er sein Handwerk gut genug mit der Hand ausführen können, und er muss Bürger sein, bevor man ihn aufnimmt [...]".

Motive. Die vornehmste Pflicht der Brugger Bürger ist die Friedenssicherung in der Stadt. Die Arbeit der Friedensrichter wird unterstützt durch die Zeugenschaft von zwei Bürgern, *so soudent de paisieres betoghen tween poorters* (1303). Auch kann ein Bürger, *en caes de nécessité,* zusammen mit einem gräflichen oder städtischen Beamten oder Ratsmitglied einen Streit schlichten[25].

Sowohl die Stadtbehörden wie auch der Stadtherr nahmen zu gegebener Zeit durch Verordnungen oder durch Erhöhung beziehungsweise Verminderung des Bürgergeldes Einfluss auf die Anzahl der Einbürgerungen. Davon wird weiter unten noch eingehender die Rede sein.

II. Einbürgerungsfrequenzen

1. Die Quellen

Der für die Untersuchung gewählte Zeitabschnitt, 1282 bis 1492, ist hauptsächlich von der Quellenlage her begründet, der Endpunkt ist zugleich auch das Ende der burgundischen Herrschaft in Brugge. Beim Brand des Belfrieds 1280 wurden alle Verwaltungsdokumente der Stadt vernichtet. Ab 1282 sind in den Stadtrechnungen unter *receptum pro burgagiis* oder nach 1302 unter *ontfanghen van den ghenen die haer porterscepe cochten*[26] Listen von Neubürgern[27] zu finden. Ab 1418 sind durchgehend bis 1496 auch die Bürgerbücher[28] erhalten geblieben. Fünf von den sieben im Stadtarchiv von Brugge aufbewahrten Bürgerbücher decken den Untersuchungszeitraum ab, nämlich die Bücher 1418–1434, 1434–1450, 1450–1460, 1454–1478 und 1479–1496. Aus zwei Posten in der Stadtrechnung von 1355 bis 1356 geht hervor, dass die Stadt schon vor 1418 ein Bürgerbuch geführt haben muss: *Van enen papierbouke up 't Ghiselhuus daerman poorters in scryft* (fol. 126v., Nr. 10). *Bi meester Ghiselbrechte van Roesselare, van enen papierbouke daer alle de poorters in bescreven staen van allen rekenighen ghedaen sident datmen screef 1318* (fol. 127, Nr. 9)[29]. Wie aus Abb. 1 ersichtlich ist, existieren für das erste Drittel des 14. Jahr-

24 „Um Mitglied in der Kleidermacher-, Silberschmiede-, Bäckerzunft zu werden und dieses Handwerk auszuüben“.

25 *Gilliodts-van Severen* (Anm. 10), Bd. 1, S. 378.

26 „Empfangen von denjenigen, die ihr Bürgerrecht kauften“.

27 Herausgegeben von: *Alfred Jamees,* Brugse poorters. Opgetekend uit de stadsrekeningen en ingeleid, 3 Bde., Handzame / Zedelgem 1974, 1980, 1990.

28 Herausgegeben von: *R.A. Parmentier,* Indices op de Brugse poorterboeken, 2 Teile, Brugge 1938.

29 *Parmentier* (Anm. 28), S. XIII, Fussnote 1: „Für ein Papierbuch im Ghiselhuus, in welches man die Bürger schreibt“. „An Meister Ghiselbrecht von Roesselare für ein Papierbuch, in das man alle Bürger schreibt aus allen Rechnungen seit 1318“.

hunderts kaum mehr als sporadische Aufzeichnungen. In Unruhezeiten fehlen sie manchmal über Jahre, so 1300 bis 1305 (Kämpfe zwischen Leliaards und Klauwaards[30]), 1313 bis 1316 (Nahrungsknappheit und Hungersnöte) und 1320 bis 1330 (Bauernaufstände in Westflandern). Erst ab 1331 wird die Quellenlage besser. Aber auch die vorhandenen Neubürgerlisten enthalten bis Mitte 14. Jahrhundert nur diejenigen Neubürger, welche ihr Bürgerrecht kauften und es nicht automatisch nach Jahr und Tag erhielten. Ab 1418 ist dank der parallelen Führung von zwei Einbürgerungsquellen mit einer mehr oder weniger vollständigen Erfassung der Brugger Neubürger zu rechnen. Die straffere Administration während der Herrschaft der Burgunderherzöge ab 1384 schlägt sich sowohl in einer beinahe lückenlosen Führung der Verwaltungsdokumente wie auch in einer sorgfältigeren Erfassung der Neubürger nieder.

Die Rubriken in den Neubürgerlisten stimmen weitgehen mit denjenigen in den Bürgerbüchern überein: Einbürgerungsdatum beziehungsweise -jahr, Name und Vorname sind immer aufgezeichnet. Sehr oft findet sich der Vater- oder in seltenen Fällen der Muttername. Der Beruf wird nur bei 730 der 3'623 in den Stichjahren[31] berücksichtigten Personen genannt, während der Herkunftsort bei 3'087 dieser Neubürger festgehalten ist. Weitere, selten genannte Angaben betreffen Zunftzugehörigkeit, Zugehörigkeit zu Adel oder Klerus, Ausübung eines gräflichen oder städtischen Amtes und Bürgen. In Einzelfällen kommen auch Einbürgerungen von Gruppen vor. Das Bürgergeld wird nur in den Neubürgerlisten der Rechnungen vermerkt, und dort auch nur, wenn es sich um Abweichungen vom für flämische Neubürger festgelegten Betrag handelt, also in der Hauptsache bei Ausländern und bei Ermässigungen oder Totalerlass des Bürgergeldes.

Von den 19'453 quellenmässig fassbaren Neubürgern zwischen 1282 und 1492 sind 1'623 oder 8,3 Prozent Frauen (Abb. 1). Präziser würde man hier anstatt von Frauenanteil vom Anteil alleinstehender Frauen sprechen, denn die verheirateten Frauen wie auch minderjährige Kinder wurden nicht eigens ins Bürgerbuch oder in die Neubürgerlisten eingeschrieben.

30 Klauwaards = gräflich-flandrische Partei, Leliaards = königlich-französische Partei. Während die Klauwaards sich eher aus den Zünften rekrutierten, gehörten den Leliaards die Adligen an, was sich aber nicht verallgemeinern lässt.

31 Die vollständigen Personaldaten der Neubürger wurden in Sechsjahresschritten erhoben (wie in der Untersuchung der Abteilung Mittelalter des Historischen Instituts der Universität Bern zur Migration im Mittelalter auf der Grundlage von Bürgerbüchern, aus welcher die vorliegende Arbeit hervorgegangen ist). Stichjahre: 1282, 1288, 1294, 1299, 1306, 1312, 1318, 1331, 1336, 1342/43, 1349, 1354, 1360, 1366, 1372/74, 1378, 1384, 1390, 1396, 1402, 1408, und ab 1420 in regelmässigen Abständen von 6 Jahren bis 1492. Während zur Ermittlung der Einbürgerungsfrequenzen alle erhaltenen Neubürgereinträge herangezogen wurden, basieren die Untersuchungen zu Herkunft und Berufen auf denjenigen der Stichjahre.

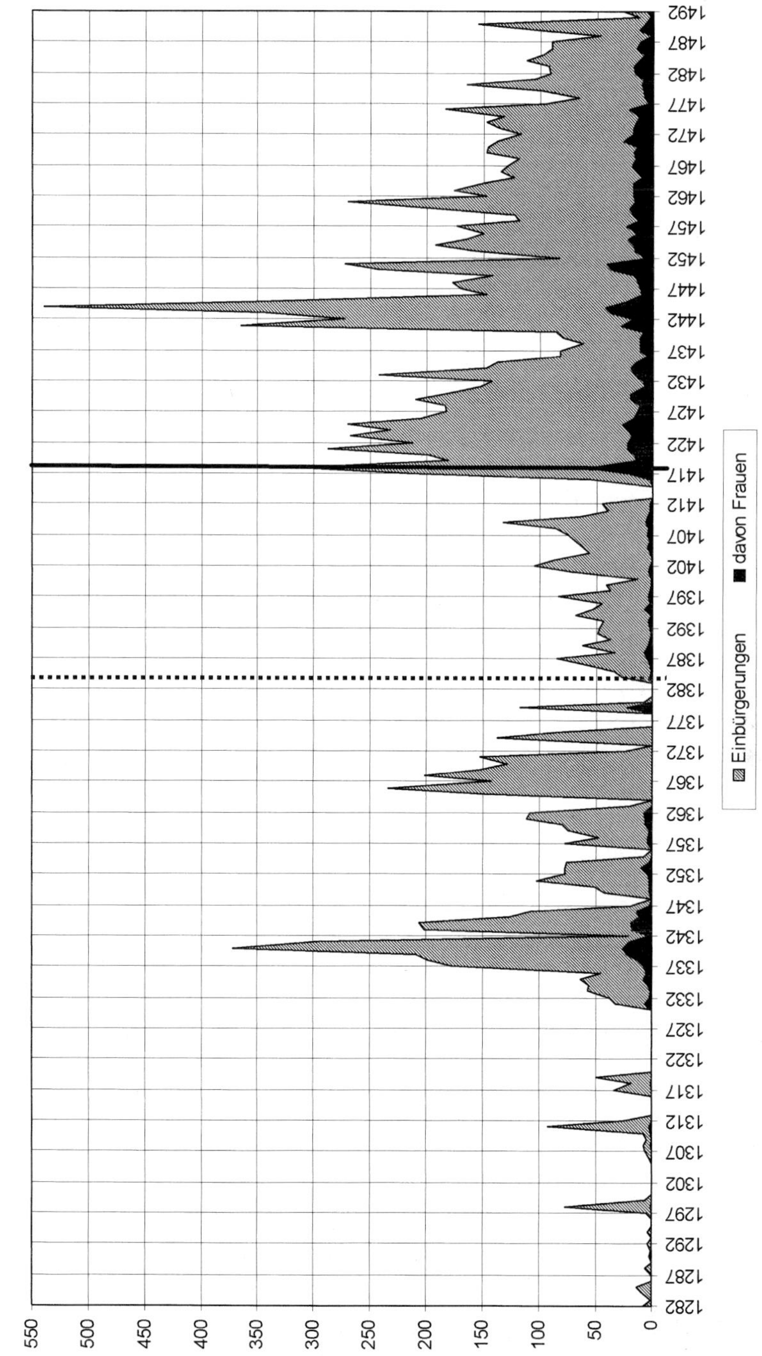

Abb. 1: Vergleich der Quellenlage in Stadtrechnung und Bürgerbuch (durchgezogene Linie) und in vorburgundischer und burgundischer Zeit (unterbrochene Linie)

Der Zivilstand ist nur bei Witwen vermerkt, welche in den Stichjahren 7 Prozent der eingebürgerten Frauen ausmachten. Auffallend ist das Fehlen von Neubürgerinnen zwischen 1363 und 1378 bei einer sonst hohen Einbürgerungszahl, was ein Einbürgerungsverbot für alleinstehende Frauen oder eine Änderung bei der Einschreibepraxis nahe legt. Im 15. Jahrhundert nimmt der prozentuale Frauenanteil stetig zu.

III. Kurzfristige Auswirkungen von Ereignissen und Massnahmen auf die Einbürgerungszahlen

1. *Lebensmittelpreise*

Die momentane Zuwanderung lässt sich nie aus den Einbürgerungsfrequenzen einer Stadt ermitteln, weil es völlig ausgeschlossen ist, eine durchschnittliche Zeitdauer zu bestimmen zwischen Einwanderung und Einbürgerung. Die spärlichen Informationen dazu reichen in Brugge von *dewelke jaer ende dach binnen den scependomme van Brugghe ghewoent heift* bis zu *dewelke 30 jaer ende tyts meer binnen der stede ghewoent heift*[32]. Es lassen sich einzig Zusammenhänge zwischen Lebensmittelteuerung und Einbürgerungswilligkeit der in den weitaus meisten Fällen bereits seit einiger Zeit in der Stadt ansässigen Menschen feststellen. Für Brugge sind für das 15. Jahrhundert Preisreihen vorhanden für Weizen, Hafer, Erbsen und Salz[33], für Roggen sogar ab 1348[34]. Da alle Getreidepreise die gleichen Schwankungen aufweisen, können zum Vergleich mit den Einbürgerungsfrequenzen die am weitesten zurückverfolgten Roggenpreise herangezogen werden. Abb. 2 illustriert, dass sich die Einbürgerungsfrequenzen meistens gegenläufig zu den Roggenpreisen verhalten. Die Erklärung dafür ist einfach. In Zeiten von Teuerungen fehlten die finanziellen Mittel zur Bezahlung eines Bürgergeldes. Einige auffällige Schwankungen verdienen eine eingehendere Betrachtung. Zwischen 1357 und 1360 bewirkte die Getreideknappheit Hungersnöte und daraus resultierende Aufstände, entsprechend gering war auch die Einbürgerungslust der Stadtbewohner. Eine ähnliche Entwicklung hatte die Handelsblockade Philipps des Guten gegen Brugge 1436 bis 1438 zur Folge. Während Roggen 1438 den Rekordpreis seit Beginn der Erhebungen erreichte, sank die Einbürgerungszahl auf den niedrigsten Stand in der langen Regierungszeit

32 „Derjenige, welcher Jahr und Tag im Schöffentum Brugge gewohnt hat" bis zu „derjenige, welcher 30 Jahre oder mehr in der Stadt gewohnt hat".

33 *Charles Verlinden* und *J. Craeybeckx*, Dokumenten voor de geschiedenis van prijzen en lonen in Vlaanderen en Brabant (15e-18e eeuw), Brugge 1959, S. 35 f. (Weizen), S. 40 f. (Hafer), S. 44 f. (Erbsen), S. 45 f. (Salz).

34 Diese Preisreihe wurde freundlicherweise zur Verfügung gestellt durch *Herrn Rainer Metz*, E-mail vom 3. März 1998.

dieses Grafen; sie fiel erst 1488 wieder unter dieses Niveau. Einen weiteren Höchststand verzeichneten die Roggenpreise in den Jahren 1482 und 1490. Der Krieg gegen Maximilian 1489/90 trieb die Preise in die Höhe. Gleichzeitig aber bedeutete das Ende des Krieges Hoffnung auf mehr Prosperität und damit auch eine kurzzeitige Verbesserung der Einbürgerungszahlen 1490. Wenn niedrige Getreidepreise jedoch der einzige Ansporn zum Erwerb des Bürgerrechts gewesen wären, müssten die Frequenzen in den 90er Jahren des 14. Jahrhunderts sehr hoch gewesen sein, umso mehr als nach der grossen Pestwelle auch die Arbeiterlöhne erheblich gestiegen waren. Eine mögliche Erklärungen für die trotzdem niedrigen Einbürgerungszahlen könnte das ab 1384 verdoppelte Bürgergeld für Flamen sein (vgl. Tabelle 1).

Tabelle 1

Bürgergeld 1349 bis 1500

Jahre	Flamen	Ausländer
1349-1352	3 lb. par.	3 lb. par.
1353-1384	6 lb. par.	12 lb. par.
1385-1417	12 lb. par.	12 lb. par.
1418-1440	6 lb. par.	12 lb. par.
1441-1445	3 lb. par.	3 lb. par.
1446-1477	6 lb. par.	12 lb. par.
1478-1488	12 lb. par.	12 lb. par.
1488-1495	unbekannt	unbekannt
1496-1500	3 lb. par.	3 lb. par.

Nach: *Louis Gilliodts-van Severen,* Coutumes de la ville de Bruges, 2 Bde., Bruxelles 1874-1875 und *R. A. Parmentier,* Indices op de Brugse poorterboeken, 2 Teile, Brugge 1938.

2. Verwaltungsmassnahmen

Unter die sich kurzfristig auf das Einbürgerungsverhalten niederschlagenden Ereignisse sind auch Steuerungsmassnahmen der Stadt oder des Stadtherrn wie Zwangseinbürgerungen bestimmter Bevölkerungsgruppen und Änderungen im Bürgergeld zu rechnen.

Nach Thoen[35] sind die Erhöhungen des Bürgergeldes im 14. Jahrhundert auf eine Anpassung an die steigenden Preise und Löhne zurückzuführen.

[35] *Thoen* (Anm. 9), S. 335. Nicht einverstanden bin ich mit seiner Vermutung, dass die Situation der Stadtkasse bei der Festlegung des Bürgergeldes ein Rolle gespielt haben könnte, denn die *beden* (ausserordentliche Untersützungsbeiträge) der Grafen, welche die Stadtkasse ganz erheblich belasteten, zeigen keine Auswirkungen auf die Höhe des Bürgergeldes.

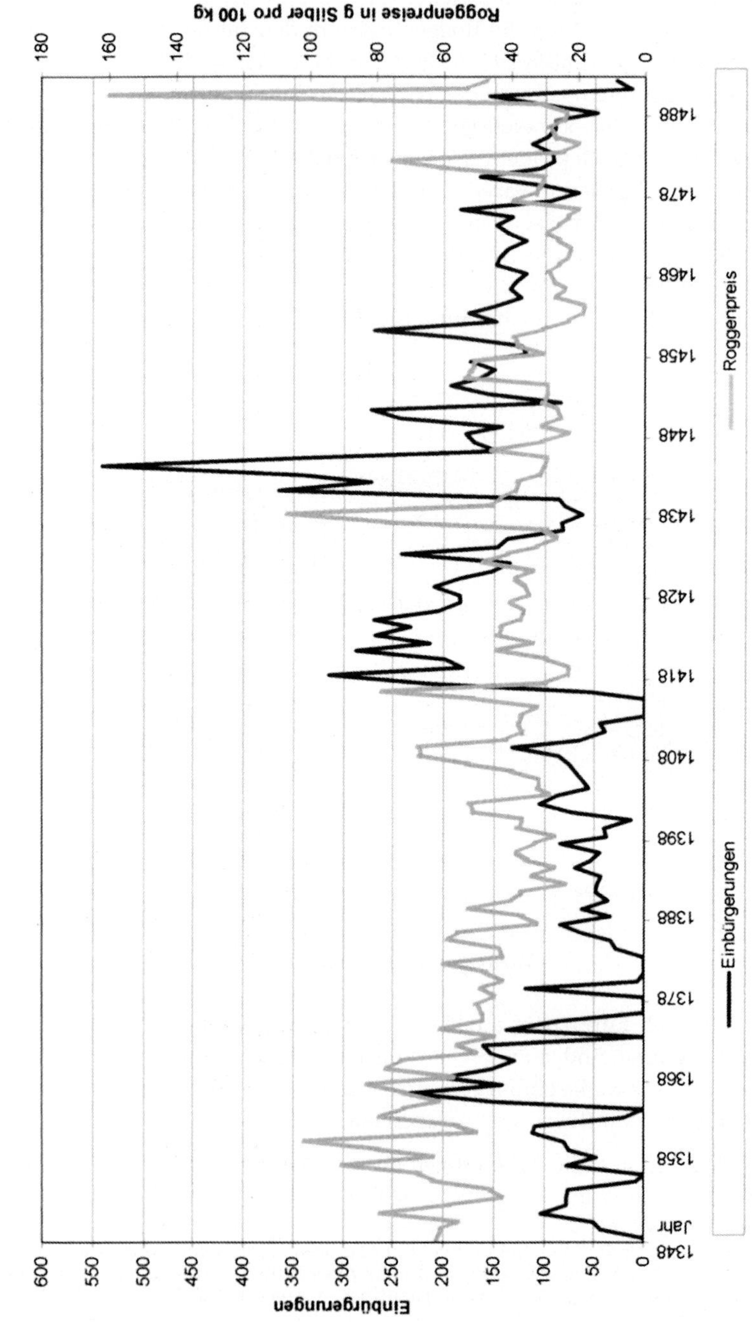

Abb. 2: Vergleich zwischen Einbürgerungsfrequenzen und Roggenpreisen 1348 bis 1492

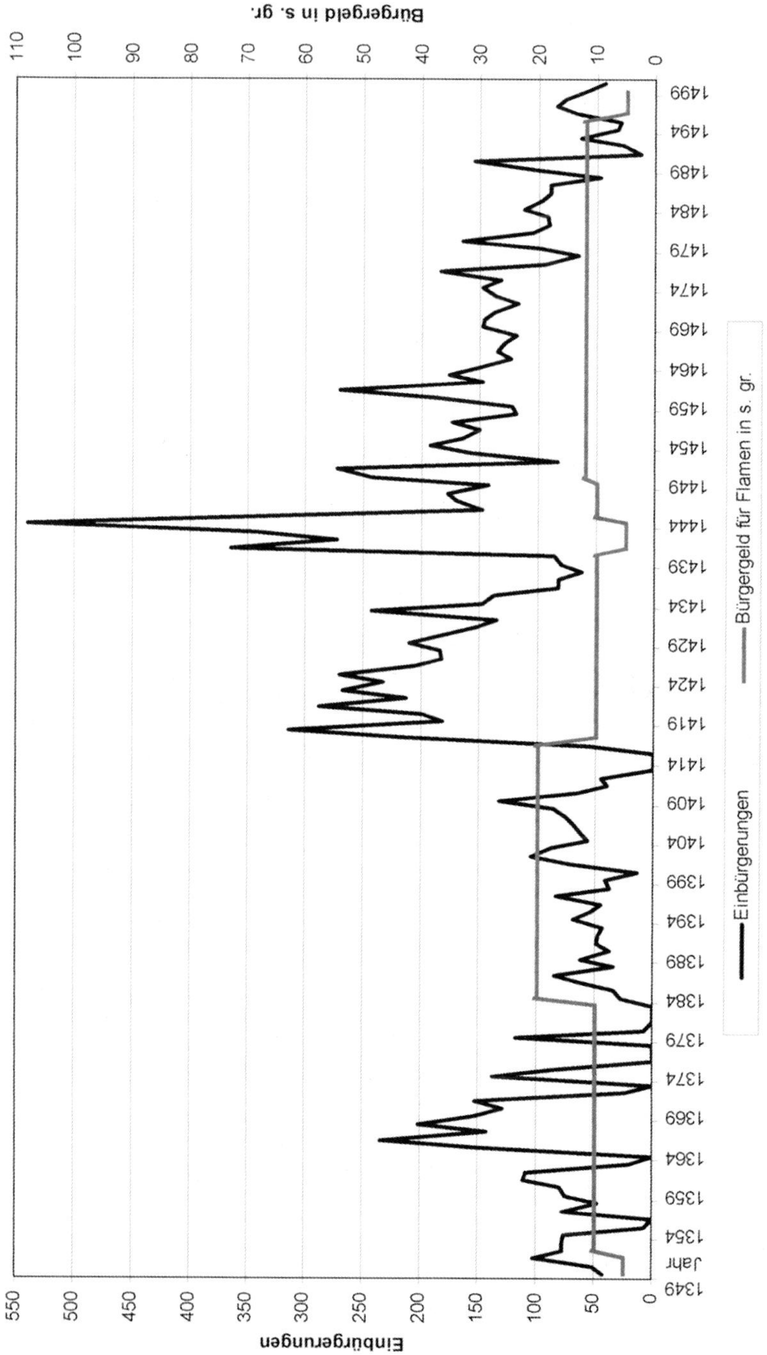

Abb. 3: Bürgergeld und jährliche Einbürgerungen im Vergleich

Er vermutet aber auch, dass die Stadt über das Bürgergeld Einbürgerungspolitik betrieben habe, was die in Abb. 3 dargestellten Angaben zu bestätigen scheinen[36]. Auch das Verhältnis der Neubürger zur geschätzten Einwohnerzahl[37] deutet in diese Richtung: 1340: 0,27 Prozent, 1394–96: 0,14 Prozent und 1477: 0,32 Prozent. Das hohe Bürgergeld ab 1384 liess also die Einbürgerungen auf die Hälfte zurücksinken. Mit seiner Verordnung von 1441 förderte Philipp der Gute ausdrücklich die Einbürgerung mittels Bürgergeldreduktion: [...] *savoir faisons, que nous désirans le bien publique de nostre avantdicte ville de Bruges et afin qu'elle puist estre repeuplée plustost et légièrement ...voulons et ordonnons par la teneur de ces présentes, que de cy à quatre ans prouchains venans* [...] *toutez personnes de mestier, qui vouldront venir demourer en icelle nostre ville et faire leurs mestiers, de quelque nacion ou lieu qu'ilz soient, y seront receuez à la bourgoisie pour cincq solz de groz* [...][38]. Der Erfolg von Philipps Massnahme war überwältigend. Von den 14'343 Einbürgerungen der 109 Jahre burgundischer Herrschaft fallen 1'782 oder 12,5 Prozent in diese vierjährige Zeitspanne. Im Januar 1441, vor Inkrafttreten des Erlasses, erwarben sechs Personen das Bürgerrecht, in den darauffolgenden elf Monaten 359. Vom Beginn des Jahres 1445 bis zum 24. Januar liessen sich 269 Personen einbürgern, in den restlichen elf Monaten noch ganze 69. Fünfundfünfzig Jahre später erinnerte sich der Urenkel Philipps des Guten an die Massnahme seines Vorfahren. Mit den gleichen Worten reduzierte er am 13. September 1496 für vier Jahre das Bürgergeld ebenfalls auf fünf Groschen. Rund 250 Personen machten in diesen vier Jahren vom Angebot des Erzherzogs Gebrauch, etwas mehr als 60 (vor- und nachher rund 50) pro Jahr. Dass hier noch andere Faktoren als die Höhe des Bürgergeldes die Einbürgerungslust der Brugger Bewohner beeinflussten, wird offensichtlich. Der frappante Unterschied in der Wirkung der gleichen Verwaltungsmassnahme wird bei der Untersuchung der langfristi-

36 *Thoen* (Anm. 9) verwendet für seine Tabelle S. 334 die Zahlen aus *Jamees* (Anm. 27), welche nicht immer ganz mit den hier aufgeführten übereinstimmen. Zudem hat er offensichtlich die Ordonnanz Philipps des Guten von 1441 übersehen, wenn er behauptet, dass das Bürgergeld 1441–1445 und 1496–1500 nur für Flamen gesenkt worden sei. In dieser Grafik erscheint nur das Bürgergeld für Flamen, weil es sich für Ausländer während des ganzen abgebildeten Zeitraumes ungefähr auf dem gleichen Niveau (12 lb. par.) bewegte, ausser 1441–1445 und 1496–1500, als es auf 3 lb. par. gesenkt wurde.

37 Schätzungen liegen vor für die Jahre 1340, 1394–96 und 1477 in: *Prevenier* (Anm. 3), S. 184 und S. 289 f. für 1340 und 1394–1396 und: *Ryckaert, Marc,* Brugge (Historische stedenatlas van België, hg. von Adriaan Verhulst und Jean-Marie Duvosquel), Brussel 1991, S. 102: Schätzung von Janssen für 1477.

38 *Parmentier* (Anm. 28), S. 6 f.: „[...] wir lassen euch wissen, dass wir, zum öffentlichen Wohl der vorgenannten Stadt Brugge und damit sie so schnell und einfach wie möglich wieder bevölkert wird [...] wollen und erlassen, damit es von den Anwesenden auf vier Jahre so gehalten werde [...] alle Handwerker, die in unserer Stadt wohnen und ihre Handwerk ausüben wollen, von welcher Nation und welchem Ort auch immer, sollen ins Bürgerrecht aufgenommen werden für fünf Groschen".

gen Einbürgerungstendenzen besprochen. Für die hohen Einbürgerungszahlen um 1340 fehlt in den Quellen jeder Hinweis auf eine obrigkeitliche Steuerung.

IV. Die langfristige Entwicklung der Einbürgerungsfrequenzen

Für eine langfristige Beurteilung mussten die Daten für dieses Kapitel der anfänglich vielen Lücken wegen interpoliert werden. Lücken innerhalb eines Kalenderjahrs sind aufs ganze Jahr aufgerechnet, fehlende Jahre aus den fünf vorangehenden Jahren ergänzt. In der daraus resultierenden Abb. 4 wird tendenziell eine stetige Zunahme der Einbürgerungszahlen mit einem Höhepunkt in der Mitte des 15. Jahrhunderts ersichtlich. Danach folgt ein rapider Abfall bis zum Ende des Untersuchungszeitraumes.

Wirtschaftliche Perspektiven und politische Stabilität machen einen Ort für die dauernde Niederlassung attraktiv. Anhand der wirtschaftlichen und der politischen Entwicklung der Stadt soll versucht werden, die langfristige Einbürgerungstendenz zu erklären.

1. Die wirtschaftliche Entwicklung

Der Anlegeplatz am Zwin und der neue Seeweg um die iberische Halbinsel für italienische Schiffe machten Brugge am Ende des 13. Jahrhunderts zum Nachfolger der Champagnemessen als Hauptumschlagsplatz im europäischen Nord-Süd-Handel. Um diese Zeit hatten sich die flandrischen Kaufleute bereits aus dem aktiven Handel zurückgezogen und auf die Vermittlung von Warengeschäften und andere Dienstleistungen an ihrem Wohnort spezialisiert. Dafür besuchten Ausländer in grosser Zahl die Stadt. Um 1250 bildeten die Kaufleute des Heiligen Römischen Reiches Brugges grösste Ausländerkolonie. Rund hundert Jahre später verfügten sie hier über ein Kontor ähnlich denjenigen in Novgorod, Bergen und London[39]. 1280 beteiligten sich neben Deutschen und Südfranzosen auch Untertanen der Könige von Aragon, Navarra und Portugal an einer Klage gegen die Handelsbedingungen der Stadt. Der Handel mit England basierte vorwiegend auf dem Wollimport und spielte für die Tuchindustrie eine überragende Rolle. *Not only was Flanders the most advanced and the most populated region in this area, where they* (die Kaufleute) *were sure to find eager welcome for all sorts of export wares. They knew also they would find at any time cloth, which would serve as a return freight*[40].

[39] Siehe dazu: *Volker Henn*, Über die Entstehung des Brügger Hansekontors, in: Hansische Geschichtsblätter 107 (1989), S. 43–66.

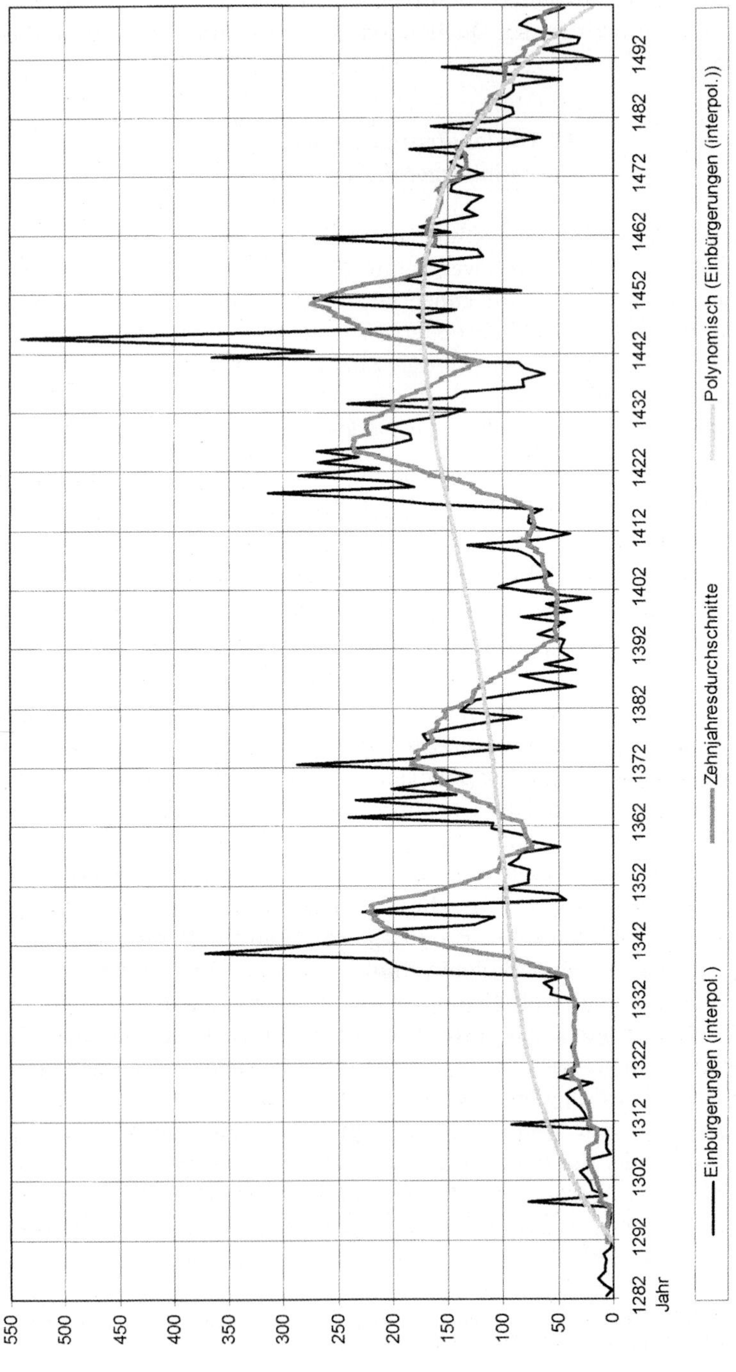

Abb. 4: Langfristige Entwicklung der Einbürgerungszahlen

Ab Mitte des 14. Jahrhunderts wurde die wirtschaftliche Situation Brugges zunehmend schwieriger, als Flandern, zusätzlich zur Krise in der eigenen Textilindustrie, auch noch mit der Konkurrenz durch die englischen Tuchexporte zu kämpfen hatte. Gegen Ende des Jahrhunderts verschlechterten sich wegen des Hundertjährigen Krieges generell die Beziehungen zu England. Auch der Handelsverkehr mit der Hanse erlitt einige Rückschläge, welche zum zeitweisen Wegzug der *oosterlingen* führte. Trotz riesigem Aufwand und enormen Kosten liessen sich die versandeten Zufahrtskanäle nach Brugge nicht wesentlich verbessern. Bereits im 14. Jahrhundert mussten die Waren nicht mehr in Damme, sondern im weiter entfernten Sluis auf flache Boote umgeladen werden, und seit Anfang des 15. Jahrhunderts wurde der Transport mit Fuhrwerken nötig. Der Aufschwung der oberdeutschen Wirtschaft, die Unsicherheit der Seewege und der französischen Landwege als Folge des Hundertjährigen Kriegs steigerten die Wichtigkeit der Handelsstrasse von Italien über die Alpenpässe und den Rhein nach den Niederlanden. Diese Route endete aber nicht in Brugge, sondern in der aufstrebenden brabantischen Handelsmetropole Antwerpen. In dieser schwierigen wirtschaftlichen Lage besiegelten die kriegerischen Wirren um die Regentschaft Maximilians Ende des 15. Jahrhunderts definitiv den Niedergang des Brugger Marktes. *The peak of the market of Bruges seems to have occurred in the first half of the fourteenth century. It is, of course, impossible to affirm that it declined from then on in absolute terms*[41].

Den Höhepunkt der jährlichen Einbürgerungen erreichte Brugge aber erst hundert Jahre später. Brugges Blütezeit muss also weit über die Mitte des 14. Jahrhunderts angedauert haben. Van Uytven[42] führt den *transpoort van Vlaanderen,* einen Verteilschlüssel für die von den Grafen geforderten ausserordentlichen Abgaben, als Beweis an. Zu Beginn des 14. Jahrhunderts bezahlte Brugge 15,2 Prozent der Gesamtlasten, anfangs des 15. Jahrhunderts sogar 15,7 Prozent. In der Folge sank der Anteil dann allerdings auf 14,4 Prozent im Jahr 1517. Auf einen anhaltend regen Handel in der Stadt lassen die von Sosson[43] publizierten Zahlen zur Brugger Küferzunft schliessen. Da Fässer die wichtigste Verpackung waren im Mittelalter, liefern die Mitgliederzahlen der Küferzunft einen brauchbaren Massstab zur Ermittlung der konjunkturellen Lage des Handelsplatzes Brugge. Während die Anzahl der jährlich aufgenommenen Küfermeister und Küferlehrlinge

40 *Jan A. van Houtte,* The rise and decline of the market of Bruges, in: Essays on medieval and early modern economy and society, Leuven 1977, S. 249–274. Zuerst erschienen in: The economic history review, second series, 19 (1966), S. 29–47, hier S. 252.

41 *van Houtte,* (Anm. 40), S. 263.

42 *van Uytven,* (Anm. 5), S. 261 f.

43 *Sosson,* (Anm. 7), S. 463 ff., 470 und 477.

zwischen 1375 und 1500 je um die zehn Personen betrug (*la corporation a pratiqué une politique de limitation du nombre de ses suppôts*)[44], verlief die Aufnahme auswärtiger Arbeiter in die Zunft mehr oder weniger parallel zur Aufnahme der Neubürger und betrug im Mittel im zweiten Drittel des Jahrhunderts ungefähr zwanzig Personen. Diese auswärtigen Arbeiter bildeten wohl eine Manövriermasse, deren Grösse mit dem Nachlassen der Konjunktur deutlich abnahm auf durchschnittlich zwei Aufnahmen jährlich am Ende des Jahrhunderts.

Munro zeigt in seinem 1994 erschienen Aufsatz[45], mit welchen Mitteln die städtische Tuchindustrie in Flandern gegen ländliche und ausländische Konkurrenz ankämpfte und wie sie dem Problem der hohen Kosten bei Rohwolle und Arbeiterlöhnen begegnete. Zu Beginn des 15. Jahrhunderts machten Zölle ungefähr 70 Prozent der Fabrikationskosten der städtischen Tuchherstellung aus. Die teuren Arbeiterlöhne dazugerechnet, gab es keine Möglichkeit, der Konkurrenz des zwischen 25 und 35 Prozent billigeren englischen Tuches entgegenzutreten. Die Alternative lag in der Herstellung von Luxustuchen, welche durch äusserst strenge Vorschriften reglementiert war. Während die englische Konkurrenz mit wasserbetriebenen Mühlen den Walkprozess beschleunigte und verbilligte, blieben die flämischen Produzenten bei der althergebrachten Methode des Walkens mit den Füssen. Diese Methode war erheblich teurer, erzeugte aber ein viel regelmässigeres Tuch, welches weiterhin zu hohen Preisen verkauft werden konnte. Bei diesem in arbeitsintensiver Produktionsweise hergestellten Luxustuch schlug sich der höhere Wollpreis prozentual weniger stark auf den Preis des Endproduktes nieder. Dank dieser Umstellung konnte die Textilindustrie der flämischen Städte zwischen 1350 und 1450 überleben.

Als eigentlicher Beweis dafür, dass Brugge Mitte des 15. Jahrhunderts immer noch ein starker Wirtschaftsstandort war, darf die Reaktion auf die erwähnte Massnahme Herzog Philipps des Guten zur Wiederbevölkerung der Stadt gewertet werden. Wie in Abb. 3 ersichtlich sanken die Einbürgerungszahlen während der Zeit des Konfliktes zwischen Stadt und Stadtherrn 1436 bis 1440 auf unter die Hälfte des Durchschnitts der Vorjahre. Durch die Erleichterungen zwischen 1441 und 1445 schnellten die Zahlen sprunghaft in die Höhe bis auf ein Maximum von 540 Personen (mit einem Ausländeranteil von 37 Prozent) im Jahr 1444. Danach pendelten sie sich wieder auf dem Niveau der Zeit vor dem Krieg ein.

---

44 *Sosson,* (Anm. 7), S. 469.

45 *John H. Munro,* Industrial entrepreneurship in the late-medieval Low Countries. Urban draperies, fullers, and the art of survival, in: Entrepreneurship and the transformation of the economy (10th-20th centuries). Essays in honour of Herman van der Wee, hg. von P. Klep und E. van Cauwenberghe, Leuven 1994, S. 377–388.

2. Die politische Entwicklung

Politisch war die Geschichte Brugges im Zeitraum der vorliegenden Untersuchung geprägt von Spannungen zwischen den Grossmächte Frankreich und England und zwischen den Grafen von Flandern und ihren Lehnsherren, den Königen von Frankreich. Es bauten sich zudem stets auch lokale Konflikte auf: Das Aufeinanderprallen von städtischen Selbstbestimmungs- und gräflichen Zentralisationsbestrebungen und soziale Unruhen zwischen verschiedenen Bevölkerungsgruppen innerhalb der Stadt. Um die Mitte des 14. Jahrhunderts übernahmen die *Drie Leden* Gent, Brugge und Ieper de facto die Regierung in Flandern. Nach der Machtübernahme der Burgunderherzöge 1384 und der Niederlage der Städte gegen den französischen König bei Westrozebeke 1389 wurde die gräfliche Herrschaft aber für fast 100 Jahre nicht mehr ernstlich in Frage gestellt. Im 15. Jahrhundert, vor allem während der langen Regierungszeit Philipps des Guten, erlebte Brugge ausgedehnte Perioden relativer politischer Stabilität, welche mit dem Tod der Herzogin Maria von Burgund 1482 ein jähes Ende fanden. Die Krise hatte sich aber schon einige Zeit vorher angebahnt. Die zahlreichen Kriege Karls des Kühnen bluteten die Grafschaft Flandern finanziell aus. Zudem verfolgte der Herzog eine Politik strikter Zentralisation, welche alle regionalen Sonderrechte zu beseitigen suchte. Während der kurzen Regierungszeit Marias von Burgund erhielten die *Drie Leden* ihre Selbstständigkeit zurück. Die Opposition gegen ihren Gatten Maximilian endete aber mit der Unterwerfung Brugges 1490 und Gents 1492. Diese zehn Jahre dauernden Wirren wirkten sich verheerend auf den Brugger Handel aus. Obwohl etliche der von Maximilian 1484 und 1488 aus Brugge ausgewiesenen Kaufleute im Lauf der Neunzigerjahre zurückkehrten, liessen sich doch die meisten von ihnen definitiv in Antwerpen nieder. Das Zusammenwirken von schleichender Rezession und politischer Instabilität Ende des 15. Jahrhunderts bewirkte ein rasches Absinken Brugges in die wirtschaftliche Bedeutungslosigkeit.

Zwischen 1496 und 1500 versuchte Herzog Philipp der Schöne mit der gleichen Massnahme wie sein Urgrossvater fünfzig Jahre früher, die Stadt wieder zu bevölkern, aber mit einem ganz anderen Resultat. Während der Jahre der Einbürgerungserleichterung stiegen die Zahlen der Neubürger nur sehr geringfügig an. Auch Reduktionen des Bürgergeldes und erleichterte berufliche Anforderungen vermochten die Leute nun nicht mehr in die durch politische Instabilität wirtschaftlich völlig geschwächte Stadt zu ziehen.

V. Die Herkunft der Brugger Neubürger

1. Herkunftsorte – Migrationsräume

Die Einbürgerungsquellen von Brugge nennen von 3'087 oder 85 Prozent der 3'623 in den Stichjahren erfassten Neubürger die Herkunftsorte[46]. Während die Herkunftsangaben zu Beginn der Aufzeichnungen noch lükkenhaft sind, werden sie ab Mitte des 14. Jahrhunderts zunehmend vollständiger und sind ab 1395 beinahe komplett. Nur aus dem Namen zu erschliessende Herkunftsorte wurden in der vorliegenden Untersuchung nicht berücksichtigt. Die folgenden Auswertungen der Herkunftsorte basieren auf 3'010 eindeutig lokalisierten Herkunftsangaben[47], was 410 verschiedenen Ortschaften in Flandern und 286 im Ausland entspricht.

Bei der Einteilung der Herkunftsorte in verschiedene Migrationsräume wurde mit leichten Modifikationen (Unterteilung des Haupteinzugsgebietes in drei Räume) das Schema von Vasarhelyi[48] angewandt. Die in den Quellen bereits gemachte Unterscheidung zwischen Personen *van binnen slands*[49] und *buten lande van Vlaendren gheboren*[50], auch als *vreimde*[51] bezeichnet, wird hier beibehalten. Sowohl In- wie auch Ausland werden in je zwei Räume von unterschiedlicher Dichte der Herkunftsorte unterteilt, nämlich in *Het Brugse Vrije* und die übrige Grafschaft Flandern, beziehungsweise angrenzendes Ausland, begrenzt durch Somme und Sambre im Süden und Westen, Rhein und IJssel im Osten und „overzee" mit Neubürgern von den Britischen Inseln, der Iberischen Halbinsel, Norddeutschland, Italien und Polen. Ausser der zunehmenden Entfernung von Brugge und der abnehmenden Dichte von Herkunftsorten charakterisieren die verschiedenen Räume auch unterschiedliche politische und wirtschaftliche Bindungen an die Stadt. Ein weiteres Unterscheidungskriterium für die Herkunft der Neubürger ist die Frage nach städtischer oder ländlicher Herkunft, welche hier für die Orte des heutigen Belgien beantwortet wird.

46 In der Quelle heisst dieser Teil des Eintrags entweder *ghebooren van* oder nur *van*.

47 Für seine Hilfe bei der Lokalisation der Herkunftsorte und vor allem bei der Bestimmung der Orte der mittelalterlichen Grafschaft Flandern möchte ich Herrn Prof. *Marc Boone* von der Rijksuniversiteit Gent danken.

48 *Hanno Vasarhelyi*, Einwanderung nach Nördlingen, Esslingen und Schwäbisch Hall zwischen 1450 und 1550, in: Stadt und Umland, hg. von E. Maschke und J. Sydow (Veröffentlichungen der Kommission für geschichtliche Landeskunde in Baden-Würtemberg, B2), Stuttgart 1974, S. 127–165. Vasarhelyi teilt das gesamte Einzugsgebiet der jeweiligen Stadt ein in ein Haupteinwanderungsgebiet regelmässiger Einwanderung, unterteilt in einen engeren und einen weiteren Kernbereich und in darüber hinausreichende Ausläufer.

49 *poorterboek* 1434–1450, fol. 103v.

50 *poorterboek* 1418–1434, fol. 10v.

51 *poorterboek* 1418–1434, fol. 97.

2. Die zahlenmässige Verteilung der Neubürger auf die Herkunftsräume beziehungsweise Herkunftsorte

Die Bedeutung der einzelnen Migrationsräume war nicht zu jeder Zeit gleich gross (Tabelle 2). In der Anfangszeit der Aufzeichnungen lieferte der nächstgelegene Raum die grösste Anzahl Neubürger, nämlich 60 Prozent.

Tabelle 2

Die Herkunft der Neubürger in verschiedenen Zeiträumen

Zeitraum	Brugse Vrije	übrige Grafschaft Flandern	total Flandern	angrenzendes Ausland	„overzee“	total Ausland
1282–1330	12 P. = 60%	5 P. = 25%	17 P. = 85%	1 P. = 5%	2 P. = 10%	3 P. = 15%
1331–1370	114 P. = 30%	207 P. = 54%	321 P. = 84%	54 P. = 14%	6 P. = 2%	60 P. = 16%
1371–1410	145 P. = 41%	207 P. = 57%	352 P. = 98%	6 P. = 2%	0 P. = 0%	6 P. = 2%
1411–1450	272 P. = 22%	610 P. = 48%	882 P. = 70%	347 P. = 28%	28 P. = 2%	374 P. = 30%
1451–1492	145 P. = 19%	405 P. = 51%	550 P. = 70%	220 P. = 28%	13 P. = 2%	233 P. = 30%

Nach: *Alfred Jamees*, Brugse poorters. Opgetekend uit de stadsrekeningen en ingeleid, 3 Bde., Handzame/Zedelgem 1974–1990 und *R. A. Parmentier*, Indices op de Brugse poorterboeken, 2 Teile, Brugge 1938.

Der Anteil der Flamen betrug insgesamt 85 Prozent. Während des ganzen 15. Jahrhunderts blieb der Anteil der Flamen stabil auf 70 Prozent, wobei der Prozentsatz der Neubürger aus dem Brugse Vrije kontinuierlich sank. Ab 1432 bis zum Ende des Untersuchungszeitraumes überwogen die Neubürger aus dem Viertel Gents zahlenmässig diejenigen aus dem Viertel Brugges. Von 16 Prozent im 14. Jahrhundert erhöhte sich der Anteil Ausländer im 15. Jahrhundert auf 30 Prozent, zwei Prozent davon aus dem entferntesten Raum. Der prozentuale Anteil aus dem Ausland zugewanderter Frauen ist dabei grösser als derjenige der Männer. Zwischen 1370 und 1410 wurden kaum Ausländer aufgenommen. Obwohl nirgends in den Quellen belegt, deutet dieser Befund doch auf einen obrigkeitlich verfügten Einbürgerungsstop für Personen von ausserhalb der Grafschaft. Im Zusammenhang mit der Frage nach der Prosperität der Stadt Brugge ist vor allem der steigende Anteil der Ausländer im 15. Jahrhundert interessant (Abb. 5), was auf eine gleichbleibende, wenn nicht sogar zunehmende, Attraktivität der Stadt verglichen mit dem 14. Jahrhundert schliessen lässt. Brugge übte bis zum Ende unseres Untersuchungszeitraumes trotz Konkurrenz von brabantischen und holländischen Zentren eine Anziehungskraft aus, welche weit über die Grenzen der Grafschaft hinausreichte.

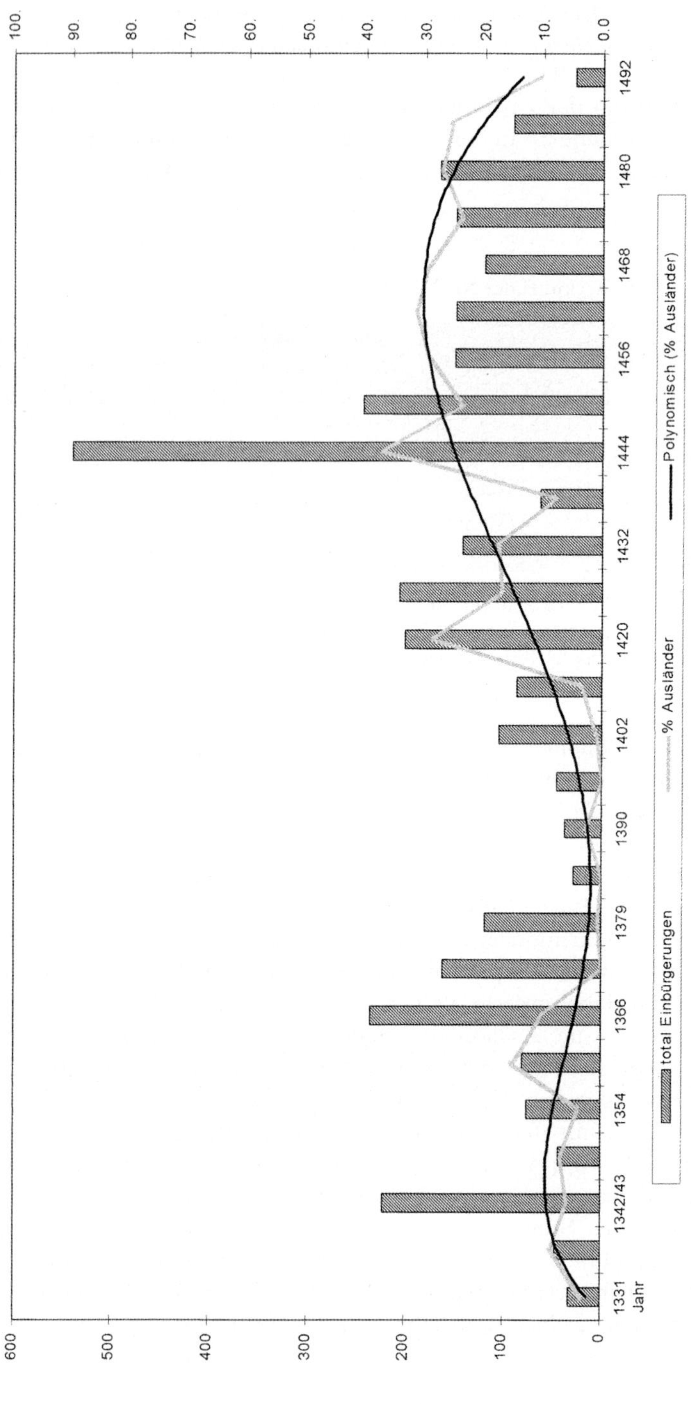

Abb. 5: Prozentualer Anteil ausländischer Neubürger 1331 bis 1492

Im Spätmittelalter zählten die Niederlande zu den am dichtesten besiedelten Gebieten Europas. Prevenier ermittelte anhand einer Herdzählung[52] von 1469 für Flandern die sehr hohe Bevölkerungsdichte von 78 Einwohnern pro Quadratkilometer (Brabant 40 Personen, Toskana 66 Personen pro Quadratkilometer). Was die Verstädterung anbelangt, erreichte Flandern mit 36 Prozent einen Grad, der sonst in dieser Zeit nur noch von Südholland und Norditalien übertroffen wurde. Die hohe Zahl von Städtern in Flandern geht vorwiegend auf das Konto der Weltstädte Gent und Brugge mit 64'000, respektive 45'000 Einwohnern Mitte 14. Jahrhundert. Von den 388 Herkunftsorten im heutigen Belgien besassen im Untersuchungszeitraum 63 Orte ein Stadtrecht. Der Anteil der in Brugge eingebürgerten Städter aus Belgien (inklusive der in Brugge geborenen) ist mit 52 Prozent (Frauen sogar 62 Prozent) bedeutend höher als nach den Berechnungen Preveniers zu erwarten gewesen wäre. Brugge muss als Endpunkt einer Migration vom Land über eine Kleinstadt in die Grossstadt gesehen werden; die Zuwanderung aus den beiden grössten Städten Gent und Ieper nimmt sich verglichen mit der Anzahl Neubürger aus kleineren Städten eher bescheiden aus. Wenn in vorburgundischer Zeit tendenziell die Immigration aus den ländlichen Gebieten des heutigen Belgien überwog, so änderte sich die Situation in burgundischer Zeit mit dem Höhepunkt im Jahr 1444, als die Aufnahme von Neubürgern städtischer Herkunft 61 Prozent betrug.

Die vermehrte Einbürgerung von Städtern und von Migranten aus entfernten Gebieten darf zusammen mit der allgemeinen Zunahme von Neubürgern dahin gedeutet werden, dass Brugge im 15. Jahrhundert wirtschaftlich stark und daher ein lohnendes Ziel für Einwanderer geblieben war.

VI. Berufe[53]

Zu der Tatsache, dass nur von einem Fünftel der Neubürger überhaupt der Beruf genannt wird, tritt erschwerend für eine zuverlässige Beurteilung hinzu, dass sich die Berufsnennungen auf einige wenige Jahre konzentrieren. Weil sich diese Jahre gleichmässig auf das 14. und das 15. Jahrhundert verteilen, lassen sich doch einige Aussagen über die Berufsstruktur und deren Wandel machen.

---

52 *Walter Prevenier,* La démographie des villes du comté de Flandre aux XIIIe et XIVe siècles, in: Revue du Nord 65 (1983), S. 255–275.

53 Für seine Hilfe bei der Übersetzung der mittelniederländischen Berufsbezeichnungen möchte ich Herrn Prof. *Erik Thoen* von der Rijksuniversiteit Gent danken.

1. Beruf und Herkunft

Ein erster Blick auf die Berufe und die Herkunftsorte der Neubürger zeigt, dass bei Ausländern sehr viel häufiger eine Berufsnennung vorliegt, nämlich bei 52 Prozent gegenüber 16 Prozent bei Flamen. Eine mögliche Erklärung dafür könnte in folgendem Eintrag im Bürgerbuch von 1419 zu finden sein: *Upten 5sten dach van September MCCCC ende XIX was gheordeneert ende overeenghedreghen bider ghemeene wet, dat niement, buten land van Vlaendren gheboren, poortre werden mach, dan deghuene die binder stede van Brugghe eenighe vryhede van ambochte annemen wille, omme dat te doene*[54]. Eine genauere Analyse von Beruf und Herkunft weist spezifisch ländliche und typisch städtische Berufe aus. Etwas mehr als die Hälfte der bekannten Herkunftsorte von Bäckern, Müllern und Brauern sind flandrische Dörfer. Die überwiegende Mehrheit der in der Tuchherstellung und der Gerberei Beschäftigten rekrutierte sich ebenfalls aus diesem Einzugsgebiet. Handwerker, welche Tuch und Leder verarbeiteten, wie Kleider- und Hutmacher, Schuhmacher, Riemenschneider und Taschenmacher wanderten dagegen meistens aus Städten des Auslandes zu. Alle Silberschmiede und bis auf drei auch alle Goldschmiede kamen aus dem Ausland. Auch Arzt, Barbier und Musiker waren städtische Berufe. Mit der nötigen Vorsicht kann die Aussage gewagt werden, dass Spezialisten aus Städten stammten und sich einer grösseren Mobilität erfreuten.

2. Entwicklung der Brugger Wirtschaft vom 14. zum 15. Jahrhundert

Für die Beantwortung der Frage nach der „Überlebensstrategie" der Brugger Wirtschaft interessieren besonders allfällige Verschiebungen der gewerblichen Schwerpunkte. Dazu werden verschiedene Berufe zu Kategorien zusammengefasst. Angestellte gingen so verschiedenen Broterwerben nach wie Salz- und Getreidemesser, Schreiber und Schulmeister. In der Gruppe der Nahrungsproduzenten finden sich neben einigen Winzern[55] und Metzgern zur Hauptsache Bäcker, Müller und Brauer von Bier und Met. Der Kategorie Textilindustrie gehören Berufe an, welche sich von der Bereitstellung des Garns über die Erzeugung bis zur abschliessenden Veredelung des Tuches und seiner Weiterverarbeitung beschäftigten. Als Rohstoffe dienten Wolle und in geringerem Masse Leinen. Eine vierte Gruppe umfasst alle Be-

---

[54] *poorterboek* 1418–1434, fol. 10v.: „Auf den 5. Tag des Septembers wurde von der Regierung verfügt und beschlossen, dass niemand, ausserhalb Flanderns geboren, Bürger werden darf, als derjenige, welcher in der Stadt Brugge einer Zunft beitreten will, um dort tätig zu sein".

[55] Der in den Quellen genannte Beruf *wijngarsoen* = Winzer, müsste wohl eher mit Weinpfleger, Weinverarbeiter übersetzt werden.

schäftigungen im Zusammenhang mit der Aufbereitung und Verarbeitung von Häuten und Fellen, also Gerber, Schuh-, Handschuh- und Taschenmacher, aber auch Kürschner und Flicker von Leder- und Fellbekleidung. Der Sammelbegriff Metallverarbeitung umschliesst Schmiede, Kessler, Zinngiesser, Nadler und Waffenmacher ebenso wie die Luxusgüter produzierenden Gold- und Silberschmiede. Im Baugewerbe tätig waren vor allem die Zimmerleute, die Steinmetzen und die Dachdecker. Unter Herstellern von Alltagsgütern sind die holzverarbeitenden Berufe Schreiner, Drechsler, Küfer und Holzschuher, aber auch die Maler, Kammmacher und Paternosterer subsummiert. Wenn auch die Grosskaufleute unter den Neubürgern praktisch fehlten, gibt es doch von Kleinhändlern wie Hausierer, Lebensmittel- und Gemüsehändler über Bankiers und Makler ein vielfältiges Spektrum von Berufen, welche sich mit Handel beschäftigten. Unter diese Kategorie zusammengefasst sind auch die für den Handel unentbehrlichen Fuhrleute und Träger. Eine letzte Gruppe bilden die Dienstleistungsberufe des Gastgewerbes, der Unterhaltung und der Gesundheitspflege.

Zusätzlich zu diesen althergebrachten Berufsgruppen taucht in den Quellen 1441 der neue Erwerbszweig der *poortersneringen*[56] auf. Im Ostseeraum heisst dieser Beruf *borgerneringhe* und beinhaltet den Verkauf von *allerleye ware* en gros und en detail[57]. Jamees[58] erklärt *poortersnering* als zunftunabhängige Gewerbe, die ausschliesslich Bürgern vorbehalten waren. Parmentier veröffentlicht einige Beispiele von Verordnungen betreffend *poortersnering:* In einem Streit zwischen der Bogen- und Schaftmacherzunft und einem Bürger wird 1454 entschieden, dass der Bürger weiterhin Holz für Spaten- und Schaufelstiele verkaufen dürfe, weil dieser Handel unter die *poortersneringen* zu rechnen sei. Laut einer anderen Verordnung von 1470 gilt Seidenweberei und Seidenfärberei als *poortersnering*. Während aller Fleisch- und Fischhandel in den Zuständigkeitsbereich der jeweiligen Zünfte falle, sei Früchtehandel als *poortersnering* zu betrachten, wurde in der ersten Hälfte des 16. Jahrhunderts bestimmt. Eine in der Stadtrechnung der Jahre 1468/69 ausgewiesene Entschädigung für zwei Männer, welche Fremde zur Rechenschaft gezogen hatten, die sich unerlaubterweise mit *poortersneringen* beschäftigten, beweist, dass diese Gewerbe wirklich nur Bürgern vorbehalten waren[59]. Beim ersten Auftauchen von *poortersneringen* in den Quellen handelt es sich fast ausschliesslich um Ausländer, die diesem Broterwerb nachgingen. In der Vergleichsperiode nach 1475 (dazwi-

---

56 *poorter* = Bürger, *nering* = Handel, Geschäft, Gewerbe.

57 *Stuart Jenks*, Zum hansischen Gästerecht, in: Hansische Geschichtsblätter 114 (1996), S. 2–60. Auch in den livländischen Städten durfte niemand *borgherneringhe doen, he en hebbe borgergelt,* S. 41 f.

58 *Jamees* (Anm. 27), Bd. 2, S. XI.

59 Alle Beispiele: *Parmentier* (Anm. 28), S. 117 ff.

schen fehlen Berufsnennungen) überwogen dann die Flamen. Während der Periode des erleichterten Zugangs zum Bürgerrecht 1441 bis 1445 waren bekanntlich auch die Anforderungen an die berufliche Qualifikation herabgesetzt. Die ausländischen Neubürger konnten nicht mehr in jedem Fall einer Zunft beitreten und mussten auf zunftunabhängige Gewerbe ausweichen. Die rigorose Abschliessung der Zünfte in der zweiten Hälfte des 15. Jahrhunderts[60] zwang mehr und mehr auch flämische Bürger, auf ein nicht zünftig organisiertes Gewerbe, die *poortersneringen*, auszuweichen.

Abb. 6 zeigt die Entwicklungen in allen Wirtschaftszweigen Brugges. Neben dem neuen Sektor *poortersnering* fallen vor allem die wachsenden Zweige Baugewerbe und Metallverarbeitung auf. Textilindustrie und Lederverarbeitung büssten dagegen stark an Wichtigkeit ein. Der Rückgang von Beschäftigten in der Herstellung von Alltagsgütern und Nahrungsmitteln und im Handel ist angesichts der nicht wesentlich veränderten Bevölkerungszahl erstaunlich. Die Vermutung drängt sich auf, dass Angehörige dieser Kategorien nun unter der vagen Angabe *omme poortersneringhe te doene* zu finden sind.

Bei einer Analyse der Berufsgruppen Metallverarbeitung und Textilindustrie lässt sich eine Tendenz zur vermehrten Herstellung von Luxusgütern feststellen. Im 14. Jahrhundert lag der Schwerpunkt des Metallgewerbes auf der Waffenproduktion. Im 15. Jahrhundert wurden Gold- und Silberschmiede in grosser Zahl eingebürgert. Eine ähnliche Entwicklung fand laut Munro[61] ebenfalls in der Textilbranche statt. Ein Zusatz zur *keure* der Weber von 1457 unterstreicht die Tendenz zur Erzeugung von Luxustuchen: *Eerst dat men maken zal alle manieren van fijnen Bruchschen lakenen als sametijnsche, witte graeuwe, donckere graeuwe...zadde blaeuwe, lichte blaeuwe...voord witte lakenen met blaeuwen lijsten van also fijner wulle ghedrapiert zijnde* [...][62]. Es muss aber daneben auch eine Wiederbelebung der Produktion von leichteren, qualitativ schlechteren und billigeren Tuchsorten, den sogenannten *saaien*[63] stattgefunden haben, ähnlich

60 Die *keure* der Weber brachte 1465 eine ausdrückliche Bevorzugung der Meistersöhne bei der Aufnahme in die Zunft; siehe *Willems* (Anm. 23), S. 28 f. Zur Erlangung der Meisterschaft in der Schreinerzunft in der zweiten Hälfte des 15. Jahrhunderts errechnete Jan van Houtte eine Einkaufssumme von 43 Tageslöhnen für Meistersöhne, von 200 beziehungsweise 220 Tageslöhnen für übrige Flamen respektive für Ausländer; *van Houtte* (Anm. 1), S. 143. J.-P. Sosson stellt in seiner Untersuchung über die Zunft der Küfer zwar keine Bevorzugung der Meistersöhne fest, dafür aber die Tendenz, die Zunftmitglieder zahlenmässig zu beschränken; *Sosson* (Anm. 7).

61 *Munro* (Anm. 45).

62 *Willems* (Anm. 23), S. 20 f.: „Erstens, dass man alle Sorten feines Brugger Tuch herstellen soll, wie Samt, hellgraues, dunkelgraues, [...] sattblaues, hellblaues Tuch [...] weiter weisses Tuch mit blauen Streifen von ganz feiner Wolle [...]".

63 *Saaien* oder *Sergestoff* sind ungewalkte Tuchsorten, welche aus stärker gedrehtem Wollgarn hergestellt werden.

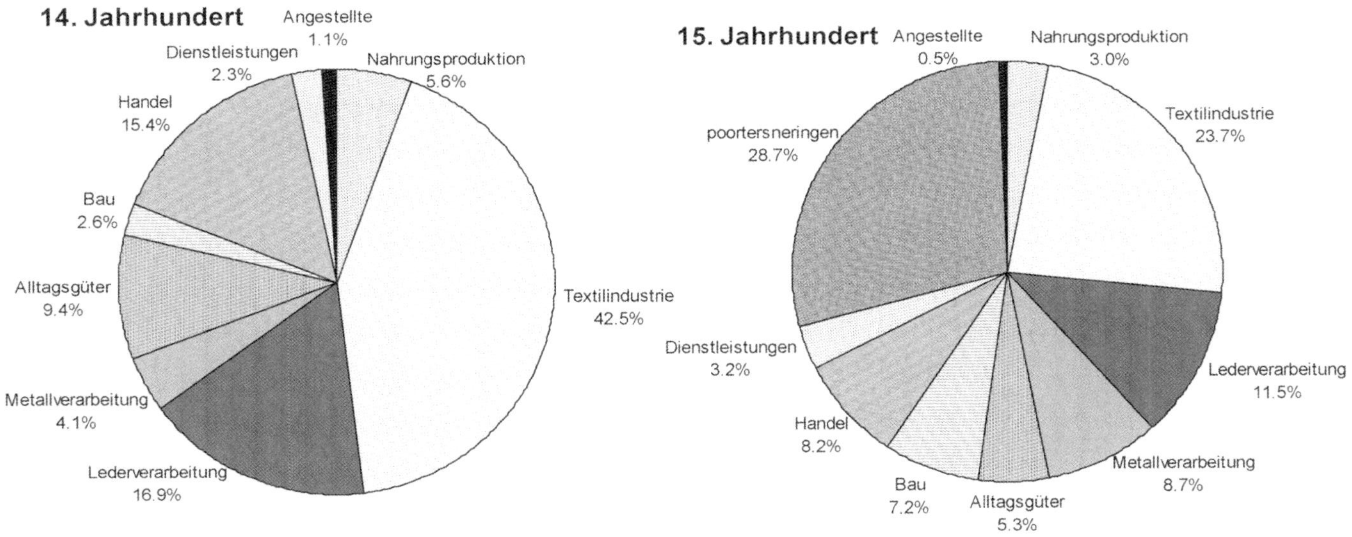

Abb. 6: Die prozentualen Anteile der verschiedenen Berufsgruppen im 14. und 15. Jahrhundert

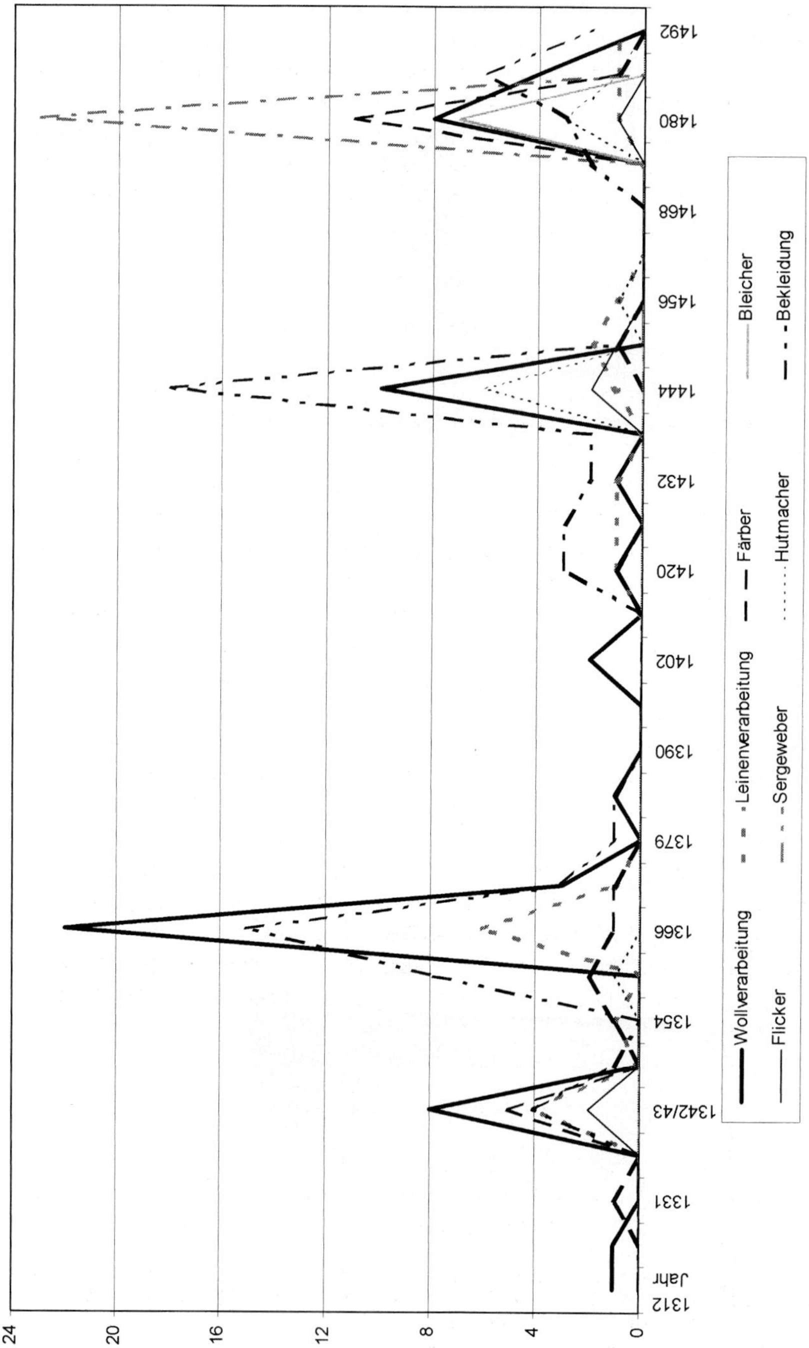

Abb. 7: Entwicklung der einzelnen Berufe in der Textilbranche

den von Chorley[64] beschriebenen Entwicklungen in Lille, Arras, Tournai und Valenciennes, sonst hätten 1480 und in den folgenden Jahren nicht so viele *Serge*weber aus Arras und den kleineren Tuchzentren Hondschoote und Bergues das Brugger Bürgerrecht gekauft. Abb. 7, welche die Entwicklung der einzelnen Sektoren in der Textilbranche darstellt, zeigt eine Abnahme bei den unter Wollverarbeitung zusammengefassten Berufen der Weber, Scherer und Walker. Dafür fand gegen Ende des 15. Jahrhunderts eine starke Diversifizierung in der Textilindustrie statt.

VII. Schluss

Zeitgenössische Beschreibungen Brugges zeichnen in der ersten Hälfte des 15. Jahrhunderts das Bild einer blühenden Stadt. So nannte Pero Tafur[65] 1438 Brugge einen der grössten Märkte der Welt, und Herzog Philipp der Gute beurteilte die Stadt im gleichen Jahr als *la plus renommée par tout le monde par le fait de marchandise*[66]. Die bis zur Mitte des 15. Jahrhunderts ansteigenden Einbürgerungsfrequenzen unterstreichen diese Beurteilung ebenso wie die Tatsache, dass Brugge damals mehr Ausländer aus grösserer Entfernung anzuziehen vermochte als je zuvor. Aus der Analyse der hinsichtlich Berufsangaben zwar nicht überreich fliessenden Quellen wird trotzdem deutlich, dass Brugge sein wirtschftliches Niveau dank einer Verlagerung in Richtung Herstellung von Luxusgütern auch in schwierigeren Zeiten zu halten vermochte und durch ein Durchbrechen der starren zünftigen Ordnung mittels des Erwerbszweiges der *poortersneringen*. Diese Strategien waren solange von Erfolg gekrönt als die politische Lage während der Herrschaft der Burgunderherzöge einigermassen stabil blieb. Erst als im letzten Drittel des Jahrhunderts zum schleichenden Verfall des Marktes auch noch die politische Instabilität durch die exzessiven kriegerischen Aktivitäten Karls des Kühnen und die Machtkämpfe um die Regentschaft für Philipp den Schönen kamen, verlor Brugge definitiv seine Vorrangstellung als Markt und damit auch seine Attraktivität für Zuzüger und Neubürger.

---

64 *Patrick Chorley,* The „draperies légères“ of Lille, Arras, Tournai, Valenciennes. New materials for new markets?, in: La draperie ancienne des Pays-Bas. Débouchés et stratégies de survie (14e-16e siècles), hg. von M. Boone und W. Prevenier, Leuven/Apeldoorn 1993.

65 Der in Sevilla geborene Tafur verfasste einen Bericht über seine 1436–1439 unternommene Reise, welche ihn über Italien nach dem Heiligen Land führte. Auf seiner Rückreise besuchte er auch Flandern.

66 Beide zitiert bei: *van Uytven* (Anm. 5), S. 259.

Kommunikation und Raumbildung

Von Michael North, Greifswald*

Räume sind Konstrukte, die im Laufe der Zeit grundlegenden Veränderungen unterliegen. Raumbildend können so verschiedene Faktoren wie politische Ereignisse, administrative Entscheidungen, ökonomische Ressourcen, kommunikative Beziehungen und selbst individuelle oder kollektive Wahrnehmungen (Mentalitäten) sein. Dabei setzt die gemeinsame Erfahrung eines Raumes einheitliche Erkenntniskategorien voraus, die erst durch Kommunikation entstehen. Thema des folgenden Aufsatzes ist daher die Raumbildung durch Kommunikation beziehungsweise die Raumwirksamkeit von Kommunikation. Ich nähere mich diesen Fragen zunächst mit einem Überblick zur neuzeitlichen Raumwahrnehmung und skizziere danach die neuen Ansätze einer historischen Kommunikationsforschung sowie die Raumabstraktionen der Geographie. Zum Schluß versuche ich, in einer Fallstudie zur künstlerischen Kommunikation zu überprüfen, ob die Raumabstraktionen der Geographie für historische Fragestellungen anwendbar sind.

I. Die Entdeckung des Raumes

Im christlichen Mittelalter prägte die geostete *mappa mundi* das Bild der Welt. Die *mappa mundi* stellte den Kosmos, d. h. die Ordnung der christlichen Welt, dar und vermittelte deshalb nur in begrenztem Maße die räumliche Kenntnis der Welt. Das Zentrum der Welt, wie es zum Beispiel auf der Ebstorfer Weltkarte aus dem späten 13. Jahrhundert vermittelt wurde, bildete Jerusalem, wo die Zeugnisse für Leben, Tod und Auferstehung Christi lagen. Dorthin führten alle Wege aus dem Abendland. Dagegen wurde die außerchristliche Welt von mißgestalteten Geschöpfen, den Menschenfressern im Nordosten, den Hundsköpfigen jenseits von Indien, den Antipoden und nicht zu vergessen von der geheimnisvollen Tierwelt Asiens und Afrikas geprägt[1].

---

* Für anregende Kommentare danke ich Prof. Dr. Helmut Klüter, Dr. Nils Jörn, PD Dr. Martin Krieger und Haik Porada M.A. Die Auswertung der Rottschen Regesten in Teil 4 nahmen Ulfhardt Stoewer und Robert Riemer vor, der auch die Karten zeichnete.

Während in den Klöstern bis ins 16. Jahrhundert hinein das Weltbild der *mappa mundi* tradiert wurde, beschritt man in der praktischen Seefahrt des Spätmittelalters neue Wege. Die Seeleute erkannten, daß sich im Vertrauen auf Wunder kein Schiff lenken ließ, sondern daß zur Schiffahrt auf dem Mittelmeer genaue Kenntnisse seiner Küsten nötig waren. So entstanden die Portolane und Portolankarten, die neben der Darstellung der Küsten alle notwendigen Hinweise auf Gezeiten, Klippen, Strömungsverhältnisse und Seezeichen enthielten, sowie vor allem mit Hilfe der Windrose die vorherrschenden Windrichtungen beschrieben.

Die Wiederentdeckung der Geographie des Ptolemäus im beginnenden 15. Jahrhundert gab neue Impulse für die Kartographie, die nun eine Verbindung der neuen Kenntnis mit dem antiken Wissen herzustellen versuchte. Spätestens als die portugiesischen Seefahrer entlang der afrikanischen Küste über den Äquator segelten, neigte sich das Zeitalter der christlichen Kartographie seinem Ende zu. Die psychologisch-nautische Barriere des mittelalterlichen Weltbildes wurde gesprengt. Weder warteten Ungeheuer darauf, die Schiffe und Menschen zu verschlingen, noch wurden Diego Cao bei der Entdeckung des Kongo und Bartolomeu Diaz bei der Umrundung des Kaps der Guten Hoffnung (als Antipoden) von den Füßen auf den Kopf gestellt. Gestützt auf die Erkenntnisse portugiesischer Seefahrer und Kartographen einerseits und das Wissen der Antike anderseits entstand nur wenige Jahre später eine neue räumliche Projektion der Welt, der Globus des Martin Behaim[2]. Damit weitete sich das Blickfeld von einem Viertel der Erdoberfläche auf nahezu den ganzen Erdball aus, obgleich auf dem Behaim-Globus im Westen die große Landmasse fehlt, die ihr Entdecker Christoph Columbus für die von Ptolemäus beschriebene Südspitze Asiens hielt. Erst Amerigo Vespucci stellte auf mehreren Reisen (1499–1502) fest, daß es sich bei den Inseln des Columbus um einen vierten Kontinent handelte, der die Passage über das von Behaim für offen gehaltene Meer nach Indien versperrte. Als Vermarkter seiner Entdeckungen und Erkenntnisse erreichte Vespucci eine solche Verbreitung, daß der Geograph Martin Waldseemüller beziehungsweise sein Mitarbeiter Mathias Ringmann 1507 auf ihrer Weltkarte vorschlugen, den neuen vierten Kontinent nach Amerigo „America“ zu nennen. Allmählich eroberte das neue

---

1 *Leo Bagrow*, History of Cartography, Chicago 1985 (2. Auflage), S. 39–50; *Hartmut Kugler* (Hg.), Ein Weltbild vor Columbus. Die Ebstorfer Weltkarte, Weinheim 1991. Zu den mittelalterlichen Raumvorstellungen aus der Sicht der Philosophie siehe *Jan A. Aertsen* und *Andreas Speer* (Hg.), Raum und Raumvorstellungen im Mittelalter, Berlin/New York 1998.

2 Überblicke geben *Peter Herde*, Das geographische Weltbild und der Beginn der Expansion an der Schwelle der Neuzeit, in: Nassauische Annalen 87 (1976), S. 69–100; *Eberhard Schmitt* (Hg.), Dokumente zur Geschichte der europäischen Expansion, Bd. II: Die großen Entdeckungen, München 1984. Zu Behaim siehe *Armin M. Brandt*, Martin Behaim. Seefahrer – Entdecker – Kosmograph, Regensburg 1989.

Weltbild die Kartographie. So verzeichnen die Karten des beginnenden 16. Jahrhunderts, die aufgrund der portugiesischen Entdeckungen die afrikanischen und asiatischen Küsten vergleichsweise gut nachbilden, schon eine Ostküste der Neuen Welt, und Waldseemüller wagte als erster, eine spekulative Westküste des vierten Kontinents festzulegen.

Eine neue Westroute zu den asiatischen Gewürzen, die man inzwischen auf der Ostroute um Afrika herum erreicht hatte, war damit aber noch nicht gefunden. Diese sollte Fernando Magellan entdecken, der 1520 die später nach ihm benannte Durchfahrt in den Pazifik fand, aber nach deren Durchquerung von Eingeborenen auf den Philippinen erschlagen wurde. Von den ursprünglich fünf Schiffen mit 265 Mann Besatzung erreichte allein die „Victoria" mit 18 Mann im Jahre 1522, fast drei Jahre nach der Abfahrt, den Ausgangshafen Sanlucar. Damit hatte zum ersten Mal ein Schiff wie die Sonne den Erdball umkreist. Gleichzeitig hatte die erste Erdumsegelung wichtige Erkenntnisse über die Ausdehnung der Erdteile und die Weite des Pazifiks erbracht. In der Folgezeit mußten die Weltkarten korrigiert und mit Leben gefüllt werden.

So war die Krümmung der Erde auf den wenigsten Karten berücksichtigt, was die Navigation erschwerte. Erst Gerhard Mercator veröffentlichte 1569 eine Weltkarte *ad usum navigantium,* die die Erde nach geometrischen Prinzipien auf eine zweidimensionale Fläche projizierte. Diese Projektion war winkeltreu, aber nicht flächentreu, und schuf als allgemein benutzte Erdkarte im 17. Jahrhundert das eurozentrische Weltbild, das unsere Weltsicht bis heute prägt[3]. Mercator hatte das im Nordteil der Erde gelegene Europa in das Zentrum der Karte gerückt und damit die von den Weißen bewohnten Weltgegenden viel größer dargestellt als die übrige Welt. Europa erscheint auf der Mercatorkarte genauso groß wie Südamerika, obwohl es in Wirklichkeit nur halb so groß ist. Skandinavien sieht größer aus als Indien, obwohl es nur ein Drittel seiner Fläche ausmacht, und die Größenverhältnisse zwischen England und Madagaskar sind vertauscht. Dennoch hat man sich bis heute an diese Abstraktion gewöhnt, so daß einem eine flächengenauere Projektion, die dann die Winkel stärker verzerrt, fremd vorkommt.

Die Diffusion des räumlichen Wissens erfolgte auf verschiedenen Kanälen. Während die Portugiesen ihre Entdeckungen zumindest in der Anfangszeit der europäischen Expansion geheimzuhalten versuchten und Spanien (bis 1812) überhaupt keine Seekarten der Neuen Welt publizierte, trug erst die niederländische Kartenindustrie des 17. Jahrhunderts dem interessierten Bürger den neuesten Stand der Welterforschung als Summe subjektiver und kollektiver Erfahrungen ins Haus und ermöglichte auch

---

3 *Bagrow* (Anm. 1), S. 118 f.

dem Daheimgebliebenen eine Raumerfahrung, die er sonst nur gemacht hätte, wenn er seinen angestammten Raum verließ.

Die gleiche Funktion erfüllte im Holland des 17. Jahrhunderts auch die Landschaftsmalerei, die wie die Karte den Raum abstrakt (durch den Blick von oben auf die Welt) erfahrbar machte[4]. Die Anfänge dieser Art der Raumabstraktion lagen in der Wiederentdeckung der Landschaft in der italienischen Frührenaissance. In der burgundisch-flämischen Buch- und Tafelmalerei des 15. Jahrhunderts spiegelten sich dann bereits präzisere Naturbeobachtungen, topographische Genauigkeit und perspektivische Raumerfassung wider. Raum wurde erstmals bildlich erfahrbar und kommunikabel. Raum- und Kommunikationsstrukturen beeinflußten sich gegenseitig: Raum wurde über Medien wahrnehmbar, abstrahierbar und interpretierbar[5].

II. Ansätze einer historischen Kommunikationsforschung

Die historische Kommunikationsforschung, die in den letzten Jahren in Gang gekommen ist, wird noch immer durch die Vielgestaltigkeit ihres Untersuchungsobjektes geprägt. Wurde Kommunikation lange Zeit vorrangig mit dem Verkehrs- und Nachrichtenwesen identifiziert, so avancierte diese inzwischen zum Gegenstand der Systemtheorie[6]. Die verschiedenen Auffassungen von Kommunikation haben so auch zwangsläufig verschiedene Zugänge zur Kommunikation in der Vergangenheit stimuliert, die im folgenden kurz skizziert werden sollen. Im wesentlichen kann man drei Definitionen und damit auch drei methodische Zugriffe auf das Thema Kommunikation unterscheiden:

Eine erste Definition versteht Kommunikation ausschließlich als *vermittelten Prozeß*. Ein Kommunikator oder Sender tritt über ein Medium mit einem Rezipienten oder Empfänger in Beziehung und übermittelt ihm eine

---

4 Hierzu grundlegend *Svetlana Alpers,* Kunst als Beschreibung. Holländische Malerei des 17. Jahrhunderts, Köln 1985.

5 *Erich Steingräber,* Zweitausend Jahre Europäische Landschaftsmalerei, Darmstadt 1985, S. 57 – 174. Zu den geistesgeschichtlichen Grundlagen siehe *Charlotte E. Haver,* Landschaft und Raum im Quattrocento. Überlegungen zu Raumwahrnehmung und Epochenwandel, in: Raum und Raumvorstellungen im Mittelalter, hg. von Jan A. Aertsen und Andreas Speer, Berlin / New York 1998, S. 739 – 762; *Bernhard Jahn,* Raumkonzepte der Frühen Neuzeit. Zur Konstruktion von Wirklichkeit in Pilgerberichten, Amerikareisebeschreibungen und Prosaerzählungen, Frankfurt am Main 1993.

6 *Niklas Luhmann,* Soziale Systeme. Grundriß einer allgemeinen Theorie, Frankfurt am Main 1984. Einen knappen Überblick über die historische Kommunikation bietet *Michael North,* Kommunikation, Handel, Geld und Banken in der Frühen Neuzeit, München 2000, S. 45 – 52.

Information[7]. Die Übermittlung oder besser deren Medium haben dabei die Kommunikationswissenschaft wie die Geschichtswissenschaft besonders interessiert. So gliederte Harry Pross die Medienlandschaft und damit auch die Mediengeschichte nach dem Einsatz technischer Hilfsmittel in primäre Medien, zum Beispiel Sprache, Gestik, Mimik; weiter in sekundäre Medien, beispielsweise Bild, Schrift, Druck, sowie in tertiäre – vom Einsatz technischer Geräte abhängige – Medien wie Telegraf, Telefon, Radio, Fernsehen und Computer[8]. Auf diese Weise entwickelte er verschiedene Perioden der Mediengeschichte, die für die Rekonstruktion der Kommunikationsgeschichte zu berücksichtigen sind. Danach begann die erste Periode der europäischen Mediengeschichte mit der Ausbreitung der Schriftlichkeit im 12. und 13. Jahrhundert und reichte bis zum Ende des 18. Jahrhunderts; die zweite Periode umfaßte das Aufkommen der elektrischen Medien im 19. Jahrhundert bis zur Erfindung des Films; die dritte und vierte Periode waren dann durch die Entwicklung des Fernsehens und des Transistors gekennzeichnet[9].

Dagegen haben Michael Giesecke und auch Peter Burke eine andere Periodisierung vorgeschlagen. Für sie liegt der entscheidende Einschnitt an der Wende zur Neuzeit, als mit dem Übergang von der Handschrift zum Druck, d. h. mit dem Übergang von der skriptographischen zur typographischen Epoche der Kommunikationsgeschichte, ein neues Kommunikationssystem aus Druckern, Verlegern und Buchhändlern entstand. Die nächste große Umwälzung fand dann erst mit den elektrischen und elektronischen Medien im 19. und 20. Jahrhundert statt[10].

Für unsere Fragestellung „Kommunikation und Raumbildung" könnte die Entstehung neuer Kommunikationsräume oder -netze durch das Medium des Buchdruckes (Druckzentren oder Autoren-Verleger-Drucker-Netze) interessant sein. Ein weiterer Untersuchungsgegenstand wäre das entstehende Nachrichtennetz der *avvisi* oder neuen Zeitungen, das Räume informationsmäßig neu konstituierte oder miteinander verband[11].

---

7 *Roland Burkart,* Kommunikationswissenschaft. Grundlagen und Problemfelder, Wien / Köln / Weimar 1995 (2. Auflage), S. 35 – 38.

8 *Harry Pross,* Medienforschung, Darmstadt 1972, S. 127 f.

9 *Harry Pross,* Geschichte und Mediengeschichte, in: Medien- und Kommunikationsgeschichte, hg. von Manfred Bobrowsky, Wolfgang Duchkowitsch und Hannes Haas, Wien 1987, S. 8 – 22.

10 *Michael Giesecke,* Der Buchdruck in der frühen Neuzeit. Eine historische Fallstudie über die Durchsetzung neuer Informations- und Kommunikationstechnologien, Frankfurt am Main 1991; *Peter Burke,* Information und Kommunikation im Europa der Frühen Neuzeit, Frühneuzeit-Info 2 (1991), S. 13 – 19.

11 Vgl. hierzu und zu den anderen Medien der Frühen Neuzeit *Elizabeth Eisenstein,* The Printing Press as an Agent of Change, 2 Bde., Cambridge 1978; *Michael North* (Hg.), Kommunikationsrevolutionen. Die neuen Medien des 16. und 19. Jahrhunderts, 2. Aufl. Köln / Weimar / Wien 2000; sowie *Renate Pieper,* Die Vermittlung

Eine zweite Zugangsmöglichkeit zur Kommunikationsgeschichte bietet die Definition von der *Kommunikation als symbolisch vermittelter Interaktion*. Diese Definition legt den Schwerpunkt auf die Tatsache, daß ein Medium, gleich ob es sich um Sprache, Gestik oder Mimik handelt, eine Vielfalt von Ausdrucksmöglichkeiten bietet, d. h. eine Vielfalt von Zeichen und Symbolen beinhaltet, wobei die Symbole Vertretungsfunktion erfüllen[12]. Im Mittelpunkt einer solchen Kommunikationsforschung steht die Rekonstruktion von Konventionen oder zeremoniellen Handlungen[13], und so scheint dieser Zugang für das Problem der Raumbildung weniger aussichtsreich.

Ich wende mich daher einer dritten Definition zu, nämlich der Auffassung von *Kommunikation als sozialer Interaktion*. Die Spannweite der Kommunikation reicht dabei von mehr oder weniger flüchtigen Berührungskontakten bis zur Satellitenübermittlung einer Geheimbotschaft[14]. Menschliche Kommunikation liegt folglich erst dann vor, wenn mindestens zwei Individuen ihr kommunikatives Handeln aufeinander ausrichten, mit dem Ziel der Verständigung oder der Vermittlung von Bedeutungsinhalten. Kommunikation wäre danach der wechselseitig stattfindende Prozeß der Bedeutungsvermittlung; und diese Definition der Kommunikation als sozialer Interaktion ist vielfach im historischen Kontext anzuwenden[15]. Sie eignet sich in besonderem Maße dazu, mit der Raumbildung in Zusammenhang gebracht zu werden.

---

einer Neuen Welt. Amerika im Nachrichtennetz des habsburgischen Imperiums (1493–1598), Mainz 2000.

12 *Burkart* (Anm. 7), S. 38–53.

13 Als Beispiel für diesen Ansatz siehe *Janos M. Bak*, Symbolik und Kommunikation im Mittelalter, in: Kommunikation und Alltag in Spätmittelalter und Früher Neuzeit, Wien 1992, S. 39–45; Besonderes Interesse gilt in jüngster Zeit dem politischen Zeremoniell, ohne daß dabei immer die kommunikativen Aspekte explizit herausgearbeitet werden: *Hedda Ragotzky* und *Horst Wenzel* (Hg.), Das Zeremoniell und die Zeichen, Tübingen 1990; *Jörg Jochen Berns* und *Thomas Rahn* (Hg.), Zeremoniell als höfische Ästhetik in Spätmittelalter und Früher Neuzeit, Tübingen 1995; *Werner Paravicini* (Hg.), Zeremoniell und Raum, Sigmaringen 1997; *Gerd Althoff* (Hg.), Formen und Funktionen öffentlicher Kommunikation im Mittelalter, Sigmaringen 2001; *Ester-Beate Körber*, Öffentlichkeiten der Frühen Neuzeit. Teilnehmer, Formen, Institutionen und Entscheidungen öffentlicher Kommunikation im Herzogtum Preußen von 1525 bis 1618, Berlin/New York 1998; *Albrecht Luttenberger*, Pracht und Ehre. Gesellschaftliche Repräsentation und Zeremoniell auf dem Reichstag, in: Alltag im 16. Jahrhundert, hg. von Alfred Kohler und Heinrich Lutz, München 1987, S. 291–326; *Barbara Stollberg-Rilinger*, Zeremoniell als politisches Verfahren. Rangordnung und Rangstreit als Strukturmerkmale des frühneuzeitlichen Reichstags, in: Neue Studien zur frühneuzeitlichen Reichsgeschichte, hg. von Johannes Kunisch, Berlin 1997, S. 91–132.

14 *Burkart* (Anm. 7), S. 30–34.

15 Beispiele finden sich ebenfalls in dem Band Kommunikation und Alltag (Anm. 13); siehe insbesondere *Albert Müller*, Mobilität – Interaktion – Kommunikation. Sozial- und alltagsgeschichtliche Bemerkungen anhand von Beispielen aus dem spätmittelalterlichen und frühneuzeitlichen Österreich, S. 219–249.

III. Raumabstraktionen in der Geographie

In den letzten beiden Jahrzehnten haben Raum und Raumbildung begrifflich eine Evolution erfahren. Indem sich die Geographie von ihrer Fixierung auf physische Erscheinungen löste, wurde auch die alte Auffassung von Raum als etwas Umfassendem, in dem Berge, Flüsse, Siedlungen, politische Grenzen, Bevölkerung verortet sind, durch zahlreiche neue Raumbegriffe ersetzt. Raum ist danach nicht mehr nur neutraler Erdoberflächenausschnitt, sondern der Raum wird gebildet[16]. Mit dem Wandel der Raumkonzeption veränderte sich auch die Perspektive Mensch – Raum. Determinierte nach der älteren Sichtweise der natürlich vorgegebene Raum das Leben der Raumbewohner, so konstituierte sich nach der neueren Auffassung der Raum erst durch den Menschen, seine Tätigkeit und seine Wahrnehmung[17]. Von der Geographie wurde diesen konzeptionellen Entwicklungen in unterschiedlichem Maße Rechnung getragen.

Gegenstand der Geographie, insbesondere der Wirtschafts- und Sozialgeographie, war und ist die Beschäftigung mit raumwirksamen Faktoren und Prozessen. Als Ausgangspunkt diente das alte Christallersche Zentrale-Orte-Konzept, ein Modell, das auch bei den Historikern auf Gegenliebe stieß. Walter Christaller hatte sein Modell der zentralen Orte aus der Reichweite der zentralen Güter entwickelt. Danach werden „alle Teile eines Landes mit allen denkbaren zentralen Gütern [...] versorgt und zwar von einer möglichst geringen Anzahl hierbei fungierender zentraler Orte aus“[18].

Das Versorgungs- oder Marktprinzip entschied entsprechend über die Zentralität beziehungsweise die Hierarchie der zentralen Orte. Jeder dieser zentralen Orte verfügte über ein Ergänzungs- beziehungsweise Marktgebiet, das über die Reichweite des Güterabsatzes bestimmt wurde[19]. Das Ergänzungsgebiet konnte aber auch Migrationsraum sein. Insbesondere die deutsche stadthistorische Forschung hat auf dieser Christallerschen Basis argumentiert und arbeitet noch immer mit dem Konzept der Zentralität[20].

---

16 *Helmut Klüter,* Raum als Element sozialer Kommunikation, Gießen 1986, S. 1–10.

17 *Johannes Glückler,* Neue Wege geographischen Denkens? Eine Kritik gegenwärtiger Raumkonzeptionen und ihrer Forschungsprogramme in der Geographie, Frankfurt a.M. 1999. *Wolfgang Weber,* Die Bildung von Regionen durch Kommunikation. Aspekte einer neuen historischen Perspektive, in: Carl A. Hoffmann und Rolf Kießling (Hg.), Kommunikation und Region, Konstanz 2001, S. 43–67.

18 *Walter Christaller,* Die zentralen Orte in Süddeutschland, Jena 1933 (Reprint Darmstadt 1968); Teilabdruck in *Peter Schöttler* (Hg.), Zentralitätsforschung, Darmstadt 1972, S. 3–22, hier S. 21 f.

19 Ebd., S. 13 f.

20 *Hektor Amman,* Vom Lebensraum der mittelalterlichen Stadt. Eine Studie an schwäbischen Beispielen, in: Studien zur südostdeutschen Landeskunde, Festschrift

Dagegen wurde das Konzept der zentralen Orte sowohl von der Wirtschafts- als auch von der Sozialgeographie modifiziert. So entwirft die Wirtschaftsgeographie ökonomische Raumsysteme, die nicht mehr durch Hierarchien (der Zentralität), sondern durch die Verflechtungsbeziehungen von Wirtschaftsstandorten konstituiert werden: Der Raum ist ungeordnet, die Wirtschaft, d. h. die Verteilung ökonomischer Aktivitäten, ordnet ihn. Dabei kann der Faktor Wirtschaft ebenso durch Politik, Gesellschaft oder Kultur ersetzt werden[21].

Die Sozialgeographie dagegen fragt nach der Raumwirksamkeit menschlicher Gruppen und reduziert dazu die Menschen eines Landes oder einer Region auf einen abstrakten Typus mit individuellen oder kollektiven charakteristischen Nutzungstechniken und damit raumwirksamen Verhaltensweisen. Als Antwort auf eine solche anthropologische Abstraktion wurde in den letzten Jahren die Einbeziehung neuer – organisatorischer und gesellschaftlicher – raumwirksamer Mechanismen postuliert und vor allem von dem Geographen Helmut Klüter auch eingelöst[22].

Klüter geht in seiner Arbeit „Raum als Element sozialer Kommunikation“ von der Systemtheorie Niklas Luhmanns aus. Soziale Systeme kommen demnach zustande, indem sich Anwesende wechselseitig wahrnehmen, d. h. interagieren. Die Entstehung, die Existenz und das Bestehen sozialer Systeme sind damit direkt von Kommunikationsprozessen abhängig, und diese Kommunikationsprozesse sind raumwirksam[23]. Raum ist folglich ein Bestandteil von Kommunikation, da diese die Selektionskriterien für Inhalt und Struktur des Raumes bietet. Klüter entwickelt dabei entsprechend der Medien Luhmanns (Macht, Recht, Geld, Eigentum etc.) verschiedene Raumabstraktionen, die konstitutiv für die Funktion eines sozialen Systems sind: zum Beispiel Administrativraum, Ergänzungsraum, Adressenraum aber auch Landschaft, Heimat, Vaterland. Der *Administrativraum* bildet als Programmraum der Gebietskörperschaften (Gemeinde, Kreis) gleichsam eine flächendeckende Raumabstraktion, die juristisch definierte Verfügungsgrenzen (Gemeindegrenze, Kreisgrenze) auf der Erdoberfläche abbildet. Diese relativ starren Administrativräume müssen andere Raumabstraktionen in Betracht ziehen. Dazu zählen der anonyme *Adressenraum,* ein (potentieller) überterritorialer oder überstaatlicher Ab-

---

für Friedrich Huttenlocher, Bad Godesberg 1963, S. 284–316. Eine kritische Würdigung des Ansatzes bietet *Michael Mitterauer,* Das Problem der zentralen Orte als sozial- und wirtschaftshistorische Forschungsaufgabe, in: Vierteljahrschrift für Wirtschafts- und Sozialgeschichte 58 (1971), S. 433–467. Weniger kritisch, aber dennoch nützlich ist *Emil Meynen* (Hg.), Zentralität als Problem der mittelalterlichen Stadtgeschichtsforschung, Köln / Wien 1979.

21 *Klüter* (Anm. 16), S. 15.

22 Ebd., S. 23.

23 Ebd., S. 52–59.

satzraum für Waren und Dienstleistungen ebenso wie der *Ergänzungsraum*. Hierunter kann man das marktwirtschaftliche Netz verstehen, in dem Waren, Dienstleistungen oder Kapital ausgetauscht werden. Die genannten Raumabstraktionen können partiell überlappen, fallen aber je nach Unternehmen oder Branche in der Regel verschieden aus und zerstören damit die lange gehegte Illusion der Geographen wie der Politiker von einem universalen Wirtschaftsraum[24].

Gegenüber den genannten Raumabstraktionen von Politik und Wirtschaft fallen die subjektiven Raumabstraktionen Landschaft, Heimat und Vaterland oftmals zwar sehr individuell, aber wenig differenziert aus. Sie sind daher anders als Administrativ-, Adressen- und Ergänzungsraum für historische Fragen von Kommunikation und Raumbildung nur bedingt anwendbar.

In welchem Maße die genannten Raumabstraktionen für historische Fragestellungen, insbesondere für das Problem Kommunikation und Raumbildung, operationabel sind, soll im folgenden überprüft werden. Beispiele wären die Fragen von Mobilität, Einwanderung und Umlandpolitik wie sie in den Beiträgen von Rainer Schwinges, Bruno Koch, Knut Schulz und Rolf Kießling zur Sprache gekommen sind. Da hierbei die Kommunikation unter den Neubürgern kaum berücksichtigt wurde, wähle ich mit der künstlerischen Kommunikation ein Beispiel, das uns zumindest ansatzweise die soziale Interaktion rekonstruieren läßt.

IV. Künstlerische Kommunikation und Raumbildung

Als Quellen zu diesem Thema wurden Hans Rotts Regesten zur südwestdeutschen und schweizerischen Kunstgeschichte und beispielhaft die Städte Nördlingen, Luzern und Basel für das 15. und 16. Jahrhundert ausgewertet[25]. Dabei waren einerseits die Einwanderung und Niederlassung von Malermeistern in Nördlingen aufgrund der Stadtbücher zu erschließen. Andererseits konnten die Aufträge der Maler innerhalb und außerhalb der Stadt aufgrund von Stadtrechnungen, Streitfällen und Korrespondenz (Schulden) rekonstruiert werden.

Zentrale Frage ist: Was macht die Kommunikation in einem Kunstzentrum aus und in welchem Maße ist sie raumbildend? Zur Rekonstruktion

---

[24] *Klüter* (Anm. 16), S. 109 – 135; *ders.*, Raum als Objekt menschlicher Wahrnehmung und Raum als Element sozialer Kommunikation, in: Mitteilungen der Österreichischen Geographischen Gesellschaft 136 (1994), S. 143 – 178, hier S. 161 – 165.

[25] *Hans Rott,* Quellen und Forschungen zur südwestdeutschen und schweizerischen Kunstgeschichte im XV. und XVI. Jahrhundert, Bd. I: Bodenseegebiet, Stuttgart 1933, Bd. II: Alt-Schwaben und die Reichsstädte, Stuttgart 1934, Bd. III: Der Oberrhein, Stuttgart 1936.

des künstlerischen Einzugsgebiets und des Kommunikationsraumes wurden zwei Karten erstellt.

Abb. 1 zur Einwanderung auswärtiger Maler nach Nördlingen zeigt, daß sich zusätzlich zu den bereits in Nördlingen ansässigen Malern regelmäßig aus anderen Städten kommende Maler, die oftmals bereits zuvor als Meister gearbeitet hatten, in der Stadt niederließen und das Bürgerrecht erhielten. Diese Maler rekrutierten sich zum geringsten Teil aus dem städtischen Umland (Kleinerdlingen), zum größeren Teil aber aus den anderen schwäbischen Städten bis hin in die Schweiz nach Schaffhausen. 1489 bat selbst ein niederländischer Maler um das Nördlinger Bürgerrecht; er wurde aber auf die nächste Messe vertröstet, und damit verliert sich seine Spur.

Abb. 2 dokumentiert die Reichweite der außerhalb Nördlingens ausgeführten Aufträge. Hier sind zum Beispiel die Aufträge der Öttingen zur Ausstattung ihres Hausklosters Kirchheim ebenso zu erwähnen wie Tafeln für das Zisterziener-Kloster Heilsbronn oder für die Benediktiner in Ellwangen beziehungsweise die Johanniter-Kommende in Kleinerdlingen. Aufträge kamen aber auch aus Nürnberg und aus der Markgrafschaft Brandenburg-Ansbach. Hierhin empfahl Markgraf Sigismund IV. von Brandenburg den Nördlinger Altarmaler Sebald Bopp (1485–1503), als er einen Altarauftrag für die Pfarrkirche Berg im Fichtelgebirge vermittelte. Da der Künstler bis zur Fertigstellung der Tafel acht Jahre benötigte und diese nur dank der Vorschüsse der Nördlinger Stadträte für Farben und Blattgold gelang, sind wir über diesen Auftrag sehr gut informiert[26].

Wenn wir die Herkunft der Maler und ihre Aufträge miteinander vergleichen, zeigen sich nur partielle räumliche Übereinstimmungen. D.h. es ist von unterschiedlichen Kommunikationsräumen und -strukturen auf der Nachfrageseite und auf dem Gebiet der Rekrutierung auszugehen. Der Ergänzungsraum der Malerrekrutierung (um in der Klüterschen Terminologie zu bleiben) war deutlich weiter als der Adressenraum der tatsächlichen wie potentiellen Aufträge.

Welche Kommunikationsstrukturen gab es überhaupt beziehungsweise wie sah die Kommunikation, d. h. soziale Interaktion, zwischen Produzenten und Konsumenten beziehungsweise innerhalb der „kreativen Elite“[27] aus?

---

26 Ebenda, Bd. II, S. XLII–XLIII.

27 Der Begriff wurde von Peter Burke geprägt; *Peter Burke,* Die Renaissance in Italien. Sozialgeschichte einer Kultur zwischen Tradition und Erfindung, Berlin 1984, Kapitel 3.

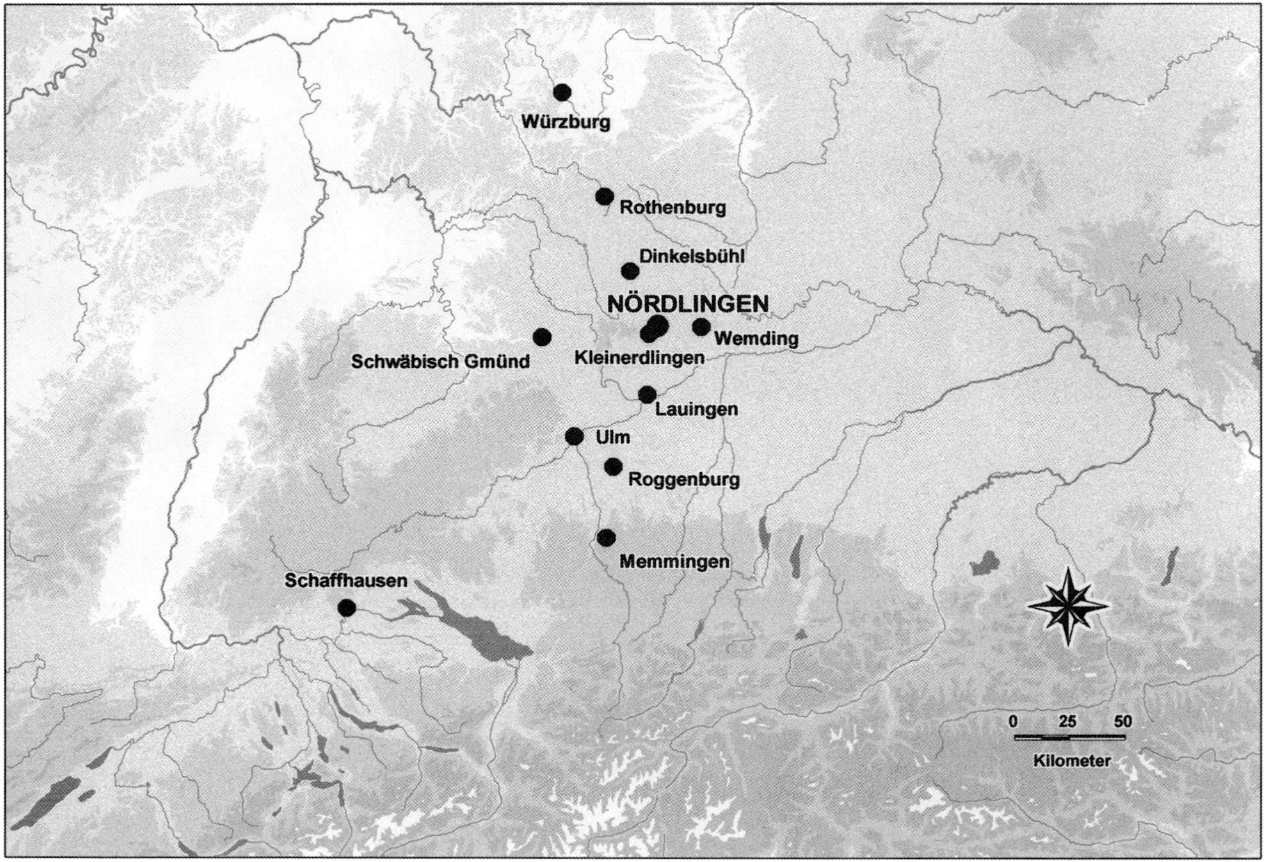

Abb. 1: Einwanderung auswärtiger Maler nach Nördlingen (1440 – 1510)

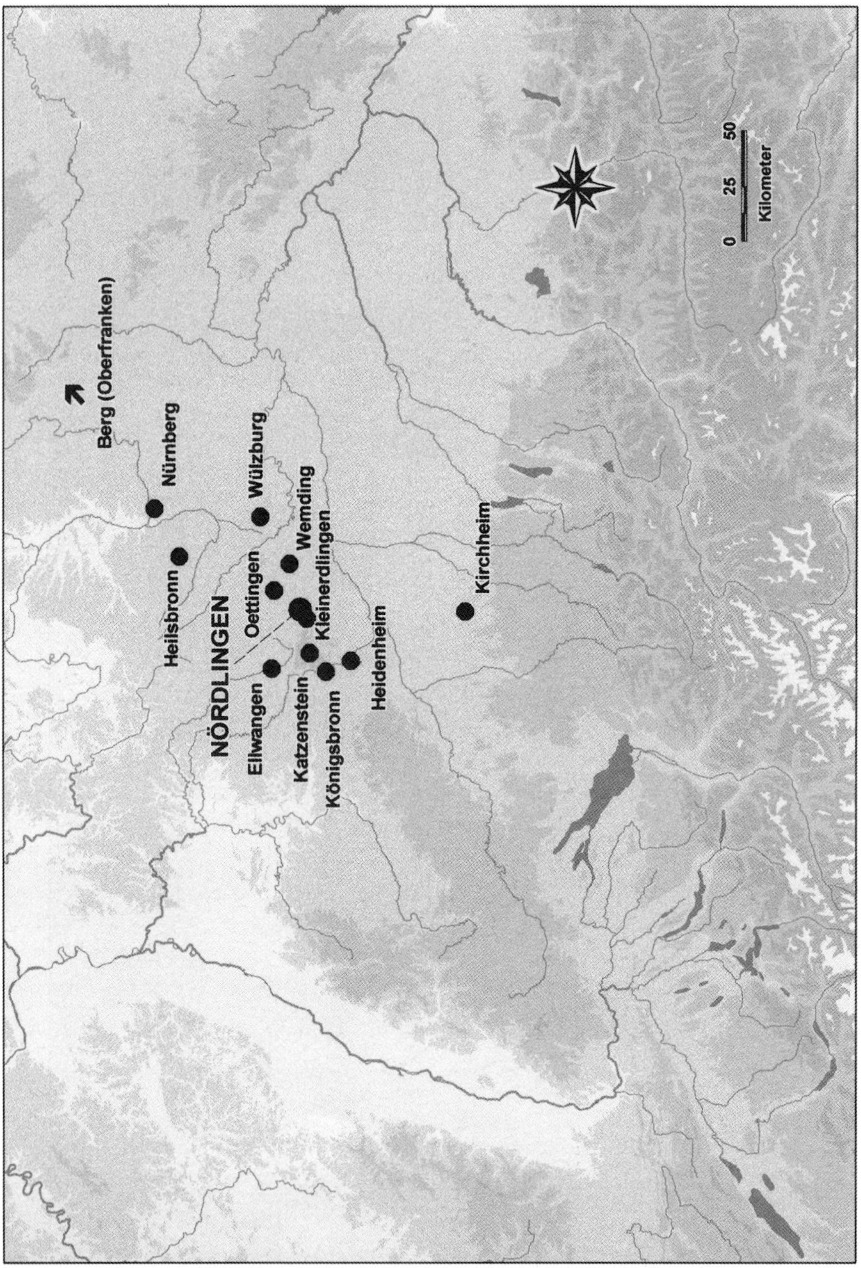

Abb. 2: Auswärtige Aufträge an Nördlinger Künstler (1440 – 1510)

Kommunikation fand auf verschiedenen Ebenen und zwischen verschiedenen Personenkreisen statt:

1. In der Stadt selbst zwischen dem öffentlichen Auftraggeber Rat und privaten Auftraggebern sowie den Malern (Aufträge: Ausgestaltung der verschiedenen Rathausstuben, Fleischbänke, Wappen, Brunnen, Fenster, Rechentisch, Stadtgeschenke, Pfarrkirchen).
2. Zwischen den Malern und auswärtigen Auftraggebern, gleich ob es sich dabei um die Grafen von Öttingen, die Äbtissin von Kirchheim, den Abt von Heilsbronn oder andere adlige und geistliche Würdenträger handelte (Aufträge: Altartafeln).
3. Zwischen auswärtigen Auftraggebern und dem Rat der Stadt, die per Korrespondenz zwischen Auftraggebern und Künstlern (in der Regel bei Streitfällen) vermittelte, aber auch ihre Künstler zur „Pflege auswärtiger Beziehungen" einsetzte.
4. Zwischen Malern beziehungsweise Malern und Handwerkern, die bei der Ausführung eines Auftrages in der Stadt kooperierten: Ein Beispiel ist der Altarunternehmer Sebastian Daig, der mit Schreinern und Bildschnitzern zusammenarbeitete. In diesen Kontext gehört auch der Austausch innerhalb der Zunft bzw. von Zunft zu Zunft.
5. Zwischen Nördlinger Malern und Handwerkern anderer Städte, die gemeinsam Aufträge ausführten, was gelegentlich zu finanziellen Auseinandersetzungen führte und somit aktenkundig wurde.
6. Innerhalb der Familie und Verwandtschaft, zu der auch die Kommunikation zwischen Meistern, Gesellen und Lehrjungen gehörte. Dabei fand die Kommunikation durchaus im Ergänzungsraum statt, wenn beispielsweise der Bruder eines Malers in Schaffhausen, der Sohn eines anderen in Freiburg im Üchtland lebte.

Insgesamt kommunizierten also verschiedene Kommunitäten oder Personenkreise miteinander. Sie interagierten dabei sozial auf gleicher wie auf unterschiedlicher Ebene und mit Hilfe verschiedener Medien. Das Spektrum reichte von der *face-to-face communication* bis zur schriftlichen Korrespondenz. Kommunikation wurde besonders wichtig, wenn es um strittige Fragen der geschäftlichen Kommunikation ging. Wie weit dies raumwirksam wurde, muß im Einzelfall beurteilt werden.

Bestätigt wird das Nördlinger Bild durch die Ergebnisse für Luzern (Abb. 3 und 4). Auch hier war der Ergänzungsraum der Malerrekrutierung, der bis ins Schwäbische und Fränkische reichte, durchaus größer als der Adressenraum der Aufträge, der sich auf das Luzerner Landgebiet um den Vierwaldstättersee konzentrierte. Hier wurden vor allem Glas- und insbesondere Kirchenfenster von den Luzerner Malern bemalt.

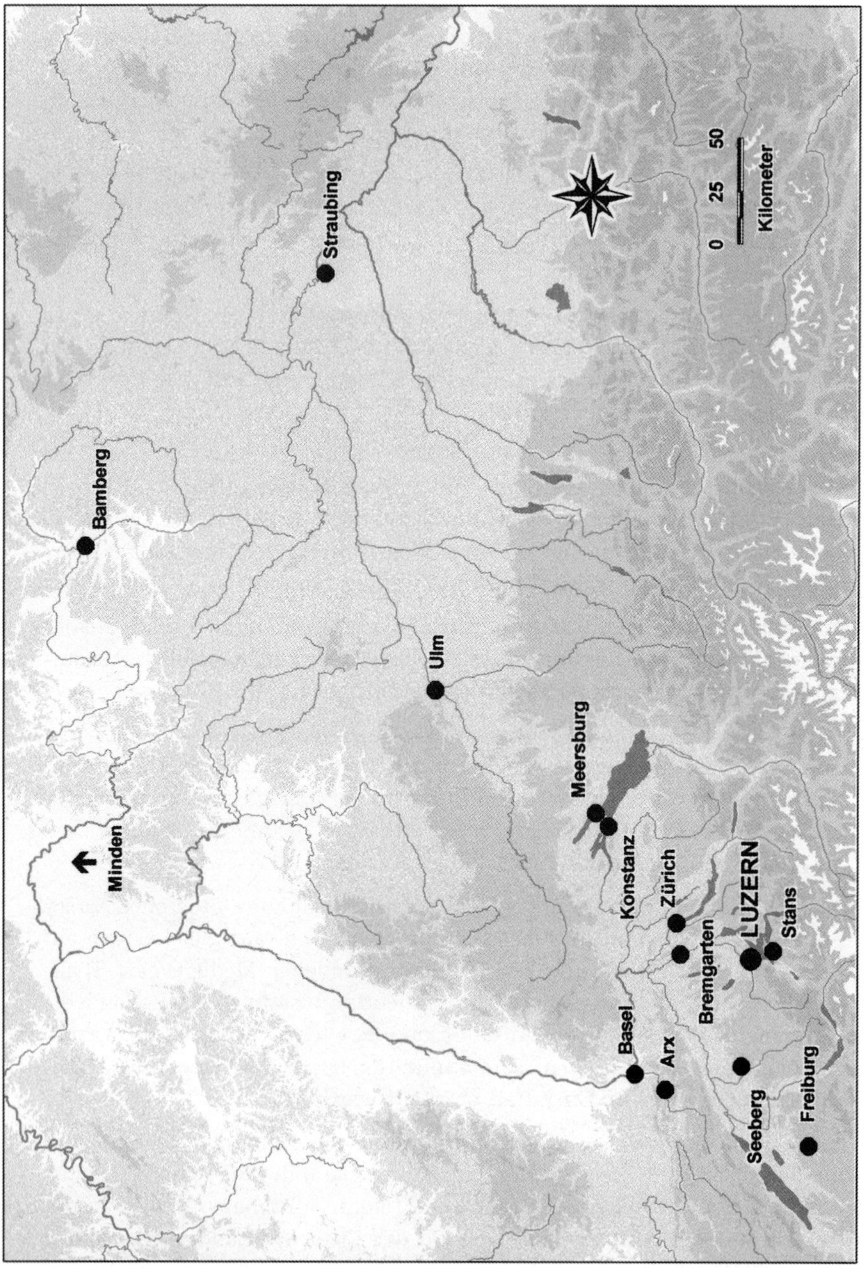

Abb. 3: Einwanderung auswärtiger Maler nach Luzern (1450 – 1600)

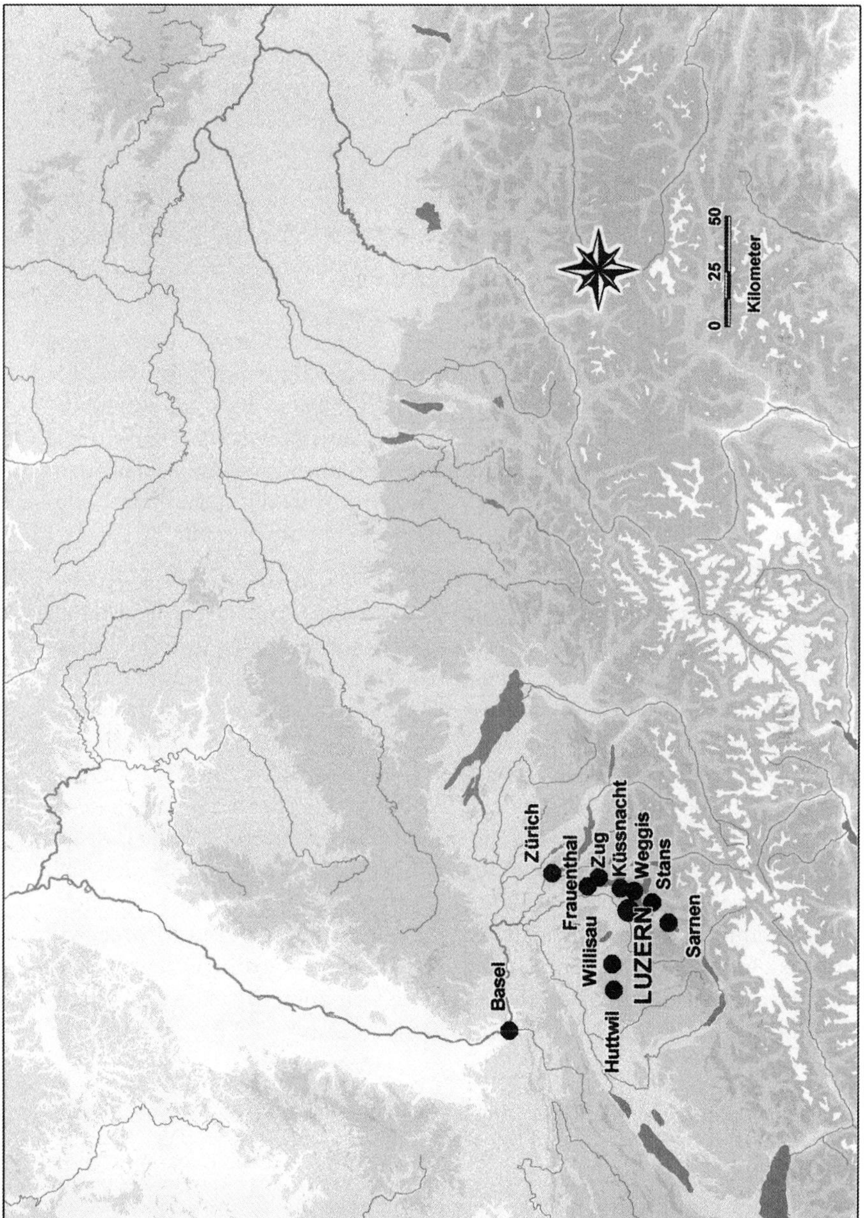

Abb. 4: Auswärtige Aufträge an Luzerner Maler (1450 – 1600)

Noch größere Ergänzungsräume oder Rekrutierungsgebiete wiesen Kunstzentren wie Basel (Abb. 5) oder Straßburg auf, in denen sich die überlieferten Aufträge fast ausschließlich auf die Städte selbst konzentrierten. Letzteres ist wahrscheinlich nicht allein das Ergebnis der Überlieferung, sondern resultierte auch aus der überproportional großen lokalen Nachfrage. Falls Basler Malereien nach außen abgesetzt wurden, übernahmen das vermutlich Kaufleute, die wiederum über andere Kommunikationskanäle verfügten als die Maler.

V. Schlußbetrachtung

Insgesamt zeigen die obigen Fallstudien über Nördlingen, Luzern und Basel, daß sich die kommunikativ konstituierten Raumabstraktionen Ergänzungsraum und Adressenraum mit Erfolg für die Fragen von künstlerischer Kommunikation verwenden lassen. Es bleibt dennoch zu fragen, wie sich der dadurch erreichte (methodische) Erkenntnisgewinn zu rivalisierenden Raumabstraktionen wie dem Zentralitätsmodell verhält und wieweit andere Erkenntnisse des Neubürger-Projekts tangiert sind.

So hat man in der spätmittelalterlichen Wirtschaftsgeschichte in den letzten Jahren erfolgreich mit dem Konzept der Zentralität gearbeitet, wenn es um „marktverteilte Güter“ des Fernhandels oder die Stadt-Umland-Beziehungen ging[28]. Für Fragen der künstlerischen Kommunikation bestehen jedoch durchaus Zweifel an der Verwendung des Zentralitätskonzeptes. Zwar waren „Kleinkunst“ (Bildteppiche, Druckgraphik, Rosenkränze) und später auch arbeitsteilig gefertigte Altäre zentral herstellbar und über den Fernhandel weiträumig verteilbar, und auch die oberitalienischen und die flämischen Städte beeinflußten als „Zentren“ in vielfältiger Weise die künstlerische Entwicklung in Europa[29]. Dennoch entzogen sich die fast ausschließlich für individuelle Auftraggeber gefertigten spätgotischen Tafelmalereien weitgehend der zentralen Herstellung. Entsprechend geht der Adressenraum der Auftragsbeziehungen Nördlingens weit über das engere Umland hinaus, und dies würde sich auch für andere schwäbische Städte wie Ulm oder Memmingen zeigen lassen.

---

28 Vgl. *Franz Irsigler,* Stadt und Umland im Spätmittelalter: Zur zentralitätsfördernden Kraft von Fernhandel und Exportgewerbe, in: Emil Meynen (Hg.), Zentralität als Problem der mittelalterlichen Stadtgeschichtsforschung, Köln/Wien 1979, S. 1–14; *Rolf Kießling* , Herrschaft – Markt – Landbesitz. Aspekte der Zentralität und der Stadt-Land-Beziehungen spätmittelalterlicher Städte an ostschwäbischen Beispielen, ebenda, S. 180–218.

29 *Wolfgang Schmid,* Kunst und Migration. Wanderungen Kölner Maler im 15. und 16. Jahrhundert, in: Migration in der Feudalgesellschaft, hg. von Gerhard Jaritz und Albert Müller, Frankfurt/New York 1988, S. 315–350.

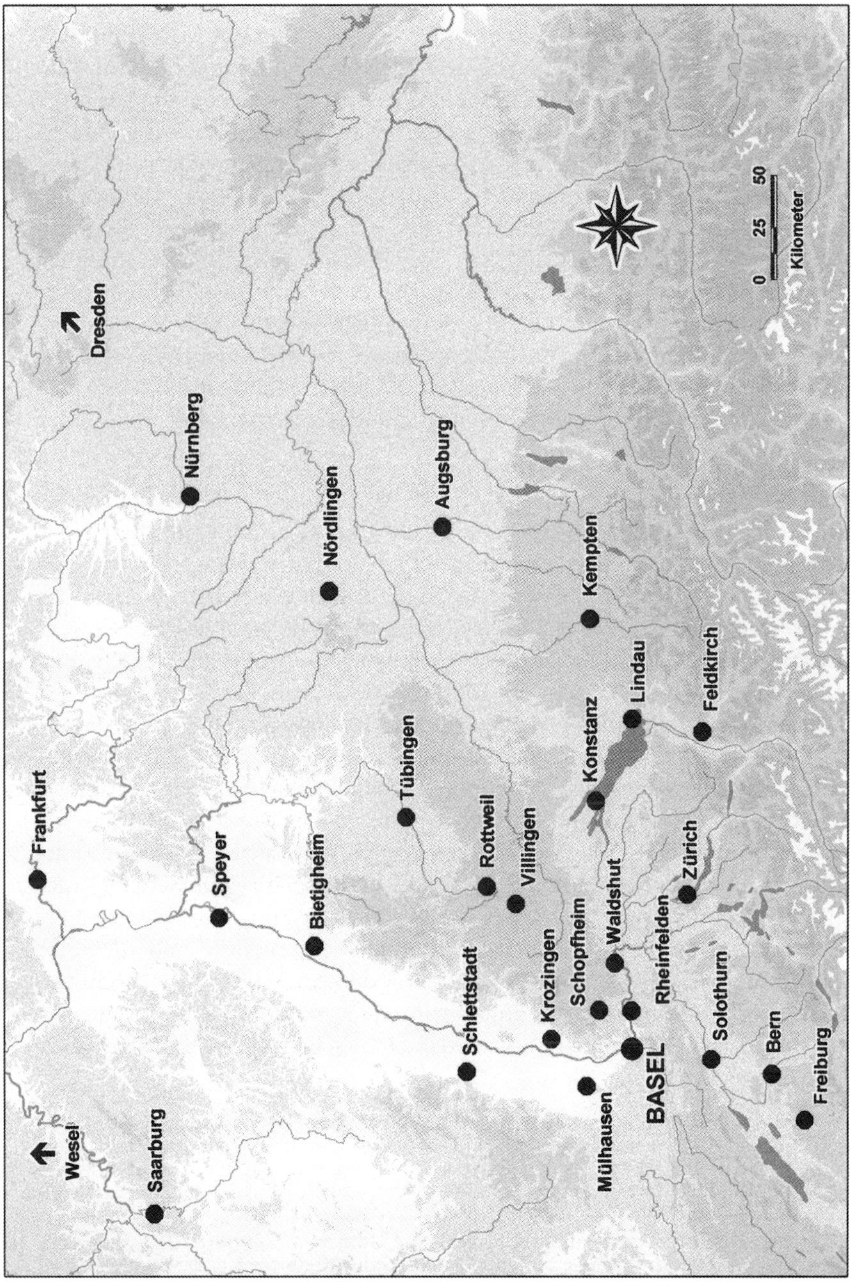

Abb. 5: Einwanderung auswärtiger Maler nach Basel (1393 – 1594)

Wesentlich war die Kommunikation zwischen den einzelnen Städten, die sich in der Zusammenarbeit mit anderen Handwerkern, Lehrverhältnissen und in der Korrespondenz ebenso widerspiegelt wie in der Migration. Anstelle einer Hierarchisierung der künstlerischen Kommunikation über Ober-, Mittel- und Unterzentren wie das Zentralitätskonzept suggeriert[30], entwickelte sich diese polyzentrisch als soziale Interaktion zwischen geographisch höchst unterschiedlichen Personen und Personenkreisen. Dabei entstanden von Kunstgattung zu Kunstgattung (Glasmalerei, Altartafeln etc.) und Malerzunft zu Malerzunft höchst unterschiedliche Adressenräume, die allein durch das Abgehen vom Zentralitätskonzept adäquat erklärt werden können. Auch in späteren Epochen der Kunstgeschichte, wie im Goldenen Zeitalter der Niederlande, war die künstlerische Produktion, obwohl sie größtenteils der Marktnachfrage folgte, nicht zentralisiert. Charakteristisch war vielmehr die Produktivität vieler Städte, die von der Mobilität von Künstlern, Ideen und Innovationen gespeist wurde[31].

Die Ergänzungsräume der Migration waren von Berufsgruppe zu Berufsgruppe sehr verschieden. Bereits Michael Mitterauer hat festgestellt: „Die Bevölkerungsergänzung einer Stadt ist eben an sich kein zentralörtliches Phänomen, wenn auch gewisse zentrale Einrichtungen darauf Einfluß ausüben können“[32]. Der impressionistische Vergleich einiger Ergebnisse des Neubürgerprojekts bestätigt dies. So weist beispielsweise Rainer Schwinges auf den engen Migrationsraum Nördlingens hin, während Rolf Kießling die Aktivierung des Umlands im Rahmen der Nördlinger Einbürgerungspolitik unterstreicht. Dagegen zeigt der Ergänzungsraum der Malermigration mit mehr als 50 km Migrationsdistanz eine deutlich größere Reichweite. Diese korrespondiert aber mit der von Bruno Koch festgestellten und mit ihrem Spezialistentum zu korrelierenden Migrationsdistanz für Berufsleute. D.h. jede städtische Berufsgruppe hatte ihren eigenen Ergänzungsraum wie auch Städte und Regionen spezifische regionale Einbürgerungstrends aufwiesen. Diese über einen längeren Zeitraum rekonstruiert zu haben, ist das große Verdienst des Neubürgerprojekts, und dies gibt auch neue Anregungen zur Erforschung der künstlerischen Mobilität. Hierbei sollte der veränderten Raumwahrnehmung der Migranten, wie sie in Aquarellen, Zeichnungen und schließlich in schriftlichen Selbstzeugnis-

---

30 So *Wolfgang Schmid,* Kunstlandschaft – Absatzgebiet – Zentralraum. Zur Brauchbarkeit unterschiedlicher Raumkonzepte in der kunstgeographischen Forschung vornehmlich an rheinischen Beispielen, in: Figur und Raum. Mittelalterliche Holzbildwerke im historischen und kunstgeographischen Kontext, hg. von Uwe Albrecht und Jan von Bonsdorff, Berlin 1994, S. 21–34.

31 *Michael North,* Kunst und Kommerz im Goldenen Zeitalter. Zur Sozialgeschichte der niederländischen Malerei des 17. Jahrhunderts, Köln / Weimar / Wien, 1992, S. 157–163.

32 *Mitterauer* (Anm. 20), S. 459.

sen zum Ausdruck kommt, künftig größere Aufmerksamkeit geschenkt werden. Dadurch erhielten wir wesentliche neue Erkenntnisse zur Formation von Räumen und Regionen durch Kommunikation.

Anschriften der Autorinnen und Autoren

Prof. Dr. *Marc Boone,* Universiteit Gent, Dept. Geschiedenis, Blandijnberg 2, B-9000 Gent

PD Dr. *Dorothea A. Christ,* Jonas Furrer-Strasse 90, CH-8400 Winterthur

Prof. Dr. iur. *Gerhard Dilcher,* Universität Frankfurt, Institut für Rechtsgeschichte, Senckenberganlage 31, D-60054 Frankfurt a.M.

Dr. *Roland Gerber,* Staatsarchiv des Kantons Aargau, Entfelderstrasse 22, CH-5000 Aarau

Prof. Dr. *Hans Jörg Gilomen,* Universität Zürich, Historisches Seminar, Karl Schmidstrasse 4, CH-8006 Zürich

Prof. Dr. *Eberhard Isenmann,* Universität Köln, Historisches Seminar, Albertus-Magnus-Platz, D-50923 Köln

Prof. Dr. *Rolf Kießling,* Universität Augsburg, Lehrstuhl für bayerische und schwäbische Geschichte, Universitätsstrasse 10, D-86135 Augsburg

Dr. *Bruno Koch,* Zofingerstrasse 12, CH-4805 Brittnau

Prof. Dr. *Guy Marchal,* Universität Luzern, Geisteswissenschaftliche Fakultät, Kasernenplatz 3, CH-6007 Luzern

Dr. *Ulrich Meier,* Universität Bielefeld, Fakultät für Geschichtswissenschaft, Postfach 8640, D-33602 Bielefeld

Lic. phil. *Katharina Müller-Herrenschwand,* Underfeldstrasse 25, CH-3314 Schalunen

Prof. Dr. *Michael North,* Ernst-Moritz-Arndt Universität, Historisches Institut, Domstrasse 9a, D-17487 Greifswald

Prof. Dr. *Knut Schulz,* Freie Universität Berlin, FB Geschichtswissenschaften, Habelschwerdter Allee 45, D-14195 Berlin

Prof. Dr. *Rainer C. Schwinges,* Universität Bern, Historisches Institut, Länggassstrasse 49, CH-3000 Bern 9

Dr. *Peter Stabel,* Universiteit Gent, Dept. Geschiedenis, Blandijnberg 2, B-9000 Gent

Lic. phil. *Barbara Studer,* Staatsarchiv des Kantons Bern, Falkenplatz 4, CH-3012 Bern

Orts- und Personenverzeichnis

Mittelalterliche Personen sind bis auf wenige gängige Ausnahmen nach Vornamen registriert.

Zeitschrift für Historische Forschung

Beiheft 18

Gelehrte im Reich

Zur Sozial- und Wirkungsgeschichte akademischer Eliten des 14. bis 16. Jahrhunderts

Herausgegeben von

Rainer Christoph Schwinges

Tab., Abb.; 549 S. 1996 ⟨3-428-08728-3⟩ € 38,– / sFr 67,–

Die Beiträge dieses Beiheftes beschäftigen sich mit der Frage, auf welche Weise und mit welchem Erfolg akademische Eliten des deutschen Spätmittelalters, vornehmlich gelehrte Juristen, Theologen, Mediziner und zum Teil auch Artisten – neben einer Fülle von nicht weniger wirksamen „Halbgelehrten" – ihr Wissen und ihre Fertigkeiten in städtische und landesherrliche Verwaltungen, in Höfe, Gerichte, Kirchen, Universitäten und Schulen hineingetragen, angewendet und dabei selbst Karriere gemacht haben.

An der Spitze der deutschen Universitätsbesucher gehörten diese Eliten auf einer vermutlich mittleren Führungsebene unterhalb des Adels und des Großbürgertums zu den wichtigsten Modernisierungsträgern in Reich und Territorien. Doch anders als in den vergleichsweise modernen Monarchien Frankreichs und Englands bedienten sich die führenden politischen Kräfte des Reiches des Angebots an Gelehrten und ihres Fachwissens bis weit ins 16. Jahrhundert in noch sehr ungleicher Weise.

Duncker & Humblot · Berlin